世界の国々

ロシア／プーチン 大統領（2012～）

北朝鮮／金正恩（キムジョンウン） 務委員長*3（2016～）

日本／岸田文雄（きしだふみお） 首相（2021～）

韓国／尹錫悦（ユンソンニョル） 大統領（2022～）

インド／モディ 首相（2014～）

中国／習近平（シュウキンペイ） 国家主席（2013～）

モンゴル
アジア
朝鮮民主主義人民共和国（北朝鮮）
日本
京都（⇨p.241）
中華人民共和国（中国）
大韓民国（韓国）
ネパール
ブータン
インド
バングラデシュ
ミャンマー
ラオス
タイ
ベトナム
カンボジア
フィリピン
パラオ
スリランカ
モルディブ
マレーシア
ブルネイ・ダルサラーム
オセアニア
シンガポール
インドネシア
パプアニューギニア
ソロモン諸島
東ティモール
オーストラリア
ニュージーランド

＊3　2012年より最高指導者の地位にある。

おもな地域機構とその加盟国（2023年12月1日現在）

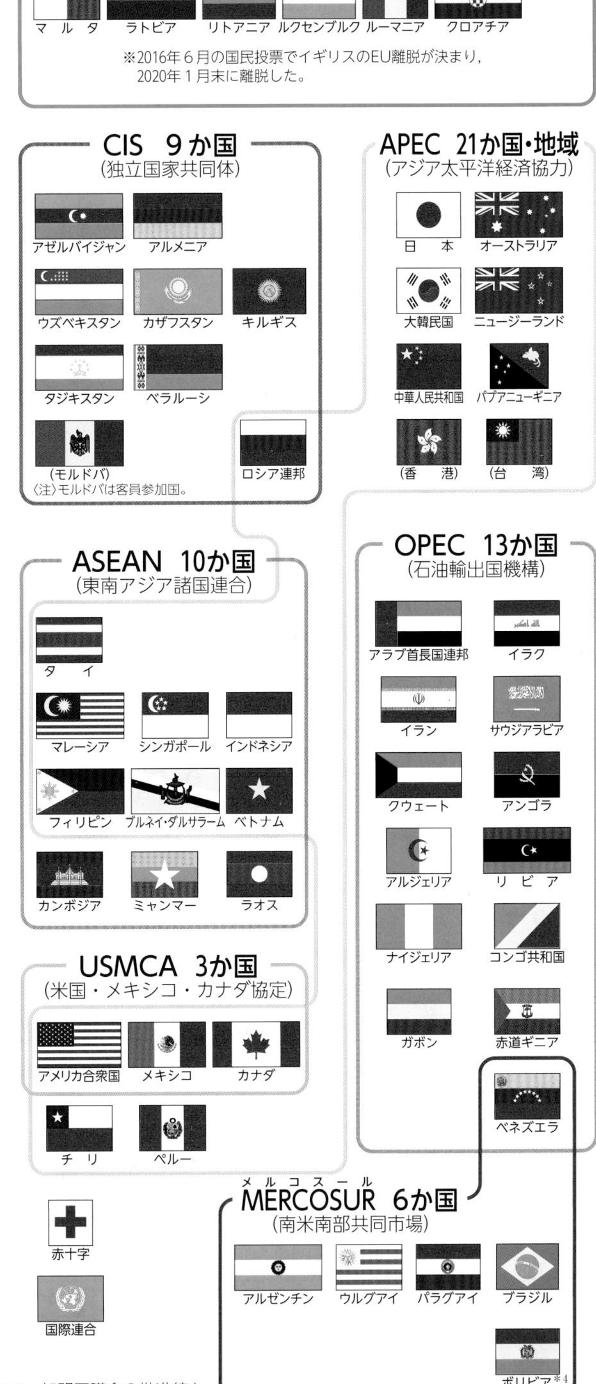

＊4　加盟国議会の批准待ち。

世界のおもな国・地域一覧

(大)＝大統領，(副大)＝副大統領，(大代)＝大統領代行，(最)＝最高指導者，(主)＝国家主席，(首)＝首相，(副首)＝副首相　青字＝男性，赤字＝女性
❶人口　❷国内(域内)総生産(GDP)　❸一人当たり国民(住民)総所得(GNI)　❹近年の動向，(数字)は統計年次
〈注〉王国：国王が国家元首，共和国：大統領などが国家元首，連邦：独立性の高い複数の州(共和国)が集まって形成された国(2024年1月予定)

アジア

インド共和国　首都 ニューデリー
トップ2 ムルム(大)，モディ(首)
❶14億1,717万人（22）　❷3兆2,015億ドル（21）　❸2,239ドル（21）
❹人口増加のペースが速く，2023年には中国を抜いて世界一になった。

インドネシア共和国　首都 ジャカルタ
トップ2 ジョコ(大)，アミン(副大)
❶2億7,550万人（22）　❷1兆1,861億ドル（21）　❸4,217ドル（21）
❹24年，首都のヌサンタラ（カリマンタン島）への移転開始。

カンボジア王国　首都 プノンペン
トップ2 シハモニ(国王)，フン・セン(首)
❶1,677万人（22）　❷267億ドル（21）　❸1,523ドル（21）
❹17年以降政権に批判的な新聞が発禁処分されるなど，言論統制が強まっている。

シンガポール共和国　首都 なし（都市国家）
トップ2 シャンムガラトナム(大)，シェンロン(首)
❶598万人（22）　❷3,970億ドル（21）　❸5万8,770ドル（21）
❹21年，マレーシアとの間の高速鉄道計画が撤回に。

タイ王国　首都 バンコク
トップ2 ワチラロンコン(国王)，タウィーシン(首)
❶7,170万人（22）　❷5,060億ドル（21）　❸6,818ドル（21）
❹23年，タクシン元首相派と反タクシン派の連立政権が成立。

韓国（大韓民国）　首都 ソウル
トップ2 尹錫悦(ユンソンニョル)(大)，韓悳洙(ハンドクス)(首)
❶5,182万人（22）　❷1兆8,110億ドル（21）　❸3万5,330ドル（21）
❹23年，尹大統領が「徴用工」問題の解決策を提示し，日韓関係は改善方向に。

中国（中華人民共和国）　首都 北京(ペキン)
トップ2 習近平(しゅうきんぺい)(主)，李強(りきょう)(首)
❶14億2,589万人（22）　❷17兆7,341億ドル（21）　❸1万2,324ドル（21）
❹23年，原発処理水の海洋放出に反発し日本の水産物の輸入を禁止。

北朝鮮（朝鮮民主主義人民共和国）　首都 平壌(ピョンヤン)

トップ2 金正恩(キムジョンウン)(国務委員長)，金徳訓(キムドクフン)(首)
❶2,607万人（22）　❷168億ドル（21）　❸662ドル（21）
❹23年，軍事偵察衛星の打ち上げと称して多数のミサイルを発射。

日本国　首都 東京
トップ2 (今上天皇)，岸田文雄(きしだふみお)(首)
❶1億2,495万人（22）　❷4兆9,409億ドル（21）　❸4万1,162ドル（21）
❹23年，被爆地広島でG７サミットを開催。

台湾（中華民国）　首都 台北
トップ2 蔡英文(さいえいぶん)(総統)，陳建仁(ちんけんじん)(副総統)
❶2,390万人（22）　❷7,758億ドル（21）　❸3万3,756ドル（21）
❹若い世代を中心に「台湾人」意識が強まる中，中国との向き合い方が課題に。

バングラデシュ人民共和国　首都 ダッカ
トップ2 シャハブッディン(大)，ハシナ(首)
❶1億7,119万人（22）　❷4,149億ドル（21）　❸2,579ドル（21）
❹22年，日本の鉄道技術をベースにした初の都市高速鉄道「ダッカメトロ」が部分開業。

フィリピン共和国　首都 マニラ
トップ2 マルコス(大)，サラ・ドゥテルテ(副大)
❶1億1,556万人（22）　❷3,941億ドル（21）　❸3,584ドル（21）
❹22年，民主化運動で亡命したマルコス元大統領の長男が大統領に当選。

ベトナム社会主義共和国　首都 ハノイ
トップ2 ヴォー・ヴァン・トゥオン(主)，ファム・ミン・チン(首)
❶9,819万人（22）　❷3,661億ドル（21）　❸3,564ドル（21）
❹海外からの投資を積極的に受け入れ，高い経済成長率を保っている。

マレーシア　首都 クアラルンプール
トップ2 アブドゥラ(国王)，アンワル(首)
❶3,394万人（22）　❷3,727億ドル（21）　❸1万0,769ドル（21）
❹コロナ禍で供給が不安定化した半導体関連の投資が急増。

ミャンマー連邦　首都 ネーピードー
トップ2 ミンスエ(大代)，ミン・アウン・フライン(議長)*
❶5,418万人（22）　❷586億ドル（21）　❸1,095ドル（21）
❹21年の軍事クーデターでアウンサンスーチー氏らが拘束される。

ラオス人民民主共和国　首都 ビエンチャン
トップ2 シースリット(主)，ウィパーワン(首)
❶753万人（22）　❷191億ドル（21）　❸2,414ドル（21）
❹21年，中国に直通する鉄道が正式に開通し，両国の結びつきが一層強化。

オセアニア

オーストラリア連邦　首都 キャンベラ
トップ2 チャールズ３世(国王)，アルバニージ(首)
❶2,618万人（22）　❷1兆7,345億ドル（21）　❸6万4,490ドル（21）
❹17年，国民投票で同性婚賛成派が多数となり，同性婚を可能とする改正法成立。

ニュージーランド　首都 ウェリントン
トップ2 チャールズ３世(国王)，ラクソン(首)
❶519万人（22）　❷2,505億ドル（21）　❸4万7,876ドル（21）
❹19年，イスラームのモスクが襲撃され51名が死亡。

中東

アラブ首長国連邦　首都 アブダビ
トップ2 ムハンマド(大)，ムハンマド(首)
❶944万人（22）　❷4,055億ドル（21）　❸4万3,217ドル（21）
❹サウジに次ぐ日本の石油輸入元。ドバイは中東の金融・投資・物流の中心。

イスラエル国　首都 ―
トップ2 ヘルツォーク(大)，ネタニヤフ(首)
❶904万人（22）　❷4,816億ドル（21）　❸5万3,302ドル（21）
❹23年，ガザ地区を支配するハマスと激しい戦闘が発生。

イラン・イスラム共和国　首都 テヘラン
トップ2 ハメネイ師(最)，ライシ師(大)
❶8,856万人（22）　❷5,949億ドル（21）　❸6,556ドル（21）
❹イラク・シリアに勢力を伸ばすも，イスラエル・サウジ・米国との対立が激化。

イラク共和国　首都 バグダッド
トップ2 ラシード(大)，スーダーニー(首)
❶4,450万人（22）　❷2,040億ドル（21）　❸4,645ドル（21）
❹14年ころからISILが台頭。17年に全土解放も，深い爪あとを残す。

サウジアラビア王国　首都 リヤド
トップ2 サルマン(国王)，ムハンマド(皇太子・首)
❶3,641万人（22）　❷8,335億ドル（21）　❸2万3,642ドル（21）
❹世界第２位の原油埋蔵量。23年，イスラエルとの国交正常化交渉開始。

トルコ共和国　首都 アンカラ
トップ2 エルドアン(大)，オクタイ(副大)
❶8,534万人（22）　❷8,190億ドル（21）　❸9,519ドル（21）
❹18年に議院内閣制から実権的大統領制に移行し，エルドアン体制がより強固に。

アフリカ

エジプト・アラブ共和国　首都 カイロ
トップ2 エルシーシ(大)，マドブーリー(首)
❶1億1,099万人（22）　❷4,259億ドル（21）　❸3,778ドル（21）
❹アラブの春で誕生した政権が13年のクーデターで倒れ，国防相だったエルシーシが実権掌握。

ケニア共和国　首都 ナイロビ
トップ2 ケニヤッタ(大)，ルト(副大)
❶5,403万人（22）　❷1,103億ドル（21）　❸2,051ドル（21）
❹中国の投資を盛んに受け入れ鉄道などのインフラを整備。

南アフリカ共和国　首都 プレトリア
トップ2 ラマポーザ(大)，マブーザ(副大)
❶5,989万人（22）　❷4,190億ドル（21）　❸6,920ドル（21）
❹23年，ヨハネスブルクでBRICSサミットを開催。

ルワンダ共和国　首都 キガリ
トップ2 カガメ(大)，ンギレンテ(首)
❶1,378万人（22）　❷111億ドル（21）　❸795ドル（21）
❹94年からのツチ族とフツ族による内戦で80万人が死亡。

*ミャンマーの軍事政権は，国際社会から承認されていない。

北アメリカ

アメリカ合衆国 首都 ワシントンD.C.
トップ2 バイデン(大)，ハリス(副大)
❶3億3,829万人（22）❷23兆3,151億ドル（21）❸7万0,081ドル（21）
❹22年，コロナ禍からの反動で好景気となり，激しい物価上昇。

カナダ 首都 オタワ
トップ2 チャールズ3世(国王)，トルドー(首)
❶3,845万人（22）❷1兆9,883億ドル（21）❸5万1,741ドル（21）
❹17年，トルドー首相は先住民に過去の同化政策を公式に謝罪。

中・南アメリカ

アルゼンチン共和国 首都 ブエノスアイレス
トップ2 ミレイ(大)，キルチネル(副大)
❶4,551万人（22）❷4,872億ドル（21）❸1万0,590ドル（21）
❹23年，前年比220%という記録的なインフレで国民生活が困窮。

キューバ共和国 首都 ハバナ
トップ2 ディアスカネル(大)，マレロ(首)
❶1,121万人（22）❷1,267億ドル（21）❸1万1,086ドル（21）
❹14年に米国と国交回復し，国交が徐々に正常化。

コロンビア共和国 首都 ボゴタ
トップ2 ペトロ(大)，ラミレス(副大)
❶5,187万人（22）❷3,145億ドル（21）❸6,003ドル（21）
❹20年，OECDに加盟。

ドミニカ共和国 首都 サントドミンゴ
トップ2 メディーナ(大)，フェルナンデス(副大)
❶1,123万人（22）❷942億ドル（21）❸8,053ドル（21）
❹06年，農業に適さない土地に送られた1,300人の日本人移住者に，日本政府が一時金を支給。

チリ共和国 首都 サンティアゴ
トップ2 ボリッチ(大)，システナス(上院議長)
❶1,960万人（22）❷3,171億ドル（21）❸1万5,320ドル（21）
❹23年，ボリッチ大統領が電池に使われるリチウム産業国有化を表明。

ブラジル連邦共和国 首都 ブラジリア
トップ2 ルーラ(大)，アルキミン(副大)
❶2億1,531万人（22）❷1兆6,090億ドル（21）❸7,305ドル（21）
❹23年，貧困や人種差別問題に取り組むルーラ新大統領が就任。

ベネズエラ・ボリバル共和国 首都 カラカス
トップ2 マドゥーロ(大)，ロドリゲス(副大)
❶2,830万人（22）❷1,118億ドル（21）❸3,528ドル（21）
❹原油下落で国民生活破たん。米国など西側諸国は，グアイド上院議長を暫定大統領として承認。

ペルー共和国 首都 リマ
トップ2 ボルアルテ(大)，オタロラ(首)
❶3,405万人（22）❷2,233億ドル（21）❸6,446ドル（21）
❹19年，ビスカラ大統領が汚職疑惑で辞任して以降，大統領が3人入れ替わる事態に。

ボリビア多民族国 首都 ラパス
トップ2 アルセ(大)，チョケワンカ(副大)
❶1,222万人（22）❷327億ドル（21）❸3,266ドル（21）
❹19年，モラレス大統領が4選を果たすが，事実上のクーデターで失脚，亡命。

メキシコ合衆国 首都 メキシコシティ
トップ2 ロペスオブラドール(大)，バトレス(上院議長)
❶1億2,750万人（22）❷1兆2,728億ドル（21）❸9,956ドル（21）
❹トランプ前米大統領の，メキシコからの越境を防ぐための壁建設に反発。

ヨーロッパ(EU)

アイルランド 首都 ダブリン
トップ2 ヒギンズ(大)，ヴァラッカー(首)
❶502万人（22）❷5,042億ドル（21）❸7万6,726ドル（21）
❹17年，自らを同性愛者と明かしたヴァラッカー氏が首相就任（～20，22～）。

イタリア共和国 首都 ローマ
トップ2 マッタレッラ(大)，メローニ(首)
❶5,904万人（22）❷2兆1,077億ドル（21）❸3万6,216ドル（21）
❹移民受け入れ規制強化や中国への接近で，EUに警戒が広がる。

オランダ王国 首都 アムステルダム
トップ2 ウィレム・アレキサンダー(国王)，ルッテ(首)
❶1,756万人（22）❷1兆0,128億ドル（21）❸5万6,574ドル（21）
❹23年，移民問題をめぐる対立で連立政権が崩壊。

オーストリア共和国 首都 ウィーン
トップ2 ベレン(大)，ネーハマー(首)
❶894万人（22）❷4,804億ドル（21）❸5万4,082ドル（21）
❹1955年に永世中立国を宣言。

スペイン王国 首都 マドリード
トップ2 フェリペ6世(国王)，サンチェス(首)
❶4,756万人（22）❷1兆4,274億ドル（21）❸3万0,216ドル（21）
❹17年にカタルーニャ自治州独立問題が激化，本土初の自治権制限が発動。

ギリシャ共和国 首都 アテネ
トップ2 サケラロプル(大)，ミツォタキス(首)
❶1,039万人（22）❷2,149億ドル（21）❸2万0,481ドル（21）
❹10年の経済危機から改革を進めるが，失業率約13%（22年）と経済情勢は険しい。

ドイツ連邦共和国 首都 ベルリン
トップ2 シュタインマイヤー(大)，ショルツ(首)
❶8,337万人（22）❷4兆2,599億ドル（21）❸5万2,885ドル（21）
❹21年，16年間首相を務めたメルケルからショルツに首相交代。

チェコ共和国 首都 プラハ
トップ2 パヴェル(大)，フィアラ(首)
❶1,049万人（22）❷2,818億ドル（21）❸2万5,608ドル（21）
❹21年の下院選で親EUを掲げる野党連合が勝利し，政権交代。

フランス共和国 首都 パリ
トップ2 マクロン(大)，ボルヌ(首)
❶6,463万人（22）❷2兆9,579億ドル（21）❸4万5,535ドル（21）
❹23年，年金改革反対派による暴動が各地に広がった。

ハンガリー 首都 ブダペスト
トップ2 ノヴァーク(大)，オルバーン(首)
❶997万人（22）❷1,818億ドル（21）❸1万8,139ドル（21）
❹オルバーン首相の厳格な難民政策が移動の自由を重視するEUとの摩擦に。

ポルトガル共和国 首都 リスボン
トップ2 レベロデソウザ(大)，コスタ(首)
❶1,027万人（22）❷2,537億ドル（21）❸2万4,353ドル（21）
❹11年の財政危機から緩やかに回復。

ポーランド共和国 首都 ワルシャワ
トップ2 ドゥダ(大)，トゥスク(首)
❶3,986万人（22）❷6,794億ドル（21）❸1万6,908ドル（21）
❹22年，ロシアによるウクライナ侵攻で一時300万人近くの避難民を受け入れ。

ヨーロッパ・ロシア

イギリス（グレートブリテンおよび北アイルランド連合王国） 首都 ロンドン
トップ2 チャールズ3世(国王)，スナク(首)
❶6,751万人(22) ❷3兆1,314億ドル(21) ❸4万6,338ドル(21)
❹22年，女王エリザベス2世が崩御し，新国王チャールズ3世が即位。

ルーマニア 首都 ブカレスト
トップ2 ヨハニス(大)，チョラク(首)
❶1,966万人（22）❷2,841億ドル（21）❸1万4,416ドル（21）
❹23年，AIアシスタント「ION」を政府の名誉顧問に任命。

スイス連邦 首都 ベルン
トップ2 ベルセ(大)，アムヘルト(副大)
❶874万人（22）❷8,129億ドル（21）❸9万0,045ドル（21）
❹一人当たりGNIは世界トップクラス。富裕層が多い。

セルビア共和国 首都 ベオグラード
トップ2 ブチッチ(大)，ブルナビッチ(首)
❶722万人（22）❷631億ドル（21）❸8,377ドル（21）
❹14年より，EU早期加盟を目指すブチッチが首相・大統領として率いる。

ロシア連邦 首都 モスクワ
トップ2 プーチン(大)，ミシュスチン(首)
❶1億4,471万人（22）❷1兆7,788億ドル（21）❸1万1,960ドル（21）
❹22年，ウクライナに軍事侵攻。

ウクライナ 首都 キーウ（キエフ）*
トップ2 ゼレンスキー(大)，シュミハリ(首)
❶3,970万人（22）❷2,001億ドル（21）❸4,697ドル（21）
❹22年にロシアからの軍事侵攻を受け，東部や南部で激戦が続く。

＊2022年日本政府は，ロシアに侵攻されたウクライナへの連帯を示すため，ウクライナの地名をロシア語からウクライナ語に基づく読みに変更した。

（『世界国勢図会』2023/24 などによる）

目　次

p.26

p.47

p.59

経済

国際

課題

巻末資料

p.154

p.212

p.231

〈注〉本書中のグラフや表などの統計は，四捨五入の関係で合計が一致しない場合があります。

出典の表記について 本書に掲載した資料は，原典どおりに引用することを旨といたしましたが，学習教材という性格から便宜的に加筆したものがあります。その場合は，（「○○」による）と表記しました。

編著者／志摩晴樹　川住賢太
長野　真　平林明徳　綿内真由美

本書の構成と特色

とうほう T-Navi　NHK for Schoolの関連する動画など，インターネット上の資料にアクセスできます。

テーマに関連するSDGsや視点のアイコンを表示しています。

用語解説と連動した「基本用語」で，テーマのポイントをつかみます。

通常ページ

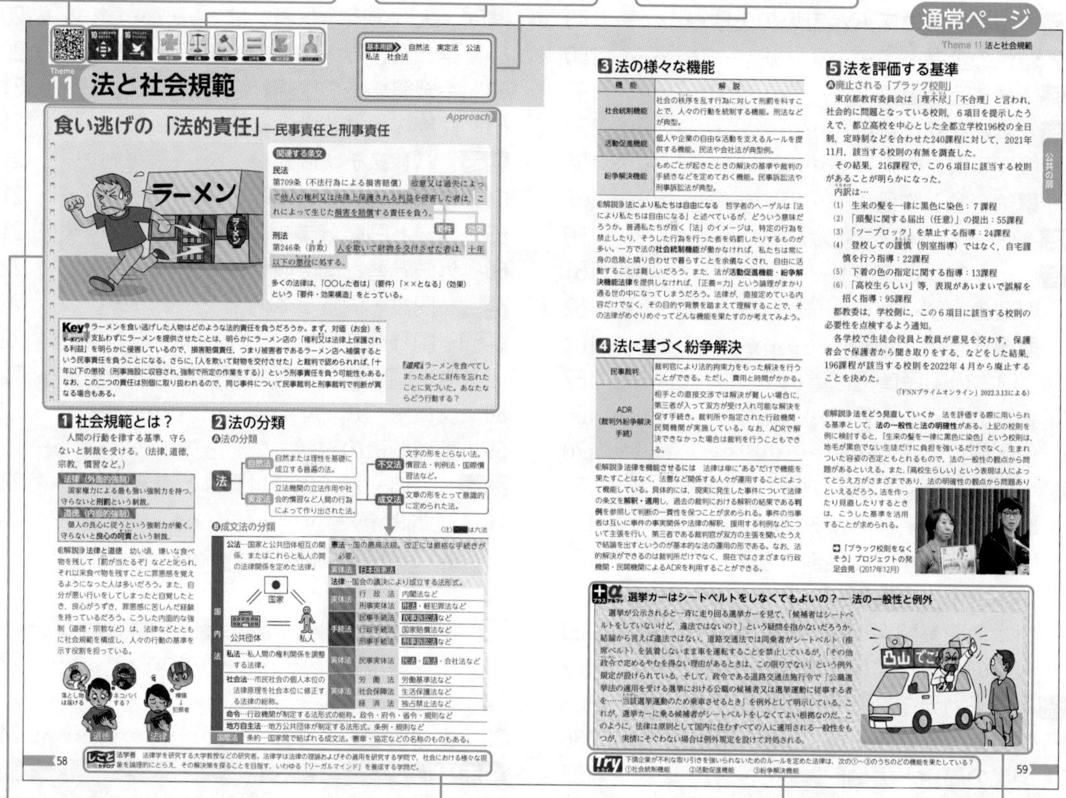

導入資料「アプローチ」は，特に興味深く学べる資料を選びました。また「追究」は，問題意識を深める問いかけです。

テーマに関連した様々な職業・資格を集めた「しごとカタログ」で，興味のある仕事を探してみましょう。

参加・実感型の設問「Try」（解答p.296）

身近な話題から「公共」とのつながりを考える「プラスアルファ」

「論点」

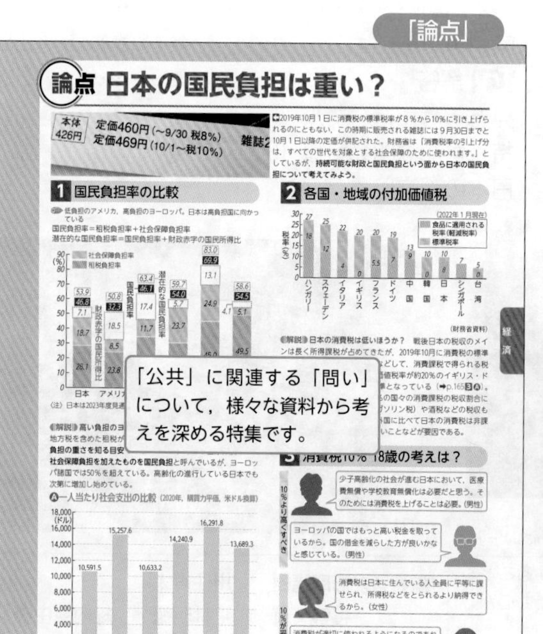

「公共」に関連する「問い」について，様々な資料から考えを深める特集です。

「ゼミナール」

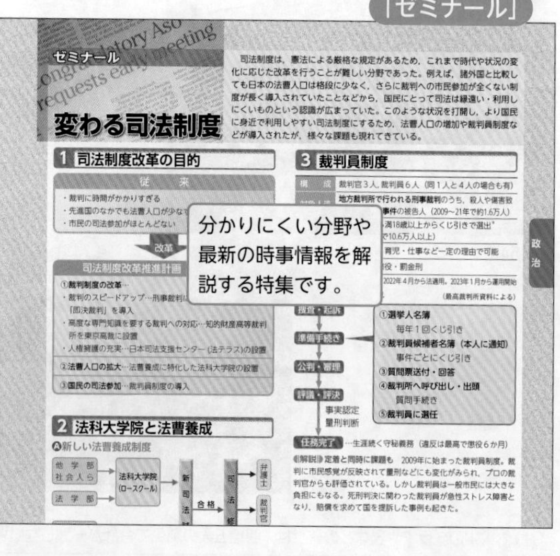

分かりにくい分野や最新の時事情報を解説する特集です。

Active! 高校生　高校生による社会に直結した活動を取り上げた資料です。

巻頭特集❶

G7広島サミットで話し合われたこと

➡広島平和記念公園に訪れたウクライナのゼレンスキー大統領と岸田首相（2023年５月21日）　ゼレンスキー氏は広島平和記念資料館で，「現代の世界に核による脅しの居場所はない」というメッセージを記帳した。

1 被爆地「広島」で初のサミット開催

⬆広島平和記念公園に訪れたG7各国首脳（2023年５月19日）

2023年５月，日本が議長国を務めるG7サミットが広島で開催された。世界がコロナ禍の影響から立ち直る途上，さらには2022年に始まったロシア・ウクライナ戦争が続く中のサミットであり，首脳宣言ではこうした課題にG7諸国が結束して対応することが表明された。

また，今回被爆地広島での初のサミット開催であり，ウクライナ侵攻で核兵器が使用される事態が現実味を帯びるなか，G7首脳や急遽サミットに合流したウクライナのゼレンスキー大統領も平和記念公園の原爆死没者慰霊碑に献花し，「**核兵器のない世界**」に向けた取り組みを誓った。

G7サミット（主要国首脳会議）とは…先進７か国（アメリカ，イギリス，フランス，ドイツ，イタリア，カナダ，日本）とEUの代表が集い，世界の政治・経済について討議する会議。一時はロシアを加えてG8と呼ばれていたが，2014年のロシアによるクリミア半島併合を受け，ロシアはメンバーから追放された。なお，先進国に新興国を加えた枠組みである**G20**にはとどまっている。

Ⓐ首脳宣言の主な内容

- 法の支配に基づく自由で開かれた国際秩序の堅持
- ウクライナ支援の継続
- 「核兵器のない世界」への取り組み
- 「グローバル・サウス」とも呼ばれる新興国や途上国との関係強化

（NHK「G7広島サミット　成果と課題」2023.5.22による）

2 グローバル・サウスをどう取り込む？

G7広島サミットにおける大きな課題の一つが，**グローバル・サウス**と呼ばれる国々をいかに取り込むかということだ。例えば，190か国超の国連加盟国のうちでアメリカが主導する対ロシア制裁に参加しているのは，G7やEU加盟国を中心とする37か国にとどまっている（サミット開催時点）。この背景には，資源大国・農業大国であるロシアからの輸入依存という経済的な側面や，欧米的な価値観（自由，民主主義，人権尊重など）の押し付けへの反発という政治的・文化的な側面があると考えられている。サミットではグローバル・サウスに対するきめ細やかな支援などを通じて，G7の枠を超えた国際的な協力の輪を広げていくことの重要性が確認された。

Ⓐグローバル・サウスと国際的な枠組み

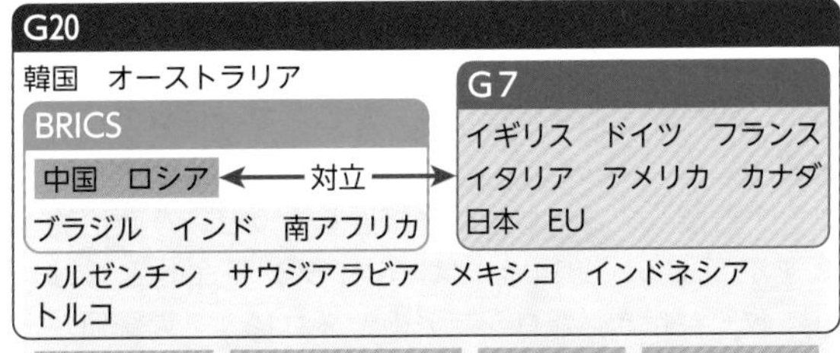

アフリカ	中東	アジア	南アメリカ
エジプト	イラン	マレーシア	チリ
ケニア	イラク	フィリピン	キューバ
ナイジェリア	アラブ首長国連邦	タイ	ペルー
など	など	など	など

グローバル・サウス

巻頭特集②

ロシア・ウクライナ戦争で世界が激変

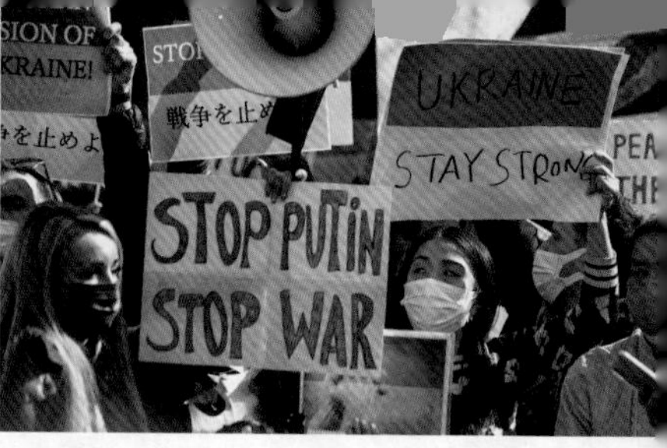

➡ロシア・ウクライナ戦争に抗議するデモ（2022年，東京）

1 なぜロシアはウクライナに侵攻したのか

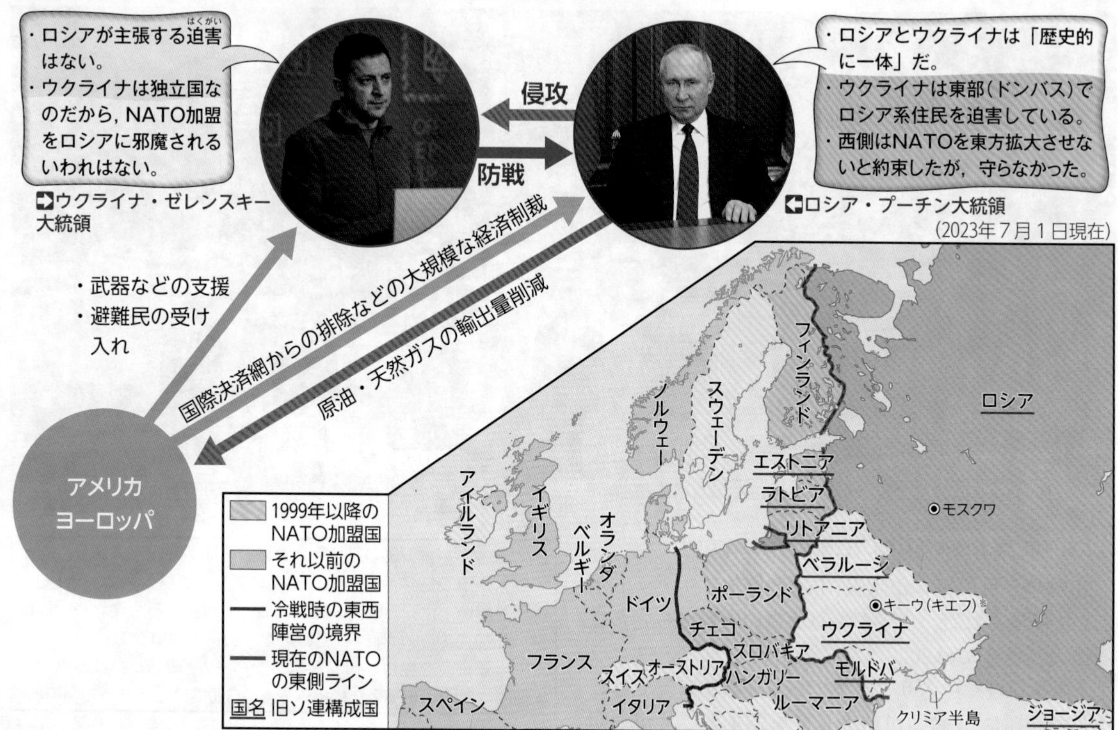

➡ウクライナ・ゼレンスキー大統領

⬅ロシア・プーチン大統領

（2023年7月1日現在）

2022年2月24日，ロシアのプーチン大統領が「特別軍事作戦」の開始を発表し，ロシア軍のウクライナ侵攻が始まった。ロシア軍は当初ウクライナの北側のベラルーシなどから首都キーウ（キエフ）*を狙って進撃したものの，ウクライナ軍の反撃で大損害を出し，撤退。一方東部や南部では両軍の激しい衝突が続き，多くの民間人を巻き込む悲惨な戦闘が繰り広げられている。

言うまでもなく，ロシアの行動は明白な国際法違反であり，認められる余地はない。その上で，どうしてロシアがウクライナに侵攻したのかを考えてみたい。

ウクライナは1991年のソビエト連邦崩壊まで，ロシアとともにソ連の構成する共和国の一つだった。ソ連が崩壊するとウクライナは独立国となったが，しばらくは親ロシア的な政権が続いたことで，ロシアと衝突することはなかった。しかし，2000年以降徐々にロシアと離れてヨーロッパに接近しようという政治的気運が高まる。2014年には「**マイダン革命**」と呼ばれる政変が起き，親ロシア派のヤヌコビッチ大統領が追放される。これに対応してロシアはロシア系住民の比率が高いクリミア半島を自国に併合するとともに，親ロシア派とウクライナ政府軍が争うウクライナ東部の内戦に介入。両国関係は決定的に悪化することとなった。

Ⓐ両国の軍事力の比較

ウクライナ		ロシア
108.8万人	正規・推定予備兵力（2021年）	269万人
69機	戦闘機	772機
2,600両	戦車	12,500両
約35億ドル	国防支出総額（2022年）	約669億ドル

（『世界国勢図会』2023/24などによる）

もう一つの火種が，ウクライナの**NATO（北大西洋条約機構）**加盟問題である。NATOはもともとソ連を中心とする東側陣営の「ワルシャワ条約機構」に対応した軍事同盟だったが，NATOは冷戦終結後も存続し，旧東側諸国や旧ソ連構成国のバルト三国（エストニア・ラトビア・リトアニア）までNATOに加盟するなど，**東方拡大**を続けてきた。NATOは紛争当事国であるウクライナの即時加盟は認めていないが，将来的な加盟候補国に位置づけている。

これをロシアの立場から見ると，もしウクライナがNATOに加盟することになれば，ロシアの領土に大きく突き出した形のウクライナにアメリカ軍を含むNATO軍が配備されることを覚悟しなければならなくなる。それを絶対に容認できないロシアは，力づくでウクライナのNATO加盟を阻止しようとしているのだ。

＊2022年日本政府は，ロシアに侵攻されたウクライナへの連帯を示すため，ウクライナの地名をロシア語からウクライナ語に基づく読みに変更した。

2 止まらない侵攻の犠牲

A 長期化する戦闘

ウクライナは，兵器をはじめとする欧米からの各種援助を追い風に，首都キーウや東部のハルキウ周辺からロシア軍を追い出し，なおもロシア軍の支配下にある東部・南部の奪還を目指して反攻を試みている。一方ロシアは，日本を含む欧米各国による経済制裁に加え，2023年６月には民間軍事会社ワグネル創業者によるクーデター未遂も発生したが，ウクライナに対する攻撃の手をゆるめず，侵攻開始から１年半を経過しても停戦は見通せていない。ウクライナ・ロシア双方はすでに膨大な犠牲者を出していると考えられるが，厳しい情報統制のため，正確な被害の実態はわかっていない。

B カホフカダムの破壊とザポリージャ原発

2023年６月６日，ドニエプル川の水を貯える**カホフカダム**が破壊され，琵琶湖の３倍超の表面積をもつ広大なカホフカ貯水池の水が一気に流出した。ロシアとウクライナ双方が相手側に責任があるとして非難している。

ダムの破壊によって下流域で洪水が発生しただけでなく，農業や生活用水として多くの人々に使われてきた貯水池の水が失われてしまい，ドニエプル川下流域に暮らす人々が被った打撃は計り知れない。さらに，カホフカ貯水池の水はロシア軍が占拠しているヨーロッパ最大の原発である**ザポリージャ原子力発電所**の冷却水にも使われており，仮に十分な冷却水が確保できないような状況に陥れば，大量の放射性物質を放出する大惨事につながることも想定される。

C ウクライナ南部の状況

（『毎日新聞』2023.6.7による）

⬆破壊された激戦地バフムートの街並み（2023年６月12日）

⬆破壊されたカホフカダムから流出する貯水池の水（2023年６月６日）

➡戦死したウクライナ兵の父親の墓標となる記念樹を抱きしめる少女（ウクライナ・リヴィウ，2023年５月12日）

3 戦闘の経過

2022年	２月24日	ロシア軍がウクライナの侵攻を開始
	２月26日	アメリカ・イギリス・EUがロシアをSWIFT（国際送金システム）から締め出すことで合意
	２月28日	停戦交渉がベラルーシで始まる
	３月２日	国連総会の緊急特別会合でロシア非難決議採択。賛成141，反対５，棄権35
	３月３日	ロシア軍が南部ヘルソンを制圧
	３月９日	チョルノービリ（チェルノブイリ）原子力発電所を攻撃，占拠
	３月23日	ゼレンスキー大統領が日本の国会でオンライン演説
	４月３日	首都キーウ（キエフ）近郊のブチャで数百人規模の非戦闘員の遺体が見つかる（ブチャの虐殺）→停戦交渉中断
	５月17日	マリウポリがロシア側に完全制圧される
	６月２日	ゼレンスキー大統領，国土の20％がロシア軍の支配下にあると発表
	７月３日	ルハンシク州全土がロシア側に制圧される
	９月11日	東部ハルキウ州でウクライナが反転攻勢に転じ，イジュームなどを奪還
	９月30日	ロシアが東・南部４州の併合を一方的に宣言
	11月11日	ウクライナ軍が南部ヘルソンを奪還
2023年	５月21日	ロシアの民間軍事会社ワグネルが東部の要衝バフムートを制圧したと発表
	６月21日	民間軍事会社ワグネルの創業者がクーデター未遂を起こす
	６月６日	カホフカダムが破壊される

巻頭特集③

ゆらぐ集団安全保障
～紛争・戦争を止められぬ国連～

➡国連安全保障理事会の会合で演説するイスラエルのエリ・コーエン外相（2023年10月24日） ハマスに連れ去られて人質となった人々の写真を示し，イスラエル軍によるガザ地区への攻撃の正当性を訴えた。

1 緊迫するパレスチナ情勢

2023年10月7日，パレスチナ自治区ガザ地区を支配するイスラム組織ハマスがイスラエルを突如攻撃した。多数の死者を出し人質もとられたイスラエルはハマスに報復。11月30日までに双方の死者は15,000 人を超えている。

イスラエルのネタニヤフ首相は「ハマスは壊滅させる」と強硬な姿勢を示してガザ地区を封鎖。民衆に避難を勧告したうえで，大規模な空爆と地上侵攻に踏み切った。ガザ地区では電気，ガス，水道などのライフラインが止まり，病院や学校，難民キャンプにも容赦なく攻撃が加えられており，人道上の危機に直面している。

イスラエルは自衛権の行使を名目にガザ地区へ攻撃を繰り返している。自衛権の名のもとに民間人を攻撃，殺害することは許されるのか。自衛権の範囲はどこまでなのか。古くて新しい問いが突きつけられている。

⬆イスラエル軍の空爆で炎と煙が上がるパレスチナ自治区ガザ地区（2023年10月14日）

➡パレスチナ自治区ガザ地区ラファにある難民キャンプで，破壊された建物のがれきに座り頭を抱える若者（2023年10月15日）

2 機能しない国連・安全保障理事会

「常任理事国のロシアが拒否権を悪用し，全ての国連加盟国に不利益をもたらしている」「侵略者が拒否権を握っていることが，国連を行き詰まりに追い込んでいる」ウクライナのゼレンスキー大統領は2023年９月に国連安全保障理事会でこのように語った。

10月，イスラエル軍とハマスの大規模戦闘の「一時停止」を求める決議案はアメリカの拒否権行使により否決された。

９月にナゴルノ・カラバフ*をめぐってアゼルバイジャンがアルメニアに対して行った軍事作戦でも国連は機能せず，武力による国境線の変更を許すこととなった。平和の維持を目的として設立された国連の価値，存在意義が問われる。

➡国連安全保障理事会で演説するゼレンスキー大統領（2023年9月20日） 隣席は非常任理事国である日本の岸田首相。

⬇イスラエルをめぐる採決で拒否権を行使するトーマス=グリーンフィールド米国連大使（2023年10月18日）

＊アルメニア人が多く居住するアゼルバイジャン西部の地域。領有権をめぐってアゼルバイジャンとアルメニアが衝突を繰り返してきた。

日本が直面する課題

➡インボイス制度反対集会に集まった政治家ら（2023年9月25日） 10月に開始したインボイス制度については，小規模の免税事業者からの仕入税額控除[*1]ができなくなることによる実質的な消費税の負担増・小規模事業者への打撃に加え，膨大な事務作業の発生などの問題が指摘されており，50万筆を超える反対署名が集まった。

＊1事業者の売上にかかる消費税額から，仕入れの際に負担した消費税額を差し引くことで，二重課税を解消する制度。

1 止まらないインフレ

2022年以降，日本は近年経験したことのない物価上昇に直面している。原因の一つは，ロシアによるウクライナ侵攻によってエネルギーや食料の国際価格が高騰していること。もう一つの要因が急激な**円安**だ。コロナ後の好景気を抑制するためにアメリカが金利を引き上げる中，景気が回復しない日本では低金利が続いており，これが円を売りドルを買う動きを加速させ，円安となっているのだ。今回の物価上昇は**コストプッシュインフレ**（生産コストの上昇により起こるインフレ）と呼ばれ，好景気で発生するインフレとは異なり企業の収益増や労働者の賃金上昇にはつながらない。したがって，国民の生活を圧迫することとなる。

Ⓐ消費者物価指数と円相場の推移

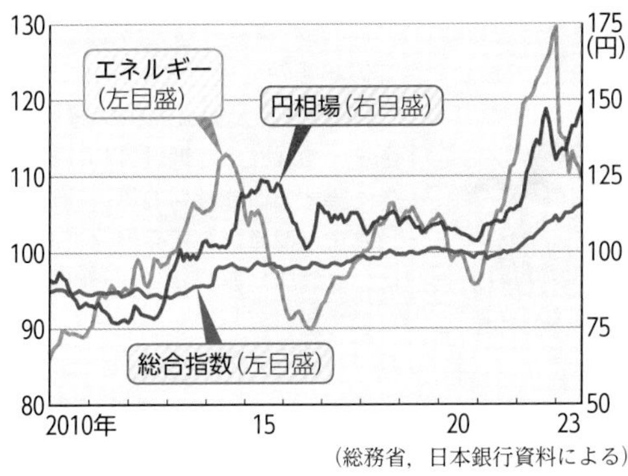

（総務省，日本銀行資料による）

2 防衛増税とインボイス制度

物価高騰が国民生活に大きな影響を与える中，岸田内閣が**防衛力増強**のため財源の一部を増税でまかなう方針を示したことなどを背景に，内閣支持率が低迷している。厳しい世論をみた岸田首相は，10月召集の臨時国会で一転して一人当たり４万円の所得税定額減税を打ち出したものの，11月発表の時事通信による世論調査では，内閣支持率が21.3％（不支持率53.3％），自民党の支持率が19.1％と，2012年に自民党が政権を奪還して以来の最低記録を更新した。

一方，同じ世論調査では消費税減税に賛成する意見が57.7％に上り，物価高や2023年10月に開始した**インボイス制度**[*2]による国民の負担感の高まりが反映されているものと考えられる。

岸田内閣は「消費税は社会保障制度を支える重要な財源である」として消費税減税を否定する立場を崩していないが，2024年10月には自民党総裁の，2025年10月には衆議院議員の任期満了が迫る中，厳しい政権運営が続いている。

請求書

(株)○□

国税庁への登録番号の記載が必要　登録番号 T012345…

(株)△☆　御中

4月分　164,000円　XX年４月30日

日付	品名		金額
4/1	キャベツ	※	6,000円
4/1	ニンジン	※	9,000円
4/2	食器		4,000円
	⋮		
合計	150,000円	消費税	14,000円
10%対象	100,000円	消費税	10,000円
8%対象	50,000円	消費税	4,000円

軽減税率の対象品目に「※」などの記号を付ける

税率ごとの消費税額の記載が必要

※は軽減税率対象品目

➡インボイス（適格請求書）の例

3 福島原発「処理水」の海洋放出と風評被害

2023年８月24日，東京電力福島原発事故により発生した「**処理水**」の海洋放出が始まった。2011年の原発事故の後，日々発生している放射性物質を含む水は原発の敷地内のタンクに保管されてきたが，すでに敷地がタンクで埋め尽くされ，廃炉作業を進めるうえでタンクを撤去する必要が出てきた。このため，ALPSと呼ばれる装置で水から放射性物質を除去し，ALPSで除去しきれないトリチウムは，国の安全基準や**WHO**（世界保健機関）の飲料水基準を大きく下回る濃度まで海水で薄めた「処理水」にして海洋に放出することになった。こうした放出方法については，**IAEA**（国際原子力機関）も「国際的な安全基準に合致」「環境や人体への影響は無視できるほどごくわずか」などと評価している。

一方，中国は海洋放出に猛反発し，「海洋放出による食品への放射能汚染」を理由に日本産の水産物輸入の全面禁止に踏み切った。日本は中国に年間871億円（2022年）の水産物を輸出しており，輸出額の約半分がホタテ貝であった。中国の禁輸は，コロナ禍から立ち直りつつあった日本の水産業にとって大きな打撃となっており，政府は中国以外の輸出先開拓の支援などの対策を打ち出している。

➡東京電力福島第一原子力発電所の敷地内に広がるタンク（2023年１月，福島県）

➡中国への輸出ができず，水産会社の冷凍庫に山積みにされたホタテ（2023年９月，北海道紋別市）

＊２事業者が消費税の仕入税額控除の適用を受ける条件として，課税事業者のみが発行できるインボイス（正確な税率・税額等を伝える「適格請求書」）の保存等を義務付ける制度。これにより，インボイスを発行できない非課税事業者からの仕入れには，仕入税額控除は適用されなくなる。

「公共」を学ぶことは，よりよい社会を創ること。

「公共」って何だろう？

私たちは誰しも，孤立して生きているのではなく，「みんな」によって構成される「**社会**」の中で生きている。みなさんが生まれ育った家族，学んできた学校，将来働く職場はどれも「社会」の一つであり，そこで活躍するみなさんは，「社会」を形作る主体なのだ。そして，それらの社会をよりよいものにしていくために重要なのが，「**公共**」という考え方だ。

突然だが，あなたの周りで「公共」という言葉が使われているものを挙げてみよう。地方公共団体，公共交通機関，公共サービスなどが挙がるだろう。それでは，これらに共通することとは何だろう？　どれも「**個人**」や「**一部の人々**」**のためではなく**「**みんな**」**のためにあるものだ**ということに気づくだろう。日本国憲法には，国民に保障する自由や権利は「常に**公共の福祉**のためにこれを利用する責任を負ふ（第12条）」とある。**「公共」では，個人の権利や利益の尊重という大原則に立ったうえで，「みんな」の権利や利益となる解決策（法やルールの制定・改正など）を考え，よりよい社会を形成していくことを学ぶのだ。**

「よりよい」とはどういうこと？

しかし，「よりよい」とはどういうことなのか，じっくり考えてほしい。あなたにとって望ましい解決策がほかの人にとって望ましくない場合もあるだろう。あるいは，100人中99人にとって望ましい解決策が，残る一人にとって耐えがたい苦痛となることもあるかもしれない。果たしてそれは「よりよい社会」と言えるのだろうか。

この問いに，唯一の答えはない。私たちは，先人たちの思想から受け継がれてきた**幸福・自由・正義・公正**などの視点をヒントに，「よりよい」の意味を問い続けながら社会に関わっていくことが求められているのだ。

さあ，よりよい社会を創る主体となるために，「公共」の学びをスタートしよう。

「公共」を考える視点

幸福	誰もが幸福を願うものだが，人により求める幸福のあり方は多様だ。社会の中で，どのような幸福をどこまで認めるべきだろうか。
自由	不当な制約や介入にさらされることなく，自ら望む選択ができることは，個人の尊重のなかでもひと際重要である。
正義	社会に広く通用する「正しいこと」の基準が正義である。
公正	人々の幸福・自由・正義が両立するような考え方が公正である。

「ごみ」に関する問題を例に，

部屋の散らかりを家族に注意された

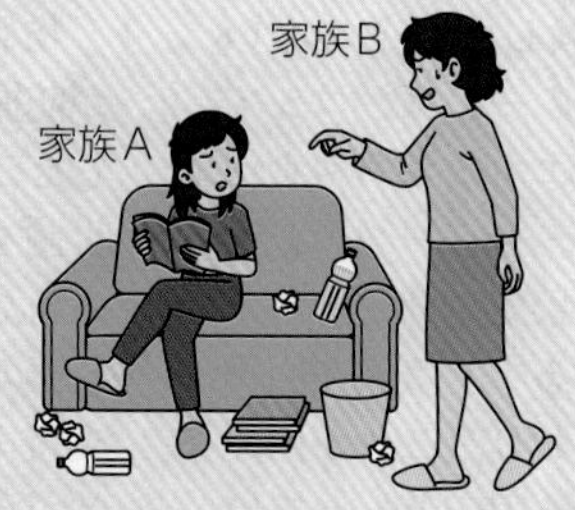

自分の住まいを清潔に保つことは，見た目の問題だけではなく，健康や衛生の観点から重要だ。特にやむを得ない事情がないのに，散らかりっぱなしにして自分で片付けない家族Aがいると，結局別の家族Bが片付けなければならなくなる。

視点のポイント

- 家族全員の幸福と個別の家族の幸福のバランス
- 個別の家族の振る舞いが，他の家族の自由を侵害していないか
- 特定の家族ばかり掃除することを余儀なくされるのは公正か

地域に「ごみ屋敷」があり，住民が困っている

近年問題になっている「ごみ屋敷」の問題。火災の発生や家屋の倒壊につながって地域の利益を大きく害する可能性もある。しかし，持ち主が財産だと言えば，ごみとはいえ勝手に処分することはできないのだ。

視点のポイント

- 住人と地域の住民の幸福を両立する方策はないか
- 住人と地域住民の行為は，双方の自由を侵害していないだろうか
- 住人にごみの処分を迫る行為は，どのような正義に基づくか

〈注〉「ごみ屋敷」は心の病気と関連している場合もあると言われており，住人の責任と決めつけることはできない。

発展途上国に有害廃棄物を「輸出」した

1970〜80年代にかけて，環境問題に対応するため廃棄物処理に関する規制が厳しくなり，処理コストが増大した。このため，先進国が排出した有害廃棄物が処理コストの安い発展途上国に輸出され，不適切な処分が行われたことなどから，深刻な環境汚染をまねいていた。

視点のポイント

- 先進国の幸福のために発展途上国の幸福を犠牲にすることは許されるか
- 先進国では許されないずさんな処理を，ルールがないからといって発展途上国に押し付けるのは，自由として認められるか
- 先進国と発展途上国の有害廃棄物の取引は公正といえるか

それぞれの立場から考えてみよう

◎幸福，自由，正義，公正の観点を念頭に置いて，それぞれの立場に立って，相手に何を主張したいかを考えてみよう。その後でグループに分かれ，それぞれの立場に立って主張し，討議してみよう。

家族A
片付ける労力を使わず，その分スマホで遊びたい。

家族B
自分が散らかしたわけでもないのに，片付けをやらざるを得ないのは理不尽だ。

------------の立場に立って主張したいこと

「ごみ屋敷」の持ち主
自分の家に何を集めようと，家の持ち主の自由だ。

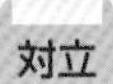

地域の住民
「ごみ屋敷」のせいで地域全体が迷惑。一刻も早く撤去してほしい。

------------の立場に立って主張したいこと

関係するルール 2022年7月現在，国のレベルで「ごみ屋敷」に対処する法律はないが，大阪市や名古屋市など一部自治体では，「ごみ屋敷」対策を定めた条例を整備している。

先進国
安く処分してくれるところに処分をお願いしているだけ。

対立

発展途上国
有害廃棄物を発生させた国が責任をもって処分すべきだ。

------------の立場に立って主張したいこと

関係するルール 1992年に発効した**バーゼル条約**で国境を越える有害廃棄物の移動が規制されるようになり，発展途上国に有害廃棄物を輸出する行為は禁止された。有害廃棄物は発生させた国の中で処分することが原則となり，環境に優しい処分技術の開発などにもつながっている。

人間はどのようにルールを決めてきたのだろうか

①ルールを作る「場」をイメージしよう

国会や地方議会などをイメージするかもしれないが，より身近な町内会や寄り合いに見られる昔からの「知恵」に目を向けてみよう。

国会や地方議会
- 有権者に選ばれた代表者によって構成
- 憲法や法律に基づいて設置
- 基本的に法的拘束力のあるルールを作る

町内会や寄り合い
- 一般の住民が直接話し合いに参加
- 住民の意思によって組織される任意団体
- 作るルールに法的拘束力はなく，住民が自主的に守る

②日本の農村の「寄り合い」民主主義

2007年1月14日，長野県南佐久郡北相木村白岩区。区内に二つある道祖神近くで，今年もそれぞれ「どんど焼き」の炎が上がった。32戸で90人弱。高齢化率は40％。「担い手不足」を理由に2か所のどんど焼きを統合するかどうか，ここ数年話し合いが続く。2005年の元日，区の新年会。「一つにした方がいいんじゃねえかと思うけど，どういうもんずら」。当時の区長の山口宜克さん(57)の投げ掛けに反論の声は出ない。統合は決まったかに見えた。ただ酒を酌み交わす中で，坂本朝男さん(80)は「結論は若いもんに任す。ただな……」。どんど焼きと道祖神の歴史を話し始めた。後から来て「道祖神は二つあるんだから，統合はまかりならん」と反対する人もいた。新年会の最後。「やっぱり2か所で続けよう」。2006年の元日も同様のやりとりが繰り返された。それは決して整然とした理詰めの議論ではない。時間もかかり，結論は行きつ戻りつする。「でも，一人一人の意見を粗野に扱わない。多くの人が納得できることが大事」。区長の峰雄勝巳さん(53)は，昔ながらの「縁りあい」の議論の中に，人と人をつなぎ留める価値を見る。

（『民が立つ　地域の未来をひらくために』信濃毎日新聞社などによる）

解説 人間は社会を作ってこそ生きてゆけるが，その時どうしても他人との利害や感情の衝突を避けて通ることはできない。そのような衝突を上手に回避するために，人間はルールを作って平和裏に問題を解決する知恵を編み出してきた。そのルール作りの方法は民族や文化によって様々だ。ここに挙げた日本の農村で続いてきた「寄り合い」でルールを考えていくというのも，そのひとつだ。社会の規模が大きくなった近代以降は，国家レベルでの代議制や大統領制など，より洗練された民主主義的手法がとられるようになっているが，家族やクラス，地域社会などの小規模の社会では，「寄り合い」のような知恵が今一層大事といえるだろう。

いろいろな「見方・考え方」をためしてみよう！

2022年4月より成年年齢が20歳から18歳に引き下げられた。18歳になれば，国政選挙に参加することができるようになったり，保護者の同意がなくても自分で契約できたりするようになる。一方，成年年齢が引き下げられたことで，契約に対して未成年者取消権が行使できなくなるなど，自分の行動には責任が伴うようになる。物事を見極められるようになるために，さまざまな「見方・考え方」を働かせることが重要だ。「見方・考え方」とは，「どのような視点で物事を捉え，どのような考え方で思考していくのか」という，その科目ならではの視点や考え方である。巻末折込の「見方・考え方パネル」をヒントに,「見方・考え方」を働かせた学習に取り組んでみよう。

多面的・多角的な考えがすぐできる！

❶次の問いについて考えてみましょう。

～問い～
完全な自動運転を
導入するためには，
どのような制度が
必要だと思いますか？

❷巻末の折込を開きながら，「視点カード」を用いて考えてみましょう。

❸「ルール」と「正義」の２つの視点で考えてみたら…

Ⓐ自動運転とは

自動車などの乗り物の操縦を人間がするのではなく，機械が判断して行うシステム。運転手の判断ミスによる交通事故の軽減が期待されている一方で，ハッキングへの対策など，安全性をどう確保するか考えていく必要がある。

⬆**中国の無人タクシー**　現在は助手席にスタッフが同乗しているが，スタッフが同乗しない「完全無人運転」を目指している。

Ⓑ自動運転のレベル分け

監視	レベル	内容
システムによる監視	レベル5	**完全自動運転** 常にシステムが全ての運転タスクを実施
	レベル4	**特定条件下における完全自動運転** 特定条件下においてシステムが全ての運転タスクを実施
	レベル3	**条件付自動運転** システムが全ての運転タスクを実施するが，システムの介入要求等に対してドライバーが適切に対応することが必要
ドライバーによる監視	レベル2	**特定条件下での自動運転機能（高機能化）** 【例】高速道路での自動運転モード機能 **特定条件下での自動運転機能（レベル１の組み合わせ）** 【例】車線を維持しながら前のクルマに付いて走る
	レベル1	**運転支援 システムが前後・左右のいずれかの車両制御を実施** 【例】自動で止まる（自動ブレーキ），前のクルマに付いて走る

（国土交通省資料を参考に作成）

選手村で起きた事故

2021年8月，選手村内を巡回する自動運転バスと選手が接触。事故直前，バスは近くにいた警備員を検知して自動停止したが，同乗していた社員が手動で再発進させたことで接触した。警視庁は社員に回避義務があったとし，社員を書類送検した。

⬆**東京五輪・パラリンピック選手村を巡回した自動運転バス**　「レベル4」の性能を持つが，選手村では社員が操作する「レベル２」で運行していた。

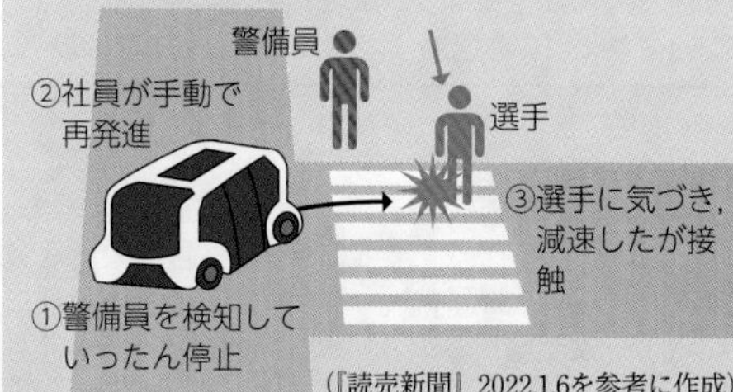

（『読売新聞』2022.1.6を参考に作成）

ルールは，持続可能な社会の実現のため，**効率性と公平性のバランスのとれた決まりをつくる視点。**

正義とは，人々の自由な幸福追求が互いに衝突しあわないようにするためのルール。**「よりよい社会」を求める際，社会に広く通用する「正しさ」が，正義の視点。**

［**ルール**］の視点では，「現在の制度よりも自動運転システムの安全性を厳密に決定づけること」がポイントだと思います。

したがって，**「安全性について，より明確な基準を定める制度」**が必要だと考えます。

［**正義**］の視点では，「運転手と自動車メーカーの責任のあり方を明確にすること」がポイントだと思います。

したがって，**「責任の所在を明確に定める制度」**が必要だと思います。

さらに思考を深めるために，「思考スキル」を活用してみよう。「思考スキル」とは公共の学習で役立つ思考の方向性，つまり「考え方」のことである。下の2つを比較してみよう。

思考を深めよう！

人による運転

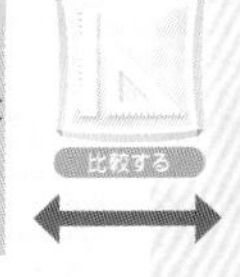

完全な自動運転

人による運転	完全な自動運転
●歩行者などの予期せぬ動きにも対応できる	●歩行者などの予期せぬ動きに対応しづらい
●人為的な事故が起こりやすい	●速度管理などで渋滞を緩和
●あおり運転やひき逃げなどの犯罪が起こる可能性がある	●人為的な事故が減少する
●事故が起きた場合，責任の所在が判断しやすい	●外部からのハッキングなどによって起きた事故の場合，責任の所在が判断しづらい

自分の考えを整理するには「思考ツール」も役に立つ。「思考ツール」を活用することで，物事を視覚的に整理することができる。ベン図を使って，整理してみよう。

思考を整理しよう！

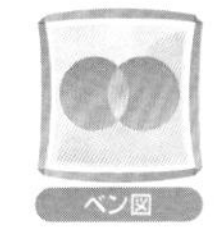

- ●歩行者などの予期せぬ動きにも対応できる
- ●ブレーキとアクセルの踏み間違いなどの事故が減少する
- ●システムの誤作動や正常に作動しない場合がある
- ●運転手が機能を過信し，運転中の携帯電話の操作など危険行為に及ぶ可能性がある

運転支援 自動ブレーキ，車間距離制限など

人による運転	完全な自動運転
●歩行者などの予期せぬ動きにも対応できる	●歩行者などの予期せぬ動きに対応しづらい
●人為的な事故が起こりやすい	●速度管理などで渋滞を緩和
●あおり運転やひき逃げなどの犯罪が起こる可能性がある	●人為的な事故が減少する
●事故が起きた場合，責任の所在が判断しやすい	●外部からのハッキングなどによって起きた事故の場合，責任の所在が判断しづらい

思考スキル

ある出来事や行動の結果が何を引き起こすか予想すること。

さまざまなことがらを，相互に，原因と結果，全体と部分，対立などの関係としてとらえること。

分類する：共通する点(属性)に着目して，複数のものをいくつかのグループに分けること。

効率性や公正さなど，さまざまな観点から物事の価値(優劣)を判断すること。

多面的に見る：さまざまな角度(視点)から事象(物事)のもつ多面性を見ること。

比較する：主義主張の違いや価格など，さまざまな観点から複数の物事を対比して見ること。

「要するに何なのか」と問われたときに，必要なことだけを簡潔に表現すること。

授業などを通して学んだ知識や法則を，実際のことがらに当てはめて活用すること。

思考ツール

クラゲチャート
→理由づける
→関係づける
→要約する

Yチャート
→分類する
→多面的に見る

イメージマップ
→関係づける
→評価する

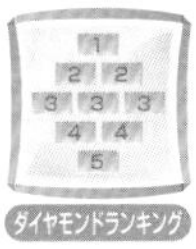

ダイヤモンドランキング
→評価する
→比較する

ベン図
→分類する
→比較する

バタフライチャート
→多面的に見る

くま手チャート
→分類する

フィッシュボーン
→多面的に見る

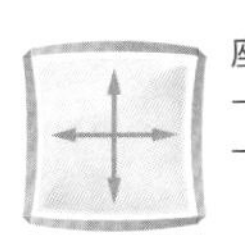

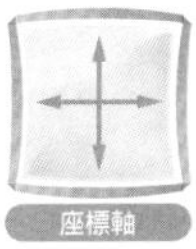

座標軸
→分類する
→比較する

＊「視点」「思考スキル」「思考ツール」は，主なものを掲載しています。

基本用語 社会　公共圏　ハンナ・アーレント　ハーバーマス

Theme 1
社会のなかの私たち

Approach

女子高生（JK）による，ゆるいまちづくり—鯖江（さばえ）市役所JK課

Active! 高校生

女子高生による、
ゆるいまちづくり
14年度 JK課卒業イベント
活動報告Blog
はコチラ
メンバーとスタッフが
活動内容などを
報告します
市役所や市民活動からは遠い存在の、「JK」こと女子高生。
そんなゆるい市民の地元JK達が、福井県鯖江市から新しいまちづくりを実験します！

⬆⬇鯖江市役所JK課　総務省の2015年度ふるさとづくり大賞では総務大臣賞を受賞した。

Key point キーポイント 「鯖江市役所JK課」は2014年に始まった福井県鯖江市の市民協働推進プロジェクトである。鯖江市内の高校に通う現役の女子高校生が中心となり，自由にアイデアを出し合い，市民・団体や地元企業，大学，地域メディアなどと連携・協力しながら，自分たちのまちを楽しむ企画をし，活動する。高校生に大人のまねや勉強をさせるような事業ではなく，「女子高校生が自分で考え，企画し，実行する」ことで逆に行政や周囲の大人たちの価値観・常識を変えるという主旨に基づき，誰にも指示をされずに，主体性を実現して，実社会に参画している。

追究 鯖江市役所JK課の活動のように，君たちの同世代が社会にかかわっている事例を調べ，自分たちの行動の参考にしよう。

1 さまざまな社会の中に生きる私たち

Ⓐさまざまな社会のあり方の中で生きる私たち

集団としての社会には様々な形態があり，年齢や立場により所属のあり方や関わり方も変化する。私たちはその中で他者とのコミュニケーションをはかりながら，自らの幸福や要求を実現しつつも，何が善であるか，何が正義であるか，どうしたら公正さを実現できるか，などを視点にし，社会全体の幸福や調和をはかりながら，協力し，共存していく。個人と全体の関係性については**和辻哲郎**の指摘も参考にしたい（➡p.35，36）。青年期にある君たちは，そうした関わり合いの中で，成長し，また，社会のあり方をも，よりよい方向へと変えていく形成者となっていく。先哲の残した言葉などを手掛かりに，社会に生きる私たちの存在について考えていこう。

➡家族

➡学校

➡地域　東京都高円寺阿波踊りの様子

➡国家　国会の様子

➡国際社会　国連総会の様子

➡オンライン・コミュニティ　オンライン会議の様子

しごとカタログ ファシリテーター　英語で「促進者」を意味し，会議やプロジェクトなどを円滑に進めることを専門的に行う役職を指す。多様な参加者の意見・要望を結果に結びつけるうえで，ファシリテーターの役割が注目されている。

2「人間は社会的（ポリス的）動物である」－アリストテレス （➡p.40）

……ものがそのためにあるところのもの，すなわちそれの最終目的となっているものは究極的な善ということになる。自足性というものは，共同体にとっての一つの目的であり，善として究極的に求められているものなのである（そしてそれは国家において実現されるのである）。

かくて以上によって見れば，国家が（まったくの人為的ではなくて）自然にもとづく存在の一つであることは明らかである。また**人間がその自然の本性において国家を持つ（ポリス的）動物である**ことも明らかである。

……人間が蜂のすべてよりも，また群棲動物のどれよりも国家社会をなす条件を高度にみたすものであることの理由は明らかである。すなわち自然は何ごとも無駄につくりはしないというのがわれわれの主張のごとくだとすれば，**動物のうちでひとり人間だけが言論（ロゴス）をもつ**ということこそそれの理由を明らかにするからだ。……しかし言論というものは，利害を明らかにするためのものであり，したがってまた正邪を明らかにすることにもなるのである。というのは，善悪正邪その他のことを感じうるという，このことだけですでに人間は，他の動物に対して独特のものをもつことになったのである。そしてこれらの利害正邪の共同がもとになって，家族や国家がつくられるのである。

（田中美知太郎他　訳『世界の名著８　アリストテレス　政治学　第1巻』中央公論社）

解説 **社会をつくる本性**　**アリストテレス**は「自然は何ごとも無駄につくりはしない」という目的論的自然観の立場から，すべての事象は最善の目的に向かって生成変化していると捉えた。国家もその一つであり，人間がそうした国家を持つことも自然の本性に基づくのだと考えた（**「人間は社会的（ポリス）的動物である」**）。ただし，人間のみが「ポリス的動物」なのではない。「ポリス的動物」のなかには蜂などの群棲動物がおり，それらの「ポリス的動物」さえ，なにか一つの共通の活動に携わる（何らかの善を追求する）という特性を有している。では，それらの動物と人間の違いは何か。それは**「言葉（ロゴス）」を有し，有益なものや有害なもの，正しいものや正しくないものを明らかにすること**であると指摘している。つまりこれらの知覚をもって，人間は共同生活をし，社会・国家をつくるのである。なお，他との共同を必要とせず，自足しうるか否かという観点からも共同することのできない者，あるいは自足しているので共同することをまったく必要としない者は獣であるか，さもなければ神であるとも指摘した。

（奥貞二『アリストテレスの自足性について』九州大学哲学論文集第28輯を参考に作成）

3「公共的な空間（公共圏）」とは何か？

自由な市民が対等な立場で議論し，社会を動かす世論を形成していく場を「**公共的な空間（公共圏）**」という。18世紀のイギリスやフランス，ドイツなどの都市において，市民たちが芸術や文学の話に花を咲かせたカフェやサロンなどが「公共的な空間（公共圏）」の原型とされる。新興中産階級のブルジョワジーたちが集まり，身分や出身，政治的な立場にとらわれずに，自由な議論を繰り広げたが，コーヒーハウスからは，政党や会社も生まれた。

➡17世紀の英国におけるコーヒーハウスは政治議論や経済活動の拠点となった。

ハーバーマス（➡p.50）は，カフェやサロンで文学や芸術の話をする場を文芸的公共圏と呼び，それに対して，活字メディアを通した政治批判の場は政治的公共圏と呼んだ。この２つは直接つながっているわけではないが，開かれた場としての文芸的公共圏で市民たちが自由に対等な立場で議論をするという経験が，活字メディア，つまり新聞や雑誌の発達を背景に，政治的公共圏の形成にも影響を与えたと考えられる。

➡現代の哲学カフェ（山口県）

なお，ハーバーマスによる「公共的な空間（公共圏）」の概念は，政治的な合意形成を目的とすることを重視したが，「公共的な空間（公共圏）」で意見を集約するといっても，もともとの価値観が違えば，そもそもの合意が成立し得ないということがある。現実は多様で，それぞれの正義は単純には合意に至らない。多様性や差異に価値を見出すものとして「公共的な空間（公共圏）」に目を向けていたのは**ハンナ・アーレント**（➡p.50）であった。アーレントは，どんな状況にあっても「**発話**」をするということが人間の尊厳を取り戻す方法だと考えた。

（ダイヤモンド・オンライン『ソーシャルメディアで今後重要なキーワードは「公共圏」』を参考に作成）

⬆アーレントの示す公共圏の一特徴

解説 **公共的空間**　「公共的な空間（公共圏）」とは**ハンナ・アーレント**が，『人間の条件』（1958年）において古代ギリシアのポリスで市民たちが対等な資格で政治や哲学について語り合ったことを**公的領域**と呼んだことに始まる概念である。アーレントは人々が行為と言論によって互いに関係し合うところに創出される空間（現れの空間）と多様な価値観の間に生まれる差異やそれぞれの視点の違いを包括し，価値観や視点の異なる複数の人びとが共存し，共有することのできる空間（共通世界）という２つの視点で**公共的な空間（公共圏）**を説明した。彼女は一人ひとりの違いを重視したのである。

Try トライ 2アリストテレスが言う「ポリス的な動物」とは，人間のどのような性質を指している？
①自然の本性に反しているという性質。　②大規模な集団生活を営むという性質。　③言葉をもつという性質。

基本用語 青年期　通過儀礼　第二次性徴　第二の誕生　アイデンティティ　エリクソン　モラトリアム　ハヴィガースト　境界人（マージナルマン）レヴィン

Theme 2 青年期とは？

Approach

50歳でも「こども」？—こどもとおとなをわけるものとは

　ところで，みなさんは人の悪口を言いたくなったり，人を排除することに何か暗い喜びを感じたりしたことはありませんか。……それになんのこころの痛みを感じないときは「だって相手が悪いんだもん」「むかつくやつだから仕方ない」というふうに相手に悪を背負わせて，自分はあくまでも善だから，悪口をいっても排除してもかまわない立場なんだと思ってしまっているときです。こんなことをしているときは，年齢がいくつであろうとも（40歳でも50歳でも！）まだ意識が完全に「子ども」だということです。

　ところが，自分の中にも「悪」があるということに気がつくというのは，こころにすごい葛藤(かっとう)を呼び起こします。……そうすると，そんな葛藤を引き起こした相手に対して逆ギレするような気持ちも湧(わ)いてきます。……「自分は悪くない！あいつのせいだ！」とことさらに大声で強調したくなるときほど，人は自分のみのうちにある「悪」に悲しいほど敏感になっています。そのような逆ギレのプロセスを経ながら，自分自身のなかにも「悪」があることを，激しい自己嫌悪と罪悪感とともに少しずつ引き受けていくことが，思春期には必要になってくるのです。

（岩宮恵子『好きなのにはワケがある　宮崎アニメと思春期の心』ちくまプリマー新書）

Key point キーポイント 世の中には子どもっぽいおとなもいれば，おとなっぽい子どももいる。「ぽさ」は，**オルポート**のいうような人格の成熟度によって区別される。私たち人間は，関係の中に生み出され，育まれていく。他者と自己の間を揺れ動きながら，白・黒の間に幾重にも広がるグラデーションに気づき，そのなかに自己の存在を何度も位置付け直していく成熟への過程が青年期である。

追究 あなたの行動を「大人っぽさ」「子どもっぽさ」という観点から振り返ってみよう。

1 人間とは？

人間は**社会（ポリス）的動物**である。

※人間の生きる意味や目的はポリスにある，ポリスから与えられる。

アリストテレス（前384～前322 ギリシャの哲学者）（➡p.40 5）

人間は**考える葦(あし)**である。

※人間は一本の葦にすぎず，自然の中で最も弱いものである。しかしそれは考える葦である。

パスカル（1623～1662 フランスの思想家）（➡p.43 4）

人間は**ホモ=サピエンス（理性人）**である。（ホモ=人間，サピエンス=賢い）

※人間と動物との本質的な違い=人間には知がある。

リンネ（1707～1778 スウェーデンの博物学者）

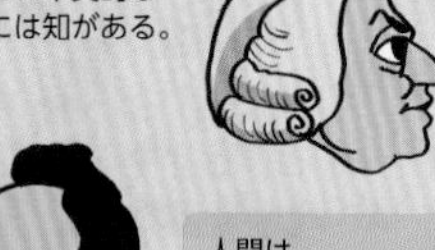

人間は**ホモ=エコノミクス（経済人）**である。

アダム=スミス（1723～1790 イギリスの経済学者）（➡p.46 12）

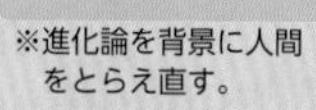

人間は**固定されない動物**である。

ニーチェ（1844～1900 ドイツの哲学者）（➡p.49 3）

人間は**ホモ=ファーベル（工作人）**である。

※進化論を背景に人間をとらえ直す。

ベルグソン（1859～1941 フランスの哲学者）

人間は**ホモ=ルーデンス（遊戯人）**である。

※「遊び」の精神が文化を創る。（当時の理性主義をふまえた分析）

ホイジンガ（1872～1945 オランダの歴史学者）

人間は**みずから造るところのもの**である。

サルトル（1905～1980 フランスの哲学者）（➡p.50 6）

※人間は，あらかじめ「人間とは」という本質が与えられているものではなく，自覚的に自己の本質をつくりあげていく自由な存在である。

Ⓐスフィンクスの解けない謎

⇧スフィンクスとオイディプス

　ピーキオン山のスフィンクスが人間に問いかけたという「一つの声をもち，四足，二足，三足になるものは何か？」という問いはギリシア神話「オイディプス」にでてくる有名ななぞなぞだ。答えられなかった者はスフィンクスに食い殺されたが，主人公のオイディプスが「答えは人間だ！　赤子の時にはってあるくから4足，成人して2足，老年になって杖を加えるから3足。」と正解を答えるとスフィンクスは崖から身を投げたという。

（高津春繁『ギリシア・ローマ神話辞典』岩波書店による）

解説 人間って，私って　スフィンクスの謎が多くの人間に解けなかったのは，最も不可解な謎が人間（自分自身）に他ならないことを表している。「なぜ，私は生まれてきたのだろう。私はどのような存在なのだろう。」自分への問いはそのまま自分がその一人でもある人間への問いでもある。自分を，人間をどう捉えるかはその人の生き方とリンクしている。よって絶対的な答えはなく「問い」の数だけ答えがありうる。絶対的な答えのない不安を生き，自分なりの答えを模索する時期，それが青年期なのである。

養護教諭　保健室の先生。生徒の健康管理やケガや急病の手当はもちろん，心や身体の悩みの相談にも乗ってくれる。専門の大学・短大を卒業するほか，保健師や看護師の資格を持つ人が大学等で必要な単位を取ることで，養護教諭の免許が受けられる。

2 青年期とは

キーワード	提唱者	内容
第二の誕生	ルソー（仏，1712～78）	身体的な出生をさす第一の誕生に対して，青年期における精神的な自己の誕生を「第二の誕生」と呼んだ。
疾風怒濤（しっぷうどとう）の時代	G.S.ホール（米，1844～1924）	感情の起伏や行動の変化が激しい時期である。
心理的離乳の時期	L.S.ホリングワース（米，1886～1939）	心理的離乳＝親から精神的に離れて自立する時期である。
マージナルマン（境界人・周辺人）	K.レヴィン（独，1890～1947）	子どもと成人の集団の境界にあって，所属が確定されていない状態。
第二反抗期	C.ビューラー（独，1893～1974）	絶対的権威者であった親に批判的になり，反抗や反発が見られる状態。幼児期の第一反抗期を区別していう。
モラトリアム	エリクソン（独→米，1902～94）	経済用語で「債務の支払い猶予（ゆうよ）」を意味するモラトリアムという言葉を青年期にあてはめ，「一人前になるための準備期間」とした。

子ども　青年期　大人　どっち？

一寸お待ちなさい！　責任

⬆レヴィン

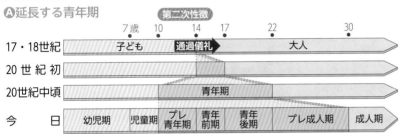

⬆エリクソン

Ⓐ延長する青年期

第二次性徴

7歳　10　14　17　22　30

17・18世紀：子ども ｜ 通過儀礼 ｜ 大人

20世紀初

20世紀中頃：青年期

今　日：幼児期 ｜ 児童期 ｜ プレ青年期 ｜ 青年前期 ｜ 青年後期 ｜ プレ成人期 ｜ 成人期

解説 社会の中の「青年」の存在　産業革命とともに出現した青年期は，その後，延長し続けた。この背景にはまず「一人前」になるのにそれだけ時間がかかるようになってきたこと。そして，社会が豊かになり，青年たちの存在を許容できるようになってきたことが挙げられる。

3 人生における青年期

Ⓐエリクソンのライフサイクル論

	発達段階	課題		課題の失敗
第1段階	乳児期	基本的信頼感	⟷	基本的不信
第2段階	幼児期	自律性	⟷	恥・疑い
第3段階	就学前	自主性	⟷	罪悪感
第4段階	学童期	勤勉性	⟷	劣等感
第5段階	青年期	自我同一性（アイデンティティ）	⟷	同一性拡散
第6段階	成人初期	親密性	⟷	孤　立
第7段階	成人期	世代性	⟷	停滞性
第8段階	老年期	統合性	⟷	絶　望

解説 幸福な発達　人間が健全かつ幸福な発達を遂げるためには，各発達段階で習得が必要な**発達課題**があるといわれる。アメリカの心理学者**エリクソン**は人の一生を8つの段階に分け，それぞれの段階においてパーソナリティの発達に重要な課題があるとするライフサイクル論を示した。また，アメリカの教育学者**ハヴィガースト**は，「乳幼児期」「児童期」「青年期」の発達段階ごとにおよそ10の課題をあげ，これらの課題の達成が次の発達課題にスムースに移行するために必要であるとした。

Ⓑ青年期にやるべき課題がある —R.J.ハヴィガースト（アメリカの教育学者）

1 両性の友人との新しい，成熟した人間関係を持つこと
2 男性または女性としての社会的役割の達成
3 自分の身体的変化を受け入れ，身体を有効に使うこと
4 両親や他の大人からの情緒的独立の達成
5 経済的独立のめやすを立てる
6 職業の選択とそれへの準備
7 結婚と家庭生活への準備
8 市民として必要な知的技能と概念の発達
9 社会人としての責任ある行動をとること
10 行動を導く価値観や倫理体系の形成

（落合良行・伊藤裕子・齋藤誠一『青年の心理学』有斐閣による）

4 「おとなになる」とは

自己意識の拡張	さまざまな活動に自己を関与させ，自分の家族，学校，国家，人類まで拡大された自己意識を持つようになること。
他人との温かい関係の確立	ひとをひととして尊敬し同情するようになること。
情緒の安定	自分を責めるときには責め，場合によっては不可避の運命にも身を任せることができるようになること。
現実的認知と解決のための技能	外界のできごとを空想や期待でゆがめることなく認知し，困難な問題を深く考え，かつそれを解決するような技能をもつようになること。
自己客観化	自己の感情や心の動きを深く理解し，自分をときにユーモアの対象にできるようになること。
人生観の確立	無理のない人生観をもち，それと調和した生活ができるようになること。

解説 「おとなの特徴」とは？　アメリカの社会心理学者オルポート（1897～1967）は成熟した人格つまり心の面でおとなであることとして右の特徴を挙げている。日本語で「おとなしい」とか「おとなげない」といった言葉があるが，オルポートの挙げた特徴と照らし合わせると，しっくりくるのではないだろうか。さて，君たちはどのくらい「おとなの特徴」をそなえている？

Try トライ　次のA～Dの言葉は，下の①～④のそれぞれ誰の言葉だろうか？　A第二の誕生　Bモラトリアム　C心理的離乳　D境界人
①レヴィン　②ルソー　③ホリングワース　④エリクソン

Theme 3
自分とは？

基本用語 アイデンティティ拡散　アパシー　フラストレーション　コンフリクト　防衛機制　昇華　パーソナリティ

Approach
「ほんとう」も「うそ」もない

「個人(individual)」という考え方の中では，自分の全部が自分です。すると，嫌なことがあって，自己否定の感情が起こると，それが自分の全てであるということになってしまい，最悪の場合，自殺というかたちをとってしまうこともある。学校では嫌な奴がいるからいじめられて嫌な気持ちになっているだけで，家では結構楽しかったり，サッカークラブに行ったら楽しかったりというのが人生のはずなのに，学校でいじめられてるということを自分の全部で引き受けてしまうと，もう自分全部がつらくなってしまう。逆に自己肯定しようと思うと，自分の全体を肯定しないといけなくなってしまって……。だから分人ごとに相対化してみれば，自分が今ストレスを感じてるのはここだなというのがわかる。好きになれる自分でいられるのはこの場所だな，と客観視できるようになる。関係ごとに違う人格だと分けた方が，「とにかく全部一つの自分」というよりも整理しやすいんじゃないのか，と。

（「平野啓一郎公式サイト」https://k-hirano.com/articles/hirano-djrio2）

個人
学校では楽しくない
ず〜ん
圧迫
アニメサークルでは楽しい
家では楽しい
もーイヤ！

分人
アニメサークルの私
これがストレスのもとか！
学校の私
家の私

Key point キーポイント 小説家・平野啓一郎さんの言う「分人（dividual）」とは，家族や友人など「関係ごとの様々な自分」のことだ。相手とコミュニケーションを重ねるなかで，自分の中に作られてゆくパターンとしての人格である。一人の人間は複数の「分人」のネットワークで，「本当の自分」という中心はなく，その人らしさ(個性)も複数の「分人」の構成比率によって決定されるので，当然変わっていくものだという。ひとつの自己像にとらわれずに，他者の存在から自己を多様に捉え直していく「分人」の試みは，自分とは何かという問いにポジティブな視点を与えてくれる。

追究 自分史を書いてみよう。

1 アイデンティティとは

自我同一性の感覚とは，内的な不変性と連続性を維持する各個人の能力（心理学的な意味での個人の自我）が他者に対する自己の意味の不変性と連続性とに合致する経験から生まれた自信のことである。それぞれ主要な危機の終わりにこのようにして確証された自己評価self-esteem は，確かな未来に向かっての有効な歩みを今自分は学びつつあるという確信に，つまり，自分が理解している社会的現実の中にはっきり位置づけできるようなパーソナリティを，自分は発達させつつあるという確信に成長してゆく。

（エリクソン著／小此木啓吾訳『自我同一性』誠信書房）

解説 **「他の誰でもない自分」という確信**　エリクソンは「何者かになること」をアイデンティティの確立と呼び，青年期の発達課題と捉えた。アイデンティティ（自我同一性）とは次のような感覚から構成される。①連続性・一貫性（自分は自分であるという一貫性を，時間的な連続性のなかで持っている）②斉一性（自分のやりたい（望む）ことがわかっている。他人から見られている自分が，自分がこうであると思っている自分と一致している。）③帰属性（ある社会に所属し，他の成員からも認められて，現実の社会で自分を位置づけられている。）青年期は「何者」かになる，つまり「他の誰でもない自分」という確信をもつために，自分自身と向き合い，他者と関わりながら，社会の中での居場所をみつけていく時期である。

Ⓐアイデンティティの三つの基準

❶連続性・一貫性
自分は自分である

❷斉一性

❸帰属性
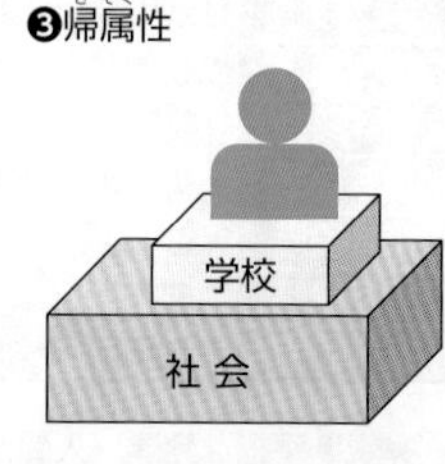

2 個性とは

ある人の個性は，その人の過去に根を下しているより他はなく，過去が現に自己のうちに生きている事を，頭から信じようとしない人に，自己が生きて来た精神の糸を辿ろうとする努力を放棄して了う人に，個性の持ちようはないわけだ。

（小林秀雄「考えるという事」『考えるヒント2』文春文庫）

⇧小林秀雄（1902～83）文芸評論家

解説 **個性はどこに現れる？**　小林の説く個性とは，奇をてらって他人と違う発言や行動をすることではない。過去から今に至るまでの自分と正面から向き合い，引き受けていくところに個性が現れてくるのだという。これまでの自分をある意味否定する「自分探し」が流行する現代にあって，これまで生きてきた自己を「引き受ける」ことこそが個性を確立するのだという小林の言葉は，重く響く。

しごとカタログ **法務教官**　法務省が管轄する官職。おもな任務は，少年院や少年鑑別所などの施設に収容されている青少年に矯正教育（健全な社会人として立ち直らせるための教育）を行うこと。青少年が非行に至った背景を洞察し，根気強く接することが求められる。

3 自責の念とひきこもり

ひきこもりを理解するためのキーワードは「恥」と「葛藤」である。ひきこもりの当事者たちは，一般の人と同じように働けない自分を深く恥じている。……親の期待を裏切って，親に申し訳がないとほとんどの者が感じている。「葛藤」とは，社会に出ていけない自分と，それを責め続ける自分とがとことん追い詰め合う内戦状態であると言ってよい。……中には苦しさのあまり，疲弊しきってベッドから起きられない者もいる。この葛藤の苦しみが，何年も，時には何十年も続くのだ。（関口 宏「精神科医が見たひきこもりの現実」nippon.com）

Ⓐひきこもりになったきっかけ（2018年）

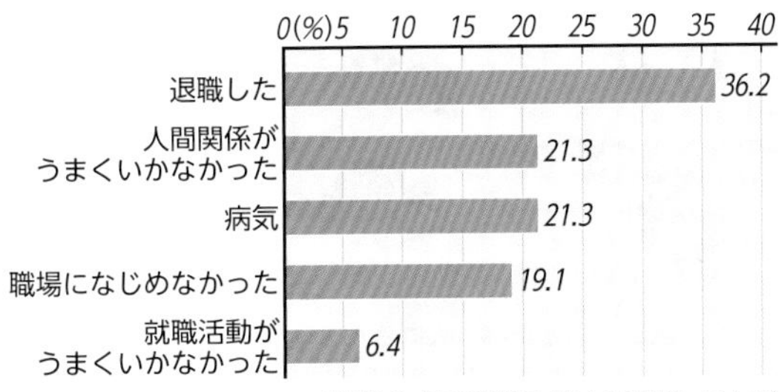

（内閣府「生活状況に関する調査」による）

解説 新しい支援 人知れず苦しむひきこもりの人々。現在，その数は100万人を超えるとの推計もあり，長期化すればするほど脱却が難しくなるという。しかし，人手不足といわれる昨今，こうした人々に注目する企業が出てきた。インターネットを利用して彼らに在宅で仕事をしてもらうのだ。外に出ることなく社会とのつながりを回復するこの取り組みは，大きな期待を集めている。

4 自分を受け入れる

⬆宇梶剛士さん

……俳優として生きるのにワルであったことを捨て，演技でも自分を捨てることを強く意識したが，外見をあらため，心を入れ替え，生きる姿勢を正すだけではまだ足りなかった。心を開き，自然体でいることでようやく成立するのではないかと思い始めた。周囲にそれをどう受け止められてもかまわないと思うようになった。過去の自分も，今の自分もすべて自分自身。今を積み重ねることでしか，未来に参加することはできないのだから。（宇梶剛士『不良品』ＳＢ文庫）

Ⓐ宇梶剛士さんの道のり

高校時代	野球選手として甲子園を目指すが，暴力事件を起こし，少年鑑別所に入所。その後高校を中退。
暴走族時代	日本最大の暴走族に入り，リーダーとなるが，暴走族どうしの抗争事件で逮捕。少年院に入る。
少年院時代	チャップリンの伝記を読み，俳優を志す。
下積み時代	大物芸能人の付き人として経験を積む。1980年代後半からテレビ出演が増加。

解説 ありのままの自分を肯定する 甲子園の夢に挫折し高校を中退した宇梶さんは，巨大暴走族のリーダーとなったが，少年院に送られ，そこで俳優を志すようになった。自分と向き合うなかで，自分を「捨てる・変える」のではなく，もがき苦しんだ過去をも受け入れて自然体の自分を肯定したとき，前向きに未来への一歩を踏み出せたという。

5 アイデンティティの危機

キーワード	提唱者	内容
ピーターパン＝シンドローム	ダン・カイリー（米，心理学者）	社会的な義務を負う大人になることから逃避しようとする青年の心理を指す。
シンデレラコンプレックス	コレット・ダウリング（米，作家）	女性の潜在意識にある「どこからか素敵な王子様が現れて，迷える女の子である自分を救ってくれる」という願望を，童話『シンデレラ』になぞらえた用語。
青い鳥症候群	清水将之（日，精神科医）	自分の能力が活かせていない・評価されていないなどと感じて仕事が嫌になり，「ここは自分のいる場所ではない」と他の場所に自分の理想郷を求めて転職を繰り返す若者たちを指す。『青い鳥』とは，チルチル・ミチルの兄妹が幸せの青い鳥を探し求めるメーテルリンクの童話から。
スチューデント・アパシー	ウォルターズ（米，精神科医）	今までまじめに出席していた学生が急に出席しなくなるなど，学生に特有の無気力症（**アパシー**）。アイデンティティの確立における挫折や混乱が原因のひとつとして考えられている。
パラサイト・シングル	山田昌弘（日，社会学者）	学校卒業後も，親に基本的生計を依存した生活を送る未婚者のこと。親を宿主として寄生（パラサイト）しているように見えることからこう呼ばれる。
モラトリアム人間	小此木啓吾（日，精神科医）	社会的に大人と認められる年齢になったのに，自分が何になるかの選択を猶予（モラトリアム）し続け，留年を繰り返したり定職に就かないといった状態にある人間を指す言葉。

＋α（プラスアルファ） ヤマアラシのジレンマ

寒い日，2匹のヤマアラシはお互いの体をくっつけ，暖まろうとする。しかし自らの針で相手を傷つけてしまったため，2匹は離れるが凍えてしまう。その後2匹は試行錯誤し互いを傷つけず暖かい距離を見つける。このヤマアラシのように，青年期は人間関係における距離感のジレンマを抱えやすい。

Try（トライ） 下の①～③のうち，「スチューデント・アパシー」にあてはまるのはどれか。
①人との付き合いがうまくいかない。 ②勉強する意味を見失ってしまった。 ③勉強についていけない。

ゼミナール

自己形成の課題

「私」をぜんぶ「私」の意志でコントロールできるだろうか？　涙が止まらない，心臓がドキドキする，何かを好きになる，嫌いになる……そういった経験は「私」であるために大切なことであるにもかかわらず「意識して」行っているわけではない（むしろあとから意識づけされる）。つまり，「私」がコントロールできない何かが「私」を形成している側面があるということがいえないだろうか？　ここでは，「私」を形成するそのような「何か」についての心理学的な考察を見ていこう。

1 欲求段階説―マズロー

解説 **人間を人間たらしめている欲求**　人間の行動の原動力となっているのが欲求である。例えば，「お腹が減った」という思い（欲求）が，人を「ものを食べる」という行動に駆り立てるのである。アメリカの心理学者**マズロー**は，人間のもつ欲求は5つの階層をなし，生存に必要な低次の欲求から次第に生存を意味づける高次の欲求に目覚め，自己実現の欲求こそが人間を人間たらしめるのだという。

2 葛藤（コンフリクト）―レヴィン

接近～接近型
２つの好ましいものの二者択一
接近～回避型
好ましいものと好ましくないものの両面をもつ
回避～回避型
２つの好ましくないものの二者択一
勉強したい
遊びたい
合格したい
勉強したくない
親に叱られたくない
勉強したくない

解説 **欲求不満と葛藤**　人は様々な欲求を抱えており，「あれもこれも」というように２つ以上の欲求や願望に挟まれ，心理的に身動きの取れない状態＝**葛藤（コンフリクト）**におちいる。心理学者**レヴィン**（➡p.19❷）は葛藤の発生するタイプを３つに分類したが，心理的に過度の緊張状態が続いた場合には情緒不安定などの不適応症状が生じることもある。ただし，葛藤に真正面から向き合うことは，人間として成長する契機ともなりうるのだ。

3 防衛機制

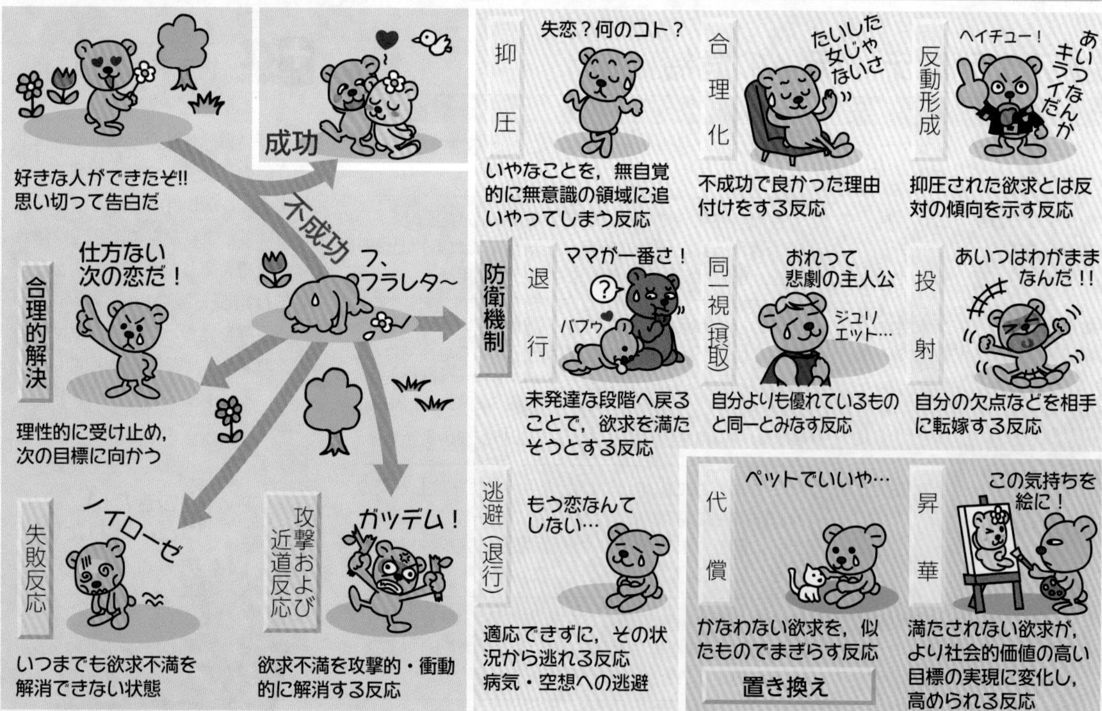

解説 **欲求不満と心のはたらき**　人間は欲求を原動力として様々な行動を起こすが，その欲求が満たされたときは，心理的に安定する。これを適応という。しかし，何らかの障害によって欲求が満たされないとき，**欲求不満（フラストレーション）**の状態になる。**防衛機制**はこのような欲求不満に陥ったときに，自我を守ろうとして無意識に働く心理的なメカニズムをいう。オーストリアの心理学者**フロイト**が紹介し，様々な種類の防衛機制が検討されてきた。

4 パーソナリティ（人格）

Ⓐ人格・性格・気質

人格 ＝ パーソナリティ	個人の特性や性格が組み合わさったもので，その人の**全体的な行動や考え方の特徴や傾向**のまとまり。アメリカの心理学者**オルポート**（➡p.65）は，パーソナリティを**環境に対するその人独自の適応のしかたを決定するもの**と定義している。パーソナリティの形成には，先天的要素の遺伝と後天的要素の環境の両方が一定の役割を果たしており，人生の各段階を通して発達していく。
性格 ＝ キャラクター	**行動にあらわれるその人の独特の特徴**のこと。パーソナリティと性格は同義語として使われることもあるが，性格は個人の感情や意志側面の特徴を重視する場合に使われる。似た言葉で「個性」もあるが，これは個人差を強調する場合に用いられる。
気質	**人が生まれながらに持っている性質**で，パーソナリティの基盤になっている感情的特徴（感受性や反応の強さなど）のこと。遺伝によって規定される部分が多い。

パーソナリティ（人格） ── 性格（キャラクター）／気質／身体的・精神的能力

Ⓑ社会化と個性化

社会化	個性化
社会の文化や規範を学び，適応した行動様式を身につけていくこと	個人が自分の能力や個性を自覚して発達していくこと

ヤダなぁ…
ウース!!
ボール磨いとけよ!!

得意 数学 98
不得意 国語 22

解説 パーソナリティ形成には**社会化**と**個性化**の二つの側面がある。社会化によって他者と共に生きていく術を身につけ，個性化によって他者とは異なる自分のオリジナリティを自覚する。

Ⓒシュプランガーの類型

類型	重視する価値
①経済型	「金銭」や「社会的地位」を重視
②権力型	「人を服従させること」を重視
③審美型	「楽しいこと」を重視
④理論型	「理論」や「真理」の追究を重視
⑤社会型	「人の役に立つこと」を重視
⑥宗教型	「神への信仰」を重視

Ⓓクレッチマーの類型

類型	内容
分裂気質（やせ型）	非社交的，内気，無口，きまじめ，神経質，利己的
躁鬱気質（肥満型）	社交的，親切，活発，激しやすい
粘着気質（筋骨型）	几帳面，丁寧，義理がたい，激怒する

解説 **様々な観点による類型** ドイツの心理学者・哲学者の**シュプランガー**（1882～1963）は，追究する文化的価値による性格分類を行った。また，同じくドイツの精神医学者**クレッチマー**（1888～1964）は，性格がその人の体型に関係していると考えた。

Ⓔユングの類型論―内向型と外向型

	基本的特徴	行動	対人態度
内向型	・心的エネルギー（リビドー）が自分の内面に向かう ・悲観的でもの静か →関心や興味が内面に向かう	・「自分はどう思うか」を基準に選択する ・感情を表に出さない ・思慮深いが実行力がなく，他人に従うことが多い ・新しい事態に適応しにくく，不器用	・他人の意見に対して懐疑的，批判的 ・引っ込み思案で，交際範囲が狭い
外向型	・心的エネルギーが周囲の現実に向かう ・楽天的で活発 →関心や興味が外界に向かう	・「まわりの他人はどう思うか，どうするか」を基準に選択する ・感情をあらわにする ・決断が早く実行力とリーダーシップがあるが，失敗することも多い ・現実への適応能力があるが，時流に流されやすい	・他人の意見に影響されやすく，迎合的 ・社交的で交際は広く浅い

（清水弘司『図解雑学・性格心理学』ナツメ社を参考）

Ⓕビッグファイブ特性論

因子	特性
①情緒安定性	傷つきやすさ，落ち着き
②外向性	社交性，活発さ
③経験への開放性	想像力，好奇心
④協調性	優しさ，共感性
⑤誠実性	まじめさ，責任感

解説 **普遍的な特性** ビッグファイブとは，5つの因子をものさしにして，それぞれの因子の強弱からパーソナリティをとらえる理論。この5つの因子は，文化や民族を超えて普遍的なものであると考えられており，右のようなレーダーチャートで表すことができる。

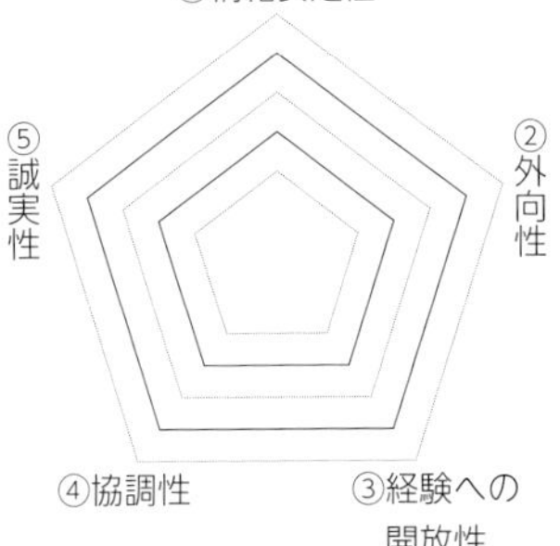

5 フロイトの心の構造

Ⓐ無意識の発見

フロイトの思想
【心の三層構造】

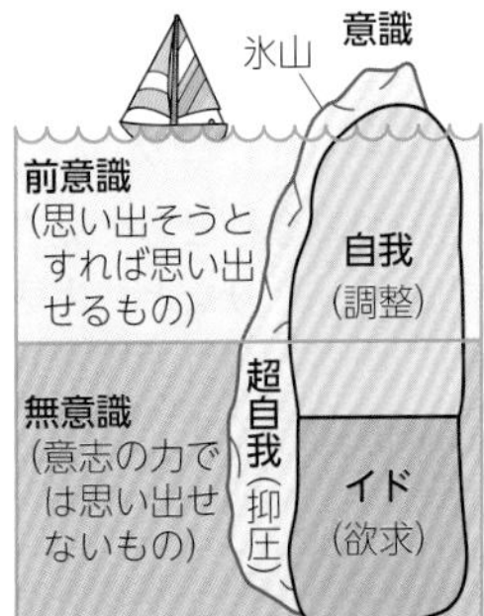

フロイト フロイトは心の構造をイド・自我・超自我の3つの領域からなると考えた。氷山に例えれば，意識は水面上の一角に過ぎず，理性によって制御できない**無意識が土台を形成し，人間を動かしていると考えた。**

解説 **無意識とは？** オーストリアの精神分析学者**フロイト**（1856～1939）は，神経症の治療を通じて人間の精神生活に大きな影響を与えている**無意識**を発見し，後の心理学の発展に大きな影響を与えた。

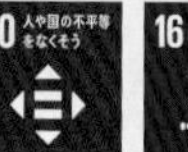

個人の尊厳

Theme 4

ライフキャリアの形成

基本用語 キャリア　インターンシップ　ライフサイクル　ライフロール（役割）　ボランティア　男女共同参画社会基本法

Approach

働く意味って何だろう？

先生，なぜ人間は働かなきゃいけないのですか？　働いている人は何か苦しそうです。生きていくためには，働いて収入を得る必要があるのは分かっているのですが……。

確かに収入も必要だ。しかし，それ以上に**人間には，何かを成し遂げたいとか，表現したいとかっていう欲求もある**よね。野球選手やお笑い芸人ばかりでなく，工場でモノを作ったり，人を介護したりして，みんな自分というものを世の中に生かしたいのではないかな。

そうですよね。世の中に生かすということ，とっても大事だと思うんです。人と人との関わりで社会はできていて，その関わりは郵便配達とか自動車販売とか，皆人と人との関係の中に仕事はあるのですものね。私も介護ボランティアで「ありがとう」と言われて，本当にうれしかったです。

だから，今から君たちにも自分の将来の仕事を考えてほしいんだ。例えば栃木県立小山城南（おやまじょうなん）高校の生徒たちは，いろいろな職業人にインタビューして，まとめて発表しあい，自分の将来を考えているようだよ。まわりの大人にその仕事のことを聴いてまわるというのも良いきっかけになるね。

⬆**栃木県立小山城南高校で行われている「職業人インタビュー」のまとめ作業の様子**　総合学科の原則履修（りしゅう）科目「産業社会と人間」は，**スクールインターンシップ**（大学見学会）や職業人インタビューなど多種多様な内容を通して，進学や就職に向けての視野を広げていくものだ。

Key point キーポイント **ライフキャリア・レインボー理論**では，キャリアは単に「職業・働くこと」ではなく，生涯に渡って積み重ねる社会や家庭でのさまざまな**ライフロール（役割）**の組み合わせを指す。人はその時々の重要性や意味に応じてライフロールを果たしていこうとする。そして社会の中で立場に応じた役割を果たすことで「自分にとっての働くこと」の意味や価値観を形成していくという。

追究 自分のライフ・キャリア・レインボーを描いてみよう。

1「もっと学びたい」育児も学問も

高橋　日華里（ひかり）さん（30代）

高校卒業後，広告代理店を経て証券会社に勤務。証券外務員1種，FP2級を取得後，大卒資格の取得のため2017年サイバー大学IT総合学部に入学。2019年，在学中に出産。子育てと両立しながら学んでいる。

入学のきっかけは？　以前から会社の経営に興味を持っており，社会人になってから「**もっと学びたい**」という意欲が増し，大学進学を考えるようになりました。……入学後は企業経営や経済学，ビジネス法務など経営に関わる科目を中心に受講。プログラミングやAIなど注目の分野の授業も興味深く学ぶことができました。

大学の学びで得たものは？　子育てや家事と両立しながら効率よく勉強しています。一番役に立ったのはリーダーシップや人の心理についての知識です。家庭を一つの会社として見立てて将来設計したり，夫に家事分担をしてもらったりなど，生活の場面で学びが活きています。……今後も興味ある分野を探求しながら社会貢献できる場があれば挑戦していきたいです。

(https://www.cyber-u.ac.jp/cu_life/interview/person_051.html)

（サイバー大学HPより）

一日のタイムライン

8:00	起床後，0歳児の娘にミルクを与えます。
8:30	講義を受講。スマホを台所の壁に貼り付けて，家事をしながら視聴するなど工夫をしています。
12:00	娘の離乳食と自分の休憩の時間。
14:00	午後は子守りをしながら，スキマ時間を活用して講義の小テストや読書。カフェで作業することもあります。ネットが繋がれば外出先でも受講できるので助かっています。
16:00	娘の離乳食の時間。
17:00	買い物を済ませ，夕食の準備をします。
20:00	ミルクを与えた後，ハイハイの練習や遊びを夫と一緒に。
22:00	家事を終え，自分の時間。読書やTV視聴，ゲームなど余暇（よか）の時間も大切にしています。
23:00	ミルクの時間。
0:00	就寝。夜泣きすることもあるので睡眠時間はその時々で変わります。

解説 **リカレント教育**　一人ひとりが自分を磨いて豊かな人生を送れるように，いつでもどこでも学べ，その成果を生かせる生涯学習社会の実現が目指されている。リカレント教育（社会人の学び）はその取り組みの一つで，仕事に就いてからも学び直し，知識や技術を磨き続けていくことだ。高橋さんのリカレント教育のチャレンジは，多様な役割を担いながら学び変わり続けるなかに「自分」＝**キャリア**が現れてくることを示している。

しごとカタログ **臨床心理士**　（公財）日本臨床心理士資格認定協会が認定する民間資格で，様々な心の悩みをかかえる人に対して，心理学的な見識からアドバイスを行う心理カウンセラー（スクールカウンセラーも含まれる）の資格として定着している。

2 ワーク・ライフ・バランス

大越さんは，残業が当たり前と言われるIT業界で，残業を減らし，女性も働きやすい**ワーク・ライフ・バランス（仕事と生活の調和）**を目指してきた。……社員は10人。うち４人は女性で，一人は幼い子供を持ち，もうひとりは育児休業をとっていて近く復帰予定だ。子育て中の女性社員には，在宅ワークも認めている。そんな会社を目指したきっかけが，同業だった妻の退職だった。……入社一年半で結婚し，妊娠（にんしん）した。妊娠５ヶ月の体でも，朝九時から午前二時まで仕事があった。先輩たちは「妊娠しているんだから，二時になったら帰っていいよ」といった。……会社の経営が悪かった時期だったことも影響したかもしれないが，深夜帰宅でもタクシー代は出ず，残業代も出なかったという。これでは身体が危ないと，妻は働き続けることをあきらめ，退職した。

（武信三恵子『家事労働ハラスメントー生きづらさの根にあるもの』岩波新書）

解説 ワーク・ライフ・バランスが政策として掲げられ，コロナ禍（か）の影響もあり在宅勤務等の多様な働き方を認める動きも出てきている。一方で，家事・育児・介護がないかのような長時間労働が習慣として行われ，**過労死**の問題も生じているのが現状だ。著者は誰もがライフステージに応じて働き続けられる社会にするために，ワーク（賃金労働）とライフ（無償労働・家事）のバランスをとるための労働時間規制が必要だとしている。

3 男女共同参画（さんかく）社会

A 男女共同参画社会のイメージ図

男性も女性も，意欲に応じて，あらゆる分野で活躍できる社会

職場に活気
- 女性の政策・方針決定過程への参画が進む
- 働き方の多様化が進む

家庭生活の充実
- 家族が尊重・協力し合う
- 仕事と家庭の両立支援環境が整う

ワーク・ライフ・バランス

地域力の向上
- 地域活動やボランティア等に参画
- 地域の活性化，暮らし改善，子どもたちによい環境が実現

ひとりひとりの豊かな人生

B 就業者及び管理的職業従事者に占める女性の割合

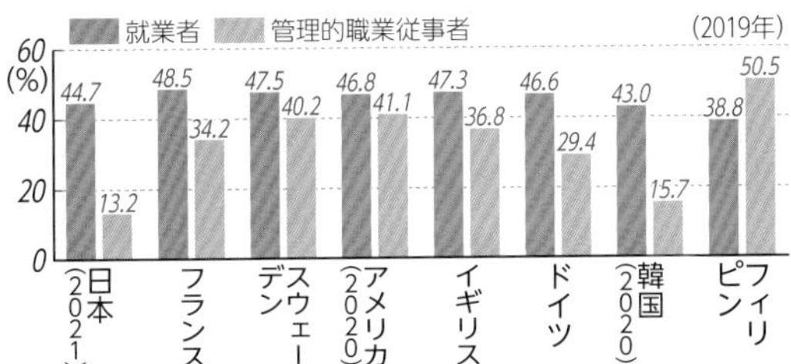

〈注〉管理的職業従事者の定義は各国によって異なる。

（内閣府資料による）

解説 **男女共同参画社会に向けて**　あらゆる分野において企画の段階から男女が参与して意見を反映させるため，男女間の格差改善のための**積極的改善（差別是正）措置（ポジティブ・アクション）**を認めた**男女共同参画社会基本法**（➡p.269）が1999年に制定された。しかし，職場における女性の地位は諸外国に比べて依然として低いのが実情である。また，性的いやがらせ（**セクシャル・ハラスメント**）や，職権を利用した**パワーハラスメント**といった問題も発生しており，これらの防止に向けた取り組みが課題となっている。

4 ボランティアとインターンシップ Active! 高校生

⬅西日本豪雨（ごうう）で，道路に流れ出た土砂を詰めた袋を自衛隊のトラックに載（の）せるボランティアの高校生ら（広島県，2018年７月）

➡海上保安庁の巡視船（じゅんしせん）でレーダーの説明を受けるインターンシップの高校生（北海道，2019年９月）

A 職場体験・インターンシップを受けた効果

	はい	いいえ	何とも言えない
働くことの大切さがわかった	61.7%	13.7	24.6
自分の適性がわかった	44.6	22.7	32.6
就職先を選ぶ参考になった	50.4	22.0	27.6
抱いていたイメージが具体的になった	42.9	24.6	32.5

（『子供・若者白書』2018年版）

解説 **キャリア形成につながる活動**　**ボランティア**とは，自発性，無償性，利他性にもとづく行動。**インターンシップ**とは，学生が一定期間企業などで実際に働く中で，自らの職業観や就職観をつくりあげることを目的とするものである。ともに**キャリア形成**の上で重視されている。

＋α（プラスアルファ） 「働く」が変わる？ーベーシックインカム

（基準以下でありながら生活保護給付を受けていない世帯が80％ある現状をうけて）……それだったらいっそのこと，すべての国民にお金を給付して，その分お金持ちの人たちから余計に税金をとったらどうだろうかという考えも浮かんでくる。このような制度を「**ベーシックインカム**」（BI）という。収入の水準に拠らずにすべての人々に無条件に，最低限の生活をおくるのに必要なお金を一律に給付する制度だ。例えば，毎月７万円のお金が老若男女を問わず国民全員に給付される。世帯ごとではなく個人を単位として給付されるというのも重要な特徴だ。毎月７万円の場合，３人家族だったら21万円，４人家族だったら28万円の給付が受けられるようになる。それにプラスして，月15万円くらい稼ぐことができたら，暮らしていくには十分だろう。……何よりBIが優れているのは，すべての貧しい人を余すことなく救済できることだ。食いっぱぐれる心配が要らなくなれば，貧困に直面している人々の暮らしはもっと明るく健康的なものとなるだろう。

（井上智洋『AI時代の新・ベーシックインカム論』光文社新書）

解説 **ベーシックインカム（BI）**は，フィンランドなどで導入に向けた実験が行われてきている。著者は貧困対策として「働かざるもの飢えるべからず」を実現するのがBIだとし，その上で，BIの充実により，やりたいことを追求し続ける自由が実質的に存在する社会になる可能性を指摘する。日本でもこれから政策議論が進められていく。

Try（トライ） 高校卒業後の進路で，最も選択者が多いものはどれ？（2023年３月卒業者，文部科学省「学校基本調査」による）
①大学・短大への進学　②専門学校への進学　③就職　④フリーターなど

個人の尊重

Theme 5

多様性と包摂（ほうせつ）

基本用語 ジェンダー　多様性（ダイバーシティ）　包摂性　エスノセントリズム

Approach

選べる自由！　ジェンダーレス制服

　福井県立勝山高校（勝山市）は新年度から生徒に性別差のない「ジェンダーレス制服」を導入する。全国的に性別の縛りをなくした制服の導入が広がる中，生徒会が中心となり，導入や自由に組み合わせられる制服のデザインを決めた。……生徒会が校則について話し合う中で，性別差のない制服について知り，**導入は生徒の個性や心の多様性を尊重することや，性的マイノリティーへの理解にもつながる**と考えた。……役員５人がクラスなどで現行制服の問題点や新しい制服への希望などを聞き取り，６月にジャケット，スラックスそれぞれ３案のデザイン画を各クラスに掲示。希望調査を行い，７月に新制服を決めた。新制服は二つボタンのジャケット，スラックス各２種類とスカート。ネクタイは赤と紺の２色があり，自由に組み合わせを選べる。……

　生徒会長の３年の女子生徒は「男女の差がなくなるのがうれしい。雪が積もるとスカートは寒いので，自分もスラックスを履きたかった」。３年の男子生徒は「ボタンの数やネクタイの色が男女で異なる必要はないと思っていた。体形や好みで制服を自由に選べる新入生がうらやましい」と話していた。

（『福井新聞』2021.9.5）

Active! 高校生

⇧自由に組み合わせて着ることができる勝山高校の新制服（福井新聞社提供）

Key point キーポイント 国連SDGsのターゲット５に示されたことで近年**「ジェンダー平等」**の考え方が浸透し，性的少数者への配慮が求められるようになった。ジェンダーレス制服（「男女兼用・組み合わせ自由」）も，誰もがより過ごしやすい学校環境をつくる試みの一つとして全国的に採用する学校が増えている。一方で，象徴としての制服に憧れて入学してきた人や伝統を重んじる同窓生からは「変えないでほしい」という声もある。

追究 多様性を尊重し「誰一人取り残さない」学校づくりにむけて何が必要か，皆さん自身の学校について意見交換してみよう。

1 だれでもトイレ

　2018年，東京都渋谷区は「渋谷区トイレ環境整備基本方針」を策定した。公共施設や商業施設を設計する際に，**人種・性別・年齢・障がいを超え，誰もが使いやすいトイレ環境を整備する基本的な考え方**となる。方針では，車いす使用者や人工肛門（こうもん）をつけたオストメイトに対応した多機能トイレが普及し，バリアフリー化に一定の効果が得られた一方で，多機能トイレに利用が集中するなど，新たな課題が顕在化していることを指摘した。必要設備の機能をトイレごとに分散させることや，分かりやすいJIS規格のピクトサインを配置するなど，利用者の選択肢を増やすことが快適な利用につながるとしている。方針策定に向けアドバイザーを務めた東洋大の高橋儀平教授は「施設を建設する時に，多様な人に適したトイレ環境整備の方策は答えが見つけにくい。建築主というよりは，設計者に配慮すべきポイントをどのように伝えるか。区から方針を示すことは大きな意義がある」と評価した。

（「建設通信新聞ブログ」2018.11.9による）

⇧渋谷区仮庁舎に設置された「だれでもトイレ」

解説 **多様性と包摂性**　誰もが使いやすいユニバーサルデザインの一例である。幼児の保護者や高齢者・障がい者の介助者や性的少数者のなかには，外出先でのトイレを我慢して膀胱炎（ぼうこうえん）になる例もあるという。「だれでもトイレ」はそのような声をもとにデザインされた。少数者のニーズを満たすデザインは，多数者にとっても使いやすい。生きづらさに関する小さな声に耳を傾けることから，多様性・包摂性を備えた誰にとっても生きやすい社会がつくられていく。

しごとカタログ **通訳案内士**　訪日外国人観光客のガイドを有料で行う場合に必要な国家資格。英語・フランス語・中国語など言語ごとに資格が分かれており，試験は国土交通省（観光庁）が管轄している。外国語能力の他に，日本の地理・歴史，日本文化への理解も問われる。

2 つながる！「ノウフク」プロジェクト

農福連携は，主に農業と障害福祉が連携することにより，共生社会の推進を図るものです。障害がある人にとっては，特性を活かした社会参画と役割・居場所づくりを後押しします。農業分野においては，次世代の担い手づくりや耕作放棄地の活用，産業の維持発展につながる取り組みです。……農福連携の可能性をさらに広く深く捉え，いろいろな形で表現したブランドが「ノウフク」です。ノウフクは，多様な人が関わり合うプラットフォームであり，新たなマーケットを生み出す経済活動でもあります。……すべての人にとって，安心安全な食や生産物やその作り手とつながること，地域コミュニティと結びつくこと，豊かさの意味を再構築することなど，持続可能な環境や社会をつくり支える力になるものです。 （農林水産省HPによる）

解説 **共生社会の豊かさとは** 社会的包摂（ソーシャル・インクルージョン）とは，誰も排除されず，全員が社会に参画するチャンスを持つことであり，「ノウフク」はその理念に基づいた取り組みである。一人ひとりの特性や就労条件が尊重され，働き続けられる場があれば，自己肯定や生きがいをもたらすことにもなるだろう。**多様な私たちが多様なままでともに働き生きられる「共生」社会のもたらす「豊かさ」**が見えてくる。

Ⓐ「さんさん山城(やましろ)」（京都）の取組み

- 聴覚障がい者や引きこもり経験者などが，高品質な京都の伝統野菜の生産と加工に一年を通して携わっている。
- 併設のコミュニティカフェでは，メニュー作りから接客，調理まで障がい者を中心に行う。
- 令和元年にノウフクJAS（第１号）認証の取得。令和２年，新たに仲卸(なかおろし)業者との取引が始まり，祇園(ぎおん)の料亭や高級ホテルに食材を卸(おろ)すなど，販路が拡大。JGAP認証も取得し持続可能な農業を推進。
- 地域との関係や作業ノウハウを活かして，人手のかかる農作業や農地管理など，地域が抱える農業課題を地元の福祉事業所間で共有・連携して解決に繋げていくシステムを構築。
- 障がい者だけでなく引きこもりや触法者なども受け入れ「誰もが社会の一員として活躍できる農福連携」を実践。
- 研究機関と連携し「農福連携」が学問分野の一つとなって，障がい者も高等教育機関で学ぶことができ，地域で活躍できる社会を創造。

⇧宇治茶(うじちゃ)の茶摘みの様子

⇧コミュニティカフェの様子

3「なにじん？」それ差別
―多文化共生 エスノセントリズムの克服

「あの見た目で日本代表なんて」。リオデジャネイロ五輪のサッカー日本代表で，現在はベルギーでプレーする鈴木武蔵(むさし)（27）は2019年9月，自身への差別表現がツイッターに投稿されると，ツイッターでこう返した。「サッカーで見返すしかない。そうやって小さい頃からやってきた。ハーフであることに感謝してます」……「日本に人種差別はない」と否定する言説は珍しくない。社会学が専門の大阪市立大研究員ケイン樹里安(じゅりあん)さんは有名人への誹謗中傷を「多様な社会になっていることを，受け入れたくない人の願望」と指摘する。……日本にはすでに多様なルーツを持つ人が多くいる。厚生労働省によると19年に生まれた子どもの50人に１人は両親のいずれかが外国籍。ケインさんは「無自覚のままに差別に加担していないか，一人一人が確認してほしい」と述べ，こう期待を込めた。「なにじん，という枠を超え，人として尊重できる社会になってほしい」。 （『信濃毎日新聞』2021.7.19）

解説 **多文化共生社会を実現するには** 海外ルーツアスリートへの差別が相次いでいる。ジャマイカと日本にルーツを持つ鈴木選手やバスケットボール男子日本代表の八村塁(はちむらるい)選手，テニス女子の大坂なおみ選手も被害経験を明かしている。私たちには無自覚のうちに相手を外見で判断し，**エスノセントリズム**（自文化中心主義・自分の常識は絶対に正しいという思い込み）に陥る傾向がある。社会心理学者オルポートは偏見を減らす条件として①対等な立場②目的を共有③協力関係④以上３条件の制度化を挙げている。どんなルーツの人も生きやすい**多文化共生社会**を実現するためには，地道にコミュニケーションを重ねていく個人的な努力とともに，差別禁止法の整備など具体的な施策の実現が求められる。

4「やり直し」支える社会へ

……さまざまな「複合的要因」が重なってはじめて，ホームレスになる場合が多いです。たとえば，失業しても「**失業保険**」を受けることができます。ただ，そのときに住居がなければ，失業保険を申請できない場合もあります。……そうしていくつもの問題が重なったとき，ホームレス状態になるんです。……「誰もが何度でもやり直せる社会にしたい」ということを考えていました。その実現のために，**セーフティネット**をつくることが必要だと思ったんです。……具体的には，「６つのチャレンジ」として，路上生活からの脱出に寄り添えるような支援策を用意しているんです。ホームレス状態の人に情報を届ける，という部分からはじめて，宿泊してもらいながら選択肢を広げていく。生活するためのサポート，仕事を見つけたり，働いたりするためのサポート，路上生活脱出後のアフターフォロー。あとは啓発をしていく，問題を世に伝えていくこともやっています。……「**失敗してもやり直せる状態**」がつくれたとき，「**どんだけ挑戦してもいい。失敗してもいいんだから**」って社会につながっていくはず。 （https://sdgs.yahoo.co.jp/originals/99.html）

解説 **インクルーシブな社会** 認定NPO法人Homedoor代表の川口加奈さんがホームレス支援を志したきっかけは，中学生の頃に参加した炊き出しの経験だった。現在、コロナ禍(か)も影響し，相談者は10～30代以下が半数を占めるという。失敗を社会的排除にせず，誰もが安心して生きられるインクルーシブ（包摂的）な社会を目指したい。

Try トライ 「エスノセントリズム」とはどのような考え方か？
①自分達の文化を中心としたものの考え方。 ②自分達の文化を否定するものの考え方。 ③グローバルな文化を追究する考え方。

思想の流れ

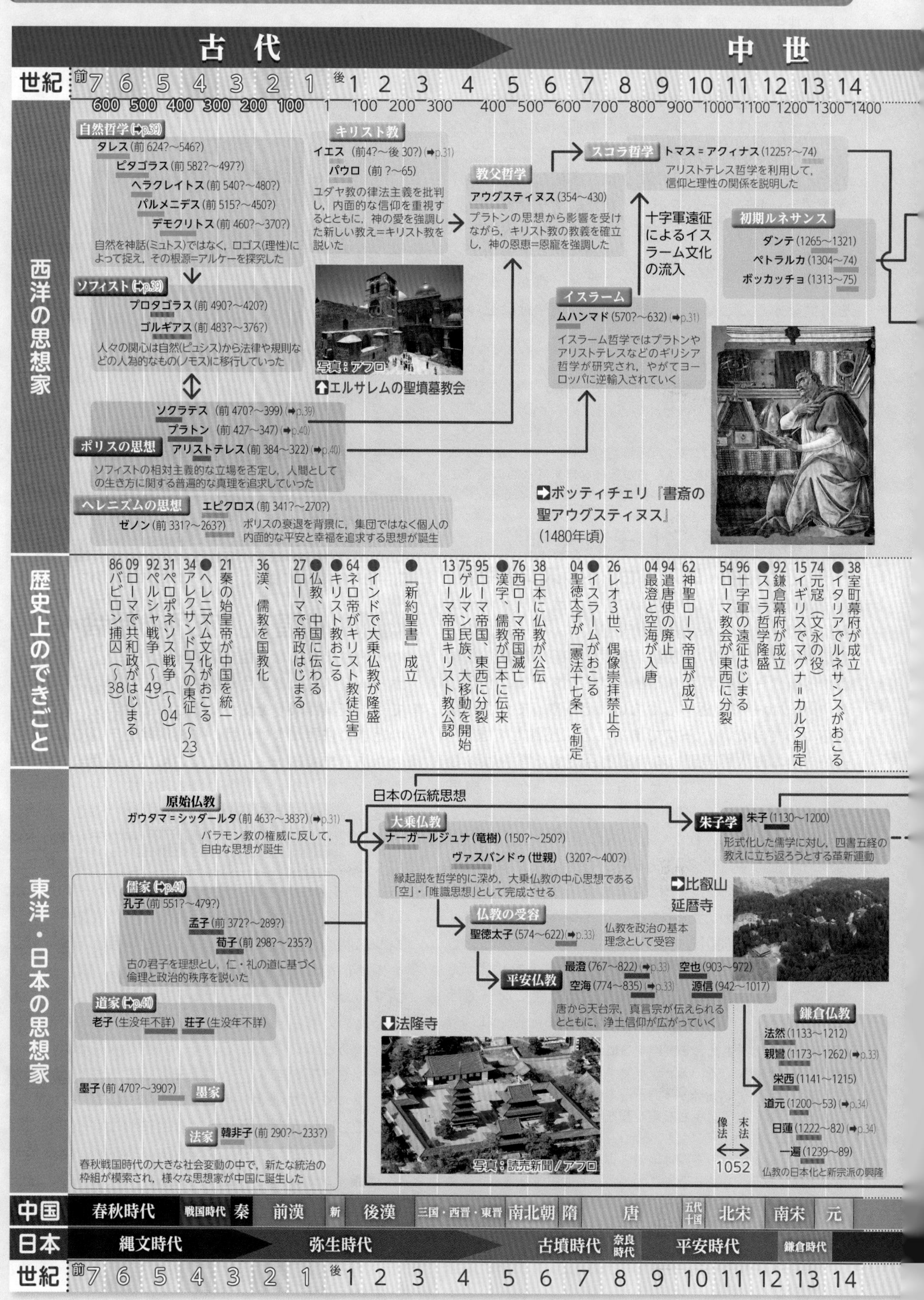

古代
中世
世紀 前7 6 5 4 3 2 1 後1 2 3 4 5 6 7 8 9 10 11 12 13 14
600 500 400 300 200 100 1 100 200 300 400 500 600 700 800 900 1000 1100 1200 1300 1400
西洋の思想家
自然哲学（➡p.39）
タレス（前 624?〜546?）
ピタゴラス（前 582?〜497?）
ヘラクレイトス（前 540?〜480?）
パルメニデス（前 515?〜450?）
デモクリトス（前 460?〜370?）
自然を神話（ミュトス）ではなく，ロゴス（理性）によって捉え，その根源=アルケーを探究した
ソフィスト（➡p.39）
プロタゴラス（前 490?〜420?）
ゴルギアス（前 483?〜376?）
人々の関心は自然（ピュシス）から法律や規則などの人為的なもの（ノモス）に移行していった
ソクラテス（前 470?〜399）（➡p.39）
プラトン（前 427〜347）（➡p.40）
ポリスの思想
アリストテレス（前 384〜322）（➡p.40）
ソフィストの相対主義的な立場を否定し，人間としての生き方に関する普遍的な真理を追求していった
ヘレニズムの思想
エピクロス（前 341?〜270?）
ゼノン（前 331?〜263?）
ポリスの衰退を背景に，集団ではなく個人の内面的な平安と幸福を追求する思想が誕生
キリスト教
イエス（前4?〜後 30?）（➡p.31）
パウロ（前 ?〜65）
ユダヤ教の律法主義を批判し，内面的な信仰を重視するとともに，神の愛を強調した新しい教え=キリスト教を説いた
写真：アフロ
⬆エルサレムの聖墳墓教会
教父哲学
アウグスティヌス（354〜430）
プラトンの思想から影響を受けながら，キリスト教の教義を確立し，神の恩恵=恩寵を強調した
スコラ哲学
トマス＝アクィナス（1225?〜74）
アリストテレス哲学を利用して，信仰と理性の関係を説明した
十字軍遠征によるイスラーム文化の流入
イスラーム
ムハンマド（570?〜632）（➡p.31）
イスラーム哲学ではプラトンやアリストテレスなどのギリシア哲学が研究され，やがてヨーロッパに逆輸入されていく
初期ルネサンス
ダンテ（1265〜1321）
ペトラルカ（1304〜74）
ボッカッチョ（1313〜75）
➡ボッティチェリ『書斎の聖アウグスティヌス』（1480年頃）
歴史上のできごと
86 バビロン捕囚（〜38）
09 ローマで共和政がはじまる
92 ペルシャ戦争（〜49）
31 ペロポネソス戦争（〜04）
34 アレクサンドロスの東征（〜23）
● ヘレニズム文化がおこる
21 秦の始皇帝が中国を統一
36 漢、儒教を国教化
27 ローマで帝政はじまる
● 仏教、中国に伝わる
● キリスト教おこる
64 ネロ帝がキリスト教徒迫害
● インドで大乗仏教が隆盛
●『新約聖書』成立
13 ローマ帝国キリスト教公認
75 ゲルマン民族、大移動を開始
95 ローマ帝国、東西に分裂
● 漢字、儒教が日本に伝来
76 西ローマ帝国滅亡
38 日本に仏教が公伝
04 聖徳太子が「憲法十七条」を制定
● イスラームがおこる
26 レオ3世、偶像崇拝禁止令
04 最澄と空海が入唐
94 遣唐使の廃止
62 神聖ローマ帝国が成立
54 ローマ教会が東西に分裂
96 十字軍の遠征はじまる
● スコラ哲学隆盛
92 鎌倉幕府が成立
15 イギリスでマグナ＝カルタ制定
74 元寇（文永の役）
● イタリアでルネサンスがおこる
38 室町幕府が成立
東洋・日本の思想家
原始仏教
ガウタマ＝シッダールタ（前 463?〜383?）（➡p.31）
バラモン教の権威に反して，自由な思想が誕生
儒家（➡p.41）
孔子（前 551?〜479?）
孟子（前 372?〜289?）
荀子（前 298?〜235?）
古の君子を理想とし，仁・礼の道に基づく倫理と政治的秩序を説いた
道家（➡p.41）
老子（生没年不詳） 荘子（生没年不詳）
墨子（前 470?〜390?） 墨家
法家 韓非子（前 290?〜233?）
春秋戦国時代の大きな社会変動の中で，新たな統治の枠組が模索され，様々な思想家が中国に誕生した
日本の伝統思想
大乗仏教
ナーガールジュナ（竜樹）（150?〜250?）
ヴァスバンドゥ（世親）（320?〜400?）
縁起説を哲学的に深め，大乗仏教の中心思想である「空」・「唯識思想」として完成させる
仏教の受容
聖徳太子（574〜622）（➡p.33）
仏教を政治の基本理念として受容
平安仏教
最澄（767〜822）（➡p.33）
空海（774〜835）（➡p.33）
空也（903〜972）
源信（942〜1017）
唐から天台宗，真言宗が伝えられるとともに，浄土信仰が広がっていく
⬇法隆寺
写真：読売新聞／アフロ
朱子学
朱子（1130〜1200）
形式化した儒学に対し，四書五経の教えに立ち返ろうとする革新運動
➡比叡山延暦寺
鎌倉仏教
法然（1133〜1212）
親鸞（1173〜1262）（➡p.33）
栄西（1141〜1215）
道元（1200〜53）（➡p.34）
日蓮（1222〜82）（➡p.34）
一遍（1239〜89）
仏教の日本化と新宗派の興隆
像法 末法
1052
中国 春秋時代 戦国時代 秦 前漢 新 後漢 三国・西晋・東晋 南北朝 隋 唐 五代十国 北宋 南宋 元
日本 縄文時代 弥生時代 古墳時代 奈良時代 平安時代 鎌倉時代
世紀 前7 6 5 4 3 2 1 後1 2 3 4 5 6 7 8 9 10 11 12 13 14

ルネサンスの中心となったフィレンツェ（イタリア）　写真：アフロ

カントが一生を過ごしたケーニヒスベルク（現ロシア）　写真：アフロ

サルトルら知識人が集まったカフェ，レ・ドゥ・マゴ（フランス）　写真：アフロ

近代　→　現代

15　16　17　18　19　20　21

1500　1600　1700　1800　1900　2000

西洋の思想

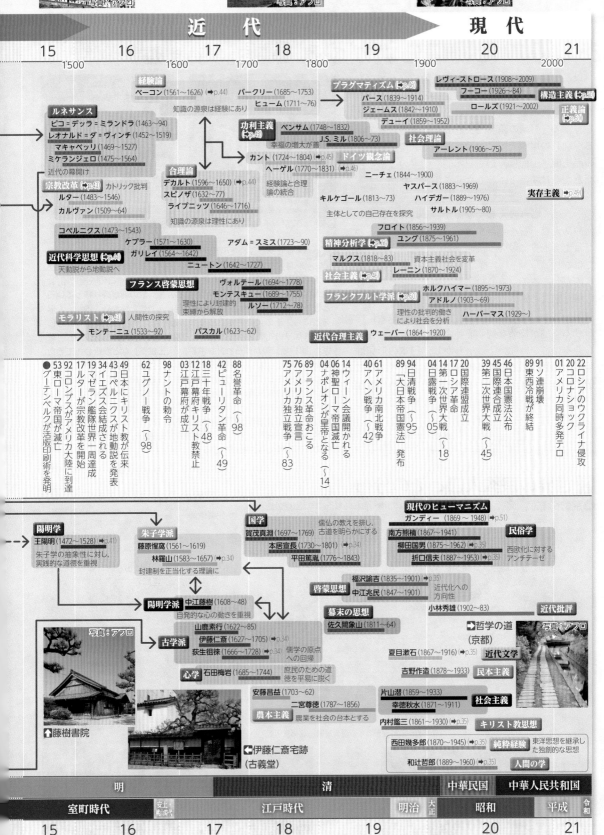

経験論
- ベーコン（1561〜1626）（➡p.44）
- バークリー（1685〜1753）
- ヒューム（1711〜76）
- 知識の源泉は経験にあり

ルネサンス
- ピコ＝デッラ＝ミランドラ（1463〜94）
- レオナルド＝ダ＝ヴィンチ（1452〜1519）
- マキャベッリ（1469〜1527）
- ミケランジェロ（1475〜1564）
- 近代の幕開け

宗教改革（➡p.43）　カトリック批判
- ルター（1483〜1546）
- カルヴァン（1509〜64）

合理論
- デカルト（1596〜1650）（➡p.44）
- スピノザ（1632〜77）
- ライプニッツ（1646〜1716）
- 知識の源泉は理性にあり

功利主義（➡p.45）
- ベンサム（1748〜1832）
- J.S.ミル（1806〜73）
- 幸福の増大が善

ドイツ観念論
- カント（1724〜1804）（➡p.45）
- ヘーゲル（1770〜1831）（➡p.46）
- 経験論と合理論の統合

プラグマティズム（➡p.46）
- パース（1839〜1914）
- ジェームス（1842〜1910）
- デューイ（1859〜1952）

構造主義（➡p.50）
- レヴィ-ストロース（1908〜2009）
- フーコー（1926〜84）

正義論（➡p.51）
- ロールズ（1921〜2002）

社会理論
- アーレント（1906〜75）

実存主義（➡p.49）
- ニーチェ（1844〜1900）
- ヤスパース（1883〜1969）
- キルケゴール（1813〜73）
- ハイデガー（1889〜1976）
- サルトル（1905〜80）
- 主体としての自己存在を探究

近代科学思想（➡p.44）
- コペルニクス（1473〜1543）
- ケプラー（1571〜1630）
- ガリレイ（1564〜1642）
- ニュートン（1642〜1727）
- 天動説から地動説へ

アダム＝スミス（1723〜90）

精神分析学（➡p.22）
- フロイト（1856〜1939）
- ユング（1875〜1961）

社会主義（➡p.46）
- マルクス（1818〜83）
- レーニン（1870〜1924）
- 資本主義社会を変革

フランス啓蒙思想
- ヴォルテール（1694〜1778）
- モンテスキュー（1689〜1755）
- ルソー（1712〜78）
- 理性により封建的束縛から解放

フランクフルト学派（➡p.50）
- ホルクハイマー（1895〜1973）
- アドルノ（1903〜69）
- ハーバーマス（1929〜）
- 理性の批判的働きにより社会を分析

モラリスト（➡p.43）　人間性の探究
- モンテーニュ（1533〜92）
- パスカル（1623〜62）

近代合理主義
- ウェーバー（1864〜1920）

年表

- ● グーテンベルクが活版印刷術を発明
- 53 東ローマ帝国が滅亡
- 92 コロンブスがアメリカ大陸に到達
- 17 ルターが宗教改革を開始
- 19 マゼラン艦隊世界一周達成
- 34 イエズス会結成される
- 43 コペルニクスが地動説を発表
- 49 日本にキリスト教が伝来
- 62 ユグノー戦争（〜98）
- 98 ナントの勅令
- 03 江戸幕府が成立
- 12 江戸幕府キリスト教禁止
- 18 三十年戦争（〜48）
- 42 ピューリタン革命（〜49）
- 88 名誉革命（〜98）
- 75 アメリカ独立戦争（〜83）
- 76 アメリカ独立宣言
- 89 フランス革命おこる
- 04 ナポレオンが皇帝となる（〜14）
- 06 神聖ローマ帝国滅亡
- 14 ウィーン会議開かれる
- 40 アヘン戦争（〜42）
- 61 アメリカ南北戦争
- 89 「大日本帝国憲法」発布
- 94 日清戦争（〜95）
- 04 日露戦争（〜05）
- 14 第一次世界大戦（〜18）
- 17 ロシア革命
- 20 国際連盟成立
- 39 第二次世界大戦（〜45）
- 45 国際連合成立
- 46 日本国憲法公布
- 89 東西冷戦が終結
- 91 ソ連崩壊
- 01 アメリカ同時多発テロ
- 20 コロナショック
- 22 ロシアのウクライナ侵攻

東洋・日本の思想

陽明学
- 王陽明（1472〜1528）（➡p.41）
- 朱子学の抽象性に対し，実践的な道徳を重視

朱子学派
- 藤原惺窩（1561〜1619）
- 林羅山（1583〜1657）（➡p.34）
- 封建制を正当化する理論に

陽明学派
- 中江藤樹（1608〜48）
- 自発的な心の動きを重視

古学派
- 山鹿素行（1622〜85）
- 伊藤仁斎（1627〜1705）（➡p.34）
- 荻生徂徠（1666〜1728）（➡p.34）
- 儒学の原点への回帰

心学
- 石田梅岩（1685〜1744）
- 庶民のための道徳を平易に説く

国学
- 賀茂真淵（1697〜1769）
- 本居宣長（1730〜1801）（➡p.34）
- 平田篤胤（1776〜1843）
- 儒仏の教えを排し，古道を明らかにする

農本主義
- 安藤昌益（1703〜62）
- 二宮尊徳（1787〜1856）
- 農業を社会の台本とする

啓蒙思想
- 福沢諭吉（1835〜1901）（➡p.35）
- 中江兆民（1847〜1901）
- 近代化への方向性

幕末の思想
- 佐久間象山（1811〜64）

現代のヒューマニズム
- ガンディー（1869〜1948）（➡p.51）

民俗学
- 南方熊楠（1867〜1941）
- 柳田国男（1875〜1962）（➡p.35）
- 折口信夫（1887〜1953）（➡p.35）
- 西欧化に対するアンチテーゼ

近代批評
- 小林秀雄（1902〜83）

近代文学
- 夏目漱石（1867〜1916）（➡p.35）

民本主義
- 吉野作造（1878〜1933）

社会主義
- 片山潜（1859〜1933）
- 幸徳秋水（1871〜1911）

キリスト教思想
- 内村鑑三（1861〜1930）（➡p.35）

純粋経験
- 西田幾多郎（1870〜1945）（➡p.35）
- 東洋思想を継承した独創的な思想

人間の学
- 和辻哲郎（1889〜1960）（➡p.35）

写真：アフロ

藤樹書院

伊藤仁斎宅跡（古義堂）

哲学の道（京都）　写真：アフロ

明　｜　清　｜　中華民国　｜　中華人民共和国

室町時代　｜　安土・桃山時代　｜　江戸時代　｜　明治　｜　大正　｜　昭和　｜　平成　｜　令和

15　16　17　18　19　20　21

基本用語 仏教 キリスト教 イスラム教（イスラーム） ユダヤ教

Theme 6

世界の宗教—宗教を信じて

Approach

ありふれた物にも魂がやどる—日本人の宗教観

以前，韓国で日本の映画がまだ公開されていなかったころ，日本大使館の文化広報院で日本映画が上映されるといつも満員となった。松田聖子さん主演の「野菊の墓」を上映したときのことである。別れの場面で，主人公が愛する人の手に形見の品を渡す場面は，最も日本的な情愛のこもる場面となるはずだった。しかし，手渡した物が大写しになった時，聴衆はどよめいてしまった。友人の一人は「もう会えなくなるかもしれない恋人に，何故あんな小石を手渡すのか」と説明を求めるのだった。形見について説明するのも思うほど容易ではない。「小石のように取るに足らないようなものだからこそ，真心はこもるのだ。それを受け取った恋人の気持ちもけなげではないか」などと説明しても，彼は解せない表情だった。故人にゆかりある品が特別な関心を呼ぶことはどの社会にもあるにちがいない。……しかし，**日本の形見は明らかに個人どうしの精神的な関係が物を通して伝えられる**という点で，本来どこまでも私的な性格のものである。誰でも手にできる単なる呪術的なものや骨とう品とは異なる。

（伊藤亜人『日本社会の周縁性』青灯社）

追究 あなたの身のまわりに，「魂」が宿っていると感じるものはあるだろうか？

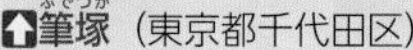
筆塚（東京都千代田区）

浅草寺の針供養（東京都台東区）

Key point キーポイント なぜありふれた小石が形見になりうるのだろうか。わが国では人々が普段接するものであれば，草木や石，空間，日用品にまで魂が宿っているような観念が伝統的にある。この映画の場合，主人公が日頃大事にしていた小石には，主人公の魂が乗り移っていると思われているのである。日頃慣れ親しんできた筆や針，眼鏡，人形などにも，その人の魂が乗りうつるとされ，それを廃棄する場合にはそれなりの礼儀を経なければならないとされてきた。そこで，「筆塚」「眼鏡塚」等が作られ，「針供養」「人形供養」などが行われてきた。また使用する機械等にも魂があるかのように感じ，例えばロボットなどにも名前をつけて，自分たちの仲間であるかのように接することも多い。この魂は，時に神格化さえする。例えば，普段練習する道場や球場などにも神が宿るものとみなし，そこへの入出場に際し，礼をしたり，絶えず掃除をして清浄に保とうとしたりする。サッカーのワールドカップで日本人ファンが試合後，ゴミ拾いしていたのも，その習慣の延長と考えることができる。

1 世界の宗教人口とその分布

A 宗教分布図

（『今がわかる時代がわかる世界地図』成美堂出版）

B 世界の宗教人口（2022年）

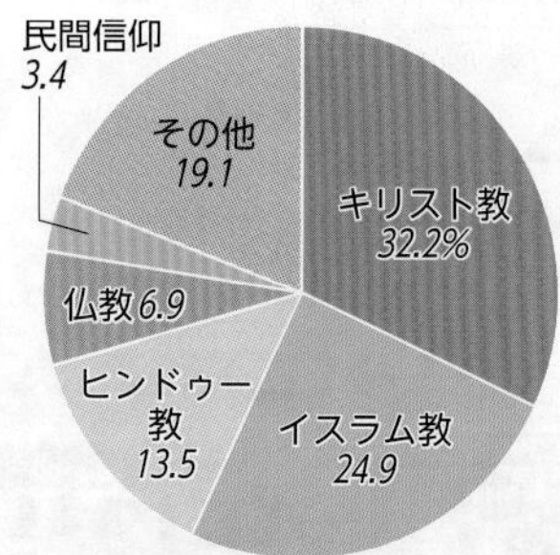

（『THE WORLD ALMANAC』2023）

マハーボーディ寺院（ブッダガヤ）

聖墳墓教会（エルサレム）

カーバ神殿（メッカ）

しごとカタログ **教誨師** 刑務所などに収容されている受刑者に対して宗教教誨（宗教的な講話や行事）を行い，信教の自由の保障や精神的安定を与えて更生と社会復帰に寄与するボランティアの宗教家。2020年現在，約1,800人の教誨師が日本で活動している。

2 三大世界宗教のおもな宗派の特徴

	キリスト教	イスラム教	仏教
①創始者 ②時期／場所 ③神と開祖の関係	①イエス(キリスト) ②１世紀初め／パレスチナ ③**父なる神とその子イエス**（神・神の子イエス・聖霊は三位一体） 	①ムハンマド ②７世紀初め／アラビア半島 ③**アッラー***（唯一神）と預言者ムハンマド 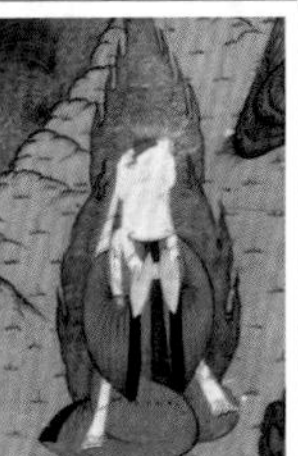	①ガウタマ=シッダールタ（ブッダ） ②紀元前５世紀頃／インド東北部 ③神に相当する存在はない（大乗仏教では，ブッダの神格化が進む） 
根本の聖典と教えの趣旨は？	**新約聖書と旧約聖書** ①イエスは救世主（キリスト）である ②神の絶対愛（アガペー）と隣人愛 ③律法の内面化（↔ユダヤ教の律法主義）	**クルアーン（コーラン）** ①神（アッラー）への絶対帰依 ②偶像崇拝禁止　③万人平等 ④六信と五行	**仏典（多種の経典）** ①四法印　②四諦（四つの真理）　③八正道　④縁起（の法）　⑤身分差別の否定　⑥慈悲（の心）
すこし具体的にみてみると…	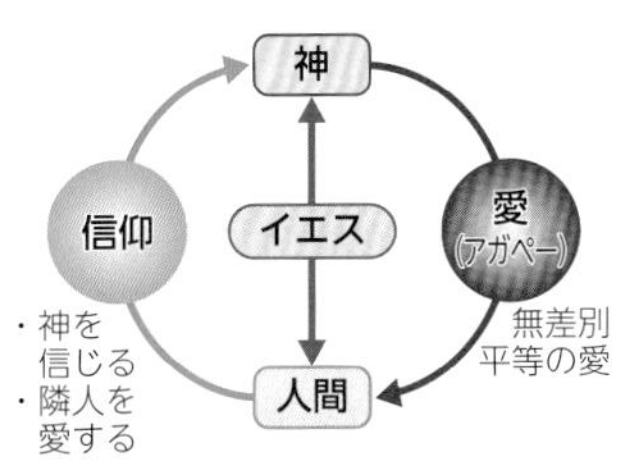 **アガペー**　神の人間に対する無差別で無償の愛を指す。イエスは人間もこの神の愛にならって隣人を愛せと教えた。 **隣人愛**　すべての人に対する無差別で無償の愛の実践を意味する。「自分を愛するように汝の隣人を愛せよ」「敵を愛し，迫害する者のために祈れ」と示されている。 キリスト教はユダヤ教を母胎として誕生した。イエスはユダヤ教が律法（神との契約）を形式的に遵守することに固執していると批判し，律法の内面化（心の問題とすること）を説く。アダムとイブを根源とする罪深い人間に神は無差別平等の愛を与えてくれる。人は神を信じて愛し，神が人を愛するように隣人を愛せよと説くのである。	アッラーの啓示 ムハンマド 聖典 クルアーン ・アッラーは唯一絶対の神 ・偶像崇拝の禁止 ・徹底した平等主義 **宗教的な務め** **六信** 六つの信ずべきこと：神（アッラー）　天使　聖典　預言者　来世　天命 **五行** 五つの信徒義務：信仰告白　礼拝　喜捨　断食　巡礼 イスラム教の聖典「**クルアーン（コーラン）**」は，預言者ムハンマドを通して伝えられた神の言葉の集大成である。ムスリム（イスラム教信者）はアッラーとクルアーンの教えを信じて「**六信五行**」の宗教的生活を送る（その生活全体を「**イスラーム**」という）。偶像の崇拝は禁止され，ムハンマドの肖像はイスラームには伝えられていない。	**縁起** 仏教の根本思想。あらゆるものはそれ自体で存在することはできず，他との関わり合いの中でしか存在しえないという真理。 **四諦**　ブッダの説く四つの真理 **苦諦**　人生は苦である。 **集諦**　苦の原因は欲望（煩悩）である。 **滅諦**　煩悩を捨て去るところに涅槃がある。 **道諦**　涅槃に至る正しい道。 ※「諦」は真実・事実の意。「涅槃」は煩悩の炎が消え去った安らかな境地。 **四法印**　真理を示す四つの要点 **一切皆苦**　人生は苦悩に満ちている。 **諸行無常**　全ては因縁により変化する。 **諸法無我**　絶対不変の存在などない。 **涅槃寂静**　苦悩から脱した安らかな境地。 **中道**　快楽と苦行の二つの極端を離れた正しい道。 **八正道**　中道を具体化。煩悩を捨て涅槃に至る八つの正しい修行方法。 人生は苦であるが，その原因は自分に対する執着心(我執)にある。ゆえに修行を実践し，世の中の真理を体得することで，煩悩が消え，我執がなくなり苦しみの連鎖から解放される（解脱）とした。
“愛”のあり方は？	**アガペー**（神の愛）は無差別で平等な愛であり，価値あるものを求める人間的な愛であるエロースと区別する。	隣人愛は社会的弱者に対する義務である。経済的余裕のある者が，弱者に施す**喜捨**は，五行の一つである。	**慈**（他者に楽しみを与えること）と**悲**（他者の苦しみを取り除くこと）。人間に限らず，生き物すべての幸福と平和を願う心。
主な宗派とその特徴は？	**カトリック**　最大の信徒をもつ。カトリック教会の中心はバチカン市国にある教皇庁，聖職者の長が教皇（＝ローマ法王）。十字の切り方：額→胸→左肩→右肩の順。 **プロテスタント**　カトリックの権威主義的な面に反発して分派。儀礼は簡単に行い，教会ではなく聖書と個人の信仰を絶対とする。祈るとき十字は切らない。 **ギリシャ正教会(東方正教会)** 彫像をつくらないかわりに板絵の聖画像「イコン」に祈る。十字の切り方：額→胸→右肩→左肩の順。	**スンニ(スンナ)派**　**多数派** アジア・アフリカ全体に広がり，全体の９割以上を占める。代々のカリフ（最高指導者）を正統と認め，「クルアーン」とムハンマドの言行録である「ハディース」，「ハディース」の示す慣行（スンナ）が絶対の規準。 **シーア派**　**少数派** イランなどを中心に分布。第４代カリフであるアリーとその「預言者の血統」を重視する。 *「アッラー」とは，アラビア語における神の普通名詞（英語なら“God”）にあたる言葉である。	**大乗仏教**（北伝仏教） 中国，日本，朝鮮半島，ベトナムなどを中心に広がる。 自分だけでなく他者の救いをも重視し，より多くの人々を悟りに導くことを目指す。 **上座部仏教**（南伝仏教） スリランカ，ミャンマー，タイなど東南アジアでさかん。 ブッダの教えを忠実に守るため，男性は一生のうち一度は僧院で厳しい修行生活を送る。修行者は自己の悟りだけを目指す。

Try（トライ）　世界で最も信徒の人口が多い宗教はどれ？
①キリスト教　②イスラム教　③仏教

幸福　連帯　寛容

Theme 7

日本の伝統と思想

基本用語 八百万の神　清き明き心　絶対他力　悪人正機説　只管打坐　唱題　朱子学　国学　真心　もののあはれ　純粋経験　間柄的存在

Approach

言葉には霊的な力がある―『万葉集』と言霊思想

　船で旅立つ人への柿本人麻呂の歌に「磯城島の大倭の国は言霊の助くる国ぞまさきくありこそ」という一節がある。「この日本という国は言霊が助けてくれる国です。私がこうして祝福の言葉を口に出しているのだから，必ずその効果があります。どうぞ無事で行ってこられますように」という意味だ。ここで，人麻呂は相手の航路の安全を神に祈っているのではなく，自分の歌に用いられた言葉そのものの霊的な力を信じている。言葉に神格が与えられている。日本の言霊思想によれば，祈りは伝達される必要がない。祈りの言葉はそれだけで有効なのだ。大和言葉には言霊が宿っているのだから，発言したこと自体で祈りの目的は達せられていることになる。

（渡部昇一『万葉集のこころ　日本語のこころ』ワック）

Active! 高校生

⬅愛媛県松山市で開かれた俳句甲子園（2020年）

写真：朝日新聞社

Key point キーポイント 『万葉集』は4,500首もの歌がおさめられており，その歌は天皇から氏族の長や，兵士，農民，遊女まで，男女や身分の差別なく，都から地方まで網羅している。当時の人々の様々な思いが，外来の漢字ではなく，当時実際に使われていた言葉で表出された歌集となっている。その根底には，普段使い慣れている大和言葉にはそれだけで霊的な力があると人々が信じていたからであろう。わが国に現在も俳句を300万人，短歌を25万人も愛好する人がいるのは，そうした思いが現代に引き継がれているからではないだろうか。

追究 あなたが好きな短歌・俳句を挙げてみよう。

1 日本人の自然観

　水稲を栽培するために太陽や水や大地などの力能をまつることや，心霊を感得することや祖霊を祀ることは，人間が自然や神へかかわってゆくことである。火山が噴火したり，台風が来襲したり，雨がひどく降ったりするのは，自然が人間へかかわってくるのであり，祟ることによって神が出現するのは，神から人間へ関わってくるのである。人間と自然と神を結ぶ回路を流れる経験の性質はさまざまであり，流れる方向も常に一定にしているわけではなく，ある方向へ流れてもまた流れ返すこともある。（平野仁啓『日本の神々』講談社現代新書）

⬅お田植え祭（鹿児島県霧島市・霧島神宮）

解説 **清らかな自然，そして神と人との相互的かかわり**　日本には春夏秋冬の四季があり，自然は穀物や果実や魚介類など様々な恵みをもたらした。反面，自然は台風や洪水，干ばつや地震といった災害ももたらすが，日本人は自然を支配しようとするのではなく，耐え忍び一体感を強めながら，感謝や畏敬の念をもって接してきた。そういった自然物や自然の威力に対する信仰は原初的なアニミズム（自然界における様々な霊的存在への信仰心。アニマは「霊魂」でアニメの語源でもある。）も含み，**八百万の神**として多数の自然を神々として祀ることにつながっている。自然をベースに，神と人がお互いにかかわり合う，これが古来日本の信仰の特徴といえる。

2 日本の伝統思想

　古来より日本では私心のない誠実な心情である「**清き明き心**」が重んじられてきた。一方で，悪い行い（さかしらごと）は心身をけがすものとされ，これは「**はらい**」や「**みそぎ**」によって除去できるものと考えられていた。

　「みそぎ」は，八百万神を祀る神道で身を浄めるために行われるものである。その起源は，「古事記」や「日本書紀」によると八百万の神の祖先であるイザナギとイザナミ夫婦にある。イザナミは火の神を生んで焼け死んでしまい，黄泉の国（死者の国）に行ってしまう。「どうしても妻に会いたい」と思った夫，イザナギは黄泉の国へ出かけ，地上に帰ってくるとこう言った。「汚いところに行って私の体は穢れてしまった。この穢れを洗い流そう。」そしてイザナギは筑紫の阿波岐原で「みそぎ」をしたのである。

⬅お祓いを受けるプロ野球選手たち（宮崎県宮崎市・青島神社）

写真：共同通信社

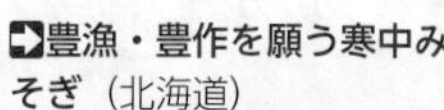
➡豊漁・豊作を願う寒中みそぎ（北海道）

しごとカタログ **学芸員**　博物館や動物園などで，資料の研究・調査・収集・展示普及，保存・管理などを行う職業。博物館法では，博物館には必ず学芸員の有資格者を置くことが定められている。資格は，大学の博物館学の講座を履修することなどで取得できる。

3 主な年中行事・通過儀礼

年中行事	正月	1/1	注連縄や年神棚をしつらえ，年神を迎え，豊作と幸福を祈る。
	人日	1/7	早春の野山に咲く7種の若菜を七草粥として食し，新たな生命力を取り込み，無病息災を願う。
	節分	2/3	立春の前日で季節の分かれ目。豆をまき，鬼の嫌う柊や鰯の頭を飾り，悪霊や災難を追い払う。
	上巳	3/3	桃の節句。雛祭。田植えの始まる季節に人形を川に流してけがれを落とした。
	彼岸	3/21頃	春分の日。墓参りに行きおはぎを食べる。
	花祭	4/8	灌仏会。釈迦の像を祀り，甘茶をかける。
	端午	5/5	菖蒲の節句。菖蒲湯に入り災厄をはらう。
	七夕	7/7	笹竹に五色の短冊を結び，川や海に流す。豊作を祈る祭りに中国の伝説などが習合した。
	お盆	8/15	旧暦の7月15日ころ。先祖の霊を祀る。日本古来の祖霊祭と仏教の盂蘭盆会が融合。
	重陽	9/9	菊の節句。中国では奇数は縁起が良い陽数とされ，最大値である9が重なり，重陽とされた。
	彼岸	9/23頃	秋分の日。墓参り。
	大晦日	12/31	年神を迎える準備をする。除夜には年神を迎えるために眠らないという意味がある。
通過儀礼	出生	宮参り	出産後初めて行う氏神参り。男児は32日目，女児は33日目に行うところが多い。
	生育	初節句	子どもの出生後，初めて迎える折々の節句に行う祝いごと。
		七五三	今日一般的なものは，3歳の男女，5歳の男児，7歳の女児が，寺社に詣で，それまでの成長の無事を感謝するというもの。
		成人式	子どもの段階から抜けて，大人の社会への仲間入りをするための儀礼である。
	年祝い		本来，厄払いの意味もあったが，今日では，年を重ねて長寿を迎えたことを祝うことに重きが置かれている。満60歳の**還暦**（干支の組み合わせが生まれた年と同じになることから），70歳の**古希**，77歳の**喜寿**（七を重ねると喜の異体字になることから），80歳の**傘寿**，88歳の**米寿**，90歳の**卒寿**，そして99歳の**白寿**（百から一を取ると白の字になることから）。

4 仏教思想の展開

A 聖徳太子と憲法十七条

⇧伝聖徳太子像
(574～622)

憲法十七条
一に曰く，和をもって貴しとし，忤うことなきを宗とせよ。～上和ぎ，下睦びて，事を論うに諧うときは，事理おのずから通ず。何事か成らざらん。
（上の人が和を大切にし，下の人が仲良くし，意見を出し合う，道理，何事も成しとげられないことはない。）

『十七条憲法』は仏教の「**和**」の精神によって豪族の対立・抗争を鎮め，天皇親政を築き上げる国家原理である。仏教のほかに，儒学や老荘思想の影響をみることができる。

解説 理想国家建設のために 十七条憲法には，豪族の対立・抗争を鎮め，理想国家を建設するための規範として，仏教・儒学や老荘思想などが取り入れられている。例えば孔子の『論語』には「礼の用は，和もて貴しと為す」との記述があり，有名な「和をもって貴しとし」の元になったことがわかる。

5 平安仏教

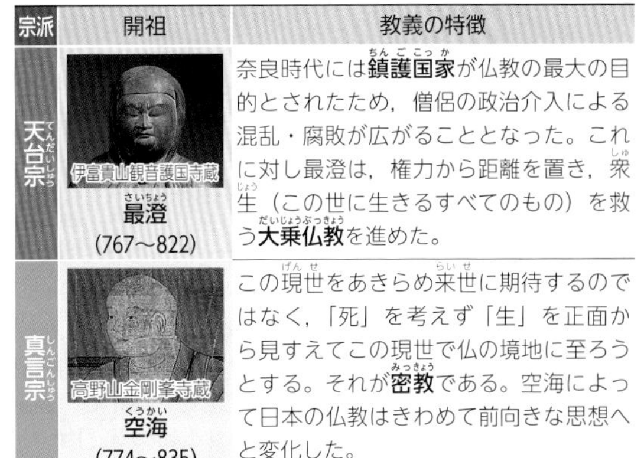

宗派	開祖	教義の特徴
天台宗	（伊富貴山観音護国寺蔵）最澄 (767～822)	奈良時代には**鎮護国家**が仏教の最大の目的とされたため，僧侶の政治介入による混乱・腐敗が広がることとなった。これに対し最澄は，権力から距離を置き，衆生（この世に生きるすべてのもの）を救う**大乗仏教**を進めた。
真言宗	（高野山金剛峯寺蔵）空海 (774～835)	この現世をあきらめ来世に期待するのではなく，「死」を考えず「生」を正面から見すえてこの現世で仏の境地に至ろうとする。それが**密教**である。空海によって日本の仏教はきわめて前向きな思想へと変化した。

解説 日本の仏教センター 平安時代には最澄・空海という優秀な僧によって唐から新たな宗派である天台宗・真言宗がもたらされた。とくに天台宗本山の比叡山は，やがて法然，親鸞，道元をはじめ，多くの僧侶が学ぶ日本の仏教センターの役割を果たすようになる。

6 鎌倉仏教

A 鎌倉仏教の展開

	宗派・関係寺	開祖	主著・重要用語
浄土教系	浄土宗 知恩院（京都府）	法然	『選択本願念仏集』 他力本願，専修念仏・極楽往生
	浄土真宗 本願寺（京都府）	親鸞	『教行信証』 絶対他力，悪人正機説
禅宗系	臨済宗 建仁寺（京都府）	栄西	『興禅護国論』 坐禅による自己鍛錬，公案
	曹洞宗 永平寺（福井県）	道元	『正法眼蔵』 只管打坐，修証一等
法華系	日蓮宗 久遠寺（山梨県）	日蓮	『立正安国論』 唱題

B 浄土教系

宗派	開祖	教義の特徴
浄土宗	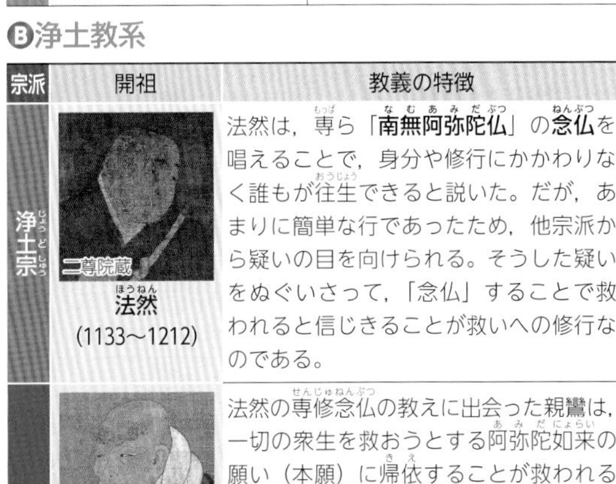（二尊院蔵）法然 (1133～1212)	法然は，専ら「**南無阿弥陀仏**」の**念仏**を唱えることで，身分や修行にかかわりなく誰もが往生できると説いた。だが，あまりに簡単な行であったため，他宗派から疑いの目を向けられる。そうした疑いをぬぐいさって，「念仏」することで救われると信じきることが救いへの修行なのである。
浄土真宗	（重要文化財 親鸞聖人像(熊皮御影) 奈良国立博物館蔵）親鸞 (1173～1262)	法然の専修念仏の教えに出会った親鸞は，一切の衆生を救おうとする阿弥陀如来の願い（本願）に帰依することが救われる道であると悟る。我執を捨て去り阿弥陀仏のはからいにすべてまかせること（**自然法爾**）により救われるが，念仏さえも自力ではなく，仏のはからいによってさせられている他力の行い（**絶対他力**）であり，実は念仏とは仏に対し感謝して行う念仏（**報恩感謝の念仏**）となるのである。

Try トライ 日本古来の祖霊祭と盂蘭盆会が融合した年中行事は？
①彼岸　②お盆　③節分　④七夕

Ⓒ禅宗系

宗派	開祖	教義の特徴
臨済宗	寿福寺蔵 栄西 (1141～1215)	比叡山で密教や天台宗を学ぶが，1187 年の２度目の入宋からの帰国後，臨済禅を広めた。臨済宗に特徴的な修行法が，**公案**（禅の問答）である。師が，禅師のエピソードが示す意味を弟子に問い，弟子は**坐禅**をして考え，答えを導き出す。これを繰り返すことで，悟りにたどり着くというものだ。
曹洞宗	 宝慶寺蔵 道元 (1200～1253)	道元は，権勢から離れ，世俗化した仏教について根本からこれを批判し，仏陀本来の精神に立ち帰ることを唱えた。**坐禅**を広く一般に普及させるため**只管打坐**（ひたすら坐禅に打ち込むこと）・**修証一等**（修行の実践はすなわち悟りであること）を説いた。坐禅により身体も精神も執着から解き放たれた境地が**身心脱落**である。

坐禅とは？　坐禅とは，修業とは何か？　ただ坐る，ただやることである。何のためか？　何のためでもない。ただやるのだ。仏法のために仏法をただやる。そこには何の目的もなく，求める物もなければ得られる物もない。今ここ，この自分に与えられた一瞬の命に従ってゆくだけだ。ありのままの現実になりきるのみ。

（ネルケ無方「大人の修行」安泰寺HPによる）

➡坐禅の様子

Ⓓ法華系

宗派	開祖	教義の特徴
日蓮宗	 玉澤妙法華寺蔵 日蓮 (1222～1282)	日蓮は，当時の地震，異常気象，疫病，飢餓を浄土教や禅宗などのせいだと攻撃。幕府に対し正法を**法華経**とするよう要求したが，逆に幕府から迫害を受けた。日蓮は死後ではなく現実世界における救済を重視し，「**南無妙法蓮華経**」の題目を唱える**唱題**により，個人も国家も救われるとした。

解説 **多様な鎌倉仏教の形成**　平安時代も半ばを超えた頃，武士の台頭から戦乱が続く世をむかえ，天災や疫病なども相次ぐ。折しも1052年より釈迦の教えの効力が消える末法に入るという**末法思想**が強い影響力を持ち，人々は不安をつのらせた。そうしたなか，現世ではなく，死後に阿弥陀仏の待つ西方極楽浄土での救いを求める**浄土信仰**（**阿弥陀信仰**）が広がり，一部の貴族だけでなく，一般の民衆も往生を願うようになった。鎌倉時代に入っても争乱や飢饉，疫病が続く世にあって，民衆は仏教によって救われることを望んだ。そのエネルギーが生み出した新仏教が，**浄土宗・浄土真宗・臨済宗・曹洞宗・日蓮宗**などである。

7 儒学と国学

Ⓐ儒学の思想家

	思想家	思想の特徴
朱子学派	林羅山 (1583～1657)	**上下定分の理**によって身分秩序を正当化し，下剋上の風潮を戒め，武士の身分的優位を確立した。
陽明学派	中江藤樹 (1608～1648)	陽明学を日本ではじめて紹介し，「官学」として奨励されていた朱子学を批判した。
古学派	天理大学附属天理図書館蔵 伊藤仁斎 (1627～1705)	体系的に整理された朱子学を批判。『論語』『孟子』の原典２冊を熟読し，もともとの意味を明らかにし，儒学の根本精神に立ち返ろうと試みた。
古学派	公益財団法人致道博物館蔵 荻生徂徠 (1666～1728)	**礼楽刑政**（規範・音楽・刑罰・政治制度）を整え，**経世済民**（世を治め，民を救うこと）を尽くすといった古典・聖賢の教えに直接触れることで，天下を安泰させる道を求めた。

解説 **江戸幕府を支えた儒教**　16世紀に伝来したキリスト教は江戸幕府により全面的に禁止されたが，儒学は日本に取り入れられ，江戸時代に継承されていった。儒学の中でもとりわけ身分の別を説く**林羅山**による朱子学は幕藩体制の政治理念と合致し，精神的支柱として採用された。一方，形式を重視する朱子学のアンチテーゼとして，**中江藤樹**による陽明学，**伊藤仁斎・荻生徂徠**らにより大成される古学が登場した。

Ⓑ国学の思想家

思想家	思想の特徴
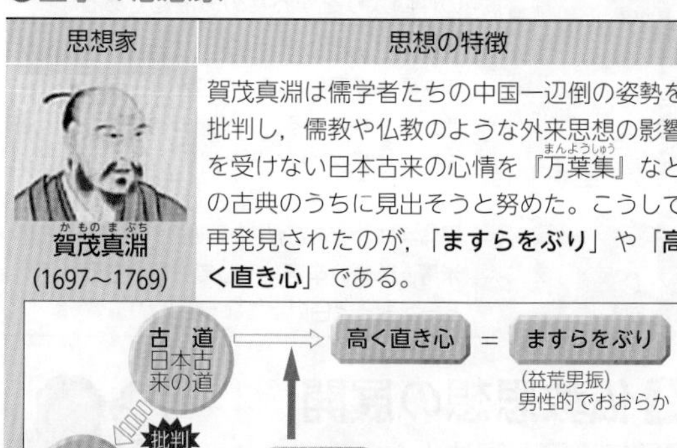 賀茂真淵 (1697～1769)	賀茂真淵は儒学者たちの中国一辺倒の姿勢を批判し，儒教や仏教のような外来思想の影響を受けない日本古来の心情を『万葉集』などの古典のうちに見出そうと努めた。こうして再発見されたのが，「**ますらをぶり**」や「**高く直き心**」である。

思想家	思想の特徴
 本居宣長 (1730～1801)	歌学を出発点とした本居宣長は，ライフワークとした『古事記』の研究を通して「**惟神の心**」を明らかにし，古代の人々のおおらかでありのままの心を理想とした。そのために，自然や人間関係に対する自らの純粋な感情，「**もののあはれ**」を知るように努めるべきだと考えたのである。

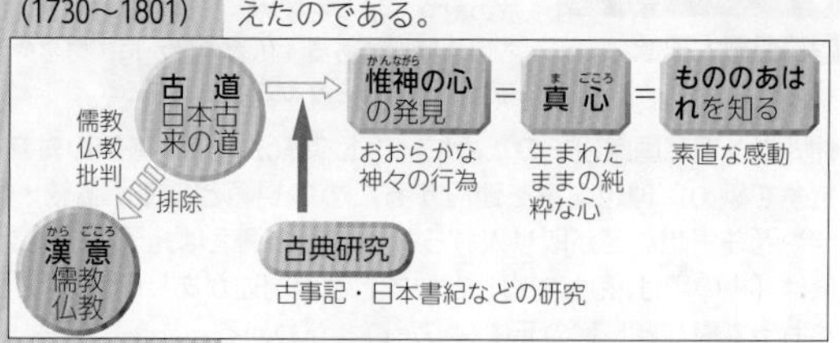

Try トライ **空欄補充**　本居宣長は『古事記』研究を通して古代の日本人の①〔　　　　　　〕の心を明らかにし，自然や人間関係に対する自らの純粋な感情である②〔　　　　　　〕を知るよう努めるべきだと考えた。

8 西洋思想の受容

Ⓐ福沢諭吉の思想

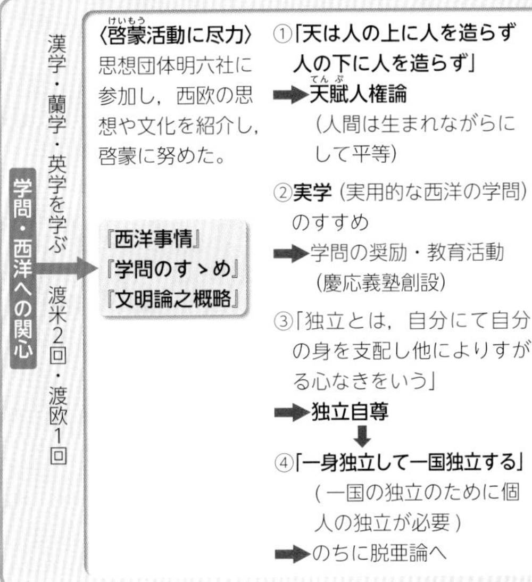

漢学・蘭学・英学を学ぶ
渡米2回・渡欧1回
学問・西洋への関心
〈啓蒙活動に尽力〉
思想団体明六社に参加し，西欧の思想や文化を紹介し，啓蒙に努めた。
『西洋事情』
『学問のすゝめ』
『文明論之概略』
①「天は人の上に人を造らず人の下に人を造らず」
天賦人権論
（人間は生まれながらにして平等）
②実学（実用的な西洋の学問）のすすめ
学問の奨励・教育活動
（慶応義塾創設）
③「独立とは，自分にて自分の身を支配し他によりすがる心なきをいう」
独立自尊
④「一身独立して一国独立する」
（一国の独立のために個人の独立が必要）
のちに脱亜論へ

解説 日本の伝統的思想を踏まえながら西洋思想が受容され（和魂洋才），新しい思想が展開していく。文明開化のもと，明六社に集まった思想家は西洋近代思想をさかんに紹介し，啓蒙運動を展開した。その中心である**福沢諭吉**はこれまでの封建制度を批判し，自主独立の精神の重要性を唱えた。

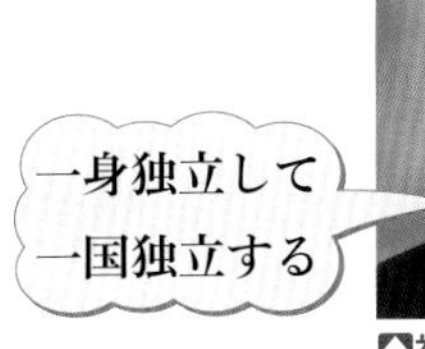

↑福沢諭吉（1835～1901）

9 二つのJ

Ⓐ内村鑑三の思想 "二つのJ"

二つのＪ ―― 内村にとって命を捧げて愛すべき Jesus（イエス）と Japan（日本）

⇩

キリスト教の信仰と日本への愛国心を持つことは両立できる，と主張した。

※不敬事件…1891年，第一高等中学校の教師であった内村は自らの信仰のため教育勅語奉読の際に敬礼をしなかった。そのため，同僚・生徒・国家主義者から非難され，辞職に追い込まれた。

私共の信仰は国のためでありまして，私共の愛国心はキリストのためであります。

←内村鑑三（1861～1930）

解説 武家に育ち，幼い頃から身につけた**武士道精神**の上に，欧米の**科学的合理精神**と，**キリスト教精神**が築かれたのが，**内村鑑三**の思想であり，自らの思想を「武士道に接ぎ木されたるキリスト教」とした。日本的なキリスト教を確立しようと，教会や儀式に頼らず個人として聖書に向き合う**無教会主義**を主張し，日露戦争に対してはキリスト者の立場から**非戦論**の論陣をはった。イエスへの愛と日本に対する愛国心のはざまで苦悩しながらも真のキリスト者であろうとした。

10 近代的自己の確立

人物と主著	思想のおもな内容
夏目漱石（1867～1916）『我輩は猫である』『こころ』『私の個人主義』 	「日本の現代の開化は**外発的開化**である。」→**自己を見失う** →主体性を確立する**自己本位**という生き方 →**エゴイズム（利己主義）の問題** →晩年は，自我に固執せずに天命を受け入れる**則天去私**の境地を求める。
森 鷗外（1862～1922）『舞姫』 	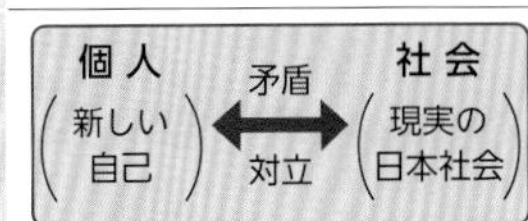 →・**諦念**…自分のおかれた立場を冷静に受けとめる ・**「かのように」の哲学** →個人と社会がいたずらに衝突することを避ける立場をとった。

11 日本思想の展開

人物と主著	思想のおもな内容
西田幾多郎（1870～1945）『善の研究』	禅の経験から，**主客未分の純粋経験**に自己の根本を見出す。 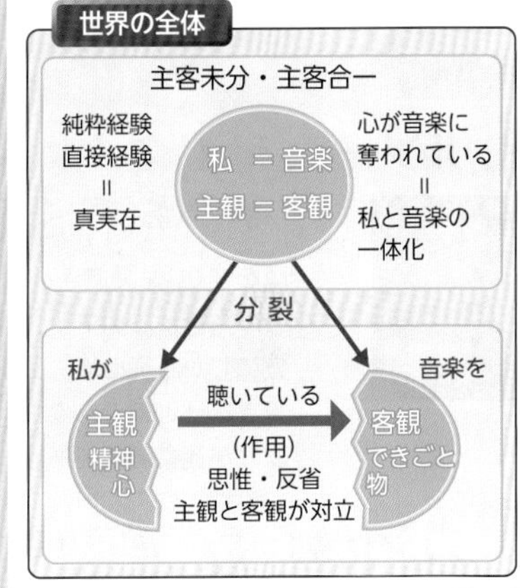
和辻哲郎（1889～1960）『古寺巡礼』『人間の学としての倫理学』	人間は，個人であると同時に，社会の中で生きている。人と人との関係である**間柄的存在**である。
柳田国男（1875～1962）『遠野物語』『先祖の話』	文献には載っていない無名の**常民**の姿を明らかにするために，民間伝承や習俗の研究をする**民俗学**を創始。先祖の霊は，神となって共同体を見守る。
折口信夫（1887～1957）『死者の書』	共同体の外部からやってくる**来訪神（まれびと）**に日本の神の原像を見る。

解説 明治後半になると近代的自我と現実の日本社会との矛盾が表面化した。夏目漱石は日本の近代化の矛盾を外発的開化という語でとらえ，西田幾多郎，和辻哲郎は仏教の禅など東洋の伝統思想を土台に西洋思想を批判的に受容しながら日本思想を独自の体系に高めていった。

Try トライ 人間は個人であると同時に，人と人との関係である間柄的存在であると論じたのは次のうちのだれか？
①西田幾多郎　②和辻哲郎　③柳田国男　④折口信夫

公共の扉

先哲から学ぶ「公共」①

「よりよい社会」を実現するためにはどうすればいいの？

❶「よりよい社会」って言っても，イメージできないよねー価値観なんてみんな違うしねー

❷でもみんな違う価値観でバラバラのことをしたら…社会が崩壊しないかな…

❸鋭いですね！同じような悩みはこれまで思想家も頭を悩ませていたんです。あっ，先生！

❹「よりよい社会」について，5人の思想家の考えに触れてみよう。

1. プラトン 先生の答え　*哲人政治を実現しよう！*

哲学者が国々において王になるのでないかぎり，あるいは，今日王と呼ばれ権力者と呼ばれている人たちが，真実に，かつじゅうぶんに哲学するのでないかぎり，……国々にとっての不幸のやむことはないし，また，人類にとっても同様だと僕は思う。

（田中美知太郎 訳「国家」『世界の名著７』中央公論社）

2. 孔子 先生の答え　*徳治主義を実現しよう！*

子の日わく，これを道びくに政を以てし，これを斉うるに刑を以ってすれば，民免れて恥ずることなし。これを道びくに徳を以てし，これを斉うるに礼を以てすれば，恥ありて且つ格し。（為政Ｉ）

（金谷治 訳『論語』岩波文庫）

3. ルソー 先生の答え　*みんなの権利を守るために契約をしよう！*

「どうすれば共同の力のすべてをもって，それぞれの成員の人格と財産を守り，保護できる結合の形式をみいだすことができるであろうか。この結合において，各人はすべての人々と結びつきながら，しかも自分にしか服従せず，それ以前と同じように自由でありつづけることができなければならない。」これが根本的な問題であり，これを解決するのが社会契約である。

（中山元 訳『社会契約論』光文社古典新訳文庫）

4. カント 先生の答え　*他者を目的として尊重し合う国が理想！*

全ての理性的な存在者がしたがう法則は，誰もが自分自身と他者を決してたんなる手段としてだけではなく，むしろ同時に目的そのものとしてあつかうべきであるという法則だからである。そのときには，理性的な存在者は共同の客観的な法則によって体系的に結びつけられ，そこに国が生まれるのである。この客観的な法則が目指すのは，理性的な存在者がたがいに目的であり，手段であるものとして関係するようになることであるから，この国は目的の国と呼ぶことができよう。

（中山元 訳『道徳形而上学の基礎づけ』光文社古典新訳文庫）

5. 和辻哲郎 先生の答え　*個と全体が統合されているのが社会！*

相互に絶対に他者であるところ自他がそれにもかかわらず共同体的存在において一つになる。社会と根本的に異なる個別人が，しかも社会の中に消える。人間はかくのごとき対立的なるものの統一である。この弁証法的な構造を見ずしては人間の本質は理解せられない。

（和辻哲郎『倫理学』岩波文庫）

1. プラトン（➡p.40）は，アテネの政治が師ソクラテスを刑死に追いやるほど荒廃した状況を背景に，あるべき国家の姿について考えた。そして行き着いたのは，真に哲学をしている者が政治的支配を担うことを理想とする国家であった（**哲人政治**）。

2. 孔子（➡p.41）もまた，徳をもつ道徳的人格者（聖人・君子）による政治を理想とし（**徳治主義**），為政者の徳が人々を感化していくことを理想とした。それゆえに統治者の自己修養の必要性を説いた。

3. ルソー（➡p.71）は，社会を形成する目的を，その構成員の生まれながらの権利（自由・平等）を保護することにあるという**社会契約説**を説いた。社会を形成することによってかえって不自由になるのではなく，社会形成以前と変わらずに自由でありつづけるために，自己を含めた共通の利益（**一般意志**）を全員で検討する**直接民主制**を理想の政治のあり方として唱えたのである。

4. カント（➡p.45）は理性が無条件に命じる道徳法則に主体的に従うことができる人間を**人格**ととらえ，そこに人間の尊厳があると考えた。ゆえに，尊厳ある人間を単なる手段として扱うことは許されず，「人格」を**目的**としてつながりを持つべきであるとした。そうした関係のもとにつくられた共同体は**目的の国**と呼ぶにふさわしく，国際社会のあるべき姿も同じ視点から説き起こした。

5. 和辻哲郎（➡p.35）は個と全体が矛盾しながらも統一されていることを社会の本質と捉え，個別性と全体性の調和をはかる倫理を探究した。

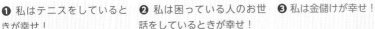

「幸福に生きること」とはどんなことだろうか？

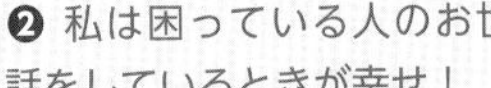

❶ 私はテニスをしているときが幸せ！

❷ 私は困っている人のお世話をしているときが幸せ！

❸ 私は金儲けが幸せ！

❹ どれも幸福なんだけど，本当の幸福ってあるのかな？

6. ソクラテス 先生の答え　*善く生きよう！*

大切にしなければならないのは，ただ生きるということではなくて，善く生きるということなのだ……。
（プラトン 著／田中美知太郎 訳「クリトン」『プラトン全集9』岩波書店）

7. アリストテレス 先生の答え　*理性を存分に発揮しよう！*

最高の卓越性（アレテー）とは……，これが或いは理性（ヌース）とよばれるにせよ，或いは何らかの名称で呼ばれるにせよ，……このものの，その固有の卓越性に即しての活動が，究極的な幸福でなくてはならない。（出隆 訳「形而上学」『アリストテレス全集 12』岩波書店）

8. 孔子 先生の答え　*みんなで学ぼう！*

学びて時に之(これ)を習う。亦説(またよろこ)ばしからずや。
朋(とも)あり遠方より来たる。亦楽しからずや。
（金谷治 訳『論語』岩波文庫）

9. ベンサム 先生の答え　*快楽(幸福)の量が大きくなることがよいこと！*

功利性の原理とは，その利益が問題になっている人々の幸福を，増大させるように見えるか，それとも減少させるように見えるかの傾向によって，…その幸福を促進するようにみえるか，それともその幸福に対立するようにみえるかによって，すべての行為を是認し，または否認する原理を意味する。
（山下重一 訳「道徳および立法の諸原理序説」『世界の名著 38』中央公論社）

10. 宮沢賢治 先生の答え　*個人の幸福は社会全体の幸福から！*

世界がぜんたい幸福にならないうちは個人の幸福はあり得ない
自我の意識は個人から集団社会宇宙と次第に進化する
この方向は古い聖者の踏みまた教へた道ではないか
（『農民芸術概論綱要』「筑摩現代文学大系 14」筑摩書房）

6. ソクラテス（➡p.39）の有名な言葉であるが，これは無実の罪で牢獄に入れられたソクラテスが，脱獄をすすめた弟子のクリトンに言った言葉。「善く生きる」ことを目指して「真の知」を探究した哲学者にとって，国法にそむいて生きながらえることはできなかった。**「善く生きる」**とは善悪を判断する「真の知」を持ち，実行することであり，こうした徳を持つことは人間としての幸福につながる（**福徳一致**）と考えた。

7. アリストテレス（➡p.40）は，幸福とはアレテー（卓越性・徳）を実現することだと説く。人間のアレテーは，理性を働かせて真理を追究すること＝**観想**（**テオーリア**）であるため，幸福とは**観想的生活**，つまり，理性を用いた真理の追究であるとした。

8. 孔子（➡p.41）もまた，学問をすることに大きな価値を置いていた。知的探求による幸福は，洋の東西を問わないといえる。

9. 功利主義を説いた**ベンサム**（➡p.45）は快楽の質は問題にせず，できるだけ多くの人々の快楽（幸福）の量を増大することが，道徳的に善である（**最大多数の最大幸福**）と説いた。つまり，あることに対する判断においては，幸福を量の増減だけを問題にし，これが個人の行為についての基準となるだけでなく，政府の政策についても指標にもなるのだとした。

10. 宮沢賢治は，世界全体の幸福を無視して個人の幸福はあり得ないと考えた。それは，宇宙万象と自己がつながっていると考えれば当然のことであり，そこからあらゆる命への共感へと進展していくはずであると考えた。

基本用語 自然哲学　無知の知　イデア　儒教　仁・礼　道家

Theme 8 源流思想

私たちが見ているのは「影絵(かげえ)」なの？—洞窟(どうくつ)の比喩(ひゆ)

Approach

「洞窟の比喩」は，**プラトン**が『国家』の中で述べた有名なたとえ話だ。洞窟の中で縛られた囚人が，火の明かりでできた影絵が映る奥の壁を見せられている。囚人はその影絵を本物（実在）だと思ってしまうのだ。

さて，この「囚人」，今の私たちによく似てはいないだろうか。もっぱらスマホかテレビで情報収集を行い，世界で何が起こっているか知ったつもりになる。服装，髪型，食生活など，情報なしでは生活のあらゆる場面でやっていけない。しかし，あらゆる情報は誰かの手によって選択・編集された上で私たちのもとに届けられる。それらは，少なくとも誰かの意図が入った「影絵」に過ぎないのだが，そのことに気を配る人は多くない。**つまり現代人は，「影絵」に右往左往する「囚人」にそっくりなのである。**

さて，プラトンの話には続きがある。あるとき囚人の一人が抜け出して洞窟の外，すなわち真実（**イデア**）の世界を目にする。その囚人こそが哲学者だ。哲学者は洞窟に戻って他の囚人に「君たちの見ているものは真実ではない」と説いて回り，外へ連れ出そうとする。しかし哲学者のいう事を信じようとしない囚人たちは，

哲学者を殺してしまうだろう，とプラトンは語っている。これは師**ソクラテス**の最期の暗示といわれる。

善のイデア
（『「ソフィーの世界」哲学ガイド』NHK出版参考）
イデアの世界［永遠普遍］
地上（洞窟の外）の世界はイデア界を，太陽は「善のイデア」を表す。我々が真実を知るためには善のイデアが照らす光が必要である。また，すべてのものは善を志向しているため，善のイデアがイデアの中で最高のものである。
日常の感覚の世界
［移り変わり流れ去る］

「洞窟の比喩」は，私たちが見ている世界が「世界の本当の姿」ではないことを指摘し，物事を絶えず多面的にとらえようとすることの大切さを説いているといえるだろう。ネット上などでいろいろな情報が飛び交っている現代，一方的な情報に目を取られると，物事の真実を見失うことになりかねないことを，我々はプラトンに学ぶべきではないだろうか。

追究 先哲の思想から，あなたの普段の生活を問い直してみよう。

1 自然哲学

A 神話的世界観

紀元前6世紀以前の古代ギリシャでは，ゼウスを主神とするオリンポスの神々が自然や人生の出来事を支配すると考えられていた。**神話（ミュトス）**に登場する英雄が人々の生き方の指針となり，**理性（ロゴス）**で世界を説明し，生きることを自ら模索する態度はまだ生まれていなかった。

⬇オリンポス12神

⬅アキレウスはギリシャ神話に登場する英雄で，ホメロスの叙事詩(じょじし)『イリアス』の主人公。人間の王と女神テティスとの間に生まれ，トロイア戦争では活躍するも弱点である踵(かかと)を射られて命を落とす。

B 哲学的精神の誕生

紀元前6世紀，世界や人生の根源を理性により追求する精神がギリシャのイオニア地方に誕生した。ここでは地中海交易のもたらす豊かさと先進地域であるオリエントとの交流を背景に，ポリスの市民がスコレー（閑暇(かんか)）というゆとりのなかで討論や学問を深め，広い視野から万物の根源＝**アルケー**（ギリシャ語）を探求した。つまり最初の**哲学**として**自然哲学**が誕生したのである。

➡タレス

➡デモクリトス

しごとカタログ　教員　学生・生徒にいちばんなじみがある職業。正式な職名は，中・初等教育（小・中・高など）では教諭など，高等教育（大学など）では教授・准教授・助教などである。一般的に中・初等教育の教員になるには免許が必要だが，高等教育では不要。

C主な自然哲学者たち

哲学者	アルケー	思想
タレス (前624頃～前546頃)	水	宇宙や万物は1つの実体に還元できると考えた最初の哲学者。生命に不可欠で運動・変化が可能なものは水であると観察した。
アナクシマンドロス (前610頃～前546頃)	無限なるもの (ト・アペイロン)	無限であり無規定なものだからこそあらゆるものが生成可能である。
アナクシメネス (?～前525頃)	空気	師のアナクシマンドロスがいう「無限なるもの」を空気と考え，空気が希薄になると火，濃厚になると水になるとした。
ピタゴラス (前570頃～前490頃)	数 (数の比例関係)	数とその比例関係が秩序ある宇宙の背後にあると考え，数学の真理はその普遍性から神の啓示として神秘的なものであると考えた。→宗教集団を組織し，魂の不死と輪廻を唱え，魂の浄化のために音楽・数学と禁欲を重視する(ピタゴラス学派)
ヘラクレイトス (前540頃～前480頃)	火	昼から夜になるようにすべては変化や流動のうちにあり，「万物は流転する」と唱えた。火はすべてを破壊し変化させる力を持つことから，流転する世界の背後にあるアルケーを火とした。
パルメニデス (前515頃～前450頃)	有るもの	「有るものはあり，有らぬものはあらぬ」，「有るものはただ一にして一切の存在である」とし，有るものが消滅したり，無いものが生成することはなく，生成消滅・変化を否定した。
デモクリトス (前460頃～前370頃)	原子 (アトム)	それ以上分割できず，無変化の存在の原子(アトム)をアルケーとし，原子はすべて同質で，それらが運動し，結合することで世界の様々なものが生まれると考えた。近代科学に通じる原子論。

2 ソフィストの思想

アテネではペルシア戦争（前500～前449）の後に市民の政治的発言権が増し，紀元前5世紀頃，民主政治が発達した。こうした場では言葉（説得）の力が重視され，その技術である弁論術を教える職業教師＝**ソフィスト**が活躍した。優れた思想家も現れたが，彼らはやがて相対主義を楯に，弁論に勝つことのみに執着し，こじつけや屁理屈で相手を論破する詭弁家に堕落した。

Aソフィストの特徴（自然哲学者との比較）

	自然哲学者	ソフィスト
思索の対象	自然(ピュシス)	人為的なもの(ノモス) →法・制度・社会
真理	絶対的な真理(アルケー)	相対的な真理 ※ノモスは時代・国で異なる

B代表的なソフィスト

プロタゴラス (前490頃～前420頃)	**「人間は万物の尺度である」**＝真理の基準は個々人によるものであり，絶対的，客観的真実は存在しないという「相対主義」の考え方。
ゴルギアス (前483頃～前376頃)	「何ものもあらぬ。あるにしても，何ものも知りえない。たとい知り得るにしても，それを何人も他の人に明らかにすることは出来ないであろう。」＝「不可知論」の考え方。

3 ソクラテス（前469？～前399？）

「哲学の祖」とされ，普遍的真理を探究。著作はなく弟子のプラトンらの著作により，その思想が伝えられる。ソフィストについて，本当の真理を知らないのに知っていると思わせ，正しくないのに正しいと思わせさえすればよいとしていると批判し，相対主義的な考え方を否定した。

A問答法

「友人にうそをつくことは不正か」
「不正だ」
「では病気中の友人に薬を飲ませるためにうそをつくことも不正か」
「不正ではないと思う」
「それでは友人にうそをつくことは不正であり，不正でないことになる。うそをつくことは正か不正か」
「私にはもはやわからない」

（クセノフォン『ソークラテースの思い出』岩波文庫）

B「善く生きること」の実践

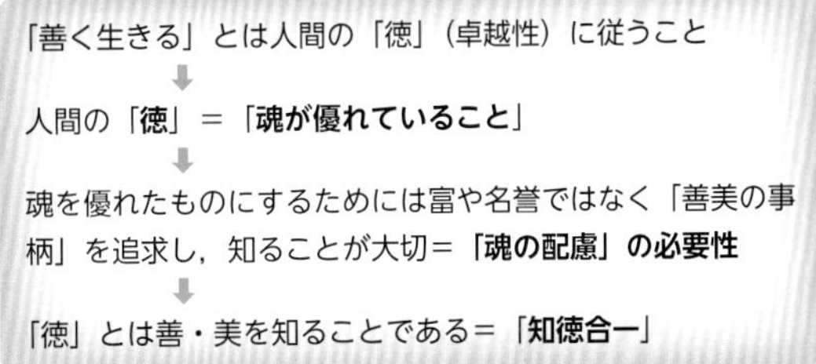

「善く生きる」とは人間の「徳」（卓越性）に従うこと
↓
人間の「徳」＝**「魂が優れていること」**
↓
魂を優れたものにするためには富や名誉ではなく「善美の事柄」を追求し，知ることが大切＝**「魂の配慮」の必要性**
↓
「徳」とは善・美を知ることである＝**「知徳合一」**

思想のまとめ

デルフォイの神託 ―「ソクラテスより知恵のあるものはいない」
↓ 知者と評判の者たちとの問答
無知の知 ― **問答法**によって探究
↓
善く生きるために「真の知」を探究
↓
徳(アレテー)の実現

- **知徳合一**　善や正を知れば，魂のすぐれたあり方である徳が実現する
- **知行合一**　真の知は人間の行為を正しく導く→理論と実践の一致
- **福徳一致**　正しい知によって行動すれば真に幸福に生きることができる

解説　善く生きること　自身を最高の知者としたデルフォイの神託に疑問をもったソクラテスは，多くの知者と問答する中で，知者も自分も「善美の事柄」については無知であるが，自分は無知を自覚しているということ（**無知の知**）に気づく。その後彼は「善美の事柄」「善く生きる」とはなにかについて知らないことの自覚を出発点に，真の知を求めることの大切さを説いたが，問答を通じて無知を暴かれた人々の恨みを買い，告訴されてしまう。弟子は脱獄と国外への逃亡を勧めたが，国法の絶対性を守ることを正義の実践（**知行合一**）と考えた彼は，自ら毒杯を仰いで亡くなった。

Try トライ　空欄補充　デルフォイの神託を聞いたソクラテスは，多くの知者と①〔　　　　〕をする中で自らの②〔　　　　〕を自覚し，「真の知」の探究に向かった。

公共の扉

4 プラトン（前427～前347）

ソクラテスの弟子。師の真理追究の姿勢を受け継ぎつつ，ピタゴラス学派の魂についての考えに影響を受けながら独自の**イデア論**を展開した。アテネに学園アカデメイアを設立し，アリストテレスもここに学んだ。主著『饗宴（きょうえん）』『パイドン』『国家』『ソクラテスの弁明』。

Ⓐイデア論

「すなわちものを美しくしているのは，ほかでもない，かの美の臨在というか，共存というか，……すべての美しいものは美によって美しいということだ」

（田中美知太郎・池田美恵 訳『パイドーン』新潮社）

世の中には様々な美しいものがある。それぞれに美しさを感じるのは普遍的で共通する美しさを見ているからである。しかし，個物は美しいものの1 つに過ぎず，普遍的な「美しさ」そのものではない。**普遍的な美しさとは，永遠に変わらない本質・理想＝イデアとしての美であり，美しいものは「美のイデア」を分有するが故に美しいのである。**

同じように，いろいろな三角形が同じ三角形として認識されるのは，それぞれが真の実在としての「三角形のイデア」を分有しており，理性（魂）によって現実の個々の三角形から「三角形のイデア」を捉えているからである。

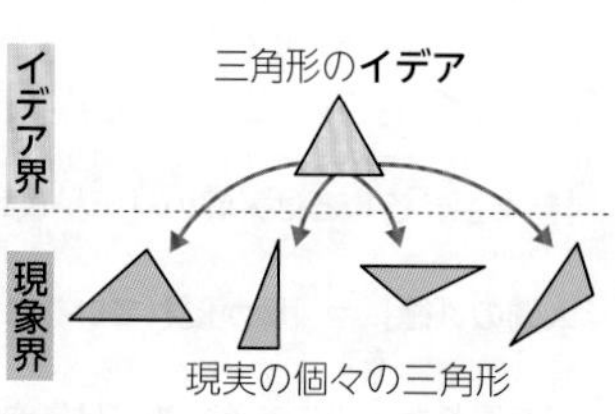

〈イデア＝理性によってのみ認識される真の永遠不変の実在〉

思想のまとめ

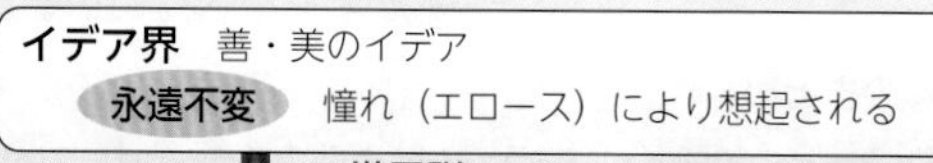

二世界説

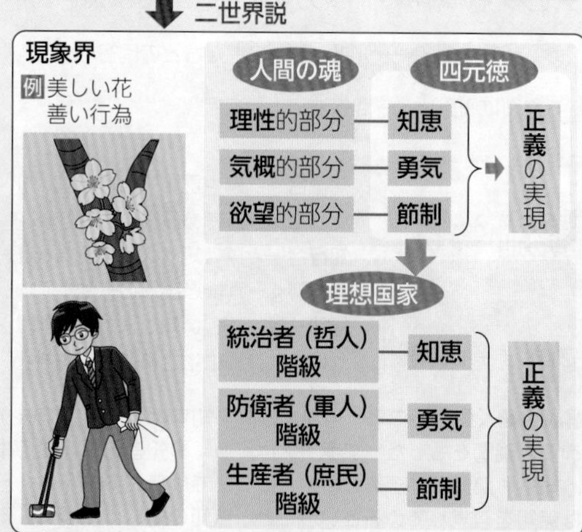

解説 エロース イデアを求める魂の愛は純粋な精神的愛であり，まさしくプラトニック・ラヴである。そして，それは不完全な人間が真の実在であるイデアを求めて限りなく努力していくことの大切さをも教えている。この点はソクラテスが説いた，「知を愛し求めること」に通ずる。

5 アリストテレス（前384～前322）

あらゆる学問の基礎を確立。万学の祖と呼ばれる。幸福とは**最高善**であるとし，人間の徳に従った生き方が幸福であり，また人間の徳とは理性に従って生きることで，実利を離れ，理性によって純粋に真理を求める生活＝**「観想（テオーリア）的生活」こそが幸福**であると考えた。主著『ニコマコス倫理学』『形而上学（けいじじょうがく）』『政治学』。

Ⓐイデア論の批判

アリストテレスは，師プラトンのイデア論を批判し，われわれが感覚的にとらえている現実の個物を本当に存在するものと考えた。

アリストテレスの現実を重視する考えは，現世での人間の生き方（倫理）の考えにもつながる。彼は，「人間はポリス的動物である」（➡p.17）という。これは，人間は社会集団的存在であり，その最高発達段階のポリス（国家）において，人間の本性も最高の形になれるということである。その中でも重要視されるのが，正義・友愛・中庸である。すなわち，理論的な知性的徳の命ずる中庸（過不足を避けること）の道をとることで，実践的な倫理的徳（正義や友愛など）が実現されると説いたのである。

Ⓑ徳の分類と中庸

①**知性的徳**：知性がよく機能することによる徳（以下の２つ）

知恵：学問的真理を認識する徳

思慮：行為の適切さ（中庸）を判断できる徳

②**習性的徳**（倫理（性格）的徳）：思慮を働かせ**中庸**＊を得た習慣の繰り返しによって備わる徳

＊**中庸**：思慮によって情意の平衡を保ち，両極端を避け，時と場所に応じて適切に行動できる

Ⓒ正義の分類（生活全般と一部に関わる正義）

全体的正義		ポリスの「法・秩序」を守る
部分的正義	配分的正義	能力や業績などに応じて名誉・利益が配分されること
	調整的正義	不正な不均衡が生じた場合には誰もが矯正され，公平を保つこと

思想のまとめ

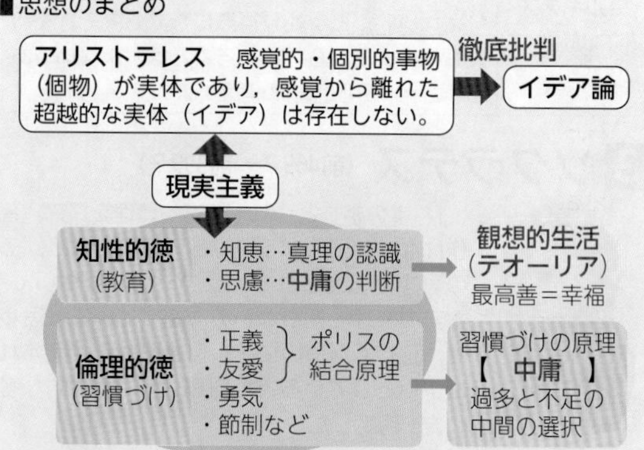

解説 観想（かんそう）（テオーリア）的生活 アリストテレスは，最高善は幸福であるという。幸福とは，アレテー（卓越性・徳）を実現することである。快楽を求める享楽的生活や名誉を求める政治的生活も善なるものであるけれども，**最高善**は，理性を働かせて真理を探究する**観想（テオーリア）的生活**であると説いた。

try **空欄補充** アリストテレスは師プラトンの①〔　　　　〕論を批判し，②〔　　　　〕にある個物を実体とした。

6 中国の思想

A 儒家の思想

孔子
(前551頃～前479)

主著『論語』
(弟子たちの編纂)
「巧言令色，鮮ないかな仁。」

春秋時代(前770～前403)末期の思想家。戦乱の時代にあって，徳の優れた為政者(**君子**)による政治＝**徳治主義**を理想とした。徳の中で最も重視したものが内面の「**仁**」(愛情)と「仁」が外に現れた「**礼**」(礼儀作法・社会規範)である。

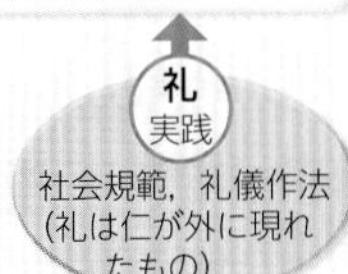

孟子
(前370？～前290？)

主著『孟子』
「人の性の善なるや，猶ほ水の下きに就くがごときなり。」

孟子は孔子の「仁」の思想を発展させ，「**性善説**」を説いた。これは人間は本来の性質が善であるということで，生まれながらに仁・義・礼・智の四徳を実現するための芽生えともいうべき**四端**が備わっているのだとした。これを養い育てることにより，人格が完成すると説いた。

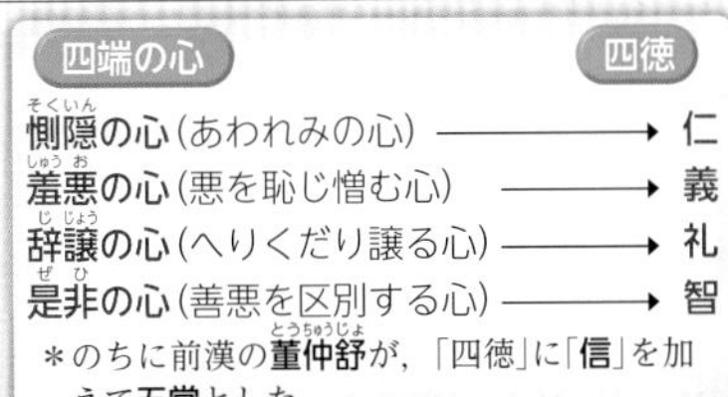

四端の心
四徳
惻隠の心(あわれみの心) → 仁
羞悪の心(悪を恥じ憎む心) → 義
辞譲の心(へりくだり譲る心) → 礼
是非の心(善悪を区別する心) → 智
＊のちに前漢の**董仲舒**が，「四徳」に「**信**」を加えて**五常**とした。

荀子
(前298？～前235？)

主著『荀子』
「人の性は悪，その善なる者は偽なり。」

荀子は，孔子の説いた「礼」を重視した。また，孟子の性善説に異を唱え，「**性悪説**」を主張した。人間の本性は悪であるから，人を善に向かわせるためには礼に基づく教育が必要であり，世の中を良くするためには礼を重んじた政治を行うべきとした。**(礼治主義)**

礼治主義 → 法治主義

礼治主義は弟子で法家の韓非子や李斯に継承され，法と賞罰による統治である法治主義に発展した。

B 道家の思想

老子 (前400頃)

主著『老子』
(「老子道徳経」ともいう)
「道は常に為す無くして，而も為さざるは無し。」

道家の祖とされるが，生没年は不明で実在も判然としない。老子の説く「**道**」とは万物の在り方そのものをいう。これは人為的なものを排除してありのままにまかせること＝「**無為自然**」を理想とするものである。この立場から儒家の説く秩序を作為的と批判した。

「**柔弱謙下**」…水が万物を育み，低いところにつくように，へりくだり，争わない理想の生き方。「無為自然」から生まれる態度。

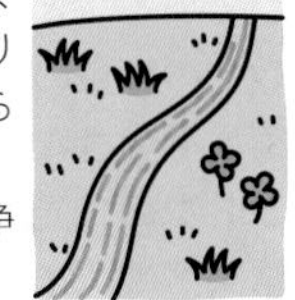

荘子 (前350頃)

主著『荘子』
(書名は「そうじ」と読む)
「古の真人は，生を悦ぶことを知らず，死を悪むことを知らず」

老子の思想を継承発展させた道家の大成者。自然のままの無為の世界では，すべてのものは対立を超えて同じ価値で存在し，差別はないとする「**万物斉同**」を説く。

「**胡蝶の夢**」…自分が蝶になった夢を見ているのか，蝶が自分になった夢を見ているのか分別がつかなくなる『荘子』のなかの寓話。万物斉同の思想をあらわしている。

C 新儒教～朱子学・陽明学

＊四書の一つ『大学』にある「格物致知」についての解釈

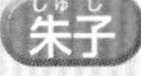

朱子
(1130～1200)

主著『四書集注』
＊「知を致すは物に格るに在り」
＝
一事一物に備わる理を十分に知り尽くせば自らの理も明白となる

中国宋代の儒者であった朱子は**朱子学**を大成した。朱子は**理気二元論**(理は本質・法則，気は形のない物質・要素で，両者が結合して万物は様々に存在する)を土台に，人間の内にある**理**は天が与えたもので人にとっての倫理・道徳にもなるとした。これを**性**とよび，「**性即理**」を唱え，人間は私欲を捨てて生きることが理に適うことになるとした。

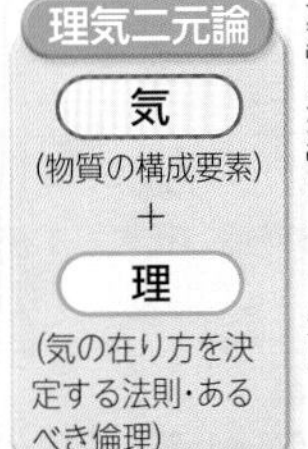

人間の本性(性)は天から授かった理(倫理・道徳)そのもの(性即理)であるが，これが感情や欲望に妨げられると本来の道徳性を発揮できない。そのため，自ら私欲を慎み，理を見極める「**居敬窮理**」の実践が必要になる。

王陽明
(1472～1528)

主著『伝習録』
＊「知を致すは物に格すに在り」
＝
良知(心)を働かせて物事を正すべきである

朱子学が理と気を分け，個物に客観的に存在する理を見極めようとしたのに対し，理と気を分けず，理は感情や欲望も含めた心の中にこそあるとする「**心即理**」を説いた。「心即理」を前提に，心には生まれながらに善悪を判断する能力＝**良知**が備わっており，これをその時々に応じて働かせ(**致良知**)，実行すること(**知行合一**)で，善を実現できるという。ゆえに心を正しい在り方に保つことが必要になる。

知行合一…知と行(知識と実践)は同じ心の作用として，本来一つのものであるから，真の知は必ず行動を伴うということ。陽明学の実践的な側面をあらわしている。

Try トライ **空欄補充** 徳治主義を理想とした孔子は，徳の中でも内面の①〔　　　〕(愛情)と，それが外面に現れた②〔　　　〕(礼儀作法・社会規範)を最も重視した。

Theme 9

西洋近代の思想

基本用語 ルネサンス　ヒューマニズム　「知は力なり」　帰納法　演繹法　人格　弁証法　人倫　功利主義　最大多数の最大幸福

Approach

「神中心」→「人間中心へ」―中世と近代を分けるもの

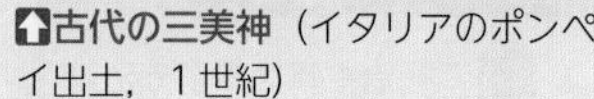

古代の三美神（イタリアのポンペイ出土，1世紀）

中世の三美神（写本のさし絵，14世紀）

ボッティチェリ作「春（プリマヴェーラ）」（1477～78？）

古代ギリシャの三美神は，古代から**ルネサンス**期にかけ絵画のメジャーな題材であったので，描かれた時代の特徴を読み取ることができる。

古代の三美神は素朴で人間味のある自然な表情に描かれ，衣類をまとわず，肉体そのものの美を中心に描いている。ところが中世になると，ローマカトリック教会の権威の高まりとともに，キリスト教の影響が芸術にも大きな影響を与えるようになった。第一に，**プラトン**の二元論がキリスト教の教義に取り入れられた結果，魂（**イデア**）＝善，肉体（個物）＝悪という観念が広がり，個物である肉体を美しく描くことが難しくなったこと。第二に，人間が欲望にしたがって生きることは，すなわち地獄に落ちる行いとされたことである。いわば中世は「神中心」の時代であったのだ。したがって中世の三美神は，「人間性」が感じられない無愛想な顔つきであり，欲望の対象とならないよう白布をまとってしっかりと肌を隠しているのだ。

やがてルネサンス期が到来すると，教会の権威退潮とともに，中世において否定されつづけてきた自由な「人間性」を復興する機運が盛り上がる。つまり，**「神中心」から「人間中心」への転換**である。ルネサンス期に人間のありのままの姿を描いた古代の芸術が再評価されるようになり，写実的で生き生きとした三美神が描かれるようになったのは，こうした背景があったのだ。

追究 ルネサンスが芸術や思想に与えた影響を調べてみよう。

1 ルネサンス

Ⓐルネサンス期の人文主義者・思想家

ダンテ（伊，1265～1321）　古代ローマの詩人ウェルギリウスと共に地獄（じごく），煉獄（れんごく）（天国へ向かう前の修行場），天国を旅する自分を主人公に，永遠に恋い焦（こ）がれたベアトリーチェを登場させた叙事詩（じょじし）『神曲』を著し，近代国民文学の先駆となった。

エラスムス（蘭，1466頃～1536）　16世紀最大の人文主義者。『愚神礼賛（ぐしんらいさん）』を著す。非合理的な熱情，狂気，本能を痴愚（ちぐ）と称し，キリスト教のおしえではなく，これらがこの世界を導いてきたと皮肉り，堕落したカトリック教会批判を展開。宗教改革に影響を与えた。

トマス＝モア（英，1478～1535）　インカ帝国をモデルに理想社会を描いた『ユートピア』を発表し，当時英国で進行していた「囲い込み」（領主が牧羊のために開放農地を小作人から取り上げ囲い込んだこと）を「羊が人間を喰う」と批判した。

マキャヴェリ（伊，1469～1527）　『君主論』において政治を宗教・道徳と切り離すべきと説き，近代政治学の基礎を築いた。熱烈な愛国者であった彼は，当時，分裂抗争を続け，衰退していたイタリアを救うべく，強力な権力を持った君主の出現を期待。君主は「獅子の力と狐の奸智（かんち）」をもつべきとし，目的のために手段を選ばない権謀術数（けんぼうじゅっすう）も肯定した。

解説 **ルネサンスとは**　ルネサンス（「復興」，「再生」の意）は，14～16世紀にヨーロッパでおこった古典文化の復興運動，文化全般における革新運動を指し，自然や人間をテーマに絵画や彫刻に優れた作品が残された。哲学・文学面では，ギリシア・ローマ時代の古典研究から人間研究（ヒューマニズム・人文主義・人間中心主義）へと発展し，人間性の再生がテーマとなった。中世ではキリスト教において「アダムによる人間の堕落」「不完全な人間」が強調されたが，15世紀の人文主義者ピコ＝デラ＝ミランドラ（伊　1463～94）は『人間の尊厳について』において，神の権威から解放され，自由意志によって自らの本性を決定できることに**人間の尊厳**があるとし，ここに「近代人」が誕生した。絵画技法の向上にとどまらない，人間そのものに対する眼差しや表現への欲求など内面的な変化，精神の変化を読み取ってみたい。

しごとカタログ **刑務官**　法務省所属の国家公務員で，看守，看守部長，副看守長，看守長などの階級に分かれる。刑務所や拘置所の保安警備を行うとともに，受刑者の日常生活の指導，職業訓練指導，悩み事に対する指導なども行っている。

2 宗教改革

A贖宥状の販売

1514年，聖ピエトロ大聖堂修築費用の捻出のため，ドイツを中心に贖宥状が販売された。購入すれば罪が赦されると言葉巧みに売られたが，ヴィッテンベルク大学神学教授であったルターはこれに異を唱え，1517年「95ヶ条の論題」を発表し，宗教改革が始まった。

Bルター（1483～1546）の思想

ルター

❶信仰義認説：人間は生まれながらの根源的な罪深さ（原罪）を背負っており，それを克服することはできない。ゆえに「神は罪ある人間を罰するのではなく，その憐れみによって罪を赦す」のである。よって神の御心に適うためには，善行を積んで罪の償いをするのではなく，**信仰によってのみ**人は罪を赦され正しい者と認められる（義認）のである。

❷聖書中心主義：カトリック教会の説く戒律や儀式を守ることではなく，神の言葉（福音）を記した**聖書のみ**を自己の信仰心によって読むことが信仰の柱である。

❸万人司祭主義：「信仰のみ」「聖書のみ」の考えによりキリスト者は神と直接結びつくため平等であり，権威者はいない。

職業召命説…ルターは聖書のドイツ語訳に際して，労働を意味する言葉にberufという訳語をあてた。berufとは「神の思し召し・召命」を意味する。つまり，労働は神がそれをなすように人に与えた使命であると考えたのである。当時，世俗の職業は卑しいとされ，聖職こそが貴いとされたが，ルターは神によって与えられた職業に貴賤はなく，それに励み万人に奉仕することが隣人愛の実践になるという職業倫理を説いた。

Cカルヴァン（1509～64）の思想

カルヴァン

❶予定説：神の力は絶対的なものであるため，人が救われるか断罪されるかは神の永遠の計画により予定されており，人間の意志の入り込む余地はない。

❷職業召命説の強調：職業はすべて神から与えられた召命であり，天職であるがゆえに神聖である。自分の職業に刻苦勉励することは神の栄光を現す道であり，救いの証となる。→労働の成果としての利潤は神意に適うものとして肯定される。→利潤の追求を前提とする近代資本主義の精神的支柱となる。（20世紀ドイツの社会学者マックス・ウェーバーによる指摘）

解説 **宗教改革とは**　ドイツの神学者ルターはローマカトリックの腐敗を批判して宗教改革の発端となり，カルヴァンはスイスにおいて教会改革に取り組み，神の絶対性を説いた。彼らの新しい改革運動により成立したのが**プロテスタント**であり，人間的な宗教を目指した点でルネサンスと通ずるといえよう。

3 モラリスト

モンテーニュ（1533～92）主著『エセー』

モラリストとは「ムルス（仏語で風俗習慣・行動の仕方）について書く著者」という意味があり，「人間性の諸傾向と諸習慣を研究する作家」とも定義される。モラリストの代表者には16～18世紀のフランスに輩出した**モンテーニュ**，**パスカル**らの思想家がいる。彼らは人間を観察・描写して，普遍的な人間の在り方・人間の条件を示し，それによって人間はいかに生きるべきかについて探究をした。宗教改革の影響を受けた宗教戦争のなかで，モンテーニュは博愛を説く宗教が独断に陥り，殺戮を招いた事態に対し，寛容さを持ち，冷静かつ謙虚に自己や人間の在り方を探究すべきことを著書『**エセー**』において説いた。それは私を吟味し，自分の無知を知ることになるが，そうした「Que sais-je?（**私は何を知るか**）」という謙虚な思索こそが，混乱と論争のなかに暮らすよりもましな生き方であり，「**私は判断を中止する**」という彼の表明は，実は限界を意識した探究精神そのものであった。

Aモンテーニュの思想

懐疑的命題
私は何を知るか？ ➡ **モラリスト** 人間の判断力の吟味➡真理を求める

⬇ 実践
寛容・柔軟な精神をもて！ ➡ **理想的人間像** 誠実で有徳な人間こそ理想的な人間である

4 思考の尊厳―パスカル

A考える葦

パスカル（1623～62）フランスの哲学者・数学者。主著『パンセ』

『旧約聖書』や西洋の文学では人間の弱さを示す場合，「おれかけた葦」という表現がよく使われる。パスカルも人間を葦に例えた。

「**人間は一茎の葦にすぎない。自然の内でもっとも弱いものである。だが，それは考える葦である。**かれをおしつぶすには，全宇宙が武装するにはおよばない。ひと吹きの蒸気，ひとしずくの水が，かれを殺すのに十分である。しかし，宇宙がかれをおしつぶしても，人間はかれを殺すものよりもいっそう高貴であろう。なぜなら，かれは自分の死ぬことと，宇宙がかれを超えていることとを知っているが，宇宙はそれらのことを何も知らないからである。そうだとすれば，**われわれのあらゆる尊厳は，思考のうちにある。**」

（由木康訳『パンセ』347白水社）

幾何学的精神	理性に基づき，原理・原則から演繹的に論証する自然科学の分野で用いる分析的な思考
繊細の精神	人間を深く理解したり，その存在の根拠（神）を感じる心の微妙な働きとしての精神

解説 **中間者**　人間は「考える葦」として悲惨さと偉大さの，また，無限と虚無の間を揺れ動く中間者であるとパスカルは述べた。そうした中間者として不安定な人間は「気晴らし」ではなくキリスト教の神によって救済されるべきだとも述べている。

Try カトリック教会の贖宥状販売を批判し，万人司祭主義を唱えて宗教改革を進めた神学者は次のうちのだれか？
①ルター　②カルヴァン　③モンテーニュ　④パスカル

5 科学的方法論

	経験論—帰納法	合理論—演繹法
内容	ありのままの自然観察や実験で得られた経験（事実）から，それらに共通する一般的，普遍的な法則を見出す。経験から離れ，前提となる理論ですべてを解釈しようとする態度や，事実を羅列するだけの単純な経験論を否定する。 事実 実験 事実 記述 事実 比較 ベーコンは死んだ 事実 収集 確証 人間はすべて死ぬ【一般的法則】 観察 吟味 事実 仮説 ソクラテスは死んだ 事実 デカルトは死んだ 【個別の事実】	生まれながらに人間の誰もが持っている理性を用いて，既成の価値観をあらゆる角度から疑う（方法的懐疑）。そして，定められた一般的原理から，糸口から糸を引き出すように，筋道を立てて論理的に具体的な事実を導き出す。  大前提「すべての人間は死ぬ」 小前提 デカルトは人間である 結論 ゆえにデカルトは死ぬ
主な思想家	**ベーコン**（英，1561～1626）哲学者・政治家。イギリス経験論の祖と言われる。「知は力なり」 **ホッブズ**（英，1588～1679）哲学者・政治思想家。「実在するものは物体のみ。物体の運動により感覚器官が圧迫され，機械的に発生するのが感覚である」（➡p.71） **ロック**（英，1632～1704）哲学者・政治思想家。「人間の心は白紙（タブラ・ラサ）で，すべては経験によって書き込まれる。生得観念はない」（➡p.71） **ヒューム**（英，1711～1776）哲学者・歴史学者・政治思想家。「物体も精神も観念の束にすぎず，実在しない」	**デカルト**（仏，1596～1650）大陸合理論の祖と言われる。「われ思う，ゆえにわれあり」「真に存在するもの（実体）は神と精神と物体である。世界は精神と物体で構成される（二元論）」 **スピノザ**（仏，1632～1677）一元論，汎神論。「すべて存在するものは神のうちにあり，神なしには何も存在しない（神即自然）。神が唯一の実体である」 **ライプニッツ**（独，1646～1716）数学者・哲学者。「世界に実在するものは無限のモナド（単子）である（多元論）。現存する世界は，神によって創造された最良の世界である（予定調和）」

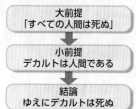

解説 **近代科学と哲学**　ルネサンス，宗教改革を通して人間性が見直されたことは，主体的に考え，行動する人間像の確立を促した。もはや真理は，神学や教会といった権威によって与えられるのではなく，人間の知性や理性によって知られるものとなったのである。そこで課題となるのが，「人はどのようにして正しい認識にたどり着くことができるか」という人間の認識能力についての問題である。17世紀になると，この問題は**経験論**の立場と**合理論**の立場に分かれて探究され，近代科学の基礎となった。

認識の源泉を経験に求めるのが経験論で，**ベーコン**以降イギリスで盛んに研究された（イギリス経験論）。一方，認識の源泉を理性と考えるのが合理論で，**デカルト**などによってヨーロッパ大陸を中心に研究された（大陸合理論）。

6 ベーコン（1561～1626）

Ⓐイギリス経験論

⇧ベーコン　イギリス経験論の祖

ベーコンは，エリザベス1世の国璽尚書〔国の印章を保管する大臣〕をつとめた有力な政治家の子として生まれた。23歳で代議士となった。57歳で司法の頂点である大法官に就任したベーコンは，3年後，賄賂を受けとった罪に問われて職を追われ，数日間ロンドン塔に幽閉された。その後は，隠居して研究と著述の余生を送った。

哲学者としてのベーコンは，アリストテレスに代わる新しい学問の樹立をめざし，研究の方法として帰納法を唱え，観察や実験の重要性を説いて「イギリス経験論の祖」となった。ベーコンによれば，真の学問の方法とは，個々の経験（事実）から一般的・普遍的な法則を導き出す帰納法である。経験から離れ，前提となる理論ですべてを解釈しようとする態度や，ただ事実を羅列するだけの単純な経験論を否定して，観察・実験などを通して個々の事実に共通する本質的な性質・因果関係を見出だそうとした。

7 デカルト（1596～1650）

Ⓐ方法的懐疑

⇧デカルト　フランスの哲学者・数学者。主著『方法序説』

デカルトは，自分の思索，そして哲学の出発点を定めるために，自分が学んだ学問や自分の経験を徹底して疑い，確実なものを見つけようとした。

「ほんのわずかの疑いでもかけうるものはすべて，絶対に偽なるものとして投げ捨て，そうしたうえで，まったく疑いえぬ何ものかが，私の信念のうちに残らぬかどうか，を見ることにすべきである，と考えた。」

（野田又夫訳『方法序説』中央公論社）

上記のように真理を獲得するため，あらゆるものを徹底的に疑い尽くすことを「**方法的懐疑**」という。最後にその懐疑に耐えうるものが真理となる。

解説 **理性主義の始まり**　**方法的懐疑**によって真理として残ったのは疑っている自身の意識・存在であった。この疑い，考える私の主観が**近代的自我**となり，理性主義の始まりとなった。また，このことは「精神の働きは，自分を意識することであり，この働きは物体にはない。この精神によって認識されるものが物体である」という**物心二元論**を導いた。

Try トライ　「勉強する人の成績はよい」→「私は勉強をしている」→「だから私の成績はよい」。この推論はどちらにあてはまる？
①帰納法　②演繹法

8 功利主義—ベンサムとJ.S.ミル

Ⓐ功利性の原理

⬆ベンサム（1748～1832） イギリスの哲学者・経済学者・法学者。主著『道徳および立法の諸原理序説』

ベンサムは，現実の行為には**快楽**と**苦痛**の両方が伴い，それぞれの量を把握し，**快楽の量が大きくなるような選択をすることが善である**とした。快楽と苦痛は量的に把握できるので，「強さ」・「持続性」などの7つの基準を用いて計算し，量の合計がプラスであれば善，マイナスであれば悪と判断できるとした。

〈例〉授業をサボることの快楽と，サボらずにテストでいい点が採れたときの快楽の「強さ」・「持続性」はどう違うか考えてみよう。

Ⓑ最大多数の最大幸福（量的功利主義）

ベンサムは社会を平等で均質な個人の集合体であると考え，幸福（快楽）を数量化し，各個人の幸福の総和が社会全体の幸福の量（社会の利益）になるとした。ゆえに，特定の個人の最大幸福ではなく「**最大多数の最大幸福**」を目指すことが道徳的に善で，個人や政府の行動原理となるとした。政治では，議会制民主主義がそれを具体的に実現する方法として功利性をもつと考えられる。なお，各人の利己的な快楽を社会全体の幸福に一致させるための外的強制力として，刑罰を定めた法律などの「**制裁**」を重視した。

Ⓒ質的功利主義

⬆J.S.ミル（1806～1873） イギリスの哲学者・経済学者。著書『自由論』において民主的な社会における自由の問題を論じた。

ベンサムが各種の快楽を同質なものと捉え，その量の最大化を重視したのに対し，**J.S.ミル**は快楽の質を問題とした。人間は，下等なものに身を落としたくないという「尊厳の感覚」があるため，身体的快楽よりも精神的快楽を重視することができるとした。「**満足した豚であるより，不満足な人間であるほうがよく，満足した馬鹿であるより不満足なソクラテスであるほうがよい**」という彼の言葉はそれを象徴している。ゆえに単に個人が快楽や利益を追求するのをよしとするのでなく，功利主義の倫理としてはイエスの説く「**おのれの欲するところを人にほどこし，おのれのごとく隣人を愛せよ**」という隣人愛（黄金律）こそがふさわしいとミルは考えた。良心に基づいて利己心を抑え，他人や社会全体の幸福のために行為することが最大多数の最大幸福となる。

解説 功利主義の問題点 ベーコン以来のイギリス経験論の立場では有用性（功利）が追求され，産業革命による経済的繁栄を背景に豊かさや幸福の追求を認める理論として功利主義が生まれた。しかし，功利主義には全体の利益のために一部の少数者が不幸になることが正当化される可能性があること。また，最大の幸福を生み出すための原理と広く幸福を分配する原理がときに矛盾すること（例えば国家予算の研究費をすべての大学に平等に分配するよりも一部の実績のある大学に配分するほうが成果を上げやすく，結果的に全体の利益も大きくなること）など克服すべき課題もあった。

9 自律と自由—カント

Ⓐ道徳法則

⬆カント（1724～1804） ドイツ最大の哲学者。経験論と合理論を批判・統合して近代哲学を確立。主著『純粋理性批判』『永久平和のために』『道徳形而上学の基礎づけ』

善悪にかかわる人間の行為の基盤には，「…せよ」「…するな」といった**理性・良心（実践理性・善意志）**の命令がある。ただし，そうした命令には以下の２種類があるとカントは考えた。

仮言命法は条件によって左右されるため，真に道徳的であるとはいえない。いかなる場合においても揺るがない普遍性のある道徳＝**道徳法則**であるためには，理性の命令は定言命法の形式をとることになる。

定言命法…無条件の命令。その正しさの絶対的な価値にのみ基づく命令(例：困っている人を助けよ)

仮言命法…条件付きの命令。(例：他人によく思われたいなら困っている人を助けよ)

Ⓑ自律と自由

人間は理性的な存在として，自らを道徳法則に自発的に従わせることができることをカントは「**自律**」とした。それは外的な条件に縛られていないことでもあるため，「**自由**」な状態であるともいえる。つまり，カントのいう「**自由**」とは「**自律**」のことである。

Ⓒ人格と目的の王国

人格	カントは，自律の能力をもち，道徳的に行動しようとする意思をもつ人間の在り方を「**人格**」としてとらえ，その尊厳性をたたえた。人間はその人格ゆえに，置き換えることのできない自己目的として存在する。
⬇	
目的の王国	各自が**尊厳ある人格**として，お互いを尊重しあう道徳的共同体を理想的な社会(**目的の王国**)と考えた。他人を単なる手段としてではなく，目的として尊重すべきだとした。

解説 永久平和のために 戦争は人格を否定する暴力であるため，カントは国際社会における平和構築の必要性を著書『**永久平和のために**』のなかで説いた。人格と目的の王国の考えを国際社会の在り方にも当てはめ，国家同士も人格と同様に相互に目的とされるべきとしたのである。彼の思想は後に国際連盟の設立へとつながった。

Try トライ **空欄補充** カントは理性や良心に基づく命令を，その正しさの絶対的な価値に基づく命令である①〔　　　　〕と，条件付きの命令である②〔　　　　〕の２つに分け，普遍性のある道徳法則は①の形をとることになると論じた。

10 ヘーゲル―人倫の体系

人倫の最初の現存在は，ここでも一つの自然的なもの，すなわち愛と感情という形式における自然的なもの，**家族**である。ここでは個人はそのこわれやすい人格性を**止揚**しているのであり，彼の意識を含めて全体のなかにいるのである。しかし，次の段階では，本来の人倫の喪失，実体的な統一の喪失が見られる。家族は崩壊し，成員たちは相互に自立的なものとしてふるまい合う。なぜなら，ただ相互の欲求の結びつきが彼らを絡み合わせるだけだからである。この**市民社会**の段階は，しばしば**国家**と見なされてきた。しかし国家は，第三の段階の人倫である。個人の自立性と普遍的な実体性との途方もなく大きな合一がそこで起きるところの精神が，はじめて国家なのである。

⬆ヘーゲル（1770～1831）ドイツの哲学者

（ヘーゲル著／城塚登訳「法の哲学」『人類の知的遺産46』講談社）

Ⓐ人倫の体系

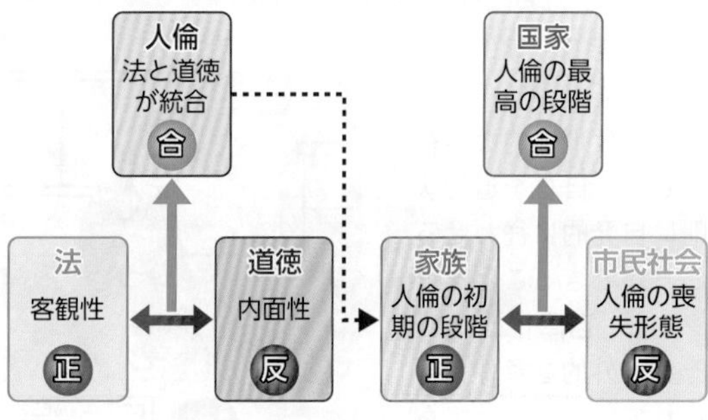

解説 **弁証法と人倫**　**ヘーゲル**は，カントの「自律としての自由」が内面的な問題に終始し，独善に陥る危険性を指摘。自由とは人間関係の中で構築するものであることに着目した。そして，あるもの（**正**）とそれに対立するもの（**反**）との矛盾・対立のなかからより高い次元のもの（**合**）が生み出されていく（**止揚**）という**弁証法**の法則を応用し，法の客観性と道徳の内面性を止揚する場である「**人倫**」の概念を提唱した。

11 プラグマティズム（実用主義）―米国の3人の思想家

⬆パース（1839～1914）アメリカの論理学者・哲学者・数学者・科学者

プラグマティズムの名付け親で創始者である**パース**は概念を抽象的なものにとどめず，具体的経験（行動）として，実際にもたらされる結果（効果）により明確化する必要を唱えた。

⬆ジェームズ（1842～1910）アメリカの哲学者・心理学者

ジェームズは，パースの考え方を人生や世界観などの真理の問題に適用し，プラグマティズムの思想をわかりやすく普及させた。彼は，**観念（思考）の真偽はそれが人間の生活にとって有用であるかどうかによって判断される**として，人間の経験から独立した絶対的真理を否定した。

⬆デューイ（1859～1952）アメリカの哲学者。教育改革者・社会思想家。主著『民主主義と教育』

デューイは，**真理とは実際の社会生活を進歩させるのに役に立つ実用的なものでなければならない**という。その真理を導き出す知性は，社会を進歩させるという人間の行動に役立つための「**道具**」にすぎず（**道具主義**），道具としての知性が，現実の**問題解決**に道筋をつけ，適応させていくとき，それを**創造的知性**というとした。

解説 **実用主義**　開拓時代以来のフロンティア・スピリットと19世紀の資本主義の発展を背景にアメリカで**プラグマティズム（実用主義）**は生まれた。進化論やイギリスの経験論，功利主義の思想を受け継ぎ，知識や観念を行動によって検証・修正し，実効性を重んじるところに特徴がある。

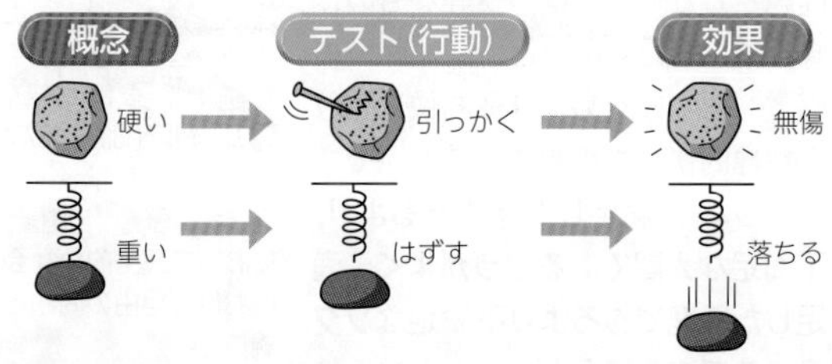

12 アダム=スミスとマルクス

アダム=スミス（1723～1790）イギリスの経済学者・道徳哲学者。「見えざる手」(➡p.145) で有名。

人間をいかに利己的なものとして想像してみるも，……なお他人の幸福が彼自身に必要であるようなある原理（憐憫もしくは同感）が存在している。

アダム=スミスにとっての行為の善悪の基準は，その行為の動機や結果が利害関係のない第三者（公平な観察者）の同感を得られるかにある。人間は，他人の同感を得，非難されたくないと考えるから，利己的な衝動が強くても，社会的に認められる範囲内で行為しようとする自制心が働くのである。

マルクス（➡p.141）（1818～1883）ドイツの経済学者。アダム=スミスやヘーゲルの思想を受け継ぎ，「人間の本質は労働である」とした。主著『資本論』・『共産党宣言』

人間の社会的なあり方が，その人間の意識を決定する。

マルクスは，労働の本来の価値や目的は，人や社会を向上させ，創造の喜びと社会的連帯を与えるもののはずだが，資本主義社会における労働者は，生産物・社会的つながり，そして自分自身から**疎外**されているとした。また彼は，政治や文化といった人間の精神のあり方（上部構造）は，物質的な**生産関係**（下部構造）が土台となって決められると考えた。物質的な下部構造が歴史を動かすというこの考え方は**唯物史観**と呼ばれ，資本家と労働者との対立という矛盾から社会主義・共産主義の社会が止揚されるとする**弁証法的唯物論**を唱えた。

Try トライ 実効性を重視した知性や概念の明確化を目指す，アメリカのパース，ジェームズ，デューイなどが唱えた思想はどれか？
①人倫主義　②社会主義　③プラグマティズム（実用主義）

論点 経験論と合理論はどう違うの？

1 経験論と合理論をおさらいしよう！ (➡p.44 5)

経験論　　　　合理論

結論 ＝ 前提（一般法則）
長時間スマホを利用すると成績が下がる

事実①　Aさんは1日4時間スマホを利用して成績が下がった。

事実②　Bさんは1日5時間スマホを利用して成績が下がった。

事実③　Cさんはスマホの利用時間を1日3時間減らして成績が上がった。

事実　Dさんは1日6時間スマホを利用している。

結論　Dさんの成績は下がる。

2 経験論と合理論が活用されている事例

Ⓐ経験論の例―新しい薬の治験

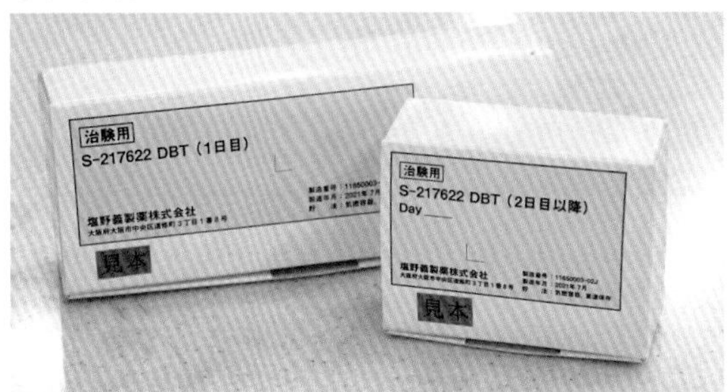

⬆治験(ちけん)に用いられる薬品　治験薬には一定の割合でニセ薬が混ぜられている。実際の薬が投与された人の効果と，ニセ薬を投与された人のプラシーボ効果（患者(かんじゃ)自身が薬に効果があると思い込むことで症状が改善する効果）を比較することで，純粋な薬の効果を評価できる。

解説　国が新しい薬を承認する前には，「治験」と呼ばれる手順を踏む必要がある。多くの理論的な裏付けや動物実験によって有効性や安全性が裏付けられていたとしても，実際に人間に用いたときにも大丈夫と言い切ることはできない。このため，治験に参加する人の同意のもと，**実際に人間に投与して安全性や有効性を調査したうえで，正式な承認が行われる。**治験は，**経験論**の考え方に基づくシステムであるといえる。

Ⓑ合理論の例―初期の新型コロナウイルス感染症対策

⬆手の消毒・マスク・ソーシャルディスタンスを呼びかける看板（2020年12月，東京）

解説　2020年，新型コロナウイルス感染症が世界中に広がると，マスクや消毒が新たな日常となった。未知のウイルスであったので，当然誰もこのウイルスに対処した経験はなかった。そこで，「**ウイルス感染症を予防するのにマスクと消毒が有効である**（一般法則）」→「**新型コロナウイルスはウイルスである**（事実）」→「**新型コロナウイルス感染症を予防するのにマスクと消毒が有効である**（結論）」という**合理論**の**三段論法**で対策が講じられたと考えられる。

3 経験論と合理論を上手に使いこなすには

未知のことがらを追究するときに，経験論と合理論はともに頼れるツールとなるが，注意が必要なこともある。経験を正しく評価できずに誤った結論を出してしまうこともあり得るし，新しい経験によってこれまで疑いないと考えられてきた一般法則が揺らぐということもあり得るからだ。

例えば，SNSなどでさまざまな情報が共有される今日，フェイクニュースや同じような考え方の人の意見を「経験」として蓄積してしまうことが起こり得るし，「私たち人間は男性と女性のいずれかに分けられる」という「一般法則」を前提にしてしまうと，トランスジェンダーなどの人々の存在を無視することにつながりかねない。

「経験」も「一般法則」も固定化せず，状況に応じて柔軟に思考することが，よりよい社会を構想するうえで欠かすことのできない要素である。

問い　社会のなかで「経験論」「合理論」が応用されている例を探してみよう。

Theme 10 現代の思想

基本用語 実存主義　主体的な真理　ニヒリズム　超人　限界状況　存在と時間　アンガジュマン　構造主義　道具的理性　生命への畏敬　アヒンサー（不殺生）　公正としての正義　潜在能力

Approach

汽車は二度と来ない—「死と向き合う」ということ

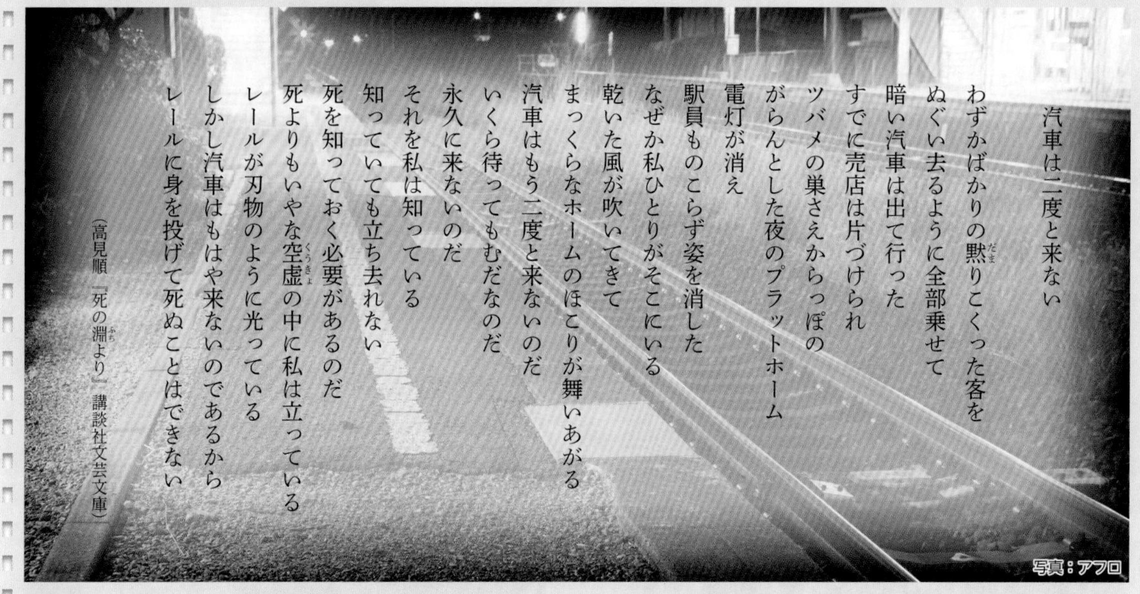

汽車は二度と来ない

わずかばかりの黙りこくった客を
ぬぐい去るように全部乗せて
暗い汽車は出て行った
すでに売店は片づけられ
ツバメの巣さえからっぽの
がらんとした夜のプラットホーム
電灯が消え
駅員ものこらず姿を消した
なぜか私ひとりがそこにいる
乾いた風が吹いてきて
まっくらなホームのほこりが舞いあがる
汽車はもう二度と来ないのだ
いくら待ってもむだなのだ
永久に来ないのだ
それを私は知っている
知っていても立ち去れない
死を知っておく必要があるのだ
死よりもいやな空虚の中に私は立っている
レールが刃物のように光っている
しかし汽車はもはや来ないのであるから
レールに身を投げて死ぬことはできない

（高見順『死の淵より』講談社文芸文庫）

写真：アフロ

Key point キーポイント これは昭和を代表する作家・詩人であった高見順の作品。高見は食道がんになり，闘病生活の末1965年に58歳で死去した。がんの宣告を受けてから，自らの死について思いを巡らせ，様々な作品を作り，それが死後詩集『死の淵より』にまとめられた。「死」はどんな人間にも平等に訪れ，誰も逃れることのできない運命だ。まさに「知っていても立ち去れない」問題だ。西洋哲学においても，宗教的な死後の世界を想定しないで，現実の個人の死を哲学的に真正面から考えたのが，「人間は死に向かう存在（**死への存在**）」とした実存哲学者**ハイデッガー**だが，高見の詩にも，自己自身の死について，決して「立ち去れない」問題として，真摯に向かいあう姿勢が表れている。

追究 「死」について考えてみよう。

1 実存主義とは？

実存とは，今ここにこのように生きている現実の自己（**現実存在**），かけがえのない自己本来の真実の在り方（**真実存在**）を意味する。

19世紀後半，産業革命が進み，資本主義が高度に発達したことを背景に物質的な豊かさがもたらされた。その一方で，個々の人間は自己を喪失し，画一化された大衆の一人となっていった。このように自らが生み出したものによって，かえって自己の存在が脅かされる状況（=**人間疎外**）のなかで，主体性を回復し，現実にある自己の存在（=実存）を確立していこうとする思想が生まれた。それが**実存主義**である。また，実存主義は19世紀の合理主義と実証主義に対する反動としての側面もあり，合理性だけにおさまりきらない人間の存在をあぶりだしたともいえる。

2 キルケゴール (1813～1855)

重要なのは，**私にとって真理であるような真理**を見出すこと，**私がそのために生き，かつ死ぬことをねがうような理念**を見出すことである。いわゆる客観的真理を私が発見したとしても，それが私になんの役に立つというのか。

（キルケゴール／小川圭治訳「日記」『人類の知的遺産48』講談社）

Ⓐキルケゴールの思想

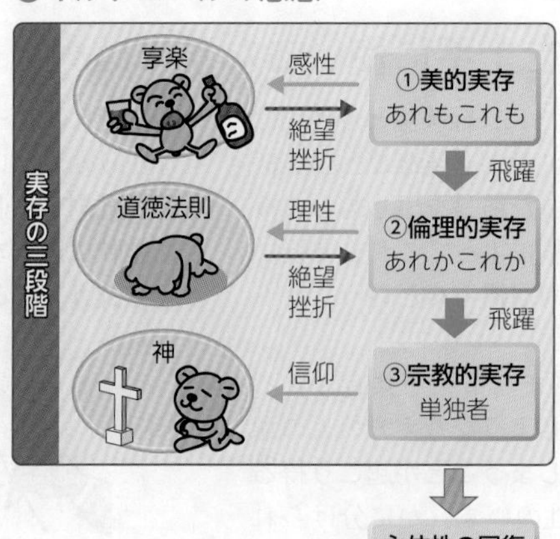

解説 **主体的な真理を求めて**　キルケゴールが生きた19世紀のヨーロッパは，カントやヘーゲルの影響力が非常に強く，理性によって世界を認識すること（誰にでもあてはまるような，普遍的な理論によって世界を理解すること）が重視された時代であった。これに対しキルケゴールは自らの体験にもとづき，自分自身の現実存在（**実存**）を直視することの重要性を説いた。彼によれば，真理は客観的でも合理的でもなく，自分が真理と認めるもの=**主体的な真理**のために生きることこそ重要なのである。

しごとカタログ ソーシャルワーカー　生活に困っている人や，社会への参加が困難な人に対して，様々な形で援助を行う職業。市町村や病院などにおかれることが多く，近年では学校に配置されることもある。国家資格としては，社会福祉士・精神保健福祉士がある。

3 ニーチェ (1844〜1900)

神は死んだ

A力への意志

およそ生あるものの見いだされるところに，わたしは**力への意志**をも見いだした。そして服従して仕えるものの意志のなかにも，わたしは主人であろうとする意志を見いだしたのだ。

(ニーチェ／手塚富雄訳「ツァラトゥストラ」『世界の名著46』中央公論社)

B超人

わたしはあなたがたに**超人**を教える。人間とは乗り超えられるべきあるものなのである。

(同前)

普通の人

超人

解説 **ニヒリズムを超える　ニーチェ**もキルケゴールと同じように，客観的な世界認識という伝統的な哲学の発想を批判した。ただ，キルケゴールがキリスト教を基盤として宗教的実存による主体性の回復を目指したのに対して，ニーチェはキリスト教道徳そのものを激しく批判した。

彼によれば，キリスト教の「平等」「同情」「隣人愛」といった道徳は，弱者たちの恨み（**ルサンチマン**）の表現にすぎない。キリスト教は罪の自覚から出発して，人間の強さを否定して自らを卑しい者に引き下げる「**奴隷道徳**」であるという。その土台にあるルサンチマンが屈折して「悪」や「無」（**ニヒリズム**）への欲望を生み，19世紀末のヨーロッパに退廃的な風潮（デカダンス）をもたらしたとニーチェは批判する。この**ニヒリズムの克服**が彼の思想的な課題であり，「**神は死んだ**」と宣告することで既成の価値を乗り超え，本能的な**力への意志**にもとづき自らを肯定しつつ生きる人間（**超人**）を理想とした。

4 ヤスパース (1883〜1969)

実存のない理性は空虚であり理性のない実存は盲目である

限界状況を経験するということと，実存するということとは，同一のことなのである。

(ヤスパース／小倉志祥ほか訳『世界の名著続13』中央公論社)

残念ですが，余命半年です。

オレの「生」の意味って，何だ…？

解説 **限界状況　ヤスパース**は第一次世界大戦の体験を通して，科学的認識（世界や人間を客観的にとらえ理解すること）の限界を実感。人間は，死に直面する**限界状況**にぶつかり，自らの有限性を自覚して挫折する。これこそが「**実存**」の自覚であり，自己を超えた超越者（包括者）の存在に触れるきっかけであるとした。また彼は，実存は自ら実存であろうと欲する者相互の交わり（=**愛の戦い**）なしにはありえないとした。

5 ハイデッガー (1889〜1976)

人間は死への存在である

A存在論とは

従来の哲学	ハイデッガーの哲学（存在論）
「存在するもの」については問うてきたが，「存在するということ」についてはほとんど問題にされなかった	そもそも「存在するということ」とはどういう意味か？ →有限な時間の中で生きる「人間」こそが，存在の現れ出る現場（現存在）だ。ここに手がかりがあるはずだ！

解説 **死への存在**　ハイデッガーは主著『**存在と時間**』で，私たち自身（人間）を存在の意味を問うことができるという点で「**現存在**」と呼び，「存在の意味」を考察するための手がかりとして分析した。彼は現存在の性格を，理由も根拠もなく気付いたときにはすでにこの世界に存在しており（=**被投性**），世界の中で他者への気遣いや配慮の中に生きる存在であり（=**世界-内-存在**），いつか必ず死ななければならない「**死への存在**」であることを明示した。

しかし，私たちの日常的なあり方は，気晴らしや享楽によって「死」の不安から逃避する非本来的なものである。彼はこれに対し，本来的（=かけがえのない・取り替えのきかない）あり方，すなわち自分の死をあらかじめ覚悟したあり方である「**企投性**」によって，実存が確立すると考えた。

(参考：貫成人『ハイデガー―すべてのものに贈られること：存在論』青灯社)

+α プラスアルファ　シーシュポスの神話―不条理の哲学

神々がシーシュポスに課した刑罰は，休みなく岩をころがして，ある山の頂まで運び上げるというものであったが，ひとたび山頂にまで達すると，岩はそれ自体の重さでいつもころがり落ちてしまうのであった。無益で希望のない労働ほど怖ろしい懲罰はないと神々が考えたのは，たしかにいくらかはもっともなことであった。……

幸福と不条理とは同じひとつの大地から生れたふたりの息子である。このふたりは引きはなすことができぬ。……幸福から不条理な感情が生れるということも，たしかにときにはあるのだ。……

シーシュポスの沈黙の悦びのいっさいがここにある。かれの運命はかれの手に属しているのだ。……ひとにはそれぞれの運命があるにしても，人間を超えた宿命などありはしない，すくなくとも，そういう宿命はたったひとつしかないし，しかもその宿命とは，人間はいつかはかならず死ぬという不可避なもの……。それ以外については，不条理な人間は，自分こそが自分の日々を支配するものだと知っている。

(カミュ／清水徹訳『シーシュポスの神話』新潮文庫)

解説 **不条理と幸福**　フランスの小説家カミュ（1913〜1960）は，すべてを水泡に帰してしまう共通の宿命=死を見据え，それでも生き続ける人間の姿を鋭く洞察した。

try トライ　「神は死んだ」という言葉で，従来の「キリスト教道徳」にもとづくニヒリズムを克服しようとした思想家は？
①ニーチェ　②キルケゴール　③ハイデッガー　④ヤスパース

6 サルトル (1905〜1980)

Ⓐサルトルの思想

⬆サルトル　フランスの作家・哲学者。主著『実存主義とは何か』

「実存は本質に先立つ」

ペーパーナイフは「紙を切る」というようにその本質が先に存在している。一方，人間には神が予め決めた人間の本質というようなものはなく(神を前提としない)，まず先に存在しており(＝**実存**)，自らつくるところのものになるのである。

⬇

「人間は自由の刑に処せられている」

人間の在り方を決定するのは自分であり，自由に選択をすることができる。ただし，それを正当化してくれる理由や逃げ口上はないため，孤独，不安，責任が伴う厳しさがある。

⬇

「アンガジュマン(社会参加)」

自らの在り方を選択するというとき，各人が自分自身を選択するということになるが，一方で各人は自らを選ぶことによって，全人類を選択するということにもなる。我々があろうと望む人間をつくることは，人間はまさにこうあるべきだと考えるような人間像を万人に対して示すことにほかならないからだ。つまり，自分の選択は全人類に対して責任を負うことでもある。社会の中で自分の選んだ状況に積極的に関わり，参加すること(＝**アンガジュマン**)でよりよい社会を築かねばならない。

解説 **社会参加**　哲学者**サルトル**は自由が責任を伴うということからさらに社会参加の必要性を説いた。ちなみにアンガジュマンは英語のengagement（婚約・約束）と同じである。

7 構造主義

レヴィ-ストロース
(1908〜2009)
フランスの文化人類学者。主著『悲しき熱帯』『野生の思考』

レヴィ-ストロースは，未開社会における近親婚の禁止の規則や神話の分析を通して，人間は未開と文明の区別なくその社会に固有の「構造」をふまえて生きているとし，すべての歴史，社会，種族に共通な「構造」の存在を認める「**構造主義**」を提唱した。彼は，未開を劣ったものと決めつける西欧中心主義的な歴史発展観を認めず，中でも西欧近代の「自由で主体的な人間」像を至上のものとするサルトルの実存主義（➡6）を痛烈に批判した。

フーコー
(1926〜1984)
フランスの哲学者。主著『監獄の誕生』『狂気の歴史』

フーコーの研究対象は，著作に見られるように「狂気」「監獄」「言葉」「性」などの歴史である。彼がこのような歴史の諸相を研究したのは，近代社会がつくりあげた歴史という物語を解体して，別の物語を示すためであった。例えば『狂気の歴史』は，「理性」（知）を人間の「本質」とする近代意識が非理性を抑圧することによって生まれた，という。つまり彼は，人間の歴史を探索することで，人間が不当に抑圧してきたものの歴史を明らかにし，そこから脱出する道筋を解明しようとしたのである。

解説 **ポストモダンの原点**　それまで普遍的で疑いのないものと考えられてきた「自由で理性的な人間」像に破産宣告を下した**構造主義**は，既存の西洋思想に大きな衝撃を与え，後に展開される**ポストモダン**（近代の次）と呼ばれる諸思想の端緒となった。

8 フランクフルト学派

1930 年代の初めにドイツのフランクフルト大学社会研究所に社会哲学の研究グループであるフランクフルト学派が生まれた。代表的な思想家に**ホルクハイマー，アドルノ，フロム，ハーバーマス**らがいる。ユダヤ系ドイツ人であった彼らはナチズムの台頭によりアメリカに逃れたが，帰国後，戦後社会が「管理ファシズム」に陥っていることを批判し，人間的な社会の回復を目指した。これまでの哲学理論が現実に対して批判的にとらえることなく，同調・維持してきたのに対し，自らの立場を「批判理論」とし，理性によって既存の社会の矛盾を批判し，改善・克服しようとした。

ホルクハイマー
(1895〜1973)
哲学者・社会学者

フランクフルト大学社会研究所の所長となったのがホルクハイマーである。米国亡命から帰国後，フランクフルト大学に研究所を再建した。自由と解放をもたらすはずの啓蒙(けいもう)的理性が，**道具的理性**として次第に管理機能を強め，人間性の圧殺・文化の貧困の要因になっているとし，近代合理主義を厳しく批判した。

アドルノ
(1903〜1969)
ドイツの哲学者・社会学者

ナチス政権下ではユダヤ系のため米国に亡命。戦後ドイツに帰国し，ホルクハイマーとともにフランクフルト学派を主導。主著『啓蒙の弁証法』で，啓蒙的理性が野蛮から文明への開明ではなく，文明からファシズムという新たな野蛮をもたらし，それは弁証法的過程であったことを明らかにした。アドルノはそれを支えた大衆の心理も研究した。

フロム
(1900〜1980)
ドイツの社会心理学者・哲学者

フロムは『自由からの逃走』のなかでナチズムを支えた大衆の心理を分析し，自由がもたらす孤独から逃避し，権威に盲従する性格があったと分析した。また，社会的な束縛から逃れるところに求められる消極的な「〜からの自由」と，愛情や仕事によって自分と世界を結びつける積極的な「〜への自由」を区別した。

9 公共性の復権

アーレント
(1906〜1975)
ドイツの哲学者

アーレントは，現代は画一的な経済活動（社会的領域）が公的領域を支配した結果，相互に違いを主張し合い自由を実現する場である公共性が失われてしまったと指摘する。公共性の衰退が，人々に共通世界への関心を失わせ，孤立分断した個人からなる大衆社会を生みだし，全体主義を成立させる条件となったと論じた。

ハーバーマス
(1929〜)
ドイツの哲学者・社会学者

ハーバーマスはフランクフルト学派の第 2 世代の中心的存在である。彼は，社会全体を「コミュニケーション的合理性（理性）の領域」と「システム合理性の領域」の 2 つに分けて考察。「貨幣」と「権力」ではなく，言葉を介した了解によりまとまる社会のありようを示した。

Try トライ　『自由からの逃走』を著したフランクフルト学派の社会心理学者・哲学者は次のうちのだれ？
①アーレント　②ハーバーマス　③ホルクハイマー　④フロム

10 ロールズ―正義の二原理

第一の原理 基本的な自由（政治的自由や精神的自由など）は全員が平等に分かち合うことが望ましい。

自由が平等に分配されても，所得や社会的地位の格差が発生する

↓

第二の原理 社会的・経済的不平等は以下の２つの条件を満たさねばならない

Ⅰ　平等な機会のもとでの公正な競争の結果に限られること

Ⅱ　不遇な生活をおくる人びとの境遇を最大限改善するものであること（裕福な者は，貧しい者の状況を改善してはじめて自らの幸運に与ることが許される）

⬆ロールズ
(1921～2002)

（川本隆史『現代哲学がわかる。』AERA MOOK 朝日新聞社による）

解説 **ロールズの正義論**　ロールズは，自分が何者であるか（人種・性・能力・地位）を知らされず，誰もが格差の底辺に落ち込む可能性がある「原初状態」を想定する中で，**正義の二原理**を導き出した。彼の念頭には，幸福の分配や少数者の不平等を直接問題にしない功利主義の克服があった。

11 アマルティア・セン (1933～)

「潜在能力」とはある人が組み合わせることのできる**「機能」**（暮らしぶりの良さを表す様々な状態）の集合・幅のことであり，一般的な語としての潜在能力とは意味が異なる。これは社会の枠組みの中で，その人が「何ができるか」という可能性をあらわすものである。差別を受けていて，できることが限られる場合には，**「潜在能力」＝自由**はそれだけ小さくなる。センは不平等や貧困，生活水準を評価するためにこれらの概念を提示した。

⬆アマルティア・セン
インドの経済学者。1998年，ノーベル経済学賞受賞。主著『貧困と飢饉』『不平等の経済学』

（アマルティア・セン『不平等の再検討』岩波書店による）

解説 **不平等とは何か**　社会における真の平等を評価するときに社会を構成する人びとの多様な側面を考慮しなくてはならない。なぜなら，所得は高いのに病気により多額の出費がある場合，その人の自由や幸福は小さいことになるからだ。そこでセンは**「潜在能力（ケイパビリティ）」**という視点から，困窮とは基本的な**「機能」**を達成する自由を欠いている状態だと説明している。貧困の克服のためには，単純に所得を向上させるだけではなく，「潜在能力」を大きくする「人間的発展」が必要である。人間を多面的に捉える彼の考え方は**国連開発計画（UNDP）の「人間開発指数（HDI）」や「人間の安全保障」などの概念に結びついている。**

Ⓐ様々な「機能」を達成できる実質的な自由

機能＝自尊心が維持できること

12 現代のヒューマニズム

シュヴァイツァー
(独，1875～1965)

医師・宗教家，音楽家であったシュヴァイツァーは1913年にアフリカのランバレネ（現ガボン）へ渡って病院を建設。その後50余年この地で没するまで医療・伝道・音楽活動に情熱を傾けた。彼の思想の中核には，生きようとすることと生命あるものすべてを価値あるものと尊ぶ**「生命への畏敬」**という根本原理があった。1952年にはノーベル平和賞を受賞。

ガンディー
(印，1869～1948)

インド独立運動の指導者ガンディーは，**不殺生（アヒンサー）**の実践なくしては宇宙や人間の根源にある**真理の把持**（サティヤーグラハ）はできないとし，暴力に対しては**非暴力・不服従**で抗議すべきだとした。最後は凶弾に倒れたが，マハトマ（偉大な魂）と尊称された。

マザー・テレサ
(1919～1997)

現在のマケドニアに生まれたマザー・テレサは，修道女となってインド・カルカッタに赴き，スラム街でキリスト教の**隣人愛**を実践し，奉仕活動に身を尽くした。民族や宗教の違いで人を差別しないという彼女の基本姿勢は，人間はだれもが同じ神の子であるという信念から生まれている。1979年にノーベル平和賞を受賞した。

キング牧師
(米，1929～1968)

アメリカ合衆国の黒人差別撤廃運動をガンディーに影響を受けた非暴力の立場から指導し，バス・ボイコット運動などを展開（市民的不服従）。1963 年，公民権法の成立を求めた首都ワシントンでの大行進において行われた下の「I Have a Dream」の演説はよく知られる。1968年に白人の男の銃撃を受け，39歳の若さで暗殺された。

Ⓐキング牧師の演説

"I have a dream that my four little children will one day live in a nation where they will not be judged by the color of their skin but by the content of their character."
「私には夢がある。いつの日にか，私の4 人の子どもたちが，肌の色でではなく，その人となりで評価されるような国に暮らせるという夢が。」（ 1963年8月28日，リンカーン記念堂へ向かうワシントン大行進での演説）

解説 **生きとし生けるものを尊ぶ思想**　ここに紹介した人々は，近代ヨーロッパ文化繁栄の影に覆い隠された貧困・差別などの問題を直視し，生涯を通して困っている人々を救うことに尽力した。現代の**ヒューマニズム**思想は，すべての生命を尊ぶという根本的な理念に立ち返ったものといえる。

Try トライ **空欄補充**　ロールズが提唱した正義の二原理は，基本的な自由が全員への①〔　　　　〕な分配という第一の原理と，社会的・経済的な不平等は②〔　　　　〕な競争の結果に限られ，不遇な人の境遇を最大限改善するという第二の原理からなる。

先哲から学ぶ「公共」②

「自由」とは何だろう？

❶ お前は将来が決まっていていいよな。俺は将来の進路が分からず悩んでいるんだから。

❷ お前こそ自分で進路を選択できていいよな。俺は嫌だけど家業を継がなきゃいけないんだぞ。

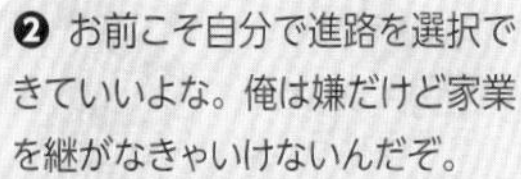

❸ 家業を継がない選択はないのかよ？進路についてはみんな頭を悩ませますよね。あっ，先生！

❹ 自由に選択できることは大変なことです。様々な思想家の考えを参考に考えてみよう。

11. ピコ 先生の答え　*自由意志に従って自分を造るべし！*

おまえ自身のいわば「自由意志を備えた名誉ある造形者・形成者」として，おまえが選び取る形をお前自身が造り出すためである。おまえは下位のものどもである獣へと退化することもできるだろうし，また上位のものどもでもある神的なものへと，おまえの決心によっては生まれ変わることもできるだろう。　（大出哲他 訳『人間の尊厳について』国文社）

12. カント 先生の答え　*自由とは自律！*

意志の自由というものは，自律すなわち自己自身に対する法則であるという意志の特質以外の何ものでありえようか。ところで「意志はそのすべての行為において自己自身に対する法則である」という命題は，格率が自己自身を普遍的法則とも見なしうる場合にのみそういう格率に従って行為する，という原理を示すものにほかならない。これはまさに定言的命法の公式であり，道徳の原理である。それゆえ自由な意志と，道徳法則のもとにある意志とは，同じものである。　（野田又夫 訳「人倫の形而上学の基礎づけ」『世界の名著32』中央公論社）

13. ミル 先生の答え　*他人を害さない限り，君は自由だ！*

個人の行動が本人以外の人の利益に影響を与えない場合，あるいは他人がそれを望まないかぎり，他人の利益に影響を与えない場合には，この問題を議論の対象とする理由はない（各人がみな成年に達していて，通常の判断力を持つことが条件になる）。この場合，各人はその行動をとり，その結果に対して責任を負う自由を，法的にも社会的にも完全に認められていなければならない。

（山岡洋一 訳『自由論』日経BP社）

14. サルトル 先生の答え　*人間は自由の刑に処せられている！*

私は，人間は自由の刑に処せられていると表現したい。…しかも一面において自由であるのは，ひとたび世界の中に投げだされたからには，人間は自分のなすこと一切について責任があるからである。

（伊吹武彦 訳『実存主義とは何か』人文書院）

15. 芥川龍之介 先生の答え　*自由に耐える力を持て！*

＊2

自由は山巓（さんてん）の空気に似ている。どちらも弱い者には堪えることは出来ない。（芥川竜[＊1]之介『侏儒の言葉　文芸的な，余りに文芸的な』岩波文庫）

＊1 出典の表記に合わせて「竜」としている。
＊2 出典：国立国会図書館「近代日本人の肖像」

11. ピコ（➡p.42）は，人間中心主義をうたうルネサンス期の思想家である。公開討論のために準備された演説原稿のなかで，最初の人間であるアダムに神が語りかけるかたちで，自身の人間観を述べた。自己の在り方を自由に決定できることにこそ，人間の**尊厳**があると述べたのである。

12. カント（➡p.45）は道徳として自分が正しいと考えるものが客観的，普遍的にも正しく妥当といえるかを吟味すべきことを説いた。そして，そのように考えられる場合に，その正しさを自分のルール（**格率**）としてよく，その正しさに何の妨げもなく従わせることができることを「**自律**」とし，利害関係など外的な要因の何にも左右されないという点においてそれは「自由」であることと同じであるとした。

13. ミル（➡p.45）は個人の自由がどこまで認められるかについて考え，その基準として**他者危害原則**を示した。これは，他者あるいは公権力が個人の行動に対して唯一制限を加えうるのは，個人の行動が他者に危害を与える場合のみであるという考え方である。少数者の自由を守り，自由な社会の実現を目指した彼の結論であった。

14.15. サルトル（➡p.50）は，人間は物とは異なり，本質や目的が規定される以前にこの世界に投げ出されて存在しているため，自らの存在の本質や目的を自ら自由に規定できるとした。しかし，それは責任の伴う厳しい選択であると表現したのである。同様に**芥川龍之介**は皮肉もこめて自由のもつ厳しさを山頂の空気にたとえた。自由を享受するにはそれ相応の力と覚悟が必要なのだ。

「正義」・「公正」とはどんなことだろうか？

❶ ケーキを買ってきたわよ！わーい！

❷ 買ってきた私の分が一番大きくなるように切るね！えーっ！

❸ 今日一番働いたお父さんの分が大きくなるように切るよ！えーっ！

❹ 育ち盛りの僕の分が大きくなるように切るよ！えーっ！

どれが公正な分け方だろう？

16. アリストテレス 先生の答え　*正義には2種類ある！*

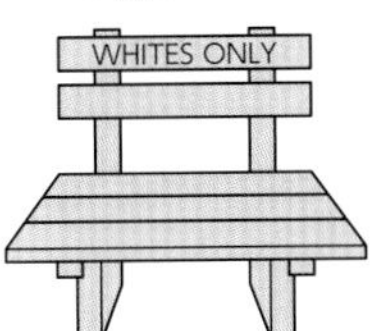

①もし当事者の両者が互いに等しくなければ，かれらが等しいものをもつことはないだろうが，まさにここから，等しい人同士なのに等しいものをもたない，あるいは等しく配分されないときとか，等しくない人同士なのに等しくもつ，ないし等しく配分されるときに，もろもろの争いと不満の訴えが起こってくるのである。
②「高潔な人」が「劣悪な人」からふんだくろうが，「劣悪な人」のほうがふんだくろうが何の変わりもないことであって，…法は，これらの人の一方が不正を加えた人間であり，もう一方が不正を加えられた人間である場合にも，かれらの一方が損害を与えてもう一方が損害をこうむった場合にも，むしろ損害の相違だけに着目して両方の当事者をそもそも同等の人として扱っている。…それゆえ，ここでの不正とは，不当であり不公平な関係のことだから，そこで裁判官はこれを，均等化しようとするのである。なぜなら，片方が殴り，もう片方が殴られるとき，…こうむった状態とおこなった行為が互いに対して等しくない関係になったまま，分断されているからである。
(渡辺邦夫・立花幸司 訳　アリストテレス『ニコマコス倫理学(上)』光文社古典新訳文庫)
＊①②の番号は編集による

16. アリストテレス(➡p.40)は正義を分類し，生活の一部に関わる正義を2つに分けて考えた。

①はその1つである**配分的正義**に関わって述べている箇所であり，不公平な状態が起きる理由を説明している。ここから，「各人に彼のものを配分すること，それがまさに最高の正義である」という正義についてローマの政治家，哲学者であるキケロが述べた思想が導かれるのである。ただし，正しい配分の前提として，「何が彼のものであるか」について明らかにすることが必要になってくる。

②はアリストテレスがもうひとつの正義として挙げた**調整的正義**(**矯正的正義**)について述べた箇所である。これは不公平な状況にあった場合，そこに関わる当事者が誰であろうと，平等に扱い，不公平な状況を是正していくことが正義であるというものである。こちらの正義は各人の属性を無視して等しく扱うことにポイントがある。

17. ロールズ 先生の答え　*利便性を名目にした少数者の犠牲は不正義！*

写真：アフロ

どれだけ効率的でうまく編成されている法や制度であろうとも，もしそれらが正義に反するのであれば，改革し撤廃せねばならない。すべての人びとは正義に基づいた〈不可侵なるもの〉を所持しており，社会全体の福祉〈の実現という口実〉を持ち出したとしても，これを蹂躙(じゅうりん)することはできない。こうした理由でもって，一部の人が自由を喪失したとしても残りの人々どうしでより大きな利益を分かち合えるならばその事態を正当とすることを，正義は認めない。少数の人々に犠牲を強いることよりも多数の人々がより多くの量の利便性を享受できるほうを重視すること，これも正義が許容するところではない。したがって，正義にかなった社会においては，〈対等な市民としての暮らし〉を構成する諸自由はしっかりと確保されている。
(川本隆史・福間聡・神島裕子 訳　ジョン・ロールズ『正義論　改訂版』紀伊國屋書店)

17. ロールズ(➡p.51)は「最大多数の最大幸福」を道徳の規準とする功利主義の思想に対して，少数者の犠牲の上に立つ幸福はありえないという正義の観点から，あるべき社会の在り方へと道筋をつけるべく，「**正義の二原理**」を説いた。例えば，奴隷制という制度は奴隷という少数者の犠牲の上に多数者の便益が実現している社会制度であるが，功利主義はこれを是認してしまう矛盾を持つことになる。功利主義は奴隷制をつねに不正義であることを説明できないのだ。少数者に対する不公正を是正するために，まずはすべての人々に市民としての基本的な自由をしっかり確保し，それでも発生する不平等はできる限り小さくしていくことが「正義」であると彼は考えたのである。

現代の生命倫理について考察しよう！

ステップ1 まずは思考実験「トロッコ問題」を考えてみよう。

突然だが，次のような状況を考えてみよう。線路を走っていたトロッコが暴走し制御不能に。このまま何もしないと前方で作業中だった5人がトロッコに轢(ひ)かれて確実に死んでしまう。一方その手前で線路は分岐し，別路線が走る。そちらには1人の作業員がいる。この時たまたま，あなたは線路の分岐器のすぐそばにいる。

▶思考実験とは？…極度に単純化・制限された特殊な前提を設定し，頭の中の想像だけで行う実験のこと。「どんなことを基準に判断しているのか」「何を重視して思考しているのか」といったことを明確化するために用いられる。

Ⓐあなたがトロッコの進路を切り替えれば5人は確実に助かる。しかし別路線にいる1人がトロッコに轢かれて確実に死んでしまう。

Ⓑ何もしないと確実に5人が死んでしまうが，別路線の1人は確実に助かる。

どちらが道徳的に正しい行為だと考えるだろうか？

なお，あなたにできることは分岐器の操作だけであり，また法的な責任は問われないものとする。

▶トロッコ問題とは？…イギリスの哲学者フィリッパ・フット(1920～2010)が提起した倫理学の思考実験。多くの哲学者によって考察され，派生した問題や類似した問題も数多く作られている。

あなたの立場は？

Ⓐを選び，理由として，「助かる人の数が多い方がよいから」と考えた人

↓

この問題では**「功利主義」**の観点から正しいかどうかの判断をしていると言える。

功利主義とは？

人々の幸福や利益を増やす行為が正しい行為と考える立場。行為が正しいかどうかは行為がもたらす結果によると考える。

Ⓑを選び，理由として，「命を助けるために誰かを利用すべきでないから」と考えた人

↓

この問題では**「義務論(動機説)」**の観点から正しいかどうかの判断をしていると言える。

義務論(動機説)とは？

他者を何らかの目的のために手段として利用してはならないと考える立場。行為が正しいかどうかは行為の動機によると考える。

ステップ2 「トロッコ問題」で選んだ立場を使って，実際の生命倫理の問題について考えよう。

①新型出生前診断と人工妊娠中絶

新型出生前診断とは，妊婦(にんぷ)の血液検査だけで胎児(たいじ)の染色体異常の有無について高確率で分かるというもの。「陽性(異常有り)」と判定された多くが人工妊娠中絶を選択している。

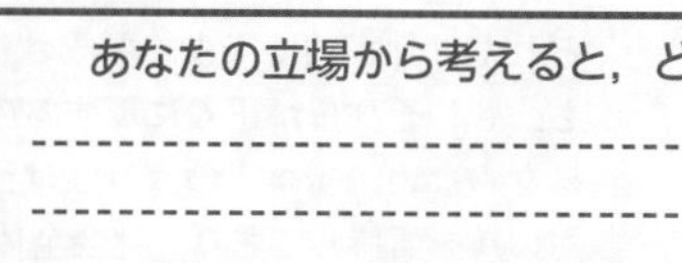

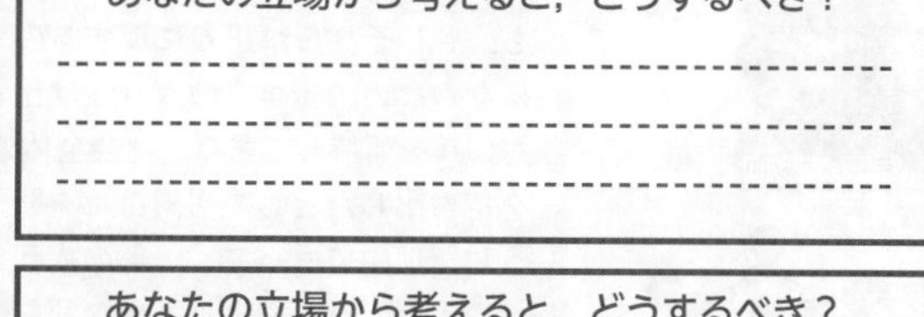

あなたの立場から考えると，どうするべき？

②終末期医療(ターミナルケア)

回復の見込みがない死期の迫っている患者に対しても，多額の医療費をかけて延命のための治療が行われている場合がある。このことが，患者の苦痛を長引かせているのではないかとの指摘がある。

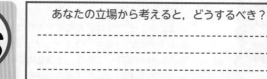

あなたの立場から考えると，どうするべき？

③クローン技術とヒトクローン

遺伝子を操作する技術の発展に伴い，ヒトクローンや遺伝子操作によるデザイナーベビーを生み出すことも可能である。しかし，多くの先進国では禁止されている。

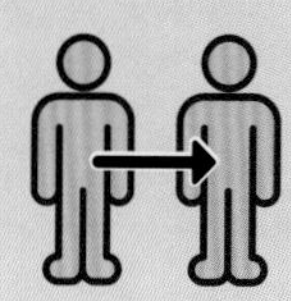

あなたの立場から考えると，どうするべき？

ステップ3 多面的・多角的に考えてみる―「一貫性」を疑ってみる。

①ここで，もう一つ思考実験をやってみよう。「トロッコ問題」と同じ立場で考えてみてほしい。

最初に「功利主義」を選んだ人へ

それぞれ別の臓器の移植を必要としている患者が5人いる。この5人を救うために健康な1人を犠牲として臓器を取り出すことは正しい行為か？

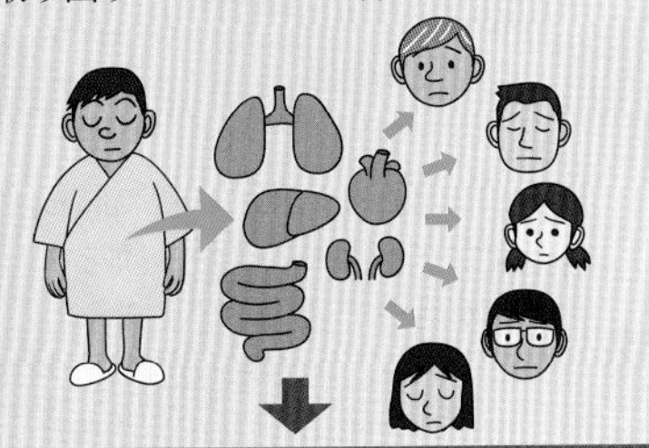

功利主義ならどんな結論になる？

問題点は？

最初に「義務論」を選んだ人へ

あなたは人殺しから逃げている友人をかくまっている。そこに人殺しがやってきて友人が家の中に逃げ込まなかったかと尋ねた。友人を守るために嘘をつくことは正しい行為か？

義務論ならどんな結論になる？

問題点は？

----

②「一貫性」を強調しすぎることの危うさ

旧優生保護法は，障がい者や特定の疾病(しっぺい)のある人を「不良」とみなし，強制的な不妊(ふにん)手術(優生手術)を受けさせることを認めていた。この法律が成立した1948年は戦後間もなく，経済的混乱や食糧不足が深刻であった。**「不良」な子孫の出生を防ぎ，優れた遺伝子(優生)を保護することは，功利主義的観点から，公共の利益になると考えられた**のである。なお，この法律は1996年に母体保護法に全面改正され，強制不妊手術を認める条項は削除された。

「功利主義」も「義務論」も，誰もが納得するような正しさの基準とは言い切れない。また一貫してどちらかの立場をとろうとすればするほど問題点が出てくる。決して一筋縄ではいかない。しかし，「自分がどんな立場でものを考えているか」を自覚することは，議論を行う上でとても大切なことだ。

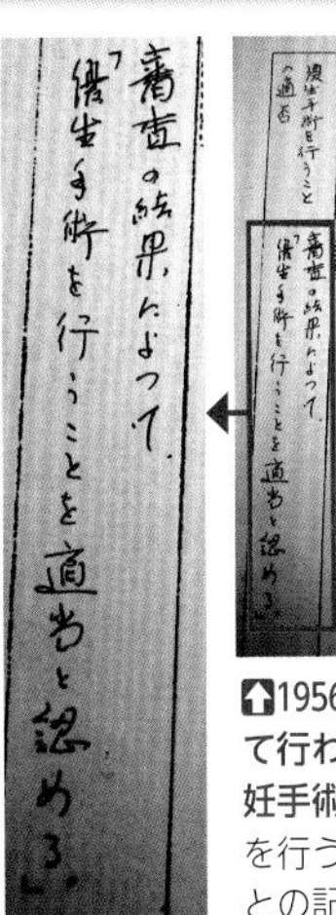
審査の結果によって「優生手術を行うことを適当と認める。」

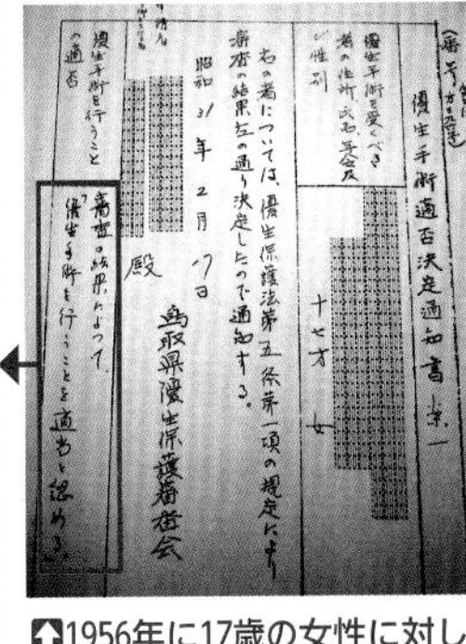

⬆1956年に17歳の女性に対して行われた優生手術（強制不妊手術）の通知書「優生手術を行うことを適当と認める。」との記載がある。

ステップ4 【発展】より深く現実の課題を考察してみよう。

①ステップ2で考えた意見について，次の観点で再検討・議論をしてみよう。

(1)自分の立場への反論は？　(2)異なる立場ならどんな意見になる？　(3)立場を組み合わせてみると？

②立場を組み合わせる例

右は，大規模災害等で多数の負傷者が出た場合に治療の優先順位を表すために負傷者につけるタグ(トリアージタグ)だ。日本では赤タグが最優先される。ここには「助かる可能性のある命は見殺しにしない(義務論)」＋「より多くの人命を救う(功利主義)」という複合的な立場がみられる。

なお，戦争中の野戦病院では，すぐに戦列に復帰できる軽傷者の治療を優先することが当然とされる。功利主義に基づく判断は，何を目的とするのかによって優先順位が変わってしまう場合もあるのだ。

トリアージタグ
0：黒タグ　優先順位：4位 特徴：息をしていない・助けられない
Ⅰ：赤タグ　優先順位：1位 特徴：バイタルが不安定・重症
Ⅱ：黄タグ　優先順位：2位 特徴：バイタルは安定・待機できる
Ⅲ：緑タグ　優先順位：3位 特徴：自力で動ける・軽症

▶**徳倫理学とは？**…功利主義や義務論は与えられた状況下で正しい「行為」とは何かを問題にするのに対して，「行為」の正しさではなく，「行為する人」の性格や生き方の正しさを問題にする「徳倫理学」という立場もある。

みんなのものは自分のもの？ 共有物は好きなだけ使っていいのか

「共有地の悲劇」とは何だろうか？

① 羊飼いたちが牧草地を共有して羊を放牧している。

牧草が食べつくされないよう各々で羊の数を調整しているから，常に安定して収入が得られるよ。

② 参入者が続出，羊の数が増加

私もここで羊を飼おう！
私も！
収入のために，もっと羊を増やさなければ…

③ 各々が羊を増やし続けた結果，羊が牧草を食べつくしてしまった…

左の図で，羊の数が共有地の牧草を食べつくさない程度に抑えられていれば，共有地は持続可能なかたちで利用し続けることができるだろう(①)。ところが，羊飼いが「おいしい」仕事だと知られ，参入する人が続出したとする。すると，飼う羊を増やさないと収入が減ってしまうため，共有地を利用する羊はどんどん増える(②)。こうして羊が牧草を食べつくしてしまうとするとどうだろう。牧草は育つ間もなく芽のうちに食べられてしまい，腹をすかせた羊の大群が行き場を失ってしまう。羊飼いは途方に暮れることだろう(③)。

このように誰もが利用できる共有資源を個別の利用者が過剰に利用することによって，共有資源が枯渇する現象を「共有地の悲劇」と呼ぶ。

このような悲劇を生まないために，羊飼いたちはどのようなことをするべきだったのだろうか。

問1 「共有地の悲劇」を避けるためには主に3つの対策が候補に挙がっている。それぞれの長所と短所を踏まえるとどの対策が最も効果があると思うか，理由とともに判断しよう。

対策案	Ⓐ共有地を１人の羊飼いが買い取る	Ⓑ羊飼いを免許制（許可制）にする	Ⓒ共有地を利用する羊の数を規制する（利用のルールを設定）
長　所	他の羊飼いとの競争がなくなり，持続可能なかたちで牧草地を利用できる。	適切な牧草地の利用をおこなう羊飼いにだけ免許を与えれば，牧草が食べつくされることはなくなる。	羊を牧草地のキャパシティに見合った頭数に制限すれば，持続可能なかたちで牧草地を利用できる。
短　所	・もともと共有地だった場所を独占させるのは公正ではない。 ・共有地を買い取る費用をどうやってねん出するか。	・免許を与える機関が必要。 ・公正な審査や試験を行うことが必要。	・規制を受け入れさせるために，取り締まりや罰則が必要になる。 ・誰がどのくらい羊を減らすのかを決めなくてはならない。
具体例	ナショナルトラスト運動で保護したい地域を買い取る。	川や湖で魚釣りをする際，漁業組合が発行する鑑札（許可証）が必要な場合がある。 （看板）無鑑札で魚類をとると罰せられます	中国の北京などでは，大気汚染対策として曜日や日付によって市内に入れる車のナンバーを限定した。

最も効果があると思う対策	理　　由

「共有地の悲劇」を活用してみよう ～マグロの漁獲量減少～

▶図1　マグロ・カツオ類の漁獲量トップ10とマグロの漁場(2018年)

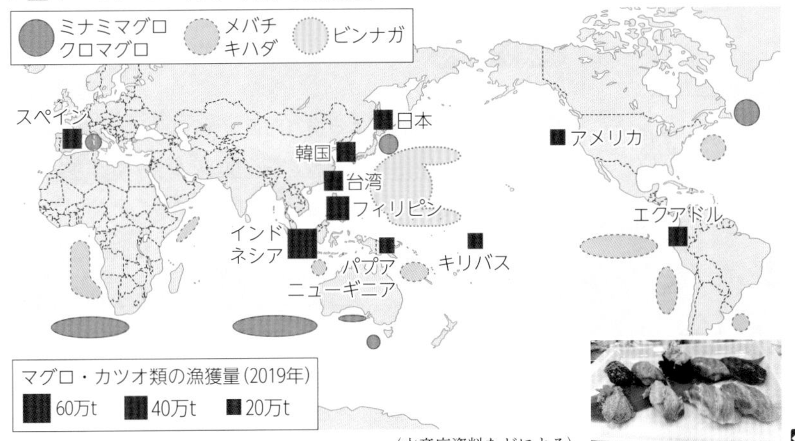

(水産庁資料などによる)

現状　日本で太平洋クロマグロは高級すし食材として珍重される。日本食の普及などにより世界全体のマグロの漁獲量も増大している。しかしその漁獲の98%は幼魚であり，親マグロは育たない。その結果，太平洋クロマグロは絶滅危惧種Ⅱ類に登録されるまでに至っている。各国の漁獲枠は国際漁業管理機関で設定されているが，違法操業の発覚が相次ぎ守れない事態となっている。

⬅クロマグロの寿司

▶図2　世界のマグロ・カツオ類の漁獲量の推移

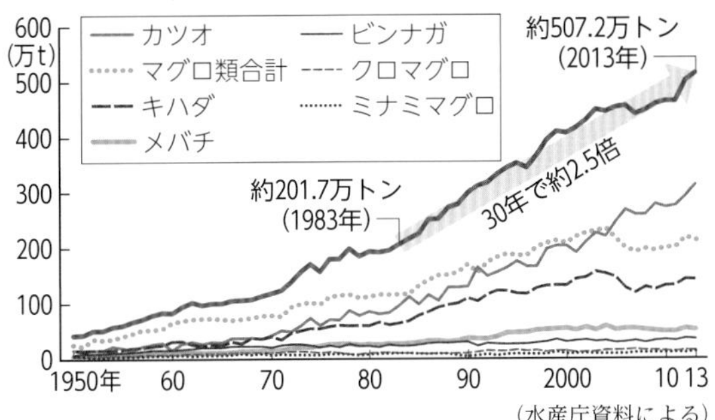

(水産庁資料による)

秋田県のハタハタ漁獲量回復例

秋田県のハタハタ業者は，漁獲量が激減したことから1992年9月から自主的に3年間の全面禁漁を行った。1991年には70トンと過去最低を記録した漁獲量は，解禁後も県独自の漁獲可能量制の導入など厳しい管理を行ったことで，2008年には2,938トンまで回復した。

➡ハタハタ

▶図3　秋田県ハタハタ漁獲量の推移

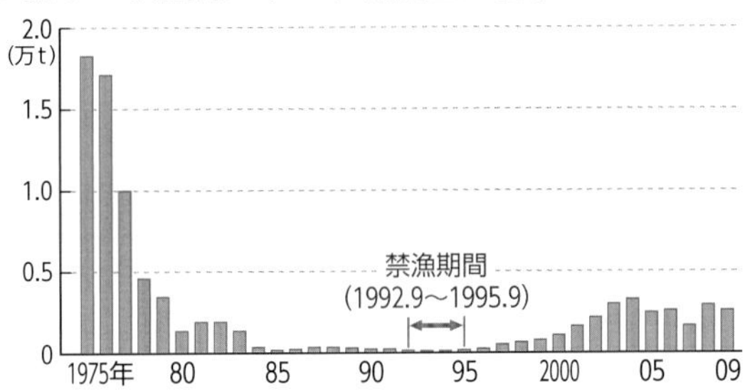

問2　類似の問題を解決した秋田県のハタハタの例は，先のⒶ～Ⓒの対策案のどれにあたるか考えてみよう。

問3　ハタハタと同様の対策をマグロ漁で実施する場合，どのような問題点が考えられるかあげてみよう。

考えられる問題点

「共有地の悲劇」を応用できる現代の課題　【例】地球温暖化

限りある資源の持続可能な利用を実現するためにはどうするべきか，問1を参考にしながら考えてみよう。

	「共有地の悲劇」	地球温暖化
共有資源	牧草	地球の大気
過剰利用	羊の増加	温室効果ガスの排出
対策案	共有地を買い取る 羊飼いを免許制に 羊の数を規制	

Theme 11

法と社会規範

基本用語》 自然法　実定法　公法　私法　社会法

Approach

食い逃げの「法的責任」―民事責任と刑事責任

ラーメン
ラーメン

関連する条文

民法
第709条（不法行為による損害賠償）故意（こい）又（また）は過失（かしつ）によって他人の権利又は法律上保護される利益を侵害した者は，これによって生じた損害を賠償する責任を負う。

要件　効果

刑法
第246条（詐欺（さぎ））人を欺（あざむ）いて財物を交付させた者は，十年以下の懲役（ちょうえき）に処する。

多くの法律は，「○○した者は」（要件）「××となる」（効果）という「要件・効果構造」をとっている。

Key point キーポイント ラーメンを食い逃げした人物はどのような法的責任を負うだろうか。まず，対価（お金）を支払わずにラーメンを提供させたことは，明らかにラーメン店の「権利又（また）は法律上保護される利益」を明らかに侵害しているので，損害賠償責任，つまり被害者であるラーメン店へ補償するという民事責任を負うことになる。さらに,「人を欺いて財物を交付させた」と裁判で認められれば,「十年以下の懲役（刑事施設に収容され，強制で所定の作業をする)」という刑事責任を負う可能性もある。なお，この二つの責任は別個に取り扱われるので，同じ事件について民事裁判と刑事裁判で判断が異なる場合もある。

追究 ラーメンを食べてしまったあとに財布を忘れたことに気づいた。あなたならどう行動する？

1 社会規範とは？

人間の行動を律する基準，守らないと制裁を受ける。(法律，道徳，宗教，慣習など。)

法律（外面的強制）
国家権力による最も強い強制力を持つ。守らないと**刑罰**という制裁。

道徳（内面的強制）
個人の良心に従うという強制力が働く。守らないと**良心の呵責（かしゃく）**という制裁。

解説 **法律と道徳**　幼い頃，嫌いな食べ物を残して「罰（ばち）が当たるぞ」などと叱（しか）られ，それ以来食べ物を残すことに罪悪感を覚えるようになった人は多いだろう。また，自分が悪い行いをしてしまったと自覚したとき，良心がうずき，罪悪感に苦しんだ経験を持っているだろう。こうした内面的な強制（道徳・宗教など）は，法律などとともに社会規範を構成し，人々の行動の基準を示す役割を担っている。

落とし物は届ける
ネコババする？
横領
↓
犯罪者
道徳
法律

2 法の分類

Ⓐ法の分類

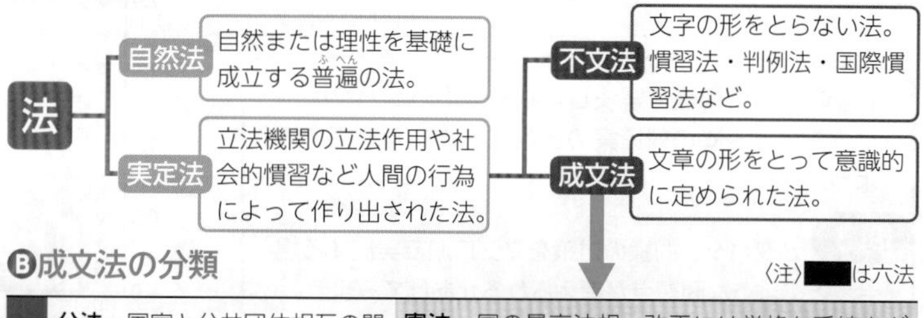
法
自然法
自然または理性を基礎に成立する普遍（ふへん）の法。
実定法
立法機関の立法作用や社会的慣習など人間の行為によって作り出された法。
不文法
文字の形をとらない法。慣習法・判例法・国際慣習法など。
成文法
文章の形をとって意識的に定められた法。

Ⓑ成文法の分類

〈注〉■は六法

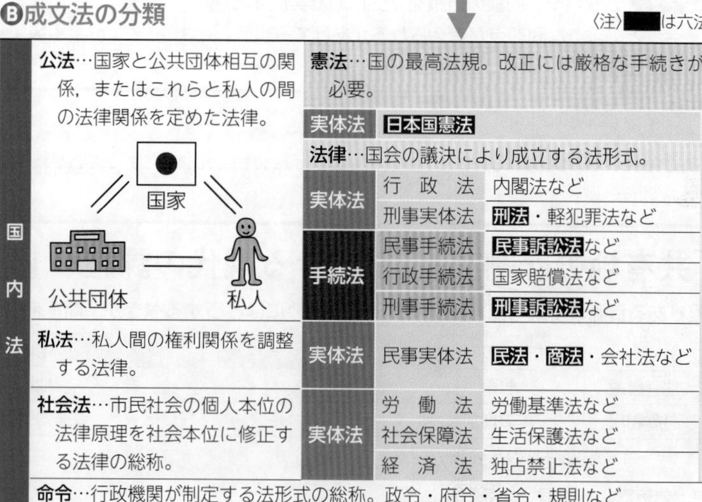

区分	分類	種類		例
国内法	**公法**…国家と公共団体相互の関係，またはこれらと私人の間の法律関係を定めた法律。（国家・公共団体・私人）	**憲法**…国の最高法規。改正には厳格な手続きが必要。		
		実体法		**日本国憲法**
		法律…国会の議決により成立する法形式。		
		実体法	行政法	内閣法など
		実体法	刑事実体法	**刑法**・軽犯罪法など
		手続法	民事手続法	**民事訴訟法**など
		手続法	行政手続法	国家賠償法など
		手続法	刑事手続法	**刑事訴訟法**など
	私法…私人間の権利関係を調整する法律。	実体法	民事実体法	**民法**・**商法**・会社法など
	社会法…市民社会の個人本位の法律原理を社会本位に修正する法律の総称。	実体法	労働法	労働基準法など
		実体法	社会保障法	生活保護法など
		実体法	経済法	独占禁止法など
	命令…行政機関が制定する法形式の総称。政令・府令・省令・規則など			
	地方自主法…地方公共団体が制定する法形式。条例・規則など			
国際法	条約…国家間で結ばれる成文法。憲章・協定などの名称のものもある。			

しごとカタログ **法学者**　法律学を研究する大学教授などの研究者。法律学は法律の理論およびその適用を研究する学問で，社会における様々な現象を論理的にとらえ，その解決策を探ることを目指す，いわゆる「リーガルマインド」を養成する学問だ。

3 法の様々な機能

機能	解説
社会統制機能	社会の秩序(ちつじょ)を乱す行為に対して刑罰を科すことで，人々の行動を統制する機能。刑法などが典型。
活動促進機能	個人や企業の自由な活動を支えるルールを提供する機能。民法や会社法が典型例。
紛争解決機能	もめごとが起きたときの解決の基準や裁判の手続きなどを定めておく機能。民事訴訟法や刑事訴訟法が典型。

解説 **法により私たちは自由になる** 哲学者のヘーゲルは「法により私たちは自由になる」と述べているが，どういう意味だろうか。普通私たちが抱(いだ)く「法」のイメージは，特定の行為を禁止したり，そうした行為を行った者を処罰したりするものが多い。一方で法の**社会統制機能**が働かなければ，私たちは常に身の危険と隣り合わせで暮らすことを余儀なくされ，自由に活動することは難しいだろう。また，法が**活動促進機能・紛争解決機能法律**を提供しなければ，「正義＝力」という論理がまかり通る世の中になってしまうだろう。法律が，直接定めている内容だけでなく，その目的や背景を踏まえて理解することで，その法律がめぐりめぐってどんな機能を果たすのか考えてみよう。

4 法に基づく紛争解決

民事裁判	裁判官により法的拘束力をもった解決を行うことができる。ただし，費用と時間がかかる。
ADR (裁判外紛争解決手続)	相手との直接交渉では解決が難しい場合に，第三者が入って双方が受け入れ可能な解決を促す手続き。裁判所や指定された行政機関・民間機関が実施している。なお，ADRで解決できなかった場合は裁判を行うこともできる。

解説 **法律を機能させるには** 法律は単に“ある”だけで機能を果たすことはなく，法曹(ほうそう)など関係する人々が運用することによって機能している。具体的には，現実に発生した事件について法律の条文を**解釈・適用**し，過去の裁判における解釈の結果である**判例**を参照して判断の一貫性を保つことが求められる。事件の当事者は互いに事件の事実関係や法律の解釈，援用する判例などについて主張を行い，第三者である裁判官が双方の主張を聞いたうえで結論を出すというのが基本的な法の運用の形である。なお，法的解決ができるのは裁判所だけでなく，現在ではさまざまな行政機関・民間機関によるADRを利用することができる。

5 法を評価する基準

A 廃止される「ブラック校則」

東京都教育委員会は「理不尽(りふじん)」「不合理」と言われ，社会的に問題となっている校則，6項目を提示したうえで，都立高校を中心とした全都立学校196校の全日制，定時制などを合わせた240課程に対して，2021年11月，該当する校則の有無を調査した。

その結果，216課程で，この6項目に該当する校則があることが明らかになった。

内訳(うちわけ)は…

(1) 生来の髪を一律に黒色に染色：7課程
(2) 「頭髪に関する届出（任意）」の提出：55課程
(3) 「ツーブロック」を禁止する指導：24課程
(4) 登校しての謹慎(きんしん)（別室指導）ではなく，自宅謹慎を行う指導：22課程
(5) 下着の色の指定に関する指導：13課程
(6) 「高校生らしい」等，表現があいまいで誤解を招く指導：95課程

都教委は，学校側に，この6項目に該当する校則の必要性を点検するよう通知。

各学校で生徒会役員と教員が意見を交わす，保護者会で保護者から聞き取りをする，などをした結果，196課程が該当する校則を2022年4月から廃止することを決めた。

（「FNNプライムオンライン」2022.3.13による）

解説 **法をどう見直していくか** 法を評価する際に用いられる基準として，**法の一般性**と**法の明確性**がある。上記の校則を例に検討すると，「生来の髪を一律に黒色に染色」という校則は，地毛が黒色でない生徒だけに負担を強いるのみならず，生まれついた容姿の否定ともとれるもので，法の一般性の観点から問題があるといえる。また，「高校生らしい」という表現は人によってとらえ方がさまざまであり，法の明確性の観点から問題ありといえるだろう。法を作ったり見直したりするときは，こうした基準を活用することが求められる。

➡「ブラック校則をなくそう」プロジェクトの発足会見（2017年12月）

＋α（プラスアルファ） 選挙カーはシートベルトをしなくてもよいの？― 法の一般性と例外

選挙が公示されると一斉に走り回る選挙カーを見て，「候補者はシートベルトをしていないけど，違法ではないの？」という疑問を抱かないだろうか。結論から言えば違法ではない。道路交通法では同乗者がシートベルト（座席ベルト）を装着しないまま車を運転することを禁止しているが，「その他政令(せいれい)で定めるやむを得ない理由があるときは，この限りでない」という例外規定が設けられている。そして，政令である道路交通法施行令で「公職選挙法の適用を受ける選挙における公職の候補者又は選挙運動に従事する者を……当該(とうがい)選挙運動のため乗車させるとき」を例外として明示している。これが，選挙カーに乗る候補者がシートベルトをしなくてよい根拠なのだ。このように，法律は原則として国内に住むすべての人に適用される一般性をもつが，実情にそぐわない場合は例外規定を設けて対処される。

Try（トライ） 下請企業が不利な取り引きを強いられないためのルールを定めた法律は，次の①～③のうちのどの機能を果たしている？
①社会統制機能　②活動促進機能　③紛争解決機能

基本用語 法の支配　法治主義　立憲主義

Theme 12
法の支配の意義

Approach
「法の支配」を実現するには―体罰と「法の支配」

自然法思想（人権思想）に基づく「**法の支配**」の考え方は，「国王といえども神と法の下にある。なぜなら，法が王を作るからである。」というイギリスの法学者ブラクトン（？～1268）の言葉に簡潔に表されている。独裁者の思いのままに政治が行われる「人の支配」に対置される考え方だ。

近年，スポーツの強豪校で，指導者の部員に対する体罰が相次いで発覚した。体罰は**学校教育法**で禁じられているし，それ以前に暴力をふるうことは立派な**刑法**犯罪だが，学校の部活動のような閉鎖的な場は第三者の目が届きにくく，まして強豪校のカリスマ的な指導者ともなれば，他の教員が体罰の現場を目撃したとしても，口出ししにくい雰囲気があったのだろう。

だからといって，「有名な指導者なのだから，体罰にも意味があるのだろう」と考えて同僚の教師が見て見ぬふりをしたり，「下手にたてついたら，レギュラーから外されるんじゃないか」という恐怖から生徒が泣き寝入りをし続ければ，どうなるだろうか。そうした環境が，指導者があたかも「法の上に立つ者」のように振る舞う「人の支配」を生み出していたことは否定できないだろう。あなたの身の回りで本当に「法の支配」が貫かれているか，考えてみよう。

Ⓐ運動部活動経験者の体罰経験（2013年）

（「運動部活動等における体罰・暴力に関する調査報告書」全国大学体育連合による）

学校教育法［公布1947.3.31法26　最終改正2022法76］

第11条　校長及び教員は，教育上必要があると認めるときは，監督庁の定めるところにより，学生，生徒及び児童に懲戒を加えることができる。但し，体罰を加えることはできない。

刑法［公布1907.4.24法45　最終改正2022法67］

第208条　暴行を加えた者が人を傷害するに至らなかったときは，2年以下の懲役若しくは30万円以下の罰金又は拘留若しくは科料に処する。

追究 あなたの学校の校則や慣例を，「法の支配」の観点から改めて見直してみよう。

1 法の支配（rule of law）

Ⓐ「法の支配」の考え方

絶対主義の時代には，国王の意思がそのまま法となって，国民は国王の勝手気ままな徴税や，いわれのない逮捕や刑罰に苦しめられたのである。このように権力者が自由に国民を拘束できる体制を「人の支配」と呼ぶ。

「法の支配」とは，このような事態が生じないように，国民の意思に基づいて制定された法を国家の最上位において，たとえ権力者であろうともこの法に従うことを強制させる。つまり**「法の支配」とは権力者の意思の上に法をおく**のである。

〔日本国憲法における「法の支配」の具体例〕
①違憲法令審査権（81）②最高法規性（98）③憲法尊重擁護義務（99）④人権の不可侵性（97）⑤罪刑法定主義（31）⑥租税法律主義（84）など

〈注〉（ ）内の数字は条数。

Ⓑ人の支配と法の支配

〈人の支配〉

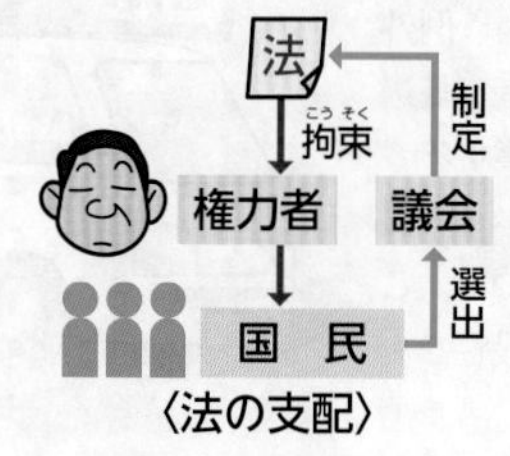

〈法の支配〉

Ⓒ法の支配の内容

①憲法の最高法規性	憲法があらゆる法の中で最高のものであり，憲法が立法権をも拘束するという点が重要。 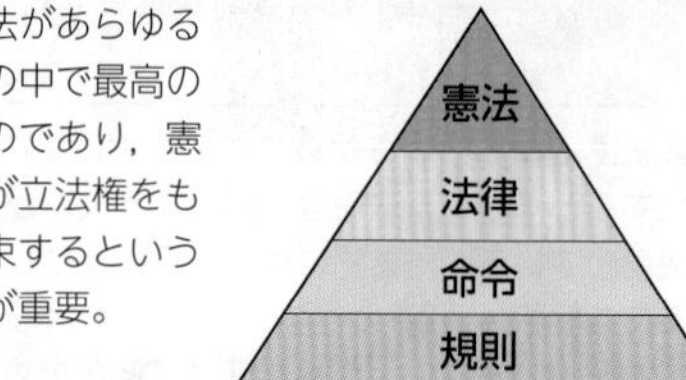
②権力によって侵されない個人の人権	法の支配の目的は永久不可侵の人権を守ることにある。
③法の内容・手続きの公正さ	国会が制定した法ならば，どんな不当な内容の法律でもかまわないというわけではない。また，法を適用する手続きの公正さも要求される。
④裁判所の役割の重視	国家権力に歯止めをかける道具として，裁判所の役割が重視される。そもそも違憲法令審査権は，法の支配の考え方がアメリカで発展したことで生まれたもの。 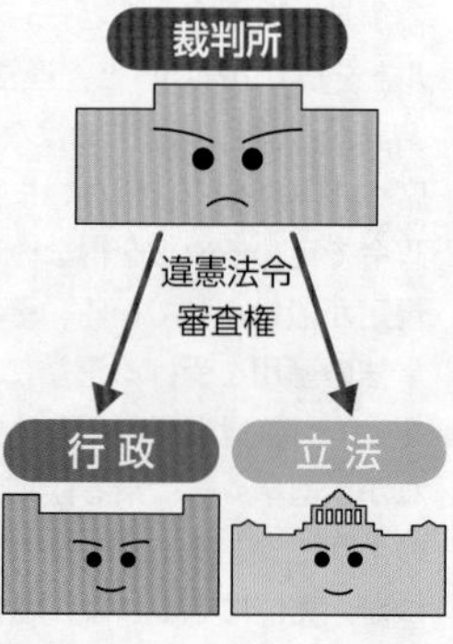

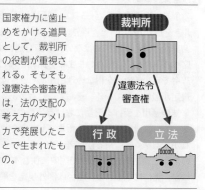

しごとカタログ **司法書士**　裁判所・検察庁・法務局など，司法に関係する機関に提出する書類の作成を代行できる資格。特別に認定を受けた司法書士は，簡易裁判所が管轄する訴訟の代理も行うことができる。合格率は5％台と，かなりの難関。

2 法治主義（rule by law）

A「法治主義」の考え方

「法治主義」とはすべての行政活動は法に基づいて行われることを意味する。

B「法治主義」と「法の支配」の違い

	法治主義	法の支配
目的	行政の効率的な運用	国民の人権の保障
法の内容	法の存在を重視し，必ずしも内容を問わない	国民の意思に基づき，議会が制定した法
法の規制対象	一般国民	権力者
背景	19世紀にドイツで君主支配に対抗した「法治国家」の概念に由来	17世紀のイギリスの革命時に「人の支配」に対抗し唱えられた

C全権委任法（授権法）（独　1933年）

1．ドイツ国の法律は憲法に規定されている手続きによるほか，**ドイツ国政府によっても制定されうる。**……

2．ドイツ国政府によって制定された法律は，ドイツ国会およびドイツ国参議院の制度そのものを対象としない限り，**憲法に違反しうる。**ただし大統領の権限はなんら変わることはない。

（『西洋史料集成』平凡社）

解説「悪法もまた法なり」の危険性　君主権に対抗して登場した点では似た概念だが，ドイツではその後意味が変わり，ナチス政権の全権委任法も登場した。「悪法もまた法なり」に陥らないよう注意が必要だ。

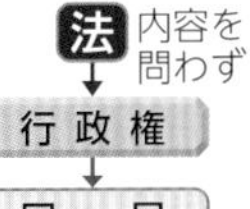

議会で演説するヒトラー（1933年）　全権委任法によってワイマール憲法は無効化し，ドイツ国民はユダヤ人虐殺や第二次世界大戦といった破滅への道を止める手立てを失うこととなった。

3 立憲主義

A憲法と一般の法律

憲法	国家権力を制限
一般の法律	人権を規定，国家組織を定め，権力を授権するとともにその行使を制限する

B憲法の種類

観点	分類名	内容	具体例
形式面	成文憲法	文章で書かれた憲法。	日本国憲法
	不文憲法	「憲法」という法律がなく，慣習法（イギリスの憲法習律等）が憲法の役割を果たしている。	（イギリス）
改正手続	硬性憲法	一般法とは異なる厳格な改正手続きで改正される。	日本国憲法 明治憲法
	軟性憲法	一般法と同じ手続きにより改正される。	ニュージーランド憲法
制定主体	欽定（きんてい）憲法	君主が制定して国民に与えたという形式をとる。	大日本帝国憲法（明治憲法）
	民定憲法	国民が直接または議会を通じて制定。	日本国憲法

解説 憲法は国家権力を組織・制限する　絶対王政の恣意的な権力の濫用に対抗するなかで近代憲法は誕生した。憲法とは，国民に保障する自由と権利を明示し，国家権力をどう組織し運営するかを定めた文書である。法律は国民の守るべきルールを定めるが，憲法は国家権力の行使をルール化している。このように憲法にもとづいて政治を行うことを**立憲主義**という。その例として日本国憲法第99条を読んでみよう。

＋α（プラスアルファ） ドイツの「闘う民主主義」とは？

ドイツ連邦共和国基本法第18条［基本権の喪失］　意見表明の自由，特に出版の自由，教授の自由，集会の自由，結社の自由，信書，郵便及び電気通信の秘密，所有権又は庇護（ひご）権（けん）を，自由で民主的な基本秩序に敵対するために濫用（らんよう）する者は，これらの基本権を喪失する。……

（高橋和之編『新版　世界憲法集』岩波文庫）

ナチスの権力掌握（しょうあく）はクーデターのように武力によって実行されたものではなく，選挙による議席獲得や議会による立法という**合法的**な手続きで進行した。このことを重く見た戦後のドイツ（旧西ドイツ）は「闘う民主主義」を標榜している。何と「闘う」のか？　基本的人権や民主主義といった「自由で民主的な基本秩序に敵対」するために権利を濫用する者と「闘う」のである。実際ドイツでは，憲法（基本法）の基本秩序を否定するとされた共産党やナチスを支持する政党の設立は憲法で禁止されるのみならず，「政府が憲法と国民に背（そむ）き，これを正す手段が他に一切ない場合に，国民は抵抗権（ていこうけん）を発動できる」という規定すらある。「闘う民主主義」は，権力の運用について国民一人ひとりにより重い自覚と責任を求める考え方といえるだろう。

4 個人の尊重

日本国憲法第13条の掲げる「**個人の尊重**」とは，人は一人ひとりみな違っていることを認め，それぞれの個性と価値を等しく尊重するということである。つまり，人はいろいろ違っていて当たり前という当然の事実を認識することである。自分が他の人と違うところがあっても，他の人が自分と違うところがあっても当たり前。決してみな同じである必要はない。この認識が「個人の尊重」原理の出発点であり，人権保障の大前提となる。

解説 基本的人権とは　日本国憲法が保障する人権とは，一人ひとりの人間が自立した個人として，その自由と生存を確保し，その尊厳を維持するために一定の権利を生まれながらに持つことを法的に確認したものである。人権を承認する根拠となるのが「**個人の尊重**」の原理である。「個人の尊重」の原理は，一人ひとりの個人こそが，かけがえのない絶対的な存在であり，究極的な価値であることを認め，すべての人間を自律的な人格として平等に尊重しようとする点で，**エゴイズム（利己主義）**や**ファシズム（全体主義）**を否定するものである。

Try（トライ） 現在日本で施行されている法令の中で，最も古いと考えられているものはどれだろうか？
①十七条憲法（604年）　②御成敗式目（1232年）　③改暦ノ布告（1872年）　④日本国憲法（1946年）

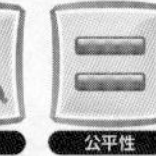

基本用語 権利能力 契約

Theme 13

私たちの生活と契約

Approach

“課金(かきん)” は続くよどこまでも―「サブスク」って何？

Ⓐサブスクのイメージ

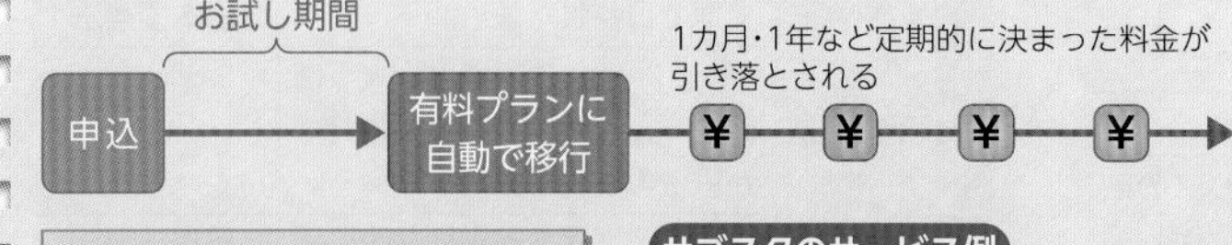

無料トライアルの申し込み
クレジットカード番号を入力してください
※無料期間は1カ月
※無料期間を過ぎても解約されない場合には，自動的に有料プラン(¥5,000/月)に移行します

サブスクのサービス例

動画配信　音楽配信　レンタル
学習教材　専門家相談　外食

サブスクの契約のポイント

①契約中はサービスを受けることが可能
➡**利用していなくても料金が発生する**

②解約しない限り契約は自動で更新される
➡**解約しない限り支払いが続く**

動画配信アプリ
サブスクリプション
1週間トライアル　無料
開始日：○月×日
¥900/月
申し込む

(ⒶⒷとも国民生活センター資料による)

Ⓑ「定期購入契約」に関する消費者相談件数の推移

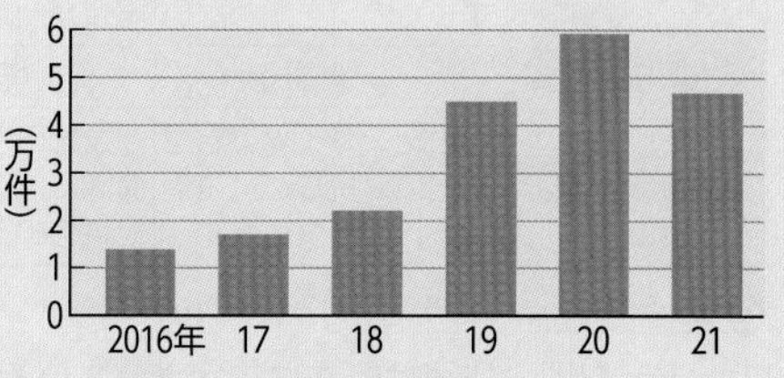

Key point キーポイント サブスクは定期購読，継続購入サブスクリプションの略。１回申し込めば継続的にサービスが利用できたり定期的に商品が送られてくるという便利さもあるが，解約しない限り課金され続けるという怖さもある。サブスクは期限を定めない利用・使用・売買契約だが，「お試し期間」などを設けて最初は無料で利用できることが多く，無料期間終了後に課金されて初めてサブスクだったことに気づくケースもあり，ここ数年消費者相談の件数が急増した。申し込む前に，どんな契約内容かしっかり確認することが大切だ。

追究 あなたが現在，定期的・継続的に結んでいる契約を確認してみよう。

1 民法上の「能力」とは？

民法で「**契約**は守る義務がある」としているのは，契約を締結した当事者には，契約を選び法的な責任を取る**能力**がある「大人」という前提に立っているからです。この前提を欠く場合には，大人としての法的責任を求めることは過酷になるので，法的手当てが必要です。

(村　千鶴子「人の能力」『国民生活』2019.4)

Ⓐ民法上の「人の能力」

権利能力	民法上のさまざまな権利（私権）の主体となる能力のこと。自然人は，生まれると同時に権利能力を獲得し生きている間はずっと保持する。 
行為能力	自分で行った法律行為（契約が典型）に対し，守るべき法的責任を負う能力のこと。2022年４月１日に成年年齢が20歳から18歳に引き下げられたが，民法上成年に達すれば一律に行為能力者として扱われる。ただし，事故や病気，加齢などによって十分な判断能力がない人に対する支援制度として，成年後見制度が設けられている。
意思能力	自然人が自分で判断して選択し，選択に対して法的責任を負うことができる現実の能力のこと。民法の条文には定められていないが，意思能力という考え方は当然の前提とされてきた（不文法の例）。

2 もしも「契約」がなかったら……

解説 **「契約」の意義とは** 私たちの生活は，日々誰かと何らかの約束（合意）をして，その約束をお互いに守ることで成り立っている。こうした約束のうち，法律関係を生じさせるものを「契約」という。「契約」を守らなければ法的な責任が問われることになるので，言い換えれば契約を結ぶことによって相手と合意したことが守られることになる。**いわば契約は，私たちの生活の安心を支える役割を果たしている**のである。

しごとカタログ SE　システムエンジニアの略称。プログラミング能力を駆使して様々なコンピュータシステムの開発・設計を行う技術者で，デジタル化が進む今日SEの需要が増えており，2022年現在日本では132万人を超えるSEが活躍している。

3 身近な契約

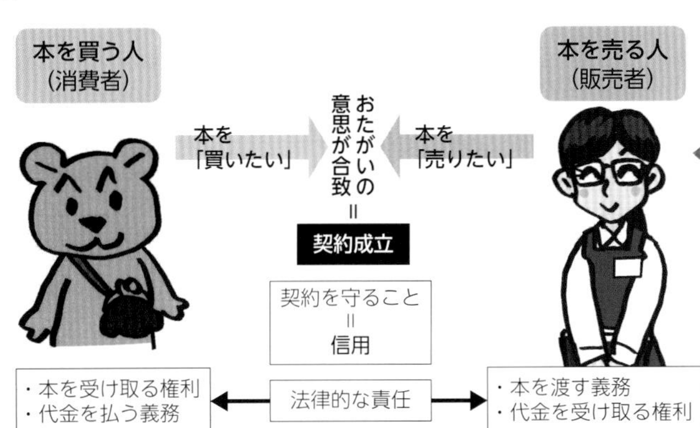

契約自由の原則
①契約を結ぶかどうかは自由
②だれと契約を結ぶかは自由
③契約内容は自由
④どのような方法で結ぶかは自由

解説 **暮らしの中の契約**　**契約**とは，二人以上の**当事者の意思が合意することによって成立**する，法的責任を伴う約束のこと（そこには権利と義務が発生する）。売買契約の場合，「売りたい」というお店の意思と，「買いたい」という消費者の意思との合意で契約が成立する（口約束でも契約は成立）。また，契約は自由に締結(ていけつ)することができる。したがって，いったん契約が成立したら，契約者（消費者と販売者の両方）には契約内容を守る責任や義務が発生する。

契約額が高額だったり，契約内容が複雑な場合は「契約書」を作成する。

A 身のまわりの契約

アルバイトをする　雇用契約

B 契約を解除・取り消し，無効を主張することができる場合

① 未成年者が親の承諾なしに契約した場合
② クーリング・オフ（➡p.67 2）制度を利用した場合
③ 不適切な勧誘行為により誤認，困惑して契約した場合
④ ウソの説明や重要な事実を故意(こい)に説明しないで契約した場合
⑤ 詐欺(さぎ)・脅迫(きょうはく)・錯誤(さくご)（勘違い(かんちがい)）によって契約した場合
⑥ 契約そのものが違法な場合　　など

2022年3月31日まで

2022年4月1日から

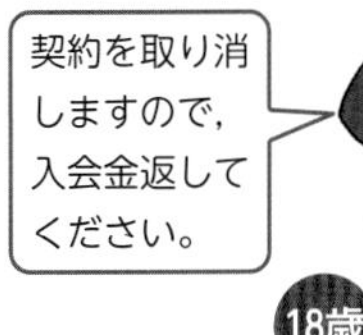

解説 **「18歳成年」と未成年取消権**　未成年者には未成年取消権が認められている。しかし，2022年4月に成年年齢が20歳から18歳に変更されたことによって，18・19歳は未成年取消権を行使することができなくなった。契約をする際は，一層慎重になる必要がある。

4 ネットの契約トラブル

インターネットで，無料のサイトに登録したら，高額な料金を請求された	「無料」となっていたのに後で料金が請求されるのは，当事者間の合意があったとは言えず，契約は成立していないので，支払う義務はない。
ネットオークションで落札し，代金を振り込んだが，品物が届かない	支払にエスクローサービス（代金のやりとりを代行してくれる）を組み込んでいたり補償制度が用意されている，信用できるオークションサイトを利用する。
ネットショッピングで購入した商品に問題があったが，業者が返品・交換に応じない	ネットショッピングは通信販売になり，クーリング・オフ制度はないので，購入時に返品の可否などをよく確認する。（返品について広告に表示されていない場合は，商品が届いてから8日以内であれば，消費者が送料を負担することで返品可）

（『知っておきたい契約・取引の基礎知識』岡山県消費生活センターによる）

解説 **電子消費者契約法とは**　インターネットの普及とともにネットを介したビジネスが拡大したが，悪質な商売を行う業者も現れ，ネットにおける契約のありかたが課題となった。2001年に成立した電子消費者契約法は，操作ミスで誤って契約してしまう消費者などを救済するため，業者に対して確認画面を設ける等の対策を義務づけた。

不当な請求だと感じたら，まずは消費生活センター（➡p.67 2）などに相談しよう。

Try 民法上のさまざまな権利（私権）の主体となる能力を何というか？
①権利能力　②行為能力　③意思能力

5 お金を借りるときの契約

契約の中でも特に注意が必要なのが，お金を借りる契約だ。例えば大学進学に際して奨学金を受けるときは，「奨学金貸借契約」などの契約を結ぶことを求められることがある。契約書には，借りる金額，返済期間，利率のほか，返済が難しくなったときにどのようにするか細かく書かれている。ここでは，お金を借りる契約書に出てくる用語の意味を押さえておこう。

債権者・債務者	債権者はお金を貸した人，債務者はお金を借りた人のこと。債権者は返済を求める権利を持ち，債務者は返済する義務を負っている。
担保	お金を借りた人（債務者）が返済できなくなったときのために，返済の代わりに提供させる資産のこと。住宅ローンにおける家やカーローンにおける自動車など。「抵当」ともいう。
保証人・連帯保証人	債務者が返済できなくなったときに，債務者に代わってお金を返す責任を負う人。保証人は返済を求められたときに「まずは債務者に請求して」と求めることができるが，連帯保証人はそれができないので，より重い保証責任があるといえる。

6 消費者契約法

悪質な契約の取り消しや，条項の無効を主張できる権利を消費者に与え，保護するための法律。取消権の行使は「だまされた」などと気づいてから1年間，契約の成立後は最長で5年間。ただし，罰則規定はない。

Ⓐこんな契約は取り消しできる（消費者契約法第4条）

①契約の重要事項について，うそをついた

②消費者の利益になることだけ言って，不利益になることを言わない

③将来の変動が不確実なことを断定的に言う

④押し売りが家や職場などから帰らない

⑤勧誘を受けた場所から帰してもらえない

⑥消費者にとって一方的に不利な内容

本当は掛け金が割高なのよね
お得ですよ
事故について当社は責任を負いかねます
NO！
治療代！

この商品は…
今忙しいので…

解説 消費者もかしこくあれ **消費者契約法**は2001年以降に結んだ契約から適用され，情報量でも交渉力でも事業者にかなわない消費者が，契約時のトラブルに巻き込まれないようにすることを目指している。しかし，①電話勧誘やデート商法で誘われるままに交わした契約，②インターネット取引など，自分の判断で納得して交わした契約，については原則として適用されないと考えられるため注意しよう。

7 民法の改正

2017年5月26日，**企業や消費者の契約ルールを定める債権関係規定（債券法）に関する民法の改正が行われた**。改正は約200項目に及び公布から3年以内に施行する。今回の改正は民法の制定以来約120年ぶりの大幅改正となる。インターネット通販，携帯電話や各種保険の契約時に起こるトラブルなど，現在の社会問題を念頭に置いた改正となっている。

消費者保護を重視した改正といえるが，現在の日本は契約社会でもある。安易な契約が大きなトラブルに発展する例も少なくない。契約が持つ重みを今一度考える契機としたい。

Ⓐ民法改正の主なポイント

改正点	ポイント
約款のルールを作成	約款に書かれている内容は法律で明確に認められる。ただし，買い手が著しく不利益を被る項目は無効。
欠陥商品の売り手の責任を明確化	破損した商品や契約とは異なる商品が届いた場合，買い手は，修理・交換・代金減額を売り手に求めることができる。
お金の貸し借りの時効を原則5年に統一	飲食代の「ツケ」は1年，弁護士費用は2年，診療報酬は3年など，バラバラだった時効を統一。
法定利率5％→3％	法定利率は，利率を決めずにお金を貸し借りした際に自動的に適用されるもの。
賃貸住宅の敷金は返金される	部屋の年月に応じた自然な劣化の修繕費は貸し主が負担。敷金からは借り主が壊した修繕費のみが差し引かれる。
認知症の高齢者等が交わした契約は無効	判断力が弱い人が結んだ契約は無効とすることを法律に明記。

+α（プラスアルファ） 結婚も「契約」なの？

日本国憲法第24条1項は「婚姻は，両性の合意のみに基いて成立し，夫婦が同等の権利を有することを基本として，相互の協力により，維持されなければならない」と定めている。これは，結婚が売買契約のような特定の目的を達成するためだけの結びつきではなく，生活を営む上での全面的な協力関係という位置づけであることを示している。一方で，近年人気のマンガやドラマには「契約結婚」をテーマにした作品も多くある。ここでいう「契約結婚」とは，法的な結婚の位置づけである「全面的な協力関係」ではなく，契約書に明記された事項についての「限定的な協力関係」という意味である。その形態は契約内容によりまちまちだ。有名な例は，フランスの哲学者**サルトル**（➡p.50 6）と**ボーヴォワール**の契約結婚。この結婚は2年間の期限付きで，結婚によって互いの自由恋愛を束縛しないようにと意図したものだったというが，結局この関係はサルトルが死去するまで約50年間続くことになった。晩婚化・非婚化が進む現代にあって，「契約結婚」は一つの選択肢となるだろうか。

➡ボーヴォワール（左）とサルトル（右）

Try 次のうち，消費者契約法が適用されない契約はどれ？
①重要事項に偽りがあった契約　②訪問販売で結んだ契約　③電話勧誘で誘われるままに結んだ契約

論点 18歳は「おとな」？

1 成人式は必要？ 不要？

Ⓐスリランカ出身の「にしゃんた」さんの考え

税金を使って式を開いてまで，成人を手厚く祝ってくれるような国は世界的には珍しい。……親が用意した着物に身を包み，自治体が開く式典で友達と再会するというのは，大人としての覚悟とは程遠く，七五三の延長のようだ。（『信濃毎日新聞』2022.1.23）

Ⓑ成年と未成年の法的な定義

成年	意思能力（自分の行為を認識し，その結果がどのようなものになるかを理解する能力）があり，自由に契約できる＝**法的主体**
未成年	意思能力が十分でなく自由に契約できない（契約する資格が制限され，不利益な契約から保護される）

Ⓒ心理学者が考える成年と未成年

「成年ですよ」と法的に定められたとしても，「おとなになる」こととは別の話かもしれない。**エリクソン**は，18歳は青年期でモラトリアムの期間と考え，**オルポート**は心の面でおとなであることの特徴として，①自己意識の拡張②他人との温かい関係の確立③情緒安定④現実的認知と解決のための技能⑤自己客観化⑥人生観確立であるとした。

したがって，法的主体になる年齢とは別に，様々な人生経験を積む中で実質的に大人になっていくと考えるのがよいかもしれない。

⬆七五三

⬆成人式

解説 成人の自覚とは 成年になることは，**意思能力があると認められて自由になる**ことだ。同時に，**法的主体として責任を負う**ことでもある。当事者にその自覚を促すことが成人式の目的であれば，現在のような自治体や親の保護下で行う「七五三」的内容を改める必要があるのではないだろうか？

Ⓓ各国の「成人式」

国	成年年齢	「成人式」
日本	18歳	政府が「大人になったことを自覚し，みずから生き抜こうとする青年を祝い励ます」という趣旨のもと，1949年から1月15日を「成人の日」として制定（現在は1月第2月曜日）。成人式の実施は各自治体に任されている。
韓国	19歳	5月の第三月曜日が「成人の日」特に式典などの開催はない。親しい友人同士で過ごす。
中国	18歳	高校3年生ということもあり，受験などに響いてしまうので各学校にてお祝い。制服かジャージで参加。
バヌアツ	18歳	バンジージャンプ「ナゴール」
エチオピア	18歳	ハマル族「牛の跳躍式」

2 18歳？ 20歳？ できることを整理しよう！

Ⓐ成年年齢の引き下げにより，18歳でできるようになること（【 】は根拠となる法律）

携帯電話や車の購入契約を一人でできる【民法】

親の同意なくローンを組める【民法】

民事裁判を一人で起こせる【民法】

性別変更の申し立てができる【性同一性障害特例法】

10年有効のパスポートを取得できる【旅券法】

Ⓑ20歳になるとできること，しなければならないこと（【 】は根拠となる法律）

できること

飲酒（いんしゅ）・喫煙（きつえん）の禁止がとかれる【20歳未満の者の飲酒の禁止に関する法律】【20歳未満の者の喫煙の禁止に関する法律】

競馬の馬券や競艇（きょうてい）の舟券（ふなけん）等が買え，公営ギャンブルができる【競馬法】【モーターボート競走法】等

中型自動車免許取得【道路交通法】

しなければならないこと

国民年金の納付義務【国民年金法】
※免除・納付猶予の特例あり

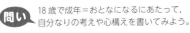

問い 18歳で成年＝おとなになるにあたって，自分なりの考えや心構えを書いてみよう。

さらに深めよう！
成年年齢引き下げ動画CONTESTのページ➡

Theme 14

消費者主権

基本用語 消費者　消費者主権　消費者基本法　消費者契約法　消費者の四つの権利　製造物責任法（PL法）　無過失責任制度　情報の非対称性　消費者運動

Approach

エシカル消費　持続可能な消費者市民社会へ

SDGs12「つくる責任つかう責任」の観点からも注目される**エシカル消費**（Ethical Consumption）。エシカルとは，倫理・道徳的という意味で，ヒトや環境に良い影響をもたらすだろう商品やサービスに優先的にお金を使っていくことだ。消費者基本法７条２項でも「消費者は，消費生活に関し，環境の保全及び知的財産権等の適正な保護に配慮するよう努めなければならない」とされ，社会に対する消費者の責任が述べられている。

エシカル消費が必要な理由は，日々の何気ない買い物の選択が，めぐりめぐって世界の不平等・不公正な世界をつくることにつながっているからだ。例えば，ファッション業界最悪の事故といわれる2013年のラナ・プラザ崩落事故。バングラデシュの首都ダッカ近郊で，８階建ての商業ビル「ラナ・プラザ」が崩落した事故で，死者1,127人，行方不明者約500人，負傷者2,500人以上が出た。その建物には私たちが「安いから」と好んで着るようなファストファッションのブランドの縫製（ほうせい）工場が入っており，犠牲者（ぎせいしゃ）の多くがその労働者だった。事故前日に建物のひび割れが発見されたが，建物の所有者は安全のための警告を無視。労働者たちは「翌日まで帰宅するな」と命じられ，避難することもできず，ビルは倒壊した。調査が進むにつれ，労働者が低賃金かつ劣悪な環境で働かされ，労働組合の結成も認められなかったことが分かった。

私たちが何気なく着ている衣類の裏に，途上国の生産現場の過酷（かこく）な状況があることも少なくない。何も考えずに買い物をすることで，知らず知らずのうちに社会の問題に加担しているかもしれない。だからこそ，日々の買い物で，問題を解決に近づける商品を選んでいくことが，一人ひとりにできる重要で有効な行動となる。

（「ラナ・プラザ崩落事故とは・意味」IDEAS FOR GOOD HPによる）

Ⓐエシカル消費の具体例

			主な具体例
今だけ →	未来・長期	みんなの未来を考えること	・エコ商品 ・リサイクル商品 ・食品ロス削減 ・ESG投資 ・エシカルファッション
ここだけ →	地域・世界	自分の周りの地域や世界を考えること	・フェアトレード商品 ・寄付付きの商品 ・地産地消・伝統品 ・被災地産品 ・オーガニック商品
自分だけ →	みんなに優しい社会	様々な立場の人々が社会の一員として参加・活躍できる社会	・ユニバーサルデザイン ・ダイバーシティ（障がい者支援等） ・生物多様性

〈注〉この具体例は必ずしも１つの分類に当てはまるとは限りません。
（『みんなの未来にエシカル消費』消費者庁による）

Ⓑエシカルマーク

※エシカルな認証基準を満たした商品やサービスに付けられる認証マーク

Ⓒ国際消費者機構（CI）の提唱する５つの責任

❶商品や価格などの情報に疑問や関心を持つ責任

❷公正な取引が実現されるように主張し，行動する責任

❸自分の消費行動が社会（特に弱者）に与える影響を自覚する責任

❹自分の消費行動が環境に与える影響を自覚する責任

❺消費者として団結し，連帯する責任。

Key point キーポイント 権利を得ることは責任を負うことでもある。消費者が権利を実現し，責任を果たすために，「おかしい」と思ったら企業や行政に対して意見を言うことが大切だ。**消費者基本法**には消費者の８つの権利が示され，**国際消費者機構**（CI）は５つの責任を提唱している。

追究 あなたがふだん使っている商品にエシカルマークがあるか，確認してみよう。

しごとカタログ **消費生活専門相談員**　独立行政法人国民生活センターが認定している資格。年々複雑高度化する相談事例に対応できるエキスパートとして，国や地方自治体の消費生活センター等で活躍している。

1 消費者問題関係年表

年	事項
1948	**主婦連合会（主婦連）結成**
55	**森永ヒ素ミルク事件発生**
62	**サリドマイド事件発生**
65	**兵庫県に全国初の消費生活センター設置**
68	**カネミ油症事件発生。消費者保護基本法制定・施行**
69	**欠陥車問題**。人工甘味料チクロ使用禁止
70	カラーＴＶ二重価格問題。**スモン病問題**（キノホルム販売中止）。**国民生活センター発足**
73	**第一次石油危機。狂乱物価**。トイレットペーパーなど**物不足騒ぎ**
74	日本消費者連盟発足。灯油訴訟
79	各地で合成洗剤追放運動。第二次石油危機
82	**サラ金による悲劇続発**
83	貸金業規制法（サラ金規制法成立）制定・施行
85	豊田商事などの**悪徳商法による被害が多発**
94	松下電器，欠陥ＴＶ訴訟で製造物責任を初めて認める
95	**製造物責任法（ＰＬ法）施行**
96	**HIV訴訟（薬害エイズ事件）和解**
2000	**消費者契約法制定（2001施行）** 雪印乳業の低脂肪乳で１万人を超す食中毒発生
02	食品の偽装表示が問題化。中国製ダイエット食品被害
03	BSE，鳥インフルエンザなどによる食の安全性問題化
04	三菱ふそうの欠陥隠しが発覚。**消費者基本法制定・施行**
07	貸金業法施行（貸金業規制法を改正）
08	**薬害C型肝炎被害者救済特別措置法制定・施行** 中国製冷凍ギョーザ中毒事件，汚染米の不正転売事件
09	**消費者庁・消費者委員会設置**
11	**東京電力福島原発事故で放射能汚染拡大**
15	食品表示法施行
22	成年年齢を20歳から18歳に引き下げ

森永ヒ素ミルク事件 1955年，西日本を中心に乳幼児が特異な症状を訴える。岡山県衛生部が原因はドライミルクに混入したヒ素中毒と断定。患者11,778人。死亡113人。
1972年８月，森永乳業が因果関係を認め，患者・家族の恒久救済を認める。和解成立。

サリドマイド事件 1957年ころから，西ドイツで重症の四肢障がい児が多発。
1961年11月，睡眠剤サリドマイドが障害の原因とする学説を発表。（その後も販売停止，回収などがおくれ被害拡大）
1974年，会社も国も因果関係・過失を認め，11月までに和解成立。

カネミ油症事件 1968年，カネミ油の使用により頭痛・しびれ・吹き出物などの症状が発生。原因は製造過程で混入したダイオキシン類・PCB類と判明。
1984年３月，福岡高裁，企業責任と国の行政責任を認め賠償を命令。企業・国は上告。87年和解成立。

薬害エイズ事件 1985，86年にエイズウイルス（HIV）に汚染された非加熱の輸入血液製剤を投与された血友病患者が，エイズを発症して死亡したり重軽症を負った事件。
1989年，国と製薬会社５社の責任を問う民事訴訟がおこされ，提訴から７年後の1996年に和解。

解説 **消費者主権** よりよい商品をより安く買うという消費者の行動に応えて生産者間の競争が行われ，商品や企業が淘汰されるというように，生産と消費の最終的決定権が消費者になければならないということ。その具体的内容として1962年にケネディ大統領は，**「消費者の四つの権利」**として①安全の権利，②知らされる権利，③選ぶ権利，④意見を聞いてもらう権利をあげた。

2 消費者保護関係法と行政組織

	法律・組織など	内容	
法律	**消費者基本法** (1968年消費者保護基本法→2004年改正で改称)	消費者保護を骨子とする消費者保護基本法（1968年）が，2004年に改正され，以下に掲げる８つの消費者の権利の尊重と消費者の自立支援を重視する消費者基本法が制定された。 ①消費生活における基本的な需要が満たされる権利，②健全な生活環境が確保される権利，③安全が確保される権利，④選択の機会が確保される権利，⑤必要な情報が提供される権利，⑥教育の機会が提供される権利，⑦意見が政策に反映される権利，⑧適切・迅速に救済される権利	
法律	**特定商取引法** (1976年訪問販売法→2000年改正で改称)	訪問販売・通信販売・電話勧誘販売，マルチ商法・エステサロン・語学教室・家庭教師・学習塾・内職商法・モニター商法などを対象に，**クーリング・オフ**や中途解約を認めることで消費者救済を図る。	
法律	**消費者契約法** (2001年制定) (➡p.64)	悪質な契約の取り消しや，条項の無効を主張できる権利を消費者に与え，保護するための法律。取消権の行使は「だまされた」などと気づいてから１年間，契約の成立後は最長で５年間。※罰則規定なし。	
法律	**預金者保護法** (2005年制定)	キャッシュカードが盗まれたり，偽造されて預金が引き出された場合，預金者に故意または(重)過失がなければ被害が補償される制度。	
法律	**公益通報者保護法** (2006年制定)	事業者内部から，国民生活の安全・安心を損なうような法令違反行為を通報しても，通報者が解雇など不利益な取り扱いを受けない。	
法律	**消費者安全法** (2009年制定)	消費者の消費生活における被害の防止と安全の確保，消費生活センターの設置（都道府県の必置，市町村は努力目標）など。	
組織	**国民生活センター** (1970年発足)	独立行政法人	消費者問題の情報提供，苦情相談の窓口
組織	**消費生活センター**	都道府県・市町村が設置	（同上）
組織	**消費者庁** (2009年発足)	多発する消費者被害から消費者を守るため，各省庁に勧告を行うなど消費者行政の司令塔的な官庁として設置（内閣府の外局）	
組織	**消費者委員会** (2009年発足)	有識者で構成され，重要な消費者問題について首相や関係大臣に建議などを行う消費者行政の監視的組織として内閣府本府に設置。	

Ⓐクーリング・オフ制度

強引な訪問販売などで行った契約を解除したいとき

↓

訪問販売などは８日以内，マルチ商法などは20日以内に，契約解除をはがき等で申し出れば，違約金なしで契約を解除できる。

ハガキの場合

①簡易書留で送る
②証拠として両面をコピーしておく
※契約金が高かったり，代金を支払っている場合は，「内容証明郵便」が確実だ。

契約解除（申込み撤回）通知
・契約（申込み）年月日
・販売業者名
・販売員氏名
（販売業者住所・電話番号）
・商品（権利）名
上記日付の契約を解除（申込みを撤回）します。
契約者住所
氏名

クーリング・オフできないケース

①総額が3,000円未満の商品などを受け取り，代金を全額支払った場合。
②通信販売やネット販売の場合など。
③店舗や営業所で契約した場合。
④自動車の契約の場合。

解説 **情報の非対称性** モノを売る側（業者）に対して，モノを買う側（消費者）の情報（それがいいモノなのか，適正な価格なのか）が不足していることを，**情報の非対称性**という。このように不利な立場にある消費者を保護し，賢い消費者になるように，様々な制度が作られている。

Try トライ 次のうち，クーリングオフできない契約はどれか。
①訪問販売で結んだ契約　②電話勧誘販売で結んだ契約　③テレビショッピングで自ら申し込んだ契約

3 製造物責任法（PL法）

製造物責任法［**公布**1994.7.1法89　**最終改正**2017法45］

第3条　製造業者等は，その製造，加工，輸入……した製造物であって，その引き渡したものの欠陥により他人の生命，身体又は財産を侵害したときは，これによって生じた損害を賠償する責めに任ずる。……

Ⓐ PL法による訴訟の例

事件名	相　手	訴訟額	事件概要
こんにゃくゼリー死亡事件	食品製造販売会社	5,945万円	ゼリーをノドにつまらせ，男児が死亡
エアバッグ破裂手指骨折事件	自動車輸入業者	2億1,096万円	停車して点検中，エアバッグが噴出，破裂して手指を骨折

Ⓑ 損害賠償制度のある商品マークの例

マーク	SF	ST	SG
商　品	花　火	おもちゃ	一般商品
商品の欠陥による事故の場合	最高2億円の賠償	最高1億円の賠償	最高1億円の賠償

解説　**無過失責任を問う**　これまでは，例えばテレビが急に爆発した場合，テレビの製造過程で過失があったことを証明しないと損害賠償を受けられず，消費者に不利であった。**今までが人の「過失」を問うのに対して，PL法はモノの「欠陥」を問う。**これにより，損害を受けた消費者が救済されやすくなった。

4 消費者庁の設置

Ⓐ 消費者問題の発生

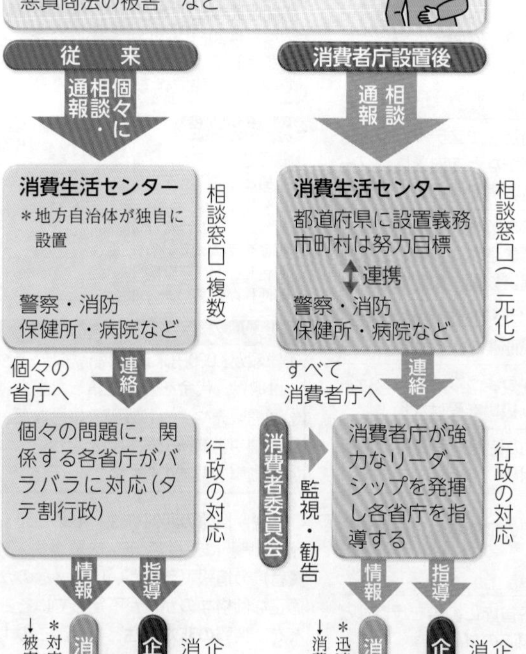

＊消費者庁…金融庁などと同様，内閣府の外局（総理大臣の直轄組織で，経済産業省や農林水産省などほかの省庁と別格で一段上の位置づけ）として設置。なお，消費者委員会は消費者庁監視のため総理大臣の直轄機関として内閣府の本府に設置。

解説　**消費者行政の司令塔**　これまで日本には悪質商法や消費者トラブルをはじめ製品の欠陥や食品偽装などさまざまな消費者問題に対して，専門に対応する行政機関がなかった。このため，行政の対応が遅れて被害の拡大を食い止められなかったケースが多かった。そこで，消費者問題から消費者を守るため消費者保護専門の行政機関として2009年9月に**消費者庁**が新設された。個々の問題によってバラバラだった「消費者からの相談」→「行政の対応」という流れが「各地の消費生活センター」→「消費者庁」へと一元化され迅速な対応が可能となった。消費者庁のホームページでは，製品の重大事故や食品などに関わる情報が毎日更新され情報の一元化も進んでいる一方で，人員不足などのため問題への対応が不十分であるという指摘もある。

5 消費者団体訴訟制度

Ⓐ 制度の概要

同じ事業者，同じ手口で，多くの被害者が出ている被害について，

↓

国から特別な認定を受けた消費者団体が，被害者に代わって裁判を起こし，

↓

勝訴が確定した後，つまり「事業者におカネを返す義務がある」という判決が確定した後，被害者が簡単な手続きでおカネを取り戻すことができる。

Ⓑ 消費者側が勝訴した判決例

東京医科大学の不正入試問題…女性・浪人生を差別的扱い	559人の受験生に対して，受験した回数などによって一人約4万円から22万円が，消費者団体を通じて返金（2021年）
順天堂大学の不正入試問題…女性・浪人生を差別的扱い	返金の手続き開始（2020年）
金融事業者の違法な高金利	23人が名乗りを上げ，返金の手続き開始（2021年）

↑東京医大の不正入試問題で抗議する人々（2018年）

解説　**消費者被害回復のために**　消費者裁判手続特例法（2016年施行）により，多数の消費者被害を回復するため，国の認定をうけた消費者団体が原告となって事業者を訴えることができるようになった。現在3つの消費者団体が認定を受け成果もでているが，当初の期待に比べて裁判例が少ない，返金を受けられた人数が少ない，返金額も実際の被害額と比べ極端に少ないケースがあること等課題も浮かんでいる。

try　ケネディ米大統領が提唱した消費者の4つの権利をすべて挙げなさい。

ゼミナール

様々な消費者問題

2022年４月に成年年齢が18歳に引き下げられ，18歳から様々な契約を，親の同意なく結ぶことができるようになった。ところが，悪質な業者が「未成年者取消権」を行使できなくなった18・19歳をターゲットにする懸念がある。さらに，一人でクレジットカードの契約ができるようになり買い物が一層便利になる一方で，カードの仕組みや支払方法についての知識がないと，思わぬトラブルになってしまう危険もある。今のうちから自立した消費者として必要な知識を身に付けておこう。

1 若者を狙う悪質商法・消費者トラブル―こんな話に気をつけろ！

オンラインゲーム
「無料」だからやったのに…
10代　K男

広告では「無料」とうたわれていても，有料アイテム等を購入（アイテム課金）しないとゲームが楽しめない場合が多いよ。

まつ毛エクステンション
「大きい目」になるつもりが…
20代　M子

まつ毛エクステによって目やまぶたに健康被害が出るケースが急増しているよ。トラブルへの対応がよくないお店もあるから事前に契約内容を確認して！

キャッチセールス
逃げ場なく，断り切れず…
20代　K美

契約書面を受け取って８日以内であれば**クーリング・オフ**できるよ。期間以降でも解約できる場合もあるので消費生活センターへ相談しよう。

アポイントメントセールス　電話などで「あなたが選ばれた」「景品が当たった」など特別であることを強調して呼び出し，商品やサービスの契約をさせる。

マルチ・マルチまがい商法　商品を買わせると同時に，商品を販売しながら新たな会員を勧誘すると「もうかる」として，消費者を販売員にして会員を増やしていく。

デート商法　異性から「一度会ってみないか」などと誘いの電話がかかり，デート中に高額な商品の契約をさせられる。

資格（士）商法　「○○士」と呼ばれる資格について，「就職に有利」「近く国家資格になる」などと言って資格取得講座や通信教材を契約させる。

他に，高齢者を狙った悪質商法やオレオレ詐欺の被害額も増加を続けている。

2 その支払い方法，本当にお得？―クレジットカードの利用方法

Ⓐ６万円の買い物をした場合の，支払い方法による違い

	1月	2月	3月	4月	…	手数料	特徴
一括払い	６万円					０円	手数料がかからないが，１回の支払い額が大きい。
分割払い（３回）	２万円＋手数料	２万円＋手数料	２万円＋手数料			1,397円（実質年率15%の場合）	１回の支払額を少額におさえることができるが，手数料がかかる。
リボルビング払い（リボ払い）	５千円＋手数料	５千円＋手数料	５千円＋手数料	５千円＋手数料	…	4,726円（実質年率15%の場合）	月々の支払額を定額にできるが，支払いが長期化し，残高に対して かかる手数料も高額になる。

Ⓑクレジットカードに関する相談件数

（2022年度）

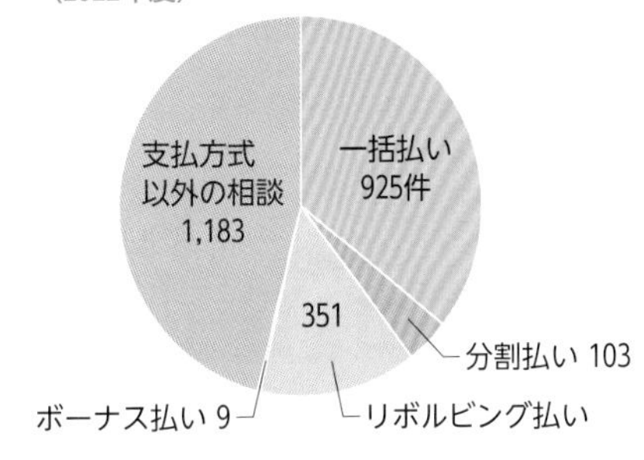

（一般社団法人日本クレジット協会資料による）

Ⓒクレジットカードに関する若者の相談例（2021年）

成人すると簡単にインターネットでクレジットカードが作れるようになったので，ショッピング用にクレジットカードを作ったが，限度額いっぱいまで買い物をしてしまい，支払いができなくなってしまった。そのまま放置していたら督促状が届き，その**返済のために借金をして返済不能になった**。どうすればいいのか。（20歳代 女性）

大学のオンライン授業に向けてパソコンを購入するために，クレジットカードを作った。支払方法には翌月一括払いとリボ払いがあったが，割引サービスのあるリボ払いを選択した。1年以上経過した最近になってクレジットカードの利用明細を確認したら，**支払残高が約30万円もあることに気付いた**。こんなに高額になっているとは思わなかった。どうすればいいのか。（20歳代 男性）

（国民生活センター資料による）

Theme 15

民主政治の原理

基本用語》 主権　ホッブズ　ロック　ルソー　王権神授説　社会契約説　間接民主制　直接民主制

Approach

選挙と権力分立―アメリカとミャンマーの命運を分けたもの

⇧連邦議会議事堂に押し寄せるトランプ支持者（2021年1月6日）

2020年のアメリカ大統領選挙は波乱の展開となった。結果は，バイデン氏が接戦州のほとんどを制してトランプ前大統領に勝利。トランプ支持者は「不正投票があった」として各地で訴訟を起こしたが，裁判所（**司法権**）によって次々と却下された。さらに2021年1月6日には，トランプ支持者が連邦議会議事堂に大挙して突入して死者も出す惨事となったが，翌7日にはバイデン氏の勝利が連邦議会（**立法権**）で確認され，権力は滞りなく移行した。

⇧クーデターを主導したミン・アウン・フライン国軍総司令官

一方ミャンマーでは，2020年11月の総選挙で国軍系政党が大敗。選挙に不正があったと主張する国軍は，2021年2月にクーデターを実行。大統領やアウン・サン・スー・チー国家顧問を拘束して全権を掌握し，市民による抗議デモを武力で弾圧，7月時点で死者は1,000人近くに達しているという。

同時期に選挙不正疑惑で揺れた両国であるが，その後の事態の推移を比較すると，強大な権力の暴走を許さない**権力分立**の有無の影響が際立っている。

1 国家と主権 （➡p.198 1）

Ⓐ国家の三要素

Ⓑ主権をあらわす３つの意味

❶国家権力の独立性　国家がどこにも隷属せず，対外的に独立していること。

❷国内における最高権力　「国民主権」とは，国民に国内における政治の最高決定権があるという意味である。

❸国家権力そのもの　統治権や国権と同じ意味であり，司法権・立法権・行政権の総称である。

解説 **主権とは**　国家の三要素の中で，主権は目で見ることのできない抽象的な概念であり，難しいが，主権の有無こそが近代国家にとって最も重要である。

2 国家の分類

学説・思想家		内　容
起源による分類	王権神授説 フィルマー（英）	王の権力は神に授けられ神聖かつ絶対なものであるとする。絶対王政を正当化する理論。
	社会契約説 ホッブズ（英） ロック（英） ルソー（仏）	国家は成員相互の自由・平等な合意による契約で成立したとする。政府の権力は人民から受託されたものという考え方につながる。
機能による分類	夜警国家 （消極国家） 19世紀的国家観	資本主義の成立期は自由放任主義に基づき国家の役割を国防・治安維持などに限定し，市民の経済活動に介入しないことを理想とした。ラッサール（独）はこれを批判して夜警国家と呼んだ。
	福祉国家 （積極国家） 20世紀的国家観	独占資本の形成や失業問題など資本主義の発達に伴う弊害を，国家の積極的な政策（雇用創出や社会保障政策）によって是正しようとする。

〈注〉1980年代以降，先進国では財政難や政府の肥大化から福祉国家（大きな政府）の見直しの機運が高まり，行政改革などにより「小さな政府」がめざされている。

しごとカタログ **政治家**　職業として政治を行う人。現代日本では国会・地方議会の議員や地方の首長など，選挙で代表に選ばれた人々が主要な「政治家」であるが，選挙を経ないで任命された民間出身の国務大臣や副知事・副市町村長なども含めることがある。

3 三権分立（権力分立）

Ⓐモンテスキュー『法の精神』（1748年）—三権分立論

……権力をもつ者はすべて，それを濫用する傾向があることは，永遠の体験である。……人が権力を濫用しえないためには，……**権力が権力を阻止するのでなければならぬ。**……

🅤モンテスキュー（仏）（1689～1755）

同一人，または同一の執政官団体の掌中に立法権と執行権が結合されているときには，自由はない。裁判権が立法権と執行権から分離されていないときにもまた，自由はない。……

もし同一の人間，または貴族か人民のうちの主だった者の同一団体がこれら三つの権力，すなわち法律を定める権力，公共の決定を実行する権力，罪や私人間の係争を裁く権力を行使するならば，すべては失われるであろう。

（井上堯裕訳『世界の名著』中央公論社）

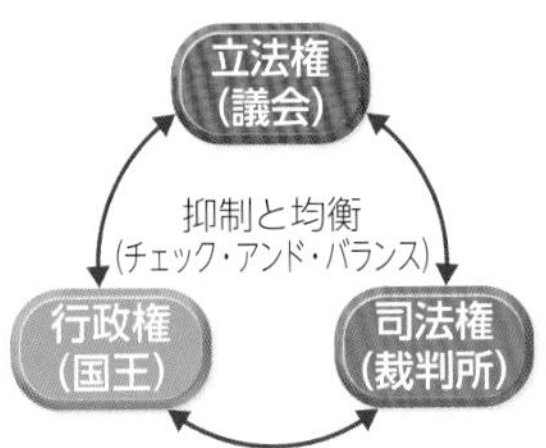

解説 **権力の濫用を防ぐには？** 権力を握った者は，ほぼ例外なくその力を濫用する。フランスのモンテスキューは主著『法の精神』において，**三権分立**を説き，国家権力を相互に抑制・均衡させることで権力の濫用を防ぐことを主張した。

4 間接民主制と直接民主制

間接民主制（代表民主制・代議制）	直接民主制
国民が議員など代表者を選挙し，代表者を通じて政治に参加する制度。現代では一般的。	国民が代表者を経ずに直接政治決定を行う。古代ギリシアの都市国家（ポリス）や，現代スイスの一部の州で実施。

Ⓐ直接民主制の具体例 （➡p.119）

レファレンダム	国家の重要問題を，議会でなく国民の直接投票で決定すること
リコール	国民が公職にある者を罷免させる制度

解説 **民主政治の２つの制度** 直接民主制で現代の複雑化した政治を行うのは困難であり，補助的な制度として導入されるに留まっていることが多い。一方，間接民主制（代表民主制）はほぼすべての民主国家で採用されている。

🅛**スイス・アッペンツェル・インナーローデン準州の直接民主制** スイスの26ある州のうち，直接民主制が残っているのは２州にすぎない。

5 社会契約説の比較

	ホッブズ（英） Thomas **Hobbes**（1588～1679） 	ロック（英） John **Locke**（1632～1704） 	ルソー（仏） Jean-Jacques **Rousseau**（1712～78） 
思想家と主著	主著『リヴァイアサン』（1651年刊）	主著『統治論』（1690年刊）	主著『社会契約論』（1762年刊）
自然権	**自己保存の権利** →人間は傲慢で利己的なため，自己の生命を維持するため，あらゆる手段をとる。	**生命・自由・財産権**→全知全能の神が作った人間は本性的には理性的なため，他人の生命・自由・財産を脅かすことはない。	**自己保存の権利**→生命を維持するため自由に行動できるが（＝自己愛），憐憫の情により他者を傷つけることはない。
自然状態	「**万人の万人に対する闘争**」という戦争状態	**万人が自由・平等の状態**（相互保存的な平和状態）	**万人が自由・平等・孤立の状態**（平和的・理想的状態）
国家設立の理由	各人が抱く死への恐怖から解放されるためには，国家を設立して戦争状態を終わらせる必要がある。	外敵や邪悪な人間による侵害から自然権をより確実に守るには，国家による保障が必要となる。	文明化により失われた人間の自由や平等を回復するために新しい政治体（国家）を設立する必要がある。
社会契約のあり方	●各人が自然権を統治者に全面譲渡することによる国家の形成 ●市民は自然権を全面譲渡した統治者に絶対服従 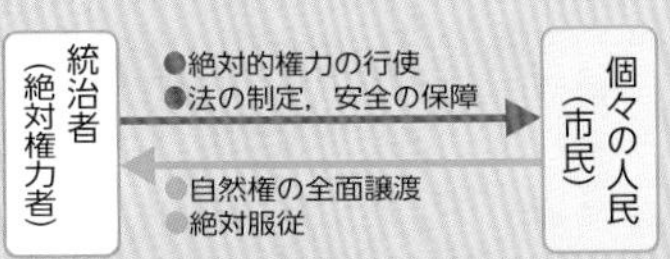	●各人が自然権の一部を統治者に信託することで国家の形成 ●統治者が市民の信託に反して自然権を侵害した場合，市民はその権力を改廃できる（抵抗権・革命権） 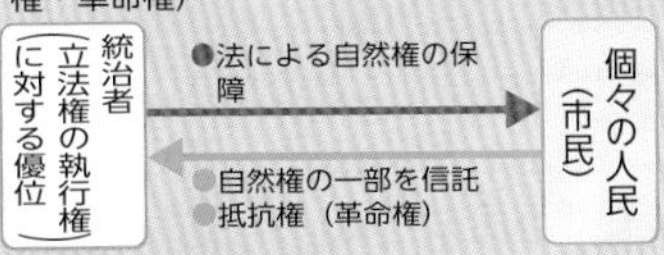	●各人が自然権を含む自己の全てを国家に譲渡することによる国家の形成 ●全人民に共通した利益をめざす一般意志の存在 ●主権は人民にあり，譲渡・分割不可（主権＝一般意志の行使） 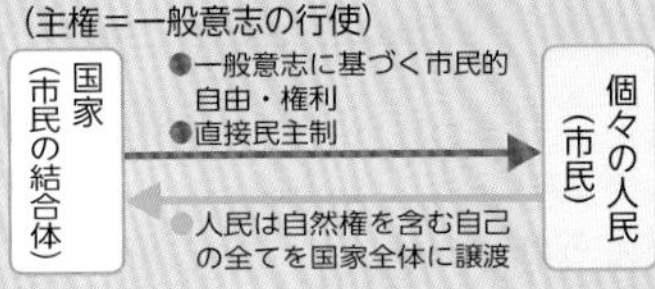
特徴・影響	・結果的に**絶対王政を擁護** ・**王政復古（1660年）後のイギリス政治体制を正当化**	・**間接民主制**を主張 ・**名誉革命（1688年）を正当化** ・**アメリカの独立革命に影響**	・**直接民主制**を主張（間接民主制批判） ・**フランス革命（1789年）に影響**

➡🅤『リヴァイアサン』の扉絵

解説 **国家のでき方を説明** 絶対王政を正当化していた王権神授説を否定し，市民革命を準備したのが社会契約説である。社会契約説は，人間が生まれながらにして持つ権利（**自然権**：現在でいう**基本的人権**）を守るために，人々は相互に契約を結んで国家をつくると考える。

Try 権力の濫用を防ぐことの目的は何だろう？

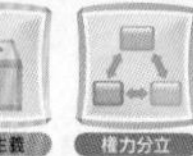

Theme 16

民主政治のあゆみ

基本用語 基本的人権 アメリカ独立宣言 フランス人権宣言 自由権 参政権 ワイマール憲法 世界人権宣言 国際人権規約

Approach

銃規制は革命権の侵害？—銃規制が進まぬ理由

2018年は，2月14日にフロリダ州の高校で元生徒の19歳男性が銃を乱射し17人が死亡。5月19日にもテキサス州の高校で在校生の17歳の少年が銃を発砲し10人が死亡した。このように，アメリカでは毎年，銃乱射事件が発生し，その度に銃規制について議論が起こるが，現実にはなかなか進まない，なぜなのか？

アメリカ合衆国憲法 修正第2条

A well regulated militia being necessary to the security of a free state, the right of the people to keep and bear arms, shall not be infringed.

（規律ある民兵団は，自由な国家の安全にとって必要であるから，国民が武器を保有し携行する権利は，侵してはならない。）

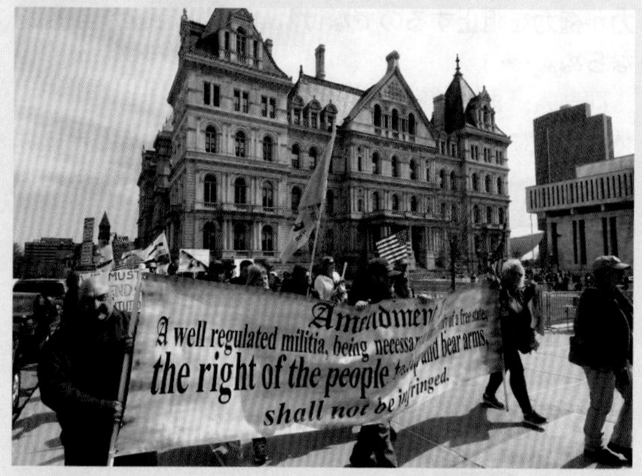

⬆銃規制の強化に反対する人々（2018.4，ニューヨーク州・オールバニ） 横断幕の英文に注目しよう。

アメリカは憲法で国民が武器を持つ権利を認めている。この背景には「**革命権（抵抗権）**」がある。「**アメリカ独立宣言**」には革命権が明記され，権力を乱用し国民の権利を侵害する政府を廃止し，新たな政府を組織することを国民に認めている。しかし，革命権を行使する際，軍隊を保有する政府に対して，何も武装をしないのでは国民は抵抗のしようがない。そのため，国民の革命権担保のため上記修正第2条を定めているのだ。

抜本的(ばっぽんてき)な銃規制のためには修正第2条を改憲する必要があると考えられている。銃規制を行うために武器保有権の制限をすることは，独立戦争を通じて勝ち得た革命権を取り上げることを意味するため，一筋縄(ひとすじなわ)ではいくことではない。

Key point キーポイント 「革命権」は民主政治確立のあゆみの中で人類が確立してきた重要な権利の一つである。一方「銃のない安心できる社会の実現」というものも切実な願いに他ならない。両者の関係について，あなたはどう考えるだろうか？

1 大日本帝国憲法（明治憲法）の人権

×大日本帝国憲法（明治憲法）［発布1889.2.11　全部改正1946.11.3］（➡p.264）

第29条　日本臣民ハ法律ノ範囲内ニ於テ言論著作印行(いんこう)集会及結社(けっしゃ)ノ自由ヲ有ス

×治安維持法［公布1925.4.22法46　改正1941法54　廃止1945勅令575］

第1条　国体ヲ変革スルコトヲ目的トシテ結社ヲ組織シタル者又ハ結社ノ役員其ノ他指導者タル任務ニ従事シタル者ハ死刑又ハ無期若(むきもしく)ハ７年以上ノ懲役(ちょうえき)若ハ禁錮(きんこ)ニ処シ情ヲ知リテ結社ニ加入シタル者又ハ結社ノ目的遂行ノ為ニスル行為ヲ為シタル者ハ３年以上ノ有期懲役ニ処ス

第10条　私有財産制度ヲ否認スルコトヲ目的トシテ結社ヲ組織シタル者又ハ情ヲ知リテ結社ニ加入シタル者若ハ結社ノ目的遂行ノタメニスル行為ヲ為シタル者ハ10年以下ノ懲役又ハ禁錮ニ処ス

⬆**治安維持法反対デモ**（1923年２月） 当時，東京・大阪・京都・八幡などで，治安維持法をはじめ過激社会運動取締法・労働組合法・小作争議調停法の制定反対デモが繰り広げられた。

明治憲法には，いかなる権力をもってしても侵(おか)すことのできない基本的人権という考え方はなく，あったのは，主権者たる天皇から恩恵としてあたえられ，法律でいくらでも制限できる「**臣民(しんみん)の権利**」だけでした。「**日本臣民は法律の範囲内に於(おい)て言論著作印行(いんこう)集会及結社の自由を有す」（第29条）**という規定は，明治憲法で保障されている権利の性格を典型的に示すものです。それどころか，「緊急勅令」や「独立命令」による権利・自由の制限（法律にもよらない制限）さえも用意されていました（第８条・第９条）。戦時や国家事変などの非常事態には，憲法の保障する権利・自由をすべて停止することも認められていました（第31条）。国民の権利・自由が憲法に反する内容の法律や勅令などによって制限されても，国民は裁判所に訴えることを認められていませんでした。

（杉原泰雄『憲法読本』岩波ジュニア新書）

解説 国民の言論を弾圧　普通選挙法と抱きあわせで制定された治安維持法は思想統制を目的とし，社会主義運動・労働運動のみならず，民主主義的思想や宗教をも弾圧した。

しごとカタログ　政治評論家　政治問題や政局についての分析を行い，一般の国民にはわかりにくい政治の内情をマスコミなどで解説することを生業とする人。選挙前になると，選挙結果の予測記事でマスコミなどに頻繁に登場する。

2 人権思想のあゆみ

国王の絶対的な権力の制限

1215（英）**マグナ・カルタ（大憲章）**
→王権の制限，封建貴族の特権擁護
1628（英）**権利請願**
→マグナ・カルタを確認
1642（英）**ピューリタン革命**（～49）
1651（英）ホッブズ『リヴァイアサン』
1679（英）人身保護法
1688（英）**名誉革命**
1689（英）**権利章典** ── A
1690（英）ロック『統治論』
1748（仏）モンテスキュー『法の精神』
1762（仏）ルソー『社会契約論』

自由・平等の確立

1775（米）アメリカ独立戦争（～83）
1776（米）**バージニア権利章典**
（米）**アメリカ独立宣言** ── B
1789（仏）**フランス革命**（～99）
（仏）**フランス人権宣言** ── C
1837（英）**チャーティスト運動**（～48）
→労働者階級による普通選挙権獲得を目指した運動
1863（米）奴隷解放宣言
（米）**リンカーンのゲティスバーグ演説**→「人民の，人民による，人民のための政治」

社会権の確立

1917（露）ロシア革命
1919（独）**ワイマール憲法** ── D
1941（米）**四つの自由**
（F. ルーズベルト）
→言論及び表現の自由・信仰の自由・欠乏からの自由・恐怖からの自由

人権保障の国際化

1948 **世界人権宣言** ── E
1951（国連）難民条約
1960（国連）植民地独立付与宣言
1965（国連）人種差別撤廃条約
1966（国連）**国際人権規約** ── F
1979（国連）女性（女子）差別撤廃条約
1989（国連）子ども（児童）の権利条約
2006（国連）障害者権利条約
2007（国連）先住民の権利宣言
2008（国連）国際人権規約（A規約）選択議定書採択

A 権利章典〔Bill of Rights〕

1 国王は，王権により，国会の承認なしに法律（の効力）を停止し，または法律の執行を停止し得る権限があると称しているが，そのようなことは違法である。

5 国王に請願することは臣民の権利であり，このような請願をしたことを理由とする収監または訴追は，違法である。（田中英夫訳『人権宣言集』岩波文庫）

解説 議会主権の確立 名誉革命の結果，議会が議決した「権利宣言」を国王が公布したもの。権利請願の趣旨を拡大し強調したもので，イギリス立憲政治の基礎となった。

B アメリカ独立宣言

われわれは，自明の真理として，**すべての人は平等に造られ**，造物主（ぞうぶつしゅ）によって，一定の奪いがたい天賦（てんぷ）の権利を付与され，そのなかに**生命，自由および幸福の追求**の含まれることを信ずる。また，これらの権利を確保するために人類のあいだに政府が組織されたこと，そしてその正当な権力は被治者の同意に由来するものであることを信ずる。そしていかなる政治の形体といえども，もしこれらの目的を毀損（きそん）するものとなった場合には，人民はそれを改廃し，……新たな政府を組織する権利を有することを信ずる。（斎藤真訳『人権宣言集』岩波文庫）

解説 ロックの社会契約説が影響 イギリスから独立する際に，トマス・ジェファーソンらが起草。①**自然権**（基本的人権）を守るため，②**社会契約**を行って政府を樹立すること，③人民の**革命権**も認められるべきことなどを宣言した。

C フランス人権宣言

第1条 人は，自由かつ権利において平等なものとして出生し，かつ生存する。

第3条 あらゆる主権の原理は，本質的に国民に存する。……

第16条 権利の保障が確保されず，権力の分立が規定されないすべての社会は，憲法をもつものではない。

第17条 所有権は，一つの神聖で不可侵の権利である。（山本桂一訳『人権宣言集』岩波文庫）

⇧フランス人権宣言

解説 近代市民社会の原理を確立 正式には「人および市民の権利宣言」という。自由・平等，国民主権，基本的人権の尊重，所有権の確立などを宣言した。

D ワイマール憲法

第151条① **経済生活の秩序は，すべての者に人間たるに値する生活を保障する目的をもつ正義の原則に適合しなければならない。**この限界内で，個人の経済的自由は，確保されなければならない。

第159条① 労働条件および経済条件を維持し，かつ，改善するための団結の自由は，各人およびすべての職業について保障される。この自由を制限し，または妨害しようとするすべての合意および措置は，違法である。（山田晟訳『人権宣言集』岩波文庫）

解説 生存権を保障 第一次世界大戦後のドイツで制定された。生存権（社会権）を世界史上初めて明記し，他に所有権の限界と義務，団結権の保障などを定め，当時最も民主的といわれた。しかし，ナチス政権は同憲法下で生み出された。

E 世界人権宣言 （➡ p.272）

第1条 すべての人間は，生まれながらにして自由であり，かつ，尊厳と権利とにおいて平等である。人間は理性と良心とを授けられており，互いに友愛の精神をもって行動しなければならない。（『国際条約集』有斐閣）

解説 人権保障の国際基準 自由権的基本権が宣言の中心だが，社会権的基本権もみられる。

F 国際人権規約 （➡ p.272）

経済的，社会的及び文化的権利に関する国際規約（A規約）

第6条 （労働の権利） ① この規約の締約国は，労働の権利を認めるものとし，この権利を保障するため適当な措置をとる。…

市民的及び政治的権利に関する国際規約（B規約）

第9条 （身体の自由と逮捕抑留の要件） ① すべての者は，身体の自由及び安全についての権利を有する。何人も，恣意的に逮捕され又は抑留されない。何人も，法律で定める理由及び手続きによらない限り，その自由を奪われない。（『国際条約集』有斐閣）

解説 人権保障を条約化 世界人権宣言は法的拘束力をもたない。そこで条約化して保障を義務づけたのがこの規約である。

Try トライ フランス人権宣言の絵で，女神が断ち切っているのは何の象徴だろうか？

協力をさまたげているものは何か？

人間はなぜ協力するのだろうか？
利害の異なる人間はどのように対立を克服して協力できるのだろうか？

❶ 皆さんは，人類の学名を知っていますか？はい，「ホモ・サピエンス」というんですよね。

❷ その通り。実は人類の仲間は他にも現れたのですが，ホモ・サピエンスだけが生き残ったのです。えっ，どうしてですか？

❸ 彼らが生き残れたのは，他人との協力関係を築けたからだという説があります。

❹ 私たちが生きる社会も，人と人との協力関係で成立しているね。どうして人間は，他人と協力するのだろう？
？

今から約700万年前，アフリカのサバンナ地帯で，「サル」から枝分かれし，われわれ人類の祖先が誕生した。その後，20種をこえる人類の仲間が地球上に現れたが，われわれ「ホモ・サピエンス(「知恵ある人」の意)」だけが生き残り，他の仲間はすべて絶滅してしまった。なぜ，われわれだけが生き残れたのだろうか？

＊正確には，現生人類(ホモ-サピエンス-サピエンス)だけでなく，絶滅したネアンデルタール人(ホモ-サピエンス-ネアンデルターレンシス)も「ホモ・サピエンス」に属する。

⇦ホモ・サピエンス

「ホモ・サピエンス」(以下，人間)だけが生き残れた理由として，人間だけが「協力する」ことができたからだという見解がある。小さな血縁集団だけでなく，血縁関係をこえて「アカの他人」とも協力関係を築けたからこそ生き残れたというのである。確かに，われわれの社会は，家族や小さな地域組織においてだけでなく，国家や国際社会といったもっと大きな単位での協力関係によって成り立っている。だとすれば，なぜ，人間は「アカの他人」とも協力するのだろうか？

「人間はなぜ協力するのだろうか？」 このことについて生物学の立場では，「協力する」といった行動特性は，自然環境によりよく適応するために遺伝子にプログラムされており，このために生き残れたという見方になる。また，心理学の分野では，1～2歳の幼児がさまざまな状況下で「人を手助けする行動」をとる場合が多いという研究があり，人間の行動が生物学的な遺伝だけでなく，親から子への教育や他人との交流などを通した社会的な学習によっても決定されるという見方となる。いずれにせよ，われわれにとって「協力する」ことが重要な意味をもつことは間違いない。特に，地球環境問題のようなグローバルな課題の解決のためには，一部の人間や一部の国の協力だけでは不十分で，世界全体の協力が必要である。そこで，人類が絶滅をまぬがれた大きな要因のひとつと考えられる「協力」ということについて考えてみよう。

問1 次のAとBの会社では，どちらの方がもうかるだろうか？

A 従業員に高い給料を支払う

B 従業員に最低賃金を支払う

	AかBか？	理　由
自分の予想		

グループで話し合い，グループの意見をまとめてみよう。

	AかBか？	理　由
グループの予想		

各グループの意見を発表してみよう。どちらの意見の方が多いだろうか？

A	B

解説 会社側からすれば，「従業員に高い給料を支払う」よりも「従業員に最低賃金を支払う」方が，賃金コストを低く抑えられる。しかし，そのことは必ずしも会社の利益にはつながらない。

チューリッヒ大学のエルンスト・フェール教授らによる実験によれば，他人から親切な待遇を受けた個人は，それらの他人と二度と再会することがなくても，そのお返しに親切な対応をすることが明らかになっている。その実験では，被験者に「経営者」または「労働者」の役割がランダムに割り当てられ，

①経営者が賃金を提示し，それを見た労働者が雇用契約を結ぶかどうかを決め，

②雇用された労働者は自分の努力水準（どの程度頑張って働くかを金銭で換算した10段階の水準）を選ぶ。

図1 提示された賃金と労働者の努力水準の関係
(Fehr, E., G. Kirchsteiger and A. Ridel (1993))

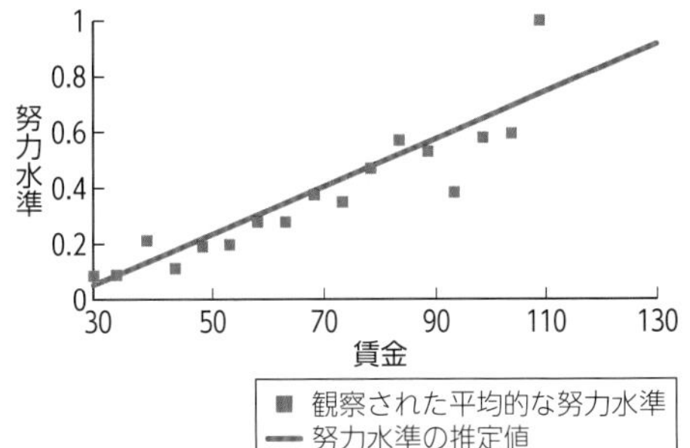

先に賃金が決められて，あとから労働者が自分の努力水準を選ぶので，労働者は必ずしも高い努力水準を選ぶ必要はないが，実験を繰り返した結果，図1で明らかなとおり，提示された賃金が高いほど，労働者の平均的な努力水準も高くなる傾向がみられた。この実験結果が示すのは，人間は他人の親切（たとえば高い給与）に対しては親切（たとえば高い努力水準）でお返しする傾向があるということである。したがって，高賃金の会社の方が社員の努力水準が高まり，低賃金の会社よりももうかると考えられる。つまり，利益だけを追求する会社よりも，社員に対して協力的な会社の方が，利益もあがるといえそうである。

問2 AさんとBさんで1万円の賞金を分ける交渉をする。Aさんは，自分の取り分とBさんの取り分を決め，Bさんに金額を提示する。Aさんが提示した金額をBさんが受け入れれば交渉は成立し，2人はその金額をそれぞれ受け取れるが，もしもBさんが提示金額を受け入れない時には2人ともお金を1円も受け取れないものとする。

この場合，あなたがAさんならBさんにいくらの金額を提示しますか？

Bさんに提示する金額	

グループ内で金額を発表しあい平均金額を出してみよう。

グループの平均金額	

各グループの平均金額を発表してみよう。

自分とBの取り分の金額を提示
A　B
承諾
AもBも提示の金額を受け取れる

自分とBの取り分の金額を提示
A　B
拒否
AもBもお金を受け取れない

解説 この問題は，ゲーム理論で「最後通牒（つうちょう）ゲーム（または最後通告ゲーム）」と呼ばれるものである。このゲームについては，世界各国で繰り返し実験が行われ，その実験データによれば，提示額が全体の金額の4割〜5割（問2の場合は，4,000円〜5,000円）ならほぼ交渉が成立し，提示額が2割以下（問2の場合は2,000円以下）の場合には約50%の頻度で交渉が成立しない。このことは，均等に近い配分の提案は「相手からの親切な行動」と認識されて，相手にも親切にして提案を受け入れること，そして，2割以下の提案については「相手からの不親切な行動」と認識されて，たとえ自分の取り分がゼロになっても相手に不親切な行動で仕返しをすることを示している。

ポイント **問1，問2から**

人間には，「親切な行動には親切な行動でお返しをし，不親切な行動には不親切な行動で仕返しをする」という行動原理がある（このような行動原理は互恵（ごけい）主義とよばれる）。

この互恵主義の行動原理の観点から，「協力」に関して「相手が協力するなら自分も協力するが，相手が協力しないなら自分も協力しない」ということがいえる。つまり，人間はもともと協力的な傾向をもつが，相手の出方によって協力的にもなれば非協力的にもなるといえるのである。

では，人間が協力できないのはどのような場合だろうか？

❶ この土地は我がA国のものだ！いや，B国の領土だ！

A国　B国

❷ 領土を勝ち取るために，軍の力を強化しよう。負けるものか。こちらも軍拡するぞ。

❸ ～数年後～
両国は軍拡によって財政が悪化

❹ 財政のために軍縮したいけれど，自国を守るには軍の力も大切だ…。A国がどんな出方をするかわからない。我が国はどうすべきか…。

問3 領土問題で対立するA国とB国は，長年にわたり軍拡競争をしてきたため，両国とも財政状況の悪化を招いた。このため，両国は軍縮を考えるようになったが，一方で自国の平和が脅かされるような状況下においては軍拡を最優先する。両国が直接交渉することができず，互いに相手の出方がわからない状況では，A国，B国は軍縮と軍拡のどちらの方針をとると予想されるだろうか？

予想されるA国の方針	予想されるB国の方針

解説 この問題は，以下の表(このような表をゲーム理論では利得表とよぶ)を使って考えることができる。

＊数字はその国の平和が脅かされる状況と財政への影響を考慮した10段階の利得

	B国が軍縮	B国が軍拡
A国が軍縮	A国：5　B国：5　両国の利得 10	A国：0　B国：7　A国の利得 0
A国が軍拡	A国：7　B国：0　B国の利得 0	A国：1　B国：1　両国の利得 2

両国が軍縮すれば，平和も促進され財政も安定する。これが理想的だけど…

こちらが軍縮したとしても，A国が軍拡の方針をとれば我が国の利得はゼロだ…

相手の出方がわからない状況下では軍縮の方針をとれず，軍拡へ…

このように，「両国とも軍縮」という双方にとって理想的な状況があるにもかかわらず，理想状況につながる行動をとれないような場合をゲーム理論では「囚人のジレンマ」とよぶ。国際関係においては，このような状況に陥らないためにどうすべきかを常に考える必要があるといえるだろう。この問題の場合，「両国が直接交渉することができず」という点と，「互いに相手の出方がわからない状況」という点が「囚人のジレンマ」につながっていると考えられるので，①軍縮交渉をうまく進めることや，②互いに軍事情報を公開するなどして協調できる関係を作っていくことなどが両国の平和につながるといえる。この「囚人のジレンマ」モデルは，人間が協力できない状況を説明する典型的な例といえ，実際の社会のさまざまな場面にあてはまる。たとえば，地球温暖化対策を例にとると，地球上のすべての国が温暖化対策のために二酸化炭素の排出を抑制することがすべての国にとって理想的である。しかし，自国の経済発展を優先して温暖化対策をしない国が増え，「他国がやらないなら協力しない」という国が多くなると温暖化対策は進まないのである。

ポイント **問3から**

人間が協力できない状況を説明する「囚人のジレンマ」モデルによって，「利害が対立する相手がいる状況で何らかの行動決定をする際，相手の出方がわからない場合に非協力的な行動をとることになり，双方の利益を最大化することができない」ことがわかる。そこで，「相手の出方がわからない」といった状況に陥らないために，利害の対立を乗り越えて協力できる関係を築いていくことが重要である。

問4 ある製品について，国内でそれを製造できる企業がA社とB社の2社しかないとする。A社もB社も，製品の製造などにかかる総費用が1台につき3万円で，2社の製品の性能には差がないとする。製品を購入する客は10万人いて，2社の製品の価格が同じなら，各社の製品をそれぞれ5万人が購入し，違う場合は安い方の製品を全員が買うものとする。2社は価格について相談することができず2社とも製品価格は11万円か9万円のいずれかに設定しなければならないとすれば，あなたがA社ならどちらの価格に設定しますか？

あなたが設定する価格	

解説 この問題は，以下の表（利得表）を使って考えることができる。

	B社の価格が11万円		B社の価格が9万円	
A社の価格が11万円	A社の利潤は40億円	B社の利潤は40億円	A社の利潤は0円	B社の利潤が60億円
A社の価格が9万円	A社の利潤は60億円	B社の利潤は0円	A社の利潤は30億円	B社の利潤は30億円

①A社が価格を11万円にする・・・B社も価格を11万円にした場合は（11万円－3万円）×5万人＝40億円の利潤を得ることができるが，もしもB社が価格を9万円にしたらB社が利潤を独占（（9万円－3万円）×10万人＝60億円）しA社の利潤が0円になってしまうので，A社が価格を11万円にすることはリスクが大きい。

②A社が価格を9万円にする・・・B社も価格を9万円にした場合は（9万円－3万円）×5万人＝30億円の利潤を得ることができる。もしもB社が価格を11万円にしたらA社が利潤を独占しB社の利潤が0円になる。
（結論）B社が価格をどちらにするかわからないので，A社は価格を9万円とし，少なくとも30億円の利潤を得る。
（問3と同様，両社にとっては「囚人のジレンマ」といえる状況である。）

◎ただし，9万円の価格は企業側の利潤を考えると望ましい価格とはいえないが，消費者側にとっては望ましい価格である。もしもA社とB社が協力すること（具体的には価格について相談し両社とも価格を11万円にすること）ができたら，両社はともに40億円の利潤を得ることができるが，消費者にとって11万円の価格は望ましくない。このように，ある商品を生産する企業が少数しかいない寡占市場において，企業が競争せず協力すること（たとえば，価格協定を結ぶこと）は，消費者にとって不利な状況をまねくので，独占禁止法などの法で規制する必要があることがわかるだろう。

ポイント **問4から**

実際の経済活動においては，消費者に不利になるような企業間の協力，言いかえれば一部の者だけに利益が集中するような協力は規制されることがある。

まとめ

❶人間には「相手が協力的なら自分も協力的になる」という行動原理がある。
❷相手と利害が対立する場合，「相手の出方がわからない」といった状況に陥らないよう，相互に協力できる関係を築いていくことが双方にとってまたは全体にとって望ましい結果につながる。
❸一方で，一部の者だけが有利になるような協力は規制されることがある。

いずれにせよ，われわれは「協力する」ことの重要性と「協力しない」ことのリスクを十分認識した上で，さまざまな行動決定をしていく必要がある。「協力」について考えることは，人間について考えることであり，「自分たちはどう生きるか」を問う「公共」の授業で「協力」について考えを深めていくことは，「どう生きるか」の答えに一歩近づくことにつながるといえるだろう。

【参考文献】P．シーブライト（山形浩生・森本正史訳）『殺人ザルはいかにして経済に目覚めたか？ヒトの進化からみた経済学』みすず書房　2014年
鎌田雄一郎『ゲーム理論入門の入門』岩波新書　2019年
岡田章『国際関係から学ぶゲーム理論　国際協力を実現するために』有斐閣　2020年

16 平和と公正をすべての人に　法の支配　民主主義　権力分立

Theme 17

日本国憲法の成立

基本用語 大日本帝国憲法（明治憲法）治安維持法　日本国憲法　基本的人権の尊重　国民主権　平和主義　憲法改正　国民投票　国体

Approach

忘れられた国民歌―「君が代」と「われらの日本」

日本国憲法の施行を前にした1946年12月，新憲法の普及を目指す憲法普及会が帝国議会の外郭団体として発足した（会長：芦田均）。憲法普及会は，公務員への研修から出版物・映画・紙芝居の制作まで，あらゆる方面から新憲法についての広報活動を行ったが，1947年５月３日，憲法施行を記念する式典で国歌の代わりとして歌われた国民歌「われらの日本」を制作したのもこの会である。

当時「君が代」に対して「国民主権を標榜する新憲法の精神と矛盾するのではないか」といった批判があり，将来的には「われらの日本」を「君が代」に代わる国歌にすることも視野に入っていたという。しかし憲法普及会は1947年をもって解散し，同時にこの歌も急速に忘れ去られていった。　（参考：辻田真佐憲『「君が代」が迎えた敗戦』幻冬舎PLUS）

⬆憲法普及のための「紙芝居宣伝隊」（東京都内，1947年５月５日）

われらの日本（1947年）
作詞：土岐善麿　作曲：信時潔

1　平和のひかり　天に満ち
　正義のちから　地にわくや
　われら自由の　民として
　新たなる日を　望みつつ
　世界の前に　今ぞ起つ

（全三番中の一番）

JASRAC 出 1908688-901

Key point キーポイント 戦争が終わって10年ほどの間に，「われらの日本」を含めいくつかの新国歌案が提案されたが，どれも定着することはなかった。とはいえ，これらの歌の歌詞は，新憲法の精神をどう広めていくか試行錯誤していた当時の空気を今に伝えている。憲法改正が現実味を帯び始めた今だからこそ，日本国憲法ができた当時に改めて目を向けてみてはどうだろうか。

1 大日本帝国憲法下の政治体制

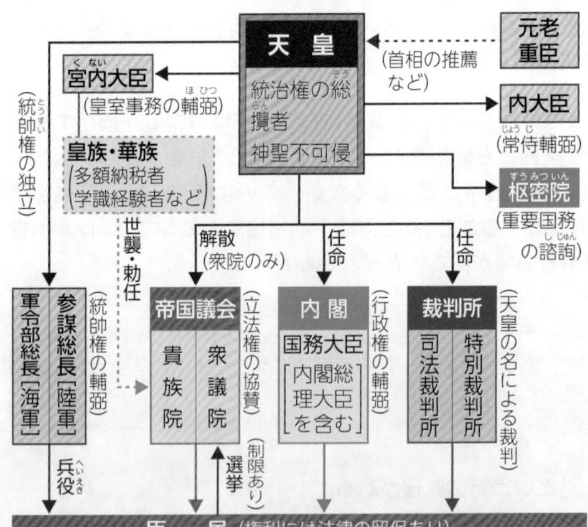

〈注〉□は憲法外の機関

解説 **広範な天皇大権**　1889年に制定された**大日本帝国憲法**は，その後約60年にわたって国家体制を支えた。形式的には三権分立をとってはいたが，神聖不可侵とされた天皇が**天皇大権**と呼ばれる国家のほぼ全ての権限を一手に握る形態をとっていた。軍を指揮する統帥権も天皇に委ねられたため，政府や議会が関わることができなかった。また，**臣民の権利**には**法律の留保**（議会で制定された法律によって制限を加えることができるとする規定）があったため，治安維持法などの悪法の制定を許すことになった。

2 大日本帝国憲法と日本国憲法

大日本帝国憲法（明治憲法）		日本国憲法
伊藤博文（金子堅太郎，伊東巳代治，井上毅）	制定の中心	ＧＨＱ及び日本政府・帝国議会
ドイツ国憲法（ビスマルク憲法）	模範とした外国憲法	主としてアメリカ合衆国憲法
天皇主権	主　権	**国民主権**
国家元首・神聖不可侵	天皇の地位	日本国の象徴
統治権の総攬者	天皇の権限	国事行為のみ
天皇に陸海軍の統帥権 兵役の義務	戦争と軍隊	**平和主義**（戦争放棄，戦力不保持，交戦権否定）
「臣民」としての権利 自由権的基本権のみ	国民の権利	**永久不可侵の権利，生存権的基本権まで含む**
天皇の協賛機関 二院制，貴族院は世襲・勅任（非民選）	国　会	国権の最高機関 唯一の立法機関 二院制，両院とも民選
国務大臣は天皇を輔弼（国務上の助言を行うこと） 天皇に対して責任を負う	内　閣	行政権の行使 議院内閣制 国会への連帯責任
天皇の名による裁判 特別裁判所の設置	裁判所	司法権の行使 特別裁判所の禁止
規定なし	地方自治	地方自治の尊重
予算不成立の場合，前年度予算を踏襲	予　算	予算不成立の場合，暫定予算制
天皇の発議，帝国議会の議決	改　正	国会の発議，**国民投票**

しごとカタログ **衆議院議員**　国会を構成する衆議院の議員。代議士とも呼ばれる（参議院議員を代議士とは呼ばない）。任期は４年で解散もあるなど，参議院議員よりも身分は不安定だが，「衆議院の優越」が認められている。首相を目指す有力政治家は，圧倒的に衆議院議員に多い。

3 日本国憲法の制定経過

〈注〉GHQ…連合国軍最高司令官総司令部

年	月日	日本政府側	GHQ側(注)
1945年	8月14日	「ポツダム宣言」を受諾（➡A）	
	8月15日	天皇，「終戦の詔書」を放送（玉音放送）	
	9月27日	天皇，マッカーサーを訪問	
	10月11日	マッカーサー，幣原首相と会談，**大日本帝国憲法の改正**を示唆	
	10月25日	政府，憲法問題調査委員会を設置（委員長は松本烝治国務相）	
	12月26日	「憲法研究会」，**憲法草案要綱**を発表（➡B）	
1946年	1月1日	天皇，年頭の詔書でいわゆる「人間宣言」	
	1月4日	**「松本案」**まとまる（➡C）	
	2月1日	毎日新聞，「松本案」とされる草案をスクープ（実際には憲法問題調査委員会メンバーである憲法学者宮沢俊義の私案）	
	2月3日		マッカーサー，GHQ民政局に「マッカーサー3原則」（➡D）に基づく憲法草案作成を指示
	2月8日	「松本案」をGHQに提出	
	2月13日		「松本案」を拒否，GHQ案を提示（➡E）
	2月22日	政府，「GHQ案」の受け入れを決定	
	3月6日	**政府，「GHQ案」に基づく「憲法改正草案要綱」発表**	
	4月10日	新選挙法による衆議院総選挙（初の男女普通選挙）	
	6月20日	第90帝国議会に憲法改正案を提出	
	10月7日	帝国議会，憲法改正案を修正可決	
	11月3日	**日本国憲法公布**（➡F）	
1947年	**5月3日**	**日本国憲法施行**	

➡マッカーサーを訪問した昭和天皇
国民に敗戦を実感させた写真。

マッカーサーは，日本側が自主的に憲法改正を進めることを待つという基本的な考えのもとに，「憲法の自由主義化」を示唆した。

マッカーサーは，明治憲法と大差ない「松本案」に失望し，GHQ自ら新憲法草案を作成することを決意。

⬅松本烝治（国務大臣・憲法問題調査委員会委員長）

GHQ案は，マッカーサーの命を受けた二十数人の民政局スタッフにより，9日間で起草された。

GHQ民政局ホイットニー将軍の発言
GHQ案を「日本政府に押しつける気持ちはないが……必要なら自らこの案を日本国民に提示する用意がある」
（竹前栄治・岡部史信『憲法制定史』小学館文庫）
吉田外相・松本国務相らは「GHQ案」の内容と「国民に提示する」の一言にひどく驚いたという。

A日本国憲法をめぐる原則・改正案

原則・改正案	内容
Aポツダム宣言（1945.8.14受諾）	1．軍国主義の永久的除去 2．新秩序建設までの連合国の占領 3．侵略地の放棄 4．軍隊の完全武装解除 5．民主主義の復活強化，人権の尊重の確立
B憲法草案要綱（1945.12.26発表）	一、天皇ハ国政ヲ親ラセス国政ノ一切ノ責任者ハ内閣トス
C松本案（1946.1.4）	**第3条** 天皇ハ至尊ニシテ侵スヘカラス **第11条** 天皇ハ軍ヲ統帥ス
Dマッカーサー3原則（1946.2.3GHQ民政局に指示）	1．天皇は，国の最上位にある 2．戦争の放棄 3．貴族制などの封建的制度の廃止
EGHQ案（1946.2.13日本政府に手交）	**第1条** 皇帝ハ国家ノ象徴ニシテ又人民ノ統一ノ象徴タルヘシ **第8条** 国民ノ一主権トシテノ戦争ハ之ヲ廃止ス
F日本国憲法（1946.11.3公布）	**第1条** 天皇は，日本国の象徴であり日本国民統合の象徴であつて，この地位は，主権の存する日本国民の総意に基く。 **第9条** 日本国民は，正義と秩序を基調とする国際平和を誠実に希求し，国権の発動たる戦争と，武力による威嚇又は武力の行使は，国際紛争を解決する手段としては，永久にこれを放棄する。

堪ヘ難キヲ堪ヘ……

解説 急ピッチで進んだ改正作業 **ポツダム宣言**を受諾し，連合国の占領下にあった日本政府に対して，GHQは明治憲法の改正を示唆した。日本政府は明治憲法を手直しした形の「松本案」をまとめたが，GHQはその保守的な内容を嫌い，自ら「GHQ案」を起草して政府に手交。この「GHQ案」をもとに政府が「憲法改正草案要綱」を作成し，帝国議会の審議を経て**日本国憲法**が成立した。なお，「GHQ案」は民間の憲法研究会が作成した「憲法草案要綱」の強い影響を受けたといわれている。

4 新憲法に基づく法律の制定・改正

法律・制度	内容
改正民法（1947.12）	戸主制度，家督相続制度が廃止され，男女同権・夫婦平等の新しい家族制度を規定。
地方自治法（1947.4）	都道府県知事・市町村長を任命制から公選制とする。リコール制も導入。
警察法（1947.12）	国家地方警察と自治体警察の2本立て警察制度（1954年の改正で都道府県警察に一本化）。公安委員会創設。
改正刑法（1947.10）	皇室に対する罪（不敬罪・大逆罪）の廃止。女性のみを対象とした姦通罪の廃止。
改正刑事訴訟法（1948.7）	拷問，自白の強要など，非民主的な捜査・審理を廃止。令状主義・黙秘権の尊重などを規定。
裁判制度（1947.11）	最高裁判所裁判官国民審査制度，裁判官弾劾制度を導入。

解説 憲法に法律を合わせる 日本国憲法の施行に合わせて，民法のように国民に身近なものを含む様々な法令が，新憲法に矛盾しないように改正された。

Try トライ 日本国憲法は制定以来一度も改正されたことがないが，一字一句変わっていないという点からみて，世界で何番目に古いだろうか？
①最も古い　②2番目に古い　③3番目に古い　④4番目に古い

権力分立

基本用語 国民主権　三権分立
象徴天皇制　国事行為

Theme 18 国民主権と三権分立

Approach

令和の皇室の現状

即位後朝見の儀で初めて「お言葉」を述べられる天皇陛下（2019年5月1日，東京都・皇居）

2016年に先の天皇陛下が退位への思いをにじませる「お気持ち」を表明されたことをきっかけに，2019年４月30日に先の天皇陛下が退位され，翌５月１日に新しい天皇陛下が即位された。かくして，慣れ親しんだ平成の時代は31年で幕を閉じ，新たな「令和」の時代が始まるのと同時に，上皇さまが重んじてきた**「象徴としての務め」**を今上天皇が引き継いだ。

ただ，現在の皇室は少子高齢化という現代日本の縮図ともいえる危機的な状況にある。皇位継承権をもつ男子皇族は３人しかおらず，今上天皇の次の世代は悠仁さまただ一人。若い女性皇族も結婚によって皇室を離れつつあり，これまで伝統的に皇族が担ってきた仕事が行えなくなる可能性が高い。こうした事態に対し，女性宮家の設置などの議論もある。

Ⓐ天皇・皇族の人数と平均年齢の推移

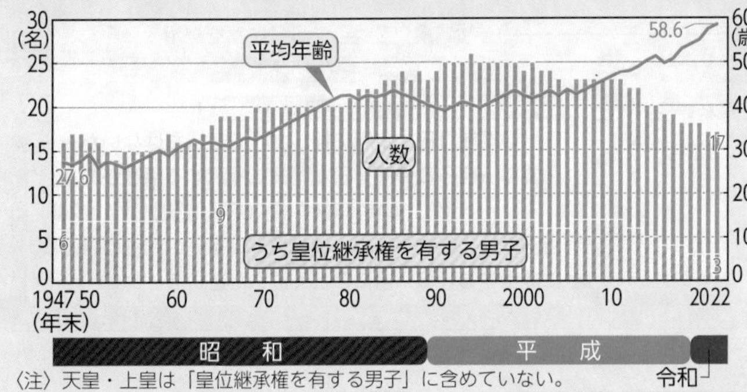

〈注〉天皇・上皇は「皇位継承権を有する男子」に含めていない。

追究 天皇と皇室の役割について考えてみよう。

1 天皇の地位の変化

×大日本帝国憲法［発布1889.2.11全面改正1946.11.3］

第１条　大日本帝国ハ万世一系*ノ天皇之ヲ統治ス
第３条　天皇ハ神聖*ニシテ侵スヘカラス
第４条　天皇ハ国ノ元首ニシテ統治権ヲ総攬シ此ノ憲法ノ条規ニ依リ之ヲ行フ

【万世一系】一つの系統が永久に続いていること。
【神聖】尊くておかしがたいこと。

新日本ノ建設ニ関スル詔書（天皇の人間宣言）［公布1946.1.1］

……朕*ト爾等国民トノ間ノ紐帯*ハ，終始相互ノ信頼ト敬愛トニ依リテ結バレ，単ナル神話ト伝説トニ依リテ生ゼルモノニ非ズ。天皇ヲ以テ現御神*トシ，且日本国民ヲ以テ他ノ民族ニ優越セル民族ニシテ，延テ世界ヲ支配スベキ運命ヲ有ストノ架空ナル観念ニ基クモノニモ非ズ。……

【朕】天皇自身のこと。
【紐帯】かたく結びつけるもの。
【現御神】この世に人間の姿で現れた神。

日本国憲法［公布1946.11.3　施行1947.5.3］

第１条　天皇は，日本国の象徴であり日本国民統合の象徴であつて，この地位は，主権の存する日本国民の総意に基く。
第４条　天皇は，この憲法の定める国事に関する行為のみを行ひ，国政に関する権能を有しない。

Ⓐ天皇の活動（宮内庁資料による）

	種　類（令和４年の回数）
国事行為	執務（国の文書の決裁）1,042件
	大臣・官吏の任命・認証98人
	外国大使の信任状奉呈式37か国
その他	内奏・ご進講（国務大臣や高級官僚から内外の情勢について説明を受けること）19回
	地方訪問 7県に行幸（オンライン含む）
	宮中祭祀（五穀豊穣を祈る新嘗祭など）

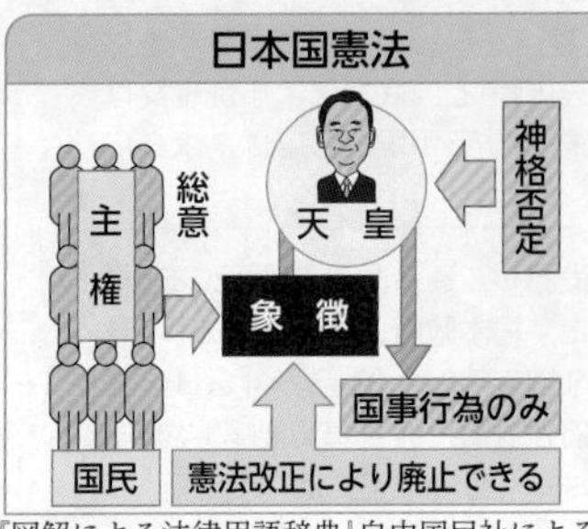

（『図解による法律用語辞典』自由国民社による）

解説 **地位の変化**　**大日本帝国憲法（明治憲法）**における天皇は神聖不可侵であり統治権の総攬者であった。しかし，**日本国憲法**は，主権は国民にあると宣言した。そして天皇は主権者国民の総意に基づく「象徴」とされる。

しごとカタログ **皇族**　2023年７月現在の皇族は，大正天皇の男系子孫とその配偶者の計17名。皇室典範に基づき，天皇に準じて様々な公務を行っている。女性であれば男性皇族と婚姻することで親王妃・王妃などの皇族になれるが，男性が新たに皇族になることは不可能。

2 天皇の国事行為

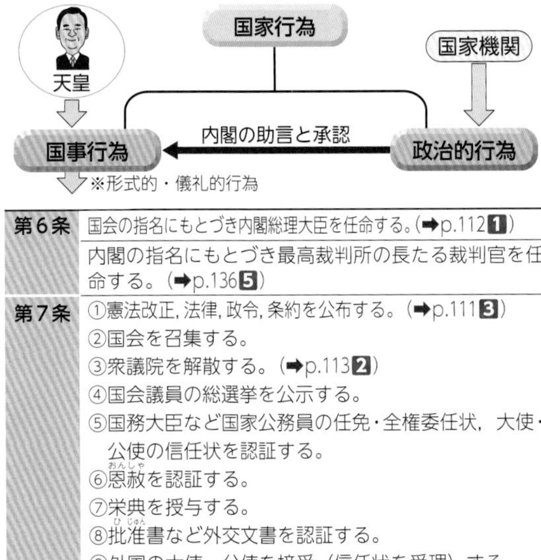

第6条	国会の指名にもとづき内閣総理大臣を任命する。(➡p.112 1)
	内閣の指名にもとづき最高裁判所の長たる裁判官を任命する。(➡p.136 5)
第7条	①憲法改正，法律，政令，条約を公布する。(➡p.111 3) ②国会を召集する。 ③衆議院を解散する。(➡p.113 2) ④国会議員の総選挙を公示する。 ⑤国務大臣など国家公務員の任免・全権委任状，大使・公使の信任状を認証する。 ⑥恩赦を認証する。 ⑦栄典を授与する。 ⑧批准書など外交文書を認証する。 ⑨外国の大使・公使を接受（信任状を受理）する。 ⑩儀式を行う。

解説 **象徴天皇制**　天皇は政治的権限をもたず，内閣の助言と承認に基づいて**形式的・儀礼的な行為である国事行為のみを行う**。また国事行為には内閣が責任を負う。これが憲法の定める**象徴天皇制**である。なお7条の「儀式」とは，新年祝賀の儀，首相の親任式，文化勲章親授式などである。

A 皇族と皇位継承順位（年齢は2023年12月1日現在）

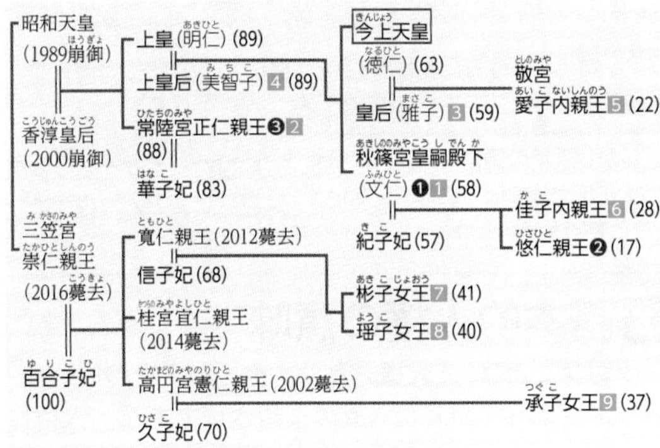

〈注〉丸数字は皇位継承順位，四角数字は摂政就任順位。

3 日本国憲法の政治のしくみ

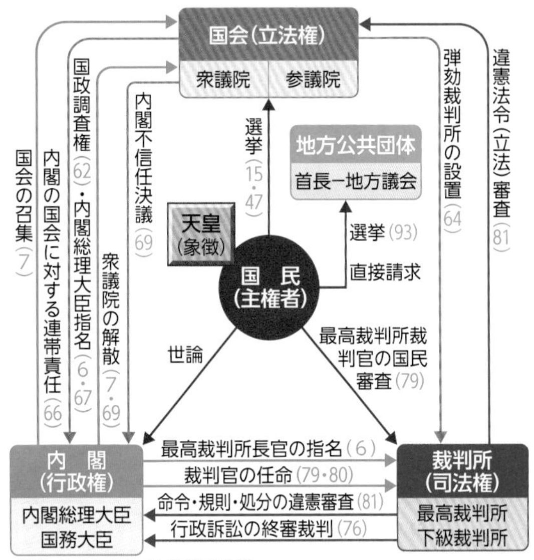

〈注〉（　）内の数字は憲法の条数。

解説 **抑制と均衡**　日本国憲法は立法権を国会に（41条），行政権を内閣に（65条），司法権を裁判所に（76条）にそれぞれ分割し（**三権分立**），**それぞれ互いに抑制と均衡の関係でバランスを保ち**，権力が一か所に集中することを防いでいる。

4 国民主権の意味

　憲法はその前文において「そもそも国政は，国民の厳粛な信託によるものであって，**その権威は国民に由来し，その権力は国民の代表者がこれを行使し，その福利は国民がこれを享受する**」と述べています。……

　国民が主権者である以上，政治の権力を動かすのも，政府をつくるのもすべて国民の考えに基づくことを要し，国民が直接，間接に政治を批判し，政治に参加する仕組みが民主政治です。

（『やさしい選挙のはなし』自治総合センター）

解説 **主権者として**　**国民主権**の意味は，「人民の，人民による，人民のための政治」というリンカーンの演説に集約されている。人まかせにせず，主権者の一員として政治に参加しよう。

5 国民主権の行使

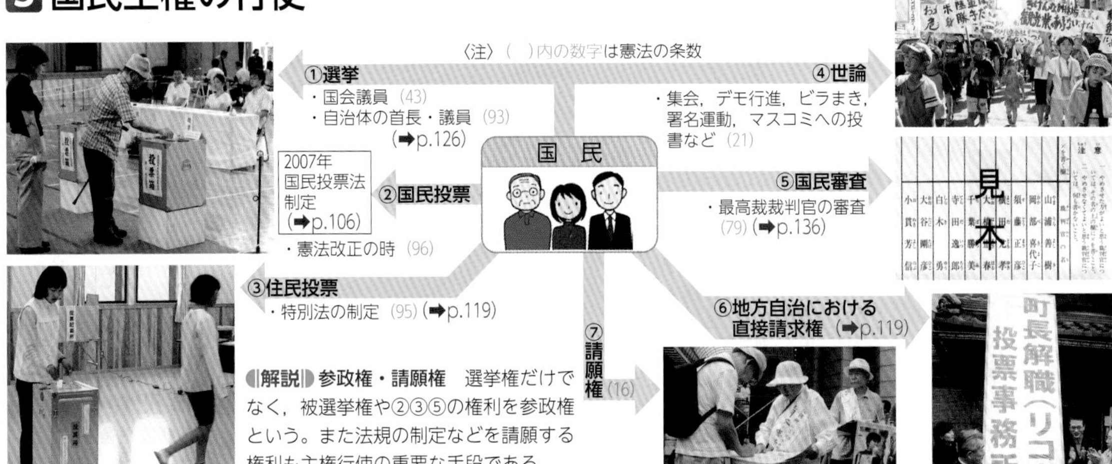

解説 **参政権・請願権**　選挙権だけでなく，被選挙権や②③⑤の権利を参政権という。また法規の制定などを請願する権利も主権行使の重要な手段である。

Try　あなたが25歳になったとき，政治家を志したとする。そのとき，年齢制限で立候補できないものは下の①～④のうちどれ？
①都道府県知事　②衆議院議員　③市町村長　④市町村議会の議員

基本用語 基本的人権　法の下の平等　自由権　公共の福祉

Theme 19 基本的人権の尊重

「ヤングケアラー」とは何だろうか？

Approach

朝日新聞社提供

➡埼玉県が制作したパンフレット

昔から，妹弟や祖父母の世話をしたり，家事をしたりする子どもはいた。ヤングケアラーがそうした子どもたちと違うのは，「大人の手伝いをしている」のではなく，「大人が担うようなケアを日常的に行い，その責任を引き受けている」点だ。政府の調査結果によると，「世話をしている家族がいる」という割合は，中学生が5.7％でおよそ17人に１人，全日制の高校の生徒が4.1％でおよそ24人に１人だった。内容は，食事の準備や洗濯などの家事が多く，きょうだいの保育園への送迎や祖父母の介護や見守りなど多岐にわたった。ケアにかけている時間は，中学生が１日平均４時間，高校生が3.8時間（いずれも平日）だった。なかには，１日平均７時間以上を費やしている子どもがいて，全体の１割を超えていたという。（『現代用語の基礎知識2022』自由国民社）

Ⓐ助けてほしいこと（複数回答，2021年）

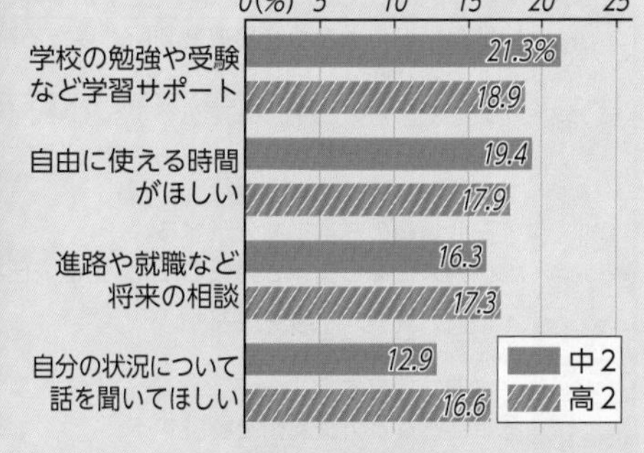

Ⓑ世話をする対象（複数回答，2021年）

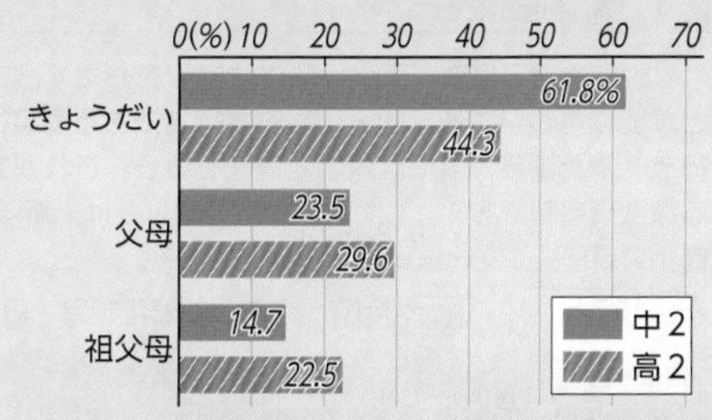

（ⒶⒷとも厚生労働省と文部科学省の共同プロジェクトチームによるヤングケアラー全国調査による）

Key point キーポイント 困難を抱える家族を支えることは大切だと誰もが考えるだろう。しかし近年の調査で，非常に多くの「ヤングケアラー」と呼ばれる生徒がおり，憲法で保障された権利が十分に保障されていないという実態が見えてきた。これは決して「仕方のないこと」ではないということを学んでいこう。

追究 ヤングケアラーの存在は，どんな権利について問題があるだろうか。

1 基本的人権の性質

固有性	人権が憲法や天皇から恩恵として与えられたものではなく，人間であることにより当然に有するとされる権利であることを，ここでは人権の固有性と呼ぶ。このような考え方の淵源（えんげん）は，有名な1776年のアメリカ独立宣言（➡p.73 2 B）に求められる。
不可侵性（ふかしんせい）	人権が不可侵であるということは，人権が，原則として，公権力に侵（おか）されないことを意味する。
普遍性（ふへんせい）	人権は，人種，性，身分などの区別に関係なく，人間であることに基づいて当然に享有（きょうゆう）できる権利である。

（芦部信喜『憲法［新版補訂版］』岩波書店）

解説 自然権的権利　日本国憲法における人権は自由権も社会権も，**「人間の尊厳」性に由来する自然権**（人間が生まれながらにしてもつ権利であり，国家権力であっても侵すことができないもの）的な権利として保障されている。

2 基本的人権の意味

大切なことは，「人権」とは，その国のその時代に，やむにやまれず発した人々のうめき声であり，人権にしておかないと人間らしい生活が絶対にできないと考えた結果を，その時点で法的文書に書き残したものだ，ということである。だから，人々の叫びやうめきが「人権」になってくるということは，その背景にかなり深刻な問題があるということになる。逆に，あることが「人権」として規定されるのは，そう保障しておかないとヤバいという判断があるからであって，決していいことづくめではない。

まことに人権は，**「人類の多年にわたる自由獲得（かくとく）の努力の成果」（第97条）**であり，**「国民の不断の努力によって，これを保持しなければならない」（第12条）**のである。

（森英樹『新版 主権者はきみだ』岩波ジュニア新書による）

解説 抑圧からの解放　ある個別の価値や利益が「人権」として主張されるのは，ある特定の人々にとって，彼らが人間として生きていくことを妨（さまた）げる抑圧があり，その抑圧からの解放を求めて「人権」が主張されるのである。その意味で人権は，人間としての尊厳確保のため，抑圧からの解放を求める権利なのである。

しごとカタログ　参議院議員　国会を構成する参議院の議員。任期は６年と長く解散もないため，政局に左右されない安定した立場で審議できるという点で，「良識の府」とも呼ばれる。ただし，憲法で「衆議院の優越」が定められているため，権限は衆議院よりも弱い。

3 憲法に定められた国民の権利と義務

〈注〉判例の○数字は関連憲法条文

分類	内容	憲法の条文		おもな判例
平等権	すべての国民が権利において平等，**基本的人権**の前提ともなる権利。(➡p.84)		●法の下の平等（14条） ●両性の本質的平等（24条）	**尊属殺人事件⑭** **日立訴訟⑭**
自由権的基本権	国家権力といえども侵すことのできない個人の権利。**18世紀的人権**ともいわれ，**夜警国家**の理念に立っている。 法的性格 **「国家からの自由」** ⬆ドラクロワ「民衆を導く自由の女神」	精神の自由(➡p.88)	●思想・良心の自由（19条） ●信教の自由（20条） ●学問の自由（23条） ●集会・結社・表現の自由（21条）	**三菱樹脂事件⑲** **津地鎮祭訴訟⑳** **愛媛玉ぐし料訴訟⑳** **東大ポポロ事件㉓** **チャタレイ事件㉑**
		身体の自由(➡p.90)	●奴隷的拘束・苦役からの自由（18条） ●法定手続の保障（31条） ●不法な逮捕・抑留・拘禁・侵入・捜索・押収に対する保障（33・34・35条） ●拷問，残虐刑の禁止（36条） ●自白強要の禁止（38条） ●刑事被告人の権利（37～39条）	**榎井村事件** **横浜事件**
		経済の自由(➡p.92)	●居住・移転・職業選択の自由（22条） ●財産権の不可侵（29条）	**薬事法違憲訴訟㉒**
社会権的基本権	人間らしい生活の保障を国家に要求する権利。**20世紀的人権**ともいわれ，**福祉国家**の理念に立っている。(➡p.94) 法的性格 **「国家による自由」**		●生存権（25条） ●教育を受ける権利（26条） ●勤労の権利（27条） ●勤労者の団結権，団体交渉権，団体行動権（28条）	**朝日訴訟㉕　堀木訴訟㉕** **牧野訴訟㉕** **家永教科書訴訟㉖** **全逓東京中郵事件㉗**
参政権	国民が政治に参加する権利。基本的人権の保障を実質的に確保するための権利。(➡p.96) 法的性格 **「国家への自由」**	間接	●選挙権（15条）	**衆議院定数訴訟⑭⑮** **戸別訪問禁止違憲訴訟㉑**
		直接	●公務員選定罷免権（15条） ●被選挙権（43・44条） ●最高裁判所裁判官国民審査権（79条） ●憲法改正国民投票権（96条） ●特別法制定同意権（95条）	
請求権	個人の利益確保のために，国家の積極的な行為を請求する権利。(➡p.97)		●請願権(16条) ●国家賠償請求権（17条） ●裁判請求権(32·37条) ●刑事補償請求権(40条)	**多摩川水害訴訟⑰**
新しい人権	憲法に明文化されていないが，社会状況の変化によって主張されるようになってきた人権。(➡p.98)		●幸福追求権 ●環境権 ●知る権利 ●プライバシー権 ●自己決定権（13条）	**大阪空港騒音公害訴訟⑬** **「宴のあと」事件⑬** **「エホバの証人」訴訟⑬**
義務	国家の構成員として，国民が果たすべき務め。	一般的義務	●人権保持責任，濫用の禁止（12条） ●公務員の憲法尊重義務（99条）	
		基本的義務	●教育を受けさせる義務(26条) ●勤労の義務(27条) ●納税の義務(30条)	

4 公共の福祉と人権が制約される例

強い者の論理は「自分は力があるから，1人でやっていける。邪魔ものは叩きつぶしてやる」というものです。「でも，それはさせない。**あなたは弱い者になる可能性もあるのだから，共存共栄していくために一定の制約をしましょう**」というのを，内在的制約，あるいは**公共の福祉**といいます。……人権を制約できる根拠は「人を害してはいけない」という，その1点だけです。要するに**人権と人権が衝突するときに調整しよう**という，これが公共の福祉なのです。(加藤晋介『入門憲法の読み方』日本実業出版社)

➡**行政代執行による土地収用**　ごみ処分場建設のため，反対派住民の土地を収用している様子。(2000年・東京)

Ⓐ人権が制約される例

表現の自由の制限	●わいせつ文書の禁止（刑法） ●他人の名誉を毀損する行為の禁止(刑法) ●選挙運動のため一定枚数のはがきやビラ，届け出た冊子以外の文書の頒布の禁止（公職選挙法）
集会・結社の制限	●デモに対する規制（公安条例） ●暴力団に対する規制（暴力団対策法）
職業の自由の制限	●公衆浴場の配置が適切でない場合，その経営を許可しない（公衆浴場法）
私有財産の制限	●道路・空港など公共の利益のために補償のもとに土地を収用（土地収用法）
居住移転の制限	●感染症により隔離される場合（感染症法）

《解説》人権も制限される　日本国憲法は第12条，第13条で一般規定として「公共の福祉」による人権の制約を定めている。また第22条（居住・移転の自由）と第29条（財産権）は「公共の福祉」による制約が明記されており，財産権の不可侵性に立脚した近代憲法とは異なる現代福祉国家の特徴が示されている。

Try トライ　君たちが今まさに行使している「教育を受ける権利」は，次のどの権利に属するものか？
①平等権　②自由権　③社会権　④参政権

Theme 20

平等に生きる権利①

基本用語 法の下の平等　尊属殺重罰規定　同和問題

Approach

高校入試の願書に，性別欄はあった？

朝日新聞社提供

性的少数者への配慮などから，公立高校の入学願書の性別欄をなくす動きが広がっている。朝日新聞が2020年12月，47都道府県の教育委員会に尋ねたところ，41道府県がなくしていた。……

「出願前日に『女』と殴(なぐ)り書きしました。とても抵抗がありました」都立高校３年の生徒（18）は，受験当時をこう振り返る。自らの性を「男性」と自認するが，体の性と一致しないトランスジェンダーだ。願書は，最後まで性別欄だけ空欄にしていた。殴り書きを見た中学の教員からは，「丁寧(ていねい)に書きなさい」と叱(しか)られた。……この生徒は全国一律での廃止を望む。「生まれた時に決められた性に違和感がある人がいるのは当然のことで，自分の性別は自分で決めるもの。それなのに，**地域によって性別欄の有無が異なり，誰かがまた苦しむことになるのは不平等**だと思います」。（『朝日新聞デジタル』2021.2.8による）

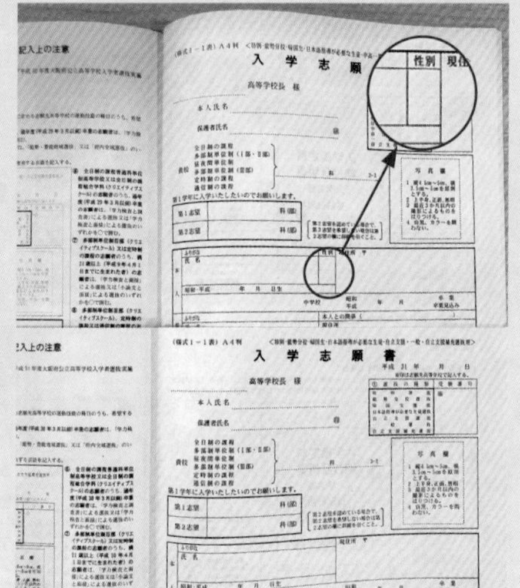

⇧2018年（上）と2019年（下）の大阪府立高校の願書。18年にあった性別欄が，19年には消えている。（○部分）

Key point キーポイント 近年，これまで社会として十分に耳を傾けてこなかった，いわゆる性的マイノリティと呼ばれる人々の声を受け，従来の「当たり前」を見直す機運が生まれている。

追究 すべての人にとって平等で暮らしやすい社会にするためにはどうしたらよいか，身の回りから考えてみよう。

1 法の下の平等とは

日本国憲法

第14条　すべて国民は，法の下に平等であつて，人種，信条，性別，社会的身分又は門地(もんち)により，政治的，経済的又は社会的関係において，差別されない。

② 華族(かぞく)その他の貴族の制度は，これを認めない。

③ 栄誉，勲章(くんしょう)その他の栄典(えいてん)の授与は，いかなる特権も伴はない。栄典の授与は，現にこれを有し，又は将来これを受ける者の一代に限り，その効力を有する。

Ⓐ「法の下の平等」の意味

法適用の平等	法を執行する際に，国民を差別してはならない
法内容の平等	法の内容に差別があってはならない

解説 **法の適用と内容の平等**　日本国憲法の定める平等原則は，国家による不平等な取り扱いを排除するもので，法の適用の平等だけでなく，法の内容の平等も含んでいる。なお，憲法上の平等の中心は形式的平等（機会の平等）であるが，現に存在する経済的・社会的な不平等を是正する実質的平等（結果の平等）は，社会権の保障などによって実現されるものである。

2 判例 法の下の平等に関するおもな事件訴訟

事件名	裁判で争われたこと	判　決
尊属(そんぞく)殺人事件（最高裁）1973.4.4	当時の刑法200条「尊属殺」の処罰規定は，199条の普通殺人の処罰規定と比較して著しく重く，法の下の平等原則に反する。	**第一審** 200条を**違憲**とし199条を適用 **第二審** 200条を合憲とし尊属殺として有罪 **最高裁** 200条を**違憲**とし，199条を適用
婚外子相続差別訴訟（最高裁）2013.9.4	法律上結婚していない夫婦の間に生まれた婚外子の相続分を，婚内子の２分の１に定めた民法の規定は，法の下の平等原則に反する。	**第一審** 民法の規定どおりの遺産分割を審判 **第二審** 抗告棄却，一審の審判を維持 **最高裁** 原告の訴えを認める。規定を**違憲**とし，高裁に差し戻し
三菱樹脂(じゅし)事件（最高裁）1973.12.12	入社試験の際，学生運動歴を秘匿したことを理由として本採用を拒否したことは，思想・信条の自由，法の下の平等に反する。	**第一審** 解雇権の濫用(らんよう)にあたるとし，原告勝訴 **第二審** 原告全面勝訴 **最高裁** 二審判決破棄差戻し（和解成立）
日立訴訟（横浜地裁）1974.6.19	採用試験に当たり，本名と国籍を偽ったとして採用取り消しにしたことは，民族差別であり法の下の平等に反する。	**第一審** 氏名，国籍を偽っても，採用を取り消すほどの不信義性があるとはいえない。原告勝訴→会社側控訴断念
議員定数不均衡訴訟（過去何回も）	投票価値の著しい格差は法の下の平等に反し，選挙は無効。	**最高裁** 国政選挙では過去10回の**違憲**ないし違憲状態判決（2020年12月現在）（選挙結果は有効）
国籍法違憲訴訟（最高裁）2008.6.4	国籍法３条１項が規定する日本国籍取得の要件のうち，父母の婚姻の有無を要件とすることは法の下の平等に反する。	**第一審** 国籍法３条１項のうち，準正要件のみを**違憲**無効 **第二審** 憲法判断せずに，原告らの敗訴 **最高裁** 原告の訴えを認める。**違憲**判決

解説 **進む婚外子の権利保護**　近年，国籍法違憲訴訟や婚外子相続差別訴訟など，婚外子の権利を婚内子と同等とする憲法判断が相次いだ。「法律婚の保護」重視から「子どもの平等権」重視へ，時代による憲法判断のポイントの変化がうかがえる。

しごとカタログ **弁護士**　依頼を受けて，訴訟や法律事務の代理を行う職業。通常，弁護士になるには，司法試験に合格する必要がある。ドラマなどでは法廷で訴訟相手と論戦する場面が強調されるが，実際には法律相談や裁判所などに提出する書類の作成といった業務も多い。

3 判例 尊属殺人事件

刑法［公布1907.4.24法45（事件発生当時の条文）］

第199条 人ヲ殺シタル者ハ死刑又ハ無期若クハ３年以上ノ懲役ニ処ス（2004法156号で５年以上の懲役に改正）

第200条 自己又ハ配偶者ノ直系尊属ヲ殺シタル者ハ死刑又ハ無期懲役ニ処ス（1995法91号で削除）

概要	Ａ子（当時29歳）は，14歳の時から実父に不倫の関係を強いられ，父親との間に５人の子どもを生んだ。その後勤め先の青年と愛し合うようになり，父親に結婚したいともちかけたが，怒り狂った父親は，10日間もＡ子を軟禁状態にするなどしたため「父がいては自由になれない」と，泥酔状態の父親を絞殺した。検察は，刑法200条の尊属殺人罪で起訴した。
裁判の経過	**第一審（宇都宮地裁）** 尊属殺を規定した刑法200条は**違憲**と判断。刑法199条を適用し，刑の執行を免除。 **第二審（東京高裁）** 尊属殺人罪の刑が死刑か無期懲役しかないのは，妥当性を欠くきらいはあるが，刑法にきちんと規定されている以上，合憲である。原判決を破棄し，懲役３年６月（限界まで減軽された）の有罪判決。 **最高裁（1973.4.4）** 刑法200条は**違憲**，無効であるとし，刑法199条を適用して，懲役２年６月・執行猶予３年を言い渡した。
最高裁判決の要旨	尊属に対する尊重報恩は社会生活上の基本的道義であるから，尊属殺を普通殺人より重く罰すること自体は不合理ではなく，ただちに憲法に違反するとはいえない。だが，刑法200条の法定刑は死刑，無期懲役だけであって極端に重く，同情すべき事情がある場合でも執行猶予をつけることができない（懲役刑の場合３年以下であればつけられる）。これは合理的根拠に基づく差別とは言えず，憲法14条１項で保障された「法の下の平等」に違反し無効である。（15人中，14裁判官の賛成）

解説 親殺しは重罪？ 最高裁判決では，尊属殺の刑罰を重く定めること自体は合憲だが，死刑か無期という刑罰は重すぎ違憲が８名，重く定めること自体が違憲６名，合憲が１名で，違憲が多数意見を占めた。

最高裁、初の違憲判決
「尊属殺重罰」の判例変更
親殺し三件
「法の下の平

4 同和問題―部落解放のあゆみ

Ａ 水平社宣言（1922年）

全国に散在する吾が特殊部落民よ団結せよ……

兄弟よ，吾々の祖先は自由，平等の渇仰者であり，実行者であった。……ケモノの皮剝ぐ報酬として，生々しき人間の皮を剝ぎ取られ，ケモノの心臓を裂く代価として，暖い人間の心臓を引裂かれ，そこへ下らない嘲笑の唾まで吐きかけられた呪はれの夜の悪夢のうちにも，なほ誇り得る人間の血は，涸れずにあった。……

我々がエタである事を誇り得る時が来たのだ。

そうして人の世の冷たさが，何んなに冷たいか，人間を勦る事が何んであるかをよく知っている吾々は，心から人生の熱と光を願求礼讃するものである。

水平社は，かくして生れた。

人の世に熱あれ，人間に光あれ。

大正11年３月３日　　水平社

（水平社パンフレット『よき日のために』）

Ｂ 部落解放のあゆみ

年	事項
1871	**解放令**（太政官布告第61号）…解決のための施策なし
1922	**全国水平社**設立…戦前の解放運動の中心となる
1946	部落解放全国委員会結成…水平社の流れをくみ，1955年には部落解放同盟に改組
1965	**同和対策審議会の答申**
1969	**同和対策事業特別措置法**制定…1982年期限切れ
1982	**地域改善対策特別措置法**制定…1987年期限切れ
1987	**地域改善対策特定事業財政特別措置法**制定…1997年期限切れ
1997	**人権擁護推進法**施行…2002年失効
2000	**人権教育・人権啓発推進法**成立
2016	**部落差別解消推進法**成立

解説 人間に光あれ 江戸時代の身分政策で，皮革や家畜の処理に携わった人々は「穢多」，「非人」と呼ばれる最下層の身分に位置付けられ，厳しい差別を受けた。明治時代に入っても，「新平民」として戸籍に登録された例もあり，差別は続いた。これに対し，「被差別部落」の人々は全国水平社を結成し，自らの行動による解放を目指した。戦後は同和対策事業が展開され，同和地区の生活環境は改善されてきているが，職業，教育，結婚等の面での差別解消は引き続き課題となっている。

5 判例 三菱樹脂事件―信条による差別

事件の概要	裁判の経過	最高裁判決の要旨
1963年三菱樹脂に入社したＸ氏は，３か月の試用期間のあと「入社試験にあたり学生運動の経験を隠した」などの理由で本採用を拒否された。Ｘ氏は本採用拒否の無効と雇用契約上の社員たる地位の確認などを求め提訴。	**第一審（東京地裁）** 解雇権の濫用にあたるとして，Ｘ氏勝訴。 **第二審（東京高裁）** 一審判決を支持し，Ｘ氏勝訴。 **最高裁（1973.12.12）** 本採用拒否は違法とはいえない。二審判決破棄差戻し→差戻し審理中に和解が成立し，Ｘ氏復職。	憲法19条（思想及び良心の自由），14条は，国または公共団体の統治行動に対し，個人の基本的な自由と平等を保障したもので，私人相互の関係を直接規律するものではない。憲法22条・29条においては広く経済活動の自由を保障しており，企業者はその一環として契約の自由を有しているから，特定の思想信条をもつ者の雇い入れを拒否しても違法とはいえない。

最高裁の前で「破棄差戻し」に抗議する人々（1973年）

解説 私人間には適用せず 憲法の人権保障は私人間（企業と労働者等）には直接及ばない，また特定の思想を有することを理由に採用を拒否しても違法ではないとしたこの判決には批判が強い。なお本件は1976年に和解が成立し，Ｘ氏の解雇は撤回された。

Try トライ 次の事件のうち，法令違憲の判決が下されたものはどれだろうか？
①尊属殺人事件　②三菱樹脂事件　③日立訴訟　④国籍法違憲訴訟

基本用語》 民法　在日韓国・朝鮮人問題　ハンセン病隔離政策　アイヌ民族

Theme 21 平等に生きる権利②

選択的夫婦別姓（ふうふべっせい）—論点はどこに？

Approach

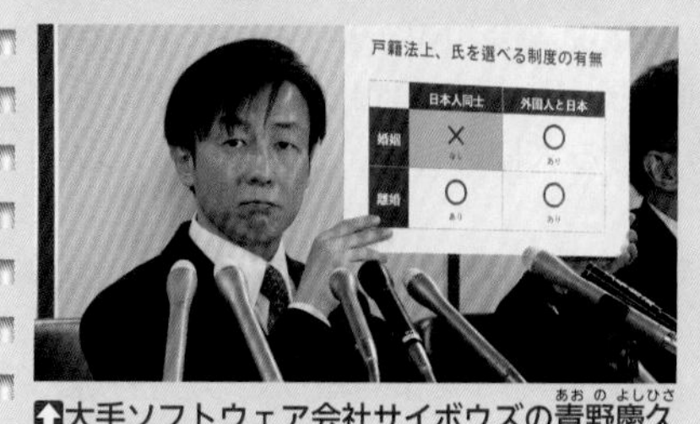

⇧大手ソフトウェア会社サイボウズの青野慶久（あおのよしひさ）社長　選択的夫婦別姓を求めて2018年に提訴したが，2021年６月に上告が退けられた。

最近注目を集めている「夫婦別姓」の議論。日本では結婚をする際，夫か妻のどちらかが姓（氏）を変更しなければならず，姓を変えずに結婚することを選べる「選択的夫婦別姓」を求める声が高まり，現行制度の合憲性が争われてきた。最高裁判所は2015年，夫婦が同じ姓を名乗ることを定めた民法750条を「合憲」と結論づけ，2021年６月，新たに上告された３件の事件についても，最高裁で改めて合憲の判断が示された。ただ，選択的夫婦別姓の導入については，与党自民党内でも賛成派・反対派の攻防があり，司法・立法の双方で争点となっている。

Ⓐ婚姻（こんいん）時に選択された姓

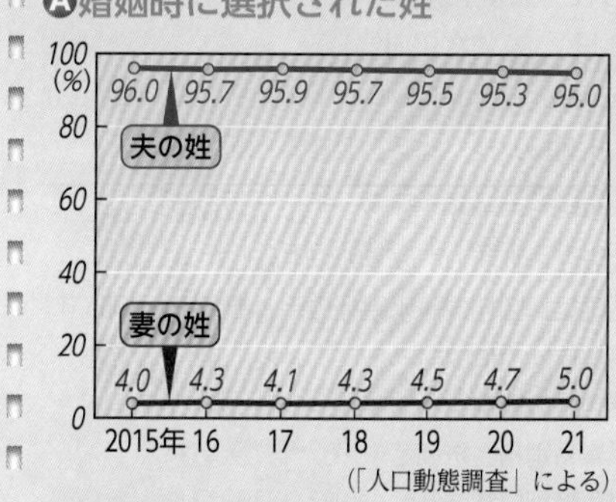

（「人口動態調査」による）

Ⓑ夫婦別姓に関する世論の例

（内閣府「家族の法制に関する世論調査 2021年」による）

あなたは，婚姻によって，自分の姓が相手の姓に変わったとした場合，そのことについて，どのような感じを持つと思うか（複数回答）

新たな人生が始まるような喜びを感じると思う	54.1%
相手と一体となったような喜びを感じると思う	39.7
違和感を持つと思う	25.6
何も感じないと思う	11.1
今までの自分が失われてしまったような感じを持つと思う	9.7

夫婦の姓が違うと，夫婦の間の子どもに何か影響が出てくると思うか

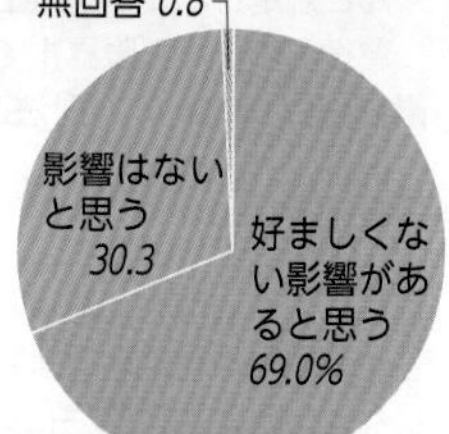

追究 夫婦別姓の是非について，あなたの意見をまとめてみよう。

1 家族関係の変化—新旧民法の比較

日本国憲法

第24条　婚姻（こんいん）は，両性の合意のみに基いて成立し，夫婦が同等の権利を有することを基本として，相互の協力により，維持されなければならない。

②　配偶者の選択，財産権，相続，住居の選定，離婚並びに婚姻及び家族に関するその他の事項に関しては，法律は，個人の尊厳と両性の本質的平等に立脚して，制定されなければならない。

民法［公布1896.4.27法89　最終改正2022法102］

第731条［婚姻適齢］ 婚姻は，18歳にならなければすることができない。（2022年４月１日施行）

第750条［夫婦の氏］ 夫婦は，婚姻の際に定めるところに従い，夫又は妻の氏を称する。

第818条［親権者］ 成年に達しない子は，父母の親権に服する。

	旧民法（1898法９）	現行民法（1947法222）
特　徴	・「戸主権（こしゅ）」と「家督相続（かとく）」を軸とした，「家」中心の封建的上下関係	・「家」制度の廃止。家族は，平等で自由な個人の結合
結　婚	・男は30歳，女は25歳まで父母の同意が必要	・成年は父母の同意不要 ・婚姻最低年齢は，男18歳，女16歳 ・女性の再婚禁止期間は，離婚の日から「６か月間」
夫婦関係	・妻は夫の家に入る ・妻は夫と同居する義務を負う ・妻の財産は夫が管理する。妻の取引行為には夫の同意が必要	・夫婦は夫又は妻の氏（姓）を名のる ・夫婦は同居し，互いに協力する義務 ・財産は，夫婦それぞれに「特有財産」を認め，不明確なものは「共有財産とする」
離　婚	・妻の姦通（かんつう）は当然に離婚の原因になるが，夫はそれが犯罪の場合のみ	離婚の請求原因（主なもの） ・不貞行為，３年以上生死不明など
親　権	・親権は父にある	・親権は父母が共同で行う
相　続	・長子単独相続が原則 ・妻には相続権はないに等しい	・配偶者は常に相続権あり。配偶者以外は均分相続（妻と子供３人の場合，妻は1/2，子供は1/2×1/3=1/6ずつ）。婚外子は婚内子の1/2であったが，最高裁の違憲判決を受け，2013年に平等に改正（➡p.84 2）

Ⓐ改正民法（2022.4施行）

・成年となる年齢を18歳に引き下げ
・男女とも18歳

Ⓑ最高裁判決

・「夫婦同姓」は合憲（2015.12）
・「女性の６か月間再婚禁止」は100日を超える期間は違憲（2016.12）

解説 「夫婦同姓」に合憲判決
1996年に法制審議会の民法改正要綱に盛り込まれて以来，賛否両論を呼んできた「夫婦別姓」。2015年最高裁は社会に定着しているとして「夫婦同姓」を合憲と判断し，2021年の判決でも合憲の判断を維持した。

しごとカタログ **公証人**　公証役場で，権利関係を証明する「公正証書」を作成する公務員。裁判官のOBが公証人になるケースがほとんど。公正証書は確定判決と同じ効力があるので，あらかじめ公正証書を作っておくことで，無用な争いごとを回避できるというメリットがある。

2 奪われた人生—ハンセン病元患者への差別

「もういいかい　お骨になっても　まあだだよ」

これは，あるハンセン病患者の詠んだ句です。ハンセン病の患者たちは，「感染し，死にいたる病」として国の政策により90年もの間，療養所に強制隔離されてきました。療養所とは名ばかりの施設で，**強制労働，監禁，断種，堕胎などを強要され，「人間」としての権利を奪われ続けた**のです。

多くの患者は，家族に差別が及ばないようにと，強制隔離後も自らの存在を隠すようになりました。療養所内で亡くなった方の大半は，故郷の墓に入ることがかなわぬまま，いまも２万3,000を超える遺骨が全国の療養所内にある納骨堂に納められています。

⇧国立ハンセン病療養所内の「監禁室」 照明は窓の格子の間から漏れる光だけ。床に見えるのはトイレのふた。

解説 90年間もの人権侵害 顔や手足などの外貌を侵すことが多い**ハンセン病**は，実際には感染力は極めて弱く遺伝性もないのに，長い間不治の病とされてきた。日本では1907年から患者の強制隔離を実施。戦後は特効薬が開発され，強制隔離の必要はなくなっていたのに，1996年に至るまで実に90年にわたって強制隔離政策を維持してきた。2001年，強制隔離政策で人権侵害を受けたとして元患者が国に損害賠償を求めた訴訟で，熊本地裁は元患者の訴えを認める判決を下し，国は控訴を断念して，判決は確定した。2008年にはハンセン病問題の原点である「差別・隔離政策からの被害回復」を中心に据えた**ハンセン病問題基本法**が成立した。

⇩国の控訴断念の決定に喜びの会見をする元患者ら (2001.5)

＋α（プラスアルファ）「同性婚」禁止は違憲？

法律上同性間の結婚ができないことは憲法に反するとして国に損害賠償を求めている「**同性婚訴訟**」。第一審では５件中２件で違憲判断が示された（損害賠償請求は棄却）。国側の，「日本国憲法は同性婚を想定していない」という主張に対し，名古屋地裁は同性カップルを結婚制度から排除する法制度は**法の下の平等・婚姻の自由**に反すると指摘した。今後，高裁・最高裁の判断はどうなるだろうか。

裁判所（判決年月）	憲法24条（婚姻の自由）	憲法14条（法の下の平等）	賠償責任
札幌地裁（2021.3）	合憲	違憲	なし
大阪地裁（2022.6）	合憲	合憲	なし
東京地裁（2022.11）	違憲状態	合憲	なし
名古屋地裁（2023.5）	違憲	違憲	なし
福岡地裁（2023.6）	違憲状態	合憲	なし

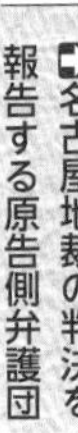

➡名古屋地裁の判決を報告する原告側弁護団

3 判例 日立訴訟—在日朝鮮人への就職差別

概要 1970年愛知県の高校を卒業した朴鐘碩さんは，横浜市にある日立製作所ソフトウェア工場を受験，９月に採用通知を受けた。しかし「在日朝鮮人なので戸籍謄本は提出できない」と話したところ，会社側は「応募書類に日本名（新井鐘司）を用い本籍も偽って記入するなどウソつきで性格上信頼できない」として採用を取り消した。そこで朴さんは「採用取り消しは在日朝鮮人であることを理由とした民族差別」として提訴した。

裁判の経過 **横浜地裁（1974. 6.19）**労働基準法第３条（均等待遇），民法90条（公序良俗）に反し，**採用取り消しは無効**。⇨会社側は控訴断念。

地裁判決の要旨 「在日朝鮮人は，就職に関して日本人と差別され，大企業にほとんど就職することができず，多くは零細企業や個人経営者の下に働き，その職種も肉体労働や店員が主で，一般に労働条件も劣悪な場所で働くことを余儀なくされている。また在日朝鮮人が朝鮮人であることを公示して大企業等に就職しようとしても受験の機会さえ与えられない場合もあり」，また朴さんにとっては日本名は出生以来ごく日常的に用いられてきた通用名であって「偽名」とはいえず，採用試験に当たって，前記のような在日朝鮮人のおかれた状況から，氏名・本籍を偽ったとしても，採用を取り消すほどの不信義性があるとは認められない。

（『民族差別』亜紀書房などによる）

解説 朝鮮人として生きる権利 多くの日本人は，在日韓国・朝鮮人が日本名（通名）を名のることに少しも疑問を抱かないし，本名を名のる在日韓国・朝鮮人には違和感を覚える人さえいる。しかし，本名を名のりたくても名のれない差別が厳然として存在することを忘れてはなるまい。この判決は，こうした差別の現実をえぐり出した画期的なものである。判決後，会社は控訴を断念した。

4 判例 二風谷ダム訴訟—アイヌ民族への差別

概要 二風谷ダムは工業用水確保などの目的で建設が計画されたが，原告ら地権者は用地買収を拒否。道収用委員会が土地収用法に基づき土地の強制収用の裁決を下した。原告は建設相に不服審査請求をしたが，退けられたために，「アイヌの聖地を強制的に奪うのは財産権を保障した憲法に違反する」などとして，裁決の取り消しを求めた。

地裁判決の要旨 **札幌地裁（1997. 3.27）**アイヌ民族について「**我が国の統治が及ぶ前から北海道に居住し，民族としての独自性を保っている**」と認定し，その先住性を無視してきた日本政府のあり方を批判した。その上で，ダムの公共性と比較する際，民族文化への配慮が必要として，本ダム建設には裁量権を逸脱した違法があると断じた。しかし，ダムが完成していること等を理由に「収用裁決は違法だが，**請求は棄却**する」と結論づけた。

解説 アイヌの先住性 政府は明治維新後，アイヌ民族に対して**北海道旧土人保護法**を制定したが，同法は日本人に同化させ，差別を押し付けるものであった。同法の廃止を目指す運動は1997年に**アイヌ文化振興法**（2019年，**アイヌ施策推進法**施行により廃止）として実を結ぶが，先住性については明文化されなかった。**二風谷ダム訴訟**判決はアイヌ民族の先住性を初めて認定したもので，2008年には国会決議でもアイヌ民族を先住民と認定している。

政治

Try（トライ） 日本で，日本人どうしの夫婦の「夫婦別姓」は，法律上可能？
①可能　②不可能

Theme 22

自由に生きる権利①

基本用語 精神の自由　思想及び良心の自由　信教の自由　表現の自由　政教分離　学問の自由

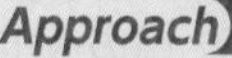

「神社」の文字が塗りつぶされた理由は？

⬆北海道砂川市の空知太神社（2010年１月）

⬆塗りつぶされた「神社」の文字（2010年12月）

写真：共同通信社

写真の空知太神社については，砂川市が無償で提供している土地に建つ町内会館内部に神社が所在していたことが**政教分離**の原則に反すると最高裁判所に判断されたため（2010年１月），この判決後，神社は町内会館の建物から別に設けた建物に移され，「神社」の文字も塗りつぶされることになった。

国や地方自治体が特定の宗教を優遇することを許せば，国民に対して，どのような信仰をもっても，もたなくてもよい自由（**信教の自由**）を保障することは難しい。政教分離の原則は，国民の信教の自由を保障する歯止めの役割があるのだ。政教分離に関しては，2022年６月までに３件の違憲判決が下されている。（➡p.89**2**）

Ⓐ政教分離とは

政教一致

政教分離

追究 政教分離が厳格に守られなければならない理由を考えてみよう。

1 判例 チャタレイ事件―表現の自由

事件のあらまし	D.H.ロレンスの小説『チャタレイ夫人の恋人』を翻訳・出版した出版社社長と翻訳者（作家の伊藤整）が，その中に露骨な性的描写があり刑法175条にいうわいせつ文書頒布の罪にあたるとして起訴された。一審では出版社社長は有罪，翻訳者は無罪。二審では両者とも有罪となった。
裁判所の判断	**最高裁**（1957.3.13） 出版その他の表現の自由についても，この種の自由は極めて重要なものではあるが，やはり公共の福祉によって制限される。そして，性的秩序を守り最小限度の性道徳を維持することが公共の福祉の内容をなすことについて疑問の余地はない（両者有罪）。

日本国憲法

第21条　集会，結社及び言論，出版その他一切の表現の自由は，これを保障する。

②　検閲は，これをしてはならない。通信の秘密は，これを侵してはならない。

刑法［公布1907.4.24法45　最終改正2022法67］

第175条（わいせつ物頒布等） わいせつな文書，図画，電磁的記録に係る記録媒体その他の物を頒布し，又は公然と陳列した者は，２年以下の懲役若しくは250万円以下の罰金若しくは科料に処し，又は懲役及び罰金を併科する。……

最高裁判決から39年 完訳本出版

それから彼は、いっぱいに開いた燃えるような眼に、おそろしい訴えをこめて彼女を見上げた。それに抵抗することは全く彼女にはできなかった。彼女の胸から、それに応ずる限りのない思慕の念が流れ出て彼をおおった。彼女は、何ものをも、何ものをも彼に与えなければならなかった。

＊　＊　＊　＊　＊　＊　＊　＊

立ちあがると、彼は彼女の両手と、それから山羊革のスリッパをはいた彼女の両脚に接吻し、黙ったまま室の向こうすみへ歩いてゆき、背を向けてそこにじっと立っていた。数分間そうして沈黙のなかにすぎた。それから彼はふりかえって炉のそばに腰かけている彼女のところへ戻ってきた。

（＊印が削除部分）

解説 芸術作品と表現の自由

この裁判では，刑法175条との関連で，表現の自由は制限できるのか，制限の基準はなにかが焦点となった。最高裁はわいせつ性の基準は社会通念にあるとしつつ，わいせつ文書とは，①いたずらに性欲を刺激，②正常な性的羞恥心を害し，③善良な性的道義観念に反するものとの判断を示し，以後，映画などのわいせつ性を争う際の基準となった。しかし，たとえ文学作品であっても「公共の福祉」（➡p.83）に反すれば，その表現の自由も制限されるというこの最高裁判決の論理は，現在では支持されていない。なお，本書は1996年に完訳本が出版されている。

しごとカタログ 警察官　個人の生命・身体・財産の保護，犯罪の予防などを担う公務員。警察庁長官を筆頭に，警視庁のトップである警視総監，警視監・警視長・警視正・警視・警部・警部補・巡査部長・（巡査長）・巡査の階級に分かれる。

2 信教の自由

日本国憲法

第20条　信教の自由は，何人に対してもこれを保障する。いかなる宗教団体も，国から特権を受け，又は政治上の権力を行使してはならない。
② 何人も，宗教上の行為，祝典，儀式又は行事に参加することを強制されない。
③ 国及びその機関は，宗教教育その他いかなる宗教的活動もしてはならない。

判例 津地鎮祭訴訟

事件のあらまし	1965年１月，津市は市体育館の起工にあたり，神社神道の儀式にのっとった地鎮祭を行い，神官への謝礼・御供物代金などの挙式費用7,663円を市の公金から支出した。そこでS市議は，地鎮祭は神道の宗教的活動にあたり，これに公金を支出することは憲法第20，89条に違反するとして，津市長に対して支出金額の賠償を求めて提訴。
裁判所の判断	**第一審**　地鎮祭を宗教的行事というより習俗的行事と表現した方が適切とし，合憲。Ｓ氏の請求棄却。 **第二審　地鎮祭を宗教的活動として違憲判決。** **最高裁**　(1977.7.13) **地鎮祭を宗教的活動に当たらないとして，合憲。**地鎮祭は，宗教とのかかわり合いをもつものであることを否定しえないが，その**目的**は建築着工に際し土地の平安堅固，工事の無事安全を願い，社会の一般的慣習に従った儀礼を行うという専ら世俗的なものと認められ，その**効果**は神道を援助，助長，促進しまたは他の宗教に圧迫，干渉を加えるものとは認められないから，憲法第20条３項により禁止される宗教的活動には当たらない。（５裁判官による反対意見あり）

（『憲法の基本判例』有斐閣による）

解説 **目的効果基準**　この判決は地鎮祭を宗教的行為と認めながらも，憲法が禁じているのは，目的が宗教的意義を持ち，その効果が特定の宗教団体に利害を与える行為であるとする目的効果基準を用い，憲法には違反しないと判断した。

3 判例 東大ポポロ事件―学問の自由

日本国憲法

第23条　学問の自由は，これを保障する。

事件のあらまし	1952年，東京大学の教室での学生劇団「ポポロ」の公演中に，観客席に私服の警官がいるのを発見し，警察手帳を取り上げ，暴行を加えた学生が，暴力行為等処罰ニ関スル法律違反で起訴された。
裁判の経過	**第一審**　被告人の行為を，大学自治の侵害を防止するための正当な行為であると認めて無罪。 **第二審**　一審判決を支持し，控訴棄却。 **最高裁**　(1963.5.22)　破棄差し戻し（差戻し一審：有罪，二審：控訴棄却，最高裁：上告棄却➡有罪確定）
最高裁判決	学生の集会も一定の範囲内でその自由と自治は認められる。しかし，本件の集会は真に学問的な研究と発表のためのものではなく，実社会の政治的社会的活動であり，こうした集会には大学の自由と自治は認められない。本件の集会に警察官が立ち入ったことは，大学の自治を侵すものではない。

Ⓐ明治憲法下の学問弾圧事件

天皇機関説事件	天皇機関説をとなえる美濃部達吉博士（貴族院議員）が，議会で「国体」に反する学説を説く「学匪」と攻撃され，貴族院議員の辞任を余儀なくされた事件。
津田左右吉事件	早稲田大学教授津田左右吉の実証的な古代史研究に対し，右翼の排撃運動が起こり，『神代史の研究』などの著書が発禁となった事件。

片言隻句を捉へて
反逆者とは何事
美濃部博士諄々憲法を説き
貴院で一身上の弁明
機関説を説明
萬能説は西洋思想

⬆当時の新聞紙面と美濃部達吉

判例 愛媛玉ぐし料訴訟

事件のあらまし	愛媛県が靖国神社と県護国神社に玉ぐし料などとして計16万6,000円を公費から支出。
裁判所の判断	**第一審**　政教分離に反し違憲 **第二審**　社会的儀礼程度で**合憲** **最高裁**　(1997.4.3) 特定の宗教に対する援助・助長・促進になるとして違憲

判例 砂川政教分離訴訟

事件のあらまし	北海道砂川市が空知太神社に市有地を無償で提供していた。
裁判所の判断	**第一審・第二審**　提供は違憲 **最高裁**　(2010.1.20) 憲法の命じる政教分離に反し違憲

判例 孔子廟政教分離訴訟

事件のあらまし	沖縄県那覇市が，宗教性の強い孔子廟（久米至聖廟）の土地を無償で提供していた。
裁判所の判断	**第一審・第二審**　土地の無償提供は違憲 **最高裁**　(2021.2.24) 使用状況から宗教性の強い施設であると認定し，違憲

解説 **アイマイ化する司法判断**　愛媛玉ぐし料訴訟で最高裁は，津地鎮祭訴訟と同じ基準を用いながら，政教分離原則に関する初の違憲判決を示した。

＋α プラスアルファ 子は信仰を選べない!? ―「宗教２世」とは

日本中に衝撃を与えた2022年の安倍晋三元首相暗殺事件。容疑者の母親は旧統一教会の熱心な信者で，15年間で１億6,000万円を超える献金を行ったことなどによる家庭崩壊が，事件を招いた要因の一つと考えられている。

特定の宗教を信仰する家庭に生まれ，幼いときから入信させられている人々を「**宗教２世**」という。彼らの中には，多額の献金による経済的困窮や宗教活動にのめりこむことによるネグレクトに苦しむだけでなく，教義の押し付けや宗教活動への参加強制といった点でも苦痛を強いられるケースがある。こども本人の**信教の自由**をどう考えるべきか，問われている。

Ⓐ宗教２世の声（社会調査支援機構チキラボ資料）

物心つく前から宗教について教えこむのは悪影響しかないと思う。一定の年齢になるまでは活動を法で制限すべき。

「私は君の言うことには反対だ。しかし，君がそれを言う自由を，私は命をかけても守る。」との言葉を残した，フランスの思想家は？
①ヴォルテール　②モンテスキュー　③ルソー　④ナポレオン・ボナパルト

Theme 23

自由に生きる権利②

基本用語 身体の自由　黙秘権　罪刑法定主義　無罪推定　冤罪　少年法　死刑制度　経済活動の自由　財産権の保障　職業選択の自由

Approach

逮捕するときに時刻を読み上げるのはなぜ？

手錠待って！
もうちょっとで
1時だから！
セリフが言いやすいから！

「○時○分, 逮捕する！」。あなたも刑事ドラマで被疑者（容疑者）を逮捕するシーンを見たことがあるだろう。そのとき，ほとんどの場合，逮捕の時刻が読み上げられる。その意味を少し考えてみよう。

警察は逮捕した被疑者をいつまでも気が済むまで留置してよいわけではない。**逮捕から48時間以内に検察官に送致**して，**逮捕から72時間以内に起訴・不起訴，または裁判所に勾留請求することを決めなければならない。**なお勾留の期限は10日間で，必要があればさらに10日間以内の延長をすることができる。

逮捕時刻はこれらの刑事手続きの起点となるので，警察にとっても被疑者にとっても重要な情報なのである。こうした事情から，逮捕時に時刻を読み上げることが慣例となっていると考えることができる。

Ⓐ逮捕後の流れ

イラストの時点

逮捕	48時間以内	送致	24時間以内	勾留	10日間	勾留延長	10日間以内	起訴

最長で23日間，留置場や拘置所に留置される。

※別の罪名で再逮捕されれば，留置の期間がさらに延びることもある。

Key point キーポイント 逮捕後に容疑が晴れるなどすれば，最短48時間以内に釈放される可能性があるが，検察官や裁判官が必要と認めれば，最長で23日間も留置される可能性があり，このことを「**人質司法**」と批判する声もある。ただ，それでもタイムリミットはあるので，やっていない罪を安易に認めたりすることはない。なお，刑事手続のタイムリミットは極めて厳格に守る必要があるので，検察官・裁判官には夜間や休日に対応する当番の仕事もある。

追究 刑事手続きが厳格に定められている理由を考えてみよう。

1 主な再審裁判

事件名	罪名（身柄拘束年）	確定判決（年）	再審判決（確定年）
免田事件	強盗殺人（1949）	**死刑**（1951）	無罪（1983）
財田川事件	強盗殺人（1950）	**死刑**（1957）	無罪（1984）
松山事件	強盗殺人放火（1955）	**死刑**（1960）	無罪（1984）
島田事件	殺人（1954）	**死刑**（1960）	無罪（1989）
足利事件	殺人（1990）	無期懲役（2000）	無罪（2010）
布川事件	殺人（1967）	無期懲役（1978）	無罪（2011）
東電OL殺害事件	殺人（1997）	無期懲役（2003）	無罪（2012）
東住吉事件	殺人（1995）	無期懲役（2006）	無罪（2016）

解説 **再審**　無罪を言い渡すべき明らかな証拠を新たに発見した場合，再審の請求ができる。白鳥事件再審請求（1975年，棄却）で最高裁が**「疑わしきは被告人の利益に」**の原則は再審にも適用されるとして以来，再審請求も認められる事例が増えた。

2 身体の自由の基本原則

❶奴隷的拘束・苦役からの自由（憲法18条） 人格を無視した身体の拘束や意思に反した強制労働の禁止。

❷法定手続の保障（憲法31条） 刑罰を科すには，法律に定めた適正な手続によらなければならない。

❸遡及処罰の禁止（憲法39条） 後から制定された法律で処罰することはできない。

❹一事不再理（憲法39条） 判決が確定した事件について，再び裁判をすることはできない（有罪判決の再審を除く）。

❺罪刑法定主義 どんな行為が犯罪で，それにどんな刑罰を科すかは，あらかじめ法律で定められていなければならない。

❻無罪推定の原則 被疑者・被告人は，裁判で有罪の判決を受けるまでは無罪として扱わなければならない。

❼疑わしきは被告人の利益に 犯罪の明確な証拠がない場合は，無罪を宣告する。

（芦部信喜『憲法』岩波書店による）

解説 **1人の無実の人間を罰しない**　戦前行われた拷問・不法監禁などへの反省から，国家による不当な人権侵害を防ぐため，日本国憲法は第31～40条で詳細に刑事手続を規定している。

しごとカタログ **法医学者**　医学の知識を犯罪捜査や裁判など司法の分野に応用する研究者。解剖のイメージが強いが，精神鑑定なども法医学の分野に含まれる。DNA鑑定など科学捜査の進展で注目を集める分野であるが，法医学の志望者は減少傾向にあるという。

3 刑事手続の流れと人権保障

〈注1〉勾留は起訴後も続く。
〈注2〉身柄を拘束されずに，起訴・裁判を受けることもある。
〈注3〉一審または二審の判決に対し，上訴（控訴・上告）しないで確定することもある。

日本国憲法

第18条 何人も,いかなる奴隷的拘束も受けない。又,犯罪に因る処罰の場合を除いては，その意に反する苦役に服させられない。
第31条 何人も，法律の定める手続によらなければ，その生命若しくは自由を奪はれ，又はその他の刑罰を科せられない。

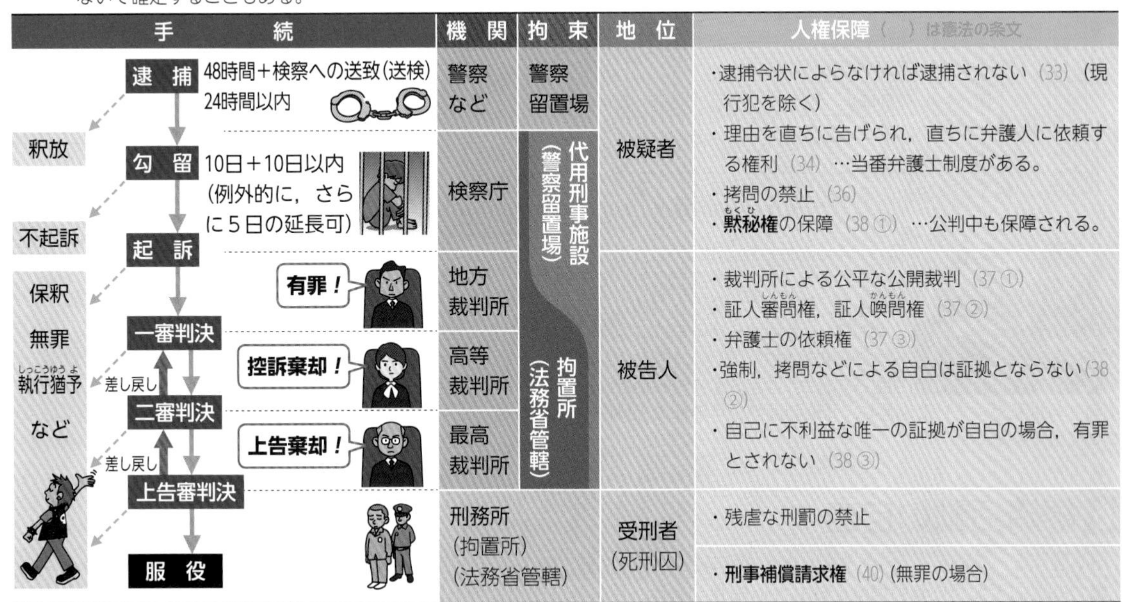

手続	機関	拘束	地位	人権保障（ ）は憲法の条文
逮捕 48時間＋検察への送致（送検）24時間以内	警察など	警察留置場	被疑者	・逮捕令状によらなければ逮捕されない（33）（現行犯を除く） ・理由を直ちに告げられ，直ちに弁護人に依頼する権利（34）…当番弁護士制度がある。 ・拷問の禁止（36） ・黙秘権の保障（38①）…公判中も保障される。
勾留 10日＋10日以内（例外的に，さらに5日の延長可）	検察庁	代用刑事施設（警察留置場）		
起訴				
一審判決	地方裁判所	拘置所（法務省管轄）	被告人	・裁判所による公平な公開裁判（37①） ・証人審問権，証人喚問権（37②） ・弁護士の依頼権（37③） ・強制，拷問などによる自白は証拠とならない（38②） ・自己に不利益な唯一の証拠が自白の場合，有罪とされない（38③）
二審判決	高等裁判所			
上告審判決	最高裁判所			
服役	刑務所（拘置所）（法務省管轄）		受刑者（死刑囚）	・残虐な刑罰の禁止 ・刑事補償請求権（40）（無罪の場合）

（『死刑か無罪か』岩波ブックレットなどによる）

解説 疑わしきは被告人の利益に 憲法31条は，①**法定手続の保障**（国家が身体の自由を奪うに当たっての法律の適正な手続を保障），②**罪刑法定主義**（いかなる行為が犯罪で，それに対していかなる刑罰が科されるかは，事前に法律で定められていなければならないこと）を定めている。これは国家による不当な人権侵害を防ぐための規定で，明治憲法下で行われた拷問・不法監禁などへの反省から，日本国憲法は第31～40条で詳細に刑事手続を規定した。被疑者・被告人は有罪の判決を受けるまでは「**無罪推定**」を受け，裁判も「疑わしきは被告人の利益に」が原則とされているのである（➡p.135）。

警視庁（旧庁舎）の留置場（1953年）

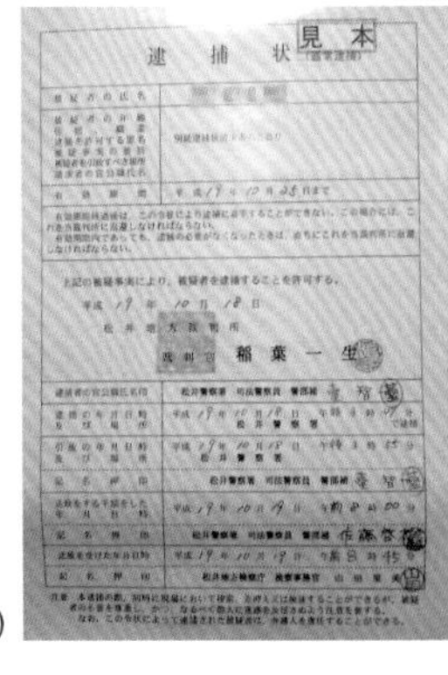

逮捕状（通常逮捕の一例）

4 少年法が定める非行少年に関する手続

少年法［公布1948.7.15法68 最終改正2022法68］

第1条 この法律は，少年の健全な育成を期し，非行のある少年に対して性格の矯正及び環境の調整に関する保護処分を行うとともに，少年の刑事事件について特別の措置を講ずることを目的とする。

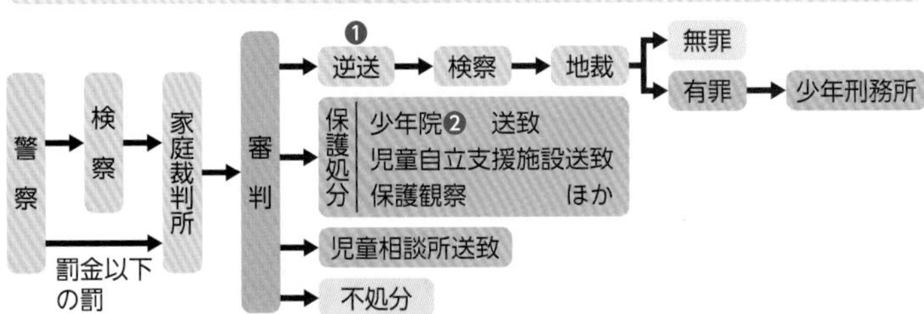

❶逆送 刑事処分が相当と判断された場合，少年を検察官に送り返す「逆送」が行われる。検察官が改めて少年を起訴すると，大人と同じように地方裁判所で刑事裁判が進められる。

❷少年院 家庭裁判所から保護処分として送致された少年に対し，社会不適応の原因を除去し，健全な育成を図ることを目的として矯正教育を行う法務省所管の施設。

Ⓐ年齢による処分の違い（満年齢）

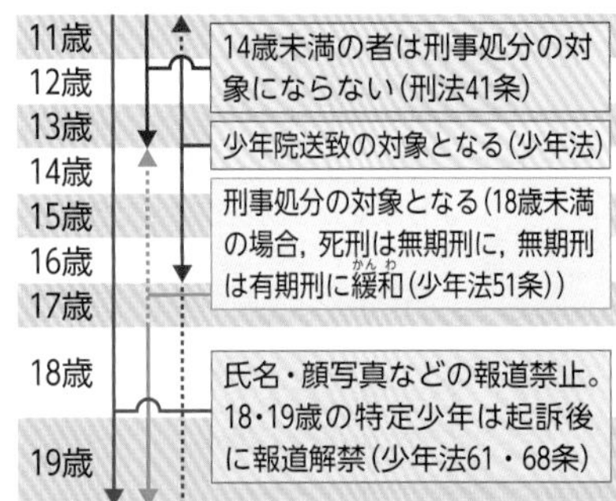

解説 厳罰化が進む少年法 **少年法**は，法律に触れた少年（20歳に満たない者）に対する保護処分を定めた法律である。罪を犯した少年は立ち直りを目的に保護されてきた。しかし，近年は厳罰化の方向で改正されつつある。

Try トライ 以下の事例のうち，許される行為はどれだろうか？
①ひったくりが逃げてきたので，「逮捕する」と取り押さえた。 ②取り調べのため，1か月連続して留置されている。

5 死刑制度

Ⓐ死刑存廃をめぐる世論と死刑執行数

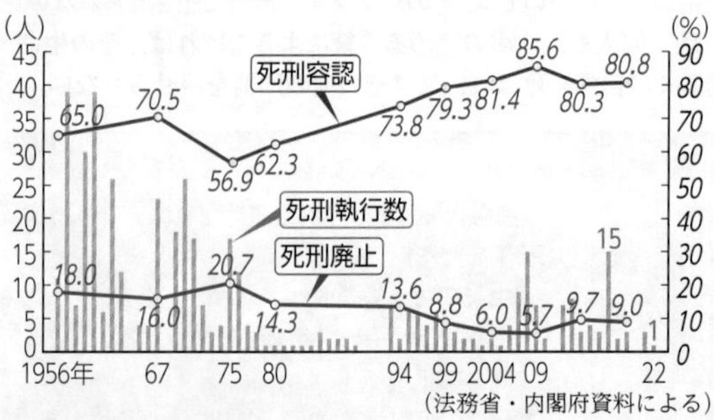

(法務省・内閣府資料による)

⬅1999年に発生した光市母子殺害事件で被告人の元少年の死刑確定について会見する，遺族の本村洋さん（2012年2月12日）。本村さんは一審の無期懲役判決後の会見で「司法に絶望した，加害者を社会に早く出してもらいたい，そうすれば私が殺す」と発言し，死刑制度や少年事件の扱いについて議論を呼んだ。

Ⓑ世界の死刑存廃状況（2022年12月末時点）

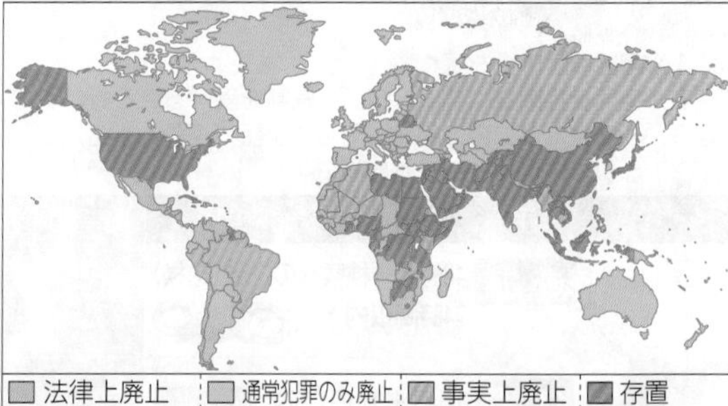

法律上廃止	通常犯罪のみ廃止	事実上廃止	存置
112か国	9か国	23か国	55か国
・イギリス ・ドイツ ・フランス など	・チリ ・ペルー ・ブラジル など	・ロシア ・韓国 ・ケニア など	・日本 ・アメリカ ・中国 など

（アムネスティ・インターナショナル資料などによる）

解説 **世界的な死刑廃止への潮流**　死刑を廃止する国は年々増加し，特に先進国で死刑を存置している国は日本とアメリカくらいである。1989年に国連総会で**死刑廃止議定書**（死刑廃止条約）が採択され，1993年には日本とアメリカに対して国際人権規約委員会が死刑廃止に向けた措置をとるよう勧告している。(➡p.202 1)

6 経済活動の自由

日本国憲法

第22条　何人も，公共の福祉に反しない限り，居住，移転及び職業選択の自由を有する。

第29条　財産権は，これを侵してはならない。

② 財産権の内容は，公共の福祉に適合するやうに，法律でこれを定める。

③ 私有財産は，正当な補償の下に，これを公共のために用ひることができる。

判例 薬事法※距離制限違憲訴訟

事件のあらまし	1963年広島県内の原告Aが薬局の営業申請（申請時には薬事法には距離制限なし）をしたところ，県知事は，距離制限を定めた薬事法6条2項（申請の翌月に改正によって規定された）及びその距離を具体的に定めている県条例（距離はおおむね100m）を理由に，申請を却下した。原告Aが薬事法の距離制限は営業の自由に違反し，違憲であるとして提訴した。
裁判の経過	**第一審**　決定は，申請時の基準に従って行われるべきであるとして，不許可処分を取り消し（→違憲）。 **第二審**　決定は，決定時の基準によるべきであるとした上で，距離制限は，粗悪な医薬品販売防止などのために必要な規制であるとして憲法違反ではないとした（→合憲）。 **最高裁**　(1975.4.30) 二審判決破棄。薬事法の距離制限は憲法第22条1項に違反し無効（違憲判決）。
最高裁判決の要旨	一般に，**職業の許可制は職業選択の自由に対する強力な制限**であり，それが合憲であるためには，**重要な公共の利益のために必要かつ合理的な措置であることが必要**である。 特にその規制が公衆衛生や保安といった目的のためになされる場合には，より緩やかな制限ではその目的を十分に達成できないと認められることが必要である。 薬事法の距離制限は，不良医薬品の供給を防ぎ，国民の生命及び健康の危険に対する危険の防止という目的のための，必要かつ合理的な規制を定めたものということができず，憲法第22条1項に違反し，無効である。

※2014年に「医薬品，医療機器等の品質，有効性及び安全性の確保等に関する法律（薬機法）」に改称。

解説 **資本主義の根本原則**　「経済活動の自由」＝政府の経済活動への介入の排除は，18世紀の市民革命が実現した資本主義の基本原則である。日本国憲法では第22条①，第29条①がこれにあたる。しかし現代国家では政府の介入は普通になり，日本国憲法でも**公共の福祉**による制約が明記されている。その結果，医師，看護師や薬剤師などは資格を必要とする職業とされ，選択の自由は制限されている。ただし，この事件では距離制限が合理的な規制とはいえないとして，違憲判決が出た。

Ⓐ経済活動の自由の意義

❶職業選択の自由　封建時代には，個人は身分秩序にしばられており職業は生まれによって決まっていた。しかし，職業というものは，個人が自己の能力を発揮して，人格を発展させていく上で非常に重要なものである。このように職業選択の自由は，人間の人格的価値とも密接な関係を有する。なお，職業選択の自由には「営業の自由」（選んだ職業を遂行する自由）も含まれるというのが通説・判例の立場である。

職業選択の自由の制限

許可や認可が必要	飲食業，貸金業など
免許が必要	医師，弁護士，教員など
公共性の観点から国が独占	造幣など
性別による制限	助産師（女性のみ）

❷居住・移転の自由　封建時代には人々は土地に縛りつけられていて，自由に移動することはできず，職業選択の自由がなかった。したがって，居住・移転の自由は，職業選択の自由の基礎となる自由であるといえる。

❸財産権の保障　財産権は，市民革命期には「神聖で不可侵の権利」（フランス人権宣言第17条）と考えられていたが，19世紀の自由放任主義経済の下で貧富の差や失業などの問題が発生したので，20世紀に入ると，ある種の財産には，国家により制限が課せられるのもやむを得ないと考えられるようになった。

解説 **特殊な自由権**　自由権は国家の干渉を許さないのが原則だが，経済活動の自由は国民の経済的な平等を確保するため，国家による一定の制限が認められる。

Try トライ　公共の利益のためにあなたの家の土地に道路を建設することになったら，あなたの家は立ち退かなければならない？
①正当な補償を受け取り，立ち退かなければならない。　②気が乗らなければ，立ち退かなくてもよい。

ゼミナール

刑事司法改革

2016年に「刑事司法改革関連法」が成立した。検事が証拠を捏造した郵便不正冤罪事件（2010年）をきっかけに，冤罪をなくすための取り調べの録音・録画（可視化）や，司法取引の導入，通信傍受の対象拡大などの刑事司法改革が，順次施行されることとなった。しかし，可視化の対象事件は限られ，司法取引がかえって冤罪の原因になると指摘されるなど議論を呼んでいる。

1 刑事司法改革

①取り調べの録音・録画（可視化，2019年6月から義務化）	・**警察**…裁判員裁判の対象事件 ・**検察**…裁判員裁判と独自捜査事件
②司法取引の導入（2018年6月から）	・**容疑者・被告人が他人の犯罪を明かした場合**…検察が求刑を軽くしたり起訴を見送ることができる ・**証人が自らも関わった犯罪行為について**…罪に問われないことを約束され，共犯者の裁判で証言する
③通信傍受の範囲拡大（2016年12月から）	・組織的な詐欺や窃盗など9類型の犯罪捜査で新たに利用可能に ・傍受の際の第三者の立ち合いは不要に
④証拠リストの開示（2016年12月から）	弁護士などから求めがあれば，検察官は証拠などの一覧を示す
⑤国選弁護人の拡大（2018年6月から）	国費で弁護人がつく対象をすべての勾留事件に拡大

（『朝日新聞』2015.8.6による）

2 取り調べ可視化への賛否

賛成	対象事件では逮捕のあと取り調べの全過程が可視化され，自白の強要や取り調べの誘導，暴力・暴言の防止につながり冤罪が防止できる。裁判でも供述調書に書いてある，いや言っていないといった水掛け論になることを防ぐことができる。
反対	可視化されると容疑者との信頼関係を築く手段が限られるようになり，供述を得にくくなるとの捜査現場の声が根強くある。また長時間にわたる録画をどう検証するのか。あるいは都合のよい部分だけを用い映像の威力で有罪を勝ち取るといった使われ方をしないか不安視する声もある。

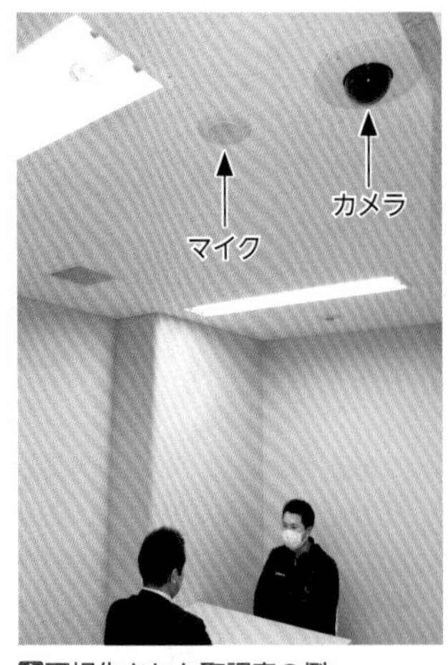

⬆可視化された取調室の例

供述調書偏重と批判されてきた日本の刑事司法において，可視化は大きな一歩になる。しかし，可視化が義務づけられるのは裁判員裁判対象事件と検察の独自捜査事件で全体の3％程度。多くの冤罪被害者が出ている痴漢や選挙違反は含まれていない。また対象を「逮捕または勾留されている容疑者」に限定しており，逮捕前や起訴後の任意の取り調べは除かれている。冤罪事件には，任意という名の下に厳しい取り調べを受け，逮捕後に虚偽の自白をしてしまうケースもある。全事件を対象とし，任意の取り調べにも広げることが課題となるだろう。

（参考：『信濃毎日新聞』2016.5.20）

3 2018年6月，司法取引導入

司法取引の導入は，巧妙化する組織犯罪に対して武器となる。例えば暴力団犯罪で首謀者である組長の関与について供述を得やすくなる。また，贈収賄や脱税，談合などの企業犯罪の摘発にも有効だ。「トップの関与」の解明に道を開くことが期待されている。

一方で，新たな冤罪を生む危険性もある。自分の罪を軽くするために嘘の供述をするかもしれず，例えば上司が部下から無実の罪を着せられる可能性がある。

これに対し法務省は，①嘘の供述には罰則を設けること，②司法取引の協議の場には必ず弁護士が立ち会うこと，③供述について客観的な裏付けを行うことを対策として挙げている。

しかし，罰則を恐れず嘘をつきとおした結果，捜査がさらに混乱するおそれがある。また，密室などで共犯者にしか分からない事の多い難しい事件の場合どこまで客観的な証拠で裏付けできるかという限界もあり，慎重な運用が必要だ。

Ⓐ司法取引の流れ

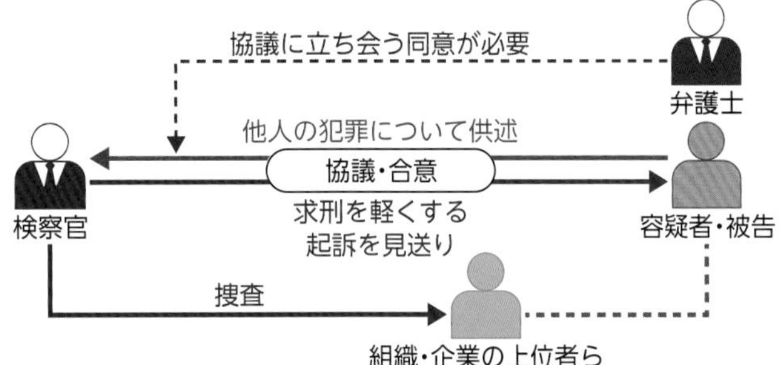

（『朝日新聞』2018.6.5による）

オレオレ詐欺の首謀者は誰なんだ！
言ったってメリットないし
さあね

司法取引 導入前

首謀者を教えてくれれば，お前の罪を軽くできるんだぞ！
そんなら言おうかな…

司法取引 導入後

幸福　連帯

基本用語 社会権　生存権　朝日訴訟　教育を受ける権利

Theme 24 社会権

Approach

広がる「子ども食堂」

　地域の子どもに無料か安価で食事を提供する「子ども食堂」が，全国に3,700か所以上あることがわかった。地域交流の場として認知度が上がったことに加え，「子どもの見守りの場」として期待する自治体からの補助金が開設を後押ししている。

　親が不在で子どもだけで食事をする「孤食」が社会問題化する中，夕食を子どもや若者だけで食べている家庭の割合は所得が低いほど多い傾向にあることが，各種アンケート調査でわかってきており，生活習慣などへの影響が懸念されていることも，「子ども食堂」の取り組みが各地で広がっている背景にある。孤食が増えてしまうのには，収入が低いために親が仕事を掛け持ちしたり，夜遅くまで仕事をしたりといった事情がある。

　孤食が続くことにより，「いただきます」「ごちそうさま」のあいさつといった基本的な生活習慣が身につかなかったり，嫌いな食べ物を残すことによる栄養の偏りが起きるおそれがあったりするという。

　子ども食堂は，こうした孤食のこどもや貧困家庭に食事を提供する場として，12年ごろから注目され始めた。運営はNPO法人や民間団体，個人など多様だ。食堂の利用者を限定しない所も多い。誰でも利用できるようにすることで，「貧困の子どもが行く食堂」という印象が薄まり，地域交流や子どもを見守る環境が生まれやすくなる。

（『毎日新聞』2018.4.3などによる）

⇧食事をとる子どもたち

Key point キーポイント 衣食住がある程度満たされ，健康や基本的な生活習慣を身につけることは重要なことだ。また，自分の居場所をみつけ，社会との接点を持つことも人間らしい生活を送るうえで重要となろう。「子ども食堂」は，社会の中で人間らしく生きていくための「社会権」を確保するための取り組みと言えるのかもしれない。

追究 社会権の保障に関連する制度を調べよう。

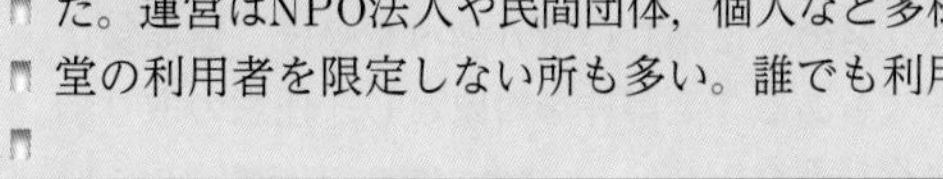

1 判例 朝日訴訟―生存権訴訟の先駆

事件の概要

1955（昭和30）年，結核で岡山国立療養所に入院していた朝日茂さんは，国から医療扶助（ふじょ）のほか日用品費月額600円の生活扶助を受けていた。ところが実兄から毎月1,500円送金されるようになると，福祉事務所は生活扶助を打ち切り，送金のうち日用品費600円を朝日さんの手元に残して900円を医療費の一部自己負担とすることにした。朝日さんは送金のうちせめて1,000円は渡してほしい，600円の日用品費は少なすぎ，憲法25条第１項に反する，などとして訴訟を起こした。

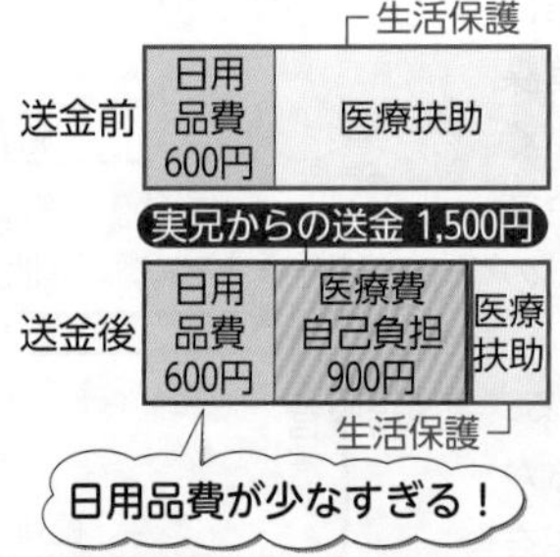

裁判の経過

第一審（東京地裁） 朝日さん勝訴

第二審（東京高裁）「保護基準の具体的判断は厚生大臣（当時）にまかされている」として一審判決取消。

最高裁の判決要旨

最高裁（1967.5.24）（上告後，朝日さん死亡）本件訴訟は上告人の死亡により終了。

　なお，憲法25条の規定は，国民が「健康で文化的な最低限度の生活」を営めるよう国政を運用することを**国の責務として宣言したもの**で，直接個々の国民に対して具体的権利を与えたものではない（プログラム規定）。具体的権利としては，憲法の規定の趣旨に基づく生活保護法によって与えられる。保護基準は諸要素を考慮して決められるべきで，**厚生大臣（現在は厚生労働大臣）の裁量にまかされる**。

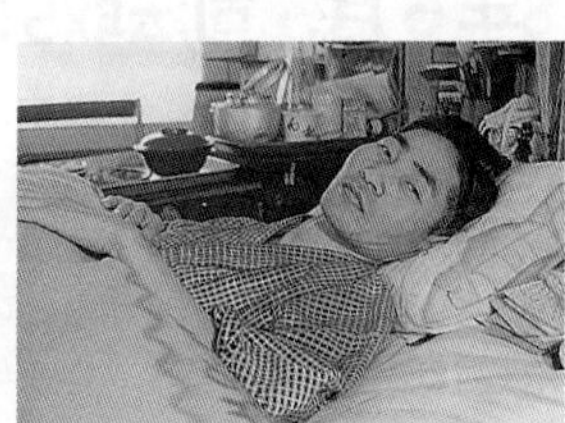

⇦朝日茂氏

Ⓐ600円の日用品の一部

品目（年間数量）	月額	品目（年間数量）	月額
肌着（2年1着）	16円66銭	理髪料（12回）	60円00銭
パンツ（1枚）	10円00銭	石けん（洗顔12コ，洗濯24コ）	70円00銭
手ぬぐい（2本）	11円66銭	歯ブラシ（6コ）	7円50銭
下駄（1足）	5円83銭	チリ紙（12束）	20円00銭

〈注〉1956年の雇用者の平均賃金は月額約２万円。

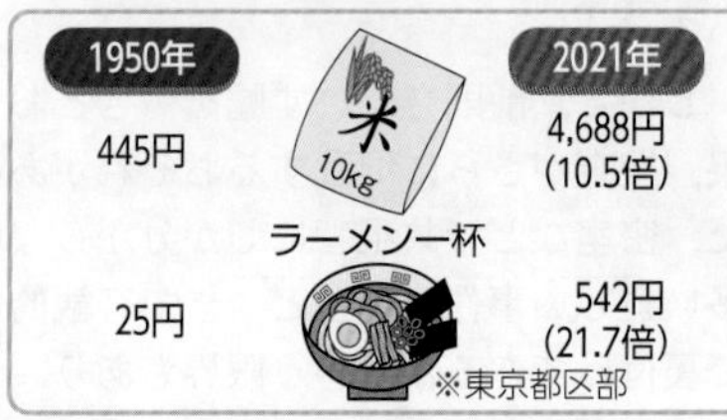

（「小売物価統計調査」などによる）

解説 人間裁判　朝日さんは敗訴となったが，裁判は国民の関心を集め，生活保護基準も２倍以上引き上げられるなど，社会保障の充実に大きく貢献した。また，牧野訴訟，堀木訴訟など，以後あいついだ**生存権**訴訟の先駆（せんく）となった。（➡p.95 2）

しごとカタログ ケースワーカー　市町村などの福祉事務所に所属し，生活保護を受けている人々に様々な働きかけをする職業。近年生活保護の受給者が増えているが，ケースワーカーは受給者が自分で生計を立てられるように様々なアドバイスを行う。

2 判例 生存権をめぐるその他の訴訟

堀木訴訟	概要	全盲で母子世帯の堀木文子さんが，障害福祉年金と児童扶養手当の併給を禁止した児童扶養手当法は，憲法第25条に違反するとして国を相手取り訴えた訴訟。
	判決	**第一審　違憲**判決 **第二審**　合憲判決 **最高裁（1982.7.7）**　憲法第25条は国の責務を宣言したもの。具体的な福祉政策は立法府に委ねられるとして，堀木さんの上告を棄却（→合憲）。

牧野訴訟	概要	牧野亨さんが，夫婦で老齢福祉年金を受給すると，国民年金法の規定に基づいて，支給額が一部削られるのは，憲法第14条の法の下の平等に反するとして提訴。
	判決	**東京地裁（1968.7.15）**　老齢福祉年金における夫婦受給制限は，生活の実態から見て，夫婦者の老齢者を，単身の老齢者と差別しており，夫婦受給制限は**違憲**。※判決後，夫婦受給制限規定は撤廃された。

生活保護費預貯金訴訟	概要	重度の身体障がいを持つ加藤鉄男さんは，妻に身の回りの世話をしてもらっていたが，その妻も働けなくなったことから，生活保護を受けることになり，生活をできるだけ切り詰めて，その支給される保護費の一部を貯蓄していた。「生活保護適正化政策」に基づいて行われた，被保護者の資産調査でこのことを知った福祉事務所は，この預貯金を加藤さんの収入と認定し，生活保護費の減額を決定した。これに不服な加藤さんが，憲法第25条に違反するとして提訴。
	判決	**秋田地裁（1993.4.23）**　生活保護費は，国が，憲法や生活保護法に基づき，健康で文化的な最低限度の生活を維持するために支給したものであり，預貯金は最低限度を下回る生活によって蓄えたものといえる。こうした預貯金を収入と断定して，生活保護費を減額すべきではない。**減額処分は無効。**

解説 プログラム規定　単に立法の指針を示しているだけの憲法規定のこと。最高裁は憲法25条をプログラム規定であるとしているので，生存権に関しては，国側の主張が認められやすい傾向にある。

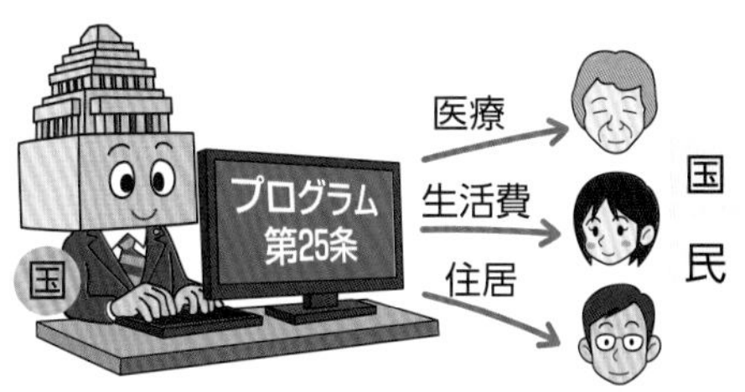

3 判例 教育を受ける権利をめぐるおもな訴訟

日本国憲法

第26条　すべて国民は，法律の定めるところにより，その能力に応じて，ひとしく教育を受ける権利を有する。
② すべて国民は，法律の定めるところにより，その保護する子女に普通教育を受けさせる義務を負ふ。義務教育は，これを無償とする。

ワイマール憲法（参考）

第145条　就学は，一般の義務である。……小学校および上級教育学校における授業および学用品は，無償である。

	家永教科書検定違憲訴訟第一次訴訟	家永教科書検定違憲訴訟第二次訴訟	家永教科書検定違憲訴訟第三次訴訟	旭川学力テスト訴訟	伝習館訴訟
争点	1962・63年度の教科書検定における不合格処分の違法性	1966年度の教科書検定における不合格処分の違法性	1980～83年度の教科書検定における不合格処分の違法性	教育内容の決定権（教育権）を有するのは誰か（文部省が実施しようとした一斉学力テストを「教育への不当な介入」として被告人らはテストを阻止しようとし，公務執行妨害の罪に問われた。）	**[事件の概要]** 学習指導要領から逸脱したり，教科書を使用しない授業をしたとの理由で，懲戒免職処分になった，福岡県立伝習館高校の社会科教師３名が処分の取り消しを求めて提訴
判決の概要	**第一審**　検定制度は合憲だが，不合格処分の一部に違法があった **第二審**　検定制度・処分ともに合憲 **最高裁（1993.3.16）**　上告棄却，家永氏敗訴  裁判に臨む家永三郎氏	**第一審**　検定制度は合憲だが，不合格処分は**違憲（杉本判決）** **第二審**　憲法判断なし，処分は**違憲** **最高裁（1982.4.8）**　二審判決破棄，東京高裁へ差し戻し **差し戻し控訴審**　検定基準の変更で家永氏に訴えの利益なし，敗訴確定	**第一審**　検定制度は合憲だが，不合格処分の一部に違法があった **第二審**　検定制度は合憲だが，不合格処分の一部に違法があった **最高裁（1997.8.29）**　検定制度は合憲だが，不合格処分の一部に違法があったとして，家永氏が一部勝訴	**第一審**　学力テストを教育行政機関による教育への不当な介入で教育基本法第10条に違反するとして公務執行妨害罪の成立を否定 **第二審**　一審判決支持，検察側控訴棄却 **最高裁（1976.5.21）**　一，二審破棄，公務執行妨害罪成立	**第一審**　２名については処分取り消し，１名についての処分は妥当 **第二審**　一審判決支持 **最高裁（1990.1.19）**「学習指導要領は法的拘束力を有する。学校教育法は教科書の使用義務を定めている。」として３名の処分を妥当とした

教科書検定制度…文部科学省の行う検定制度に合格した教科書しか学校で使用できない制度。教科書調査官の検定意見に従わない限り合格しないことから，日本国憲法第21条が禁止する検閲にあたるのではないかという批判がある。

解説 教育の主体　家永教科書裁判は国家の教育内容への介入がどこまで許されるかが争点となった。杉本判決では子どもの教育権は国民全体にあり，国家の役割は教育諸条件整備であって教育内容への介入は基本的に許されないとの画期的判断が示された。97年には最高裁が検定における裁量権の乱用・一部違法判決を示し，教科書検定のあり方に問題を投げかけた。

Try トライ　次の事件のうち，最高裁で法令の違憲判決が出たのはどれだろうか？
①朝日訴訟　②堀木訴訟　③牧野訴訟　④生活保護費預貯金訴訟

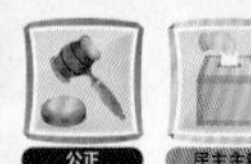

基本用語 参政権　請願権
国家賠償請求権　刑事補償請求権
裁判を受ける権利

Theme 25 参政権・請求権

Approach

患者家族も救済―ハンセン病家族国家賠償請求訴訟

元ハンセン病患者の家族への賠償を国に命じた熊本地裁判決について，政府・原告側ともに控訴せず，判決が確定した。安倍晋三首相が「異例のことだが，控訴をしない。筆舌に尽くしがたい経験をされたご家族のご苦労をこれ以上，長引かせるわけにはいかない。」と表明。政府内には控訴して高裁で争うべきだとの意見が大勢だったが，家族への人権侵害を考慮し，最終的に首相が判断した。

訴訟は，患者に対する国の誤った隔離政策で差別を受け，家族離散などを強いられたとして元患者の家族561人が国に損害賠償と謝罪を求めたもの。熊本地裁は６月28日，国の責任を認め，2002年以降に被害が明らかになった20人を除き，総額３億7,675万円の支払いを命じた。元患者家族の被害に国の賠償を命じる司法判断は初めて。

（「朝日新聞デジタル」2019.7.9による）

勝訴確定と書かれた垂れ幕を手にする訴訟原告団長の林力さん（右から２人目）ら（2019年7月）

Key point キーポイント ハンセン病はらい菌が原因で起きる感染症。感染力は非常に弱いが，重症化すると顔や手足が変形する。国は1907年に隔離政策を開始。40年代に特効薬が登場して以降，治る病気となり，治療後は他人に感染することがないことも知られるようになった。だが，国は96年のらい予防法廃止まで隔離政策を続けた。2001年５月には隔離政策による人権侵害があったとして，ハンセン病患者・元患者に対する国家賠償を命じる判決が確定している。

追究 国家賠償は，どのような意義をもつだろうか。

1 参政権―政治に参加する権利・方法

日本国憲法

第15条　公務員を選定し，及びこれを罷免することは，国民固有の権利である。
② すべて公務員は，全体の奉仕者であつて，一部の奉仕者ではない。
③ 公務員の選挙については，成年者による普通選挙を保障する。
④ すべて選挙における投票の秘密は，これを侵してはならない。選挙人は，その選択に関し公的にも私的にも責任を問はれない。

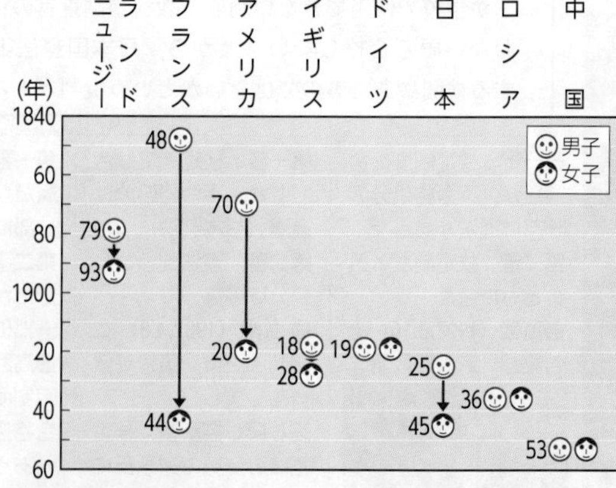

投票する高齢者

選　挙	・**選挙権**（15条，93条） ・**被選挙権**（43・44条）
直接投票	・憲法改正国民投票（96条） ・最高裁判所裁判官の国民審査（79条） ・地方特別法制定同意の住民投票（95条） ・直接請求による議会解散，首長・議員のリコールに関する住民投票（92条，地方自治法）
直接請求	地方自治における条例の制定・改廃，地方公共団体事務の監査，議会の解散，首長・議員のリコール，副知事など主要公務員の解職に関する請求権（92条，地方自治法）
請　願	・**請願権**（16条）
世　論	集会，結社，デモ行進，ビラ配り，署名運動，マスコミへの投書など（21条）

解説 多様な参政権　政治に参加する方法は選挙だけではない。地方自治では様々な直接請求権も認められている。また，ビラ配りや署名運動，マスコミへの投書などによっても，意思を示すことができる。そして，そのような意思に同調する人々が多くなれば，立法・行政に取り入れられる可能性が高くなる。

Ⓐ選挙権拡大の歴史（主要国の普通選挙導入年）

国	男子	女子
ニュージーランド	79	93
フランス	48	44
アメリカ	70	20
イギリス	18	28
ドイツ	19	19
日本	25	45
ロシア	36	36
中国	53	53

（年）1840〜1960

解説 制限選挙から普通選挙へ　選挙権はかつて財産により制限されていた。日本でも明治憲法下，1890年の第１回帝国議会選挙では有権者は全人口の１％であった。普通選挙実現後も婦人参政権はなかなか認められなかった。女性の政治参加の歴史は世界的にもたいへん浅い。

しごとカタログ　弁理士　発明や商品名は，特許や商標権などで守られる。しかし，この権利を得るには，特許庁へ出願し登録する必要がある。この手続は自分でもできるが，とても複雑。それを代行するのが知的財産のエキスパートである弁理士だ。

2 国家賠償請求権

日本国憲法

第17条　何人も，公務員の不法行為により，損害を受けたときは，法律の定めるところにより，国又は公共団体に，その賠償を求めることができる。

国家賠償法［公布1947.10.27法125］

第１条　国又は公共団体の公権力の行使に当る公務員が，その職務を行うについて，故意又は過失によつて違法に他人に損害を加えたときは，国又は公共団体が，これを賠償する責に任ずる。

第２条　道路，河川その他の公の営造物の設置又は管理に瑕疵があつたために他人に損害を生じたときは，国又は公共団体は，これを賠償する責に任ずる。

Ⓐ意義・歴史的沿革

意義	公権力の不当な行使に対して，国家に賠償責任を求める権利
歴史的沿革	**大日本帝国憲法**　権利の保障はなかった。「国家無問責の原則」があり，国家と国民が対等であるとか，国民が国家を相手に争うといった考え方は全くなかった。 **日本国憲法**　憲法が保障する，自由や権利を完全なものにするために，認められた。この権利に基づき，国家賠償制度が整えられる。

解説 **国の責任を明確化**　国家賠償請求権については，**多摩川水害訴訟**（1990年最高裁判決）が重要判例となっている。国の責任を限定的にとらえる従来の判断基準を転換し，国の河川管理の責任範囲を拡大してとらえたものであった。なお，**刑事補償請求権**は，抑留又は拘禁された者が無罪の裁判を受けたときに国に補償を受ける権利であり，国家賠償請求権とは別の制度である。

3 裁判を受ける権利

日本国憲法

第32条　何人も，裁判所において裁判を受ける権利を奪はれない。

Ⓐ裁判費用（訴えの提起の手数料＝印紙代）

訴訟の目的価額	30万円	300万円	3,000万円
訴えの提起の手数料	3,000円	20,000円	110,000円

算定不能の場合 ➡	
訴訟の目的価額	160万円とみなす
訴えの提起の手数料	13,000円

〈注〉訴訟の目的価額（要求金額）によって手数料はスライド

Ⓑ弁護士費用の例—500万円請求，判決で300万円となった場合

初回相談料	5,000円（30分）	
着手金	34万円（500万円を基準）	合計82万円
報酬金	48万円（300万円を基準）	
実費	記録・コピー代など	

〈注〉事件の難易度などで，30％の範囲で増減が認められる。

◀サッカー日本代表の元監督，ハリルホジッチ氏（2018年４月）　監督解任の際，自身に問題があったかのように発表した日本サッカー協会に対し，**慰謝料１円**と謝罪広告などを求めて提訴したが，19年に取り下げた。

解説 **多くの時間と費用が…**　民事裁判を提起するには，訴訟の提起の手数料はもちろん，高額な弁護士費用がかかり，敗訴のリスクも考えると二の足を踏んでしまいがちだが，現在では**法テラス**（➡p.137）による弁護士費用の立替制度が整備されており，司法を利用する垣根は徐々に低くなっている。近年では慰謝料１円を求める訴訟が提起されるなど，裁判に対する考え方に変化もみられる。

4 在日外国人の義務と権利

○…日本人と同等。△…徐々に日本人なみに改正されてきている。×…認められていない。

項目		扱い	原則
納税		○	**所得税法**…国籍に関係なく，国内源泉所得（日本国内に源泉のある所得）に対して課税。
参政権	国政	×	**公職選挙法**…選挙権，被選挙権を「日本国民」に限定。
参政権	地方自治体	×	**地方自治法**…選挙権は「日本国民たる普通地方公共団体の住民」に認められる。 **［最高裁判決］(1995.2)**…在日外国人の地方参政権は立法府の判断による。
社会福祉・保障	労災保険	○	職種や国籍に関係なく適用。
社会福祉・保障	国民年金・児童手当	○	1982年の難民条約発効以降，日本に住む外国籍の人も対象となる。
社会福祉・保障	国民健康保険	○	1986年から国籍を問わず適用。
公務員		△	外国人は「**公権力の行使，公の意志の形成の参画**」に従事する公務員にはなれないとし，原則的に現業，専門職（医師など）には開放し，教諭，一般職には開放していない。しかし，96年以降川崎市などが一般職にも門戸を開放しはじめ，自治省（当時）も条件つきでこれを容認した。
大学受験		△	文部科学省は，従来，原則的に外国人学校卒業者に大学（特に国立大学）受験資格を認めなかったが，2004年入試から，全面的に各大学の裁量にゆだねられた。
スポーツ	国民スポーツ大会*	△	「日本国に国籍を有する者であること」という参加資格の原則あり（永住者・特別永住者は参加可）。
スポーツ	高校野球	○	1991年，在日韓国・朝鮮人チームの高野連への加盟が認められた。
スポーツ	高体連	○	1994年から外国人学校の参加を認めた。

＊2024年に「国民体育大会」から改称。

Ⓐ在日外国人の分類

就労資格	在留資格	在留期間
個々に就労が認められる資格	外交，教授，報道，経営・管理，医療，教育，高度専門職，特定技能〈注1〉，技能実習〈注1〉など（19資格）	最大5年（外交，一部の高度専門職は無期限）
就労が認められない資格	留学，研修など（４資格）	最大５年
	短期滞在（観光客など）	90日まで
就労は個々の許可内容による資格	特定活動（ワーキングホリデーなど）	最大５年
就労に制限のない資格	永住者，特別永住者〈注2〉	無期限
	定住者，日本人の配偶者等	最大５年

〈注１〉**特定技能・技能実習**　現実には単純労働分野での外国人労働者受け入れになっているという指摘もある。

〈注２〉**特別永住者**　旧植民地（朝鮮半島など）出身者とその子孫など。

（田中宏『在日外国人 第三版』岩波新書などによる）

解説 **在日外国人は義務ばかり？**　日本の人口は2010年代から減少傾向にあり，日本が経済力を維持するためには外国人労働者の受け入れ拡大が不可避だとの声がある。しかし，生活習慣や文化の違いはさまざまな摩擦を生む。また，外国人の権利をどうするかも避けては通れない課題となっている。

Try トライ　たとえ確定した死刑囚であっても，裁判を受ける権利は保障されている？
①保障されている　②保障されていない

政治

公正　寛容　個人の尊重

Theme 26
新しい人権

基本用語 新しい人権　環境権　知る権利　プライバシー権　自己決定権　アクセス権　個人情報保護法　情報公開制度

刑事訴訟法改正に活かされる「プライバシーの権利」

Approach

2023年5月10日に成立した改正刑事訴訟法で新たに盛り込まれた内容では，以下の二つの点についてプライバシーの権利が考慮されている。

保釈時にGPSの装着命令　被告人が保釈される際，裁判所が海外逃亡を防ぐ必要があると判断すれば，被告にGPS端末の装着を命令できるようになる（公布後5年以内に実施）。ただし，GPS端末を装着した被告人の位置情報について，常に裁判所や捜査機関が確認できるわけではない。空港や港湾施設などが「所在禁止区域」として立ち入り禁止に設定され，違反を検知すると裁判所に位置情報が通知される。あくまで違反を犯した場合にだけ位置情報が通知されるという仕組みは，まだ**有罪が確定していない被告人のプライバシーの権利を保護するためのものになっている。**

Ⓐ保釈時GPS装着による逃亡防止の仕組み

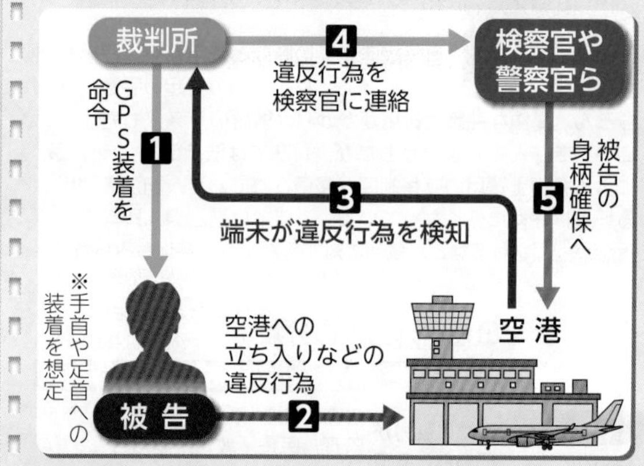

（『読売新聞』2023.5.10による）

保釈とは？…起訴されて（刑事裁判にかけられて）勾留されている被告人が，住所の限定や保証金の納付を条件として，身柄の拘束を解かれる制度のこと。保釈中であるということは，判決が確定しておらず，被告人には**無罪推定**が適用されていることを忘れてはならない（➡p.91 3）。

⬅カナダで採用されているGPS端末

被害者情報を被告側に秘匿する　性犯罪などの再被害や報復等の防止を目的に，逮捕から判決まで，被害者を特定する情報が加害者に伝わらない仕組みに変更される。従来の刑事手続きでは，逮捕状や起訴状に被害者の氏名や住所が記載され，その情報をもとに加害者からさらに危害を加えられるケースもあった。そのため，裁判官や検察官が保護する必要があると判断した場合，加害者には氏名や住所を記載しない逮捕状や起訴状を示すことを認める，**被害者のプライバシーの権利を守り被害者の安全を保護する規定となっている。**

追究　アメリカなどにおいては，性犯罪等の再犯を防ぐため，常習者や前歴者に対してGPS端末の装着を義務化している。日本でも同様の対応を求める声もあるが，プライバシーの権利保護という観点からどのような問題があるだろうか？　また，ほかにどのようなことが懸念されるだろうか？

1 新しい人権

主張されている人権	憲法上の根拠	人権の内容	主な関連する法律や判例
環境権	憲法13条（幸福追求権），25条（生存権）	良好な生活環境を享受できる権利	環境影響評価法 判例　大阪空港公害訴訟（➡p.99Ⓐ）
知る権利	憲法21条（表現の自由）	国や自治体の保有する情報の公開を求める権利	**情報公開法** 判例　外務省秘密電文漏洩事件（➡p.99Ⓑ）
プライバシー権	憲法13条（幸福追求権）	「私生活を公開されない権利」から「自己情報管理権」へ	**個人情報保護法** 判例　『宴のあと』事件（➡p.99Ⓒ）
自己決定権	憲法13条（幸福追求権）	自己の人格に関わる事項を，自らの意思で決定する権利	判例　『エホバの証人』訴訟（➡p.99Ⓓ）
アクセス権	憲法21条（表現の自由）	情報源に接近して内容に対して反論し，訂正を求める権利	判例　サンケイ新聞意見広告訴訟
平和的生存権	憲法前文「平和のうちに生存する権利」	国民が平和の中で生きていく権利	判例　長沼ナイキ基地訴訟（➡p.101 4）

解説　生きている人権　「新しい人権」とは，憲法に明文化されてはいないが，憲法制定以後の社会状況の変化に応じ，新たに人権として主張されるようになってきたものだ。憲法13条の**幸福追求権**を根拠に，裁判上の救済を受けることのできる具体的権利として主張されることが多い。

しごとカタログ　検察官　刑事裁判で，被告人を訴追する役割を担う法曹。検事総長をトップに，次長検事・検事長・検事に分かれる。司法試験の合格者から任官される検事のほかに，検察事務官や警察官などから任用され，検事に準じた職務を行う副検事がある。

2 判例 新しい人権に関する主な訴訟

名称		事件の概要・判決要旨	解説
Ⓐ大阪空港公害訴訟 環境権	概要	大阪空港に離着陸する航空機の騒音，振動，排ガスなどの被害を受けている周辺住民が，人格権を根拠に夜９時以降翌朝７時までの夜間飛行差し止めと過去・将来の損害賠償を求めておこした民事訴訟。	**環境権を認めず** 環境権は，高度成長期の公害の多発に対し，国民がよい環境を享受する権利として主張されるようになった。**憲法13条（幸福追求権）と25条（生存権）が根拠とされる。**この裁判では二審で「個人の生命・身体の安全・精神的自由・生活上の利益の総体」としての人格権を認める判決がでたが，最高裁はいわゆる「門前払い」で差し止め請求を却下した。
	裁判の経過	**第一審** 飛行差し止めを夜10時以降とし，損害賠償も一部認めたが，将来分は認めなかった。 **第二審** 人格権を根拠に夜９時以降の飛行差し止め，将来分を含む損害賠償を認める。 **最高裁 (1981.12.16)** 飛行差し止めは認めず，損害賠償は将来分を除いては認める。	
	最高裁判決の要旨	大阪空港をどう使わせるかは運輸大臣（当時）の権限に属し，差し止め請求はこの航空行政権の取り消し，発動などを求めることになり，民事上の請求としては不適法。	
Ⓑ外務省秘密電文漏洩事件 知る権利	概要	毎日新聞の記者が，沖縄復帰に伴い，米国側が支払うべき軍用地復元補償の費用を，日本側が肩代わりするという密約の秘密電文を，親しい外務省の女性事務官から入手した。記者は国家公務員法第111条（秘密漏洩をそそのかす罪）違反，女性事務官は同法第100条（秘密を守る義務）違反で起訴された。	**「知る権利」の軽視** 「取材の自由」と国家機密が対立した事件。最高裁判決は，「知る権利」よりも取材方法の違法性を強調している。 **⬆国民の知る権利を守る会発足**（1972年） この事件を契機に，国会議員や学者らが立ち上げた。
	裁判の経過	**第一審** 女性事務官は**有罪**，記者は，取材報道のための正当な行為と認められ**無罪**。 **第二審** 記者の行為を，国公法第111条違反として**記者も有罪**。 **最高裁 (1978.5.31)** 記者の上告棄却。**有罪**確定。	
	最高裁判決の要旨	報道の自由は，表現の自由のうちでも特に重要なものであり，このような報道が正しい内容をもつためには，報道のための取材の自由もまた，十分尊重に値するものといわなければならない。 しかし，最初から秘密文書を入手するために女性事務官に接近し，秘密文書を持ち出させるという，この記者のやり方は，事務官の人格の尊厳を著しく蹂躙するもので，正当な取材活動の範囲を逸脱している。	
Ⓒ「宴のあと」事件 プライバシー権	概要	三島由紀夫の小説『宴のあと』は，外務大臣も務めたことのある元衆議院議員の主人公が料亭の女将と再婚し離婚するまでを描いたもので，一読して主人公が特定できるものであった。そのため原告は，この小説が原告の私生活をのぞき見たもので，そのプライバシーを侵害したとして，三島氏と出版社を相手取って慰謝料と謝罪広告を要求した。	**「権利」として確立** この裁判は，プライバシー権をめぐる本格的裁判で，これにより**プライバシー権が法的に認められた。**最近では芥川賞作家柳美里さんの小説『**石に泳ぐ魚**』をめぐって，**最高裁は出版差し止めと損害賠償を認めた。** **⬅会見する柳美里さん**
	裁判の経過	**第一審 （東京地裁 1964.9.28） 原告勝訴** プライバシー権を，法的権利として承認し，損害賠償請求を認めた。（被告側は控訴したが，その後原告が死亡，和解）	
	東京地裁の判決要旨	日本国憲法のよって立つところでもある個人の尊厳という思想は，相互の人格が尊重され，不当な干渉から自我が保護されることによって初めて確実なものとなるのであって，そのためには，正当な理由がなく他人の私事を公開することが許されてはならない。いわゆるプライバシー権は私生活をみだりに公開されないという法的保障ないし権利として理解されるから，その侵害に対しては侵害行為の差し止めや精神的苦痛による損害賠償請求権が認められる。	
Ⓓ「エホバの証人」訴訟 自己決定権	概要	「エホバの証人」の信者だった女性の遺族４人が，「信仰上の理由から輸血を拒否したのに，手術の際に無断で輸血を受けて精神的な苦痛を受けた」と主張して，病院側に損害賠償を求め提訴。	**欠けていたインフォームド＝コンセント** この判決は，治療法に関する患者の意思決定権を認めた初の最高裁判決であり，**インフォームド＝コンセント**（患者が医師から治療に関する十分な説明を受け，同意した上で治療を受けること）が問われる結果となった。また自己決定権としての**尊厳死**や**安楽死**の問題もこれからさらに論議を呼びそうである。
	裁判の経過	**第一審** 医療は患者の治療救命が第１目標として，医師の責任を認めず。 **第二審** 医師には治療方法を患者に説明し，選択の機会を与えるべきであったとし，医師らに賠償を命じた。 **最高裁 (2000.2.29)** 医師に慰謝料支払いを命じた。	
	最高裁判決の要旨	医師らが，医療水準に従った手術を行うことは当然のことであるが，患者が自己の宗教上の信念に反するとして，輸血を拒否するという明確な意思を有している場合，このような意思決定をする権利は，人格権の一部として尊重されなければならない。医師らが，輸血を伴う手術である可能性について患者に説明を怠ったのは，患者の人格権の侵害である。	

政治

Try 次のうち，プライバシーの権利に関する訴訟はどれか？
①サンケイ新聞意見広告訴訟　②外務省秘密電文漏洩事件　③「宴のあと」事件

基本用語 平和主義

Theme 27

平和主義

Approach

日本国憲法と沖縄―「非武装」と引き換えの「負担」

1945年の沖縄戦ののち，沖縄は米軍に占領され，軍政が敷かれていたが，1946年１月29日のGHQ覚書によって正式に日本政府の行政権行使の領域から除外された。日本からの渡航制限も厳しく，貿易も制限され，外国扱いの沖縄であったので，**沖縄県民は日本国憲法制定には関わっていない**。

沖縄は，1945年12月の衆議院議員選挙法改正で選挙権行使を「停止」され，日本国憲法の帰趨を決めた1946年４月の衆議院議員総選挙には参加していない。当時の事情では，沖縄で日本の選挙を行うのは選挙事務上も不可能であったという理屈であるが，日本側での沖縄の切り離しは積極的で迅速であった。日本政府は，1947年の選挙法改正で沖縄の選挙区を廃止し，議員定数からも沖縄の分を削減した。

GHQが日本の非武装を推進した背景には，沖縄の支配と強度の軍事基地化で日本の防衛はできるという判断があった。日本国憲法による非武装化は沖縄の軍事化，基地化，そして米軍支配の永続化があって初めて成立した。

……このように**日本国憲法第９条は，沖縄が米軍基地の重荷を背負わされることを前提に，沖縄基地での米軍駐留の継続を想定して成立した**のであるが，犠牲と負担を負わされた沖縄の人々の声は聴かれないままであった。その後も，例えば日本では非核三原則が憲法に準じる重要な決議として成立したが，それは沖縄の米軍に核兵器が配備され、その傘の下に日本が置かれるという脈絡で成立した。**日本国憲法制定過程での沖縄の切り離しは，沖縄を別世界に置いて沖縄抜きで憲法を制定したのではなく，陰の部分，重くつらい負担を沖縄に押し付けて憲法を制定したという意味を持っている**ことを忘れてはいけない。

（江橋崇「日本国憲法のお誕生」『書斎の窓』有斐閣HPによる）

写真：毎日新聞社／アフロ

⬆沖縄の本土復帰を訴え那覇の繁華街"国際通り"を行進する高校生たち（1967年）

Key point キーポイント 憲法学者の江橋崇氏は，日本国憲法の平和主義は，沖縄に負担を押し付けて成立したと指摘する。そしてその構造は，1972年に日本に復帰して50年が経とうとする今もなお，本質的に変わっていないようだ（➡p.104）。戦争への深い反省から生まれた憲法との側面ばかり強調されるが，反対側で沖縄に「重くつらい負担」を押し付けてきたという側面から，私たちは目をそらしてはいないだろうか。

追究 憲法９条が誕生した時代背景を調べてみよう。

1『あたらしい憲法のはなし』

……こんどの憲法では，日本の国が，けっして二度と戦争をしないように，二つのことをきめました。その一つは，**兵隊も軍艦も飛行機も，およそ戦争をするためのものは，いっさいもたない**ということです。これからさき日本には，陸軍も海軍も空軍もないのです。これを戦力の放棄といいます。「放棄」とは「すててしまう」ということです。……

もう一つは，**よその国と争いごとがおこったとき，けっして戦争によって，相手をまかして，じぶんのいいぶんをとおそうとしない**ということをきめたのです。おだやかにそうだんをして，きまりをつけようというのです。なぜならば，いくさをしかけることは，けっきょく，じぶんの国をほろぼすようなはめになるからです。また，戦争とまでゆかずとも，国の力で，相手をおどすようなことは，いっさいしないことにきめたのです。これを戦争の放棄というのです。

（文部省編『あたらしい憲法のはなし』）

解説 **９条解釈の原点** 『あたらしい憲法のはなし』は，1947年に施行された日本国憲法の内容を解説するために，当時の文部省が発行した教科書である。そこでは憲法９条を文字通り解釈し，**戦争の放棄**，**戦力の不保持**，**交戦権の否認**を明解に述べている。しかし，**警察予備隊**が発足した1950年に本書は副読本に格下げされ，日本が独立回復した1952年には学校から姿を消すこととなった。

2 ９条解釈の比較

		政府見解	学界の通説	
９条①	自衛戦争は放棄していない			自衛戦争まで放棄
９条②	自衛のための戦力は放棄されていない	一切の戦力を放棄した		
戦力		自衛隊は戦力にあたらない	自衛隊は戦力にあたる	
自衛隊の合憲性		合憲	違憲	

（伊藤真『伊藤真の憲法入門』日本評論社を参考）

解説 **自衛隊は「戦力」か？** 政府の第９条解釈は，①第９条第１項によっても，自衛戦争は放棄しておらず，②「戦力」とは自衛のための必要最小限度を超えるものをいうから，③自衛隊は憲法が禁じている「戦力」にあたらず合憲であるというものである。しかし，「自衛のためなら核兵器も持てる」（福田赳夫元首相）という考えにもみられるように，「戦力」と「自衛力」の境界は曖昧である。一方で学界では，自衛隊は戦力にあたり違憲であるというのが通説である。

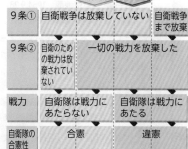

しごとカタログ **自衛官** 自衛隊に所属して任務を遂行する特別職の国家公務員。大きく幹部（将校），曹（下士官），士（兵）に分類される。自衛官に任官される際には，「事に臨んでは危険を顧みず，身をもつて責務の完遂に務め」とある宣誓文の朗読，及び署名・捺印が必要。

3 防衛問題のあゆみと９条解釈の変遷

年	できごと
1946	日本国憲法公布（**戦争放棄**）
50	朝鮮戦争（～53）→GHQの指示により**警察予備隊**発足
51	サンフランシスコ平和条約・**日米安全保障条約**調印
52	警察予備隊を**保安隊**に改組
54	**自衛隊**発足
60	**日米相互協力及び安全保障条約（日米新安保条約）**調印
70	日米新安保条約，自動継続
71	国会で**非核三原則**決議
72	沖縄，本土復帰
76	防衛費のGNP １％枠を閣議決定
87	防衛費，GNP １％枠を外し，総額明示方式に
89	冷戦終結（マルタ会談）
91	湾岸戦争，自衛隊掃海艇ペルシャ湾へ派遣
92	**PKO協力法**成立，自衛隊カンボジアへ
99	改定ガイドライン関連法成立（**周辺事態法**など）
2001	テロ対策特別措置法成立
03	**有事三法**成立（武力攻撃事態法など）
04	イラクに自衛隊派遣，有事関連４法成立
07	防衛庁が防衛省に格上げ
09	ソマリア沖の海賊対策に，自衛隊派遣
14	**集団的自衛権行使容認**を閣議決定
15	新ガイドライン，安全保障関連法成立
22	新たな国家安全保障戦略を決定

自衛権の発動としての戦争も放棄（吉田首相 1946. 6）
直接には自衛権は否定していないが自衛権の発動としての戦争も，交戦権も放棄したものだ。 吉田首相➡

自衛隊は憲法違反ではない（1954.12）第９条は独立国としてわが国が自衛権をもつことを認めている。従って自衛隊のような自衛のための任務を有しかつその目的のため必要相当な範囲の実力部隊を設けることは，何ら憲法に違反するものではない。

「戦力」とは自衛のための必要最小限度を超えるもの
（田中内閣統一見解1972.11）憲法９条２項が保持を禁じている「戦力」は，自衛のための必要最小限度を超えるものである。 田中首相➡

PKFにも参加可能（海部内閣統一見解1991. 9）①要員の身体防衛のためのみ武力使用②紛争当事者間の停戦合意が破られれば撤収する，という前提によって，国連のPKF（平和維持軍）にも参加できる。 海部首相➡

集団的自衛権も行使可能（安倍内閣閣議決定2014.7）
わが国と密接な関係がある他国に対する武力攻撃が発生し，これによりわが国の存立が脅かされ，国民の生命，自由及び幸福追求の権利が根底から覆される明白な危険がある場合，集団的自衛権の行使が認められる。 安倍首相➡

反撃能力の保有（岸田内閣閣議決定2022.12.16）相手からのさらなる武力攻撃を防ぐために反撃能力を保有し，日米で協力して対処。2027年度に防衛力の抜本的強化と防衛費の国内総生産（GDP）比２％を達成。 岸田首相➡

4 判例 憲法９条をめぐる主な裁判

	砂川事件	長沼ナイキ訴訟	恵庭事件	百里基地訴訟
裁判の内容	1957年７月，米軍立川飛行場の拡張に反対する学生・労働者が飛行場内に立ち入ったとして安保条約に基づく刑事特別法違反（施設又は区域を侵す罪）に問われた。	1969年，北海道長沼町に地対空ミサイル，ナイキ基地をつくるため水源かん養保安林の指定が解除されたことに対し，同町住民が解除取消しを求めて提訴。	自衛隊演習場の爆音による被害を訴えていた酪農民が1962年，自衛隊の電話線を切断。自衛隊法違反で起訴。	航空自衛隊百里基地（茨城県小川町）の建設用地の所有権をめぐって国と反対住民とが争う。1958年提訴。
争点	❶安保条約による在日米軍が憲法の禁止する「戦力」にあたるか ❷安保条約の合憲性	❶自衛隊基地の設置が保安林解除理由の「公益上の理由」にあたるか ❷自衛隊の合憲性	❶自衛隊法121条（防衛の用に供する物の損壊罪）は憲法違反か	❶自衛隊は憲法違反か
判決要旨	第一審 **東京地裁**（1959. 3.30） ❶９条は自衛のための戦力も否定。**在日米軍は**この戦力にあたり**違憲**。 ➡無罪（**伊達判決**）	第一審 **札幌地裁**（1973. 9. 7） ❷９条は一切の軍備・戦力を放棄，**自衛隊は違憲**。 ➡保安林解除処分は無効 （**福島判決**）	第一審 **札幌地裁** （1967. 3.29） ❶電話線は自衛隊法121条の「その他の防衛の用に供する物」にあたらない。 （憲法判断は行う必要なく，行うべきではない） ➡無罪，確定	第一審 **水戸地裁**（1977. 2.17） ❶９条は自衛のための戦争まで放棄はしていない。自衛隊は一見明白に侵略的とはいえず，統治行為に関する判断は司法審査の対象外。 ➡国側勝訴
	跳躍上告審 **最高裁**（1959.12.16） ❶９条が自衛のための戦力を禁じたものか否かは別として，同条が禁止する戦力は，わが国の指揮できる戦力で，外国軍隊である在日米軍はこの戦力にあたらない。 ❷安保条約については**統治行為論**により憲法判断回避。 ➡破棄差戻し→のち有罪	控訴審 **札幌高裁**（1976. 8. 5） ❶ダムなど代替施設設置により原告の訴えの利益は消滅。 ❷自衛隊の合・違憲問題は**統治行為**に属し司法審査の対象とならない。 ➡一審判決破棄，訴え却下		控訴審 **東京高裁**（1981. 7. 7） ❶９条解釈につき一義的な国民の合意はなく，本件については憲法判断を示さずとも結論しうる。 ➡控訴棄却
		上告審 **最高裁**（1982. 9. 9） 原告に**訴えの利益**はない。（憲法判断はなし） ➡二審判決支持，上告棄却		上告審 **最高裁**（1989. 6.20） ❶９条は私法上の行為に直接適用されるものではない。（憲法判断なし） ➡二審判決支持，上告棄却

⬅**砂川事件** 土地収用をめぐり，2,000人の警官隊と6,500人の阻止派が激突。1,000人を超す負傷者を出した。（1956年10月13日・東京・立川市）

解説 決着せぬ９条論争 一審では安保条約を違憲とした伊達判決，自衛隊を違憲とした福島判決の例はあるが，上級審では統治行為論や“門前払い”（訴えの利益なしとして却下）等により憲法判断が回避され，明確な判決はいまだ示されていない。

Theme 28

自衛隊と日本の防衛

基本用語 自衛隊 集団的自衛権 日米安全保障条約 日米地位協定 文民統制（シビリアン・コントロール） 有事法制 安保法制 思いやり予算

Approach

「反撃能力」は「専守防衛」の範囲内？

追究 「反撃能力」は平和主義や専守防衛の原則と矛盾しないだろうか？ あなたはどう考える？

➡会見する岸田首相

……これまで構築してきたミサイル防衛体制の重要性は変わりません。しかし，極超音速滑空兵器や，変則軌道で飛しょうするミサイルなど，ミサイル技術は急速に進化しています。また，一度に大量のミサイルを発射する飽和攻撃の可能性もあります。こうした厳しい環境において，**相手に攻撃を思いとどまらせる抑止力となる反撃能力**は，今後不可欠となる能力です。……

（2022年12月16日の岸田首相記者会見より）

Ⓐこれまでの防衛戦略

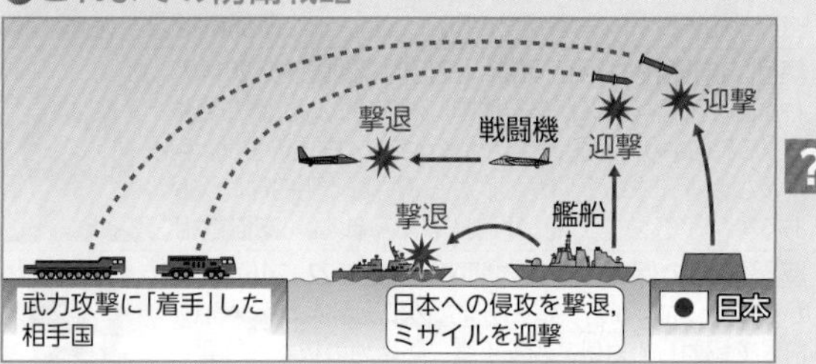

Ⓑ「反撃能力（敵基地攻撃能力）」の想定

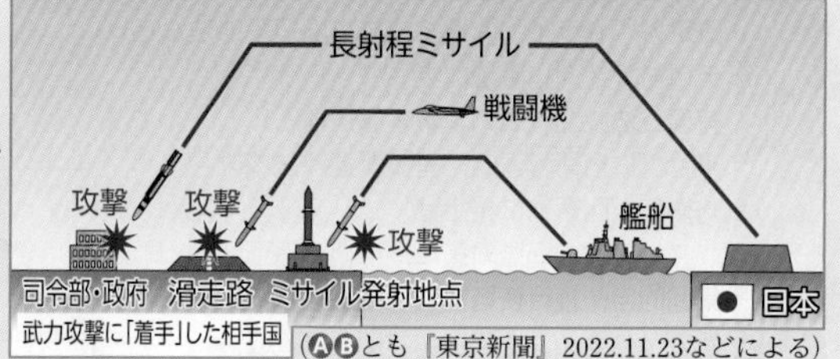

（ⒶⒷとも『東京新聞』2022.11.23などによる）

Key point キーポイント 2022年12月に閣議決定された**防衛三文書**で，「**反撃能力**」の保有が打ち出された。「反撃能力」はかつて「敵基地攻撃能力」と呼ばれ，これまでは政策判断として保有を認めてこなかった。ミサイルの発射位置やタイミングの具体的な兆候を事前に把握することは困難であるため，実際に「相手が攻撃に着手した時点」の判断は非常に難しい。仮に，相手国が攻撃に着手したかどうかが微妙なタイミングで敵基地の攻撃を行えば，憲法も国際法も禁じる「**先制攻撃**」になってしまうおそれがある。

1 自衛隊の役割

Ⓐ自衛隊法の規定する自衛隊の行動

行　動	対象事態（命令権者）
防衛出動	武力攻撃事態および存立危機事態に際し，わが国を防衛するため必要があると認める場合（内閣総理大臣）
治安出動	一般の警察力では治安を維持できないと認められる場合（内閣総理大臣）
海上警備行動	海上における人命や財産の保護または治安の維持のため特別な必要がある場合（防衛大臣）
災害派遣	天災地変その他の災害に際し，人命または財産の保護のため，必要があると認められる場合（防衛大臣またはその指定する者）
その他	・領空侵犯に対する措置　・海賊対処行動 ・弾道ミサイル等に対する破壊措置 ・地震防災派遣　・原子力災害派遣 ・在外邦人等の輸送 ・重要影響事態法，国際平和支援法，PKO協力法に関連した後方支援活動等

解説 **自衛隊の役割は？** 自衛隊の任務の筆頭は防衛出動・治安出動であるが，幸いなことにこれまで発令されたことはなく，一般には災害派遣や民生協力での活動がおなじみとなっている。一方で，近年では国際貢献を自衛隊に期待する考えが強くなり，初めて海外派遣されたのが1991年。その後着々と派遣実績を積んできた。2015年の**安保法制**では，改正PKO協力法や新法の国際平和支援法での国際協力，周辺事態法を発展させた重要影響事態法での米軍への支援・協力，改正武力攻撃事態法での**集団的自衛権行使**と，活動内容が拡大した。

2 拡大する自衛隊の活動

	平　時	戦争中
日本に関すること	周辺事態法 わが国周辺の有事で米軍を支援 ↓ 改正 **重要影響事態法** ・「わが国周辺」から世界中での支援へ拡大 ・重要影響事態で米軍に加え豪軍などを支援	**武力攻撃事態法** 個別的自衛権を行使 ↓ 改正 **武力攻撃事態法** ・「**存立危機事態**」を新設 ・**集団的自衛権**を行使
国際社会に関すること	PKO協力法 国連が統括する平和維持活動に限る ↓ 改正 **PKO協力法** ・国連以外の平和安全活動も可能に ・武器使用基準の緩和	**テロ対策特措法** 派遣ごとに立法 ↓ 新設＝恒久法 **国際平和支援法** ・戦争中の他国軍を後方支援できる ・常時派遣が可能に

（『朝日新聞』2015.7.17による）

解説 **問われる専守防衛の在り方** 安倍内閣は憲法第９条の解釈を閣議決定で変更し，戦後最大の防衛政策の転換を行った。日本に対する直接攻撃がなくても，自国の存立が危ぶまれる場合には，自衛隊は海外であっても武力行使が可能となった。専守防衛の在り方が問われている。

しごとカタログ **防衛省職員** 防衛省に勤務する自衛官以外の一般職員。他の国家公務員とは別の試験で採用される。自衛官は軍服に準じた「制服」を着用して勤務するが，防衛省職員は通常背広で勤務するため，自衛官は制服組・防衛省職員は背広組と呼ばれている。

3 文民統制(civilian control)

Ⓐ自衛隊の指揮命令系統

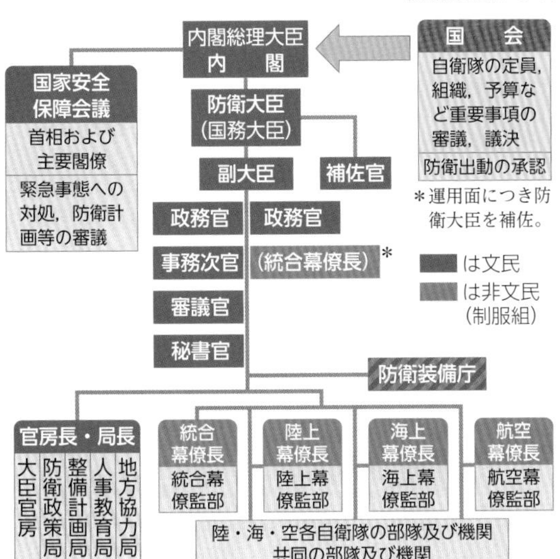

解説 **軍の独走を許さない**　文民統制とは軍の独走を許さず,議会や内閣の支配下におくことを意味する。明治憲法下では「**統帥権の独立**」によって軍の行動を政府が抑制することができなかった(➡p.264)。これに対して日本国憲法では文民である内閣総理大臣が自衛隊の最高指揮監督権をもち,同じく防衛大臣が隊務を統括する。

4 防衛に関する費用

Ⓐ防衛関係費の推移

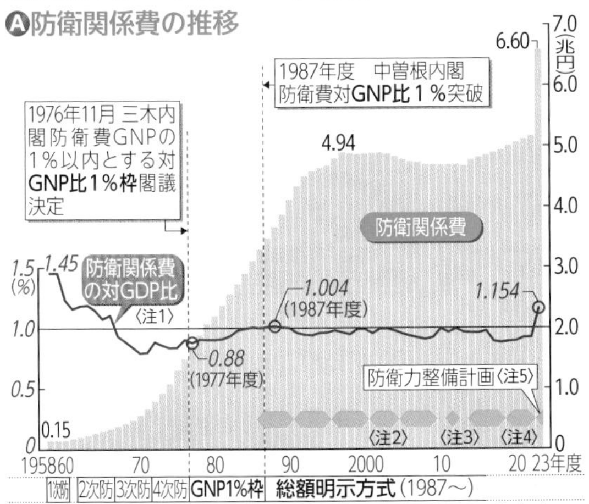

〈注1〉1993年以前は対GNP比。〈注2〉4年で打ち切り。〈注3〉2年で打ち切り。〈注4〉4年で打ち切り。〈注5〉2022年度以前は中期防衛力整備計画。　(防衛省資料などによる)

Ⓑ各国の国防支出(2022年)

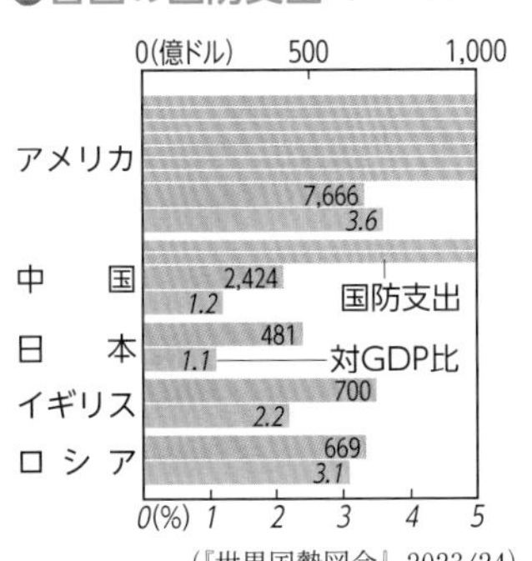

(『世界国勢図会』2023/24)

解説 **防衛費は対GDP比2%へ**　防衛費対GNP比1%枠は1987年に撤廃されたが,その後も防衛費は対GNP(GDP)比1%前後で推移した。しかし,2022年に岸田内閣は防衛力強化を目指し5年間で対GDP比2%に防衛費を増額する閣議決定を行うなど,日本の防衛政策は大きく転換した。

5 自衛隊の「防衛力」

Ⓐ自衛隊の装備内容(2023年3月末)

陸上自衛隊 人員 14.0万人	戦車	450両
	装甲車	980両
	野戦砲	370門
	ヘリ等	302機
海上自衛隊 人員 4.3万人	艦艇	138隻
	総トン数	52.3万トン
	固定翼機	76機
	ヘリ	93機
航空自衛隊 人員 4.4万人	戦闘機	324機
	輸送機等	63機
	ヘリ	52機

(防衛省資料などによる)

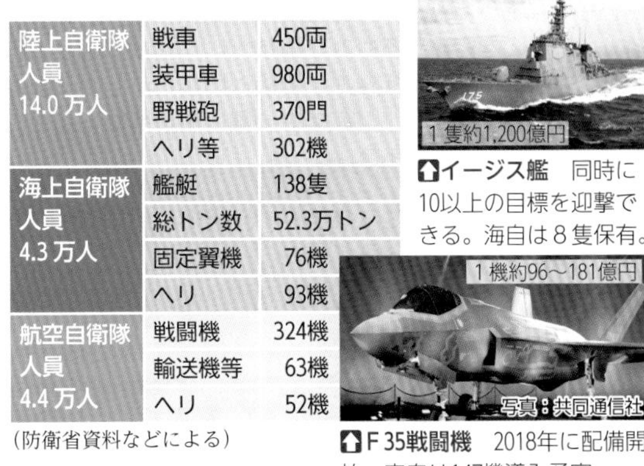

⬆**イージス艦**　同時に10以上の目標を迎撃できる。海自は8隻保有。

⬆**F35戦闘機**　2018年に配備開始。空自は147機導入予定。

6 改正武力攻撃事態法

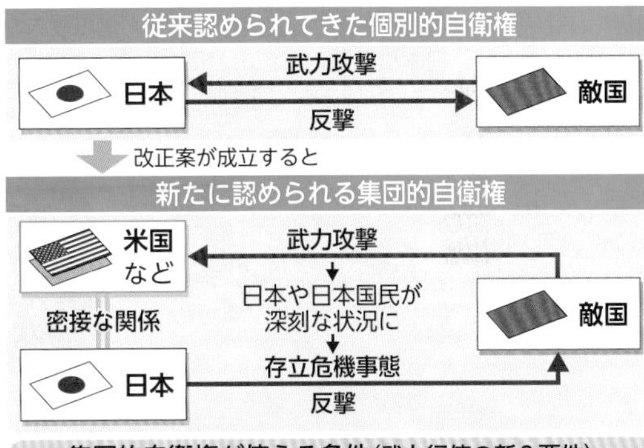

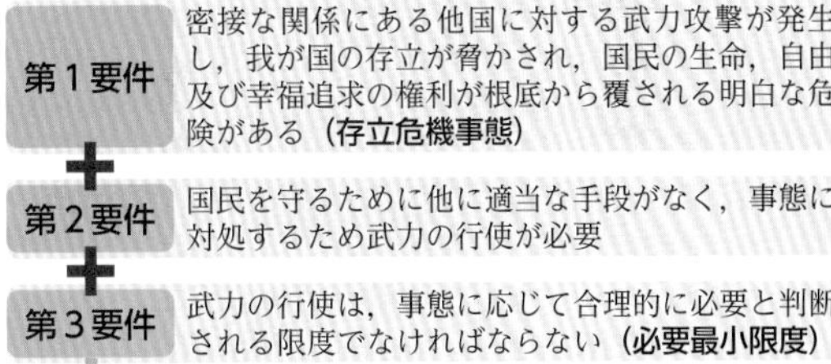

集団的自衛権が使える条件(武力行使の新3要件)

第1要件	密接な関係にある他国に対する武力攻撃が発生し,我が国の存立が脅かされ,国民の生命,自由及び幸福追求の権利が根底から覆される明白な危険がある(**存立危機事態**)
＋	
第2要件	国民を守るために他に適当な手段がなく,事態に対処するため武力の行使が必要
＋	
第3要件	武力の行使は,事態に応じて合理的に必要と判断される限度でなければならない(**必要最小限度**)

自衛隊が出動し,集団的自衛権を行使

(『朝日新聞』2015.5.12による)

7 国連平和維持活動(PKO)協力法

日本のPKO参加5原則	①当事者間の停戦合意　②当事国の同意 ③中立・公平 ④武器使用は正当防衛の場合のみ ⑤上記①〜③の3原則が崩れれば撤収か中断 〈注〉⑤は日本独自のもの
主な業務	・選挙の監視　・被災地の復旧作業 ・医療活動　・被災民の救援 ・警察や行政事務に関する助言や指導 **[参加凍結を解除]** 2001.12 法改正(担当は自衛隊のみ) ・武装解除などを行う平和維持軍(PKF)への参加 **[新たに追加]** 2015.PKO協力法改正 ・国連が直接関与しない平和維持などの活動にも参加可能に ・住民を守る治安維持活動 ・離れた場所に駆けつけて他国軍や民間人を警護(**駆けつけ警護**) ・任務を遂行するための武器使用

Try　将来の自衛官を養成する防衛大学校は,普通の大学にはない大きな特徴がある。どんな特徴だろうか?
①学生は,卒業後は絶対に自衛官にならなくてはいけない。　②学費が不要で,給料まで出る。　③男子校のため,女子は入れない。

論点 日米安保体制と沖縄

占領下にあった日本の独立回復を決めたサンフランシスコ平和条約は，一方では沖縄などが引き続きアメリカの統治下に置かれることを容認するものでもあった。また，同時に締結された日米安全保障条約は，引き続き日本に米軍の駐留を認めるもので，1960年の改定後もこの点は同じだ。しかし，本土の米軍基地面積は独立回復を機に半分以下に縮小したが，沖縄の広大な米軍基地は，1972年の沖縄返還後もほとんど縮小していない。沖縄の戦略的な重要性が強調されるが，あなたはこの問題をどう考える？

1 普天間移設問題，対立の背景は？

⇧普天間飛行場　安全性が懸念されているオスプレイを配備。周辺には住宅，学校，病院もあり，住民を巻き込んだ事故の危険性から，1996年に日本に返還されることになった。しかし，基地の移設先が争点となり，現在も危険な運用が続いている。

⇧移設先として埋め立てが進む辺野古海岸　沿岸には米海兵隊のキャンプ・シュワブがある。沖にジュゴンやアオサンゴなど貴重な生物が生息する。

Ⓐ沖縄県民投票の結果

(2019年2月24日)

棄権 47.5%
投票率 52.5%
19.0% 埋め立て賛成
8.7% どちらでもない
無効など 0.6%
埋め立て反対 71.7%

(『沖縄県公報』2019.3.1による)

県民の思いを真正面から受け止め，工事を直ちに止めるという行動で示してほしい。
【玉城デニー・沖縄県知事】
普天間の危険な状況を置き去りにするわけにはいかない。(移設を)先送りすることはできない。
【安倍晋三・首相（当時）】

⇧会談に臨む玉城知事（左）と安倍首相（右）　(2019.3.1)（『読売新聞』2019.3.2による）

Ⓑ沖縄にある在日米軍の基地

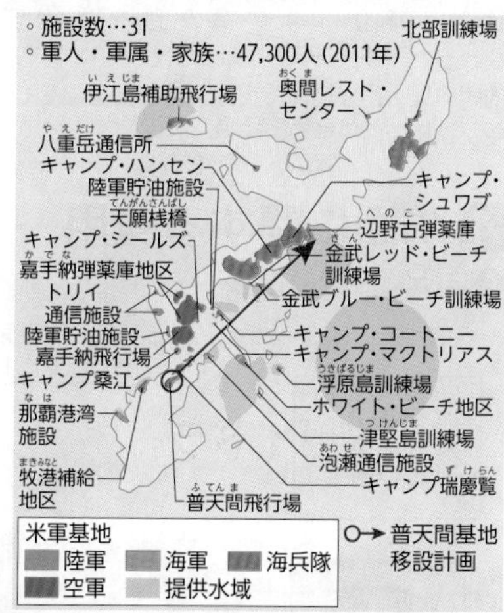

(2023年3月末現在。沖縄県資料による)

Ⓒ在日米軍施設・区域の面積の割合

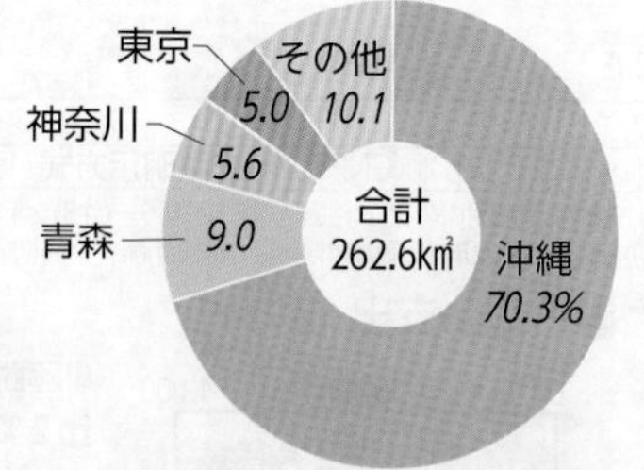

(2023年1月1日現在。防衛省資料による)

普天間飛行場の危険性を除去することを目的として，1996年に普天間飛行場の返還が決定したが，沖縄県内にこれ以上新しい基地をつくることへの県民の怒りは強く，2018年に沖縄県知事に当選した玉城デニー氏も辺野古移設阻止をかかげ，国に移設工事の中止を求めている。この背景には，沖縄と本土との複雑な歴史がある。

1952年に日本が独立回復した後も沖縄は引き続きアメリカの統治下に置かれ，本土復帰を果たす1972年までの間米軍基地は拡張され続けた。なぜなら，本土に所在していた米軍基地の拡張が反対運動などで困難になったため，代わりに米軍は自国統治下で無理強いが容易であった沖縄への基地移転を進めたからである。

2019年2月に行われた県民投票では，辺野古移設のための埋め立て反対に投票した県民が賛成票を投じた県民の約3.8倍に達し，玉城知事はこうした沖縄県民の後押しを受けて，移設阻止へ向けた取り組みを進めている。(2023年8月現在)

2 そもそも日本に米軍基地がある理由は？

Ⓐ日米安全保障体制の歴史

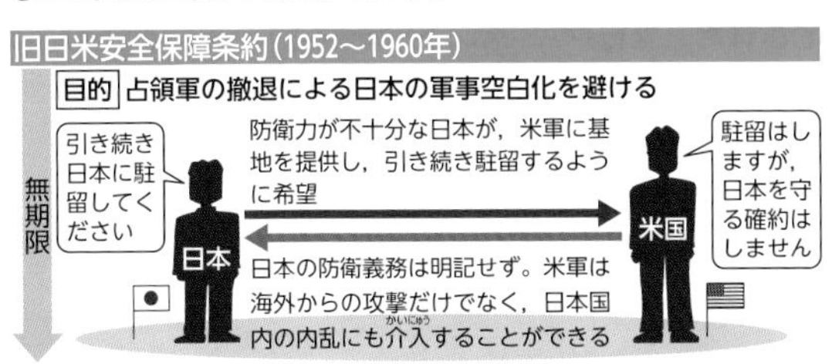

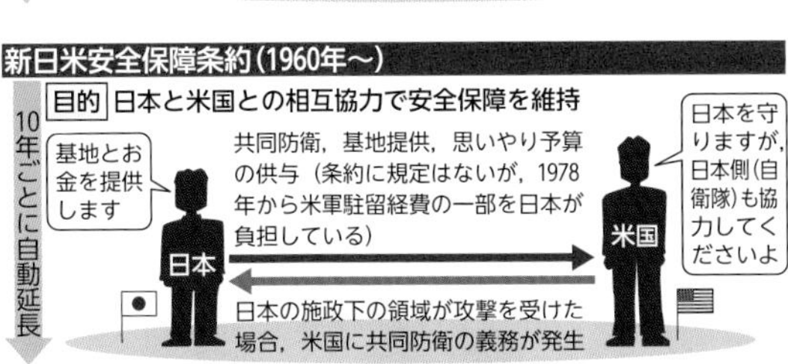

目的 占領軍の撤退による日本の軍事空白化を避ける

防衛力が不十分な日本が，米軍に基地を提供し，引き続き駐留するように希望
駐留はしますが，日本を守る確約はしません

日本の防衛義務は明記せず。米軍は海外からの攻撃だけでなく，日本国内の内乱にも介入することができる

新日米安全保障条約（1960年～）
目的 日本と米国との相互協力で安全保障を維持
10年ごとに自動延長
基地とお金を提供します
共同防衛，基地提供，思いやり予算の供与（条約に規定はないが，1978年から米軍駐留経費の一部を日本が負担している）
日本を守りますが，日本側（自衛隊）も協力してくださいよ
日本
米国
日本の施政下の領域が攻撃を受けた場合，米国に共同防衛の義務が発生

➡安保反対国会包囲デモ（1960年６月11日）　空前の国民的反対運動となった安保闘争。安保条約改定阻止を叫んで集まったデモ隊によって国会周辺は埋めつくされた。一連の混乱の責任をとって岸内閣は総辞職した。

写真：朝日新聞社／時事通信フォト

Ⓑ日米安全保障条約の内容

前文	**締結の目的**　日米両国は，国連憲章（➡p.275）が認めている，自分で自分を守る権利を持つ。両国は「極東」の平和と安全のため，この条約を結ぶ。
1条	**国連憲章との関係**　両国は，国連憲章に従って，国際紛争を平和的に解決させる。軍事力は用いない。
3条	**自衛力の維持・発展**　両国は武力攻撃に対する自衛力を，憲法の規定に従う条件で維持し発展させる。
5条	**共同防衛**　両国は，日本施政下の領域で，どちらかの国が他国から武力攻撃を受けた時，共同で防衛する。
6条	**基地許与**　米軍は日本国内で施設・区域（基地など）を利用できる。（詳しくは日米地位協定で規定）（➡Ⓒ）

Ⓒ日米地位協定の内容

条	内　容
3①	米国は，使用を許された施設・区域において，それらの設定・運営・警護・管理の権利を有す。
7	米軍は，日本政府管轄下の公益事業等を優先的に利用できる。
11②	米国が軍隊で使用するため日本に持ち込む資材や備品には，一切関税がかからない。
12③	米軍が日本国内で物資を調達する場合，物品税・揮発油税などが免除される。
17③	米軍の構成員が公務執行中に犯した罪については，米軍当局が第一次の裁判権を有する。
17⑤	日本が裁判権を有するような犯罪を米軍の構成員が犯しても公訴までの間は，米国側が拘禁する。
24	米軍の駐留経費は，原則的に米国が負担する。

解説 不平等が指摘される日米安保体制　日米安全保障条約（安保条約）のもと，日本における米軍人の扱いを定めた**日米地位協定**にはアメリカ側に有利な規定が多く，米軍による事故や米軍人の犯罪が発生するたび摩擦の火種となっている。2022年度の**思いやり予算**（日米地位協定の枠を超える負担）は2,167億円であり，他の米軍基地を置く国と比較しても優遇しすぎとの指摘がある。

3 日米ガイドラインと安保法制

Ⓐ日米防衛協力のための指針

日米安保条約に基づく防衛協力を具体的に取り決めた文書。通称ガイドライン

旧ガイドライン（1978）
- 旧ソ連の日本侵攻を想定
- 対象範囲は日本国内

⬇拡大

改定ガイドライン（1997）
- 朝鮮半島危機を踏まえ「周辺事態」に対応
- 対象範囲は日本周辺

⬇拡大

新ガイドライン（2015）
- 平時から緊急事態まで切れ目ない対応
- 地球規模の協力
- 対象範囲はグローバル（地理的制約はなし）

（『朝日新聞』2015.9.20による）

Ⓑ新ガイドラインと安全保障法制（2015年～）

目的	安保法制	対応事態	新ガイドラインで新設・強化される項目
日本防衛のため	改自衛隊法	グレーゾーン事態	警戒監視，共同訓練中の米艦防護（尖閣諸島などを想定）
	改重要影響事態法（周辺事態法を改称）	重要影響事態	「我が国周辺」撤廃。米軍のほか他国軍への支援，世界中で可能に
	改武力攻撃事態法	存立危機事態	機雷除去，船舶検査，船舶の防衛，弾道ミサイル防衛（集団的自衛権の行使）
		武力攻撃事態	離島防衛
国際紛争への対応	新国際平和支援法		戦争中の米軍や多国籍軍を後方支援
	改PKO協力法改正		国連主導以外の人道復興支援活動・治安維持活動
	改船舶検査法改正		船舶検査による違法薬物や武器の移転阻止

〈注〉新…新法　改…改正法

（『朝日新聞』2015.4.24による）

解説 拡大する日本（自衛隊）の役割　日米安全保障条約は，従来は日本が攻撃を受けた際にアメリカと共同で対処するという趣旨で解釈されてきた。しかし，冷戦の終結やテロの脅威という安全保障環境の変化の中，しだいに日米の防衛協力のありかたが拡大解釈されるようになり，そのつどガイドラインの改定が行われた。とくに2015年の改定は集団的自衛権の行使容認を含むもので，自衛隊の海外派遣の歯止めがなくなるとの批判の声が巻き起こった。

➡国会前で新安保法制に反対するデモ（2015年９月）　集団的自衛権の行使容認を含む新安保法制は憲法上問題ないとする政府の立場に対し，憲法９条に違反するものだとの批判が続出した。

問い 沖縄の基地負担について，あなたはどう考える？

さらに深めよう！
日米安全保障条約（外務省）のページ➡ 

論点 憲法改正問題

憲法改正の具体的手続きを定めた国民投票法が2007年に制定された（施行は2010年。2014年改正）。また2011年には改正案を議論する国会の憲法審査会が活動を始めた。国民投票法を実現した自民党の安倍首相が政権の座に返り咲き，一時は2020年までに改正憲法を施行する構想を表明していた。今まで一度も改正されていない日本国憲法だが，君たちが国民投票で判断する時がすぐそこに迫っているのかもしれない。あなたはこの問題をどう考える？

1 憲法改正問題，どんなことが議論になっている？

⇧憲法改正反対派の集会（2019年５月３日，東京・有明）

⇧憲法改正推進派の集会（2019年５月３日，東京・憲政記念館）

2 改憲をめぐる動向

1946	日本国憲法公布(翌年施行)
50	朝鮮戦争（～53），警察予備隊設置
51	対日講和条約，日米安保条約調印
54	自衛隊発足，鳩山内閣発足
55	自民党結党，綱領に「改憲」記載
57	**内閣に憲法調査会設置**
60	安保条約改定
64	**憲法調査会，両論併記報告書を提出**
80	衆参同日選挙で自民党圧勝。自民党憲法調査会活動再開
84	中曽根首相「戦後政治の総決算」表明
91	湾岸戦争。自衛隊ペルシャ湾機雷掃海へ派遣
92	PKO協力法成立。自衛隊カンボジアへ派遣
94	社会党所属の村山首相，自衛隊・安保条約容認へ
2000	**国会に憲法調査会発足**
03	有事関連３法成立
05	憲法調査会最終報告書
07	**国民投票法**（2010施行）
11	**憲法審査会活動開始**
12	自民党の憲法改正草案発表
14	**国民投票法改正** 2018年から投票年齢が18歳に

3 改憲論議の変遷

「押しつけ憲法論」の台頭

日本国憲法は「GHQによる押しつけ憲法」だとして鳩山内閣は改憲を目指したが，必要な議席を確保できず。

日本自身は**自衛軍を持つ方がいい**と思うのであります。
（鳩山一郎首相，1956年）

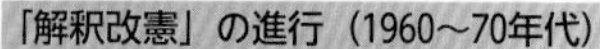

「解釈改憲」の進行（1960～70年代）

高度経済成長下で改憲論は沈静化。第９条の解釈改憲が論議の中心に。

憲法が禁止する**「戦力」とは，自衛のための必要最小限を超えるもの。**
（田中角栄首相，1972年）

「戦後政治の総決算」（1980年代）

中曽根首相が「戦後政治の総決算」を掲げ，防衛費の対GNP比１％枠撤廃や靖国神社公式参拝などを実行。「憲法の歯止めを崩す」との批判も浴びる。

日本列島を**不沈空母のように強力に防衛**する。
（中曽根康弘首相，1983年）

「論憲」から「改憲」へ（1990～2000年代）

湾岸戦争を機に国連PKO参加などで自衛隊の海外派遣が始まった。「護憲」の日本社会党（現社民党）が退潮し，「論憲」のため国会に憲法調査会が設置。2007年には第一次安倍内閣が**国民投票法**を制定。

今こそ，**私たち自身の手で，21世紀にふさわしい日本の未来の姿あるいは理想を憲法として書き上げていく**ことが必要。
（安倍晋三首相，2006年）

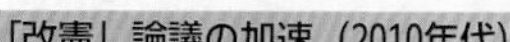

「改憲」論議の加速（2010年代）

2012年，改憲を目指す第二次安倍内閣が発足。2016年の参院選で与党が大勝し，「改憲勢力」が衆参両院で憲法改正の発議要件の３分の２超を占める。

自衛隊の存在を憲法上にしっかりと位置づけ，**「自衛隊が違憲かもしれない」などの議論が生まれる余地をなくすべき。**
（安倍晋三首相，2019年）

Ⓐ憲法改正に対する主な国政政党の立場（2022年８月）

	政　党	賛否	内　容
与党	自由民主党	**賛成**	集団的自衛権・国防軍の保持を明記。
与党	公明党	反対	「加憲」についての議論は行う。
野党	立憲民主党	反対	立憲主義を徹底させ，９条改悪には反対。
野党	国民民主党	**賛成**	９条への自衛隊明記には反対。
野党	日本共産党	反対	憲法改悪に反対。
野党	日本維新の会	**賛成**	2016年に具体的な憲法改正案を決定。

解説 **現実味を増す「憲法改正」** 日本の戦後政治の大部分の期間政権を担ってきた自民党は，1955年の結党のときに定めた「党の政綱」で**「現行憲法の自主的改正」**や**「国力と国情に相応した自衛軍備を整え」**るとの方針を示しており，憲法改正を明確な目標としてきた。ただ，こうした議論は日本社会党など護憲派の猛反発で下火となり，国民の関心はもっぱら経済問題に移行していった。ところが，1990年代からPKOなど自衛隊の海外での活動が広がり**「国際貢献」**が憲法論議の焦点として浮上したことや，護憲派の日本社会党が衰退したことなどで，憲法改正は国政の課題として注目を集めるようになってきた。

4 最高法規とは？ （➡p.60 1）

第97条　基本的人権の本質
（実質的最高法規性）

第98条　最高法規
（形式的最高法規性）

➡ 第99条　公務員の憲法尊重擁護の義務
➡ 第96条　憲法改正の手続き（硬性憲法）
➡ 第81条　最高裁判所の違憲審査権

解説 憲法の最高法規性とは？　近代憲法は専制君主の権力濫用を制限する闘いのなかから生まれた。憲法とは国家権力を制限して人権を保障する目的で作られた。そこで日本国憲法第97条は基本的人権の永久不可侵性を改めて表明し，この憲法はその基本的人権を保障するものであるがゆえに**最高法規**であることを第98条で規定している。

また第99条は国家権力を行使する側の公務員に憲法尊重擁護義務を課すことで，国民の人権擁護をはかっている。さらに人権擁護の基本法であるため改正は慎重であるべきことを第96条で規定し，第81条で裁判所に**違憲審査権**を与えることで憲法が最高法規であることの実質的確保をめざしている。

5 憲法改正の手続き

A 憲法改正の手続きの流れ

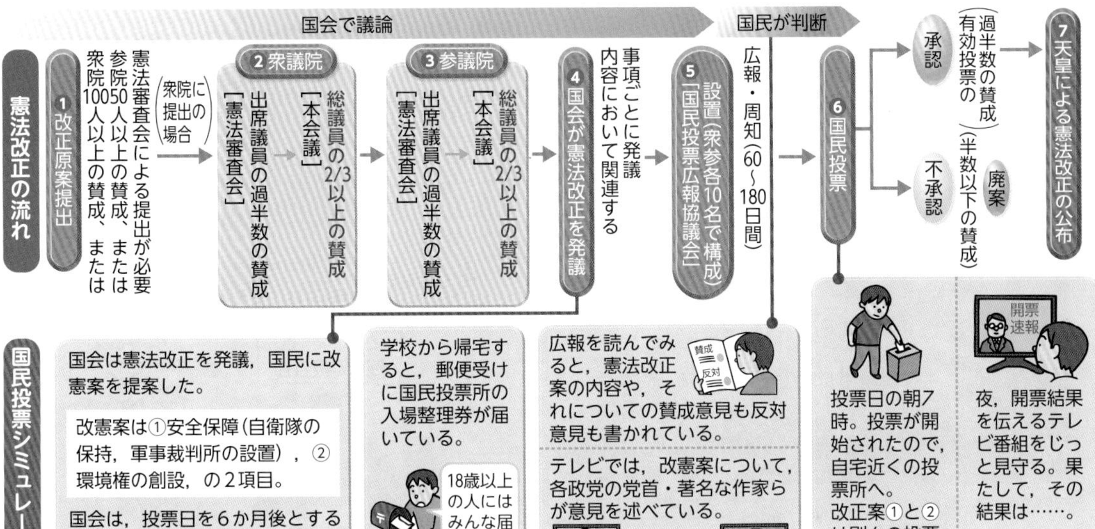

国会は憲法改正を発議，国民に改憲案を提案した。

改憲案は①安全保障（自衛隊の保持，軍事裁判所の設置），②環境権の創設，の２項目。

国会は，投票日を６か月後とすることも議決。（この場合①と②は個別に発議される）

学校から帰宅すると，郵便受けに国民投票所の入場整理券が届いている。

18歳以上の人にはみんな届くんだ！

広報を読んでみると，憲法改正案の内容や，それについての賛成意見も反対意見も書かれている。

テレビでは，改憲案について，各政党の党首・著名な作家らが意見を述べている。

投票日の朝７時。投票が開始されたので，自宅近くの投票所へ。改正案①と②は別々の投票用紙に記入し投票する。

開票速報

夜，開票結果を伝えるテレビ番組をじっと見守る。果たして，その結果は……。

B 国民投票法の骨子

（2007年制定，2010年施行，2014年一部改正，施行）

＊太字が改正点。

投票テーマ	憲法改正に限定
投票年齢	18歳以上
国民投票運動の規制	・**公務員は**，政治的行為禁止規定にかかわらず，**国民投票運動**（賛成・反対の投票の勧誘や投票しないよう勧誘する行為）**及び憲法改正に関する意見の表明をすることができる** ・公務員等および教育者は，**その地位を利用した国民投票運動をすることができない** ・**裁判官や検察官，公安委員会の委員及び警察官は，国民投票運動をすることができない**
広告規制	投票14日前からテレビ・ラジオによる広告を禁止

憲法改正の投票用紙

右の写真は，実際の国民投票で用いられる投票用紙の様式だ。憲法改正が発議されたら，国民は投票までの期間に「賛成」「反対」のいずれかを選ばなければならない。

仮にAの「国民投票シミュレーション」の改憲案が発議されたら，あなたはどう判断するだろうか？　考えてみよう。

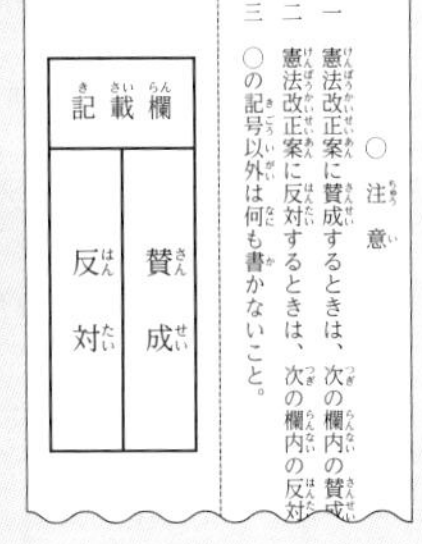
記載欄
賛成　反対
注意
一　憲法改正案に賛成するときは，次の欄内の賛成…
二　憲法改正案に反対するときは，次の欄内の反対…
三　○の記号以外は何も書かないこと。

C 憲法改正に関する世論

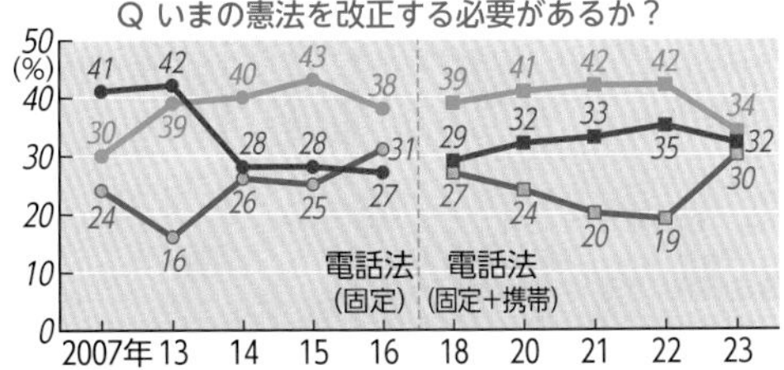

（NHK放送文化研究所資料による）

D 各国の憲法改正手続きと特徴（2023年）

国名（改正回数）	改正手続き	特徴
アメリカ（６回）	各院の**３分の２以上**の賛成 →**４分の３以上**の州議会の承認	議会への修正案の提出は毎年100～200件あるが，ほとんどが却下
フランス（27回）	各院の**過半数**の賛成 →各院合同会議の５分の３以上の賛成または**国民投票**	2000年に大統領の任期を短縮（７年→５年）。近年はＥＵへの権限移譲に伴う改正が多い
ドイツ（67回）	各院の**３分の２以上**の賛成	憲法（基本法）で定める事項の範囲が大きいため，改正回数も多い

（「諸外国における戦後の憲法改正【第８版】」国立国会図書館などによる）

問い　憲法改正についての議論をするとき，あなたはどんな知識が必要だと考える？

さらに深めよう！
日本国憲法の誕生（国立国会図書館）➡

基本用語 衆議院　参議院　常任委員会　特別委員会　二院制　両院協議会

Theme 29
国会のしくみ

Approach

国会議員の一年間

追究 一般の有権者が国会議員に要望を伝えるには，どのような方法があるだろうか。　緑字：通常国会の会期　赤字：臨時国会の会期

冬

12月…臨時国会の会期終了

11月…決算の提出（秋の臨時国会で提出が慣例，1月の通常国会に提出することもある）決算の概要報告・質疑

10月…各会派からの質問，補正予算の審議，法律案・条約等の審議

⬆国会議員が使用できる鉄道の無料パス
写真：共同通信社

1月…通常国会（常会）の召集，開会式：総理大臣の施政方針演説や関係大臣の演説，各会派からの質問，予算案の提出

2月…予算案の審議（衆議院で先に審議し，議決されると参議院で審議される。）

⬆開会式は参院本会議場で行われる。

3月…予算の成立（➡p.162），法律案・条約等の審議（通常国会では多いときには100件以上の法律案が審議される。）

春

4月…法律案・条約等の審議

5月…法律案・条約等の審議，会期延長の検討

6月…通常国会の会期終了

写真：読売新聞／アフロ

⬅国会議事堂の裏手には衆参両院の議員のための議員会館があり，国会議員の事務所として使われる。

夏

秋

9月…臨時国会の召集，開会式，内閣総理大臣の所信表明演説

8月…
7月…　地元での活動や海外視察など

参院選は，近年は7月実施が慣例。

1 国会の組織 〈注〉2023.7.1現在

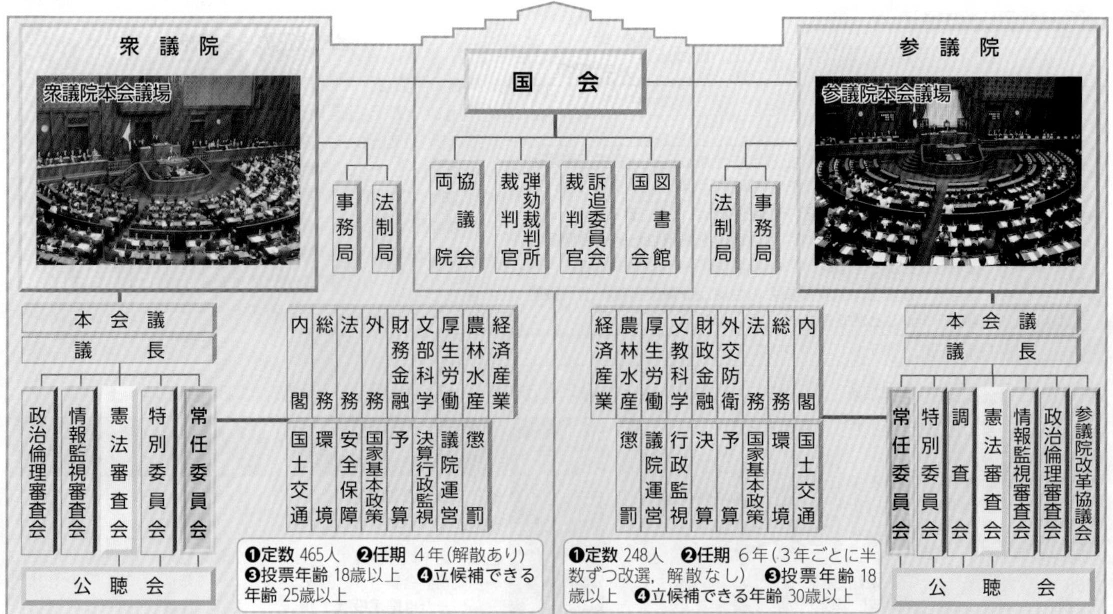

解説 **委員会とは**　国会では，各分野にわたる法案や問題を全員が一堂に会して審議することは現実的に困難なため，分野別に委員会が置かれている。法律案や予算案などは，委員会で実質的な審議が行われた後，本会議で審議される。このような委員会中心主義は戦後，アメリカから採り入れた。

しごとカタログ **国会職員**　国会の活動をバックアップする，特別職の国家公務員。三権分立の原則から，通常の国家公務員とは別に衆議院事務局と参議院事務局がそれぞれ採用試験を実施している。中には，議院警察を司る「衛視（えいし）」と呼ばれる職員もいる。

2 会派別議席数の状況

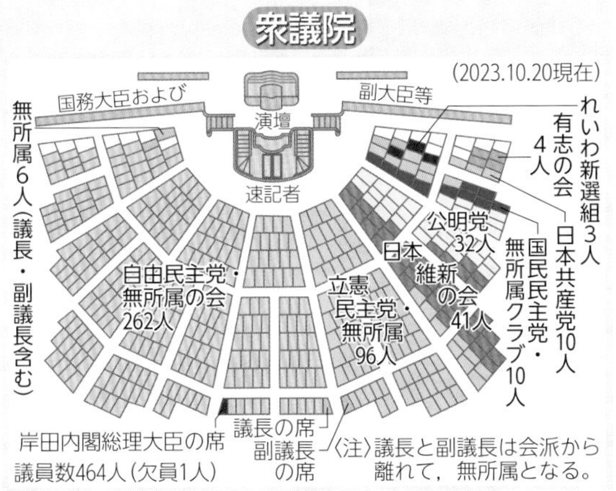

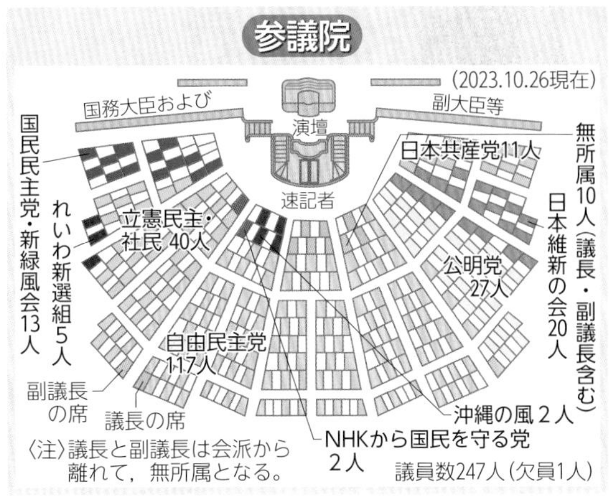

解説 **二院制のメリット**　日本が衆参両院の**二院制**（両院制）をとる理由として，①一院だけだと国民の声が十分に反映されないこと②二院の方が慎重な審議ができること③衆議院の行き過ぎを，参議院で抑制できること，などがあげられる。そのため，議員定数や任期，選挙区，被選挙権などに違いをもたせ，二院制の長所を生かしている。海外においても，アメリカ，イギリス，ドイツ，オーストラリアなどでも二院制をとっている。

3 国会の種類

種　類	回数	会期と召集	主な議題
通常国会（常会）(52)	毎年1回	150日。毎年1月中に召集される(52)。会期は1回だけ延長できる。	来年度予算の審議
臨時国会（臨時会）(53)	不定	内閣又はいずれかの院の総議員の4分の1以上の要求で召集(53)。衆院の任期満了選挙または参院の通常選挙後任期が始まる日から30日以内[注2]	緊急に必要な議事
特別国会（特別会）(54)	不定	不定。衆議院の解散総選挙後30日以内に召集される。[注2]	内閣総理大臣の指名
参議院の緊急集会(54)[注1]	不定	不定。衆議院の解散中に緊急の必要がある場合に集会。	緊急に必要な議事

〈注1〉参議院の緊急集会は，過去に1952.8，次総選挙の中央選挙管理会の委員の承認などのため，また53.3，暫定予算審議などのための2回のみ行われている。
〈注2〉臨時会と特別会は2回まで延長できる。
〈注3〉（　）内の数字は憲法の条数。

解説 **会期とは**　国会は1年中活動しているわけではなく，「会期」という一定の活動期間に法案審議や採決といった活動を行い，会期中に議決に至らなかった法案は原則的に廃案となる。これは，延々と同じ案件の議論が続くことで，国政が停滞することを防ぐためといわれている。通常国会（常会）は毎年必ず召集されるが，通常国会の閉会中でも，緊急に国会の審議を要する案件があれば，臨時国会（臨時会）を召集することができる。

4 国会議員の身分と特権

議員の特権	歳費特権 (49)	一般職国家公務員の最高額以上の歳費（給料）を保障（国会法35）
議員の特権	不逮捕特権 (50)	会期中は逮捕されない（会期外は一般人と同じ） （例外：①院外で現行犯の場合 ②議院が許可を与えた場合（国会法33）） 会期前逮捕の議員は，議院要求により釈放可
議員の特権	免責特権 (51)	院内での発言・表決について院外で責任（刑罰や損害賠償など）を問われない （例外：院内での懲罰（戒告・陳謝・登院禁止・除名）を受けることがある(58)）
身分保障	議席を失う場合	①任期が満期となったとき（45・46） ②衆議院の解散〔衆議院議員のみ〕(45) ③資格争訟裁判により議席を失った場合 ④除名決議(58)―3分の2以上の賛成が必要 ⑤被選挙資格を失った場合（国会法109） ⑥当選無効の判決（公職選挙法251）

〈注〉（　）内の数字は憲法の条数。

解説 **国会議員の「特権」はなぜ？**　国会議員に特権が認められているのは，**国民の代表者として選出された国会議員の自由で独立した活動を保障するため**であり，不逮捕特権は，不当逮捕による政治的弾圧を抑止するという趣旨である。なお，**地方議会議員には保障されていない**。また，院外における現行犯罪が例外とされているのは，**現行犯は犯罪事実が明白で，不当逮捕の可能性が少ないため**である。

＋α プラスアルファ 国会議員の待遇（2023年4月1日現在）

■**歳　　費**　月額約129万円（事務次官クラスと同額）
期末手当　年間約630万円（約5か月分）
年間報酬　約2,180万円
〈注〉新型コロナ感染拡大を受け，歳費は2020年5月から2022年7月まで2割削減されていた。

■**調査研究広報滞在費**
月額100万円（日割り支給）

■**立法事務費**　月額65万円

■**秘　　書**　公設秘書2人，政策秘書1人（給与は国費）

■**議員会館**　1室100平方メートル。無料

■**議員宿舎**　都心の一等地。使用料3～15万円

■**議員年金**　最低でも年412万円
〈注〉2006年4月に廃止。ただし，これまでの議員（2006.4時点の現職含む）には，15%減額にて支給。

■**そ の 他**　①JR無料パス支給，②JR無料パス＋選挙区との往復航空券引換証3回分，③選挙区との往復航空券引換証（1か月あたり4回分）のいずれかを選べる。

Try トライ　衆議院の解散総選挙後30日以内に召集される国会の種類は？
①通常国会　②臨時国会　③特別国会　④緊急集会

Theme 30

国会の働き

基本用語 衆議院の優越　内閣不信任決議　弾劾裁判所　国政調査権

国会の活動を支えます！

Approach

追究 国会が行政からの独立性を保つ意義を考えてみよう。

⇧理事会が行われている部屋を警備する衛視（2015.9.16）

⇦**国立国会図書館東京本館**　地下8階まで書庫があるが，これでも年々増加する蔵書に対応できず，2002年，京都府精華町に関西館が新設された。

⇩**国会図書館の書庫**　依頼のあった資料を職員がカートで運ぶ。

写真：読売新聞／アフロ

議院法制局

Ⓐ最近の主な議員立法
- こども基本法（2022年）
- 教育職員等による児童生徒性暴力等の防止等に関する法律（2021年）
- 棚田地域振興法（2019年）

　国会では，議員だけでなく様々な分野の職員が働いており，国会の活動を支えている。例えば，国会は行政権からの独立性を保つため，警察ではなく，衆参の議長に属する「**衛視**」が秩序の維持を受け持っている。また，最近少しずつ増えてきた議員立法を支えるのが，衆議院と参議院のそれぞれに置かれている**法制局**である。法案作成の専門知識を持つスタッフが，議員立法をサポートする体制になっている。**国立国会図書館**は，国内で出版されたあらゆる書物を収蔵する日本最大の図書館。一般人の利用ももちろんできるが，議員用の閲覧(えつらん)室や研究室が備えられていて，国会の立法活動のサポートが最優先となっている。

1 国会・議院の権能

権能		内容
国会の権能		①憲法改正の発議（96） ②法律案の議決（59） ③条約の承認（61・73③） ④内閣総理大臣指名（67①） ⑤弾劾裁判所の設置（64）（➡p.136 6） ⑥財政の監督（91） ⑦予算の議決
議院の権能	両院共通の権能	①法律案の提出 ②議院規則の制定 ③国政の調査 ④請願の受理 ⑤議員の資格争訟 ⑥議員の逮捕の許諾，釈放の要求 ⑦議員の懲罰 ⑧会議公開の停止 ⑨役員の選出 ⑩大臣出席の要求 ⑪決議（祝賀・弔意の決議）
	衆議院のみ	①内閣の信任・不信任の決議（69） ②緊急集会に対する同意 ③法律（59②）・予算（60②）・条約承認（61）・内閣総理大臣指名（67②）における優越
	参議院のみ	・参議院の緊急集会

⇦**参議院の議員バッジ**（金張り）（13,440円）

⇦**衆議院の議員バッジ**（金メッキ）（10,500円）

〈注〉（　）内の数字は憲法の条数。

（有倉遼吉ほか『口語憲法』自由国民社などによる）

解説 **国会の権限行使**　国会としての権限行使には衆参両院の意思の一致が必要であるが，衆参各院が別個に行使する権限については意思の一致は必要ない。

2 衆議院の優越

優越			内容
衆議院の優越	権限で優越		①予算先議権（60） ②内閣不信任決議（69）
	議決で優越	Ⓐ法律案の議決	**議決結果** ①衆・参議院で異なった議決をした場合 ②衆議院が可決した法案を参議院が60日以内に議決をしない場合 ➡ **衆議院の優越** 衆議院で出席議員の3分の2以上の賛成で再可決
		Ⓑ予算の議決（60・86） Ⓒ条約の承認（61・73） Ⓓ内閣総理大臣の指名（67）	**議決結果** ①衆・参議院で異なった議決をし，両院協議会でも不一致の場合 ②衆議院が可決した議案を参議院で30日（首相指名は10日）以内に議決しない場合 ➡ **衆議院の優越** 衆議院の議決がそのまま国会の議決となる。
両院対等			①憲法改正の発議（96） ②決算の審査（90）　など

〈注〉（　）内の数字は憲法の条数。

解説 **国会の意思決定**　二院制をとる国会の意思は両院の意思が一致したとき成立する。そこで両院の意思が一致せず国政が停滞(ていたい)するのを防ぐため，衆議院に優越的(ゆうえつてき)地位を認めている。

しごとカタログ **国会速記者**　議事の速記を担当する国会職員。速記符号とよばれる特殊な文字で，議員や大臣の発言を記録する。しかし，時代の流れから国会でもパソコンで速記をとる方式が主流となり，速記者養成所は2007年に募集を終了した。

3 法律が成立するまで

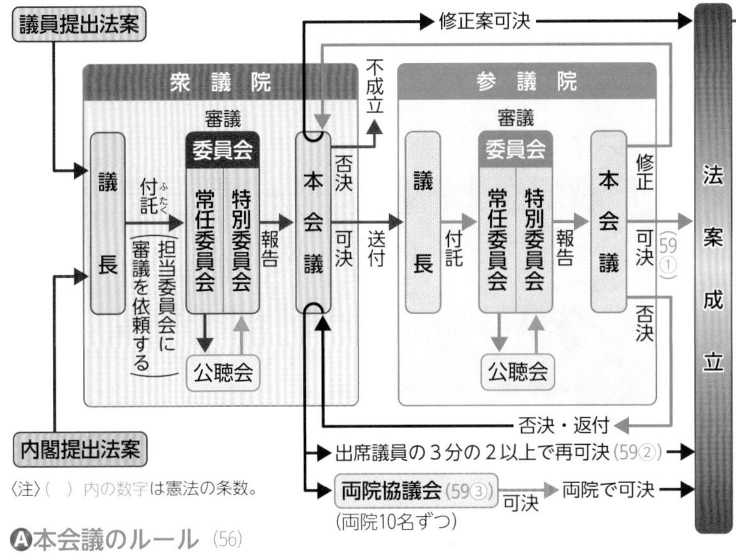

〈注〉( )内の数字は憲法の条数。

Ⓐ本会議のルール（56）

総議員の1/3以上で本会議成立

通常，出席議員の過半数の多数決で議決成立

〈注〉( )内の数字は憲法の条数。

解説 **法律の制定**　提出された法律案を議長は担当の**委員会に付託**する。委員会では趣旨説明ののち質疑となり，**公聴会**が開かれたり修正案が出るなどして実質審議がなされる。委員会採決をへて法律案は**本会議で採決**され，もう一方の議院に送られる。両院の議決が一致しない場合，**両院協議会**を開くか否かは衆議院が決める。

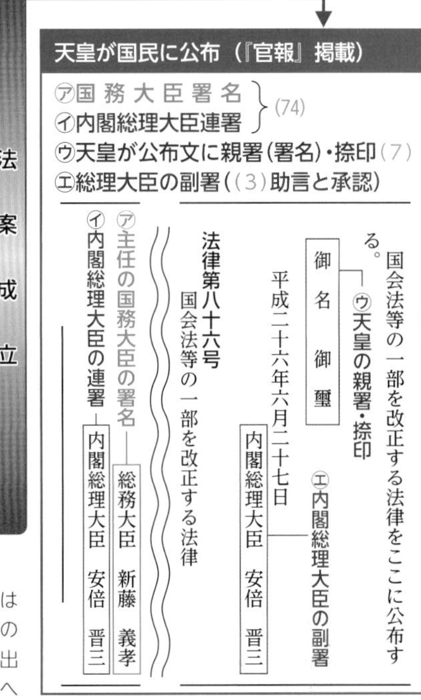
天皇が国民に公布（『官報』掲載）

㋐国務大臣署名
㋑内閣総理大臣連署 }（74）
㋒天皇が公布文に親署(署名)・捺印（7）
㋓総理大臣の副署（(3)助言と承認）

国会法等の一部を改正する法律をここに公布する。
㋒天皇の親署・捺印
御名　御璽
平成二十六年六月二十七日
内閣総理大臣　安倍　晋三
㋓内閣総理大臣の副署
法律第八十六号
国会法等の一部を改正する法律
㋐主任の国務大臣の署名
総務大臣　新藤　義孝
㋑内閣総理大臣の連署
内閣総理大臣　安倍　晋三

⇧法律の公布を告知する『官報』の紙面　国が定める法令は，全て『官報』への掲載をもって「公布」される。

4 国政調査権

目的	①法律の作成，予算審議，行政府の監視のため ②国政の情報を提供し，国民の知る権利に奉仕する
主体	衆議院と参議院。それぞれが別個に独立して行使する。
権能	国政に関して調査を行える。法律関連，財政，行政など，国の政治に関することなら，ほぼすべて調査できる。とくに政治家の汚職事件について，国政調査が行われることが多い。
証人喚問（かんもん）	・国政調査権行使の一つ。呼び出しに強制力あり。 罰則　出頭拒否・証言拒否：1年以下の禁固または10万円以下の罰金　偽証：3か月以上10年以下の懲役 〈注〉**参考人招致**は呼び出しに強制力はない。応じるかは任意。証言拒否や偽証に法的責任もない。

⇧証人喚問の様子

解説 **両院対等**　各議院の権限として国政全般を調査する国政調査権が認められており，**証人喚問**，証言・記録の提出，議員派遣などの手段がある。その手続きを規定したのが**議院証言法**。これまでに喚問された証人は衆議院だけで1,000人以上。

＋α（プラスアルファ）『官報』って何？

⇧官報の題字

官報は，法律や政令などの公布をはじめ，立法・行政・司法の全てにわたる国の機関の報告や資料を公表する「国の広報紙」である。詔書（しょうしょ）（国会の召集・衆議院の解散・選挙の公示など）や法令の公布のほか，高級官僚の人事異動や，功績があった人への叙位・叙勲，国家試験の実施など，多種多様な情報が掲載されている。印刷は国立印刷局が受け持ち，官公庁の開庁日（平日）に発行されている。なお，官報の紙面はインターネットにも掲載され，国立印刷局や国立国会図書館のHPから見ることができる。

5 国会にかかわる諸改革

政府委員制度の廃止（1999年）	議員から政府に対する質問について，国務大臣の他に官僚が答弁していた政府委員制度を原則廃止した。委員会での質疑の中心を政治家同士の政策論議にするのが目的。ただし，技術的事項や行政運営の細目事項については，政府参考人として官僚が答弁する場合がある。
国家基本政策委員会の設置と党首討論（2000年）	各議院に国家基本政策委員会を設置し，国家の基本政策について国会開会中は週1回合同審査会のかたちで与野党の党首が討論する。単なる質疑ではなく，首相にも反論権がある。
副大臣・大臣政務官制度の導入（2001年）	中央省庁再編にともない，権限や役割が不明確であった政務次官を廃止し，副大臣と大臣政務官が新設された。副大臣・大臣政務官は，国会の本会議・委員会での討論や答弁も担う。

Try（トライ） 次のうち，官報で公示されていないものはどれ？
①自己破産者の住所氏名　②紛失したパスポートの番号　③国家試験合格発表　④市役所の一般職員の人事異動

基本用語 内閣総理大臣　閣議　国務大臣　議院内閣制　内閣不信任決議　政令

Theme 31 行政権をもつ内閣

Approach

行政権の中枢―首相官邸とは？

首相公邸　1929年築の旧首相官邸を，首相の住まいとして移動・改装したもの。

首相官邸　2002年4月から使用されている。屋上はヘリポートの機能がある。

閣議　内閣の意思決定は閣議でなされる。閣議は内閣総理大臣と国務大臣で組織される合議体で，国会に対して連帯責任を負うため，案件は全会一致によって決定する。主宰者は内閣総理大臣であるが，内閣官房長官が司会をし，閣議決定をみた案件には，各国務大臣が署名（花押（かおう））する。

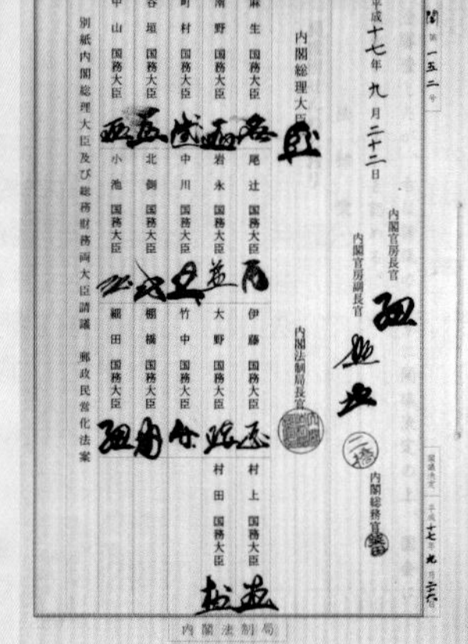
閣第一五二号
平成十七年九月二十二日
内閣官房長官
内閣官房副長官
内閣総務官
内閣総理大臣
内閣法制局長官
麻生国務大臣　尾辻国務大臣　伊藤国務大臣　村上国務大臣
南野国務大臣　岩永国務大臣　大野国務大臣　村田国務大臣
町村国務大臣　中川国務大臣　竹中国務大臣
谷垣国務大臣　北側国務大臣　棚橋国務大臣
中山国務大臣　小池国務大臣　細田国務大臣
別紙内閣総理大臣及び総務財務両大臣請議　郵政民営化法案
内閣法制局

閣議書　内閣総理大臣以下の花押が見える。
〈注〉当時の総理大臣は小泉純一郎氏。

Ⓐ首相官邸の内部

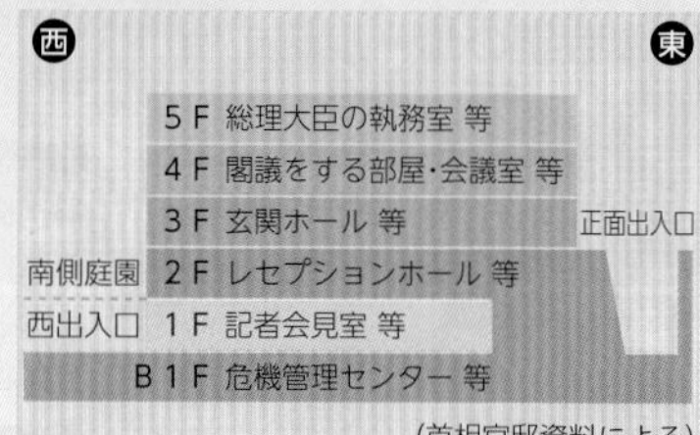

（首相官邸資料による）

首相官邸の周辺図　国会議事堂や中央省庁，皇居など国政の中枢となっている。

空飛ぶ官邸！―政府専用機

政府専用機は天皇陛下や首相など国の要人の移動に使われ，運用は航空自衛隊が担当する。首相の執務室，会議室などがあり，「空飛ぶ官邸」とも称される。2019年からボーイング777をベースにした新しい機体が導入された。

Key point キーポイント 首相官邸は，**内閣総理大臣（首相）**が日常の仕事をする場で，**閣議**はここか国会内で行われる。地下には危機管理センターがあり，大規模災害などの緊急時にはここに情報が集約され，各方面への指示が出される。

追究 閣議の議事録をインターネットで調べよう。

1 内閣の成立

〈注1〉（　）内の数字は憲法の条数。
〈注2〉衆議院の任期満了にともなう選挙の場合は，臨時国会が召集される。
〈注3〉2023年7月現在，国務大臣の定員は原則16名以内，最大19名以内。

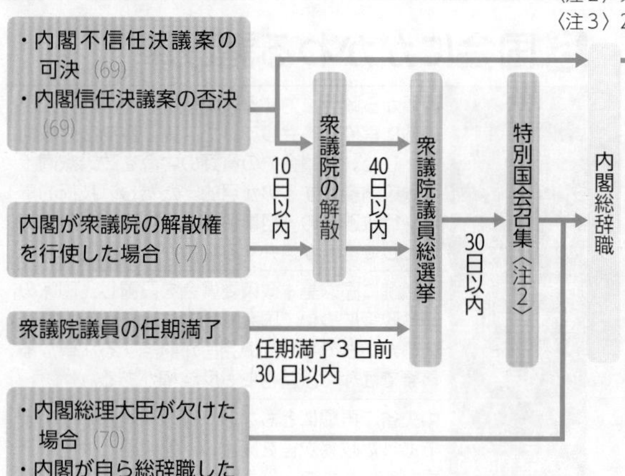

内閣総理大臣の指名 → 内閣の成立

国会の指名選挙
衆・参両院で指名投票がおこなわれ，国会の議決によって指名される。

国務大臣
・原則14名以内，最大17名以内〈注3〉。
・過半数は国会議員であること。

任命（罷免）

内閣総理大臣
・国会議員であること。
・天皇により任命。

解説 **議院内閣制**　内閣総理大臣は国会議員の中から国会において指名され，内閣総理大臣が任命した国務大臣とともに内閣を組織する。内閣は国会に対して連帯して責任を負う。連帯責任とは，各大臣が個々人としてではなく，内閣の構成員一体として責任を負うということである。これが**議院内閣制**である。

しごとカタログ **内閣総理大臣**　行政権のトップに君臨する地位。いくつか例外はあるが，基本的に衆議院で最大の議席数をもつ政党の党首が就任している。「総理のイス」は，多くの政治家が全てをかけてめざす最終目標である。

2 議院内閣制のしくみ

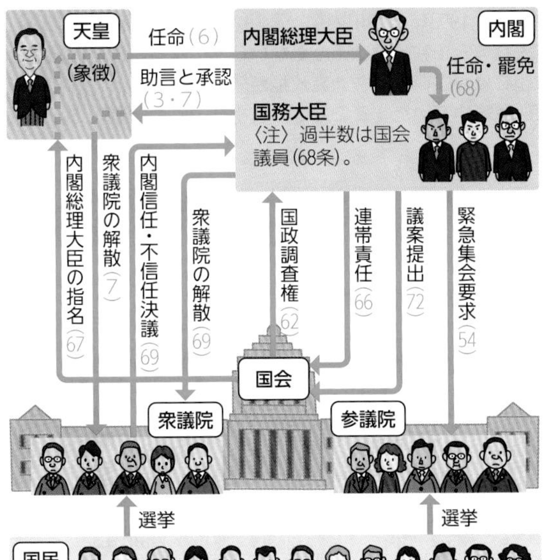

〈注〉( )内の数字は憲法の条数。

解説 **国会に対し連帯責任**　衆議院は内閣に対し**不信任決議権**をもち，国民を代表して内閣の行政を監視する。一方内閣は不信任決議が可決された場合，**総辞職**するか，**10日以内に衆議院を解散**して国民の意思を問う。間接的ではあるが，国会を通じて行政を民意の統制下におくことを議院内閣制はめざしている。

3 内閣総理大臣の仕事と権限

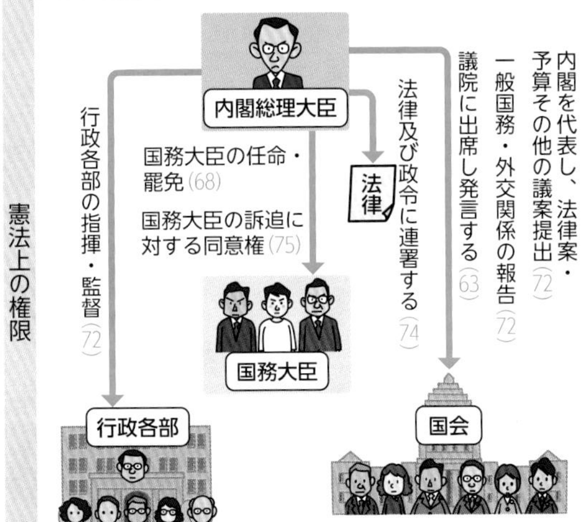

	権限	根拠
内閣法上の権限	●閣議の主宰（しゅさい）権。重要政策の発議権〈注2〉	(第4条第2項)
	●主任の大臣間の権限疑義の裁定	(第7条)
	●行政各部の処分又は命令の中止権	(第8条)
	●内閣総理大臣の臨時代理者の指定権	(第9条)
	●主任の国務大臣の臨時代理者の指定権	(第10条)
その他法律上の権限	●自衛隊に対する最高指揮監督権	(自衛隊法第7条)
	●緊急事態の布告	(警察法第71条・第72条)
	●災害緊急事態の布告	(災害対策基本法第105条)
	●行政処分等の執行停止に対する異議の申述	(行政事件訴訟法第27条) など

〈注1〉( )内の数字は憲法の条数。
〈注2〉2001年の内閣法改正により認められた。

4 内閣の仕事と権限

	権限	解説
73条に関係するもの	法律の執行と国務の総理 (73⑴)	国会で制定された法律を誠実に執行し，広く，行政事務一般を統括・管理する。
	外交関係の処理権 (73⑵)	国を代表して重要な外交関係を処理する。日常の外交事務は，外務大臣に主管させることができる。
	条約締結権 (73⑶)	事前または事後に，国会の承認を得ることが必要。
	官吏に関する事務の掌握権 (73⑷)	官吏とは，行政権の行使に携わる公務員のことであるが，国会議員，地方議会議員等は除かれる。
	予算の作成権 (73⑸)	予算を作成して国会へ提出し，審議をうける。
	政令の制定権 (73⑹)	憲法・法律の規定を実施するためには細部の規定が必要。法律を実施するための執行命令と法律の委任を受けた委任命令とがある。
	恩赦（おんしゃ）の決定権 (73⑺)	訴訟法上の正規の手続によらず，刑罰の減免を決定できる。天皇が認証する。
天皇の国事行為に対する助言と承認 (3・7)		天皇の国事行為に関して助言と承認を与え，その責任を負う。
臨時国会の召集の決定権 (53)		内閣が必要と判断したとき，臨時国会の召集を決定する。
参議院の緊急集会の要求権 (54②)		衆議院が解散されると同時に参議院も閉会となる。しかし，国に緊急の必要があるときは，参議院の緊急集会を求めることができる。
最高裁判所長官の指名権 (6②)		最高裁判所の長官は，内閣が指名し天皇が任命する。
最高裁判所長官以外の裁判官の任命権 (79①，80①)		最高裁判所の裁判官は，長官以外は内閣が任命する。下級裁判所の裁判官は，最高裁判所の指名した者の名簿によって内閣が任命する。

〈注〉( )内の数字は憲法の条数。

解説 **権限を強化**　明治憲法下では，内閣そのものに関する規定はなく，各国務大臣が天皇を「輔弼（ほひつ）(君主を補佐)」するとされていた。また，内閣総理大臣も「同輩中の首席」に過ぎず，他の国務大臣を罷免する権限もなかった。日本国憲法では「行政権は内閣に属す」と明示され，内閣総理大臣は他の国務大臣を任意に罷免できるようになった。

＋α（プラスアルファ） 解散権は「伝家の宝刀」!?

衆議院の解散権は，内閣の権限の中でも，全ての衆議院議員をいったん「普通の人」に戻すという強力なもので，伝家の宝刀とも言われる。内閣が衆議院の多数派と対立した場合，どちらに分があるかを，衆議院議員選挙を通じて国民に問うという点で，内閣の最後の切り札とも言える。

A 最近の衆議院解散

年 月	内 閣	解 散	結 果
2009. 7	麻 生	**がけっぷち解散**　時機を逸し，解散	自民党惨敗，政権交代へ
2012.12	野 田	**近いうち解散**　消費税増税などを条件に解散	民主党惨敗，自民党政権復帰
2021.10	岸 田	**任期満了解散**　就任間もない岸田首相が，任期切れ間際に解散	与党が過半数を維持し，引き続き政権を担うことに

Try（トライ） 衆議院解散には，マスコミなどによって「○○解散」と愛称が付けられている。次のうち，本当にあった解散を全て選んでみよう。
①バカヤロー解散　②ハプニング解散　③ウソつき解散　④死んだふり解散　⑤名無しの解散

ゼミナール

首相列伝

2009年８月の衆議院議員総選挙で，自民党から民主党へ政権交代が実現したが，2012年12月の総選挙で自民党が政権奪還を果たした。振り返ってみれば，55年体制が崩壊した1993年の細川内閣から日本は連立政権時代に入り，閣外協力の場合も入れると単独政権は１度もないことになる。また衆議院と参議院のねじれが起こりやすい状況も連立政権が続く要因となっており，政権運営が困難な時期が続いていた。ここでは，首相を中心に，戦後の内閣をまとめてみよう。

(2022年７月現在)

1945年　第二次世界大戦終結

東久邇宮　稔彦王（ひがしくにのみや なるひこ）　57歳／皇族
1945. 8～45.10　**54日（歴代最短）**
- 45.9　降伏文書調印
- 45.10　GHQ，人権指令
  人権指令を実施不可能として総辞職

幣原　喜重郎（しではら きじゅうろう）　73歳／外務省
1945.10～46. 5　**226日**
- 46. 1　天皇の人間宣言
- 46. 4　戦後初の総選挙（女性参政権の行使）で日本自由党が第一党となり，総辞職

世**吉田　茂**（よしだ しげる）　67歳／外務省　**自由，進歩党**［自由党］
1946. 5～47. 5　**368日**
- 47. 1　GHQ，2・1ゼネスト中止指令
- 47. 5　日本国憲法施行
- 47. 5　総選挙で社会党が第一党となったため，総辞職

片山　哲（かたやま てつ）　59歳／弁護士　**社会，民主，国協党**［社会党］
1947. 5～48. 3　**292日**
- 48. 2　党内右派・左派の対立の激化で総辞職

世**芦田　均**（あしだ ひとし）　60歳／外務省　**民主，社会，国協党**［民主党］
1948. 3～48.10　**220日**
- 48. 7　政令201号公布
- 48.10　昭和電工疑獄事件で閣僚が逮捕され，総辞職

H.Q. of Nippon Libera

➡日本自由党本部前の芦田均(左)と鳩山一郎

世**吉田　茂**（よしだ しげる）　70歳　**民主自由党→自由党**
1948.10～54.12　**2,616日**（1946.5 ～ 47.5の368日含む）
- 48.11　極東国際軍事裁判判決
- 50. 6　朝鮮戦争　51. 9　対日講和条約
- 54. 4　造船疑獄で指揮権発動
- 54. 7　自衛隊発足
- 54.12　公職追放解除で，有力政治家が復帰し反吉田勢力増大，不信任議決前に総辞職

1955年　55年体制成立

世**鳩山　一郎**（はとやま いちろう）　71歳　**日本民主党→自由民主党**
1954.12～56.12　**745日**（写真は芦田均の欄）
- 55.11　保守合同で自由民主党結成
- 56.10　日ソ共同宣言
- 56.12　国際連合加盟，日ソ国交回復を機に引退を表明し，総辞職

石橋　湛山（いしばし たんざん）　72歳／新聞記者　**自由民主党**
1956.12～57. 2　**65日**
- 57. 2　首相病気のため総辞職

岸　信介（きし のぶすけ）　60歳／商工省　**自由民主党**
1957. 2～60. 7　**1,241日**
- 60. 1　新安保条約調印
- 60. 5　新安保条約強行採決→安保闘争激化
- 60. 6　新安保条約自然成立
- 60. 7　新安保条約承認での混乱により，内閣総辞職

首相　就任時年齢／出身省庁等	所属政党（連立の場合は［ ］内）
在職期間	通算在職日数
出来事　世…世襲議員（親が国会議員）。	

〈政権発足時の与党〉…自民党　…非自民党　…自民党＋非自民党　…55年体制以前

池田　勇人（いけだ はやと）　60歳／大蔵省　**自由民主党**
1960. 7～64.11　**1,575日**
- 60.12　「所得倍増計画」決定
- 64.10　東京オリンピック
- 64.11　経済大国日本の基盤を確立するが，病気のため総辞職

佐藤　栄作（さとう えいさく）　63歳／運輸省　**自由民主党**
1964.11～72. 7　**2,798日**
- 65. 6　日韓基本条約調印
- 68. 4　小笠原返還協定調印
- 70. 6　日米安保自動延長
- 72. 5　沖縄復帰，返還実現を機に首相引退表明，総辞職

Ⓐ昭和の歴代首相のあだ名

吉田　茂	ワンマン宰相（強烈なリーダーシップ）
岸　信介	昭和の妖怪（ようかい）（長老として影響力を誇示）
佐藤栄作	政界の団十郎（歌舞伎役者のような顔つき）
田中角栄	コンピューター付きブルドーザー（日本列島改造計画を推進したことから）
中曽根康弘	風見鶏（かざみどり）（手のひら返しを繰り返す）

田中　角栄（たなか かくえい）　54歳　**自由民主党**
1972. 7～74.12　**886日**
- 72. 9　日中共同声明発表
- 72.12　列島改造政策を閣議決定
- 73.10　第４次中東戦争→石油危機
- 74.12　首相の金脈問題を社会から批判され，総辞職

三木　武夫（みき たけお）　67歳　**自由民主党**
1974.12～76.12　**747日**
- 76. 7　ロッキード事件で田中前首相逮捕
- 76.12　ロッキード事件真相解明に対する党内反発と，総選挙での自民党敗北により総辞職

⬆三木武夫(右)と石原慎太郎

福田　赳夫（ふくだ たけお）　71歳／大蔵省　**自由民主党**
1976.12～78.12　**714日**
- 78. 8　日中平和友好条約調印
- 78.12　OPEC（オペック），石油値上げ決定（79年第２次石油危機）
  自民党総裁予備選挙で大平正芳に敗れ，総辞職

大平　正芳（おおひら まさよし）　68歳／大蔵省　**自由民主党**
1978.12～80. 6　**554日**
- 80. 6　大平首相死去により総辞職→史上初の衆参同時選挙

1979 1980 1981 1982 1983 1984 1985 1986 1987 1988 1989 1990 1991 1992 1993 1994 1995 1996 1997 1998

鈴木 善幸 69歳 自由民主党
1980.7～82.11 864日
82.11 首相突然の退陣表明で総裁選出馬せず，総辞職

中曽根 康弘 64歳／内務省・海軍 自→自，新自ク[自民党]
1982.11～87.11 1,806日
83.12 自民党過半数割れ，連立政権へ
85.8 戦後初，首相が靖国神社公式参拝
87.1 防衛費GNP 1％を突破
87.4 国鉄分割民営化
87.11 自民総裁任期延長後，任期満了で退陣，総辞職

竹下 登 63歳／島根県議 自由民主党
1987.11～89.6 576日
89.1 昭和天皇崩御，平成改元
89.4 消費税実施
89.6 リクルート事件・消費税導入に批判が高まり，総辞職

宇野 宗佑 66歳／滋賀県議 自由民主党
1989.6～89.8 69日
89.8 リクルート・消費税・コメ問題などでの自民党批判による参院選挙大敗を受け総辞職

海部 俊樹 58歳 自由民主党
1989.8～91.11 818日
91.4 自衛隊掃海艇のペルシア湾派遣
91.11 自民党総裁の任期満了により総辞職

世宮沢 喜一 72歳／大蔵省 自由民主党
1991.11～93.8 644日
92.6 PKO協力法成立
93.7 衆院総選挙で自民党大敗，下野
93.8 解散・総選挙での大敗の責任をとり，総辞職

1993年 55年体制崩壊

細川 護煕 55歳／熊本県知事 8党派連立[日本新党]
1993.8～94.4 263日
93.8 非自民の8党派連立政権樹立
94.1 政治改革法案成立
94.4 首相の不正政治資金供与問題表面化で，総辞職

世羽田 孜 58歳 少数連立 [新生党]
1994.4～94.6 64日
94.6 社会党が非自民連立から離脱したため，内閣不信任案提出前に退陣を表明し，総辞職

村山 富市 70歳／大分県議 自，社，さ [社会党]
1994.6～96.1 561日
94.7 社会党，安保・自衛隊を容認
96.1 「人心一新」を理由に退陣表明し，総辞職

世橋本 龍太郎 58歳 自，社民，さ [自民党]
1996.1～98.7 932日
96.4 日米安保共同宣言
97.4 消費税税率を5％に引き上げ
98.7 参院選での自民大敗で総辞職

世小渕 恵三 61歳 自，自→自，自，公 [自民党]
1998.7～00.4 616日
99.5 ガイドライン関連法成立
99.8 国旗・国歌法成立
00.4 首相急病，入院により，総辞職

1999 2000 2001 2002 2003 2004 2005 2006 2007 2008 2009 2010 2011 2012 2013 2014 2015 2016 2017 2018 2019 2020 2021

森 喜朗 62歳 自，公，保 [自民党]
2000.4～01.4 387日
01.1 中央省庁が1府12省庁に
01.4 首相の度重なる失言で支持率低下，与党内からも退陣要求，総辞職

世小泉 純一郎 59歳 自，公，保(保新)→自，公 [自民党]
2001.4～06.9 1,980日
03.6 有事法制成立
03.12 イラク特措法で自衛隊派遣
05.9 解散総選挙で自民党大勝
06.9 自民党総裁の任期満了により，総辞職

世安倍 晋三 52歳 自，公 [自民党]
2006.9～07.9 366日
06.12 教育基本法改正
07.1 防衛庁，防衛省に昇格
07.5 国民投票法成立
07.8 参院選で自民党大敗，民主党躍進
07.9 臨時国会所信表明演説後，退陣表明，総辞職

世福田 康夫 71歳 自，公 [自民党]
2007.9～08.9 365日
07.9 初の親子二代首相誕生
08.9 「ねじれ国会」で政権運営に行きづまり，臨時国会を前に突然の退陣表明，総辞職

世麻生 太郎 68歳 自，公 [自民党]
2008.9～09.9 358日
09.8 衆院選で自民大惨敗，民主第一党に
09.9 衆院総選挙で民主党に第一党の座を奪われたため，総辞職

2009年 政権交代実現

世鳩山 由紀夫 62歳 民，社，国 [民主党]
2009.9～10.6 266日
09.9 民主党中心の連立政権樹立
10.6 普天間基地移設問題，社民党の連立離脱，首相・小沢幹事長の金銭問題の責任をとり，総辞職

菅 直人 64歳 民，国 [民主党]
2010.6～11.9 452日
11.3 東日本大震災・東京電力福島原発事故→対応が遅れ批判集中
11.9 退陣条件の3法案成立ののち，総辞職

野田 佳彦 54歳 民，国 [民主党]
2011.9～2012.12 482日
12.8 民主・自民・公明の3党合意で消費税増税法が成立。この過程で民主党から多数の離党者が出る
12.12 衆院総選挙で民主壊滅的大敗。自民党が第一党となり総辞職

2012年 自民党政権奪還

世安倍 晋三 58歳 自，公 [自民党]
2012.12～2020.9 2,822日
吉田茂に続き戦後2回目の首相再登板。戦前戦後を通じて最長の在任期間を達成。コロナ禍の中，体調不良のため退陣。

菅 義偉 71歳 自，公 [自民党]
2020.9～2021.10 384日
20.9 コロナ禍の中で就任。携帯電話料金の値下げやデジタル化の推進などを掲げる。

岸田 文雄 64歳 自，公 [自民党]
2021.10～
21.10 衆院選で自公が過半数を維持。

政治

基本用語 官僚制　委任立法　行政改革　天下り　大きな政府・小さな政府

Theme 32
現代の行政

Approach
「政治家」と「官僚（かんりょう）」，どう違う？

❶**政治家とは？**…国民が選挙で選んだ代表のこと。一般的に，衆議院・参議院の国会議員や地方公共団体の首長・議員など，選挙を経て公職に就く人のことを指すほか，内閣総理大臣をはじめ国務大臣・副大臣・大臣政務官のように，主に国会議員から任命される特別職公務員も政治家である。主な仕事内容としては，法律や条例を制定・改正すること，予算を決定すること，政策を決定することなどが挙げられる。

❷**官僚とは？**…日本では，国家公務員試験に合格して中央官庁に採用された国家公務員全般を指すとされているが，日常会話で「官僚」と言う場合，中央省庁で政策に携わる国家公務員，中でも旧国家公務員Ⅰ種試験や総合職試験等に合格して幹部候補として任官している国家公務員を漠然（ばくぜん）と指すことが多い。法律案・国会答弁の原稿作成，及び政府が進める政策の実行が主な仕事。

Ⓐ**文部科学省の場合**

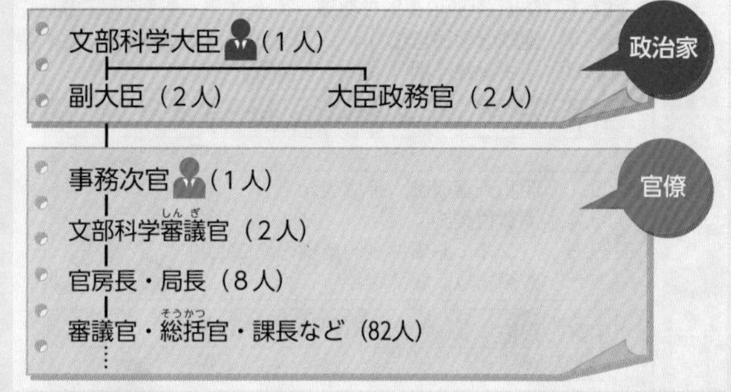

Key point キーポイント 現在，国家公務員（官僚）の幹部人事は「内閣人事局」によって政府主導で行われている。このしくみの問題点として，出世したい官僚が，人事権を持つ政治家に擦（す）り寄り，忖度（そんたく）するようになったということがあげられている。政治家と官僚にまつわる汚職の原因になっているという指摘だ（➡p.117）。

1 日本の統治機構と行政機構

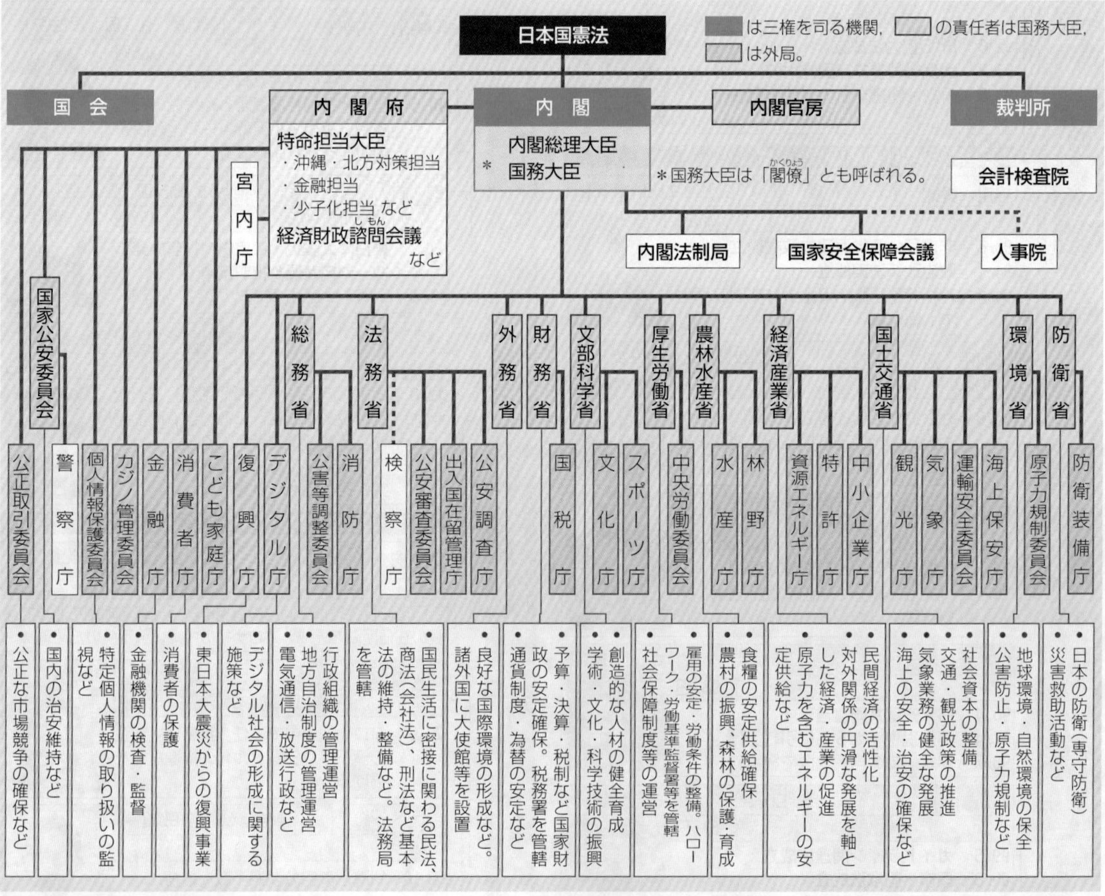

■は三権を司る機関，□の責任者は国務大臣，▨は外局。

- **日本国憲法**
  - **国会**
  - **内閣**
    - 内閣総理大臣
    - ＊国務大臣
    - ＊国務大臣は「閣僚（かくりょう）」とも呼ばれる。
    - 内閣法制局
    - 国家安全保障会議
    - 人事院
  - **内閣官房**
  - **裁判所**
  - 会計検査院
  - **内閣府**
    - 特命担当大臣
      - ・沖縄・北方対策担当
      - ・金融担当
      - ・少子化担当 など
    - 経済財政諮問（しもん）会議 など
    - 宮内庁
    - 公正取引委員会 ・公正な市場競争の確保など
    - 国家公安委員会
      - 警察庁 ・国内の治安維持など
    - 個人情報保護委員会 ・特定個人情報の取り扱いの監視など
    - カジノ管理委員会
    - 金融庁 ・金融機関の検査・監督
    - 消費者庁 ・消費者の保護
    - こども家庭庁
  - 復興庁 ・東日本大震災からの復興事業施策など
  - デジタル庁 ・デジタル社会の形成に関する施策など
  - **総務省** ・行政組織の管理運営 ・地方自治制度の管理運営 ・電気通信・放送行政など
    - 公害等調整委員会
    - 消防庁
  - **法務省** ・国民生活に密接に関わる民法，商法（会社法），刑法など基本法の維持・整備など。法務局を管轄
    - 検察庁
    - 公安審査委員会
    - 出入国在留管理庁
    - 公安調査庁
  - **外務省** ・良好な国際環境の形成など。諸外国に大使館等を設置
  - **財務省** ・予算・決算・税制など国家財政の安定確保。税務署を管轄 ・通貨制度・為替の安定など
    - 国税庁
  - **文部科学省** ・創造的な人材の健全育成 ・学術・文化・科学技術の振興
    - 文化庁
    - スポーツ庁
  - **厚生労働省** ・雇用の安定・労働条件の整備。ハローワーク・労働基準監督署等を管轄 ・社会保障制度等の運営
    - 中央労働委員会
  - **農林水産省** ・食糧の安定供給確保 ・農村の振興，森林の保護・育成
    - 水産庁
    - 林野庁
  - **経済産業省** ・民間経済の活性化 ・対外関係の円滑な発展を軸とした経済・産業の促進 ・原子力を含むエネルギーの安定供給など
    - 資源エネルギー庁
    - 特許庁
    - 中小企業庁
  - **国土交通省** ・社会資本の整備 ・交通・観光政策の推進 ・気象業務の健全な発展 ・海上の安全・治安の確保など
    - 観光庁
    - 気象庁
    - 運輸安全委員会
    - 海上保安庁
  - **環境省** ・地球環境・自然環境の保全 ・公害防止・原子力規制など
    - 原子力規制委員会
  - **防衛省** ・日本の防衛（専守防衛） ・災害救助活動など
    - 防衛装備庁

〈注〉2019年4月「出入国在留管理庁」新設。2020年1月に「カジノ管理委員会」新設。2021年9月に「デジタル庁」新設，2023年4月に「こども家庭庁」新設。

しごとカタログ 行政書士　例えば新しく飲食店を開くとき，消防署や保健所はもちろん，人を雇う場合には社会保険事務所や労働基準監督署など，行政機関にたくさんの書類を提出しなければ，営業の許可が下りない。それらの書類の作成を代行してくれるのが行政書士だ。

2 行政国家の進展

Ⓐ委任立法の事例

〈注〉厚生省は現在の厚生労働省。

国会 生活保護法 1950年**法律**144号
・憲法第25条の理念に基づき，最低限度の生活の保障などを目的に制定

内閣 生活保護法施行令 1950年**政令**148号
・事務の委託や監査人の資格などを規定

厚生省 生活保護法施行規則 1950年厚生**省令**21号
・告示，申請，様式などを規定

厚生省 生活保護の基準 1963年厚生省**告示**158号
・具体的な金額や地域指定などを規定

Ⓑ行政立法と議員立法

法案の提出・成立状況（1～211国会通算）

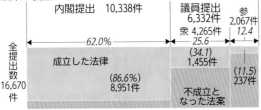

全提出数 16,670件

	内閣提出 10,338件	議員提出 6,332件 衆 4,265件	参 2,067件
割合	62.0%	25.6	12.4
成立した法律	(86.6%) 8,951件	(34.1) 1,455件	(11.5) 237件
不成立となった法案			

〈注〉1～211国会における成立率の中には，継続審査法律案で成立したものも含む。（　）内は各提出数に対する成立割合。

解説 **現代国家は行政国家**　19世紀の**夜警国家**は議会が優越する立法国家であったが，20世紀の福祉国家では**官僚制**が発達し，**委任立法**や許認可権などによって行政が大きな裁量権を持つ**行政国家**化が進んだ。近年では行政権の肥大化による弊害が問題視されるようになり，行政手続法（1993年）で許認可のルールを明確化したり，事業の民営化を進めてサービスの向上を図ったりするなどの**規制緩和**や**行政改革**が進められている。

3 官民癒着と天下り

Ⓐ文部科学省をめぐる2つの汚職

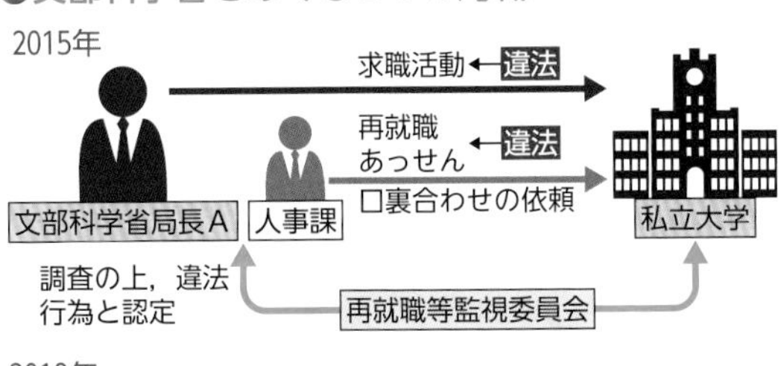

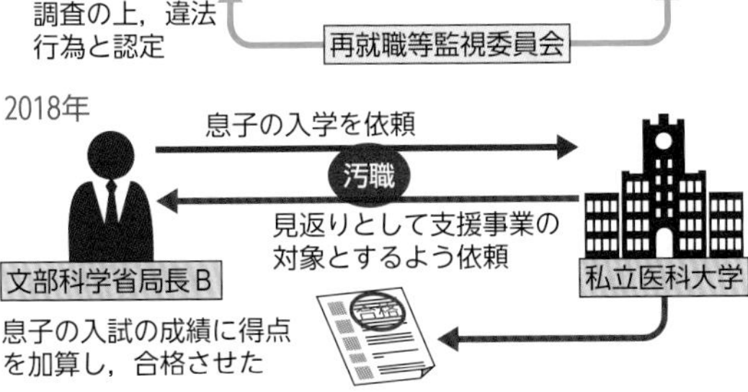

解説 **肩たたきと天下り**　ピラミッド型の行政組織では上に行くほどポスト（役職）が少なくなるので，出世競争に敗れたキャリア官僚は通常の定年を待たずに退職する慣習がある。早期退職する官僚の再就職（**天下り**）先は，以前は勤務していた省庁が関わりの深い団体・企業にあっせんするケースが多かったが，業界との癒着や官製談合の温床であるとの批判が強まり，現在では内閣府に置かれた官民人材交流センターに一元化されている。しかし高級官僚による汚職事件は未だ根絶には至っていない。

4 行政改革の課題

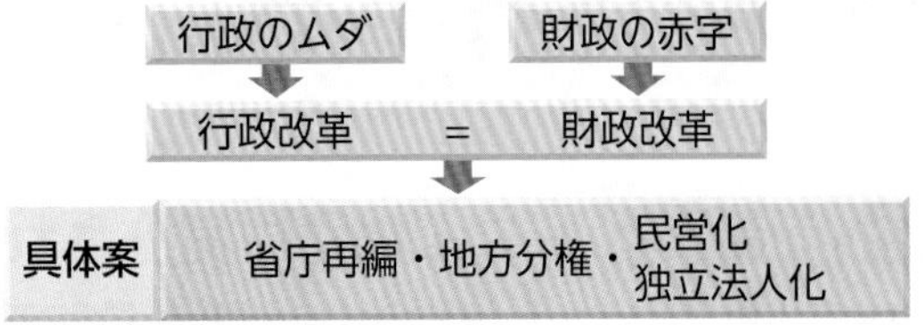

Ⓐ中央省庁の再編

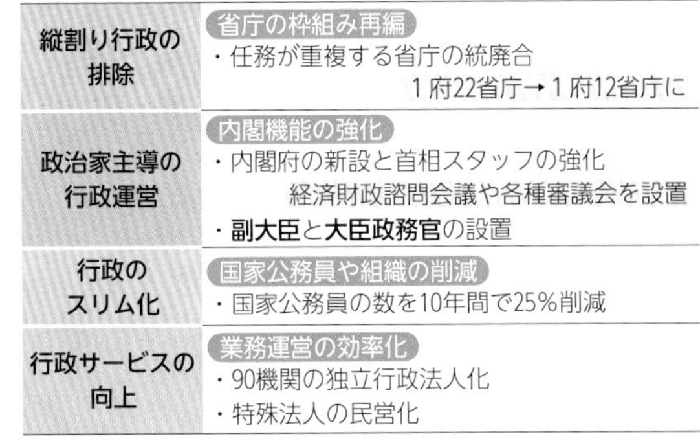

縦割り行政の排除	省庁の枠組み再編 ・任務が重複する省庁の統廃合 1府22省庁→1府12省庁に
政治家主導の行政運営	内閣機能の強化 ・内閣府の新設と首相スタッフの強化 経済財政諮問会議や各種審議会を設置 ・**副大臣**と**大臣政務官**の設置
行政のスリム化	国家公務員や組織の削減 ・国家公務員の数を10年間で25%削減
行政サービスの向上	業務運営の効率化 ・90機関の独立行政法人化 ・特殊法人の民営化

解説 **スリムな行政をめざして**　これまでの行政改革により，3公社の民営化をはじめ，現業部門も民営化・独立行政法人化されていった。こうした**大きな政府**から**小さな政府**への指向のもとに，様々な改革が進められた。

5 公務員数の推移

Ⓐ国家・地方公務員数の推移

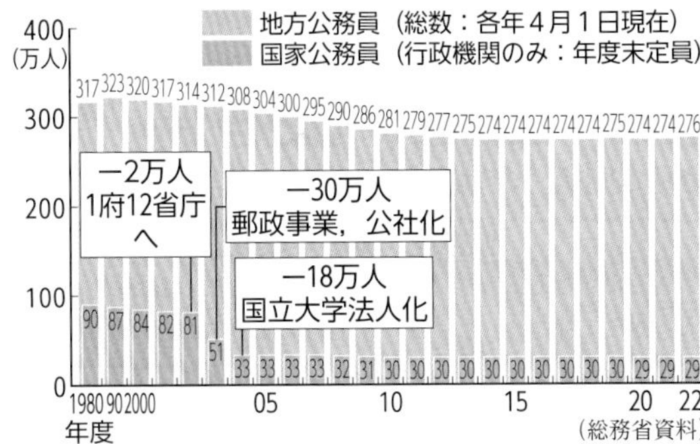

Ⓑ人口千人当たりの公的部門における職員数の国際比較

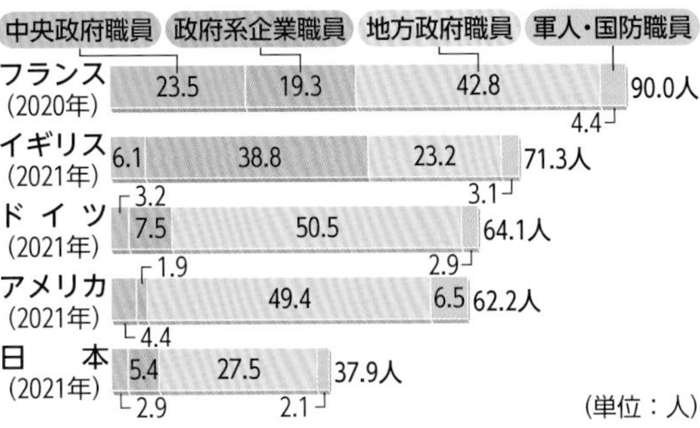

〈注〉日本の「政府系企業職員」には独立行政法人等の職員を含む。
（総務省資料による）

解説 **日本の公務員は少ない？**　**行政改革・民営化**の流れや財政状況の厳しさを理由に，日本の公務員は大きく減少し，主要国の中でも特に少ない状況となっている。その一方，賃金が低く雇用が不安定ないわゆる「非正規公務員」が特に地方で増加しており，格差や貧困など様々な課題が噴出している。

Try 中央省庁のうち，1885年に内閣制度ができて以来名称が変わっていない省が1つだけある。それはどこだろうか？
①総務省　②法務省　③外務省　④財務省　⑤防衛省

Theme 33

地方自治のしくみと課題

基本用語 地方公共団体　地方自治の本旨　団体自治　住民自治　直接請求権　イニシアティブ　レファレンダム　リコール　住民投票

Approach

直接請求—こんな風に実施されています

❶神奈川県横浜市の例（イニシアティブ）…2020年12月，横浜市が進めるカジノを含む統合型リゾート施設（IR）誘致をめぐり，市民団体が，集めた署名とともに賛否を問う住民投票を実施する条例の制定を市に請求した。翌月横浜市議会では，住民投票を行うための条例案が審議にかけられたが，否決された。

❷愛知県東栄町の例（リコール）…2021年6月，過疎化による公立医療機関の機能縮小を計画する愛知県東栄(とうえい)町の村上孝治町長のリコール（解職）を求め，住民団体が集めた署名とともに町選挙管理委員会にリコールを請求した。町長は「住民の判断を仰ぐ」として同月に辞職し出直し町長選挙が行われることになったため，解職の是非を問う住民投票は行われなかった。

写真：毎日新聞社／アフロ

➡横浜駅に掲示されたIRのポスター（2021年3月）　根強い反対論が渦巻く中，事業者の公募や選定といった手続きが進められていたが，2021年に就任した山中竹春(やまなかたけはる)市長が誘致撤回を宣言した。

朝日新聞社提供

⬅署名簿を添えてリコールを本請求する住民団体の代表者（左，2021年6月）　有効署名数は，東栄町の有権者数の3分の1の908筆を超える956筆であった。

Key point キーポイント 直接請求は，住民の発意により直接に地方公共団体に一定の行動を取らせるもので，地方自治体の行う地方行政に住民の意思を直接反映させる重要な制度だ。しかし2020年に行われた愛知県知事リコール運動では大規模な署名の偽造が発覚し，不正防止が課題となっている。再発防止のため手続きを厳格化すれば住民の萎縮にもつながりかねず，慎重な検討が求められる。

1 日本国憲法の地方自治

Ⓐ日本国憲法の地方自治

地方自治の本旨 第92条

- **団体自治**　地方公共団体が国（中央政府）から独立し，自らの意思と責任で決定できること。
- **住民自治**　地域の政治が地域住民の意思により自主的に行われること。

- **第94条**　財産管理・事務処理・行政執行・条例制定
- **第93条**　首長，議員，その他吏員の直接選挙
- **第95条**　地方特別法の住民投票（国会→特別法，住民投票→国会）
- **地方自治法の直接請求権**
  - ・条例の制定・改廃請求
  - ・監査の請求
  - ・議会の解散請求
  - ・議員，首長などの解職請求

Ⓑ明治憲法下の地方行政

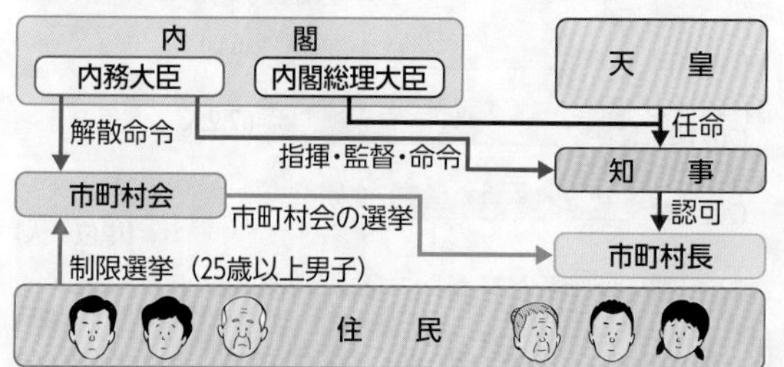

解説 **日本国憲法で初めて登場**　明治憲法に地方自治の規定はなく，知事は天皇の任命制で，内務省官僚が中央から派遣された。これに対し日本国憲法は1章をさいて地方自治を保障し，条例制定権や首長・議員の直接選挙などを明記した。

2 地方自治のしくみ

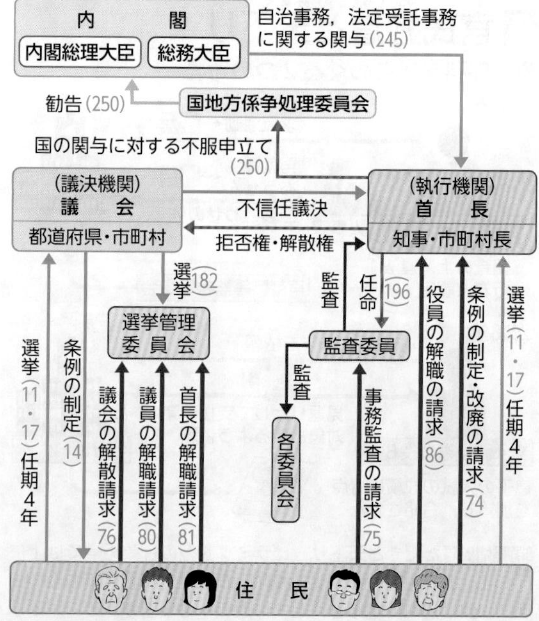

〈注〉→は直接請求権。（　）内の数字は地方自治法の条数。

解説 **地方自治の特徴**　首長と議会が不信任議決と解散で相互に抑制と均衡を保つ点に議院内閣制的側面もみられるが，首長は住民の直接選挙で選ばれ，議会議決に拒否権をもつなど，全体的には大統領制的である。（➡p.123 3）

しごとカタログ **地方首長**　都道府県知事や市町村長といった，地方自治体の長。住民の直接選挙で選出される。任期は一律4年となっているが，再選の制限はないので，長期政権になることもある。都道府県では，石川県知事をつとめた中西陽一氏の31年（8回当選）が最長記録。

3 直接請求の制度

種類	必要署名数	受理機関	取扱い
条例の制定・改廃の請求 (74)	その地域の有権者の50分の1以上	地方公共団体の長	首長が議会にかけ，その結果を公表する。←イニシアティブ
監査の請求 (75)	その地域の有権者の50分の1以上	監査委員	監査結果を公表し，議会・首長等にも報告。
議会の解散請求 (76)	その地域の有権者の3分の1以上	選挙管理委員会	**住民投票**にかけ，過半数の同意があれば解散。←リコール
議員の解職請求 (80)	所属選挙区の有権者の3分の1以上	選挙管理委員会	**住民投票**にかけ，過半数の同意で職を失う。←リコール
首長の解職請求 (81)	その地域の有権者の3分の1以上	選挙管理委員会	**住民投票**にかけ，過半数の同意で職を失う。←リコール
主要公務員の解職請求（副知事・副市町村長など）(86)	その地域の有権者の3分の1以上	地方公共団体の長	議会にかけ，**3分の2以上の議員の出席**でその**4分の3以上の同意**があれば職を失う。←リコール

＊このほか，教育委員などの解職請求の制度もある。
〈注1〉（　）内の数字は地方自治法の条数。
〈注2〉有権者総数が40万人を超える場合の必要な署名数は，

$$40万\times\frac{1}{3}+(40万を超える人数)\times\frac{1}{6}。$$

80万人を超える場合は，

$$40万\times\frac{1}{3}+40万\times\frac{1}{6}+(80万を超える人数)\times\frac{1}{8}。$$

Ⓐ地方自治における直接民主制的制度

イニシアティブ 国民（住民）発案	レファレンダム 国民（住民）投票	リコール 国民（住民）解職
条例の制定・改廃請求	地方特別法に対する住民投票	首長などに対する解職請求 議会の解散請求

4 住民投票

❶特別法の同意	憲法95条。一の自治体のみに適用の特別法制定時。広島平和記念都市建設法など15例。
❷解散・解職の同意	地方自治法76～85条。議会の解散，議員・首長の解職請求があったとき。
❸地域の争点	住民の条例制定直接請求（同74条）か首長（議員）の条例提案で議会が住民投票条例を可決したとき。

Ⓐ条例制定による住民投票の結果（❸の例）

実施年月	自治体	争点	結果
1996.18	①新潟県巻町	原子力発電所の建設	反対61%→撤回
96. 9	②沖縄県	米軍基地の整理縮小	賛成89%→国に要望
97. 6	③岐阜県御嵩町	産業廃棄物処理施設の建設	反対80%→撤回
97.12	④沖縄県名護市	米軍ヘリ基地の建設	反対52%→建設
99. 7	⑤長崎県小長井町	採石場の新設	賛成50%→建設
2000.11	⑥徳島県徳島市	吉野川可動堰の建設	反対90%→撤回
01. 5	⑦新潟県刈羽村	プルサーマル計画の実施	反対53%→中止
01. 7	⑧埼玉県上尾市	浦和・大宮との合併	反対58%→撤回
02. 3	⑨滋賀県米原市	市町村合併の選択（永住外国人が投票）	―
02. 9	⑩秋田県岩城町	市町村合併の選択（18歳から投票）	―
03. 5	⑪長野県平谷村	市町村合併の是非（中学生が投票）	賛成74%→合併
06. 3	⑫山口県岩国市	米空母艦載機移転受け入れ	反対87%→受け入れ
15. 2	⑬埼玉県所沢市	校舎へのエアコン設置	賛成65%→後に設置
15. 2	⑭沖縄県与那国町	自衛隊の部隊配備	賛成59%→配備
19. 2	②沖縄県	辺野古埋め立ての賛否	反対72.2%※→建設

※無効票を除いた割合。

Ⓑ法律による住民投票

実施年月	自治体	争点	結果
2015. 5	⑮大阪府大阪市	「大阪都」構想	反対 50.4%→否決
2020.11	⑮大阪府大阪市	「大阪都」構想	反対 50.6%→否決

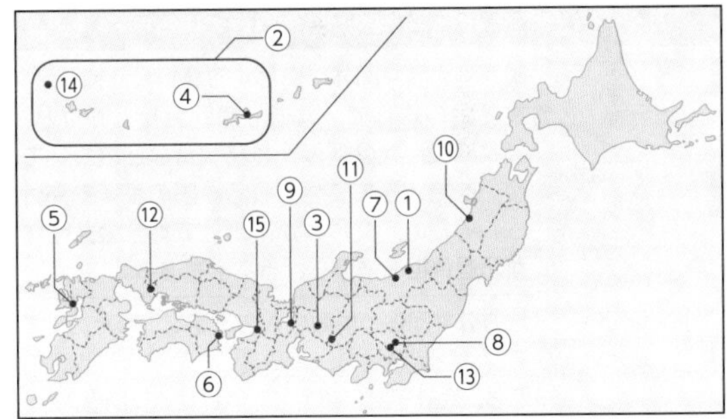

＋α（プラスアルファ） 「ふるさと納税」で自治体間の格差拡大？

　ふるさとや応援する自治体に寄附した人は，２千円を超える額が所得税や住民税から控除される「ふるさと納税」。2008年に開始し，寄附金額は年間5,000億円程度にまで増加する一方，自治体間の競争の過熱をもたらした。
　東京都品川区は住民税の流出に悩む自治体の一つ。同区民が他の自治体へふるさと納税を寄附することによる財源の流出額は年々増加しており，2015年度に１億1,000万円（3,570件）だった流出額は，2021年度には30億7,000万円（５万500件）と，約27倍にまで膨れ上がっている。ふるさと納税の返礼品として「フライトシミュレーター操縦体験」を提供するなど，観光資源の魅力を通じた発信に努めているが，2021年度の区への寄附額は6,680万円と，流出額の２％程度にとどまっている。
(参考：「Merkmal」2022.4.19)

Ⓐ「ふるさと納税」の寄附金額の推移

（億円）

年度	2008	09	10	11	12	13	14	15	16	17	18	19	20	21
寄附金額	81	76	87	122	104	145	389	1,653	2,844	3,653	5,127	4,875	6,725	8,302

(総務省資料による)

Try（トライ） 次のうち，30歳以上でないと被選挙権が与えられない役職はどれ？
①都道府県知事　②市長　③町長　④村長

5 地方分権一括法

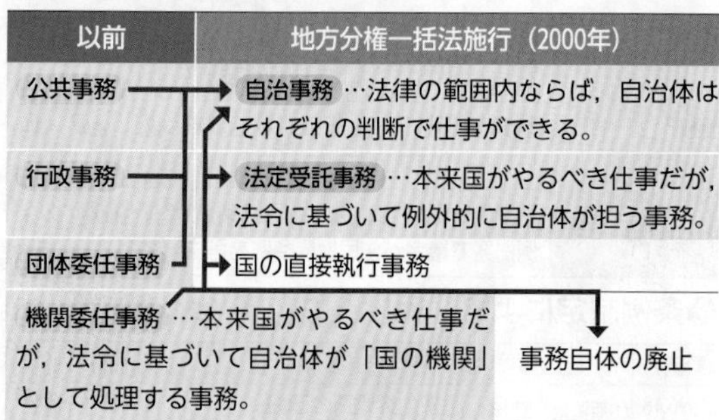

解説 **めざすは対等な政府間関係**　2000年に，475本の法律からなる地方分権一括法が施行され，国が地方自治体を下部機関として仕事を代行させていた**機関委任事務**（都道府県の仕事の８割，市町村の４割を占めていた）が廃止となり，国と地方の関係が**上下関係から対等な関係に**移行した。

6 地方財政のおもな財源

一般財源（地方議会で使途を決定できる）	
①地　方　税	地方公共団体が課税し徴収する税。住民税，固定資産税，事業税などがある。
②地方交付税	地方公共団体間の租税収入の格差是正のため，財政力の貧弱な自治体に国から交付。国税のうち，所得税・法人税の33.1％（2015年度から），酒税の50％（2015年度から），消費税の19.5％（2020年度から），地方法人税の全額（2014年度から）が充てられる。
③地方譲与税	形式上国税として徴収し，国が地方公共団体に譲与するもの。地方道路譲与税，自動車重量譲与税など。

特定財源（国から使途が特定されている）	
①国庫支出金	国が地方公共団体に交付する負担金，補助金，委託金の総称で，普通「**補助金**」と呼ばれ，公共事業，社会保障，義務教育などについて使途を特定して交付される。国の基準で交付されるため，交付額が不十分で地方公共団体が**超過負担**を強いられることもある。
②地　方　債	地方公共団体が財政収入の不足を補うため，あるいは特定事業の資金調達のため行う借入金のうち，会計年度を超えて返済される長期借入金。普通は国の機関や市中銀行から借り入れる。起債には議会の議決と総務大臣及び知事の許可が必要（2006年からは原則協議制に）。

A 地方債の残高

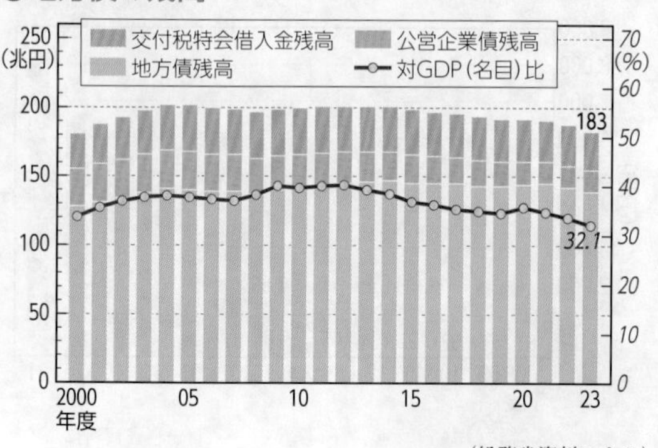

（総務省資料による）

7 地方財政の現状

A 国・地方公共団体の租税配分（2023年度）

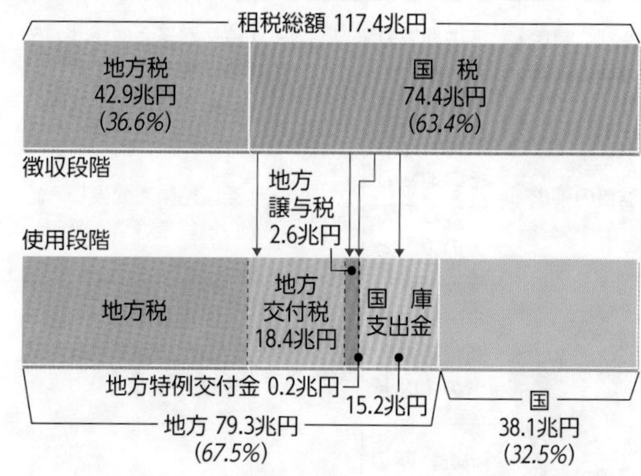

〈注〉予算，計画ベース。　（財務省，総務省資料による）

B 地方公共団体の財源構成（2023年度・計画額）

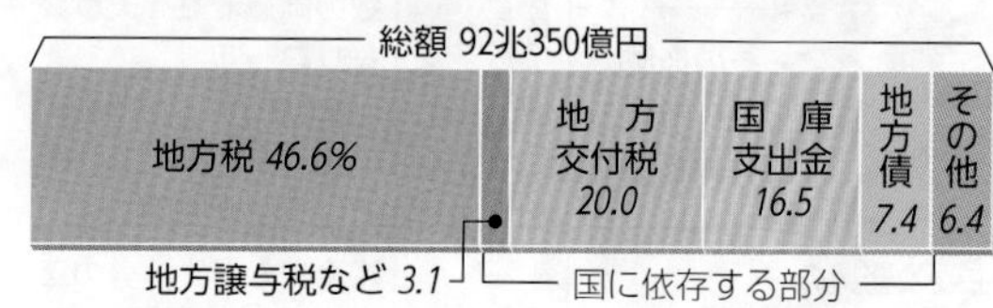

（財務省，総務省資料による）

解説 **仕事と税収の不均衡**　地方公共団体が財政支出の約７割を支出するにもかかわらず，地方税などの**自主財源**は約４割しかない（以前は３割）。そこで地方交付税，国庫支出金（補助金）や地方債などの**依存財源**に頼ることとなり，国の統制が行われやすい実態を「**３割自治**」と呼んできた。

8 地方独自課税

A 主な法定外税（2023年４月現在）

		法定外税	法定外税設置の自治体	税収
法定外普通税	都道府県	核燃料物質等取扱税	青森県	194億円
		核燃料税	福井県，愛媛県，佐賀県，島根県，静岡県など10道県	257
		核燃料等取扱税	茨城県	12
		石油価格調整税	沖縄県	9
	市町村	別荘等所有税	熱海市（静岡県）	5
		使用済核燃料税	薩摩川内市（鹿児島県），伊方町(愛媛県)，柏崎市(新潟県)	16
		狭小住戸集合住宅税	豊島区（東京都）	5
法定外目的税	都道府県	産業廃棄物税等	三重県，鳥取県，岡山県，広島県，青森県など27道府県	69
		宿泊税	東京都，大阪府，福岡県	15
	市町村	環境未来税	北九州市（福岡県）	9
		使用済核燃料税	玄海町（佐賀県）	4

〈注〉税収は2021年度決算額。全国合計は634億円で，地方税収額の0.15％を占める。　（総務省資料）

解説 **背景は財政危機**　地方税法に定められていない**法定外税**を新設する自治体が増えている。使途を特定しない法定外普通税に加え，地方分権一括法で法定外目的税も認められた。新設には総務大臣の同意が必要だが，横浜市の勝馬投票券発売税は同意を得られなかった。また東京都の外形標準課税は銀行業界から訴えられ敗訴している。

Try 次のうち，地方分権一括法で廃止された地方自治体の事務はどれか？
①自治事務　②法定受託事務　③機関委任事務

論点 防災について考えよう

1 発生リスクの高い災害

Ⓐ今後30年間に震度６弱以上の揺れに見舞われる確率

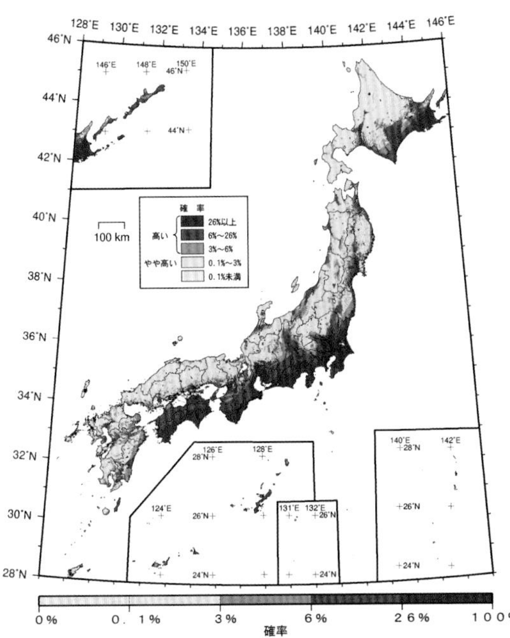

（「全国地震動予測地図2020年版」地震調査研究推進本部による）

Ⓑ富士山の降灰可能性マップ

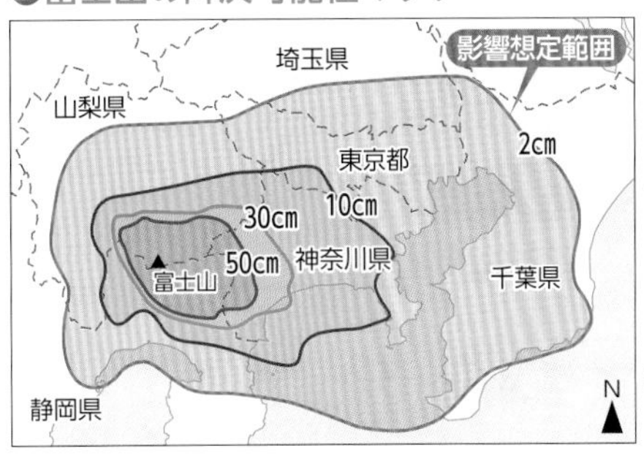

〈注〉宝永噴火の規模の月別降灰分布図を12か月分重ね合わせた図。

（「富士山火山広域避難計画」山梨県による）

南海トラフの巨大地震 最大震度７，想定される津波の高さは30mとされる。今後30年以内に発生する確率は70～80％（政府の地震調査会）。死者32万人超え，経済被害220兆円のおそれがある。

首都直下地震 政府の地震調査委員会は，今後30年以内に70パーセントの確率でマグニチュード７程度の大地震が起きると予測しており，死者は２万3,000人，経済被害は95兆円に上るおそれがある。

富士山の噴火 火山灰によって交通や電力供給などライフラインに甚大な被害を及ぼす恐れがある。

水害・土砂災害 地球温暖化に伴う気候変動によって，時間雨量50mmを超える短時間強雨の発生件数が約30年前の約1.3倍に増加。これにより，豪雨による水害・土砂災害のリスクが増大している。

解説 巨大災害は「必ず来る」 長年の災害研究によって，君たちが活躍する時代に高い確率で巨大災害が発生することが分かっている。巨大災害は「来る可能性がある」のではなく，「必ず来る」のだという認識を持ち，国や自治体任せではなく，地域・家庭・個人での備えをしておく必要がある。

2 いざというとき助け合うために―10代が体験した静岡の防災 Active! 高校生

1日のスケジュール

1時間目：「もしも，災害が起きたら」**過去の映像で災害時の様子を知る**…SBSの記者が過去の地震災害の映像や写真を見ながら，「静岡を襲う巨大地震の姿」について解説しました。

2時間目：「避難所生活を体験」**段ボールで避難所体験**…避難所生活で問題となる「睡眠環境と感染症対策」に有効な段ボールベッドづくりを，静岡市葵区の防災指導員に教わりました。

3時間目：「災害時のトイレ話」…災害時に忘れられがちな「トイレ」の問題。マンションの防災対策支援に取り組むプロジェクト代表を講師に迎え，東日本大震災発生時に混乱した状況などを交えてトイレ問題の重要性を教わりました。

4時間目：「応急処置のポイントを学ぶ」…日本赤十字社静岡県支部が一次救命処置のポイントを解説してくれました。

5時間目：まとめ総括

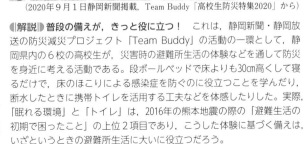

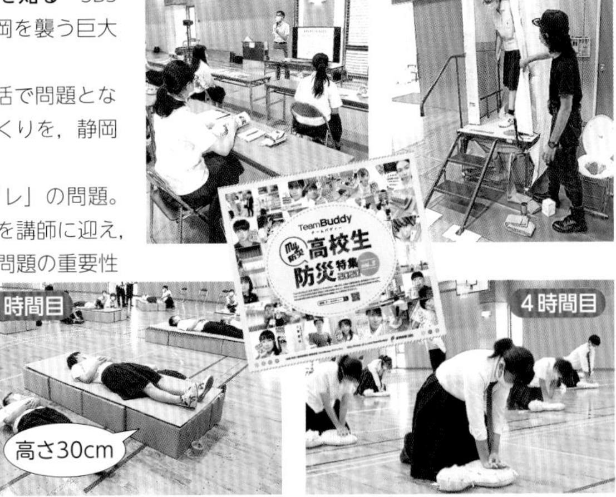

（2020年９月１日静岡新聞掲載，Team Buddy「高校生防災特集2020」から）

Ⓐ避難生活の初期で困ったこと

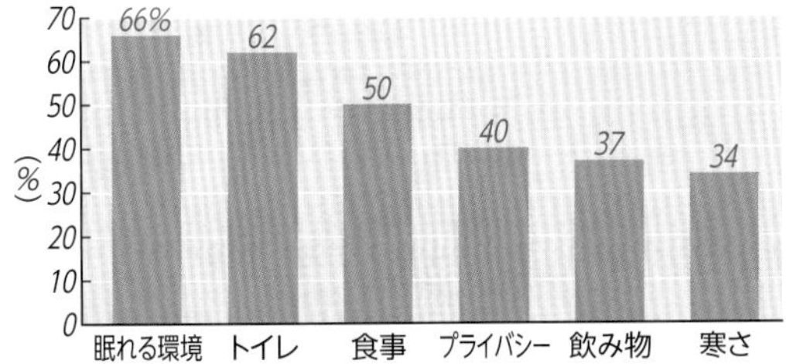

（平成28年熊本地震「避難生活におけるトイレに関するアンケート」特定非営利活動法人日本トイレ研究所）

解説 普段の備えが，きっと役に立つ！ これは，静岡新聞・静岡放送の防災減災プロジェクト「Team Buddy」の活動の一環として，静岡県内の６校の高校生が，災害時の避難所生活の体験などを通して防災を身近に考える活動である。段ボールベッドで床よりも30㎝高くして寝るだけで，床のほこりによる感染症を防ぐのに役立つことを学んだり，断水したときに携帯トイレを活用する工夫などを体感したりした。実際，「眠れる環境」と「トイレ」は，2016年の熊本地震の際の「避難生活の初期で困ったこと」の上位２項目であり，こうした体験に基づく備えは，いざというときの避難所生活に大いに役立つだろう。

問い いざというときに助け合うために，自分ならどんなことを準備しておく？

さらに深めよう！
Team Buddy，防災情報（内閣府）のページ➡ 

基本用語 議院内閣制 大統領制

Theme 34

世界の政治体制

Approach

首相と大統領の違いは？―議院内閣制と大統領制

議院内閣制（イギリスの場合）

議院内閣制の特徴

●国民が選挙で選ぶのは議会の議員だけ
●議会が首相を選ぶので，議会と内閣のずれが大きくなると，内閣不信任や議会解散で事態を打開

大統領制の特徴

●議会も大統領も，別々に国民から選挙で選ばれるので，より独立的
●議会は大統領を不信任できず，大統領も議会を解散できない

大統領制（アメリカの場合）

➡チャールズ国王によって任命されるスナク首相（2022年） 首相の任命権は，形式上は国王が持つが，実際は議会下院の過半数の議席を獲得した政党の党首を任命する慣例が定着している。

⬅議会での一般教書演説に臨むバイデン大統領（2021年） 厳密な三権分立を採用するアメリカでは，大統領が議会に法案を提出することはできないが，「教書」と呼ばれる文書で議会に政策の方針を示し，その実現に必要な法律や予算の制定を勧告することが認められている。特に年頭の一般教書演説は，アメリカ政府の基本方針を内外に示すものとして注目される。

Key point キーポイント イギリスを典型とする議院内閣制とアメリカを典型とする大統領制。どちらも三権分立の思想に立つが，大統領制（特にアメリカ）の方が三権分立は徹底している。

1 世界のおもな政治体制

	自由主義国家の政治体制		社会主義国家の政治体制
	議院内閣制（イギリスの場合）	大統領制（アメリカの場合）	民主集中制（中国の場合）
歴史的背景	名誉革命（1688年）により，事実上の主権を握った議会が，行政権の長たる首相を選ぶようになった。	独立戦争後制定されたアメリカ合衆国憲法（1787年）が，厳格な三権分立の政治体制を規定した。	1949年，共産党を中心として，人民民主独裁に基づく中華人民共和国が建国される。
国家元首	国王（世襲制）	大統領（選挙により選出）	国家主席（全人代での選出）
権力分立	**議会（立法権）**と**内閣（行政権）**は緩やかな分立関係にある。	**大統領（行政権），議会（立法権），裁判所（司法権）**厳格な三権分立。	**全国人民代表大会（全人代）**に全権力が集中。
立法権と行政権の関係	①**内閣は議会（下院）に対して連帯して責任を負う。** ②首相と国務大臣は，国会議員の中から選ばれる。 ③下院で内閣不信任の決議がなされた場合，内閣は総辞職するか下院を解散する。 ④内閣には法案の議会への提出権と，非常に限定された下院の解散権が認められている。	①**大統領は国民に対して直接責任を負う。**議会に対して負うのではない。 ②大統領は国民の選挙によって選ばれる。**議員との兼職は禁止。** ③大統領には**議会への法案提出権・議会の解散権はない。**教書などにより立法の勧告を行う。 ④大統領には法案拒否権がある。	①国務院（内閣）は，全国人民代表大会に対して責任を負う。 ②国務院に全国人民代表大会の解散権はない。 〈注〉**民主集中制**…本来は社会主義革命の際の革命政党の組織原則。分派活動を許さず，下級機関は上級機関の決定を無条件に実行することを意味したが，革命後の社会主義国家体制の支配原理となってしまった。
特徴	①議会（下院）の第一党の党首が，内閣を組織するため，国民の支持を背景に政治を行える。 ②事実上の二大政党制で，政権交代が容易である。	①厳格な三権分立制を採用しているため，権力相互のチェック機能が有効に機能する。 ②大統領は，国民の選挙によって選ばれるため，国民の支持を背景に，強い指導力を発揮できる。	全国人民代表大会に全権力が集中するが，事実上**中国共産党が指導する**政治体制（一党独裁）である。

解説 日本は議院内閣制 内閣は国民の代表機関である国会に対し責任を負い，国会の信任がなければ内閣は成立しない。

しごとカタログ 国家元首 国家を一つの生き物（有機体）として見たときに，頭にあたる役割を果たす地位。君主制の国では君主が，大統領制（共和制）の国では大統領が元首とされる例がほとんど。政治的な権限は首相などが受け持ち，儀礼的な仕事のみを行う元首も多い。

2 イギリスの政治機構（議院内閣制・立憲君主制）

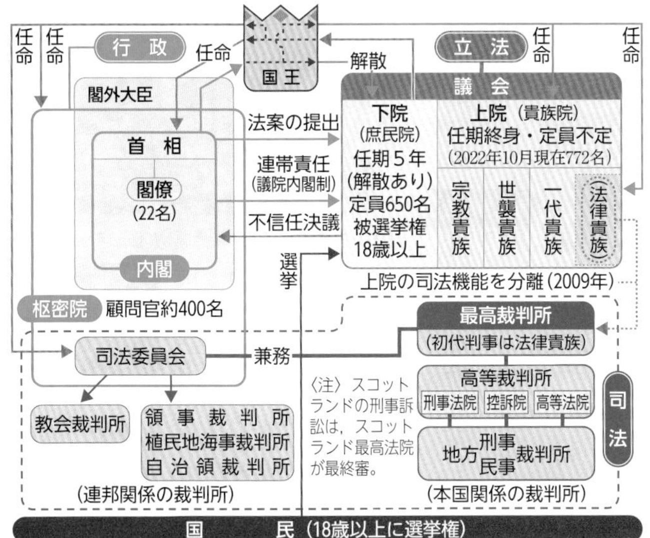

憲法	**不文憲法**の国。マグナ・カルタ，権利章典など歴史的に形成された法律・判例・慣習法が憲法としての役割を果たす。
元首	**国王**　チャールズ３世（2022.9～） **「君臨すれども統治せず」**といわれ，政治上の実権はもたない**立憲君主制**。
議会	**上院（貴族院）**と**下院（庶民院）**で構成。1911年の議会法で**下院優先**の原則を確立。
内閣	**首相**　リシ・スナク（保守党，2022.10～） **議院内閣制**（下院の多数党の党首が首相に任命される）。内閣は下院に対して責任を負う。
政党	**二大政党制**。保守党（トーリー党が前身）と労働党（20世紀初めに結党）。
司法	かつては上院の一部や司法委員会に最終審の機能があったが，2009年10月に上院から分離され，新設の最高裁判所に機能が移転。裁判所に**違憲法令審査権はない**。

下院議場　正面議長席に向かって左が与党席，右が野党席。間にある２本の線は剣線（sword line）とよばれ，議員はみだりにこの線を踏み越えてはならない決まりになっている。

解説　二大政党制の祖国　イギリスの下院は二大政党が向き合うようになっており，興奮して剣を抜いても触れないよう，中央に剣線が引かれた。また，野党は政権交代に備え，**「影の内閣」**（シャドー・キャビネット）を組織するが，「影の内閣」には政府から資金が給付される。与党に対抗する政策を企画，立案させるのが目的だ。

A 下院の政党別議席数

政　党	議席数
保守党	351
労働党	199
スコットランド国民党	43
その他	57
合　計	650

（2023年10月現在）

3 アメリカ合衆国の政治機構（大統領制・厳格な三権分立）

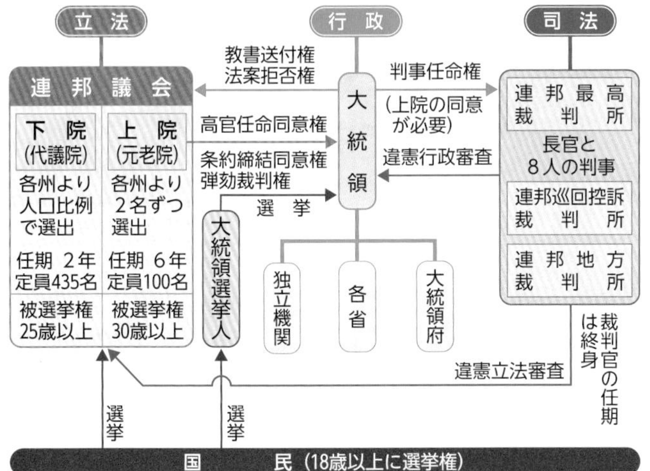

憲法	1787年制定，最古の成文憲法。
元首	**大統領**　ジョー・バイデン（民主党，2021.1～，一期目）行政府の長，軍の最高司令官。任期４年，３選禁止。官吏任免権・教書送付権，法案拒否権，大統領令制定権などの権限を有する。
議会	**上院（元老院）**　各州２名選出の州代表。両院の法律制定権は平等だが，高官任命・条約締結に対する同意権をもち，この点で下院に優越する。副大統領は，上院議長を兼ねる。 **副大統領・上院議長**　カマラ・ハリス（民主党，2021.1～，一期目） **下院（代議院）**　人口比例で選出，小選挙区制。予算先議権において上院に優越する。
政党	**民主党**　黒人・労働組合が支持。 **共和党**　資本家が支持。保守的傾向。
司法	厳格な三権分立の下，違憲法令審査権をもつ。連邦裁判所裁判官は，大統領が任命する。

解説　大統領と議会の関係は？　厳格な**三権分立制**をとるアメリカでは，大統領は議会への法案提出権がなく，**教書**（きょうしょ）で立法を要請する。大統領には議会の立法に対する拒否権が認められているが，上下両院が出席議員の３分の２以上で再可決すれば，直ちに法律として発効する。

下院議場

A 議会の政党別議席数（2023年９月末現在）

政　党	上院	下院
民主党	51*	212
共和党	49	221
合　計	100	435（欠員２）

*民主系無所属３名含む。

ホワイト・ハウス（大統領府）

左：民主党のシンボル・ロバ，右：共和党のシンボル・ゾウ

Try トライ　アメリカの「ホワイト・ハウス」のように，各国の官邸にも愛称がある。次の愛称は，Aイギリス　Bフランス　C韓国のどれのものか？
①エリゼ宮　②青瓦台（せいがだい）　③ダウニング街10番地

4 フランスの政治機構（大統領制）〜半大統領制

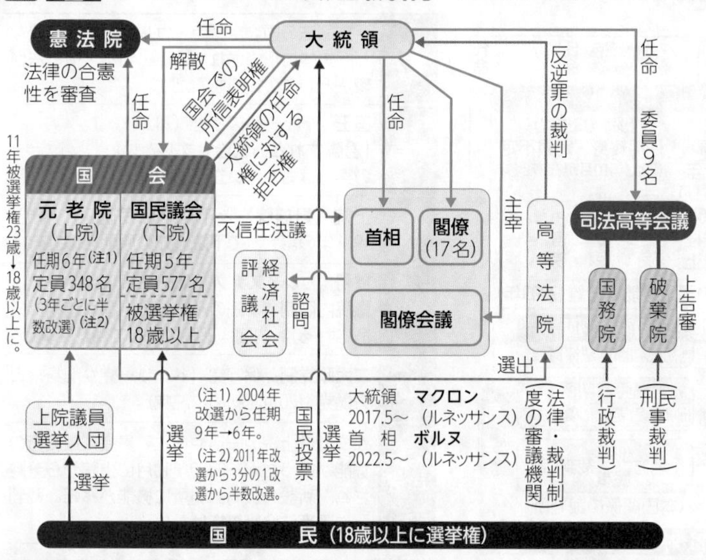

国民議会（下院）

Ⓐ国民議会の政党別議席数（2023年9月末現在）

与党	ルネッサンス(RE)	170
	民主運動(MoDem)	51
	地平線(HOR)	30
野党	国民連合(RN)	88
	不服従のフランス(FI)	75
	共和党(LR)	62
	社会党(PS)	31
	諸派	66
	合計（無所属4）	577

マクロン大統領

憲法	1958年公布。通称第五共和制憲法。**大統領が強大な権限をもつ一方，議会の権限は比較的弱い。**
元首	**大統領**　マクロン（ルネッサンス，2017. 5〜，二期目）直接選挙により選出。任期5年。3選禁止。首相の任免権，国民議会の解散権，緊急時における非常大権，重要問題についての国民投票の施行権などをもち，軍の最高司令官でもある。
議会	**上院**と**下院**（国民議会）。大統領の弾劾裁判権がない。
内閣	**首相**　ボルヌ（ルネッサンス，2022. 5〜）首相は大統領が任命。国民議会に対して責任を負い，議会は不信任決議ができる。
司法	大統領は司法高等会議の補佐を受ける。同会議は裁判官の人事，懲戒（ちょうかい）を担当。高等法院は上下両院の議員で構成され，大統領の反逆罪などを取り扱う。

解説 **半大統領制**　**議院内閣制の枠組みをとりながら，大統領に大きな権能を認める**イギリス型議院内閣制とアメリカ型大統領制の複合型であり，「**半大統領制**」ともよばれる。国民の直接選挙によって選出される大統領が主として外交を，大統領に任命され，議会に対して責任を負う首相が内政を担当する。

5 ドイツの政治機構（議院内閣制）〜象徴的な大統領制

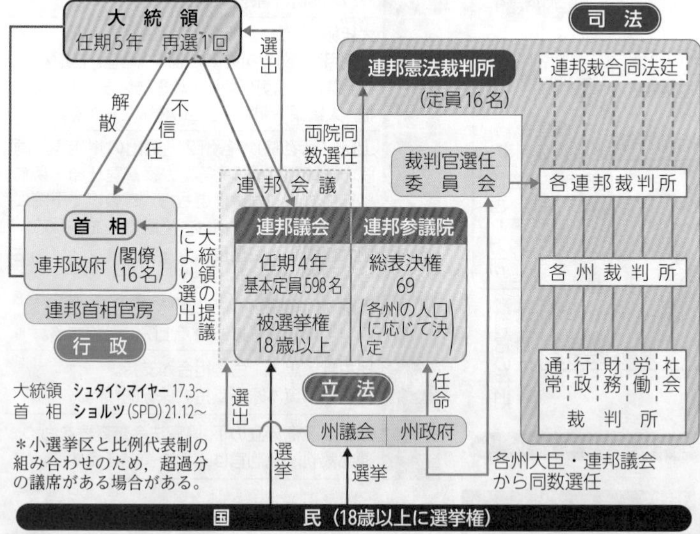

国会議事堂（ベルリン）　戦前のものを改修しボンから移した。

Ⓐ連邦議会の政党別議席数（2023年10月末現在）

社会民主党(SPD)	207
キリスト教民主・社会同盟	197
緑の党	118
自由民主党	92
ドイツのための選択肢	78
左翼党	38
合計（無所属6）	736

ショルツ首相

憲法	**ドイツ連邦共和国基本法**（1949年公布）。旧西ドイツ憲法が，1990年の統一後も改正されつつ存続。
元首	**大統領**　シュタインマイヤー（2017. 3〜）連邦会議により選出。任期5年。3選禁止。**行政権は内閣の所管**。大統領の命令，処分などは首相または所管の大臣の副署を必要とする（大統領の権限が形式的なことの一例）。
議会	**連邦議会**と**連邦参議院**。
内閣	**首相**　ショルツ（SPD，2021.12〜）行政権は内閣の所管。首相は大統領の提議に基づき，連邦議会で選出。
司法	**連邦裁判所**を頂点とし，大統領などからの申し立てを受けて法律の合憲性審査を行う。

解説 **象徴的な大統領**　大統領が国家元首として位置づけられているが，その**権能は儀礼的・形式的なものに限定されている**。実質的には議会が選出する首相が行政権を行使しており，政治体制としては**議院内閣制**に分類される。

Try（トライ） 各国の議会で通称として使われる「上院」「下院」。この語源は次のうちどれ？
①議員の身分の上下に合わせて名づけられた。　②上院が2階，下院が1階にあったことから名づけられた。

6 中華人民共和国の政治機構（民主集中制・権力集中制）

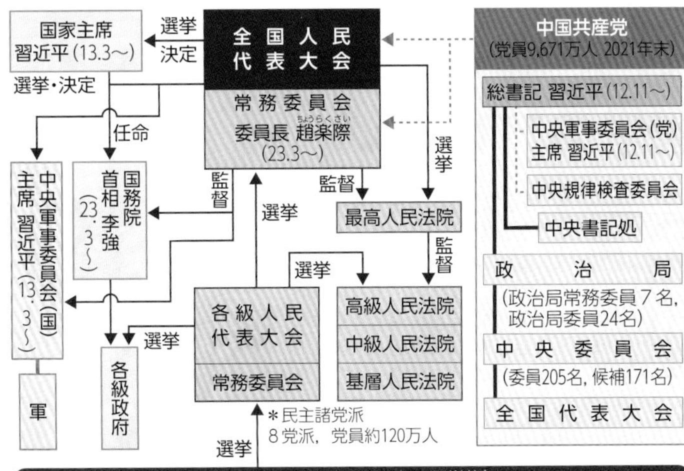

憲法	1982年（鄧小平指導体制下）制定。国家機構と党との分離。
元首	**国家主席** 習近平（しゅうきんぺい）（2013. 3～） 全国人民代表大会で選出。任期5年（任期制限なし）。党の総書記，中央軍事委員会主席を兼務することで強大な権限を握る。
議会	**全国人民代表大会（全人代）** 国家権力の最高機関。全人代の閉会中は，全国人民代表大会常務委員会が活動する。
内閣	**国務院** 首相（国務院総理）は，国家主席の指名に基づき，全人代が決定。 **国務院総理** 李強（りきょう）（2023. 3～）
政党	**共産党**が中心。共産党の指導性が憲法序言でうたわれている。総書記が事実上の最高指導者。
軍事	中国の軍隊「中国人民解放軍」は，「国家の軍隊」である以前に「中国共産党の軍隊」としての性格をあわせもち，党中央軍事委員会に指揮権がある。

解説 **改革・開放路線の行方は？** 中国は1966年からの文化大革命などで混乱を極めたが，1980年代には鄧小平（とうしょうへい）が提唱する改革・開放路線が推進され，経済・思想の自由化が一定程度進んだ。しかし，2013年に発足した習近平体制は権威主義的性格を強めており，憲法に定められた2期10年の任期制限を撤廃して2023年以降も最高指導者の地位に留まることになった。

↑習近平（しゅうきんぺい）国家主席　↑李強（りきょう）首相

➡全国人民代表大会

7 その他の政治体制（開発独裁・イスラーム共和制）

Ⓐロシアの政治体制

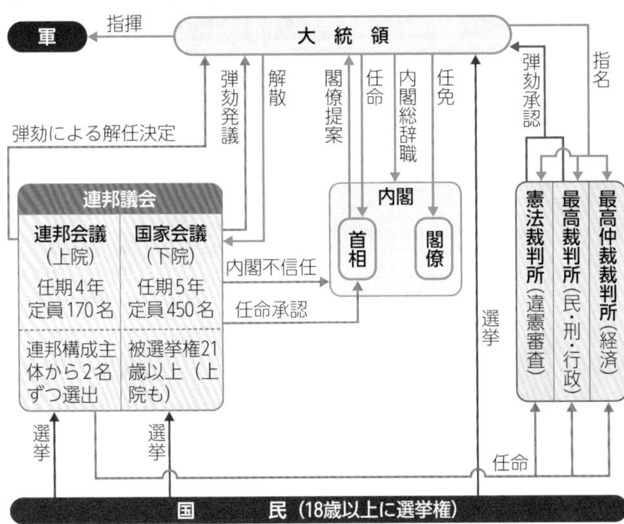

憲法	ソ連崩壊後の1993年施行。強力な大統領権限，二院制，連邦共和制が特色。
元首	**大統領** プーチン（2012. 5～（※2000～08 大統領 2008～12 首相）） 直接選挙により選出。任期6年。3選禁止。首相任免権，下院解散権，軍の指揮権など強力な権限。フランスと似た半大統領制。
議会	上院（連邦会議）と下院（国家会議）。
内閣	**首相** ミシュスチン(20. 1～)首相は大統領が任命。大統領に閣僚の任免権あり。
司法	**憲法裁判所**（法令の合憲性審査，憲法解釈）を頂点とし，最高裁判所（民事・刑事・行政など），最高仲裁裁判所（経済など）などから構成される。

〈注〉2020年の憲法改正により，大統領の任期を2期に制限するものの，現職の大統領については過去または現在の任期を算入しないこととした。

Ⓑイランの政治体制 （『毎日新聞』2020.2.20などによる）

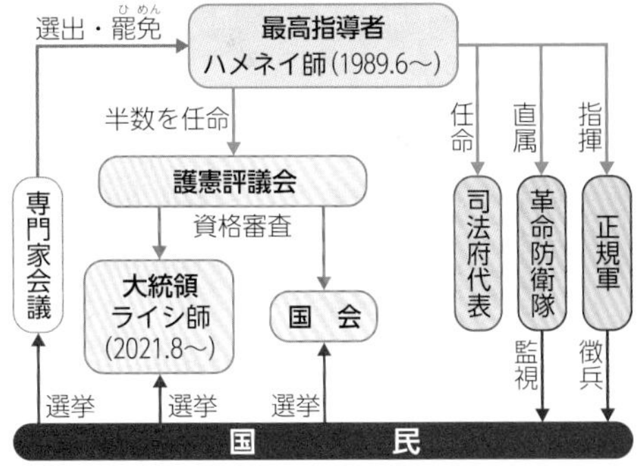

解説 **民主制か？ 独裁制か？** **開発独裁**とは，主に発展途上国で経済発展のための政治的安定を図ることを理由に，強力なリーダーに権力集中させること。1960～80年代の韓国やフィリピンのマルコス政権，インドネシアのスハルト政権などが代表例。一般に開発独裁下においては，高い経済成長と引き換えに，公務員による汚職や国民の人権蹂躙（じゅうりん）が横行した。現在でもロシアのプーチン政権は開発独裁的政治体制といわれる。現行のロシア憲法は民主主義的な連邦制や三権分立などを規定しており，フランスの大統領制に近いものの，政府を批判する言論は徹底的に弾圧され，ジャーナリストの不審死や新聞の発行停止処分が相次ぎ，2022年のウクライナ侵攻にも歯止めをかけることができなかった。一方，1979年の革命の後**イスラーム共和制**をしくイランでは，大統領の上位にイスラーム法学者から選出される終身任期の最高指導者が置かれており，あらゆる国家機構を指導する強大な権力を有している。

Try 人口世界一の中国では，議会である全国人民代表大会の議員定数も世界一多い。定数は約何人だろうか？
①1,000人　②2,000人　③3,000人　④5,000人

政治

Theme 35

選挙と政治

基本用語 普通選挙　直接選挙　平等選挙　秘密選挙　小選挙区　大選挙区　比例代表　公職選挙法　一票の格差

Approach

君は知っている？ 選挙のアレコレ

同姓同名の人が立候補したらどうなる？…同姓同名の2人がいた場合，立候補者一覧表には住所地名や年齢，現職・新人かなども表記し，投票用紙には**両者を区別するための情報も補記**してもらう。名前だけの表記の場合は得票比率に応じて按分される。

「当確」は誰が出す？…開票速報番組では，開票率が数％しかないのに「当選確実」が出ることがある。これは**報道機関が出口調査などをもとに当選確実だと独自に判断**した場合に行っているもので，選挙管理委員会の発表ではない（まれに外れることもある）。

当選がくじで決まる？…当選人は有効投票数の多いものから順に決定されるが，まれに最下位で当選人になるべき有効投票数を得た同点得票者が二人以上いる場合がある。この時の当選者は，**くじ**で決定される。

⬆相模原市議会議員選挙で，得票数同数のため行われたくじ引き（2019年）

立候補にはお金がかかる？…立候補の際は，候補者ごとに一定額の現金または国債を法務局に預け，その証明書を提出しなければならない（**供託金**）。これは，売名目的で無責任に立候補することを防ぐための制度。規定の得票数に届かなかった場合，供託金は没収される。

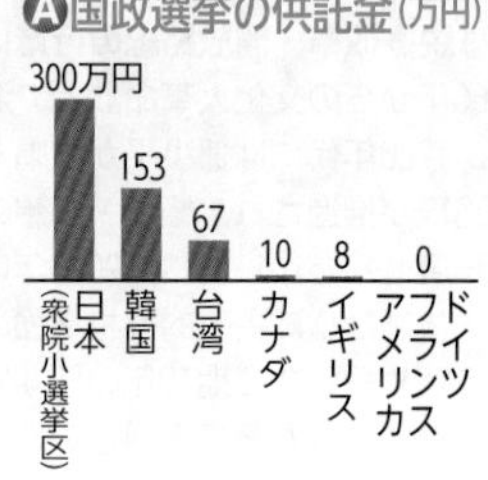

追究 選挙をより公正なものとするためには，どのような仕組みが必要だろうか。

1 日本の国政選挙のしくみ

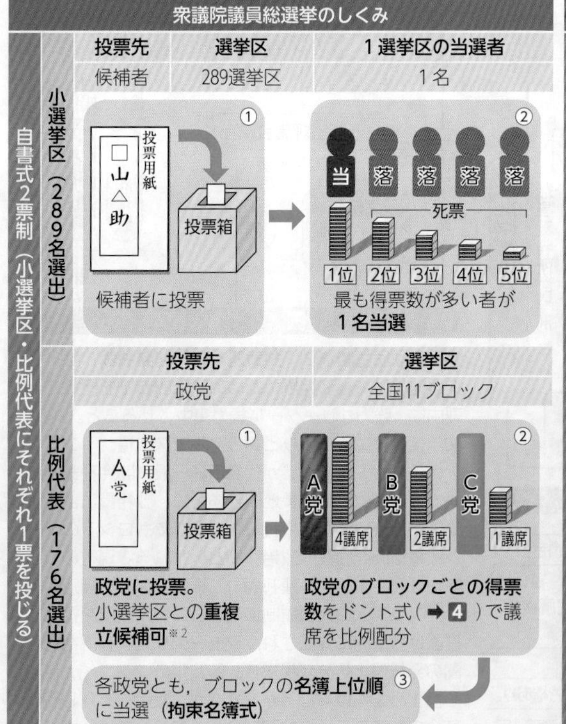

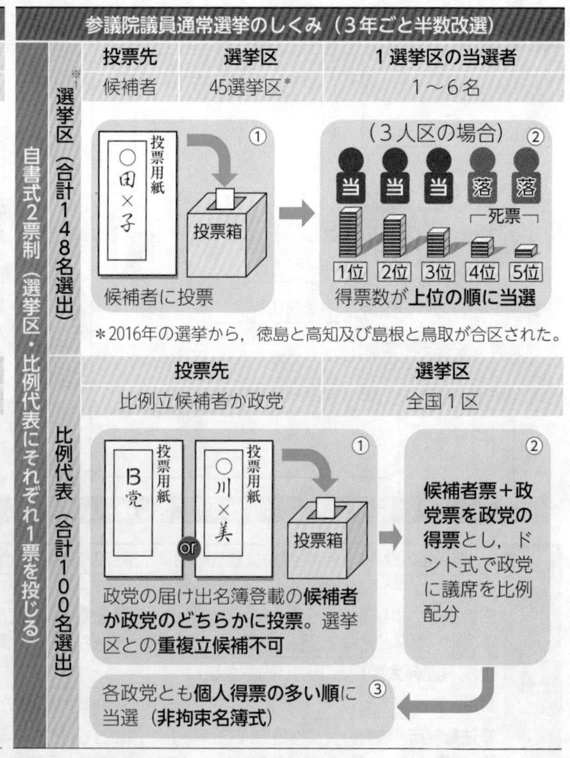

※1 **参議院の議員定数**　2018年の法改正により，埼玉選挙区の定数を2増，比例代表を4増の計6議席増となり，比例代表に特定枠（政党があらかじめ決めた順位にしたがって当選者を決定できる枠）が導入された。

※2 **重複立候補**　衆議院議員総選挙で，小選挙区で落選しても，比例代表で復活当選できる制度。名簿同一順位の場合，小選挙区の惜敗率で決定。

しごとカタログ 国会議員秘書　国から給与が支払われる公設秘書は，政策担当秘書と第一・第二秘書の3人までが認められており，その他に私設秘書をもつ議員も多い。政策担当秘書以外には特に資格が不要なので，議員の親族などが秘書になるケースもある。

2 選挙に関する基本原則

原　則	内　容
普通選挙	財産または納税額や教育，性別などを選挙権の要件としない。⇔**制限選挙**
平等選挙	選挙権の価値は平等である。1人1票を原則とする。⇔**不平等選挙**
秘密選挙	誰に投票したかを秘密にする制度。主として社会における弱い地位にある者の自由な投票を確保するのが目的⇔**公開選挙**
直接選挙	選挙人が直接に選挙する。⇔**間接選挙**（アメリカ大統領選挙が代表的）
自由選挙	棄権しても制裁を受けない。

（芦部信喜『憲法』岩波書店を参考に作成）

解説 **民主主義の根幹**　代表者を選び出す選挙は，政治の基礎となり，民主主義の根幹をなすものである。

3 日本の選挙制度の変遷（衆議院）と有権者の増加

法律改正年	有権者の資格	総選挙の例	有権者数の全人口に対する割合の推移と投票率（%）※（ ）内，有権者数と選挙区制	投票率
1889年（明22）〈注1〉	直接国税15円以上 満25歳以上の男子	第1回 1890.7	1.13（45.1万人 小選挙区）	93.91
1900年（明33）〈注2〉	直接国税10円以上 満25歳以上の男子	第7回 1902.8	2.18（98.3万人 大選挙区）	
1919年（大8）	直接国税3円以上 満25歳以上の男子	第14回 1920.5	5.50（306.5万人 小選挙区）	
1925年（大14）	満25歳以上の男子（**男子普通選挙**）	第16回 1928.2	19.98（1,240.9万人 中選挙区）	
1945年（昭20）〈注3〉	満20歳以上の男女（**男女普通選挙**）	第22回 1946.4	48.65（3,687.8万人 大選挙区）	72.08
1947年（昭22）	同上	第23回 1947.4	52.38（4,090.7万人 中選挙区）	
1994年（平6）	同上	第46回 2012.12	81.52（10,396.0万人 小選挙区）	59.32
2015年（平27）	満18歳以上の男女	第48回 2017.10	83.72（10,609.1万人，うち18・19歳240万人）	53.68

〈注1〉被選挙権は直接国税15円以上，満30歳以上の男子。
〈注2〉被選挙権は満30歳以上の男子。
〈注3〉被選挙権は満25歳以上の男女（参議院は30歳以上）。

政治

4 選挙制度の種類と特色

小選挙区　1つの選挙区から1人を選出

長　所	短　所
①小党分立を防ぎ，政局が安定。 ②選挙費用が少額ですむ。 ③有権者が候補者をよく知ることができる。	①死票が多い。 ②ゲリマンダー（下図参照）の危険性が大きい。 ③買収など不正の危険性が高くなる。

大選挙区　1つの選挙区から2人以上を選出

長　所	短　所
①死票が少なくなる。 ②有能な人物が選出されやすい。 ③買収などの不正の可能性が低い。	①小党分立を生じ，政局が不安定になる。 ②選挙費用が多くなる。 ③候補者をよく知ることが難しい。

中選挙区	①大選挙区の一種。 ②定員が2〜6人。 旧衆議院議員選挙区がこれにあたる
比例代表	政党の得票に比例して議席を配分

⬆ゲリマンダー

解説 **どの選挙制度も一長一短**　ゲリマンダーとは，1812年に，米国の州知事ゲリーが自分の所属政党に有利なように選挙区を設定し，サラマンダー（架空の精霊）の形をした不自然な選挙区ができたことを揶揄した造語。選挙区の区割りに限らず，選挙の実施には，常に不正の危険があり，注意する必要がある。

比例代表制は，各政党の得票率に比例させて議席を配分する選挙制度。**一票の格差**や**死票**がほとんどなくなるというメリットが大きい。候補者個人の政治力より政党の政策が重視され，選挙運動にも金がかからないのも特徴である。日本では参議院選挙のみに実施されていたが，1994年から衆議院でも小選挙区制と比例代表制を並立した，**小選挙区比例代表並立制**が採用された。

A 比例代表制ードント式のしくみ

〈注〉有効投票数3,120票，定員7名と仮定した場合の議席数の決め方。

党名を記入→「投票に」（参議院は個人名もある）　有権者

ドント式	A党	B党	C党
得票数	1,500	900	720
1で割る	1,500①	900②	720④
2で割る	750③	450⑥	360
3で割る	500⑤	300	240
4で割る	375⑦	225	180
獲得議席	4	2	1

5 公職選挙法

項　目		内容と特徴
選挙運動	期間（129条）	衆議院で12日，参議院で17日間。事前運動は禁止。米では期間制限はなく，欧でも原則自由
選挙運動	戸別訪問の禁止（138条）	買収の温床になりやすく，選挙人の生活の平穏を害するなどとして最高裁も合憲としている（81年）。欧米では自由
選挙運動	文書図画の頒布制限（142条）	衆議院小選挙区選挙で候補者1人について通常葉書3万5千枚，**選挙管理委員会**に届け出た2種類以内のビラ7万枚など
連座制	当選無効及び立候補の禁止（251条2〜3）	総括主宰者，出納責任者，地域主宰者が罰金刑以上になったときに加え，候補者の親族，秘書，組織的選挙運動管理者が禁固刑以上になったときには当選無効（**連座制**）。また同選挙区で5年間は立候補できない
在外投票（49条2など）		海外に住む日本人も国政選挙で投票できる制度。2000年から衆参両院の比例区で，06年から選挙区で可能となった。

Try トライ　選挙運動中に次のような食べ物を提供したが，公職選挙法違反となるものはどれ？
①おにぎり　②みかん　③メロン

基本用語》 政党　連立政権　利益集団　政党交付金　二大政党制

Theme 36 政党と政治

Approach

日本の女性議員は少なすぎ？

日本の女性議員の割合は際立(きわだ)って低く，2023年現在国会議員（下院）に占める女性の比率は166位だ。2018年には議員立法「**政治分野における男女共同参画の推進に関する法律**」が制定され，政党・政治団体には国政や地方議会議員選挙への立候補者数の男女均等化が求められることになったものの，この法律が定めているのは「努力目標」にとどまっている。

一方，女性議員の割合が1位のルワンダでは，国の指導的機関の地位のうち少なくとも30％を女性が占めるよう憲法で規定されており，これにより国会議員の3割は女性枠となっている。こうした議席や候補者の一定数を女性に割り当てる制度は**クオータ制**と呼ばれ，積極的な格差是正措置(かくさぜせいそち)（**ポジティブ・アクション**（➡p.25））の手法の一つとして各国で採用されている。

Ⓐ国会議員数（下院）の男女比（2023年4月）

（列国議会同盟（IPU）資料による）

⇧ルワンダの国会議員（2018年9月）　民族対立の激化により国民の約1割にあたる80万人が死亡した1990～1994年の内戦の結果，男性の人口比が大幅に低下したことも，女性議員が増加する大きな要因となった。

追究 日本の女性議員の割合を増やすためには，どんな取り組みが必要だろうか。

1 政党政治の形態

	長所	短所	代表的な国
二大政党制	①政権が安定しやすい ②有権者による政党の選択が容易 ③競争により政治責任を追及しやすい	①国民の少数派の意思や利害を反映しづらい ②政権交代で政策の連続性が失われる	**アメリカ** （民主党と共和党） **イギリス** （保守党と労働党）
小党分立制	①国民の多様な利害を反映できる ②世論の変化を政権に反映できる	①連立政権で政治が不安定になりがち ②政治責任が不明確になりがち	**フランス** **イタリア** **スウェーデン**
一党制	①政権が安定し，政策の連続性が保てる ②国民に対して強力な指導ができる	①独裁政治により国民の人権が侵害されがち ②政治腐敗の可能性	**中国**，**北朝鮮**，**キューバ**などの社会主義国

解説 **政党とは？**　政党とは，政治に対して共通の考え方をもつ人々の集まりである。**マニフェスト**などで自党の主張を国民にうったえ，選挙によって国会に議員を送り，政党の考え方を政治に反映させようとする。

2 戦後政党の歩み

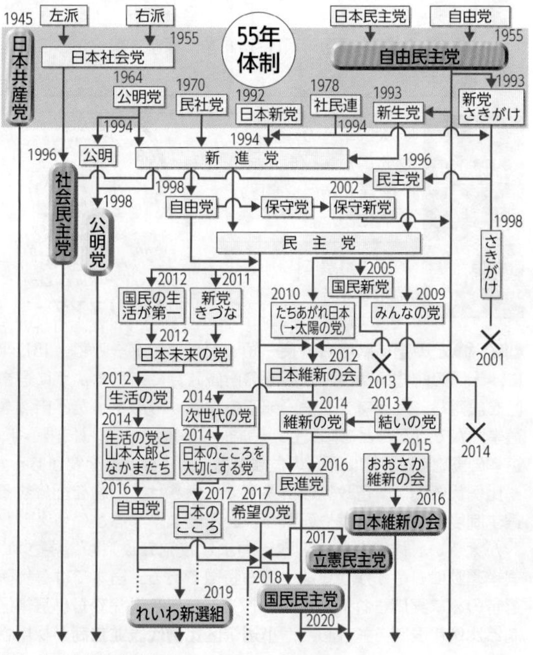

〈注〉大きな流れに限定。

しごとカタログ **ロビイスト**　特定の企業や団体（利益集団）が自らの主張を政治家に広めるために行う，「ロビー活動」を担う人々。日本ではこれまで表だったロビー活動は低調であったが，2007年に国会で衆参のねじれが生じた際には，ロビー活動専門の会社が次々と現れた。

3 政治過程図

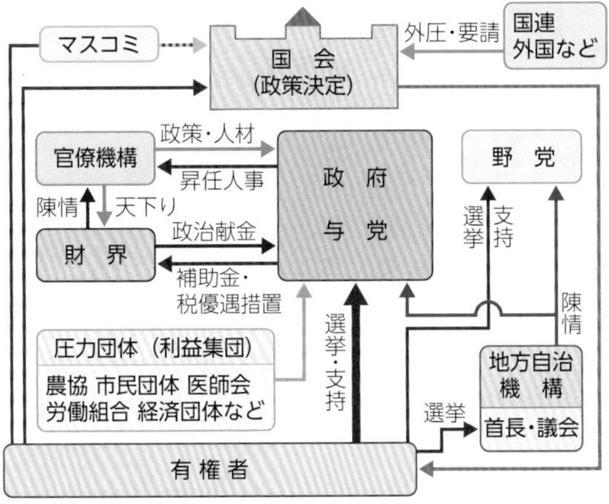

4 圧力団体（利益集団）

経営者団体	**日本経済団体連合会**　財界の総本山といわれる経団連と，労務対策を行っていた日経連が 2002 年に合同。1,649 団体 **経済同友会**　経営者個人を会員とする。1,511 人 **日本商工会議所(日商)**　全国の商工会議所の総合団体
労働団体	日本労働組合総連合会（連合）　約 690.7 万人 全国労働組合総連合（全労連）　約 74.1 万人 全国労働組合連絡協議会（全労協）　約 9.4 万人
その他	全国農業協同組合中央会（JA 全中）　正・准会員 1,042 万人 日本医師会　約 17.4 万人　日本遺族会　約 46 万世帯(2019 年) 主婦連合会（主婦連）約 150 団体

〈注〉各団体の勢力は，2023年時点の資料による。

解説 **政治に大きな影響力**　政治家（政党）に対する最も大きな圧力は，票とカネである。圧力団体は，選挙の時の候補者の推薦，選挙資金の提供などを背景に政治的圧力を加えて**族議員**を形成し，その団体の利益を実現しようとする。

政治

5 主な政党のプロフィール

		党勢（党員数）		沿革・方針など
与党	自由民主党	総裁 岸田文雄（きしだふみお） 衆 263人 参 118人 (114万人)		1955年，自由党と日本民主党の保守合同で成立。2009年に衆院選に大敗して野党となるが，12年12月に与党復帰。2021年10月に菅義偉（すがよしひで）氏が総裁任期満了のため総理・総裁を辞し，後任に岸田文雄氏が就任した。
与党	公明党	代表 山口那津男（やまぐちなつお） 衆 32人 参 27人 (49万人)		1964年宗教団体である創価学会を支持母体として結成。94年に分党したが，98年再合流。99～2009，12年には自民党と連立政権を組み，政局の中心的存在となった。
野党	立憲民主党	代表 泉　健太（いずみけんた） 衆 95人 参 38人 (10万人)		2020年９月に，旧立憲民主党と旧国民民主党の合流賛成派議員らによって結成。「政権の選択肢」を目指し，立憲主義の徹底などを主張。
野党	日本維新の会	代表 馬場伸幸（ばばのぶゆき） 衆 41人 参 20人		2010年に橋下徹らが結成した「大阪維新の会」が母体となり，名称変更・合併・分裂を経て16年に現党名となる。小さな政府の実現や地方分権などに重点。
野党	国民民主党	代表 玉木雄一郎（たまきゆういちろう） 衆 10人 参 11人		2020年，新立憲民主党への合流に参加しなかった旧国民民主党の議員で結成。代表は旧党から引き続き玉木雄一郎が務める。
野党	日本共産党	委員長 志位和夫（しいかずお） 衆 10人 参 11人 (27万人)		1922年結党。戦前は非合法とされたが，戦後は，憲法９条堅持，日米安保体制反対などを掲げ，自民党との対決姿勢を示してきた。近年は野党間での選挙協力に前向きな姿勢を示す。
野党	れいわ新選組	代表 山本太郎（やまもとたろう） 衆 ３人 参 ５人		2019年に，自由党の共同代表だった山本太郎が設立。消費税の廃止や国債発行を財源とする積極財政によって，デフレを脱却することを公約に掲げる。
野党	社会民主党	党首 福島瑞穂（ふくしまみずほ） 衆 １人 参 ２人		1945年結党の日本社会党が96年に党名変更。2009年に民主党と連立政権を組むが，沖縄基地問題をめぐり翌年離脱。
野党	みんなでつくる党	党首 大津綾香（おおつあやか） 衆 0人 参 ２人		2013年に発足。NHK集金のトラブルを解決するため，NHKのスクランブル放送化実現などを掲げる。

〈注〉2023.11.15現在。党員数は2018～21年の数値。

6 政治資金規正と政党収入

Ａ政治資金規正法改正(1994年)による政治資金の流れ

受領者／寄附者	金額の制限	政党・政治資金団体	資金管理団体など	政治家個人
個　人	総枠	2,000万円	1,000万円*	
	個別	無制限	150万円	150万円*
企業・労働組合	総枠（個別なし）	750万円～１億円	禁止	
政　党	無制限	無制限		
政治資金団体	無制限	無制限		無制限*
資金管理団体など	総枠	無制限		無制限*
	個別	無制限	5,000 万円	

〈注〉数字は年間の限度額。＊政治家個人に対するものは金銭等に限り禁止。ただし，選挙運動に関するものは金銭等による寄附ができる。
政治資金団体…政党のための資金援助を目的とする，政党が指定した団体。
資金管理団体…政治家個人のための政治資金を受け取る団体。
政治家は１人１団体まで指定できる。

Ｂ政党助成法

助成金	総額約 320 億円＝総人口× 250 円
受け取れる政党（政党要件）*	①所属国会議員５人以上 ②所属国会議員がおり，直近の国政選挙の全国得票率が２％以上
配分	1/2 を議席数，1/2 を得票数で配分
使途	制限なし（収支報告の提出・公表義務あり）

〈注〉＊政党要件は①か②のいずれかを満たせばよい。

Ｃ主な政党の本部収入の内訳（2021年分）

(億円)

	自由民主党	公明党	立憲民主党	日本維新の会	日本共産党
政党交付金	169.5	30.1	68.8	19.2	―
事業収入	5.1	73.6	0.4	0.0	169.7
党　費	10.1	6.0	1.1	1.9	5.4
寄　附	27.9	0.1	2.4	0.5	11.7
借入金	4.5	―	―	―	0.0
その他	270.6	74.0	55.9	20.3	29.1
収入総額	487.7	183.8	128.6	41.9	201.6

（日本共産党は政党交付金を受けていない）　（総務省資料による）

解説 **政治資金規正法とは？**　リクルート事件などの政治家の汚職事件を契機に，**政治資金規正法**が改正され，企業献金の規制が大幅に強化された一方，政党に国費から助成を行う**政党助成法**も同時に成立した。

Try 日本の政党政治は，次のどれに当てはまるだろう？
①二大政党制　②小党分立制　③一党制

基本用語 マスメディア　世論調査　世論操作　政治的無関心　メディア・リテラシー

Theme 37

世論と政治

Approach

戦争プロパガンダ10の法則―戦争はどのように正当化されるのか

戦争プロパガンダ10の法則　イギリスの政治家アーサー・ポンソンビー（1871-1946）による。第一次世界大戦において，イギリスを中心とした参戦国が，世論を戦争肯定へと誘導する目的でおこなったプロパガンダの分析として示されたものである。このようなプロパガンダは，第一次世界大戦のイギリスに限ったものではない。現在でも，また，どこの国であっても紛争や戦争が生じるたびに繰り返されているものだとされる。

プロパガンダとは…特定の思想・価値観・世論へと誘導する意図をもった宣伝行動や世論操作のこと。

1．われわれは戦争をしたくない
2．しかし敵側が一方的に戦争を望んだ
3．敵の指導者は悪魔のような人間だ
4．われわれは領土や覇権のためにではなく，偉大な使命のために戦う
5．われわれも誤って犠牲を出すことがある。だが敵はわざと残虐行為におよんでいる
6．敵は卑劣な兵器や戦略を用いている
7．われわれの受けた被害は小さく，敵に与えた被害は甚大
8．芸術家や知識人も正義の戦いを支持している
9．われわれの大義は神聖なものである
10．この正義に疑問を投げかける者は裏切り者である

6

10
非国民！
卑怯者！
意気地なし！
死にたくない
戦争反対

（参考：アンヌ・モレリ 著／永田千奈 訳『戦争プロパガンダ10の法則』草思社文庫）

Key point キーポイント　メディアを通じて届けられるすべての情報は，必ず何らかの意図をもって取捨選択されている（➡p.133）。テレビや新聞といった旧来のマスメディアだけでなく，SNSやニュースアプリなどでやりとりされる情報も同様に「意図」を持っている。政府・政治家・大手マスコミといった情報源だけでなく，個人や匿名の発信源からも，戦争プロパガンダのように特定の価値観へと誘導するような**世論操作**は起こりうるのだ。

追究　ニュース・新聞・SNSなどで，プロパガンダと言えるような発言はどの程度みられるだろうか。探ってみよう。

1 政府によるマスメディア統制

種類	内容
消極的統制	[公式な方法] ① **法律の制定・改廃**……放送法など [非公式な方法] ② **直接・間接の介入・干渉**……テレビに多い ③ **利益誘導・便宜供与など**……放送免許権，事業税免除，各種懇談，記者クラブなど
積極的統制	① **直接宣伝・PR**……広報番組作成，意見広告など ② **半官的組織による宣伝・PR**……「日本広報センター」「放送番組センター」を通じての番組提供，広告など
イベント	**政策的に「イベント」をつくり，マスメディアに増幅させ国民を操作**……「オリンピック」，「万博」，「海洋博」，「天皇訪米」など

（塚本三夫『法学セミナー増刊，言論とマスコミ』日本評論社による）

⬆**世界初のテレビ定期試験放送**（ドイツ，1935年）　翌年，ベルリン五輪の中継が行われる。

解説 **ナチスのメディア統制**
大衆社会の到来に，ラジオや映画などのメディアをいち早く用いて巧妙な情報操作を行い，大衆の煽動に成功したのがナチス。権力の側にとって情報管理と世論操作は常に重要な政治課題である。

だから「表現の自由」は大切なんだ。（➡p.88）

しごとカタログ　**フリージャーナリスト**　独自に取材を行い，記事を新聞社や出版社に売り込む職業。組織に所属していない分スポンサーなどの圧力を受けにくいが，日本の官公庁にはマスメディアが独占する記者クラブ制度があるため，フリーの取材機会は限られている。

2 メディア・リテラシーを身につけよう (➡p.133)

Ⓐ新聞報道の比較—2022年12月17日「反撃能力(敵基地攻撃能力)」保有の扱い方の違い

下の新聞の見出しの違いは，「反撃能力」の保有に対する支持・不支持などの立場の違い。見出しでどれだけ印象が変わるか，考えてみよう。

「東京新聞」2022年12月17日の1面レイアウト

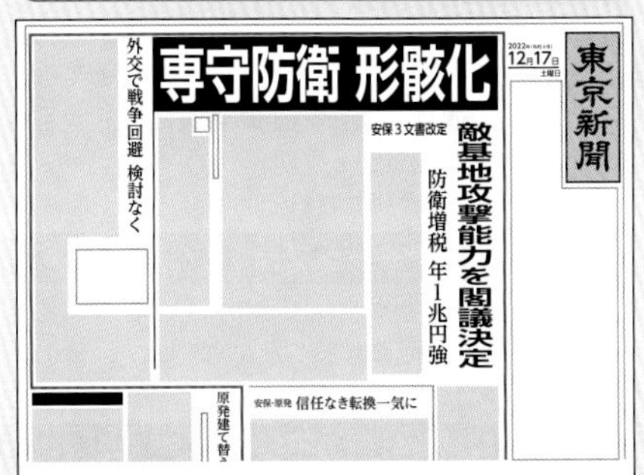

2022年12月16日，岸田内閣が「反撃能力」の保有を目指すと閣議決定(➡p.102)

岸田内閣は日本を防衛するための抑止力(よくしりょく)として，相手国のミサイル発射基地などを破壊するための「反撃能力」の保有を初めて明記した新しい安保三文書を閣議決定した。

…写真
…文章
…「反撃能力」関連記事部分

「朝日新聞」2022年12月17日の1面レイアウト

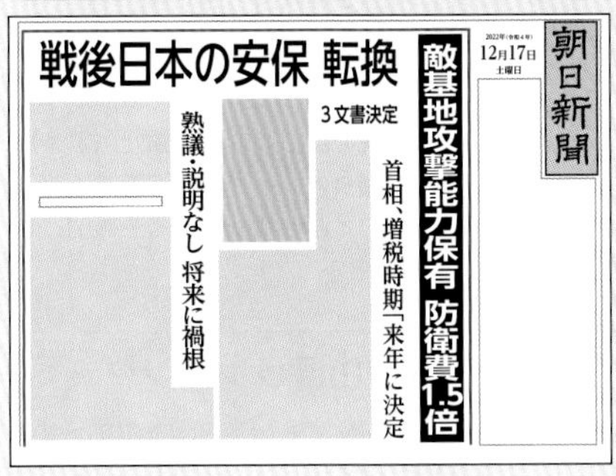

「産経新聞」2022年12月17日の1面レイアウト

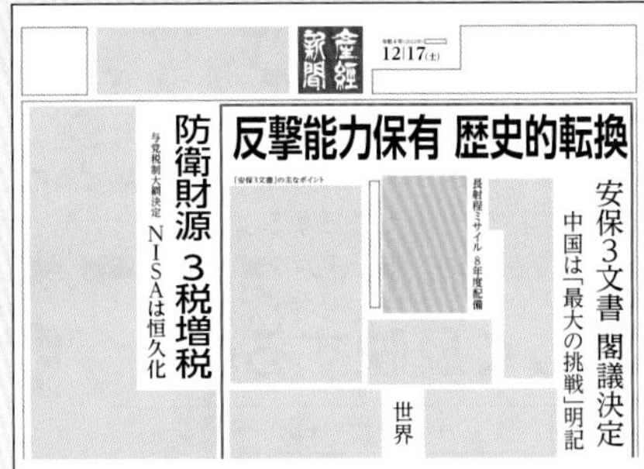

Ⓑメディアとは？

解説 情報を比較しよう 情報は届けられる時点で送り手により選別され，順序づけられている。うのみにせず，複数の情報源にあたり，比較することが**メディア・リテラシー**を身につけることにつながる。

3 世論調査と選挙予測報道

Ⓐ「反撃能力」の保有についての世論調査

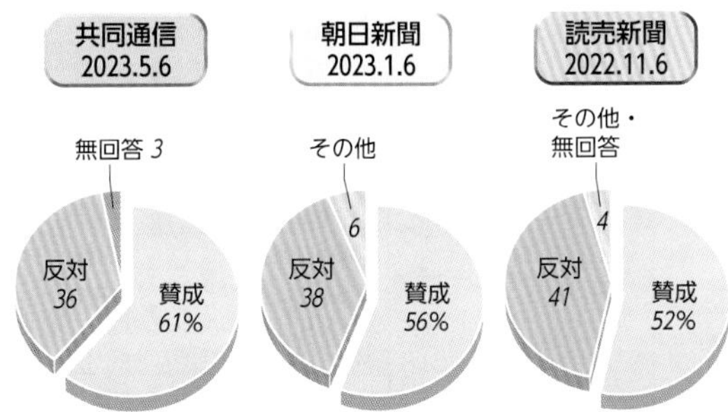

(各新聞社世論調査による)

解説 世論操作を警戒する 国民の意識を知るには世論調査が役に立つ。特定のテーマについて，数字化されるだけに説得力がある。しかし，**世論調査**は「もろ刃の剣」だ。質問や集計の方法によっては，**世論操作**にもつながりかねない。選挙予測報道にも，同じような危険性が指摘されている。

Ⓑ選挙予測報道が投票を左右する

アナウンスメント効果	マスメディアが選挙結果を予測することが投票行動に影響し，選挙結果を変化させる効果
バンドワゴン(勝ち馬)効果	優勢に報じられた候補に投票しようとする効果
アンダードッグ(負け犬)効果	劣勢であると報じられた候補に対し，救ってやろうという効果

表現	影響
「トップ当選は確実」	ほかの候補者に票が流れる
「優勢」	得票が伸びる
「あと一息」	得票が伸びる

4 政治的無関心

伝統型無関心	近代以前においては，政治は少数の支配層だけのものであり，民衆には参加の機会がなかったことから生じた無関心
素朴型無関心	近代以降，政治参加は保障されるが，生活のための職業などが重要な関心事であるため，政治は周辺的な事柄でしかないことからくる無関心
現代型無関心	政治への関心や知識もあり，政治参加の義務感もあるが，大衆社会の中で政治の影響力を及ぼせないという無力感，巨大化した官僚組織や政治制度への不信感から政治に背を向ける現代型の無関心

(川人貞史『政治的無関心』平凡社大百科事典による)

解説 政治的無関心 政治はエリートのすることとする前近代の**伝統型無関心**に対し，**現代型無関心**は政治腐敗などに対する無力感や失望が原因となっている。現代型無関心を生み出す大衆社会では，特定の集団を攻撃して安直な解決策を提示する勢力が支持を集める，**ポピュリズム**という現象が発生しやすくなる。

Try 世界初のテレビ放送はドイツで行われたが，世界初のラジオ放送はどこで行われた？
①アメリカ ②イギリス ③ドイツ ④日本

5 マスメディアをめぐるシステム

Ⓐ不自由な日本のマスメディア

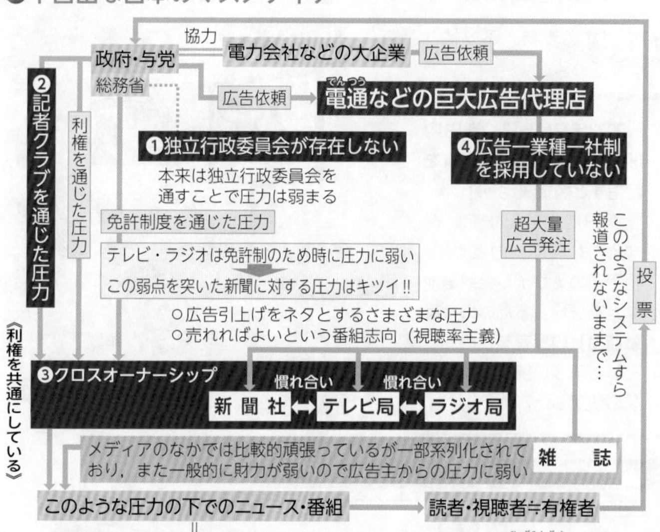

Ⓑマスメディアの独立・自由を奪うしくみ

❶総務省（政府）の免許交付

他の先進国では独立した**独立行政委員会**がテレビ局の免許交付を行う。

❷記者クラブ

国会，中央省庁，裁判所，地方自治体などでは記者クラブを通じて情報を提供するため，大手メディアが情報を独占し，フリーのジャーナリストや海外メディアが排除される。

❸クロスオーナーシップ

同一資本が新聞社やテレビ局の持ち主になること。言論の多様性を阻害することになるので，他の先進国では禁止されている。

❹広告一業種一社制の不採用

１つの広告代理店が同時に２つ以上の競合会社（同業種他社）の広告を担当しないという原則。他の先進国では主流。

（ⒶⒷは日隅一雄『マスコミはなぜ「マスゴミ」と呼ばれるのか』現代人文社により作成）

解説 さまざまな圧力にさらされるマスメディア　マスメディアは，報道機関であると同時に営利企業としての側面もあるため，主要な広告主の不正を追及したり，監督官庁を怒らせたりするような報道は行いにくいのが実情だ。ただし，仮に不当な圧力を加えられたとしたら，憲法が定める**表現の自由**や**検閲の禁止**（21条）に抵触することになるだろうし，世論もメディア側に味方するだろう。マスメディアには，憲法や世論の力を追い風にして報道機関としての責務を果たすことが求められる。

6 選挙は世論を正しく反映するの？

	外　交	経　済	社会保障	投票先
有権者①	Ｂ党	Ｂ党	Ｂ党	**Ｂ党**
有権者②	Ｂ党	Ｂ党	Ｂ党	**Ｂ党**
有権者③	Ｂ党	Ａ党	Ａ党	**Ａ党**
有権者④	Ａ党	Ｂ党	Ａ党	**Ａ党**
有権者⑤	Ａ党	Ａ党	Ｂ党	**Ａ党**
政策別の支持結果	**Ｂ党**	**Ｂ党**	**Ｂ党**	

政策の支持率はB党が勝っているのに，選挙ではＡ党が勝利

解説 政治に民意を反映するには　有権者はＡ党とＢ党の２つの政党から１つを選択する。その際，「外交政策」「経済政策」「社会保障政策」について最も考えの合う項目が多い政党に投票するものとする。この方法では，Ａ党が３票，Ｂ党が２票でＡ党が勝利することになる。一方，政策別の支持結果を確認すると，個別の政策についてはＢ党の政策を支持する有権者が多数となっている。つまり，Ｂ党の政策を支持する考えをもつ有権者が多数であったのに，選挙ではＡ党が勝ってしまったのだ。それぞれの有権者は合理的な判断で投票先を選んでいるのに，有権者の求める政策と選挙結果が結びつかなくなるこの現象は，約100年前のロシアの政治思想家の名前にちなんで「**オストロゴルスキーのパラドックス**」と呼ばれる。**選挙の勝敗と政策の支持・不支持は，必ずしも一致するわけではない**点には注意が必要だ。

＋α 世界報道自由度ランキング

報道の自由度ランキングとは，NGO国境なき記者団が毎年発表している指標で，各国の報道機関の「多様性」「メディアの独立性」「メディア環境と自己検閲」などの項目を評価してランキング化したものだ。北欧の国々が上位にランクインする中，日本は71位という結果に。報道の自由よりビジネス上の利益を優先するメディアの姿勢や，排他的な記者クラブ制度が評価を下げた要因だ。

Ⓐ世界報道自由度ランキング（2022年）

順位	国	スコア
1位	ノルウェー	92.65
2位	デンマーク	90.27
3位	スウェーデン	88.84
4位	エストニア	88.83
5位	フィンランド	88.42
6位	アイルランド	88.30
7位	ポルトガル	87.07
8位	コスタリカ	85.92
9位	リトアニア	84.14
10位	リヒテンシュタイン	84.03
16位	ドイツ	82.04
24位	イギリス	78.71
26位	フランス	78.53
42位	アメリカ	72.74
43位	韓国	72.11
71位	日本	64.37
155位	ロシア	38.82
175位	中国	25.17
180位	北朝鮮	13.92

（国境なき記者団資料による）

Try 次のテレビ局の系列の関係にある新聞社を答えよう。
①テレビ朝日　②日本テレビ　③TBS

論点 メディア・リテラシーって何？

1 「ニュートラル」な情報なんて存在しない

①ニュース番組やニュースサイトの制作者になったつもりで，下のA～Dのニュースを，視聴者に知らせるべきだと考えられる順に並べ変え，その理由について説明しよう。
②下のA～Dのニュースのうち，時間の都合で三つしか扱えないとしたら，どれを選ぶか考え，その理由について説明しよう。

A パリに行っていた日本人タレント1人が，事故で亡くなった。

B 東京で川が氾濫して10人が亡くなった。

C チリの飛行機事故で300人が亡くなった。

D ソマリアの飢餓で500人が亡くなった。

解説 何かを伝えることは，何かを伝えないことでもある。構成や編集も不可欠だ。**メディア**にしても個人にしても，伝える情報は取捨選択の連続によって再構成された恣意的なものになる。たとえ特別に歪曲させようという意図がなくても，制作者の思惑や価値判断が入り込んでしまう。世に出回る情報は，すべて取捨選択され，再構成されたものである。テレビや新聞，ネット配信，ＳＮＳだけでなく，皆さんの教科書も，この資料集だってそうだ。この考えに立つことが，メディア・リテラシーを身につける上で必要だ。

（参考：菅谷明子「すべての情報は再構成されている」坂本旬・山脇岳志編『メディアリテラシー 吟味思考を育む』時事通信社）

2 どのように「情報」を受け止めたらいい？

―「さぎしかな？」でチェック―

情報を受け止めるときは，うのみにするのではなく，下の5つのキークエスチョンを使って，情報を問い直してみよう。

さ（作者）	**誰がこのメッセージをつくった？**…どういう人がつくったのだろうか？　個人だろうか？　組織だろうか？	
ぎ（技法）	**私の関心をひくためにどんな技法が使われた？**…自分の印象や感情を振り返り，どんな表現技法がそのような印象や感情を引き起こしたのか？（例：CMを見て商品を買いたくなった理由は？　出演タレントのおかげ？　BGMのおかげ？）	
し（視聴者）	**このメッセージを他の人はどう受け止めている？**…他の人の立場にたって考えると？　他の人の意見を聞いてみると？	
か（価値観）	**どんな価値観や視点が表現されているか？排除されているか？**…このメッセージにどんな価値観やライフスタイルや視点が表現されている？　逆に排除されている価値観やライフスタイルや視点はない？	
な（なぜ）	**なぜこのメッセージは送られた？**…どんな目的があってこのメッセージは私に送られた？	

（参考：坂本旬「メディアリテラシーの本質とは何か」坂本旬・山脇岳志編『メディアリテラシー 吟味思考を育む』時事通信社）

あなたは，怪しいと思った情報をどのように調べますか？

3 メディア・リテラシーはなぜ必要？

イギリスのオックスフォード英語辞典は，2016年を象徴する言葉として「**ポスト・トゥルース**（脱・真実）」を選んだ。この年，トランプ米大統領の当選やイギリスのEU離脱（ブレグジット）という事前の予想を覆す選挙結果が相次いだが，これについて，事実がどうであるかはないがしろにされる一方，SNSなどを通じて拡散する不確かな情報を基にした煽情的な言論が横行したことが，人々の投票行動に大きな影響を与えたと指摘されている

現在もまた，2020年に世界を激変させた新型コロナウイルス感染症や，2022年に勃発したロシアのウクライナ侵攻などについて，真偽の不確かな情報がSNSを騒がせている状況は変わっていない。他方，**1**・**2**の資料で学んだとおり，フェイクニュースだけが問題なのではなく，**あらゆる情報に制作者の思惑や価値判断が入り込んでしまう**という事実に，もっと注意を向けるべきであろう。情報を安易にうのみにせず，受け取るときも発信するときも，一度立ち止まって吟味する。この姿勢が，自身の持つバイアス（先入観・思い込み）を自覚させ，多様な考え方を尊重することにつながる。この**メディア・リテラシー**の能力は，寛容で民主的な社会を形成する上では欠かせない力なのだ。

Ⓐ新型コロナウイルスについて怪しいと思った場合，情報の真偽を確かめたことはありますか？

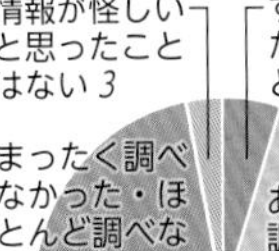

（「『フェイクニュース』に関するアンケート　調査結果」野村総合研究所2021.4.12による）

さらに深めよう！
ICT メディア・リテラシーの育成（総務省）➡

基本用語》 刑事訴訟・民事訴訟・行政訴訟　三審制　司法権の独立　特別裁判所　弾劾裁判所　国民審査　違憲審査権　裁判員制度

Theme 38 裁判所のしくみと働き

Approach

覆される死刑判決―裁判員の判断は尊重されている？

Ⓐ二審で破棄された裁判員裁判の死刑判決

一審裁判所	事件の内容	破棄の理由
①東京地裁（2011年３月）	東京・南青山のマンションで住民の高齢男性が殺害される	東京高裁「前科を重視し過ぎたのは誤り」
②千葉地裁（2011年６月）	千葉県松戸市で女子大学生が殺害される	東京高裁「被害者が１人で計画性がない」
③長野地裁（2011年12月）	長野市の建設業の男性ら一家３人が殺害される	東京高裁「首謀者ほど関与は強くない」
④大阪地裁（2015年６月）	大阪・ミナミで通行人２人が無差別に殺害される	大阪高裁「計画性が低く，精神障がいの影響も否定できない」
⑤神戸地裁（2016年３月）	神戸市長田区で小１女児が殺害される	大阪高裁「計画性がなく，生命軽視の姿勢が強くうかがえるとは言えない」
⑥さいたま地裁（2018年３月）	埼玉県熊谷市で小学生姉妹を含む男女６人が殺害される	東京高裁「心神耗弱状態」
⑦神戸地裁（2017年３月）	兵庫県洲本市で男女５人が殺害される	大阪高裁「心神耗弱状態」

〈注〉すべての事件で二審判決が確定。　（「神戸新聞NEXT」2020.1.28による）

Ⓑ関係者や有識者の意見

先例で決めるなら，裁判員裁判という茶番劇は今すぐやめればいい

②の事件の被害者の遺族

一生懸命話し合ったことが無駄になったとは決して思わない。でも，単純に殺害した人数など過去の判例に照らして判断するやり方でいいのか，いまも答えはでません。

生命は憲法の中で最も重要な価値だ。それを国家権力で奪う死刑判決は，たとえ裁判員の判断であっても，慎重の上にも慎重でなければならない。

四宮啓國學院大學教授

（『朝日新聞』2015.2.5による）

Ⓒ裁判員制度12年のデータ（2023年１月末）

裁判員候補者	約159.0万人
裁判員・補充裁判員	11.7万人
平均日数	3.7日（2009年）→17.5日（2022年）
平均評議時間	６時間37分（2009年）→約15時間（2022年）
死刑判決	43人／有罪人員14,977人（2023年１月まで）

（最高裁判所資料）

⬆裁判員・補充裁判員経験者に配られるバッジ

Key point キーポイント 2009年に始まった**裁判員制度**。裁判に市民感覚が反映されて量刑や執行猶予にも変化がみられるが，裁判員裁判の死刑判決や量刑を高裁や最高裁が覆す事例もあり，被害者遺族や，考え抜いた末に結論を下した裁判員経験者からは，なんのための市民参加なのかとの疑問の声もあがっている。

追究 裁判員の判断はどの程度尊重されるべきだろう。

1 裁判の種類と法曹三者

刑事裁判（刑事訴訟）

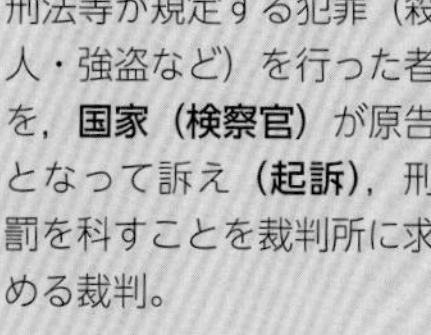

刑法等が規定する犯罪（殺人・強盗など）を行った者を，**国家（検察官）**が原告となって訴え（**起訴**），刑罰を科すことを裁判所に求める裁判。

民事裁判（民事訴訟）

私的な人間同士の紛争（借金の返済など）を法律的・強制的に解決するための裁判。判決によって権利義務関係を確定する方法［**判決手続**］と，履行を強制する方法［**強制執行手段**］に大きく分けられる。

行政裁判（行政訴訟）

行政官庁の行った処分等で不利益を受けた国民が，その適法性を争い，取消や変更等を求める裁判。その手続は**行政事件訴訟法**に定められているが，同法にない事柄は民事訴訟法による。

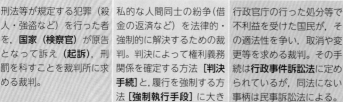

解説 **国民すべてに裁判を受ける権利**　憲法では，法律により定められた裁判所で，適正な手続きによって，公正な裁判を受ける権利が保障されている。また，すべての裁判は最高裁判所と下級裁判所で扱われる（明治憲法下では特別の行政裁判所が行政裁判を担当していた）。

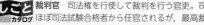

Ⓐ法曹三者のバッジ

裁判官のバッジ

外縁は三種の神器の１つであり，「公明正大，破邪顕正」をあらわす八咫の鏡を型どり，中心には「裁」の字。

検察官のバッジ

菊の葉と花弁の中に赤で朝日がデザインされている。「秋霜烈日」の秋の霜の冷たさと夏の太陽の激しさを意味し，刑罰をめぐる厳しい姿勢を示す。

弁護士のバッジ

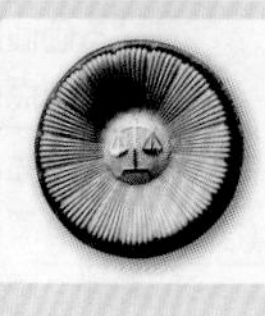

太陽の方向に向かって明るく花開くヒマワリの花の中央に，「公正」と「平等」の象徴である秤をデザイン。

裁判官　司法権を行使して裁判を行う官吏。司法権の独立のため，手厚い身分保障がある。下級裁判所の裁判官（判事・判事補）は，ほぼ司法試験合格者から任官されるが，最高裁判所判事は，弁護士・検察官・学者・外交官など幅広い分野から任命されている。

2 裁判所の種類・役割と三審制

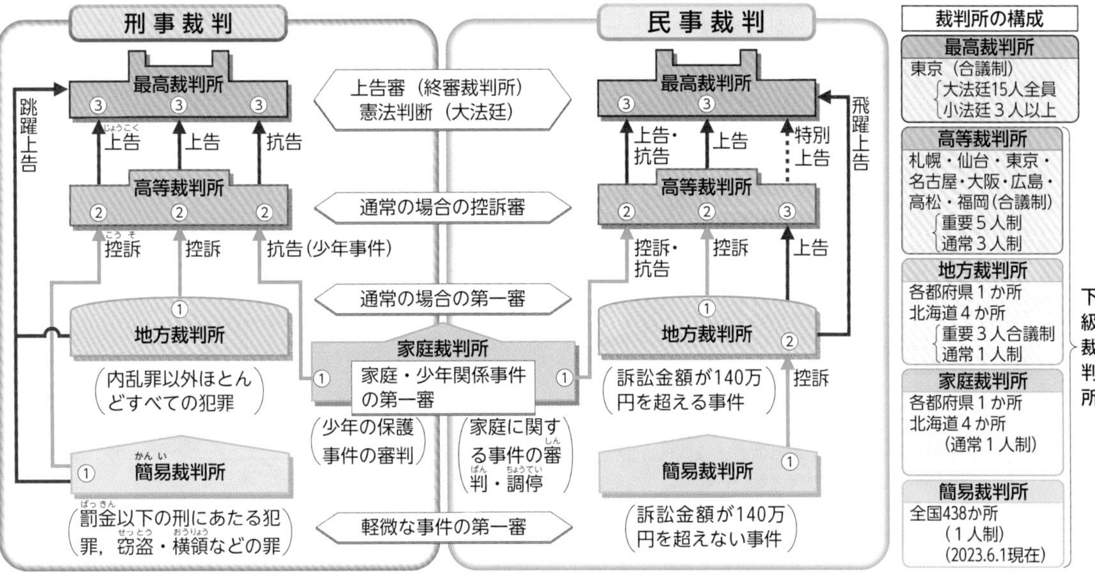

Ⓐ裁判に関する用語

控　訴	第一審の判決に対する上級裁判所への不服申し立て
上　告	控訴審の判決に対する上級裁判所への不服申し立て
跳躍上告	刑事裁判で第一審が違憲判決などを下したとき，控訴審を飛びこえて上告すること
特別上告	簡易裁判所を一審とする民事裁判での最高裁判所への不服申し立て

解説 **三審制と裁判所の役割**　裁判には，刑事・民事・行政裁判があり，すべて最高裁判所と下級裁判所（高裁・地裁・家裁・簡裁）で扱われる。また，公正で誤りのない裁判を行うため，被告や原告は判決に不服がある場合，**控訴審**・**上告審**に裁判のやり直しを求めることができる（**三審制**）。また，裁判所は個別の案件の判断のみならず，法律，政令や条例などが憲法に違反していないかを判断する**違憲法令審査権**を有する。特に最高裁は終審裁判所であるため，「**憲法の番人**」と呼ばれる。

3 司法権の独立

Ⓐ大津事件（1891年）―行政権からの独立

明治憲法が制定されてまもない明治24年，ロシア皇太子ニコライが訪日したとき，大津の地で護衛の巡査津田三蔵がサーベルで斬りつけるという事件になった。

この場合，日本の皇族に危害を加えた罪に準じれば死刑であるが，一般の殺人未遂であれば無期徒刑が最高刑になる。刑法にてらして，外国の皇太子は一般人にあたるとして，大審院長**児島惟謙**は内閣等の圧力に抵抗し，裁判長や判事に勧告を行った。その結果，津田は無期徒刑の判決を受けることになった。

（中川剛『憲法を読む』講談社現代新書）

解説 **司法権の独立とは？**　憲法76条③が規定するように，裁判官の行動を拘束するのは良心と憲法及びそれに基づく法律のみであり，外部からの干渉は許されない。大津事件は**司法権の独立**を守った古典的事例。ただし，児島が担当裁判官に自分の意見を押しつけたのは，現憲法76条③の精神には合致しない。それが**裁判官の独立**を侵害しているからである。

児島惟謙

4 検察制度

Ⓐ検察組織の構成

法務大臣
指揮（検察庁法第14条）

検察庁（長）	所在地	対応する裁判所
最高検察庁（検事総長）	東京	最高裁判所
高等検察庁（検事長）	東京・大阪・名古屋・広島・福岡・仙台・札幌・高松	高等裁判所
地方検察庁（検事正）	各都道府県所在地１か所・北海道４か所	地方裁判所
区検察庁	全国 438 か所 (2023.6.1 現在)	簡易裁判所

Ⓑ検察の権限

権限	内容
検察権	検察権は検察庁法に基づいて執行される行政権の一つ。職務上は法務大臣の権限に従う義務があるが，検察は準司法的機能をもつ。このため，法務大臣は個々の事件については，検事総長しか指揮できない。
起訴権	検察は，被告人を起訴するか，起訴猶予にするか，不起訴にするかの処分を，決定する権限をもっている（起訴便宜主義）。検察の不起訴処分に不服の場合は，無作為で選ばれた市民からなる**検察審査会**に申し立てることで，最終的には強制起訴をすることが可能になっている。
刑罰執行権	刑事裁判の判決で有罪，実刑が確定すると，被告人の身柄は検察官の収容状により刑務所に収容される。死刑の執行の際は検察官が立ち会う。服役者の刑期が終了すれば，検察官が釈放指揮書を書き，それにより釈放される。
捜査権	原則的には，第一次捜査権は警察にあるが，検察にも捜査の権限がある。例えば，東京地方検察庁などに設置されている特別捜査部（特捜部）は，大物政治家の汚職事件など，警察には捜査の困難な事件を担当している。

（野村二郎『日本の検察』講談社現代新書などによる）

解説 **難しい検察の統制**　検察は，裁判所に準じた独立性をもっているが，近年，検察官による証拠の捏造といった不祥事が発覚しており，検察の公正性の担保が課題となっている。

Try 簡易裁判所が第一審の民事裁判の判決に不服がある場合，次のどの裁判所に控訴することになるか？
①最高裁判所　②高等裁判所　③地方裁判所　④家庭裁判所

政治

5 裁判官の任免と身分保障

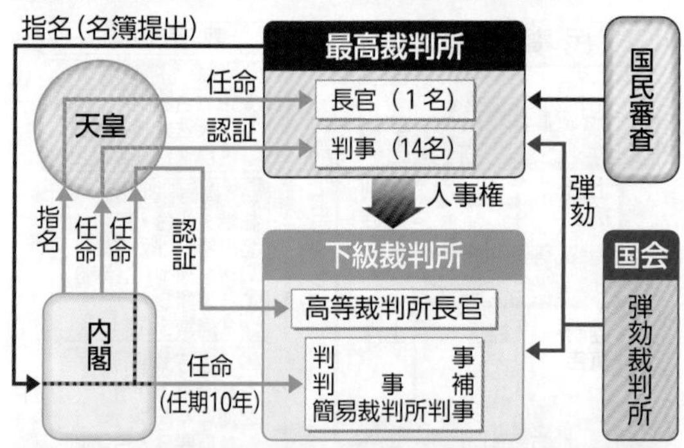

保障	内容
報酬	在任中は減額されない（79，80）
懲戒	裁判により行われる（78）→分限裁判による
免職	①定年［最高裁・簡裁…70歳，他…65歳］（裁判所法） ②心身の故障のため職務が行えないと判断されたとき（78）→分限裁判による ③弾劾裁判で罷免の宣告を受けたとき（78） ④［**最高裁のみ**］国民審査で罷免されたとき（79） ⑤［**下級裁のみ**］10年の任期の終了（再任可）（80）

〈注〉（　）内の数字は憲法の条数。

解説 **司法の独立のため**　裁判官の身分は厳格に保障され，任命権は内閣にあるが，罷免権は国会・国民に委ねられている。弾劾裁判は国会議員（衆参各7名）で組織される**弾劾裁判所**（➡6）が行う。これに加え，最高裁の裁判官には**国民審査**（➡7）もあるが，これまでに国民審査で罷免された裁判官は一人もいない。

6 裁判官の弾劾裁判 （➡p.108 1）

A弾劾の事由（裁判官弾劾法第2条）

①職務上の義務に著しく違反，または職務を甚だしく怠った

②裁判官としての威信を著しく失う非行

B弾劾の過程

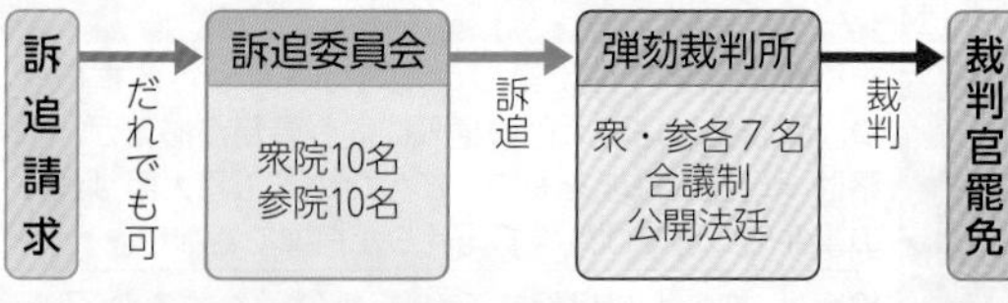

Cこれまでの主な弾劾裁判

判決日・裁判官	訴追事由・判決
1956.4.6 帯広簡裁判事	白紙令状に署名押印し，発行させたり，略式事件395件を失効させた。**罷免判決**
1977.3.23 京都地裁判事補	検事総長の名をかたり，三木首相への謀略電話の録音を新聞記者に聞かせた。**罷免判決**（後に法曹資格回復）
1981.11.6 東京地裁判事補	担当する破産事件の管財人から，ゴルフセットなどを受け取った。**罷免判決**（後に法曹資格回復）
2001.11.28 東京高裁判事	「出会い系サイト」で知り合った女子中学生に対するわいせつ行為。**罷免判決**
2008.12.24 宇都宮地裁判事	部下の女性にメールを送り続け，ストーカー規制法違反で有罪に。**罷免判決**（後に法曹資格回復）

7 最高裁判所裁判官の国民審査

A審査の対象

〈注〉すべての最高裁判所裁判官が対象となるわけではない。

1回目	任免後初めて行われる**衆議院議員総選挙**の際
2回目	1回目後，**10年**を経過した後初めて行われる衆議院議員総選挙の際（3回目以後同様）

B方法

①罷免したい裁判官の記入欄に×をつける。（○などは無効）
②無記入の場合は，信任とみなされる。
③「罷免を可とする」投票数が「罷免を可としない」投票数より多い場合罷免される。

〔最近の国民審査結果〕 第25回（2021.10.31）　（　）内%

罷免を可とする総数	深山卓也	4,490,554（7.85）	三浦守	3,838,385（6.71）
	岡正晶	3,570,697（6.24）	草野耕一	3,846,600（6.73）
	宇賀克也	3,936,444（6.88）	渡邉惠理子	3,495,810（6.11）
	堺徹	3,565,907（6.24）	安浪亮介	3,411,965（5.97）
	林道晴	4,415,123（7.72）	長嶺安政	4,157,731（7.23）
	岡村和美	4,169,205（7.29）		

〈注〉今回，国民審査を受けたのは，任命後初の衆議院総選挙となった11人。

8 最高裁の違憲判決

違憲判決（年月日）	内容
尊属殺重罰規定違憲判決（➡p.85 3）（1973.4.4）	刑法の尊属殺の法定刑は，普通殺に比べて著しく重く不合理で，第14条の法の下の平等に違反する。尊属殺の規定は1995年削除。
薬事法距離制限違憲判決（➡p.92 6）（1975.4.30）	薬事法の薬局開設の距離制限は必要かつ合理的な規制ではなく，第22条に違反し違憲。国会は距離制限の条項を廃止。
衆議院議員定数違憲判決（➡p.84 2）（1976.4.14）（1985.7.17）	一票の格差が4～5倍になっているのは，第14条・第44条の投票価値の平等に違反し違憲。ただし，選挙は無効としない（事情判決）。
共有林分割制限違憲判決（1987.4.22）	森林法が定める共有林の分割請求に対する制限は違憲。国会は同条項を廃止。
愛媛玉ぐし料違憲判決（➡p.89 2）（1997.4.2）	愛媛県の公費による靖国神社への玉ぐし料支出は，第20条・第89条が禁止する公的機関の宗教的活動にあたり違憲。
郵便法違憲判決（2002.9.11）	郵便法の，書留郵便の損害賠償責任範囲を制限する規定は，過失の内容などにより賠償責任を負う必要があり，一部違憲。
在外選挙権制限違憲判決（2005.9.14）	公職選挙法の在外投票制限規定は，通信手段が発達した現在やむを得ない制限とはいえず，違憲。国会は制限規定を改正。
国籍法違憲判決（➡p.84 2）（2008.6.4）	外国人女性と日本人男性との間に生まれた子について，父母の婚姻を国籍取得の要件とする国籍法は，憲法14条1項に違反。2008年12月，国籍法改正。
砂川政教分離訴訟（➡p.89 2）（2010.1.20）	北海道砂川市が市有地を神社敷地として無償で提供したことは，公の財産の利用提供に当たり，特定の宗教に対する便宜の供与に当たる。政教分離原則（第20条）に違反。
婚外子相続差別違憲判決（➡p.84 2）（2013.9.4）	民法の，婚外子の遺産相続分を結婚している夫婦の子（嫡出子）の半分とする規定は，第14条の法の下の平等に反し違憲。
女性再婚禁止期間100日超違憲判決（2015.12.16）	民法の女性再婚禁止期間6か月について，100日を超えて禁止するのは憲法第14条，同24条に反し違憲。2022年12月，民法改正。
国民審査の在外投票不可違憲判決（2022.5.25）	最高裁判所裁判官国民審査法が在外国民に審査権の行使を全く認めていないことは，やむを得ない制限とは言えず，違憲。
性別変更の手術要件違憲判決（2023.10.25）	性同一性障害の人が戸籍上の性別を変更する際に生殖機能をなくす手術を求める法律の要件は，憲法13条が保障する「自己の意思に反して身体への侵襲を受けない自由」を制約し，違憲。

Try　2023年12月現在，最高裁判所裁判官の国民審査で罷免された裁判官は何人？
①3人　②2人　③1人　④0人

ゼミナール

変わる司法制度

司法制度は，憲法による厳格な規定があるため，これまで時代や状況の変化に応じた改革を行うことが難しい分野であった。例えば，諸外国と比較しても日本の法曹人口は格段に少なく，さらに裁判への市民参加が全くない制度が長く導入されていたことなどから，国民にとって司法は縁遠い・利用しにくいものという認識が広まっていた。このような状況を打開し，より国民に身近で利用しやすい司法制度にするため，法曹人口の増加や裁判員制度などが導入されたが，様々な課題も現れてきている。

1 司法制度改革の目的

従　　来

・裁判に時間がかかりすぎる
・先進国のなかでも法曹人口が少なすぎる
・市民の司法参加がほとんどない

司法制度改革推進計画［2002年３月］

①**裁判制度の改革**…
・裁判のスピードアップ…刑事裁判に「公判前整理手続き」，「即決裁判」を導入
・高度な専門知識を要する裁判への対応…知的財産高等裁判所を東京高裁に設置
・人権擁護の充実…日本司法支援センター（法テラス）の設置

②**法曹人口の拡大**…法曹養成に特化した法科大学院の設置

③**国民の司法参加**…裁判員制度の導入

2 法科大学院と法曹養成

Ⓐ新しい法曹養成制度

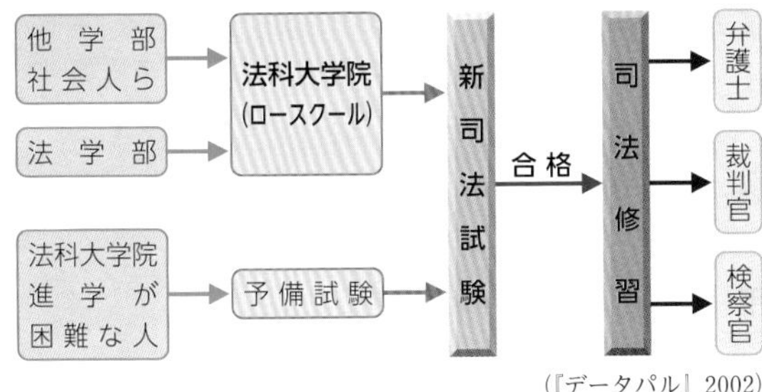

（『データパル』2002）

Ⓑ各国の弁護士人口比較（概数，2022年）

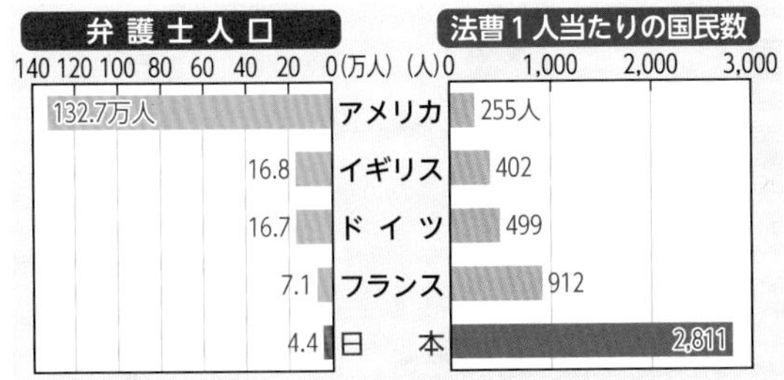

（日弁連資料による）

解説 **司法制度改革に新たな課題も**　欧米に比べ圧倒的に少ない法曹人口を増やすため，法科大学院を開設（2004年），司法試験合格者を年3,000人に増やし，法曹人口を５万人とする計画をたてた。しかし７～８割と見込まれた法科大学院修了者の司法試験合格者は２割台に低迷し，合格後も就職難となっている。結局合格者3,000人計画は撤廃され，構想は頓挫した。

3 裁判員制度

構　成	裁判官３人，裁判員６人（同１人と４人の場合も有）
対象人員	**地方裁判所で行われる刑事裁判**のうち，殺人や傷害致死などの**重大事件**の被告人（2009～21年で約1.6万人）
裁判員	選挙権のある満18歳以上からくじ引きで選出＊（2009～21年で10.6万人以上）
辞　退	病気や介護・育児・仕事など一定の理由で可能
守秘義務	違反すれば懲役・罰金刑

＊満20歳以上→満18歳以上に，2022年４月から法適用。2023年１月から運用開始

Ⓐ裁判員制度の流れ

（最高裁判所資料による）

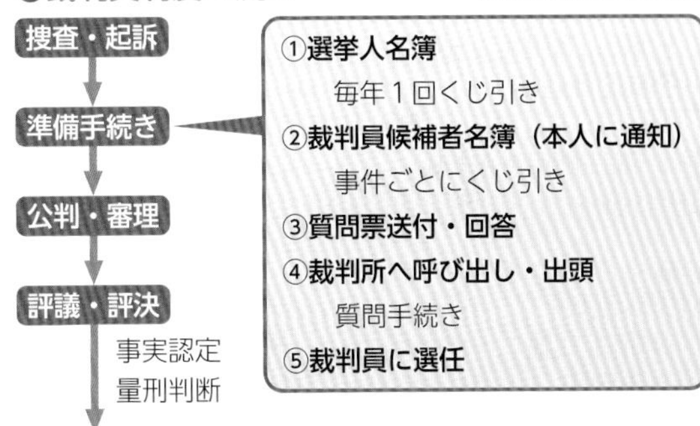

解説 **定着と同時に課題も**　2009年に始まった裁判員制度。裁判に市民感覚が反映されて量刑などにも変化がみられ，プロの裁判官からも評価されている。しかし裁判員は一般市民には大きな負担にもなる。死刑判決に関わった裁判員が急性ストレス障害となり，賠償を求めて国を提訴した事例も起きた。

4 その他の司法制度改革（➡p.93）

改　革	内　容
日本司法支援センター「法テラス」の設置（2006年）	**目的**…全国どこでも簡単に法律サービスが利用可能に。 **運営**…総合法律支援法に基づく準独立行政法人「日本司法支援センター」を拠点とし，全国50か所に地方事務所を設置。 **業務**…①情報提供，②民事法律扶助，③司法過疎対策，④犯罪被害者支援，⑤国選弁護業務
被害者参加制度（2009年）	犯罪被害者が検察官とともに意見陳述・証人尋問・被告人質問ができるようにする制度。従来軽視されてきた犯罪被害者の権利を尊重したものであるが，「法廷が報復の場にならないか」「被害者の訴えに裁判員が冷静に判断できなくなるのではないか」といった懸念もある。
重大犯罪の公訴時効廃止（2010年）	「人を死亡させた罪であって（法定刑の最高が）死刑に当たる罪」について，公訴時効を廃止した。犯人の「逃げ得」を封じる効果が期待できる反面，犯罪から時間が経過することで証拠が散逸，記憶の曖昧化が進むため，冤罪の原因となるとの声もある。

基本用語 シュンペーター　技術革新（イノベーション）　大量生産方式　ME化

Theme 39 経済活動と私たちの生活

Approach

選ぶことは捨てること！—機会費用とは？

お昼ご飯はラーメン屋に行くか，コンビニのパンにするか。高校を卒業したら大学に進学するか，専門学校に進学するか，それとも就職するのか。事の大小はあるにせよ，私たちは日常的にたくさんの選択に迫られている。しかし，**私たちのお金や時間は無限ではない**ので，常にどれかを選ばなければならない。そして，**何かを選ぶということは，選ばなかったものを捨てるということでもある**。経済学は，「何が最適な選択なのかを考える学問」ということができるだろう。

Ⓐ機会費用の考え方

❶バイトをする…
バイトに行って得られるもの：バイト代（数千円）…A
➡機会費用＝B＋C
❷受験勉強をする…
受験勉強によって得られるもの：大学合格の確率アップ…B
➡機会費用＝A＋C
❸友達と遊ぶ…
友達と遊ぶことによって得られるもの：楽しい時間…C
➡機会費用＝A＋B

誰もが知っている「時は金なり」というフランクリンの格言は，機会費用の本質を端的に表している。選択をするということは，選ばなかったほかの選択肢を捨てることになる。捨てた選択肢によって得られるはずだったものを，経済学では「**機会費用**」という。何かを選択することによって，別のチャンス，すなわち「機会」を捨てている，つまり費用を払っている，こういう考え方である。このように経済学は，私たちの身近な生活の中にありふれているできごとも，しっかり対象にしているのである。

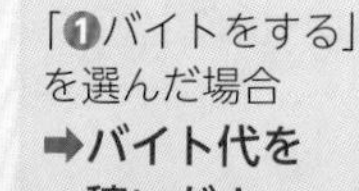

「❶バイトをする」を選んだ場合
➡バイト代を稼いだ！

「❷受験勉強をする」を選ばなかった
➡大学合格の確率アップを果たせなかった……

「❸友達と遊ぶ」を選ばなかった
➡楽しい時間を過ごすことができなかった……

支払った機会費用

時は金なり！

◀ベンジャミン・フランクリン（1706-1790）　アメリカの建国の父の一人と称され，政治家，外交官，著述家，物理学者，気象学者と多方面で活躍。「もしも財布の中身を頭の中につぎ込んだら誰も盗むことができない。知識への投資が最高位の利子を生む」とも述べている。

追究 直近の一週間であなたが支払った機会費用を挙げてみよう。

1 経済とは

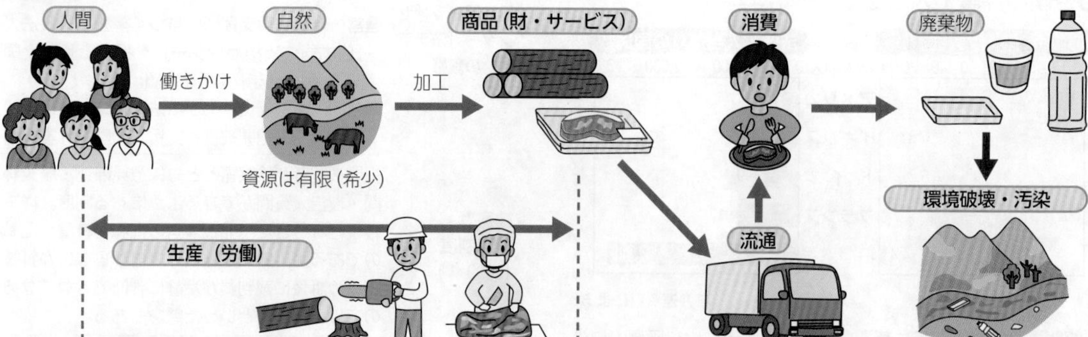

解説 **「資源配分」は経済の重要テーマ**　経済とは，「人間が自然に働きかけて有限（希少）な資源から生活に必要な商品（財やサービス）を生産し，それを流通・消費する一連の過程」である。しかし，自然に対して過度な働きかけを行うと，その過程で環境破壊や汚染の問題が生じてしまう。地球上に存在する資源のうち，商品となりうるものは「有限」あるいは「希少」であり，このことを**「資源の希少性」**というが，希少な資源をいかに有効に配分するかという**「資源配分」**の問題は経済学の重要なテーマとされる。また，環境への負荷をいかに小さくするかということも，現代経済学にとって大きな課題である。

しごとカタログ **企業経営者**　企業経営のトップ。株式会社の場合，会社法上は「代表取締役」，労働法上は「使用者」，会社内部では「社長」などと呼ばれることが多い。最近ではグローバル化の影響から，ＣＥＯ（最高経営責任者）という呼称が使用されることもある。

2 技術革新と経済成長

Ⓐコンドラチェフの波

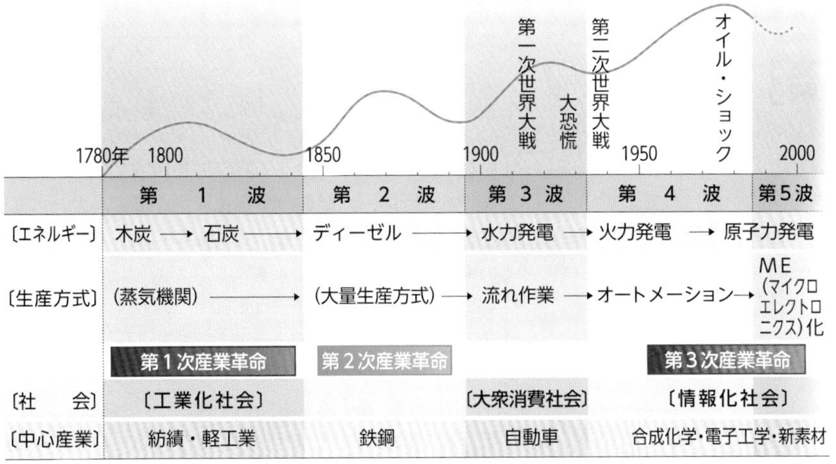

《解説》技術革新が経済を成長させる 旧ソ連の経済学者コンドラチェフは，経済変動に50年の周期があることを示した（コンドラチェフの波）（➡p.158）。また，オーストリアの経済学者**シュンペーター**（➡p.141）によると，景気が停滞から上昇に向かい，経済成長が高まる主たる要因は**技術革新（イノベーション）**である。これは単なる発明だけのことでなく，**新技術・新素材・新しい生産方法を産業化すること**を指している。こうして，技術革新の波は，モノの生産を増進することで，人間の生活を豊かに便利にしてきたとした。

3 技術革新のあゆみ

大量生産方式（少品種多量生産）

流れ作業方式（19世紀末〜）

静止台上組立法 14時間
↓
移動組立法（ベルトコンベア） 1時間33分

《解説》8年で価格が半分に 1908年に発売されたフォードT型車は，徹底的な流れ作業方式で大量生産された。このため，1908年には950ドルだった価格が1916年には360ドルまで下がり，市場を拡大させるとともに，大量生産体制を支えることになった。

オートメーション（20世紀中ごろ）

Ⓐ世界の産業用ロボット稼働台数（2021年）

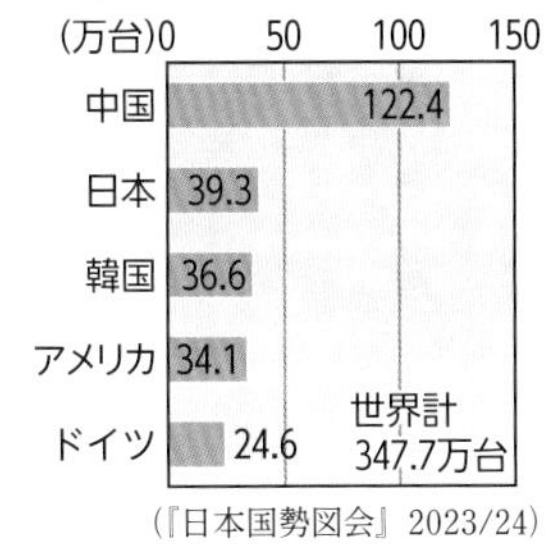

（『日本国勢図会』2023/24）

《解説》ロボットで能率・品質が向上 人手で操作せず，機械が自動的に仕事をする（オートメーション）ことにより，生産性は目ざましく上昇した。また品質も均一化され，不良率が5%から0.1%にまで低下した例もあった。日本では，特に自動車工業で，コンピュータにより制御された産業用ロボットの導入が進み，低価格・高品質の日本車は，世界有数の生産台数となった。

多品種少量生産

ME（マイクロエレクトロニクス）化（20世紀後半〜）

《解説》数千種の車を一つの工場で生産 同じメーカーでも，車種・エンジン排気量（はいきりょう）・車格・変速方式・車体の色などの組合せは数千種類にも及ぶが，これが同一の工場で生産されている。ほとんど，手作りに近いこの生産システムはコンピュータによる生産コントロールと部品加工や品質管理などの高水準の技術力によって支えられている。

あらゆる情報のデータ化とその利用ー第四次産業革命

IoT（Internet of Things）…パソコンやスマホなどのIT機器だけでなく，さまざまな「モノ」にセンサーを装備しインターネットと接続することで，実社会のあらゆる事業・情報がデータ化され，自由にやり取り可能になる。

ビッグデータ…集まった大量のデータをリアルタイムに分析し，新たな価値を生む形での利用・活用を可能にする。

ロボット…多様で複雑な作業についても自動化を可能にする。

AI（人工知能）…機械が自ら学習し，人間を超える高度な判断が可能になる。

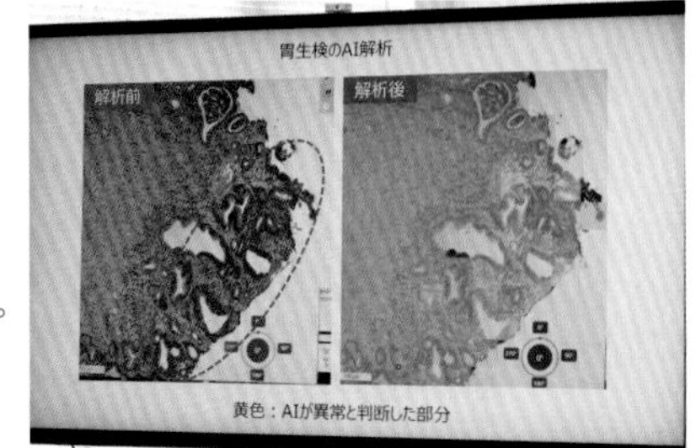

⬆AIによる胃の細胞の診断

『資本論』や『共産党宣言』を著し，社会主義思想を発展させた経済学者は，次のうちの誰？
①マルクス ②シュンペーター ③アダム=スミス ④ケインズ

基本用語》 資本主義経済　修正資本主義　社会主義経済　社会主義市場経済　産業革命　工場制機械工業　アダム＝スミス　マルクス　ケインズ

Theme 40 資本主義経済の発展

「社会主義経済」って何？

Approach

　ソ連では，店員の許しがない限り，客が勝手に商品を手にとって吟味することはできないのだが，ソ連市民が店に入ってきて，展示してある商品を前にしてまず店員に聞くのは，「それ輸入品？　それとも国産？」ということだ。その店員が「国産品よ」といおうものなら，客は，もう一べつも与えず，さっさと次の売り場へいってしまう。まったくその態度は徹底したもので，それまでに，いやというほど国産品が粗悪(そあく)で，損であることを経験させられたからにちがいない。……

　国営の八百屋で売られているリンゴといったら，赤ちゃんの握りこぶし大で，それも傷だらけ。よくもこう傷ものばかり集めたものだと感心したものだが，それもそのはず，トラックの荷台にじかに積んでホロもかぶせずに町に運び込み，スコップで荷おろしするのだから，たまったものではない。……

　ソ連には国営商店のほかに，バザール，あるいはルイノックと呼ばれるコルホーズ市場（自由市場）がある。これはコルホーズ員などが自宅の庭でつくった野菜，くだもの，ジャガイモ，肉，牛乳などを自由価格で売るところ。……野菜，くだものから花に至るまでバザールの品は高価だが，国営商店とは比べものにならないほど品質がよい。同じコルホーズ員が広いコルホーズの畑で働くときの，農作物に対する気配りと，せまい自分個人の庭先（0.25 ～ 0.5ヘクタール）でつくる作物に対する気配りの相違がでていると思わないわけにはいかない。国営商店では，あんなに手荒く扱われていたリンゴが，バザールでは形からして見事な大きさで，つやつやと一個一個がみがかれて大切に並べられている。

　……過去の個人農業の名ごりであるバザールが大繁盛というのでは，あれだけ犠牲(ぎせい)を払ってやった農業の集団化はどうしたのかといいたくなる。そのことを，折りに触れて，ソ連人に問いただすと，きまったように肩をすくめて，やっぱり，直接，ふところに入る金の重みは，こたえられないからね，というのだった。

（鈴木俊子『誰も書かなかったソ連』文春文庫）

⇧ソ連の国営商店の食糧不足（1991年）

Key point キーポイント 筆者は1966年から3年間，特派員の妻として社会主義国・ソ連のモスクワで生活し，その実態をルポルタージュに書き残した。社会主義を掲げるソ連では上層部が定めた計画に基づいて財やサービスが供給される**計画経済**を実施していたが，食料・生活用品は慢性的(まんせいてき)に不足し，品質も劣悪で西側に対抗できるものではなかった。結局，経済的な行き詰まりが大きく影響し，世界初の社会主義国ソ連は1991年に崩壊。ロシア連邦などの後継国は資本主義経済を導入することとなった。

追究 社会主義経済と資本主義経済の特徴を説明しよう。

1 2つの経済体制（「資源配分」の2つの方法）

	資本主義経済（市場経済）	社会主義経済（計画経済）
資源配分の方法	市場にゆだねる（やりたい人が商品を生産して市場で売る）	国家（社会）にまかせる（国家が計画的に商品を生産して売る）
特　徴	生産手段（土地・工場・機械など）の私有，自由重視	生産手段（土地・工場・機械など）の社会的保有，平等重視 →資本主義を否定した**マルクス**らにより主張
問題点	自由放任経済→恐慌・失業・貧富の差拡大（根本矛盾） **修正資本主義**　根本矛盾克服のため政府の役割拡大→**ケインズ**主義	統制経済（競争がない）→技術革新の停滞，経済の停滞，国家統制への反発

⇧**東ドイツの国民車・トラバント**
「素材は段ボール」と言われるほどの低品質だった。

解説 **資源の配分方法の違いに注目**　人が生きていく上で必要な食料や物資には限りがある。それをどのように人々の手元に配分するかの方法の違いが，**資本主義経済**と**社会主義経済**の大きな違いである。資本主義経済では，その配分を原則として市場における需要と供給のバランスに任せる（ただし，道路や橋の建設や警察や消防等の公共サービスは国家や自治体が負担する）。一方社会主義経済では，食料や物資の配分は国家が計画的に行う。しかしその実態は，中央官僚の独善的な計画により，どうしても人々の現実の需要や供給への欲求との食い違いが生じがちとなっていた。また，製品の開発や新しいサービスの供給等への競争も起こらないので，結局非効率な経済に陥ってしまい，1991年のソ連の崩壊に象徴されるように，歴史から退場せざるを得なかった。

しごとカタログ **経済学者**　経済学を研究する大学教授などの研究者。かつて経済学は近代経済学（近経(きんけい)）とマルクス経済学（マル経）という枠組みに分かれていたが，社会主義の退潮によってこうした枠組みは過去のものとなった。

2 資本主義経済と経済思想のあゆみ

年代	経済に関わる出来事
1770年代 ～ 1800年代 前半	〈資本主義の成立〉 1760年代ごろ～イギリス(「世界の工場」とよばれる)で**産業革命**進展 1830年代ごろ～オランダ・フランスで産業革命進展 1850年代ごろ～アメリカ・ドイツで産業革命進展 〔ロンドン科学博物館蔵〕 ⮕**水力紡績機** 水力を利用した多軸型紡績機で，連続作業が可能となり，工場制度の成立を促した。 **産業革命の進展→資本主義経済成立** **・問屋制家内工業→工場制手工業→工場制機械工業へ** **・資本家と労働者とに階級が分化**
1800年代 後半～ 1900年代 前半	〈資本主義の矛盾拡大とその克服〉 1890年代ごろ～ロシア・日本で産業革命進展 1890年代～アメリカで反トラスト法施行 1914(～18) 第一次世界大戦 1917 ロシア革命(指導者：レーニン1922 ソ連成立) 1929 **世界恐慌**おこる 1933 ドイツでヒトラーが政権掌握 アメリカで**ニューディール政策**はじまる 1939(～45) 第二次世界大戦 ⇧**証券取引所へ殺到する人々**(1929年10月24日) ニューヨークの株式取引所の株価が大暴落し，多くの銀行や会社が倒産。それを引き金に世界恐慌が始まった。 **資本主義の矛盾(恐慌・失業・格差など)拡大→社会主義思想，修正資本主義(ケインズ主義)登場⇒資本主義諸国…修正資本主義導入(福祉国家)。一方で，社会主義国家成立(ソ連・中国など)**
1900年代 後半	〈ケインズ主義から新たな道へ〉 1973 **第一次オイルショック** 1979 第二次オイルショック 1980年代～アメリカ・イギリス・日本などで新自由主義的政策(規制緩和など)重視 1990 東西ドイツ統一 1991 ソ連崩壊，日本でバブル経済崩壊 1997 イギリス・ブレア政権(～2007)。結果の平等より機会の平等を重視する第三の道提唱 1999 欧州通貨統合 ⇧**倒されたレーニン像**(1990年) 社会主義体制が崩壊した。 **・オイルショックを契機にケインズ主義批判(ケインズ主義は市場機能を弱め財政赤字を拡大)→資本主義諸国は新自由主義重視へ。一方，新自由主義的な政策により格差も拡大** **・社会主義諸国では経済停滞と一党独裁への反発→ソ連・東欧の社会主義国家崩壊・中国などの市場経済化**
2000年代 ～	〈グローバル資本主義と格差の拡大〉 2003 アルゼンチンでネストル・キルチネル政権誕生。新自由主義的経済政策を転換し経済・財政再建をはかる 2007 アメリカのサブプライムローン問題を契機に世界的な金融不安拡大・世界経済減速 2008 **リーマンショック**を契機に世界各国で金融危機・景気後退 →ケインズ理論を再評価する主張も広がる(ニューケインジアン) **資本主義経済(市場経済)が世界規模に拡大(資本主義のグローバル化)→世界経済の一体化は進んだが，悪影響も波及しやすくなり，格差はさらに拡大。**

主な経済思想

〈古典主義〉

アダム=スミス (1723～90 イギリスの経済学者)『**諸国民の富(国富論)**』(1776) 各人が各々自分のために利益追求すれば「**見えざる手**」に導かれて社会全体の利益が達成されるとして**自由放任主義**を主張した。(➡p.145)

リカード (1772～1823 イギリスの経済学者)『**経済学および課税の原理**』(1817) 比較生産費説により，**自由貿易**のメリットを論じた。一方後進国ドイツの **F.リスト** (1789～1846)は『**経済学の国民的体系**』(1841)で，**保護貿易主義**を説く。(➡p.218)

〈社会主義思想〉

マルクス (1818～83ドイツの経済学者)『**共産党宣言**』(1848),『**資本論**』(1867) 古典主義を発展させ，資本主義を歴史的発展段階と位置づけ，その分析を通じて社会主義への移行を理論づけた。(➡p.46 12)

レーニン (1870～1924 ロシアの政治家)『**帝国主義論**』(1917) ロシア革命の理論的支柱となった。

〈近代経済学〉

ジェヴォンズ (イギリス)，
メンガー (オーストリア)，
ワルラス (フランス)によって1870年代初頭に相次いで**限界効用**が発見されてから市場原理に立脚した経済分析が，発展した。これを**新古典派**という。

シュンペーター (1883～1950 オーストリアの経済学者)『**経済発展の理論**』(1912) 企業家による**イノベーション**(➡p.139 2)が経済発展の原動力であるとした。

ケインズ (1883～1946イギリスの経済学者)『**雇用・利子および貨幣の一般理論**』(1936) 不況脱出のためには政府が経済に積極的に介入し**有効需要**を創出することが重要だとした。(→ケインズ理論)

ハイエク (1899～1992オーストリアの経済学者) ケインズ理論に一貫して異議を唱え，のちの新自由主義に影響を与えた。また，社会主義を徹底的に批判したため冷戦終結後に再評価された。

フリードマン (1912～2006 アメリカの経済学者) 国家の役割を通貨流通量の調整に限定し，市場原理を重視する**マネタリズム**の理論を提唱した。彼の理論はケインズ理論を否定し自由主義経済を主張するものであり「**新自由主義**」と呼ばれる。

経済

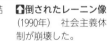

Try トライ 『国富論』を著し，現在の経済学の礎(いしずえ)を作った人物は，次のうち誰？
①マルクス ②シュンペーター ③アダム=スミス ④ケインズ

3 グローバル資本主義と新自由主義の影響

	新自由主義の政策	プラスの影響	マイナスの影響
民営化・規制緩和など	**アメリカの例** 航空会社の規制緩和により新規参入を促進	格安航空会社が次々に市場に参入 →航空料金が劇的に低下 	競争激化により大手航空会社が倒産 →大量の失業者が生じた 格安運賃を維持するため経費を削減 →整備不良によるトラブルが多発 
	日本の例 デパート・スーパーの営業時間の規制緩和 	深夜営業や24時間営業の店舗が増え，夜間や早朝の買い物が可能となる	デパート・スーパーの従業員の労働条件が悪化（深夜業など） 

南米諸国では

国営企業の民営化や規制緩和，貿易・金融の自由化，海外直接投資の受け入れ促進などにより，失業者が増え，福祉が後退した。民営化された企業は，そのほとんどが外国資本に買い取られ，対外債務が増加し，貧富の格差が拡大した。

この結果，1990年代末から2000年代にかけて新自由主義に否定的な左派政権が次々に誕生した。

世界全体では

国際貿易が活発化し，国際的な価格競争の激化により，多くの分野で商品価格が安くなった。一方で，競争に生き残るため企業の統合が進んでいる。

日本でも

人件費削減のため，派遣労働への規制が緩和され，経済的格差が拡大している。

解説 **新自由主義の光と影**　1980年代末から90年代初頭にかけて東欧諸国およびソ連において社会主義政権が次々と崩壊し市場経済に移行した。また，中国やベトナムなどでも市場経済が導入され，資本主義のグローバル化が進んだ。このような「**グローバル資本主義**」が進行する中で，アメリカやイギリス，日本をはじめ南米諸国などでも**新自由主義**的な政策が行われるようになった。この結果，商品価格の低下や利便性の向上など消費者にとってプラスの影響が生じたが，一方では，競争の激化によって失業者が増加したり，深夜業の増加などによる労働条件の悪化や非正規雇用の増加による経済格差の拡大，サービスや安全性の低下などマイナスの影響も生じた。このため，南米諸国では新自由主義に対する批判が強まり新自由主義を否定する左派政権が誕生した。日本でも非正規雇用の増加にともなって経済格差の拡大が指摘され，深夜業に関してコンビニなどでは24時間営業を見直して時短営業をするところも出てきている。

4 今日の資本主義の課題に対処するには

「金融化」による経済の停滞

Ⓐ日本の従業員給与と配当金の総額の推移

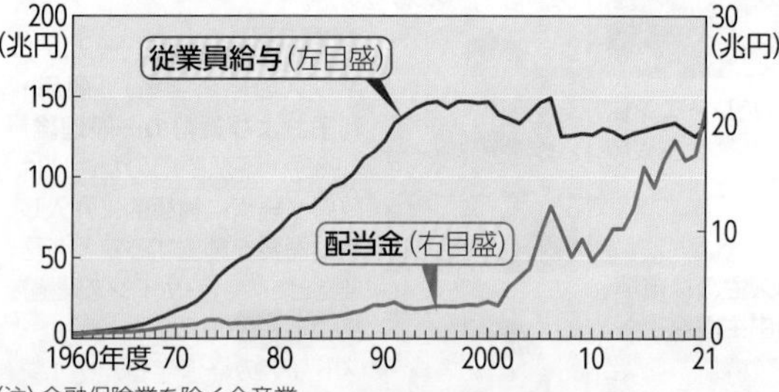

〈注〉金融保険業を除く全産業。

「金融化」とは，株式市場など金融部門が肥大化(ひだいか)する現象のことで，1980年代に英米で始まった。**「金融化」が進むと，事業の利益は株主有利に配分され，労働者の所得が低下する。**また，企業が短期利益重視・株主重視の経営に走るようになった結果，長期的な技術開発や事業展開のための投資が抑制され，新たな価値創造（イノベーション）が停滞するという指摘がある。

格差の拡大による経済の停滞

Ⓑ国民一人当たりの所得の伸び（1988～2008年）

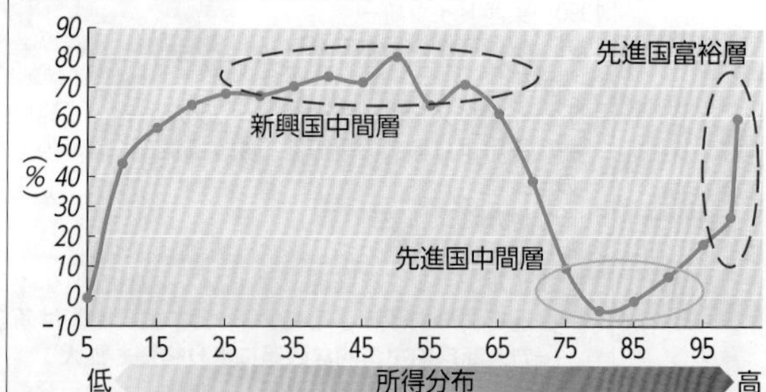

「金融化」が進むと，労働による所得の拡大よりも配当などの資産による所得が拡大する。実際にグラフからは1988年からの20年間で，先進国の富裕層が70%近く所得を伸ばしているのに対し，先進国の中・低所得層が所得は横ばいであったことがわかる。中・低所得層の所得が伸びなければ消費も伸びず，ますます経済が停滞することになる。

（Ⓐ：「法人企業統計」による　Ⓑ：総務省『情報通信白書2019』による　参考：中野剛志『変異する資本主義』ダイヤモンド社）

解説 **「酸素吸入器付きの資本主義」**　シュンペーターは，財政出動や労働規制など政府の介入(かいにゅう)なしに資本主義を持続することはできないと考え，資本主義について，上記のような経済の停滞を1930年代には予想していた。これを彼は皮肉を込めて「酸素吸入器付きの資本主義」と表現した。実際，日本でも様々な労働規制や所得再分配の制度が存在しているが，1980年頃から広まった新自由主義の影響で，こうした規制が緩和されていく傾向にあった。しかし，市場を活性化し経済成長を促すためとされた改革の結果として，様々な問題も生じている。資本主義の今後について，シュンペーターの指摘に耳を傾ける必要があるだろう。

Try（トライ）　市場原理を重視するマネタリズムを提唱し，新自由主義を推進した経済学者は，次のうち誰か？
①ハイエク　②ケインズ　③フリードマン　④シュンペーター

ゼミナール

経済学の考え方

現代のほとんどの経済学の基礎となっているのは，アダム=スミスが提唱した利己的に行動する人間，すなわち「合理的経済人（ホモ・エコノミクス)」のモデルである。例えば，地球温暖化を防止するために化石燃料の消費を抑えたいとき，温暖化防止の重要性を人々の良心に訴えるのではなく，化石燃料に環境税や炭素税などを課すことで化石燃料を使い続けることが「損」だと思わせることが，経済学的な解決策となる。ただし，近年では必ずしも経済合理的に行動するわけではない現実の人間に着目した研究も行われている。

1 経済学の主な分野

理論	ミクロ経済学	消費者（家計），生産者（企業）が取引を行う市場を対象とする経済学。
	マクロ経済学	一国のあらゆる経済活動を集計した経済全体を対象とする経済学。
実証	計量経済学	経済モデル（数式）を用いて，さまざまな経済的事象を研究する分野。
	実験経済学	実験的な方法を用いて経済的事象を研究する分野。
応用	公共経済学	政府（公共部門）が行う経済活動（資源配分の最適化，所得の再分配，経済の安定，租税など）を扱う分野。
	労働経済学	労働市場の働きを経済学の視点から研究する分野。
その他	行動経済学	経済学の数学モデルに心理学的に観察された事実を取り入れた研究分野。

解説 **細分化された経済学**　大学以上で学ぶ経済学は数多くの専門分野に細分化されており，中でもマクロ経済学や公共経済学の研究者は，政府が行う経済政策への提言を行うなど大きな影響力があるといわれる。

2 「合理的経済人」とは？

……アダム=スミスによれば，個々人が経済にかかわる決断を下すとき，依拠しているのは理性と自分自身の利害であって，社会の善などではない。競合しあう複数の市場をかかえる自由社会のなかで，個々人がそのように利己的にふるまうことが認められたなら，結果的に「見えざる手」が経済を先導して，万人の利益になるように計らう。（ナイアル・キシテイニー 著／若田部昌澄 日本語版監修／小須田健 訳『経済学大図鑑』三省堂による）

A「合理的経済人」の特徴

感情がない！
経済合理性にもとづき
利己的に行動！
完璧な知識と
計算能力をもつ！

3 「合理的経済人」への疑問—実は非合理的に行動する人間

「合理的経済人」のモデルはその後の経済学の一大潮流をなす古典派経済学の基礎となり，競争的市場と自由貿易の推進といった思想を世界中におし広めた。この流れは現在の新古典派経済学に引き継がれている。ただし，「合理的経済人」と実際の人間とのギャップを問題視し，従来の経済学に見直しを迫る動きもある。

人間が非合理的に行動する例としては，時間を確かめる機能は変わらないのにもかかわらず極端に高価な腕時計が売れているという現実がある。見栄を張りたいという人間の欲望が高価な商品を選ばせるこの現象は，**ヴェブレン効果**と呼ばれる。また，食べ放題のお店で支払った金額の元をとろうと食べ過ぎてしまい，かえって具合を悪くしてしまうという例で考えてみよう。すでに支払った食事代は，もはや取り戻すことができない埋没費用（＝**サンクコスト**）であるにもかかわらず，その費用を惜しんで無理やり元を取ろうと暴食する人の気持ちは，分からなくはないだろう。

このような「合理的経済人」のモデルではとらえられない人間の側面に焦点を当てた行動経済学や心理経済学などの分野が20世紀後半から注目を集めるようになっている。

Aヴェブレン効果の例

私だけ特別に，
持ってるんだ!!
少数派

自慢

それ，いいなー!!
うらやましいな!!
多数派

Bサンクコスト（埋没費用）の例

食べ放題￥3,000

がっつり食べて
元をとるぞ！

結果

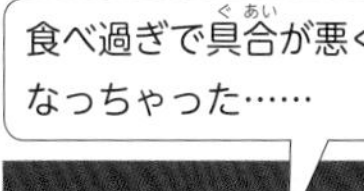

食べ過ぎで具合が悪く
なっちゃった……

経済

基本用語 市場　市場価格　価格の自動調節機能　独占　寡占　非価格競争　独占禁止法　市場の失敗　公共財

Theme 41 市場経済のしくみ

高騰する卵—市場メカニズムはどう働いているか

Approach

　鳥インフルエンザの拡大で**鶏卵の供給が不足・価格高騰**していることを受け，外食産業では「卵メニュー」の休止・制限が相次いでいる。帝国データバンクの調査によると，2023年に入り卵メニューの休止・休売に踏み切った企業は28社（４月５日時点）となった。３月時点（18社）から10社増加し，外食大手の３割に拡大していることが分かった。……

　ポムフード（鹿児島県始良市）が運営するオムライス専門チェーン店「ポムの樹」では，卵を６個使用したオムライスLサイズの販売を３月１日から休止。サイゼリヤは３月17日から，「煉獄のたまご」（300円）の販売を休止した他，ランチメニューに添える目玉焼きをほうれん草に順次変更している。吉野家は4月12日からの春季限定メニューを，当初の親子丼から焼き鳥丼に変更した。

　同社は，「……JA全農たまごによると鶏卵１キロ（東京Mサイズ）の卸売価格は350円と過去最高値を更新するなど，価格高騰も深刻化している。卵メニューの取りやめといった動きがさらに広がる可能性がある」とコメントした。　（「ITmedia ビジネスオンライン」2023.4.19による）

追究 卵メニュー中止で卵の需要が減っていくと，卵価格はどう変化すると考えられる？

A 総合物価と卵価格の推移（1970年＝100）

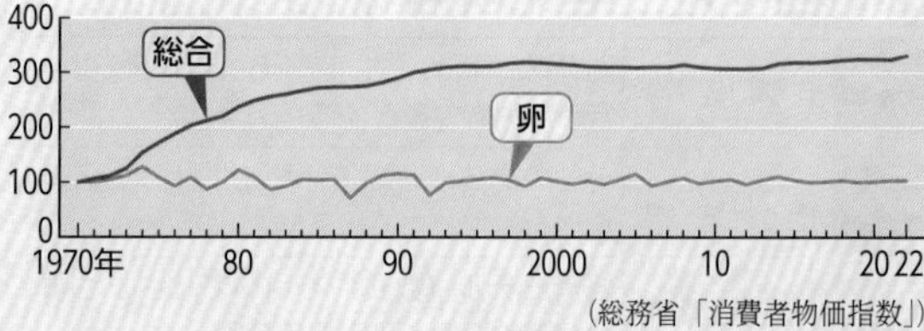

（総務省「消費者物価指数」）

B 東京の卵の卸売価格（基準値）の推移（Mサイズ1kgあたり）

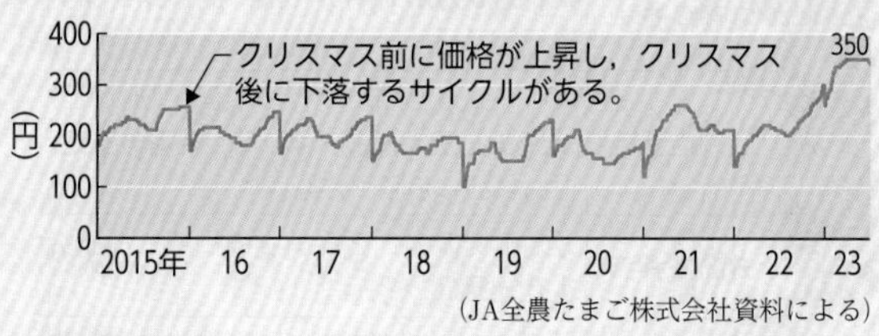

（JA全農たまご株式会社資料による）

Key point 卵は，他の品目に比べて長年にわたって価格の上昇が抑えられてきたことから，**物価の優等生**といわれてきた。安価に抑えることができたのは，生産性や流通の合理化など，生産者の努力によって供給力が強化されてきたことが背景にある。しかし，昨今の鳥インフルエンザ拡大で卵の供給量の減少が続いたことから，コストカットでは対応できず，価格が大きく上昇している。

1 市場とは何か？

A 市場の分類

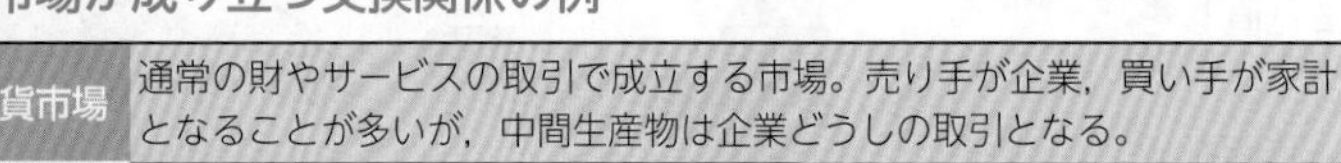

買手＼売手	1人（少数）	多　数
1人（少数）		買手独占（寡占）市場
多　数	売手独占（寡占）市場	完全競争市場

解説 **市場とは？** 財・サービスの買い手（需要）と売り手（供給）が出会って取り引きする場が**市場**である。

B 市場が成り立つ交換関係の例

財貨市場	通常の財やサービスの取引で成立する市場。売り手が企業，買い手が家計となることが多いが，中間生産物は企業どうしの取引となる。
株式市場	株式の売買について成立する市場。株式投資家は株式の買値と売値との差額での儲けをねらい，売買を行う。ここでの株価は，株式会社の信用力を表すため，資金調達などで大きな意味をもつ。
証券取引所	**日本取引所グループ**…2013年１月に，東証と大証（大阪取引所に名称変更）が統合・合併し，発足した持株会社。株式市場を東証へ，デリバティブ（金融派生商品）市場を大阪取引所へ統合した。 **東京証券取引所（東証）**…グローバル企業中心の**プライム**，中堅企業中心の**スタンダード**が開かれている。 **大阪取引所**…デリバティブ中心。 **ベンチャー企業（新興企業）向け市場**…東証の**グロース**など。
外国為替市場	外国通貨の売買について成立する市場。２当事国について見ると，両国の輸出入だけではなく，資本の出入りとその見込みが大きくレートを左右する。したがって，両国の政策方針などによって大きく変動する。
労働市場	労働力について成立する市場。実質賃金（ケインズ学派は名目賃金と考える）の高低を決定する。
金融市場	貸付金の需要・供給について成立する市場。金融の利子率の高低によって調整される。１年未満の貸付資金の市場を短期金融市場，１年以上のものを長期金融市場と呼ぶ。

魚市場

東京証券取引所

会社説明会

解説 **完全競争市場の条件**　完全競争とは，**市場**に多数の売り手と買い手がいるために，商品が**市場価格**（市場の需給が一致する価格）で取引される経済状態のこと。安くて品質のよい商品が供給されるといった長所がある一方，需給バランスが崩れると経済が混乱することがある。

しごとカタログ **土地家屋調査士**　例えば，土地を買ったり建物を建てたとき，間違いなくそれが自分のものだという公的な証明がなければ不安だろう。それを証明するのが「不動産登記」という手続で，登記する土地や建物の図面を作成するのが土地家屋調査士のおもな仕事だ。

2 価格の種類

市場価格	商品が市場で実際に売買される価格。短期的には需要量と供給量の変動で上下するが，長期的には生産価格に一致する傾向にある。
生産価格	商品の平均生産費に平均利潤を加えたマルクス経済学の概念。アダム＝スミスやリカードの**自然価格**に相当する。
均衡価格	**自由（競争）価格**とも呼ばれる。完全競争市場を前提に需要量と供給量の均衡する点で成立するとされる価格。この価格のもとで**資源の最適な配分**もなされる。
独占価格	商品の需要・供給のどちらかで競争が制限された場合に成立する。狭義では，一つの供給者（または需要者）の場合をいうが，広く**寡占市場での価格**や**管理価格**を含んだ概念にもなる。
管理価格	寡占を背景に，供給者である企業が需給関係から比較的自由に設定する価格。**下方硬直的**（需要が減っても価格が安価になりにくい）であることが特徴である。また，**プライス・リーダー**の決めた価格に追従する場合もこれにあたる。
統制価格	一定の政策的目的によって，国家によって統制されている価格。電気料金・郵便・ガス料金などの**公共料金**がこれにあたる。

解説 実際の経済現象がもと 価格についての名称は，実際に経済現象に出会って，さまざまな立場で決められてきた。したがって，ある程度幅をもった概念が多く，またその意味も重複していたりする点に注意しよう。

3 価格の自動調節機能 (➡p.148)

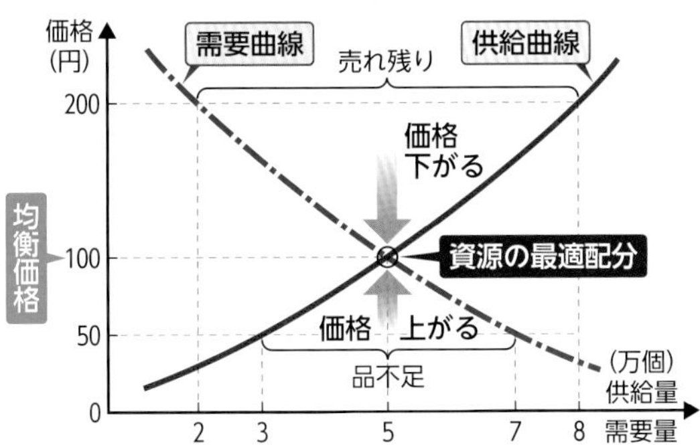

上のグラフを見てみよう。これは，ある商品の市場を想定したもので，次の２つのことを表している。

まず，１つ目は，需要量と供給量が一致する点で価格が決定するということ。

２つ目は，商品の過不足により価格が変化し，ついにはバランスのとれた価格に落ち着くことである。つまり，売れ残りが生じれば価格が下がり，品不足が生じれば価格は上昇する。

この場合の100円を**均衡価格**とよび，これが決まるしくみを**価格の自動調節機能**という。

解説 資源の最適配分が実現 **完全競争市場**では，需要と供給の関係で価格は変動する。逆に，価格の変動が商品の需要と供給の不均衡を調節する。これを**価格の自動調節機能**（アダム＝スミス「見えざる手」➡＋α）といい，これによって**資源の最適配分**が行われる。

4 需要と供給と価格の変化

A 山形産さくらんぼの東京への出荷量と価格

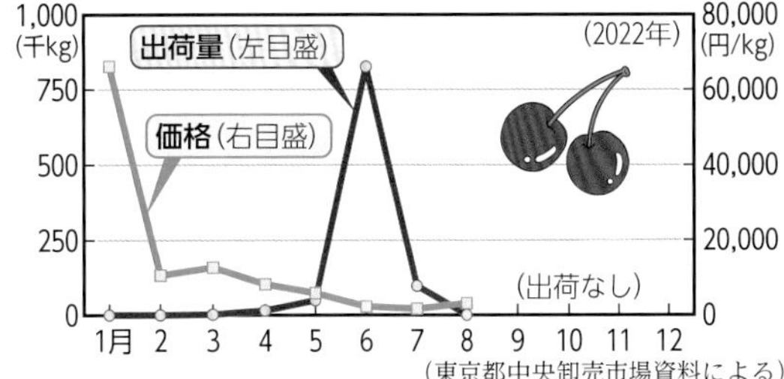

（東京都中央卸売市場資料による）

解説 需給の変動で価格も動く 具体例としてこのグラフから，秋から冬にかけてさくらんぼの**供給が減少すると価格が上がり**，夏場に**供給が増加すると価格が下がる**ことがはっきりとわかる。

5 市場の失敗 (➡p.149)

市場メカニズムが働かない場合	**①公共財の提供** 道路・橋・公園，警察・消防のサービスなどは，価格の上下で供給を調節できない。
	②外部不経済 公害など。企業が社会に不利益を与えながら，それを負担しない場合。
市場では財やサービスが提供できない場合	**③外部経済** ある商品の生産などが，第三者（需要者・供給者以外）にメリットを与えること。りんご生産と養蜂(ようほう)業者の関係など。
	④寡占・独占 寡占(かせん)・独占市場では競争が排除され，価格メカニズムが働かない。
	⑤情報の非対称性 商品の情報が買い手側に十分にないと，適切な市場取引ができない。

解説 市場の限界 何でもかんでも市場に任せておくと，**市場の失敗**という現象が発生する。市場の失敗そのものを市場の中で解決することは不可能なので，例えば**独占禁止法**による罰則措置や規制，環境基準の設定などの政府による政策的な介入は，どうしても必要になってくる。

＋α（プラスアルファ） アダム＝スミス「見えざる手」

⇧アダム＝スミス（英・1723～90）

もちろん，かれはふつう，社会一般の利益を増進しようなどと意図しているわけではないし，また自分が社会の利益をどれだけ増進しているのかも知らない。外国産業よりも国内の産業活動を維持するのは，ただ自分自身の安全を思ってのことである。そして，生産物が最大の価値をもつように産業を運営するのは，自分自身の利得のためなのである。だが，こうすることによって，かれは，他の多くの場合と同じく，この場合にも，**見えざる手**に導かれて，みずからは意図してもいなかった一目的を促進することになる。（玉野井芳郎ほか訳『国富論』中央公論社）

解説 アダム＝スミスは『国富論』の中で，完全競争市場において各人の利己心に基づく活動を放任しておけば，「**見えざる手**」が作用して自然と需給が均衡し，ひいては意図せずに社会的利益を増進することになると主張した。これは，現在でも自由競争原理の理論的支柱となっている。

try（トライ） 次のうち，市場の失敗はどれか？
①高齢者向けの無料健康診断が行われた。 ②牛丼店に続き，カツ丼店も値下げした。 ③ビール価格が各社いっせいに上がった。

経済

6 自由競争による価格低下─国内航空運賃

Ⓐ国内航空運賃（平均運賃）の推移（大手3社）

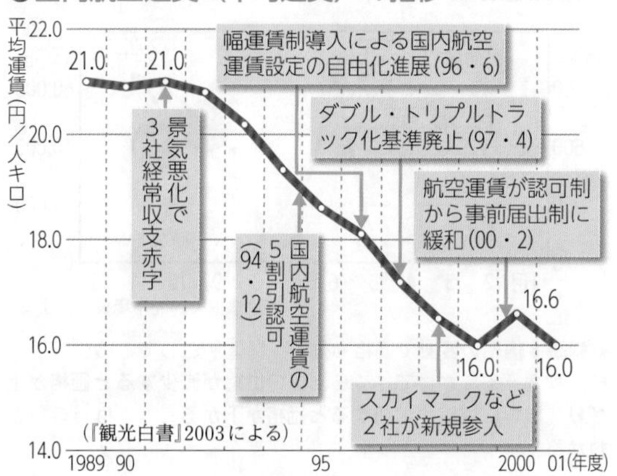

解説 **競争で低下する価格**　1990年代に日本でも航空の**規制緩和**が進んだ結果，航空運賃が低下する傾向がみられた。これは，一定の価格幅の中で自由に価格決定ができる幅運賃制や，ダブル・トリプルトラック化基準（同一路線を大手2社または大手3社が運航する基準）の廃止，航空会社の新規参入や航空運賃の認可制廃止（運賃を原則として各航空会社の判断に委ねる）などにより自由競争が促進されたためである。規制緩和後，事前購入割引や需給に対応したバーゲン型運賃，介護帰省割引や単身赴任割引，インターネット割引やチケットレス割引など運賃の多様化が進み，航空運賃の価格競争が激化するようになった。

7 マーケットシェア（市場占有率）

生産の集中が進む商品には共通する特徴がある

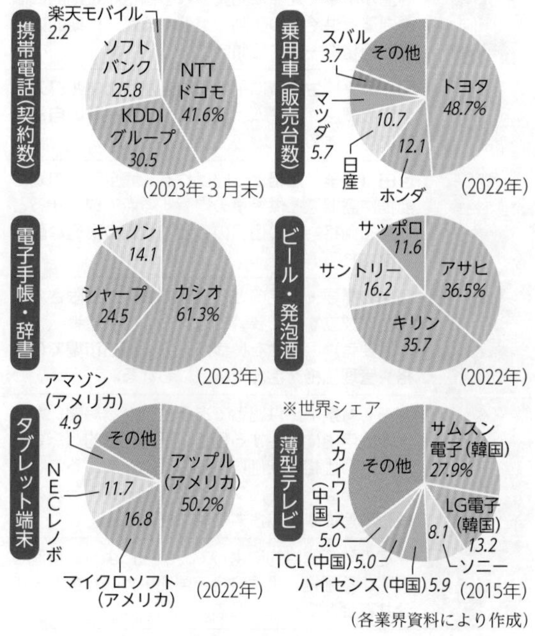

解説 **生産の集中（寡占化）が進む**　ある商品の国内総生産に占める特定企業の生産割合を**生産集中度**という。**独占**や**寡占**状態を具体的に表す。業種・商品によっては，かなり寡占化が進んでいる。

8 管理価格（牛丼チェーン）

Ⓐ吉野家・松屋・すき家の牛丼（並）の価格推移

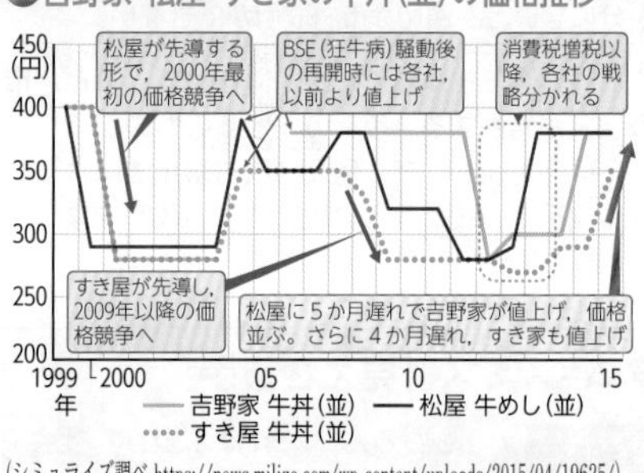

（シミュライズ調べ https://news.milize.com/wp-content/uploads/2015/04/19625/）

Ⓑプライス・リーダー制

総生産量
Z
Y
X
一杯当たり利潤
一杯当たりコスト
A社
B社
C社
D社
一杯当たり価格
生産量

解説 **プライス・リーダー制**　**管理価格**といわれる業界は，最大のシェアをもつA社が**プライス・リーダー**（価格先導者）となっている。もしA社がXに価格を下げれば，コストの高い下位メーカー（B～D社）のシェアを奪い，A社の独占であると批判される。またZに値上げすると，もうけすぎとの批判を受ける。下位メーカーのコストにわずかの利益を上乗せしたYの価格を決めると，批判を受けずにかなりの利潤を得ることができる。A社のこの思惑の上に管理価格は成立している。

9 非価格競争

Ⓐ広告宣伝費の上位7社（2020～21年）

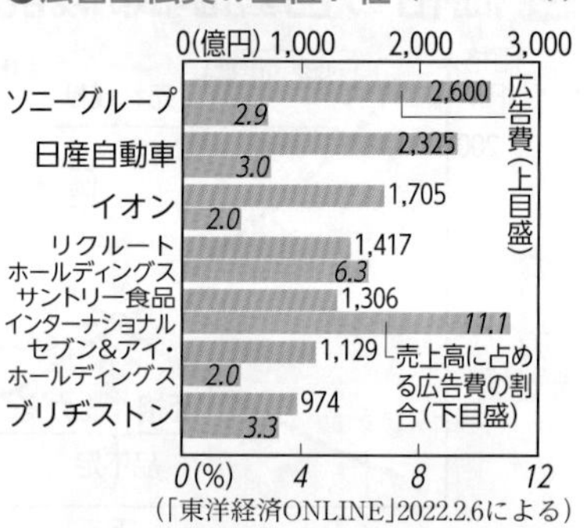

（「東洋経済ONLINE」2022.2.6による）

解説 **寡占化と非価格競争**　ある業種で寡占化が進むと，大企業は価格競争をやめ，広告・宣伝や製品の差別化でシェア拡大をめざす。これを**非価格競争**といい，広告・宣伝費が価格に上乗せされるなどの弊害もある。

＋α（プラスアルファ）「ステルス値上げ」って何？

ステルスとは，敵のレーダーに察知（さっち）されずに飛ぶことができる軍用機の能力のこと。これになぞらえて，消費者に察知されないように実質的な値上げを行うことを一般に「ステルス値上げ」と呼んでいる。日本は長くデフレの状況にあり，原材料費などのコストが上昇しても商品の価格を上げにくい環境下にあった。このため，価格はそのままで内容量を減らすといったステルス値上げが行われてきたと指摘されている。しかし，2022年2月に勃発（ぼっぱつ）したロシアによるウクライナ侵攻によってエネルギーや穀物（こくもつ）の国際価格が高騰（こうとう）し，日本企業もステルス値上げだけでは対応できない状況となっている。

try（トライ） 次のうち，非価格競争に分類されるのはどれ？
①パッケージのデザインが格好良くなった。　②テレビCMで人気俳優を起用した。　③製造ラインを合理化し，販売価格を下げた。

10 寡占・独占の形態

カルテル（企業連合）

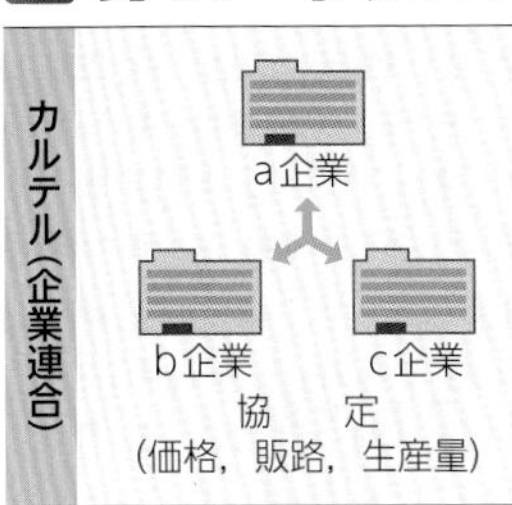

同種商品を供給する競争関係にある企業が，価格・生産量などについて協定を結んで，競争を回避すること。独占禁止法によって禁止される。不況カルテル，合理化カルテルなど容認された例外も廃止された。

トラスト（企業合同）

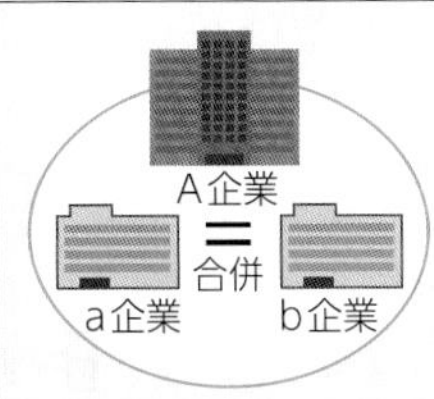

競争関係にあった複数企業が，実質的に一つの企業体になること。典型的な例が，合併。独占禁止法は，合併を厳格に制限するが，国際競争力強化などのため，大型合併が行われることもある。

コンツェルン（企業連携）

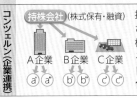

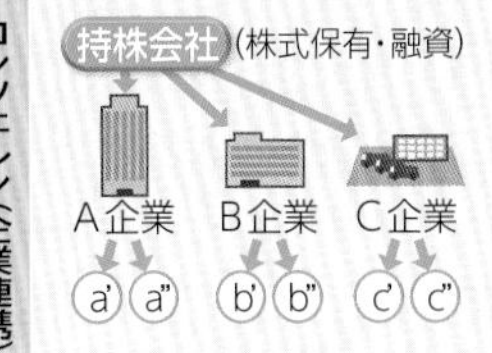

持株会社や銀行が中心となり，さまざまな産業分野の企業を株式取得や金融などで支配する独占の最高形態。かつての「財閥」はこれである。なお，**1997年に持株会社が解禁**。

解説 **寡占・独占の特徴**　20世紀になると巨大な生産設備が出現するとともに，**カルテル・トラスト・コンツェルン**などの形態をとった「**独占企業**」が経済の主役となっていく。1929年の大恐慌下のアメリカではそのような巨大企業は解雇による生産調整をし，工業製品の価格はあまり下がらなかった。これが恐慌を激しくした一因とも考えられる。

11 国内企業の合併の推移と持株会社の解禁

Ⓐ合併届出受理件数

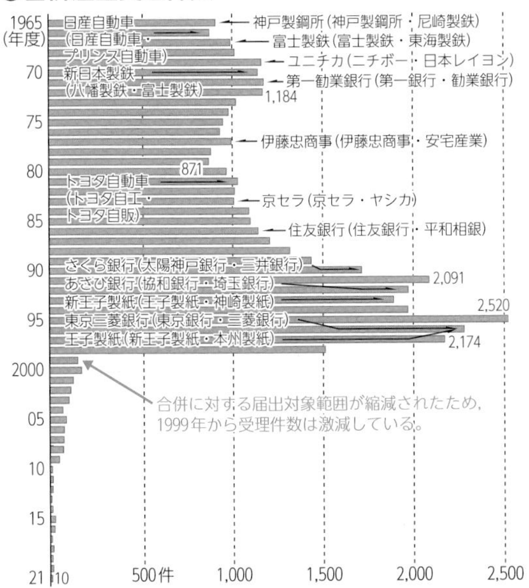

解説 **持株会社解禁へ**　戦後，**財閥復活を阻止**するため持株会社を禁止していたが，その一方で，1960年代から世界の大企業との競争に備え，国内の**大型合併**は相次いでいた（Ⓐ）。それは，規模の大きさと同時に経営効率化による企業体質強化を狙ったものだった。さらに**産業構造の変化**に伴い，1997年ついに独禁法が改正され**持株会社が解禁**された。また翌年，**金融持株会社**も解禁となった。

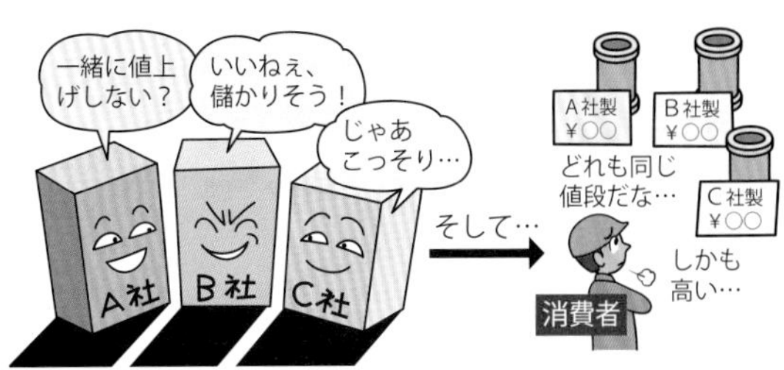

12 独占禁止法と公正取引委員会

Ⓐ独占禁止法*の主な規定の内容

*正式名称「私的独占の禁止及び公正取引の確保に関する法律」

規制内容	条項	主な内容
独占・寡占の規制	3条	**私的独占の禁止**
	8条の4	独占的状態の規制
経済力の集中規制	9条	事業支配力が過度に集中する持株会社禁止（それ以外**持株会社解禁**←97年）
	10条	大企業の株式保有総量の規制
	15条	合併の制限
カルテル規制	3条	**不当な取引制限（カルテル）の禁止**
	6条	国際的カルテルへの参加禁止
	8条	事業者団体に対する規制
経済力の濫用規制	19条	**不公正な取引方法の禁止** 小売業者への販売価格の指定，不当廉売（不当な安売り＝ダンピング）などが該当
＊1 適用除外制度	23条	**再販売価格維持行為**＊2 不況・合理化カルテル＊3→99年廃止

＊1 適用除外制度とは，独禁法違反の要件を満たしていても特別に独禁法を適用しないこと。除外規定はかなり縮小されている。

＊2「再販売維持価格」とは，メーカーが小売店の販売価格を指示する制度。市場による価格決定とならないため独禁法で禁止されているが，**CD，本，新聞などの著作物は適用除外**されている。

＊3 例外的に認められていた**不況カルテル**（不況のため企業の存続が危ぶまれるとき）と**合理化カルテル**(企業の協調によらなければ，合理化の効果が期待できないようなとき）は99年廃止された。

Ⓑ公正取引委員会

公正取引委員会は，委員長と４名の委員の全５名から構成される行政委員会。この５名は，国会の同意を得て内閣総理大臣が任命（独立行政委員会として他から指揮監督を受けることなく，独立して職務を遂行）。

公正取引委員会の下に，事件調査や事業者の活動を監視する事務総局（2022年度の職員は約854名）が置かれる。

●公正取引委員会による法的措置の具体例

対象企業	事例（違反した条文，➡Ⓐ）	法的措置
アディダス・ジャパン(株)（2012年3月）	取り扱う商品の一部について，小売業者に販売価格を指定（19条違反「不公正な取引方法」）	排除措置命令
コールマン・ジャパン(株)（2016年6月）	キャンプ用品販売の際，小売業者に下限価格の指定など販売ルールを指示（19条違反「不公正な取引方法」）	排除措置命令
中国電力，中部電力など旧一般電気事業者6社（2023年3月）	電力小売が自由化されたにもかかわらず，各電力会社がエリア外の大口顧客への営業活動を制限することを合意した（3条違反「不当な取引制限」）	排除措置命令 課徴金納付命令（総額約1,010億円）

解説 **経済の憲法「独占禁止法」**　独占禁止法は，戦後の経済民主化政策の一つの柱として制定され，公正で自由な企業競争をさせて，経済を健全に発展させることを目的としている。このため「**経済の憲法**」とも呼ばれる。**公正取引委員会**は，この法律に対する違反を取り締まり，その運用にあたる「**独禁法の番人**」である。しかし近年日本では，独占禁止法が緩和されつつある。

経済

try 競争関係にあったA社とB社が合併する独占・寡占の形態を何というか？
①カルテル　②トラスト　③コンツェルン

ゼミナール

市場メカニズムと市場の失敗

「市場（マーケット）」とは商品の売り手と買い手が出会う場のことで，ネット上も含めて商品の売り買いが行われるところはすべて「市場」となる。市場では「市場メカニズム」と呼ばれるしくみがはたらき，経済活動をうまく調整している。しかし，「市場メカニズム」は万能ではなく，ある条件のもとではうまく働かなくなってしまう。これを「市場の失敗」と呼ぶ。

ここでは市場メカニズムのしくみについて理解を深め，市場がうまく機能する場合とそうでない場合があることを押さえよう。

1 市場メカニズムとは

市場 ＝商品の売り買い(取引き)が行われる場
供給 ＝売り手が市場に商品を提供すること
需要 ＝買い手が市場で商品を買いたいと思う欲求や行動

市場での売り手の動き

商品の価格が高い時→商品の供給を増やす
商品の価格が安い時→商品の供給を減らす
売り手の動きは右上がりのＳの線(供給曲線)で示す

市場での買い手の動き

商品の価格が高い時→商品に対する需要が減る
商品の価格が安い時→商品に対する需要が増える
買い手の動きは右下がりのＤの線(需要曲線)で示す

市場メカニズムのはたらき

下のおにぎりの需要と供給のグラフで市場メカニズムのはたらきを理解しよう。

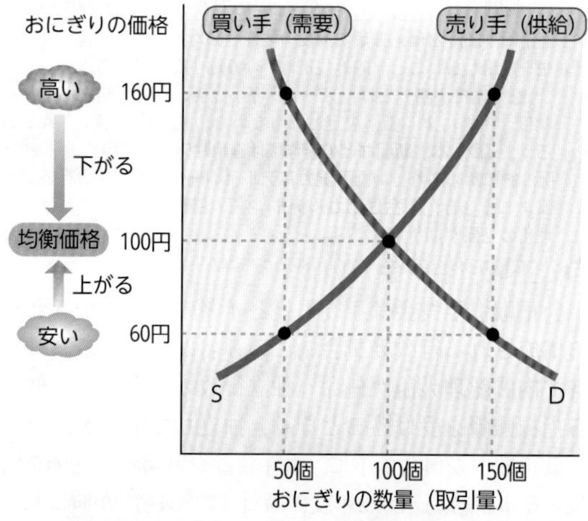

買い手は商品の価格を見て商品の購入を判断する。

〈おにぎりの価格＝160円の時（「高い」と感じる)〉

→需要50個＜供給150個（100個の超過供給）
→価格が高すぎるためおにぎりが100個売れ残る
→売り手は売れ残りを減らすため商品価格を安くする
→商品価格はしだいに下がる

〈おにぎりの価格＝60円の時（「安い」と感じる)〉

→需要150個＞供給50個（100個の超過需要）
→価格が安すぎるためおにぎりはすぐに売り切れるがあまり利益はあがらず，100個分不足する
→売り手は利益確保のため商品価格を高くする
→商品価格はしだいに上がる

➡おにぎりの価格はやがてグラフの供給曲線と需要曲線の交点の100円に落ち着く（この価格を**均衡価格**と呼ぶ）

2 需要曲線と供給曲線の移動(シフト)

需要曲線や供給曲線はいつも一定ではなく，さまざまな条件によって右または左に移動（シフト）する。

Ⓐ需要曲線の移動

需要曲線が左右に移動（シフト）する条件
①収入の増減　②商品の人気の変化　③人口の増減

右への移動	買い手の**収入増える，商品の人気が高まる，人口が増加** →商品に対する需要全体が上昇 →需要曲線は右に移動（グラフの D_0→ D_1へ） ＊均衡価格は上昇（グラフの P_0→ P_1へ）するが，商品の取引量も増加（グラフの Q_0→ Q_1へ） →経済活動が活発化
左への移動	買い手の**収入減る，商品の人気が低下，人口が減少** →商品に対する需要全体が減少 →需要曲線は左に移動（グラフの D_0→ D_2へ） ＊均衡価格は下落（グラフの P_0→ P_2へ）し，商品の取引量も減少（グラフの Q_0→ Q_2へ） →経済活動が停滞

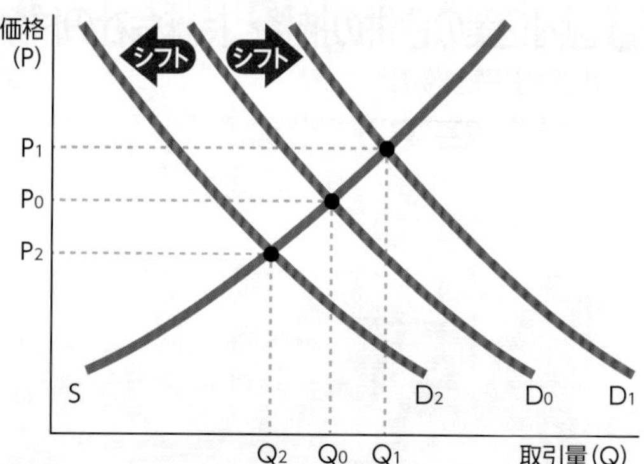

Ⓑ供給曲線の移動

供給曲線が左右に移動（シフト）する条件
①原材料価格の変化　②人件費の変化
③税金の増減　④生産能力の変化　⑤輸入品の増減

右への移動	Ⅰ**原材料価格や人件費が低下，企業への減税** →商品の生産コストが低下→供給量全体が増える Ⅱ企業の**生産能力が高まった**場合，**輸入品が増えた**場合 →商品の価格が低下→供給量全体が増える Ⅰ・Ⅱとも，供給曲線は右に移動（グラフの S_0→ S_1へ） ＊均衡価格は下落（グラフの P_0→ P_1へ）するが，商品の取引量は増加（グラフのQ_0→Q_1へ） →経済活動が活発化

左への移動	Ⅰ **原材料価格や人件費が高騰，企業への増税** →商品の生産コストが上昇→供給量全体が減る Ⅱ 企業の**生産能力が低下した**場合，**輸入品が減った**場合 →商品の価格が上昇→供給量全体が減る Ⅰ・Ⅱとも，供給曲線は左に移動（グラフの S_0→S_2へ） ＊均衡価格は上昇（グラフの P_0→P_2へ）し，商品の取引量も減少（グラフの Q_0→Q_2へ） →経済活動が停滞

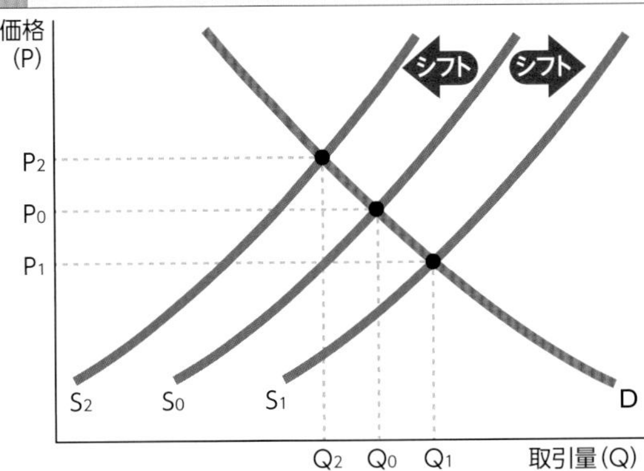

3 価格の弾力性

需要曲線や供給曲線の傾きも一定ではなく，商品の性質によって傾きに違いがでる。

Ⓐ需要曲線の傾きの違い

生活必需品…誰もが生活に必要とする商品
→価格が高くても安くても需要量はそれほど変わらない
→需要曲線の傾きは急になる→「**価格弾力性が小さい**」
ぜいたく品…どうしても生活に必要な商品ではない
→需要量が価格の変化に大きく影響される
→需要曲線の傾きはゆるやか→「**価格弾力性が大きい**」

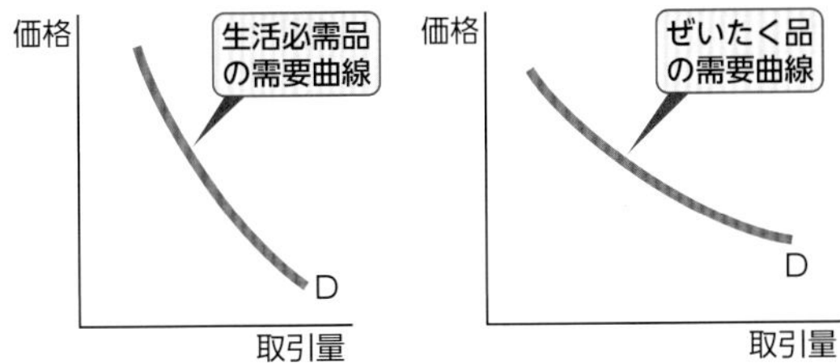

Ⓑ供給曲線の傾きの違い

供給に余裕がある商品→「**価格弾力性が大きい**」
供給に限りがある商品→「**価格弾力性が小さい**」

4 市場の失敗とは (➡p.145)

市場の失敗 市場メカニズムが働かない，市場では財やサービスが提供できない場合など

Ⓐ独占・寡占

売り手が一人
独占市場 売り手の思い通りに価格設定可能（独占価格）
売り手がごく少数
寡占市場 プライスリーダーによる管理価格の形成
→価格の下方硬直性がみられる

Ⓑ公共財・公共サービス

公園・道路などの誰もが無料で利用できる公共財
→費用を払わない利用者を排除できない
警察・消防などの公共サービス
→料金を払わない人でも受けられる必要
電気・ガス・水道など生活に直結するライフラインの料金
→行政が介入して公共料金として統制する必要

もし消防を民間でやったら…

Ⓒ外部経済と外部不経済

外部経済	ある経済主体の行動が，市場を通さずに他の経済主体にプラスの影響を及ぼすこと （例）Aさんが自分の家の庭を立派な日本庭園にしたことによって，その隣の家の人もAさんの日本庭園を楽しめるようになった（借景の例）。他に養蜂業者と果樹園経営者，遊園地と鉄道などが代表例。
外部不経済	ある経済主体の行動が，市場を通さずに他の経済主体にマイナスの影響を及ぼすこと （例）公害・環境問題など。たとえば，河川の上流にある工場から流れ出る有毒な廃液によって，下流の農業生産者の収穫に被害が出るというような場合。アパートに隣接するカラオケ店の騒音がひどく，空室が埋まらないような場合。

Ⓓ情報の非対称性 （情報上の失敗）

買い手が十分な情報を持たないために，結果的に割高な商品を買わされることも
➡ 適切な市場取引を阻害する市場の失敗の一例
（例）中古車市場の場合
業者…中古車の状況をよく把握しその価値がわかる
消費者…よほど車に詳しくない限り中古車の価値を正確に把握できない
➡外見のきれいさから購入した中古車が，実は故障をおこしやすく結果的に割高な商品であった。
価格が安すぎると思って敬遠した車が実は故障もなく非常にお得な商品だった。

Ⓔ政府の失敗

「市場の失敗」の克服など様々な経済的課題の克服のため，政府の裁量による経済政策を実施したが，思うような効果がなく，かえって経済活動の非効率化をまねいてしまうような場合
（例）公害対策（規制など）を政府が行う場合
公害が住民や地域社会に深刻な影響を与える恐れ
→政府による規制が行われるが，適正なレベルを超過
➡経済活動を過度に制限し，経済的効率が下がる
（例）公共投資を政府が行う場合
不況やデフレ対策のため，政府が赤字国債を発行して公共投資を行う
➡思うような効果がなく，財政赤字が増える

基本用語 経済の三主体 企業 株式 株式会社 所有と経営の分離 企業の社会的責任（CSR） フィランソロピー メセナ M&A

Theme 42 現代の企業

高校生たちの株式会社

Approach

長野県長野商業高校では，100年近く続く高校生の実習販売「長商デパート」が毎年３日間の日程で開催されています。長商デパートは生徒が**出資**して設立した模擬株式会社が売り出しを行い，売り上げは毎年3000万円前後を達成。**株主**の生徒に**配当**します。売り出しは授業の一環で地域住民にも親しまれています。

全生徒が入学と同時に500円を出資，売り上げが順調だと毎年50円の配当があります。卒業時には３年間の配当を含め650円を受け取ることに。**取締役会**は３年生の取締役10人と，オブザーバーの立場の２年生の取締役補佐で開き，社長を選出。３月の**株主総会**で社長交代人事が行われます。

（「THE PAGE」2016.10.29などによる，一部省略）

Ⓐ模擬株式会社「長商デパート」組織図

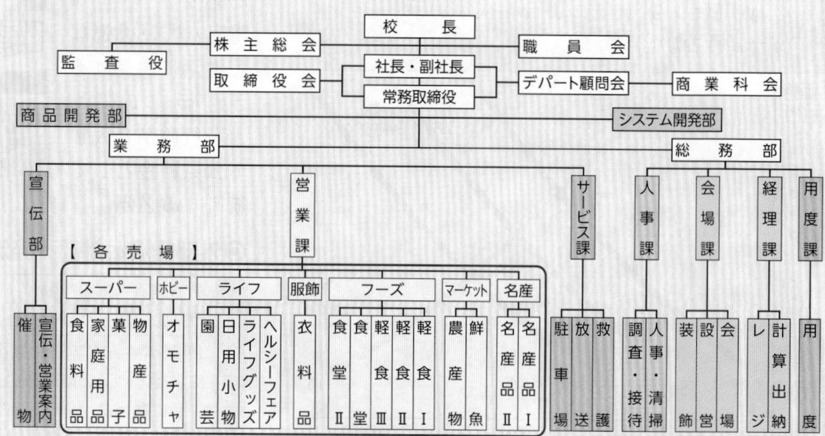

⬆鮮魚売り場　ヒラメ，イカ，アジなど海産物も豊富。

追究 実際の株式会社の組織図と比較してみよう。

Key point キーポイント 長商デパートは，現実の株式会社を構成する様々な役割を高校生が担い，企業がどのように回っていくのかを体験から学ぶことができる取り組みである。“模擬”株式会社ではあるが，**出資金**を集め，**株主総会**で**取締役**を選出し，業績に応じて**配当**を出すという徹底ぶりだ。

1 経済の三主体

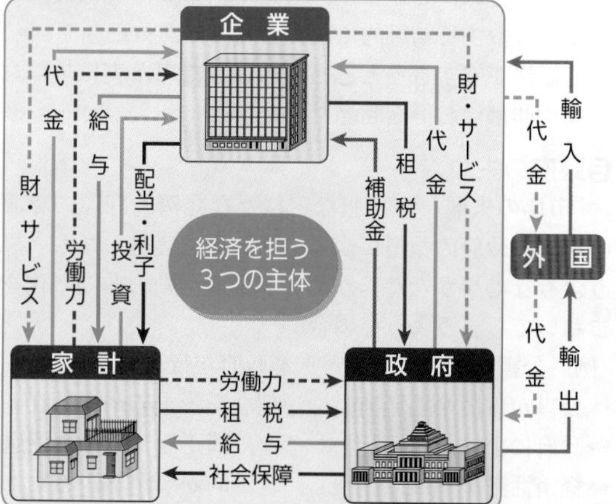

解説 **国民経済の循環**　複雑に見える国民経済も，大きく企業・家計・政府による財・サービスの交換に分類することができる。これに金銭の流れを媒介（ばいかい）する金融機関の役割を合わせれば，国民経済の大まかな流れがつかめる。

2 企業の種類

企業形態			種類や例
私企業	個人企業		個人商店・農家・零細（れいさい）工場など
	共同企業	会社企業	①株式会社（2006年からは有限会社を統合） ②合同会社（2006年新設） ③合資会社　④合名会社
		組合企業	消費者協同組合（生協など） 生産者協同組合（農協・漁協など）
公企業	国	国営企業	該当なし
		独立行政法人	造幣局・国立印刷局・国民生活センター・大学入試センターなど
		その他	国立大学法人など
	地方		市営バス・市営地下鉄・水道など
公私混合企業	特殊法人		ＮＨＫ・ＪＴ・ＮＴＴなど
	認可法人		日本銀行・日本赤十字社など

解説 **進む民営化と企業形態**　小さな政府を志向する近年の諸改革で，ほとんどの国営企業が独立行政法人化・民営化（公私混合企業や私企業に移行）した。

しごとカタログ **公認会計士**　実際は大赤字なのに，儲かっているとウソの財務書類を公表して企業が資金を集めると，出資した人が損をするだけでなく，経済が大きく混乱する。そこで，会計の専門家である公認会計士が監査（チェック）して財務書類の信頼性を確保するのだ。

3 会社企業の種類

種類(総数)		特徴	経営者	出資者
①株式会社(261万社)	公開会社	出資者は細分化された持分（株式）を受け取り，市場を通して売買が可能。	取締役（3人以上）	有限責任の株主。経営権は制限（所有と経営の分離）
	譲渡制限会社	旧法の有限会社のしくみを受け継ぎ，全株式に譲渡制限。	取締役（1人以上）	有限責任の株主
②合同会社(16.0万社)		定款で経営ルールを自由に設定できる。	有限責任社員	
③合資会社(1.2万社)		小規模。有限責任社員にはリスクが少ない分，経営権がない。	無限責任社員	無限責任社員と有限責任社員
④合名会社(0.3万社)		小規模で，組合としての色彩が濃い。	無限責任社員	

〈注〉会社の総数は2021年度（国税庁資料による）。

解説 **現代の企業の多くは株式会社** **無限責任**とは，会社が負債をかかえて倒産した際に出資者が自分の出資額を超えて返済義務を負うこと。逆に**有限責任**は，自分の出資額の範囲内で責任を負うことである。会社企業の代表的な形態は，多数の有限責任の株主が出資する**株式会社**（➡p.153）。多数の出資者から巨額の資本を集めやすい企業形態であるため，大企業の多くは株式会社である。

Ⓐ2006年施行の会社法で会社はどうなったか？

①会社の分類の変化

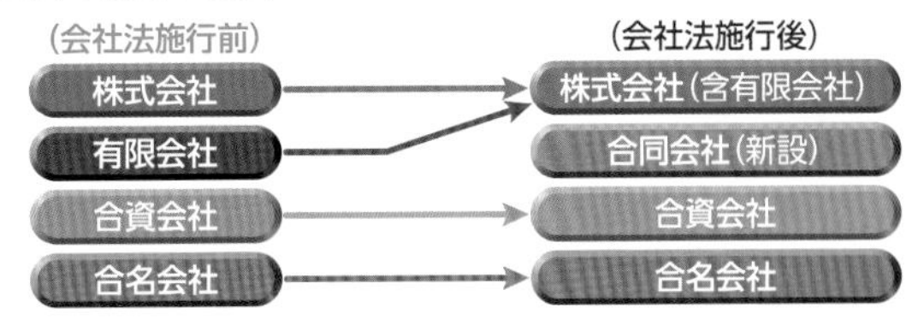

②**最低資本金制度を撤廃**
→必要経費を除き，資本金1円で会社設立できる

③**株式会社のしくみを柔軟化**
（例）取締役1名で株式会社ができる

④**監査制度を簡便化**
（例）監査役の権限を会計監査のみに限定できる

4 所有と経営の分離

Ⓐ所有（資本）と経営の分離とは？

出資者＝会社が発行する小額単位の株式に出資
➡有限責任の株主となり株主総会に参加。
しかし，経営には直接関与しない

分離

経営者＝株主総会で選任された取締役会を中心に経営の専門家が行う

Ⓑパナソニック HD（旧松下電器産業）の例

パナソニックHD(会は会長，社は社長，副は副社長，取相は取締役相談役)

年度	1950	1989	2023
資本金	503億円	1,664億円	2,587億円
五大株主・持株比率（%）	松下幸之助(社) 43.3 井植諸雄 4.0 日本生命 3.1 東電興業 1.6 計 52.0	住友銀行 4.4 住友生命 4.2 日本生命 3.9 松下興産 2.9 松下幸之助(7位) 2.1 計 17.5	日本マスタートラスト信託 9.7 日本カストディ銀行 7.8 日本生命 3.0 トヨタ自動車 2.8 計 23.3
主な役員名・役名	松下幸之助（社） 松下正治（副）	松下正治（会） 松下幸之助(取相)	津賀一宏（会） 楠見雄規（社）

解説 **所有と経営の分離** 企業の規模を拡大するためには，より多くの株式を売って資本金を増やす必要があり，創業者（初代の経営者）の持株比率は相対的に下がっていく。そのため，次第に企業の所有者（大株主）＝経営者という構図が崩れ，経営陣は従業員から選ばれることが多くなり，株主は株価や配当金だけに関心を持つようになる。これを所有と経営の分離と呼んでいる。

5 規模の利益（スケールメリット）

Ⓐシルバーストン曲線

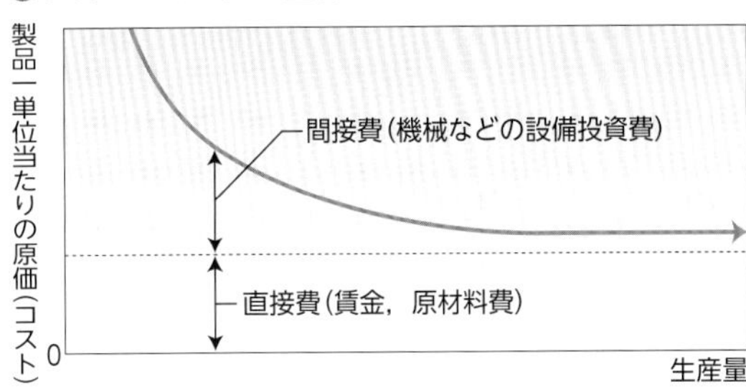

解説 **生産規模が大きくなるとコストが下がる** 賃金や原材料費などは生産量に比例して増減するから，製品1単位当たりのこれらの費用はほぼ一定である。ところが利子や減価償却費などは，**生産量が増えるほど1単位当たりの費用としては低下**する。莫大な設備資金を必要とする産業ではこの傾向が強く，企業規模の拡大が進められる。ただし，生産量が一定規模以上になると，コストはそれ以上下がらなくなる。

6 会社の利益の行方

Ⓐ労働者の給与額と会社の利益処分の推移

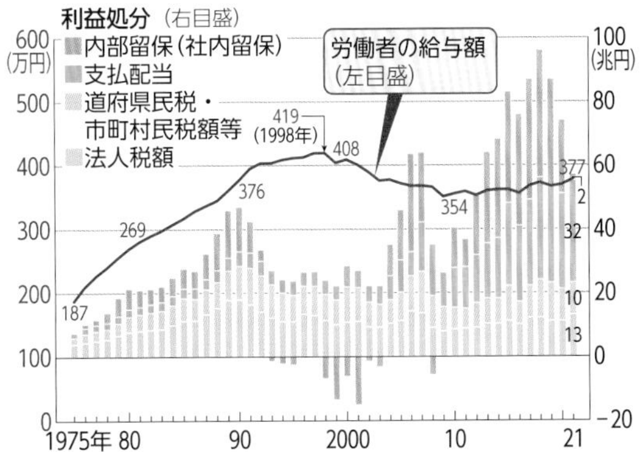

〈注〉労働者の給与額は平均年収・税引前。（国税庁資料により作成）

解説 **内部留保** 企業内部に蓄積される利益を**内部留保（社内留保）**と呼ぶ。設備投資や借入金返済等にまわす資本（**自己資本**）で，現金だけでなく土地，建物，機械設備，原材料等の資産の形で存在する。これらはリスクへの備えであり，将来の投資の原資でもあるため，簡単に取り崩せるものではない。しかし，**日本企業の内部留保の総額は約516兆円（2021年度末）**といわれ，ため込むだけでは国内需要（内需）減退の一因ともなりうる。

Try トライ 無限責任社員のみで構成される会社形態は，次のうちどれ？
①株式会社　②合同会社　③合資会社　④合名会社

経済

7 相次ぐ企業の不祥事

年	企業の不祥事事件
2000	**三菱自動車**リコール問題，**雪印乳業**食中毒事件
05	**松下電器**FF式石油温風器欠陥事故
06	**ライブドア**証券取引法違反事件（堀江社長逮捕）
07	**パロマ**ガス湯沸かし器事故，**不二家**衛生管理事件
10	**トヨタ自動車**リコール問題
11	**東京電力**福島第一原発事故
15	**東芝**の粉飾決算が発覚
17	**神戸製鋼**の製品データ不正が発覚
	日産・スバルの無資格検査が発覚
19	**レオパレス21**のアパート1,300棟超で施工不備

解説 内部統制　雪印食品による牛肉偽装問題（輸入牛を国産牛と表示）では同社が解散に追い込まれるなど，不正は，信用・ブランドを傷つけ,ときには会社を潰すことにもなる。株主など，会社の外から企業のあり方をチェックする**コーポレート・ガバナンス（企業統治）**の必要性が痛感された。また，パロマなどの製品の欠陥への対応などで，**コンプライアンス（法令遵守）**の重要性も指摘された。カネボウやライブドアの粉飾決算をめぐる問題では，有価証券や財務が適正であるための体制作りが求められた。従業員がコンプライアンスするような体制を整えて不祥事を未然に防ぎ，リスクを管理するためのシステムを**内部統制**といい，会社法や金融商品取引法に盛り込まれた。

また，事業者内部の関係者からの通報を契機に企業不祥事が明らかになったことから，法令違反行為を通報した従業員を解雇等の不利益な取り扱いから保護し，事業者の法令遵守経営を強化させる「**公益通報者保護法**」が2006年４月から施行されている。

8 企業の社会的責任（CSR）

コンプライアンス（法令遵守）	単に法令を遵守することにとどまらず，企業倫理や社会貢献，企業のリスク回避などのためのルールを設定し，遵守するといった幅広い意味を含んでいる。
メセナ	企業が資金を提供して芸術・文化や教育などへの支援を行うこと。
フィランソロピー	寄附，ボランティア活動など個人や企業が行う社会貢献のこと。福祉，地域おこし，災害救援などの活動の支援が含まれる。
ディスクロージャー（情報開示）	企業による情報公開。投資判断に必要な，経営・財務状況などを情報公開する。情報開示制度は，金融商品取引法，商法によって定められている。
コーポレート・ガバナンス（企業統治）	企業の意思決定や，経営監視のしくみ。監視のしくみとしては，株主総会や監査，委員会設置会社などがある。

解説 パブリック・リレーションズ(PR)　企業によるパブリック・リレーションズ（PR，戦略広報）を重視した活動が活発化している。**メセナ**や**フィランソロピー**を通じて，企業イメージを高め，本業に良い効果をもたらそうという戦略だ。社会的にみて，企業による文化的社会的活動は，企業イメージの向上が目的であっても，社会福祉にプラスに働くことは確かで，歓迎すべきことだろう。

なお，メセナやフィランソロピーなどは，社会的に恵まれた立場にあるものは，弱者に対して手を差し伸べるべきだという，欧米の**Noblesse Obligé（仏語，ノーブレス・オブリージュ）**の思想に起源があるともいわれている。

9 企業集団

グループ（銀行）	旧六大企業集団	おもな企業
三菱UFJ	三菱系金曜会	三菱重工業，三菱商事，ENEOS HD，三菱自動車，三菱電機，キリンHD，AGC
	旧三和系水曜会	コスモエネルギーHD，ダイハツ，京セラ，髙島屋，サントリーHD，オリックス，日立金属，積水ハウス，双日
三井住友	三井系二木会	三井物産，三井不動産，三井化学，三井金属鉱業，東レ，トヨタ自動車，東芝，三越伊勢丹HD，IHI
	住友系白水会	住友商事，住友金属鉱山，住友不動産，住友化学，住友重機，NEC，三井住友建設，日本板硝子
みずほ	旧芙蓉系芙蓉会	丸紅，大成建設，日産自動車，沖電気，サッポロHD，日立製作所，JFE HD，日油，東京建物，日清紡HD
	旧一勧系三金会	伊藤忠商事，RSエナジー，神戸製鋼所，川崎重工，いすゞ，日立製作所，富士通，旭化成，資生堂，清水建設

〈注〉HD…ホールディングス。持株会社。

解説 変わる企業集団　戦後の財閥解体にもかかわらず，企業は株式の持ち合いや社長会などを通じて系列化し，六大企業集団を形成してきた。しかしながら，近年グループを越えたメインバンク同士の合併や経営統合が行われ，企業集団の求心力は弱まりつつあるといわれている。そして，2005年10月に三菱東京フィナンシャルグループとUFJホールディングスの経営統合が実現し，六大企業集団は三大メガバンク（➡p.172）の下に集約されることとなった。

10 日本企業のM&Aの状況

Ⓐ形態別企業合併・買収（M&A）件数の推移

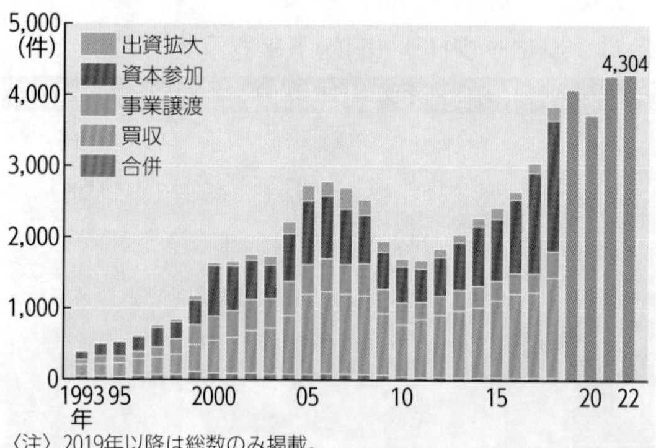

〈注〉2019年以降は総数のみ掲載。

（『日本国勢図会』2023/24などによる）

解説 M&Aとは　M&Aとは**企業の合併（Merger）と買収（Acquisition）**のことをいう。合併とは，二つ以上の企業が契約により一つの企業になることで，通常，消滅する企業の株主には存続会社の株式が割り当てられる。また，買収とは，ある企業の株式などを自社の株式を対価として取得し，子会社化することである。いずれにせよ，企業の事業規模拡大や新たな分野への進出を目的として行われるが，**会社法の施行**でM&Aがやりやすくなり，件数も増えてきた。

try 企業が利益のみを追求するのではなく，文化・芸術活動に対する支援を行うことを何と言うか？
①メセナ　②フィランソロピー　③コンプライアンス　④コーポレート・ガバナンス

ゼミナール

株式会社とは？

現代の経済活動の主役は会社企業，中でも規模・数で圧倒的なのが株式会社である。誰でも知っている有名企業も，華やかなプロスポーツ球団も，ほとんどが株式会社になっている。それは，「株式会社」という形態をとることによって，大きなメリットがあるからだ。株式会社のメリットを最大限に生かせば，ホンダやソニーのように，小さな町工場から日本を代表する大企業に成長することも可能なのだ。

1 始まりは東インド会社から

世界で最初の株式会社は，「東インド会社」だといわれています。

当時は「大航海時代」と呼ばれる時代で，ヨーロッパの商人たちは，胡椒などの香辛料や香料，絹を求めて遠くアジアにまで進出しました。そのためには大型船を建造し，乗組員を集め，給料を支払わなければなりません。そのための資金を集める工夫が「株式」だったのです。……

資金を出し合った商人が株主で，船長が社長，乗組員が社員ということになります。

もうけを商人の間で山分けすれば，これが配当金に当たります。工場建設や鉄道敷設には巨額の資金が必要でしたが，株券を売ることで資金を集めることができました。

株式会社方式の発明は，資本主義発展の原動力になったのです。（池上彰『なるほど日本経済早わかり』講談社による）

Ⓐ株式会社はなぜ資本主義の原動力となった？

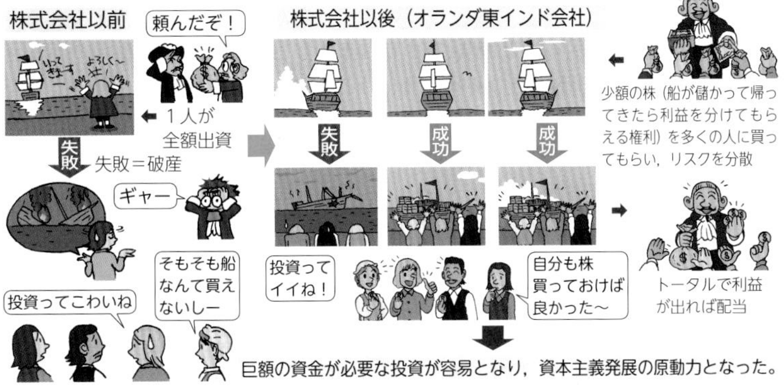

巨額の資金が必要な投資が容易となり，資本主義発展の原動力となった。

2 株式会社のしくみ

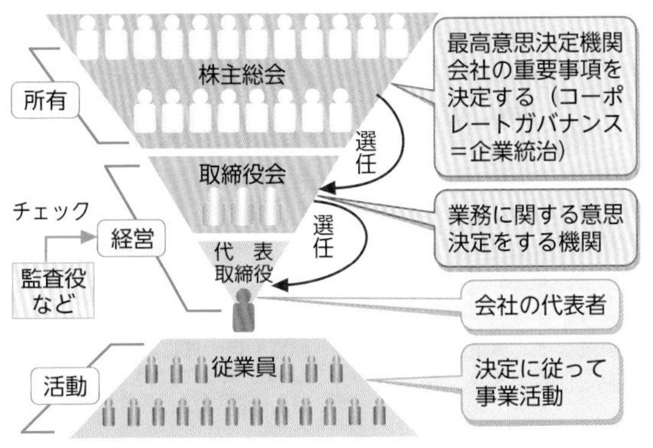

Ⓐ会社を設立するには？

①**会社設立準備**
・設立項目の決定（会社名，事業内容など）
・印鑑の作成

→ ②**定款の作成／認証**
定款…会社の基本ルールを書面にまとめたもの。法律で作成が義務づけられている。

→ ③**登記**
登記…定款を始めとする必要書類を法務局に提出し正式に会社として登録する手続。
登記申請の日＝会社の設立日となる。

→ ④**設立完了**
・各種書類の提出
・会社運営

※未成年者でも会社を設立できるが，親の同意が必要。

3 株式公開（上場）とは？

株式公開（上場）とは株式を株式市場（➡p.144 1）で自由に売買できるようにすること。上場には厳しい基準があり，これをクリアした会社にしかできない。多くのメリットがある上場は起業家の大きな目標となっている一方，あえて上場しない大企業もある。

株式公開するメリット

①株式を自由に発行し，株式市場から資本金（返済不要な純粋の資金）を調達できる。
②社会的な信用性が高まる。
③株主による厳しい経営のチェックによって，経営の質が高まる。

株式公開しないメリット

①株が市場で大量に買収され，会社が乗っ取られる危険がない。
②オーナー社長・親会社などが大量に株を所有でき，経営に対する強い影響力を行使できる。

Ⓐ国内のおもな株式市場の上場審査基準

	東証プライム	東証スタンダード	東証グロース
株主数	800人以上	400人以上	150人以上
上場時価総額	100億円以上	10億円以上	5億円以上
事業継続年数	3か年以上		1か年以上
純資産の額	50億円以上	プラスであること	―

（2023年4月1日現在）

株式の取引は，基本的に株式市場で行われる。日本で最大の株式市場は東京証券取引所（東証）で，東証一部には有名企業の名前がずらりと並ぶ。なお2022年4月1日に新市場（プライム・スタンダード・グロース）に移行した。

経済

ゼミナール

起業をするには

皆さんは「起業家」と聞くとどんなイメージを持つだろうか。自分には手の届かない憧れの存在，あるいは一歩間違うと財産を失う可能性のあるリスクの高い立場というイメージもあるかもしれない。2017年の調査では，日本の起業無関心者の割合は75.8％であり，アメリカの21.6％，イギリスの23.6％に比べて起業への関心が低いというのが現状だ（『中小企業白書』2019）。ここでは，社会で活躍する起業家の実際の姿を通して起業を身近に感じ，社会における起業の意味を考える材料としてほしい。

1 起業とは何だろう？

……現在は「いい商品をつくったから，勝手に売れる」という時代ではなくなってきています。だからこそ，「**お客様の困りごとを見つけて，そこからきちんと需要のある商品をつくる**」ということの方に勝算が生まれてきます。では，その困りごとをどこから見つけるかと言うと，会話の中から見つけるのですが，その**問題発見力**こそが肝となるものです。

……お客さま自身は意外とその深層の部分を自覚されていないケースが多々あります。ですから，お客さまと会話を繰り返すことによって，その部分をこちらが深掘りできればいい商品やいいサービスのアイデアというのは拾えるのです。これは，自分1人で机の上でいい商品，いいサービスを唸りながら考えるよりもはるかに近道ではないでしょうか？

（福山敦士『ゼロからの起業術』大和書房）

⬆**高校生ビジネスグランプリ**（2020年）

解説 日本は諸外国に比べて起業する機運が低いと言われてきた。しかし近年では，埋もれていたニーズをとらえて事業化するニッチ産業への注目が集まり，「起業」という選択肢も近年注目を集め，学生を対象にしたコンテストなども盛んに行われている。

2 起業への流れ（株式会社の場合）

事業計画をつくる

誰に，どんな商品・サービスを，どうやって提供するのか，展開するビジネスの計画をしっかり立てておこう。

▶

資金を集める

自己資金だけで事業を始められないときは，金融機関の融資や出資者を募ることを検討しよう（資本金は1円でもよい）。

▶

開業に必要なものを準備する

集めた資金を投入して，オフィスやお店，工場や機械など，事業に必要なものを調達する。

▶

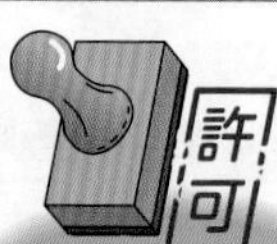

会社設立の手続きをする

法務局で会社の登記（会社の権利関係の登録）を行ったり，税務署や自治体に開業届を出す。業種によってはさらに多くの許可・認可が必要な場合も。

解説 会社企業を起こす場合，工場や従業員など物質的な面で環境を整えるだけでなく，法人（法律上権利義務の主体となるもの）として法務局に登記するなど法的な面での事業環境を整える必要がある。なお，個人で事業を行う場合には会社設立の手続きは必要ない。

Ⓐ財務諸表って何？

損益計算書（▲年4月1日～●年3月31日）

科目	金額
収売上高	100億円
費売上原価	30億円
費販売費及び一般管理費	30億円
【営業利益】	40億円
収営業外収益	15億円
費営業外費用	20億円
【経常利益】	35億円
収特別利益	3億円
費特別損失	3億円
費法人税等	15億円
【当期純利益】	20億円

- ある期間に企業がどれだけの利益・損失を出したかを示すもの。
- 基本的に「収益－費用」で構成。

貸借対照表（●年3月31日）

資産		負債	
現金預金	10億円	買掛金	30億円
売掛金	20億円	借入金	30億円
商品	10億円	**純資産**	
土地	50億円	資本金	30億円
建物	30億円	資本剰余金	10億円
		利益剰余金	20億円

- ある時点の企業の財政状態を示すもので，「資産」と「負債＋純資産」は必ず一致する。
- 資産がたくさんあっても，すぐに換金できない資産もあるので，資金不足になる可能性はある。このような観点から企業の健全性を判断できる。

解説 例えばあなたがいずれかの企業の株を自由に買えるとしたら，どのように選ぶだろうか。その際の重要な情報となるのが，財務諸表の公開だ。財務諸表には**損益計算書**や**貸借対照表（バランスシート）**などいくつかの種類があり，会社の経営成績や財政状況を株主など会社の利害関係者に示す役割があるのだ。一方，財務諸表の数字を実態よりも良く見せかける「粉飾」で，株主の利益が損なわれる危険性もある。このような事態を防ぐため，上場企業や大企業の財務諸表は，公認会計士など専門家による監査を受けることが義務づけられている。

3 起業家インタビュー

『３歳までの子育てで本当に大切なこと30』を執筆した村田真由美さんは西東京市で親子の触れ合いあそびと季節の行事などを行う「ひよこ親子教室」を主宰している。活動は乳幼児に関わる先生を対象に「先生の在り方」を伝えて活躍をサポートする「ひよこ式せんせい養成講座」，子どもの発達を促すメソッドの講師など多岐にわたる。起業した理由は「わが子に『行ってらっしゃい』と『お帰りなさい』を言ってあげられる働き方をしたい」と考えたことや，父親が会社経営をしていたためいつかは自分も……という潜在意識があったことが大きいという。

ひよこ親子教室
村田真由美さん

――このような業種を選んだ理由は何ですか？

「子どもたちは遊びの中から社会性，コミュニケーション能力，お互いを助け合う心，協調性など人としての土台を築くことができるということを，これから子育てする人にも味わってもらいたいと思ったからです。大好きなパパやママと一緒に五感を使った遊びを経験することが３歳までにできる最大の学びだという確信があります」。

起業して奮闘する中で「どんなことが起きても自分で考えて，決断して，乗り越える『生きる力』を身につけることが人生において大事。それらは五感を使った様々なシチュエーションを経験することで身につくものである」という考えにたどり着いた。学生時代から，自分と異なる意見を否定せず，みんなにとってベストな答えを見つけて決断してきた。その積み重ねが大変役立っていると感じている。

⬆ひよこ親子教室の段ボール迷路

北海道日本ハムファイターズ時代はベストナインを６度受賞するなど好打者として活躍した田中賢介さんは現役引退後，小学校，幼稚園，認定こども園，保育園などを運営している。このような事業内容で起業しようと思った最大の理由は「子どもたちの力になりたい」という強い想いが背景にある。そして「自分を育ててもらった北海道へ恩返しをしたい」ということも根底にあるという。学生時代から野球一筋。現役引退後，一から学校法人を立ち上げる過程は「右も左もわからず全てが大変だった」と振り返る。苦しい時代を乗り越えることができたのは，「続けるのが難しいと言われるプロ野球の世界で，あまり特徴のない自分がどうやったらこの世界で活躍できるか？ということを考え続け，挑戦し続けた経験が役に立った」と振り返る。努力と創意工夫を重ねて「野球」という一つの道をひたすら歩み続けた経験が今日の礎となっている。

学校法人 田中学園
田中賢介さん

――この仕事で起業して最大の喜びは何か？

「子どもたちが楽しそうに毎日を過ごしている姿を見るときや，先生方が輝いて仕事をしている様子を見るとき」だという。高校時代は「野球，野球の日々だった」田中さん。プロ野球から学校教育に活躍の舞台は変わっても熱い思いは変わらない。

青森県弘前市で居宅介護支援事業を設立した原田佳澄さんは介護支援専門員として働く中で様々なことを感じ起業に踏み切った。①「介護支援専門員の本来あるべき姿である中立公正に最も近い場所」が，併設する介護事業所をもたない単独の居宅ではないかと考えたこと。②介護支援専門員の個々のスキルアップと共に業務全体を指揮する経営者もスキルアップできれば，様々な悪循環な状況に陥らないのではないかという思いが強まったこと。③せっかく仕事をするのであれば，関わる方だけではなく自分も納得できる仕事をしたいと思ったことなどが起業を決意した大きな理由である。経営者として大変だという思いは抱いたことはない。日々の業務では「介護支援専門員は介護保険でサービスを受けられるよう，個々に合ったサービス内容の提案などを行う介護保険に関するスペシャリストである」という理念を社員一同徹底して持ち続けている。そんな原田さんは学生時代から介護福祉士になるための勉強に打ち込むとともに，ボランティア活動にも数多く参加してきた。高校生には「将来の目標に向けて努力することはもちろん，様々な活動に積極的に参加して視野を広げてほしい」と願っている。

㈱リアルシング
原田佳澄さん

ヤクルトスワローズで投手として活躍した館山昌平さんは，「スポーツを起点に福島を，未来を，明るく変えていきたい」という企業理念を掲げて㈱NFPを立ち上げた。聾学校や特別支援学校への野球教室や講演，コロナ禍で活動制限を強いられてしまった子どもたちを野球場へ招待することなどが主な事業内容である。

㈱NFP
館山昌平さん

――現役を引退後，起業しようと考えたきっかけは？

「現役時代から子どもたちを球場に招待する活動やパラアスリートの方々を支援する活動を積極的に行ってきた。引退後，さらに活動の幅を広げて社会貢献していきたいという思いが強くなったから」。未来を担う子どもたちを自らの経験を生かして育んでいきたいという考えが根底にある。起業するうえで役に立ったことは，野球を通して培った「どんなことにも挑戦してきた勇気と行動力」だという。ひじの故障など度重なるケガとの戦いという逆境を何度も乗り越えてきた経験は「起業」という新たなステージでも生かされている。変化の激しいこれからの社会を担っていく高校生には，「情熱があれば，何も大変ではない。何事にも本気で向き合って行動をしてきた経験は将来必ず形になる」。

Theme 43

国民所得と生活

基本用語 GDP（国内総生産） GNP（国民総生産） 国民所得 三面等価の原則 経済成長率 ストック（国富）

Approach

“いい国” ってどんな国？

国の実力を指し示す指標(しひょう)は数多く存在する。例えば日本は世界で最も平均寿命(へいきんじゅみょう)が長い国だ。健康的な食生活や医療技術の高さなどがその要因である。また，国の豊かさを示すGDPでも日本は世界３位に位置している。世界３位の経済大国であるという評価だ。しかし一方で，国民が自分の幸福度を10段階で評価する **“幸福度”** の指標で，日本は世界で54位である。さらに，**SDGs達成度**は世界で18位である。このように，何をもって “いい国” とするのか，については議論の余地がある。多面的な評価を行い，その国を本当に理解することが必要である。

Ⓐ平均寿命（2019年）

順位	国名	平均寿命
1	日本	84.26
2	スイス	83.45
3	韓国	83.30
4	シンガポール，スペイン	83.22
6	キプロス	83.14
7	オーストラリア	83.04
8	イタリア	82.97
9	イスラエル，ノルウェー	82.62

Ⓑ幸福度（2022年）

順位	国名	スコア
1	フィンランド	7.821
2	デンマーク	7.636
3	アイスランド	7.557
4	スイス	7.512
5	オランダ	7.415
6	ルクセンブルク	7.404
7	スウェーデン	7.384
8	ノルウェー	7.365
9	イスラエル	7.364
10	ニュージーランド	7.200
⋮	⋮	⋮
54	日本	6.039

ⒸSDGs達成度（2021年）

順位	国名	スコア
1	フィンランド	85.9
2	スウェーデン	85.6
3	デンマーク	84.9
4	ドイツ	82.5
5	ベルギー	82.2
6	オーストリア	82.1
7	ノルウェー	82.0
8	フランス	81.7
9	スロベニア	81.6
10	エストニア	81.6
⋮	⋮	⋮
18	日本	79.8

（Ⓐ：「Sustainable Development Solutions Network (SDSN) and the Bertelsmann Stiftung - Sustainable Development Report 2021」による　Ⓑ：「World Happiness Report 2022」による　Ⓒ：WHO資料による）

追究 様々な指標から，日本の順位を探ってみよう。

1 GDP（国内総生産）・GNPと国民所得

Ⓐ国民所得の諸概念

総生産額｜中間生産物
→海外からの純所得
国内総生産 GDP
固定資本減耗分
国民総生産 GNP
−（固定資本減耗分）
間接税−補助金
国民純生産 NNP
−（間接税）＋（補助金）
生産国民所得 NIP｜第一次産業｜第二次産業｜第三次産業
分配国民所得 NID｜雇用者報酬｜財産所得｜企業所得
支出国民所得 NIE｜消費｜投資
三面等価
国内総資本形成
国民総支出 GNE｜民間消費支出｜政府消費｜政府投資｜民間投資｜減価償却
経常海外余剰

Ⓒ国民所得の三面（2021暦年，新SNA方式，名目，要素費用表示）

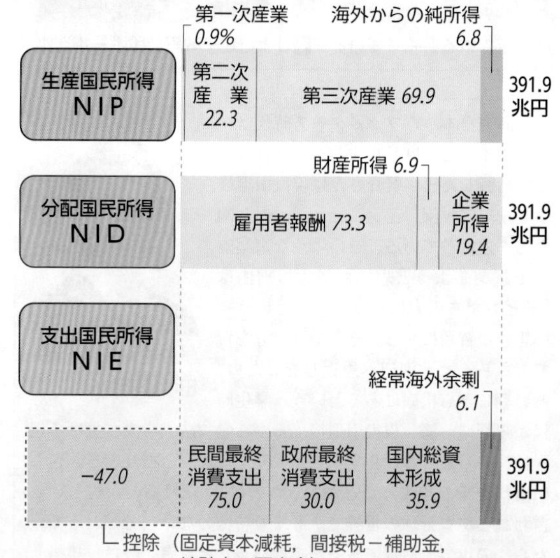

（『国民経済計算年報』2021年度による）

ⒷGDPとGNI

2つの見方	どこで行われたか	誰が儲けたか
最重要指標	GDP（国内総生産）	GNI（国民総所得）
ポイント	一国内での経済活動 →生産面からみる	国民の経済活動 →所得面からみる
目的	経済規模・経済成長率・景気の状態などの把握	国民の経済活動の正確な把握

解説 **経済の豊かさを表す　GDP・GNPや国民所得**は，１年間の国内の豊かさをお金で表したもの。GNPは長らく景気判断の指標であったが，海外経済活動の増大によってその座をGDPに譲った。一方国民所得（NI）は，GNPから**固定資本減耗分**（企業が１年間生産に用いた設備の価値減少分）と間接税を差し引き，補助金を加えたもの。また国民所得は，生産・分配・支出のどの側面から見ても等しくなり，これを**三面等価の原則**という。

しごとカタログ **外務員（金融商品）**　証券会社や銀行に所属して，証券取引などの勧誘を行う職業。複雑な契約内容を誤解のないように説明する能力が求められるので，日本証券業協会が実施する試験に合格して登録されなければ，勧誘活動ができないことになっている。

2 各国のGDPと１人当たりGDP

Ⓐ各国の名目GDPと国別順位の推移

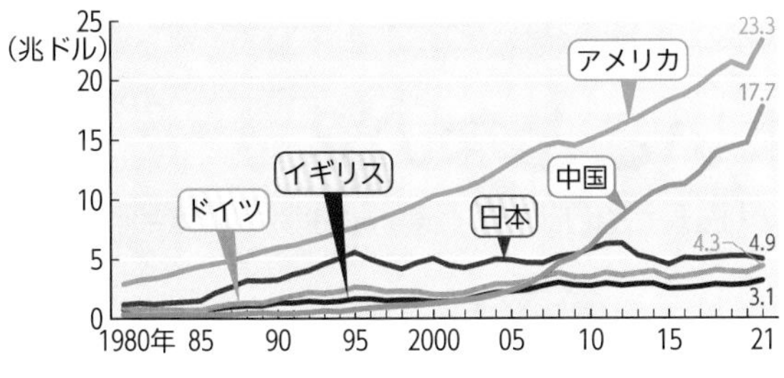

	年	1980	85	90	95	2000	05	10	15	21
国別順位	アメリカ	1	1	1	1	1	1	1	1	1
	中国	8	9	12	8	6	5	2	2	2
	日本	2	2	2	2	2	2	3	3	3
	ドイツ	3	4	3	3	3	3	4	4	4
	イギリス	6	6	6	5	4	4	6	5	6

Ⓑ各国の一人当たり名目GDPと国別順位の推移

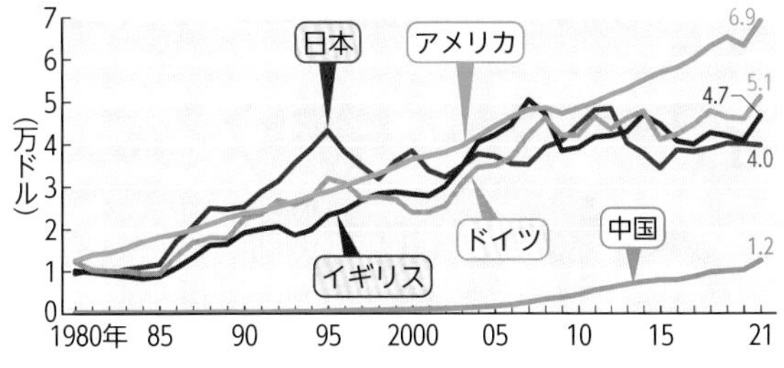

	年	1980	85	90	95	2000	05	10	15	21
国別順位	アメリカ	21	7	16	15	11	13	16	11	9
	中国	166	263	188	159	144	139	117	92	75
	日本	33	18	14	6	8	23	22	33	33
	ドイツ	23	26	17	11	25	28	26	27	23
	イギリス	30	30	25	25	16	17	29	17	28

(ⒶⒷとも国連資料による)

3 経済成長率

Ⓐ経済成長率とは

経済成長率(%) ＝ (本年(度)国内総生産－前年(度)国内総生産) ／ 前年(度)国内総生産 ×100
実質GDP ＝ 名目GDP ／ GDPデフレーター ×100
成長分
GDP
GDP
前年(度)
本年(度)

GDPデフレーター…基準年の物価を100とした時の指数。基準年より物価が10%上昇したなら110となる。実質GDPを計算して，経済成長率を求める式にあてはめれば実質経済成長率が求められる。

〈注〉統計には暦年(1月～12月)と年度(4月～3月)の２種類があるので注意が必要。

解説 **好景気・不景気は経済成長率で判断**　経済成長率は経済の規模が１年前と比べてどのくらい大きくなったかを計算したものである。一般的に，経済成長率が高いほど好景気といい，低いほど不景気と判断される。物価の上昇を考えない**名目経済成長率**と，物価上昇分を計算から除いた**実質経済成長率**がある。

4 フローの経済指標(GDPなど)の限界

Ⓐ無償労働の評価 (2006年)

解説 多くの無償労働は，貨幣価値に換算されず，したがって国民所得として評価されていない。

(アフターコード方式・OC法)

	家事	買物など	育児	ボランティアなど
(兆円)	110	26	15	5

(内閣府資料より作成)

ⒷGNP(GDP)や国民所得の数字の意味

貨幣価値に換算できるものだけ計算	家事労働やボランティア活動などは計算されない
余暇は計算されない	余暇時間は考慮されない
悪い数字の増加分も計算される	兵器製造や医療費，公害防止費用などは計算に含まれる

解説 **豊かさを正確にはかれない**　GNP(GDP)や国民所得の数字は貨幣価値に換算できるものだけを計算するので家事労働やボランティア活動・余暇時間など生活の豊かさにつながるものが考慮されない。逆に軍事費や医療費・公害対策費など必ずしも豊かさにつながらないものが計算されてしまう。したがって,これらの数字は豊かさを正確にはかるには限界があることを知っておこう。

5 国民所得と国富(フローとストック)

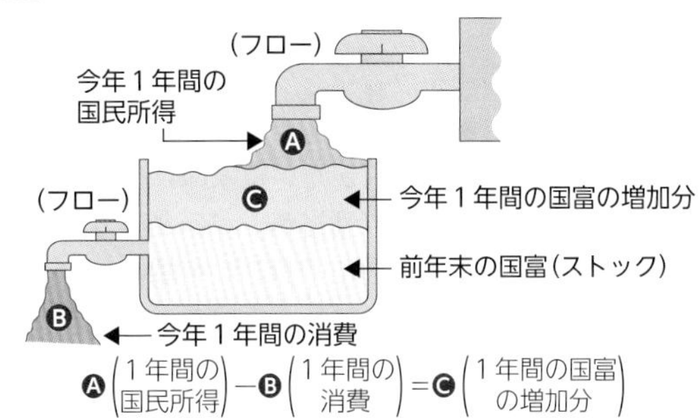

解説 **フローとストック**　GDPは川の流れのように作られては消費されていくものだから**フロー**といい，蓄えられてきたものを**ストック**という。国民所得からその年度に消費されてしまったものを差し引けば，国富の増加分が得られる。

Ⓐわが国の国富

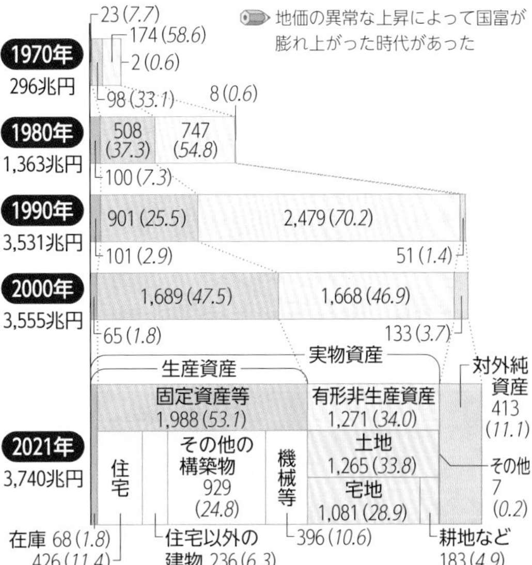

〈注〉( )内は%。四捨五入のため合計は合致しない。

(内閣府資料による)

解説 **国富の構成**　日本の国富の構成で最も大きいのは土地。バブル崩壊後，土地価格が下がり国富も減少した。

Try(トライ) 「国内総生産」にあたる英略語は，次のうちどれ？
①GDP　②GNP　③GNI　④NNP

8 働きがいも経済成長も　9 産業と技術革新の基盤をつくろう　効率性　持続可能性　イノベーション

Theme 44

景気変動と物価

基本用語 景気循環（景気変動）
好況　不況　物価　インフレーション
デフレーション　スタグフレーション

Approach

物価が下がり続けるのはよいことなの？

アパレルショップのショーウィンドウ（2018年，東京・銀座）

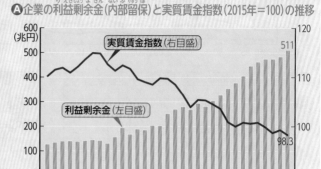

A 企業の利益剰余金（内部留保）と実質賃金指数（2015年＝100）の推移

実質賃金指数（右目盛）
利益剰余金（左目盛）
(兆円)　600　500　400　300　200　100　0
120　110　100　98.3　90
511
1990年度　95　2000　05　10　15　20　22

（財務省「法人企業統計調査」，厚生労働省「毎月勤労統計調査」による）

デフレーション（デフレ）とは，物価が持続的に下落していく現象である。消費者にとっては，商品の価格が安くなるデフレはありがたい現象のようにとらえられがちであるが，商品の価格が下がるということは，商品を売る企業の収益が悪化することを意味し，ひいては商品を生産する企業で働く人の賃金も減ってしまうことになる。

さらに深刻なのは，デフレが「貨幣の価値が実質的に上昇する」現象であるということだ。例えば，現在1万円で買えるものが1年後に8,000円で買えると消費者が予測すれば，「現在」1万円支払って商品を買う人は減少するだろう。また，デフレ期に借金をすると，金利は変わらなくても貨幣の価値は上がっていく分，将来の返済がより困難になると予測されるのである。したがって，デフレ期には消費や投資や借金をせず，貯蓄に励むのが最も合理的な行動ということになる。事実，日本がデフレに入った2000年頃を境に，日本企業は貯蓄（内部留保）をひたすら増やす一方，賃金や設備投資は削減していった。

この流れが日本の景気に深刻な悪影響を与えていることは20年以上叫ばれてきたが，未だデフレ脱却といえる状況とはなっていない。

追究 インフレとデフレの定義を説明しよう。

1 景気循環の4局面

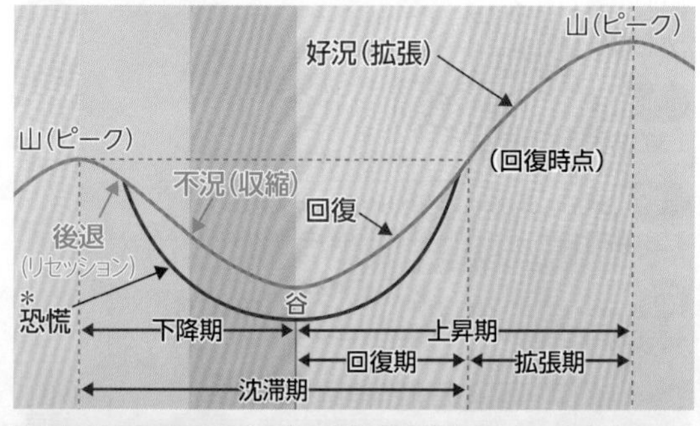

	後　退	不　況	回　復	好　況
経済活動	減　退	最　小	増　大	最　大
賃　金	下　降	低水準	上　昇	高水準
倒産および失業者	増　大	激　増	減　少	わずか
物　価	下　降	最　低	上　昇	最　高
利子率（公定歩合）	下　降	低水準	上　昇	高水準

解説 **景気は循環して発展してきた**　資本主義経済は自由競争なので，景気の変動がある。**後退・不況・回復・好況**の4局面を繰り返しながら，経済は発展してきた。

＊急速な後退局面に陥ることを「恐慌」という。

2 景気循環の諸形態

名　称	発見者と循環の起こる主な要因
キチンの波 周期：40か月前後	最短期の波で，**在庫循環**ともよばれる。**キチン**（J.Kitchin，アメリカの経済学者）が発見した波。在庫の一時的過剰によって主循環の景気上昇局面の一時的中断という形であらわれる。
ジュグラーの波 周期：7～10年	中期循環ともよばれる。**ジュグラー**（C.Juglar，フランスの経済学者）が発見。**設備投資**の過不足の調整過程から生ずる。なおマルクスは，設備の平均耐用年数がほぼ10か年であることから，設備更新期が10年おきに集中してやってくる事実に注目した。
クズネッツの波 周期：15～25年	**クズネッツ**（S.S.Kuznets,アメリカの経済学者）が発見。アメリカの**住宅建設**の循環に波があることを指摘。原因は，アメリカへの人口移動の循環現象による。
コンドラチェフの波 周期：約50～60年	**コンドラチェフ**（N.D.Kondratief,ソ連の経済学者）が発見。産業革命以来3つの長期波動を指摘。第1は1780末から1844～51（産業革命），第2は1844～51から1890~96（蒸気と鉄鋼），第3は1890～96から1914～20（電気・化学・自動車），現在は第4期であるという。**技術革新**や資源の大規模な開発などで起こる。

しごとカタログ **経済評論家**　テレビや新聞といったメディアにおいて，経済に関わる問題を独自に分析し，様々な提言を行う職業。家計から国家経済の話題まで経済的な問題に事欠かない昨今にあって，経済評論家の活動領域も幅広くなってきている。

3 日本の景気変動と物価

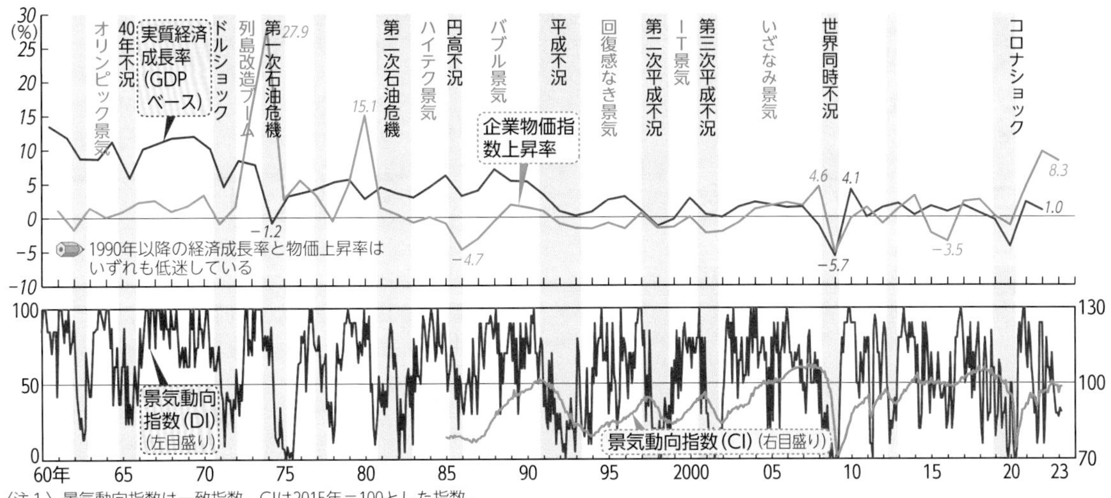

〈注1〉景気動向指数は一致指数。CIは2015年＝100とした指数。
〈注2〉実質GDP成長率…1980年以前：68SNA，固定基準年方式（1990年基準）。1981～94年：93SNA，連鎖方式（2005年基準）。1995年以降：08SNA，連鎖方式（2011年基準）。【最新年】は2次速報値。

（内閣府資料による）

解説 **国民生活と直結** 好景気ならば求人も多く，賃金・物価も上昇するが，不景気ならばその逆になるというように，景気変動は国民生活に直結する。その景気変動は，いくつかの指標を総合して判断される。**経済成長率**は，**GDP**（➡p.156）の増減割合を示し，**物価上昇率**は，物価が**インフレ**傾向にあるか**デフレ**傾向にあるかを判断する指標である（➡p.161）。**景気動向指数**は，生産・雇用など景気に敏感に反応する指標を統合したもので，景気変動の方向を示す「DI指標」と，景気変動の強弱を示す「CI指標」がある。

4 戦後日本の主な好景気

神武(じんむ)景気 (1954－57)	「日本始まって以来」の意。新規産業（石油化学・鉄鋼等）への設備投資による。終了後は「**なべ底不況**」(57－58）へ	三種の神器(じんぎ)
岩戸(いわと)景気 (1958－61)	「神武景気をしのぐ好況」ということから。高率の設備投資による。	
オリンピック景気 (1962－64)	文字どおり東京オリンピック（1964）に向けた社会資本整備による好況。	3C
いざなぎ景気 (1965－70)	「神武・岩戸景気を上回る好況」の意。5年近く続いた。ドルショック(71)と価格景気，第一次石油危機を経て，長期の不況に。	
バブル景気 (1986－91)	「実体経済とかけ離れた投機によるあぶく（バブル）のような景気」の意味。名目的に多くの資産が，値上がりし，銀行債権も増大。バブル崩壊により「**平成不況**」へ。	
回復感なき景気 (1993－97)	平成不況によりデフレ傾向に陥りつつも消費と輸出が伸びたことによる。設備投資の伸びはなく，必ずしも「好景気」だったとはいえないとする意見も多い。	
いざなみ景気 (2002－08)	消費が堅調だったアメリカ向けと経済成長を続ける中国・インドなど新興国向けの輸出が好調だったことによる。	新三種の神器*

＊デジタルカメラ，DVDレコーダー，薄型大型テレビのこと。

解説 **実感なき最長景気** 2002年2月から始まった景気の拡大期間は2008年2月までの73か月にわたり，これまで景気拡大期間が最も長かったいざなぎ景気の57か月を超え戦後最長となった。しかし，実質GDP成長率は年平均2％程度で，いざなぎ景気（年平均約10％）やバブル景気（年平均約5％）よりも低く，雇用者報酬すなわち賃金も両景気の時期と比べてほとんど伸びなかったこともあり，「景気拡大の実感がない」といわれた。この時期には，景気拡大の恩恵が不均衡になる傾向がみられ，「六本木ヒルズ族」や「ワーキングプア」という言葉に象徴される「格差社会論争」が沸き起こった。2007年末以降，アメリカのサブプライムローン問題をきっかけとした世界金融危機や原油価格の高騰の影響を受けて景気は失速し，世界全体でも世界恐慌以来といわれる同時不況に突入し，いざなみ景気は終了した。

5 消費と投資からみる景気の動向

A 前年比でみた各種指標の増減率

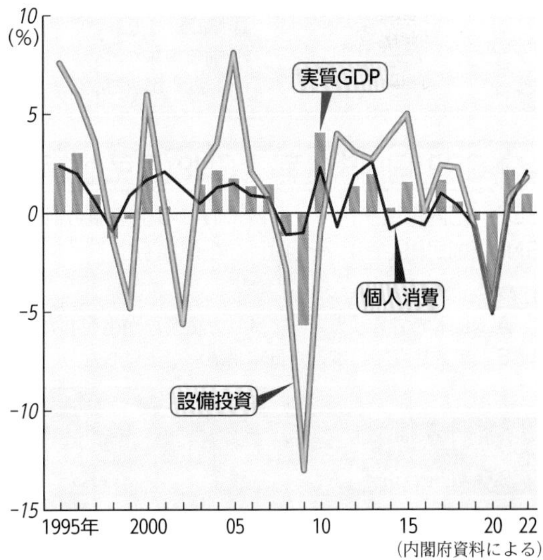

（内閣府資料による）

解説 **個人消費と設備投資が景気を回復させる** 前年同期と比較した実質GDPの動きは景気を判断する材料の一つである。実質GDPが上昇しているということは，好景気と判断できる。グラフを見ると，01年，02年，09年や20年前後は不景気，03～06年にかけては景気が回復しているといえよう。景気を押し上げる要因ともいえるのが，設備投資と個人消費の増加である。企業の設備投資の動きは実質GDPの上昇と連動しており，個人消費も多少の遅れはあるものの同様の動きを示している。

Try 物価が持続的に下落する現象を何というか。
①インフレーション　②デフレーション　③スタグフレーション

ゼミナール

GDPとは何だろうか

GDP（国内総生産），GNP（国民総生産），GNI（国民総所得），NI（国民所得）などのフローの経済指標は，その国の経済成長や経済の様子を知るうえで非常に重要な役割を果たす指標である。ここでは特にGDPとGNP（GNIと等価）の違いを正確に理解した上で，NI（国民所得）や三面等価の意味についても理解しよう。

1 フローとストックの概念

Ⓐフローとストック

	フロー	ストック
概念	**一定期間内の**経済活動を，生産・分配・支出の観点から**貨幣の流れ**でとらえる。	**ある時点における**，家計・企業・政府などが保有する**資産・負債の合計**。生産の元手となる。
例	企業の売上げ 勤労者の給料所得 商品の購入代金	住宅（固定資産） 土地（有形非生産資産） 株式，預貯金（金融資産）
主な指標	国民総生産（GNP） 国民純生産（NNP） 国民所得（NI）	国富*（在庫＋固定資産等＋有形非生産資産＋対外純資産）

＊**国内の金融資産**は，国内に借り手と貸し手が存在し，債権（資産）と債務（負債）が相殺されるため**含まない**。対外純資産とは，国全体として保有する外国での資産（外貨準備，対外直接投資など）から負債（対日投資など）を差し引いたもの。

Ⓑフローとストックのイメージ

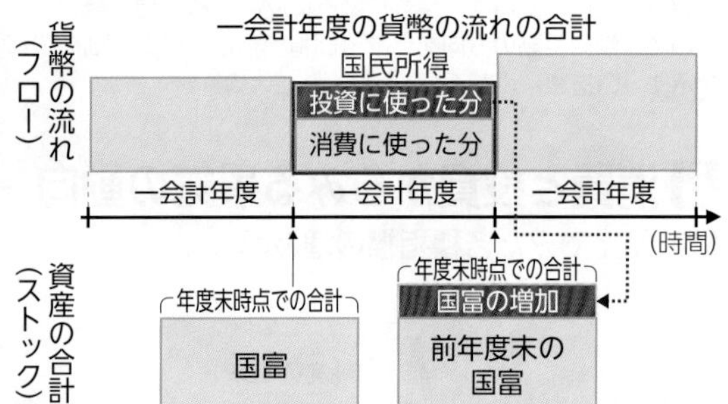

2 GDP（国内総生産）とGNP（国民総生産）

GDP（国内総生産）→「国内における生産額合計」
GNP（国民総生産）→「国民の生産額合計」

考え方

A　日本でアメリカ人（アメリカ企業）が生産した分
B　アメリカで日本人（日本企業）が生産した分

		A	B
日本	GDP	含む	含まない
	GNP	含まない	含む
アメリカ	GDP	含まない	含む
	GNP	含む	含まない

GDP＝GNP－その国の企業の海外での生産
＋その国における外国人・外国企業の生産
＝GNP－海外からの純所得

〈注〉企業の国際的活動が活発化し，モノや人が国境をこえて盛んに移動するようになった結果，GNPよりもGDPが重視されるようになった。

3 GDP・GNPとNI

GDP・GNP→「（中間生産物を含まない）１年間の付加価値の合計（生産額合計）」という点は共通だが，「**その年に新しく生み出された付加価値の合計（その年の新たな生産額合計）**」とはいえない。

理由　GDPやGNPは

①固定資本減耗を含む→過去に生み出された付加価値を含む
②間接税を含む　　　→税は生産額とはいえない
③政府の補助金を計算→本当の生産額よりマイナス

「**その年に新しく生み出された付加価値の合計（その年の新たな生産額合計）**」を求めるには
GDPやGNPから①と②を差し引き，③を加える。

GNP－①（固定資本減耗）＝NNP（国民純生産）
NNP－②（間接税）＋③（補助金）＝NI（国民所得）

〈注〉NI（国民所得）…①～③の余計な要素をすべて除外

＝「その年に新しく生み出された付加価値の合計（その年の新たな［所得］合計）」

4 三面等価

経済活動において生産(P)，分配＝所得(I)，支出＝消費(E)の三面は等価である。

〈注〉国民所得の三面等価→3つの面から見ることにより，その国の経済活動の特徴がわかる。

生産面から	第何次産業が中心か
分配面から	→所得は誰に分配されたか
支出面から	経済は消費型か投資型か

生産面

第一次産業　＋　第二次産業　＋　第三次産業

分配面

雇用者報酬　＋　企業所得　など

支出面

消費

など

三面等価

ゼミナール インフレとデフレ

物価が持続的に上昇し続けたり，急激に上昇することをインフレーション（インフレ）という。これに対して物価が持続的に下落し続けることをデフレーション（デフレ）という。一般に好景気が続くとインフレになり，景気が停滞するとデフレになる傾向があるといわれる。日本は，バブル崩壊以降「デフレ傾向」が続いているといわれるが，インフレやデフレの意味や原因について考えてみることにしよう。

1 インフレとデフレの意味

インフレーション（インフレ）	デフレーション（デフレ）
物価の持続的な上昇 ➡貨幣価値が下がる	物価の持続的な下落 ➡貨幣価値が上がる

2 インフレ

★「インフレで貨幣価値が下がる」ってどういうこと？
たとえばインフレで物価が10％上昇すると…

インフレ前
1,000円だった商品
[1,000円で買えた]

インフレで
1,100円になる
[1,000円で買えない]

〈注〉「1,000円の価値が下がった」といえる

インフレ➡貨幣価値が実質的に下がる!!

影響 預金価値↓➡年金生活者などに不利
借金をしている人は実質的な負担が減る

さまざまなインフレ

クリーピング・インフレ（しのびよるインフレ）	年率数％程度で物価がじわじわ上昇する
ギャロッピング・インフレ（駆け足のインフレ）	年率数十％程度で物価が急上昇する
ハイパー・インフレ（超インフレ）	第一次世界大戦後のドイツのように物価がかなり急激に上昇する

インフレの代表的原因

ディマンド・プル・インフレ（需要インフレ）
需要側の原因でおこる。景気が過熱気味になり需要が供給を大きく上回ることにより物価が上昇する。

コスト・プッシュ・インフレ（供給インフレ）
供給側の原因でおこる。賃金や原材料価格の上昇など生産コストの上昇の影響を受けて物価が上昇する。原油価格の高騰（こうとう）によるインフレが典型的な例。

〈注〉石油危機以降，先進国では不況なのに物価が上がる**スタグフレーション**が起こるようになった。

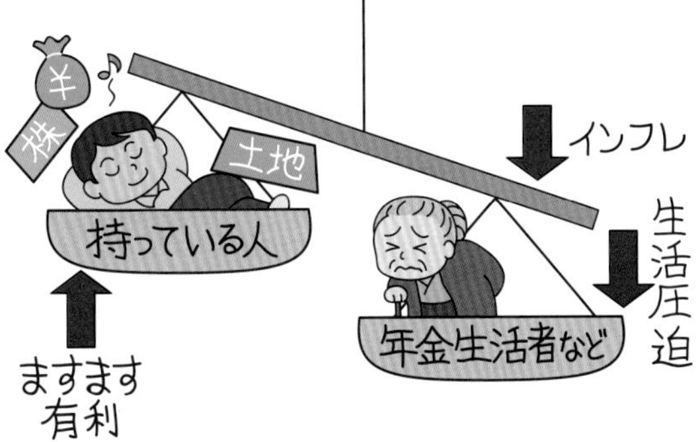

3 デフレ

★「デフレで貨幣価値が上がる」ってどういうこと？
たとえばデフレで物価が10％下落すると…

デフレ前
1,000円だった商品
[1,000円で買えた]

デフレで
900円になる
[1,000円でおつりがくる]

〈注〉「1,000円の価値が上がった」といえる

デフレ➡貨幣価値が実質的に上がる!!

影響 預金価値↑➡年金生活者などに有利
借金をしている人は実質的な負担が増える

デフレの原因

最大の原因＝供給過剰（かじょう）・需要不足
→何らかの原因で需要＜供給になると，企業は価格を下げて在庫調整を行う必要が生じる→物価下落

デフレの問題点（デフレ・スパイラル）

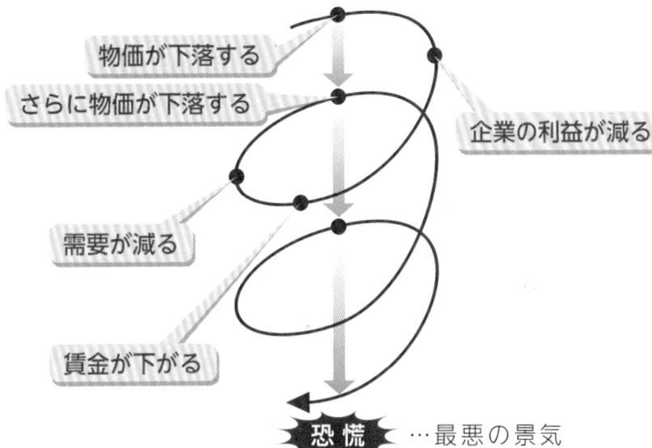

物価が下落する
さらに物価が下落する
企業の利益が減る

賃金が下がる

…最悪の景気

（『図説・決定版　日本経済教室』宝島社による）

→なお，国際通貨基金（IMF）は「少なくとも2年以上継続して物価が下がる状態」をデフレとしている。日本政府は，2001年3月（～06年6月）と09年11月に「デフレ宣言」を行っている。

デフレ
放っておいてもお金の価値が上がっていく…
また値下げしてる…今買うと損するな…
今借金すると損だから，新工場建設は延期するか…
延期
消費者
経営者
恐慌への道…

経済

Theme 45

財政の役割

基本用語 財政　公共財　所得の再分配　累進課税　フィスカル・ポリシー　ビルト・イン・スタビライザー　財政投融資　国債

Approach

増え続ける日本の借金 将来は危険？ 大丈夫？

今の日本の状況を譬(たと)えれば，タイタニック号が氷山に向かって突進しているようなものです。氷山（債務）はすでに巨大なのに，この山をさらに大きくしながら航海を続けているのです。タイタニック号は衝突直前まで氷山の存在に気づきませんでしたが，日本は債務の山の存在にはずいぶん前から気づいています。ただ，霧に包まれているせいで，いつ目の前に現れるかがわからない。そのため衝突を回避しようとする緊張感が緩(ゆる)んでいるのです。（矢野康治「このままでは国家財政は破綻する」『文藝春秋』2021.11）

➡矢野康治(やのこうじ)・財務事務次官　2021年11月の衆議院議員総選挙前に赤字国債による積極財政を批判する財務事務次官として異例の論文を発表した。2022年6月に事務次官を退任。

政府の財政を家計に例える人がいるが，大きな違いが一つある。政府は日銀と共にお金を発行できることだ。……1千兆円ある（政府の）借金の半分は，日銀（日本銀行）が買っている。日銀は政府の子会社だ。60年の（返済）満期が来たら借り換えても構(かま)わない。何回だって借り換えていい。世界中の中央銀行と政府の関係はそうなっている。……日本の国債は今でも信認(しんにん)されている。金利を低い状況に保てている。自信を持ってもらって構わない。

（『西日本新聞デジタル版』2022.5.10）

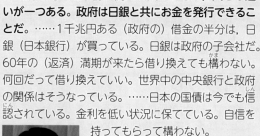

⬅安倍晋三(あべしんぞう)・元内閣総理大臣　2021年に自民党の政務調査会に新設された「財政政策検討本部」に，最高顧問として関与していたが，2022年7月8日，参院選の応援演説中に銃撃されて亡くなった。

Ⓐ財政に関する悲観論と楽観論

悲観論	楽観論
①財政法で日銀が国債を直接買うことはできない ②日銀の国債保有残高が増え続ければ，いずれ国債の信用が崩れ，日本国債が買われなくなってしまう	①国債の約9割が国内で買われている ②悲観論は政府保有の資産額を計算に入れていない ③国債は実質的に日銀が買い支えることができる

追究 日本の財政の現状について，多面的に調べてみよう。

Key point キーポイント　日本では，財政法の規定により政府支出は基本的に税収の範囲内で行うことが原則とされているが，実際は赤字国債の発行に頼った財政となっている（➡p.166）。この状況について，「赤字国債に依存した財政を脱却すべき」という考え方（悲観論）と，「赤字国債の増加を心配する必要はない」とする考え方（楽観論）があり，政治家や経済・財政の専門家の間でも見解が分かれている。いずれにしても，憲法に規定された**財政民主主義**に基づき，国民の理解と同意の上で財政が運営されることが重要だ。

1 財政のしくみと機能

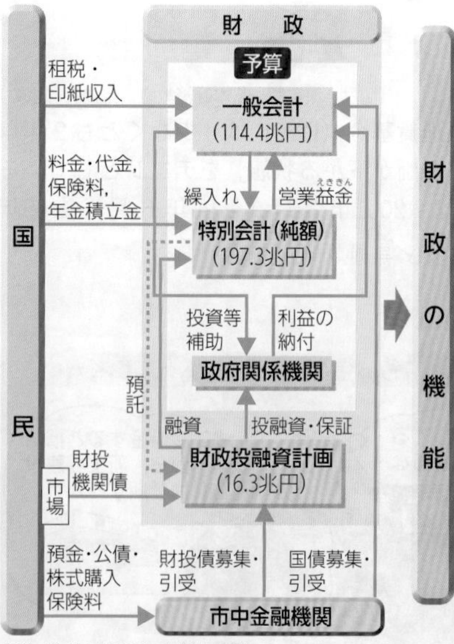

〈注〉数値は2023年度当初予算。

財政の機能	
資源配分の調整	生活に必要でも，利潤追求を目的とする民間の企業（経済活動）では生み出せない財やサービス（＝**公共財・公共サービス**）を供給する機能のこと。 具体的には，警察・消防・国防など国民の安全を守る仕事や，道路・橋の建設などがこれにあたる。
所得の再分配	自由競争の社会で生じてしまう所得格差を是正する機能のこと。**累進課税(るいしんかぜい)制度**（➡p.165**4**）は典型的な例。所得の多い人から多く徴収した税金を，社会保障制度（生活保護，雇用保険など（➡p.194**1**））を通して，所得の少ない人々の生活を助けるために配分している（結果，所得格差が縮小）。
経済の安定化	資本主義経済には，景気の変動（➡p.158）があり，不況期には，倒産・失業が発生して経済は停滞するが，逆に景気が過熱するとインフレを招くおそれがある。こうした景気の変動幅をできるだけ小さくし，完全雇用・物価の安定・経済の成長を図る機能のこと。 **①ビルト・イン・スタビライザー ＝ 自動安定化装置** 財政に制度として組み込まれている機能。累進課税と社会保障によって，自動的に景気が調節される。 **②フィスカル・ポリシー ＝ 裁量(さいりょう)的財政政策** 政府の政策による機能。公共投資の増減や，増税・減税などの形で行われる。

解説 **国や自治体の経済活動**　国や地方自治体が行う経済活動を**財政**という。財政は国民から資金（租税など）を集め，「資源配分の調整」「所得の再分配」「経済の安定化」を目的として行われる。国の財政は，国政の基本となる一般会計，特定の事業や資金運用のための特別会計と政府機関予算の3つに区分され，その他に「第二の予算」と呼ばれる**財政投融資計画**がある。

国税専門官　国税庁に所属し，税金の徴収に関する業務を行う国家公務員。所得の申告や租税の納付が適切に行われたかをチェックする国税調査官，滞納された租税を徴収する国税徴収官，脱税事件の強制調査ができる国税査察官（マルサ）の3種類からなる。

2 一般会計の歳入と歳出

Ⓐ2023年度一般会計予算（当初予算）

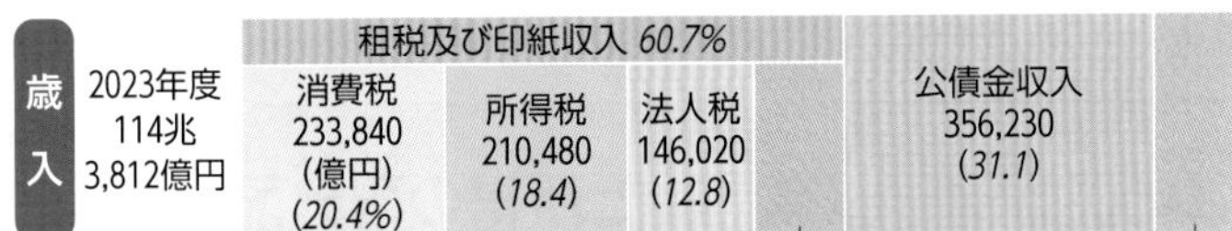

〈注1〉防衛力強化資金（仮称）繰り入れ33,806億円を含む。
〈注2〉新型コロナ及び原油価格・物価高騰対策予備費40,000，及びウクライナ情勢経済緊急対応予備費10,000億円

（財務省資料による）

Ⓑ過去の一般会計の例（決算）

	年度	内訳
歳入	1934～36年度 22億9,300万円（平均）	租税及び印紙収入 44.7% / 公債金 29.5 / その他 25.8
歳入	1965年度 3兆7,731億円	80.8%（所得税 25.7 / 法人税 24.6 / 酒税 9.4 / その他 21.2）/ 5.2 / 13.9
歳出	1934～36年度 22億8,600万円（平均）	0.7% / 7.4 / 教育文化 6.6 / 防衛 44.8 / 国債費 16.9 / その他 23.3
歳出	1965年度 3兆7,230億円	0.3 / 社会保障 17.2 / 地方財政 19.3 / 公共事業 19.2 / 12.7 / 8.2 / 0.3 / 23.0

（財務省資料などによる）

解説 **日本は「借金財政」** 国の財政のくぎりは１年間で，**歳入は収入，歳出は支出**のこと。**一般会計**は社会保障や行政サービスなど国の基本的な経費をまかなうもので，一般会計と別に管理した方が適切なものは，特別会計に区分される。一般会計の歳出を見ると，2023年度は社会保障費が最大の割合を占めている。一方2023年度の歳入は，グラフを見てもわかるように，約３割が公債金（赤字）であり，政府は2025年度に基礎的財政収支（借入金とその返済を除いた収支）を黒字化することを目標に掲げている。

3 財政投融資のしくみ

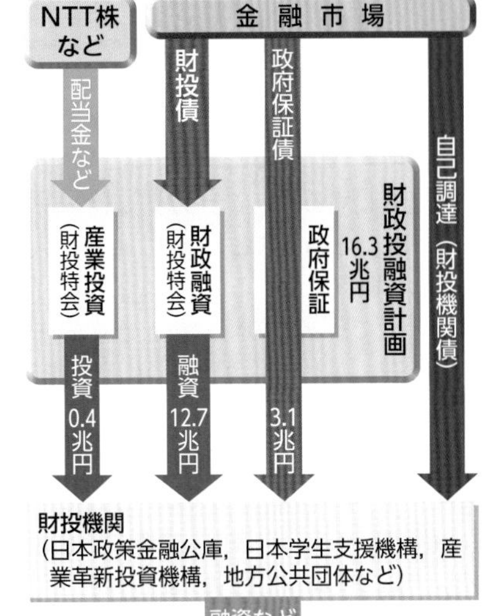

〈注〉数値は2023年度計画額

（財務省資料による）

解説 **大きく変わった財政投融資** 財政投融資とは，政府が国の信用に基づいて調達した資金を用いて，民間では困難な大規模・超長期プロジェクトの実施や，民間金融では困難な長期資金の供給を可能とするための投融資活動をいう。これまで財政投融資の大きな財源であった郵便貯金は，全額原資として預託されていた。このことが，採算性を度外視した安直な資金運用を招いた。2001年の制度改正で，郵貯や年金基金の全額預託義務を廃止し，金融市場における自由な（自己責任による）資金調達の形に移行した。各財投機関は財投機関債を発行し，資金調達を図るようになっている。

経済

4 財政による景気調整のしくみ

		不況	景気過熱
状況		所得↓→有効需要↓→景気低迷	所得↑→有効需要↑→インフレ
ビルト・イン・スタビライザー（自動安定化装置）	累進課税	所得↓→実質的な減税	所得↑→実質的な増税
	社会保障	所得↓→社会保障給付↑	所得↑→社会保障給付↓
効果		所得↑→有効需要↑→景気刺激	所得↓→有効需要↓→景気抑制
ビルト・イン・スタビライザーの効果は限定的		＋	＋
フィスカル・ポリシー（裁量的財政政策）	税	減税	増税
	公共投資	増やす	減らす
効果		景気をさらに刺激	景気をさらに抑制

ビルト・イン・スタビライザー＋フィスカル・ポリシーでより大きな効果が期待できる

スタビライザーとは，もとは船などの乗り物に取り付けられている安定化装置のこと。

ニテルネ

解説 **政府による景気対策** 「**ビルト・イン・スタビライザー（自動安定化装置）**」は，あらかじめ財政のしくみの中に組み込まれた**累進課税制度**と**社会保障制度**（特に雇用保険の失業手当給付や生活保護給付など）が，景気の変動を自動的に調節する機能をいう。しかし，その効果はそれほど強いとはいえず限定的であるため，実際の景気対策やインフレ対策としては目に見える減税・増税や公共投資の増減などの**フィスカル・ポリシー（裁量的財政政策）**を同時に実施し効果を高めようとする。さらに政策効果を上げるために，金融政策（➡p.171 3）などと組み合わせて行われることも多い。（財政政策＋金融政策＝「**ポリシー・ミックス**」とよばれる。）

2023年度一般会計当初予算の歳出で，最大の割合を占める費目はどれ？
①防衛関係費　②社会保障費　③国債費　④教育文化費

Theme 46

財政健全化と租税

基本用語 租税　直接税　所得税　間接税　消費税　租税法律主義　所得の再分配　プライマリー・バランス

Approach

「親ガチャ」をなくすには？—累進課税と所得の再分配

最近耳にするようになった「親ガチャ」という言葉。親を選べないということを，カプセルに入ったおもちゃが出てくる自販機にたとえたもので，親の経済力によって教育などの面で子どもの将来が大きく左右されるという不条理を，運まかせの「ガチャ」に皮肉を込めて投影した表現なのである。

ところで，格差が完全に固定化し，資産家の子どもは必ず資産家になり，そうでない子どもは絶対に豊かになれない，という社会を想像してみてほしい。このような社会では，努力によって将来が変わる余地がないのだから，誰も努力をしなくなる。そして，社会全体がこのような方向性に向かえば，国全体が落ちぶれてしまうだろう。

そこで，このような事態を防ぐ仕組みが税制に取り入れられている。所得税・相続税には高所得者・資産家ほど高い税率が課せられる**累進課税**が取り入れられている。高所得者から多く徴税し低所得者に厚く分配する**所得の再分配**で格差の固定化を防ぎ，努力次第で誰もが成功する機会を得られる社会に導くというねらいがあるのだ。1980年代以降，富裕層への所得・資産の集中が世界的な傾向となっており，所得の再分配の意義を改めて見直す必要がありそうだ。

Ⓐ日本における所得・資産の偏在の推移

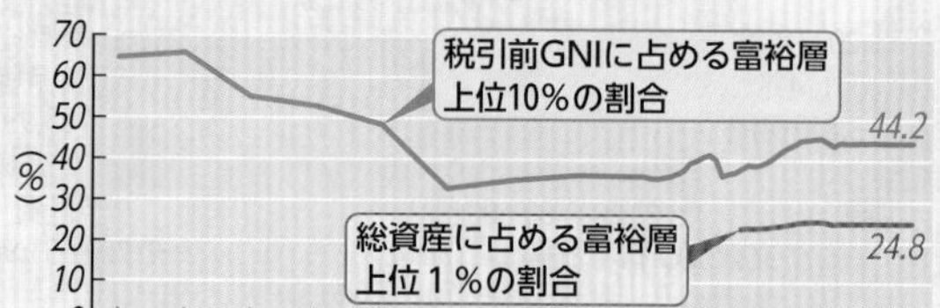

（「WORLD INEQUALITY DATABASE」による）

Ⓑ日本における当初所得階級別所得の再分配の状況（2017年）

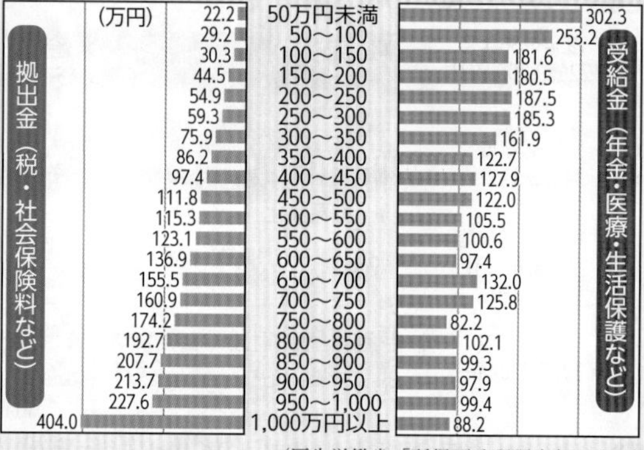

（厚生労働省「所得再分配調査」による）

追究 あなたは「親ガチャ」についてどう考える。

1 租税と財政の主な原則

租税の原則	租税法律主義		「あらたに租税を課し，又は現行の租税を変更するには，法律又は法律の定める条件によることを必要とする。」（憲法第84条）
	租税の三原則	公平	経済力が同等の人に等しい負担を求める水平的公平と経済力のある人により大きな負担を求める垂直的公平がある。
		中立	税制が個人や企業の経済活動における選択を歪めないようにする。
		簡素	税制の仕組みは簡素で理解しやすく。
財政の原則	均衡財政の原則		国の歳出は，原則として国債や借入金以外（＝租税）を財源としなければならない。（財政法第４条）（ただし，国会の議決を経ることで，建設国債や特例公債等の発行が例外的に認められている。）

解説 **よりよい税制とは**　権力者が恣意的に税をかけることを制限する考えは，古くはイギリスのマグナ・カルタ（1215年）に見られ，**租税法律主義**として大日本帝国憲法や日本国憲法にも取り入れられている。また，「新設する租税が適切か」「現在の税制が時代に合っているか」といった課題は，租税の三原則（**公平・中立・簡素**）に照らし，社会の構成員として負担を広く公平に分かち合える税制を目指すことが重要である。なお，日本は財政法第４条の規定により「均衡財政の原則」を掲げているが，1994年度以降は歳入不足を赤字国債発行で補う状況が続いている。

2 主な租税の分類

		直接税…納める人と負担する人が同じ税金	間接税…納める人と負担する人が別の税金
国税	所得課税	所得税，法人税，特別法人事業税，復興特別所得税	なし
	消費課税	国際観光旅客税	消費税，酒税，たばこ税，揮発油税，地方揮発油税，航空機燃料税，石油石炭税，自動車重量税，関税
	資産課税	相続税，贈与税	登録免許税，印紙税
地方税	所得課税	住民税，事業税	なし
	消費課税	自動車税，軽自動車税，鉱区税，狩猟税，鉱産税	地方消費税，地方たばこ税，ゴルフ場利用税，軽油引取税，入湯税
	資産課税	不動産取得税，固定資産税	事業所税

解説 **増える間接税の割合**　日本の税金は約50種類もあり，国税／地方税，直接税／間接税などに分類することができる。戦後の日本では課税の公平の観点から直接税中心主義をとってきたが，近年は間接税の割合が拡大している。消費増税の理由の一つは，少子高齢化に伴う現役世代の減少に対応し，現役世代が多く負担する所得税から，すべての世代が等しく負担する消費税に税収のウェイトを移すという考え方がある。

しごとカタログ **税理士**　様々な税金の種類や複雑な制度の中身を，一般の人が完全に理解して申告するのは非常に困難だ。そこで，依頼を受けて独立した公正な立場から各種税金の申告や税務書類の作成などを行うのが，税理士の仕事。

3 日本の税収のうちわけ

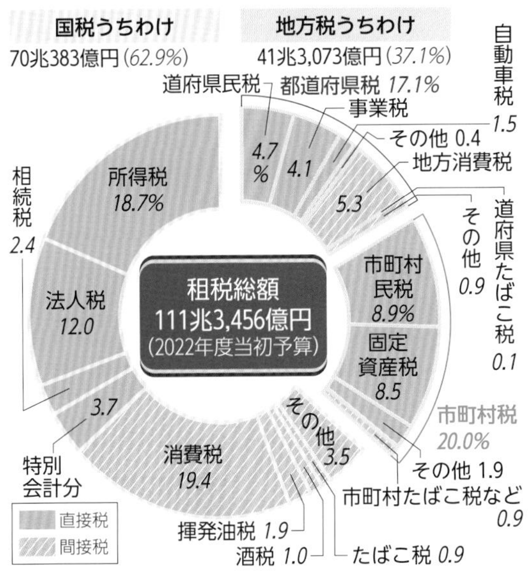

〈注〉2022年度当初予算による数値。%は，租税総額111兆3,456億円に対する割合。四捨五入により数値の合計が一致しない。

A日本と各国の直間比率（国税）

国	直接税	間接税等
日本(2022予)	57.8%	42.2
アメリカ(2020)	92.2	7.8
イギリス(2020)	61.0	39.0
フランス(2020)	49.5	50.5

（『財政金融統計月報』2022.5などによる）

解説 税収トップは消費税　2019年10月に消費税率が８％から10％に引き上げられた影響で，2020年度当初予算から消費税は所得税を抜いて税収トップの税金となった。これに伴い，1988年には７：３であった直接税と間接税の比率（直間比率）は，現在ではほぼ５：５となっている。

+α プラスアルファ 世界のユニークな税

ポテトチップス税
肥満防止を目的として2011年にハンガリーで導入された。

独身税
1989年にブルガリアで導入。少子化を解決することを目指し，独身の成人に5～10%の税金を課したが，資金不足で結婚できない若者が増加し，かえって出生率は下がったとか。

渋滞税
都市部の渋滞を避けるため，特定の日時に特定のエリアに入る車に課税。イギリスが導入。

4 所得税と累進制

A所得税の累進状況

※夫婦（会社員と主ふ）と子２人（大学生・中学生）の場合。

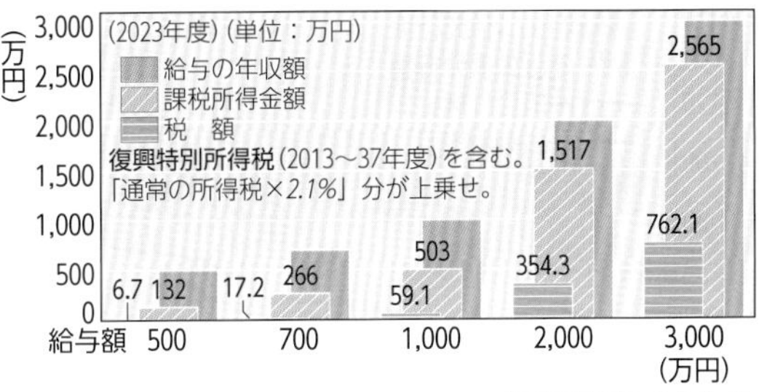

（財務省資料により作成）

B所得税の最高税率の変遷

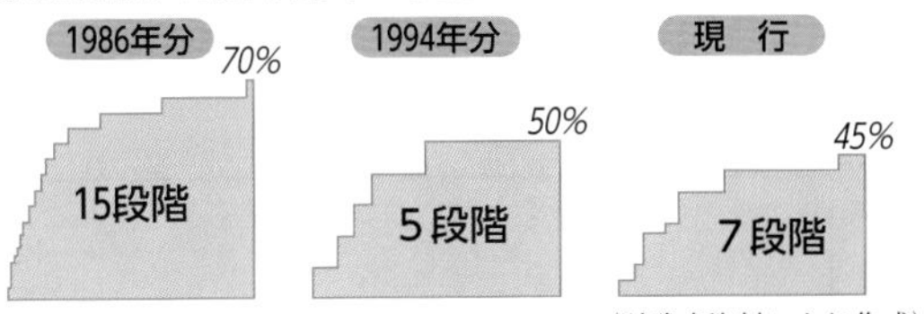

（財務省資料により作成）

解説 累進税・逆進税　収入が増えるほど税率を引き上げていくのが累進税で，経済力に応じた課税ができる。所得税や相続税などはこの累進税。しかし間接税は，所得が低くても高くても負担は同じ。したがって，収入に対する税率は金持ちほど低くなる。これを逆進税という。

C所得税の所得再分配効果（2021年）

所得階級	100万円以下	100～200	200～500	500～1,000	1,000万円超
申告所得者数	5.2%	20.2	41.0	19.3	14.2
給与総額	0.6	4.4	18.7	19.0	57.3
申告納税額	0.1	0.8	5.5	12.9	80.7

（国税庁資料による）

解説 所得格差の是正　政府は高所得者から高率の税を徴収（累進課税）し，それを社会保障によって低所得者に給付することで所得格差の是正をしている。

5 消費税のしくみ（税率10%）

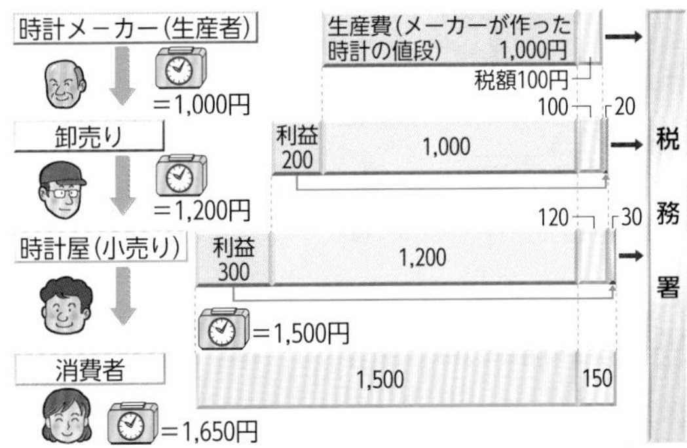

解説 最終負担は消費者　消費税は幅広い財貨，サービスに課税される。税率は10%，税の最終負担者は消費者だ。流通のすべての段階で，その商品のマージン幅に応じて案分した税金を商品価格に上乗せし，納税する。なお，飲食料品（外食等は除く）と新聞の定期購読には８％の軽減税率が導入されている。

経済

Try トライ 次のうち，間接税に分類される税金はどれ？
①消費税　②所得税　③法人税　④相続税

6 日本財政が抱える諸問題

A 一般会計税収，歳出総額及び公債発行額の推移

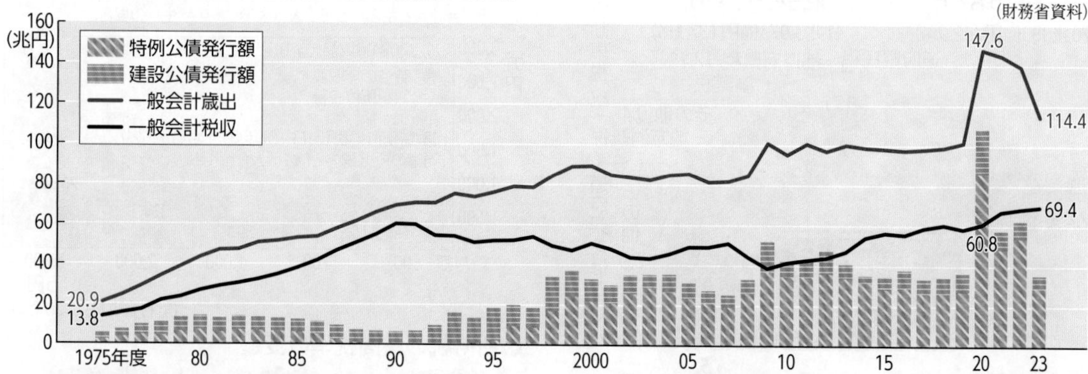

〈注〉2022年度は補正後予算，2023年度は当初予算ベース。

B 公債残高（普通国債）の推移

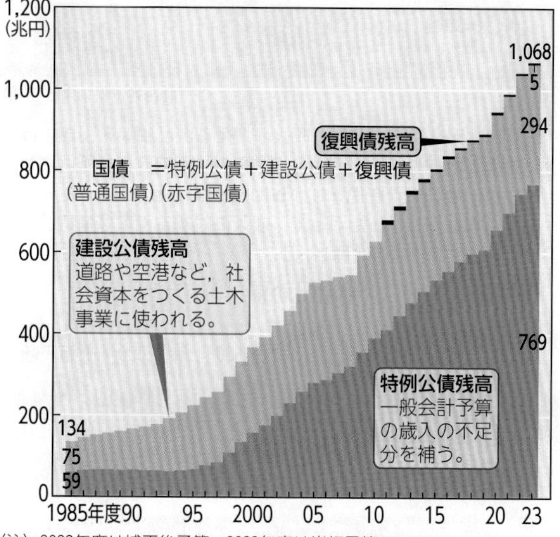

〈注〉2022年度は補正後予算，2023年度は当初予算ベース。

(財務省資料による)

C 政府の負債の国際比較（対GDP比）

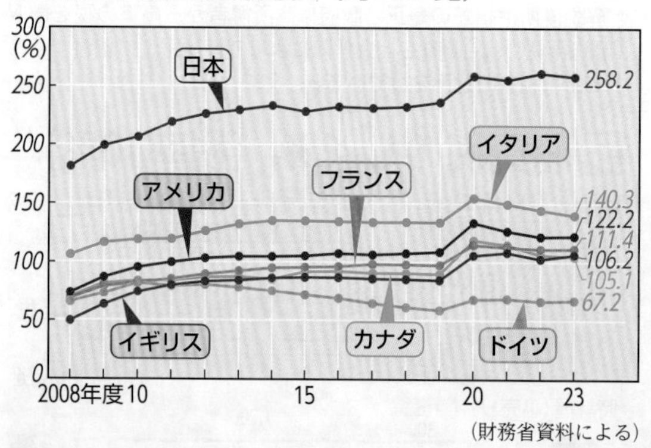

(財務省資料による)

D プライマリーバランス（PB）とは？

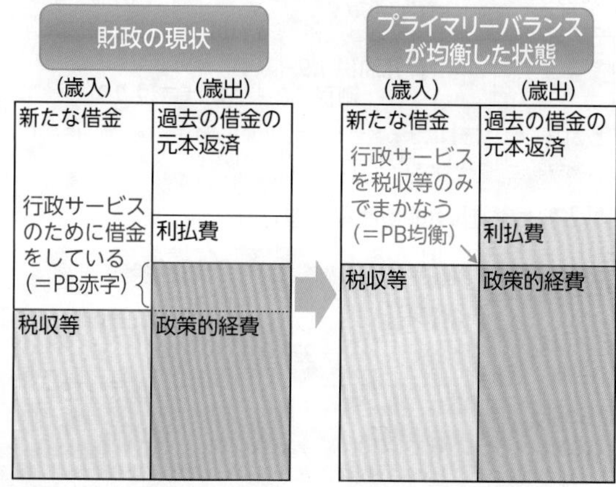

E 国・地方のプライマリーバランス（対GDP比）

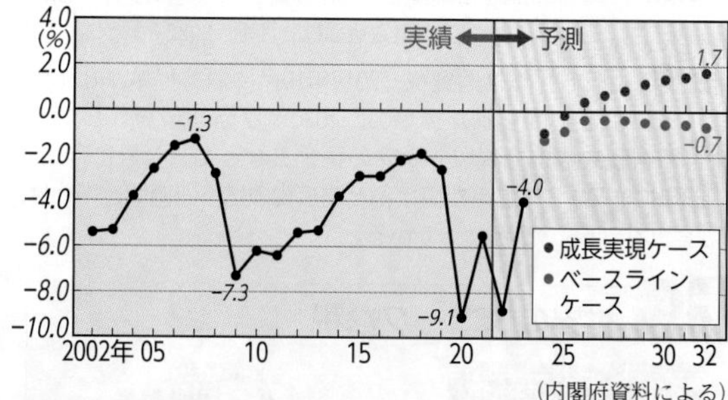

(内閣府資料による)

解説 **コロナ禍で財政はさらに悪化**　度重なる消費増税にもかかわらず，赤字国債に頼った財政から抜け出せず，日本の政府の債務残高は世界最悪といわれる。政府は，国債の元本返済と利払費を除く政策的経費を税収等でまかなえるようにすること（=**プライマリーバランス黒字化**）を目指しているが，実現は見通し難い。また，近年財政に関する様々な見方が提唱されるようになり，財政運営の基準をどのように定めるかの議論が活発化している。

+α（プラスアルファ） MMTとは

ニューヨーク州立大学のケルトン教授などが提唱する理論で，自国通貨を持つ国は債務返済のための通貨発行の制約がないため，インフレ率が抑制されているうちは財政赤字をいくら増やしても問題がないとする考え方。巨額の財政赤字を抱えながらも低金利が続き，深刻なインフレにもなっていない日本が，MMTの好事例として取り上げられる。一方主流派経済学者は，MMTが制御不能なインフレを引き起こし，経済的な混乱を招くと批判している。

➡ステファニー・ケルトン教授　2018年にアメリカ史上最年少で下院議員に当選したオカシオ=コルテス氏の政策アドバイザーを務める。

Try（トライ）　2023年度の日本の公債残高は，1985年度と比較して約何倍になったか？
①約３倍　②約５倍　③約８倍

論点 日本の国民負担は重い？

本体 426円
定価460円（～9/30 税8%）
定価469円（10/1～税10%）
雑誌2

⬅2019年10月1日に消費税の標準税率が8％から10%に引き上げられるのにともない，この時期に販売される雑誌には9月30日までと10月1日以降の定価が併記された。財務省は「消費税率の引上げ分は，すべての世代を対象とする社会保障のために使われます。」としているが，**持続可能な財政と国民負担という面から日本の国民負担について考えてみよう。**

1 国民負担率の比較

低負担のアメリカ，高負担のヨーロッパ。日本は高負担国に向かっている

国民負担率＝租税負担率＋社会保障負担率
潜在的な国民負担率＝国民負担率＋財政赤字の国民所得比

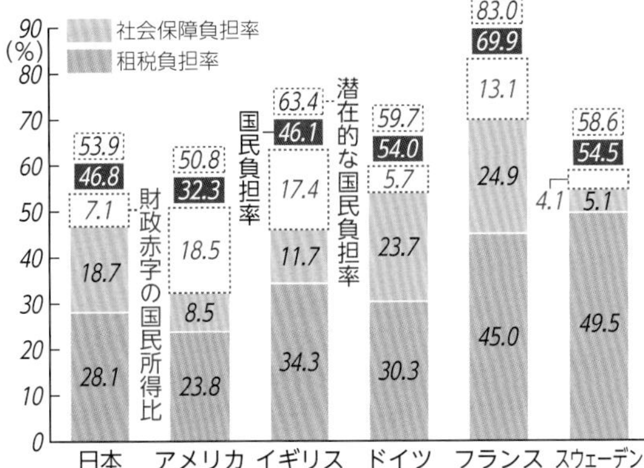

〈注〉日本は2023年度見通し。諸外国は2020年実績。
（財務省資料による）

解説 **高い負担のヨーロッパ諸国**　租税負担率とは，国税・地方税を含めた租税が国民所得に占める割合をいい，**国民の税負担の重さを知る目安**である。これに，年金や医療保険などの**社会保障負担を加えたものを国民負担**と呼んでいるが，ヨーロッパ諸国では50%を超えている。高齢化の進行している日本でも次第に増加し始めている。

Ⓐ一人当たり社会支出の比較（2020年，購買力平価，米ドル換算）

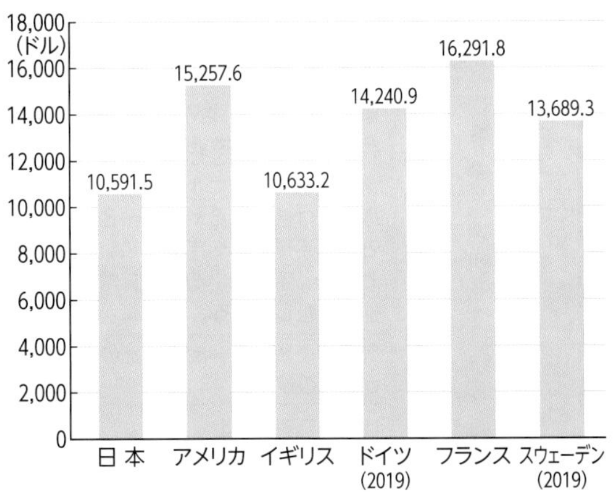

（OECD資料による）

解説 **国民負担率を軽減するには**　高福祉高負担と言われるドイツ・フランス・スウェーデンでは，一人当たりの社会支出が日本の1.5倍程度あり，負担が大きい分受益も大きくなっている。一方日本やイギリスは，国民負担率でアメリカを上回っているが，一人当たりの社会支出で見るとアメリカの額には遠く及んでいないことがわかる。これは，**国民負担率の分母となる一人当たり国民所得がアメリカより小さいからで，国民負担率を軽減するには経済成長も重要であることがわかる。**

2 各国・地域の付加価値税

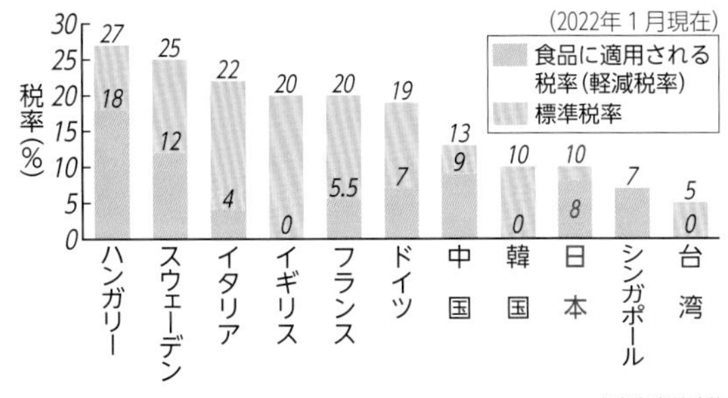

（財務省資料）

解説 **日本の消費税は低いほうか？**　戦後日本の税収のメインは長く所得課税が占めてきたが，2019年10月に消費税の標準税率が10%に引き上げられるなどして，消費課税で得られる税収の割合が大きく伸び，付加価値税率が約20%のイギリス・ドイツ・フランスと遜色(そんしょく)ない水準となっている（➡p.165 3 Ⓐ）。日本の税率は10%なのに約20%の国々の消費課税の税収割合に近くなる理由は，揮発油税（ガソリン税）や酒税などの税収も含まれていることに加え，諸外国に比べて日本の消費税は非課税や軽減税率適用の取引が少ないことなどが要因である。

3 消費税10% 18歳の考えは？

10%より高くすべき

少子高齢化の社会が進む日本において，医療費無償や学校教育無償化は必要だと思う。そのためには消費税を上げることは必要。（男性）

ヨーロッパの国ではもっと高い税金を取っているから。国の借金を減らした方が良いかなと感じている。（男性）

10%が妥当

消費税は日本に住んでいる人全員に平等に課せられ，所得税などをとられるより納得できるから。（女性）

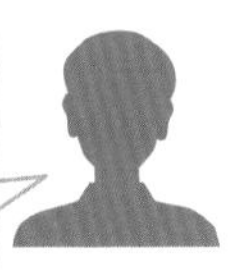
消費税が適切に使われるようになるのであれば，高くなってもよいと思う。欧米等はもっと高いところも多い。10パーセント程度なら問題ないと感じる。（男性）

消費税を廃止すべき

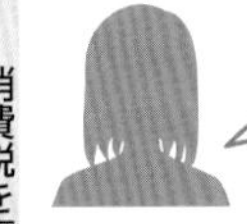
昔は消費税がなかったんだから消費税がなくなっても大丈夫だと思う。（女性）

0パーセントは計算しやすいから。（男性）

（18歳意識調査「第17回-消費税-」日本財団2019.8.29）

問い　財政を持続可能な形で運営していくことと，国民生活とを両立する方策についてあなたはどう考える？

さらに深めよう！
財務省「国民負担率」➡

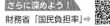

経済

Theme 47 金融のしくみと働き

基本用語 管理通貨制度　金本位制度　金融　間接金融　直接金融　信用創造　ペイオフ　金融の自由化　金融ビッグバン

Approach

銀行はどうやって利益を出している？

Ⓐ銀行が利益を出すしくみ

Ⓑ変わる銀行のあり方

長引くマイナス金利や貸出先の先細りを背景に，各銀行は手数料の値上げなど，サービスの対価を見直し始めている。三菱UFJ銀行は2018年4月以降，従来50枚まで無料だった窓口での両替手数料を1枚から徴収することとし，最低金額も324円から540円に引き上げた（口座保有者は10枚まで無料）。これまで500枚まで無料だった両替機での両替は，4月以降は「10枚まで無料」に変更する。フィンテック（金融における技術革新）の影響もあり，もはや従来の金利による利益創出は難しくなったため，銀行のビジネスモデルは変わろうとしている。

Key point キーポイント 日本では空前の低金利が続いており，民間の資金需要も増えていない。この影響は特に地方の金融機関に打撃となっており，2021年3月期の決算では，地方銀行の約半分が本業で赤字減益となっている。このため，本来の融資ではなく，手数料の値上げや国債の購入のほか，株式などリスクの高い投資などでもうけを出そうとしているのが多くの銀行の現状だ。

追究 銀行の多様な役割を学ぼう。

1 通貨制度

金本位（金兌換）制度	「金兌換制度」ともいう。中央銀行の保有する金との交換を約束した紙幣が流通する。	
	長所	**通貨価値＝金の価値**であるため，物価が安定しやすい。
	短所	通貨発行量が金準備高に左右される。
管理通貨制度	金との交換を約さず，法により強制通用力を持たせた紙幣（**不換紙幣**）を流通させる。	
	長所	通貨量管理による金融政策が行いやすい。
	短所	通貨の過剰な発行でインフレーションを招きやすい。

解説 **金本位制の限界**　金本位制度は，**金価値に信用の基礎を置く**もので，安定した制度と考えられたが，1930年代の大不況期に，投資から金への資産逃避が起こったり，通貨当局が思い切った金融政策をとれないなどの理由により，各国で相次いで停止された。日本も，1931年に**管理通貨制度**に転換した。

⬇1899（明治32）年の兌換紙幣（10円券）

此券引換ニ金貨拾圓相渡可申候也
日本銀行
拾圓

2 貨幣の種類と機能

貨幣の種類	実物貨幣（商品貨幣）	物品貨幣	だれもが好んで受け取る物品，穀物・家畜・貝類・石・金属など。
		重量貨幣	物品貨幣のうち金属を秤にかけて交換に用いたもの（秤量貨幣）。
		鋳造貨幣	金属を鋳造して品質・形状・重量を統一して用いたもの（計数貨幣）。（現金通貨）
	信用貨幣（名目貨幣）	紙　幣	国家権力により強制通用力が認められたもの（不換紙幣について）。（現金通貨）
		手形・小切手	信用取引の発達により，企業間の取引では普通預金や当座預金をもとに，手形や小切手で支払いが行われる。手形や小切手も貨幣の機能を果たしている。（預金通貨）
貨幣の機能	本源的機能	交換手段	等価の財貨・サービスなどの交換のなかだちの役割。
		価値尺度	商品の価値を測定（評価）する役割。
	派生的機能	価値貯蔵の手段	貨幣の貯蔵によって等価値の商品貯蔵と同じ役割。
		支払手段	債務の決済，納税などの一般的支払いに用いられる。
		資　本	金利を獲得したり価値増殖の手段として用いる。営利手段として用いる。
		価値輸送	国内・外に価値を輸送する手段。

解説 **貨幣と経済は二人三脚**　経済の発達が，貨幣の進化を促し，貨幣の進化が，経済のあり方を変えてきた。

しごとカタログ **金融証券検査官**　財務省・金融庁所属の国家公務員。銀行・信用金庫・証券会社といった金融機関の業務や財務状況の検査を行う。いわば，お金が適切に循環するようになっているかを点検する仕事だ。

3 金融の循環―間接金融と直接金融

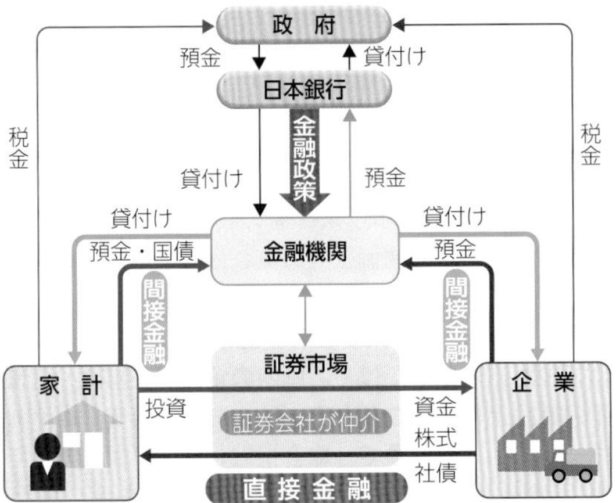

解説 **金融の２つの方式**　金融には，①銀行などの金融機関が，家計から預金・信託・金融債などでお金を預かり，資金を必要としている企業や国・地方公共団体に貸し出す**間接金融**，②国・地方公共団体は国債・地方債を発行し，企業は株式・社債を発行して，家計・企業が証券市場からこれらを買うことで資金調達をする**直接金融**の２つの方式がある。株式の取引は，証券会社が入るので一見間接金融に思えるが，自己資産を融通する銀行と違って仲介するだけなので，直接金融になる。

4 主な銀行業務と預金の種類

業務分類		業務の内容
預金業務	当座預金	企業および個人の出納事務を代行する営業性預金。支払には小切手が用いられる。無利子。
	普通預金	常時引き出し可能な要求払いの預金。預金の出し入れには通帳が用いられる。預金には小切手や満期手形も受け付ける。
	通知預金	７日間以上据え置いて払戻しの２日前に預金者が引き出しの通知をする預金。
	定期預金	預金期間を定めた貯蓄性の高い預金。
貸出業務	手形割引	手形の受取人から，支払期日前に支払期日までの利子を引いて買い取る。
	手形貸付	借り手に銀行あての約束手形を振り出させて資金を貸し付ける。
	証書貸付	借用証書を取って資金を貸し付ける。
	当座貸越	当座預金の残高を超えて一定限度まで小切手の振出しを認める。
	コールローン	一時的に同業の金融機関に貸し付ける。
為替業務	内国為替	送金，手形・小切手による支払，電気・ガスなど公共料金の自動支払，給料・年金・配当金などの自動受取など。
	外国為替	貿易などによる国際間の決済，送金など。
証券業務		2006年の金融商品取引法に基づいて，一定の証券業務や証券仲介業務を行う。
保険業務		保険商品の窓口販売も開始。

解説 **銀行の扱う商品はおカネ**　銀行はあまっているおカネを様々なタイプの預金として受け入れ，不足するところに融通する。この利息の差が銀行の利益となる。コンピュータの導入で各種料金の自動引落しが普及するなど手数料収入にシフトする動きもみられる。

5 信用創造のしくみ

A 預金１億円，預金準備率10%の場合

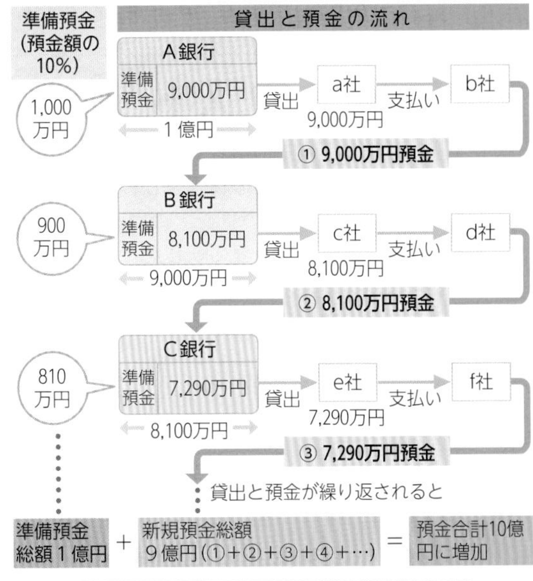

解説 **お金が増える**　信用創造とは，**銀行が預金と貸出しを連鎖的に繰り返すことで，お金が増えるしくみ**である。上図で見るとわかるように，新規預金１億円を預かったＡ銀行は，その一部を制度上の決まりとして日本銀行に預け（準備預金），残りを企業などへの貸出しに回す。その資金がＢ銀行，企業，Ｃ銀行…と，企業と銀行を循環する過程で見かけの預金額は増え，それをもとに銀行は，**当初の何倍もの資金を市場に供給することが可能となる**のである。なお，信用創造により増える以前のお金を**マネタリーベース**，信用創造が進んで増えたお金を**マネーストック**という。

6 ペイオフ

A 預金を守るしくみ

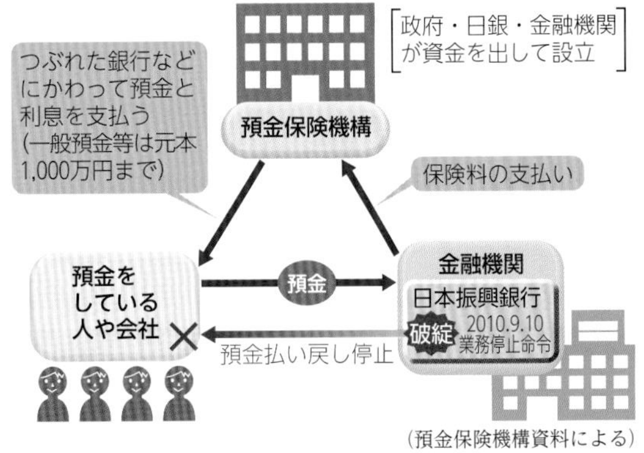

（預金保険機構資料による）

解説 **ペイオフの目的は？**　2005年４月に全面解禁となった**ペイオフ**とは，**金融機関が破綻した場合，預金の一定額に限って払い戻す**という制度。全面解禁以前は，行政機関が金融機関に強い規制をかけてそもそも破綻する可能性をゼロにするという**護送船団方式**が採られており，万一破綻しても，預金は国が全額保護した。しかし，官民の癒着や金融機関どうしの競争が不活発になるなどの弊害があり，破綻処理に安易に税金が投入されることへの批判も強かった。ペイオフが全面解禁されたことで，金融機関の経営者と預金者の責任がより強く求められるようになった。

Try 次のうち，一般の人が口座を開設できない銀行はどれ？
①中央銀行　②普通銀行　③信用金庫　④信用組合

経済

Theme 48

日本銀行の役割

基本用語》 日本銀行　金融政策　公開市場操作　金利政策　預金準備率操作　ゼロ金利政策　量的緩和政策

日本を襲うコストプッシュインフレ！

Approach

コロナ禍から世界が一定の落ち着きを取り戻し，経済活動が再び活発化し輸入品の物価がじわりじわりと上昇していた2022年，２月のロシアのウクライナ侵攻をきっかけに，物価も急上昇に転じた。世界有数の産油国であるロシアの原油・天然ガスが，欧米などの経済制裁によって世界市場から消え，ロシア・ウクライナの穀物も出回らなくなったことに加え，急速に円安が進んだことも輸入物価上昇に追い打ちをかけた。

日本銀行は2013年以来２％の物価上昇率を目標としてきたが，この物価上昇の流れは好ましいものなのだろうか。

答えはNOだ。**輸入物価の値上がりは国外への支払い負担が重くなるだけで，国内の企業収益拡大や労働者の賃金上昇にはつながらない**からだ。事実，エネルギー価格上昇の影響で「総合指数」は上昇傾向であるが，「食料（酒類を除く）及びエネルギーを除く総合」（コアコアCPI）はほとんど上昇していない。つまり，国内で循環するお金の量は増えておらず，景気がよくなったと言える状況ではないのに，物価だけが上がっているという状況なのだ。こうしたインフレは「コストプッシュインフレ」と呼ばれ，過去には石油危機の際にも発生している。

Ⓐ消費者物価指数の推移（2020年＝100）

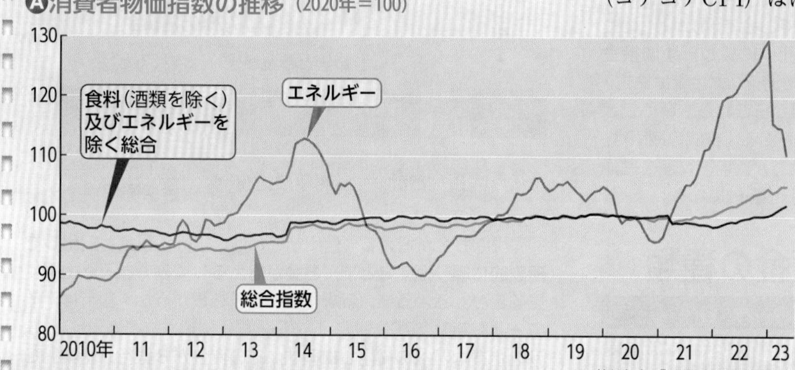

（総務省「消費者物価指数」）

追究 インフレのとき，日本銀行はどんな政策を行うだろうか。

1 日本銀行の機能と財産

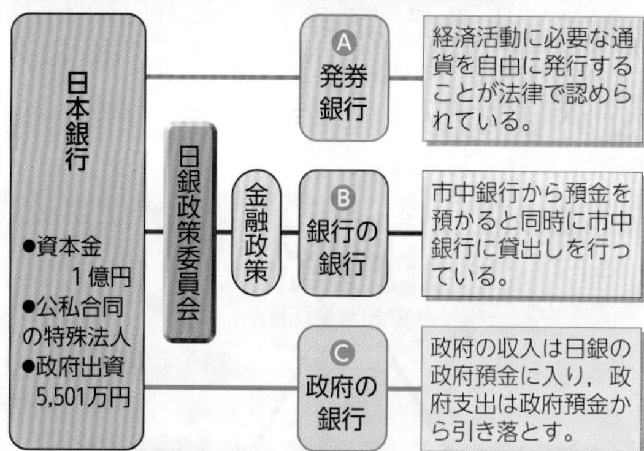

Ⓐ日本銀行勘定（2023年５月現在）

資　産（億円）		負　債（億円）	
金地金	4,412	Ⓐ**発行銀行券**	1,210,401
		Ⓑ**当座預金**	5,464,409
貸付金	935,027	Ⓒ**政府預金**	297,263
国債	5,928,156	引当金勘定	85,384
		資本金	1
外国為替	91,354	準備金	35,483
総計（その他とも）	7,455,518	総計（その他とも）	7,455,518

（日本銀行資料）

解説 **３つの顔をもつ日銀**　日銀は**発券銀行，銀行の銀行，政府の銀行**の働きをもつ。この３つの機能を通して，景気調整を行い，経済の安定を図る。

2 金融政策とは？

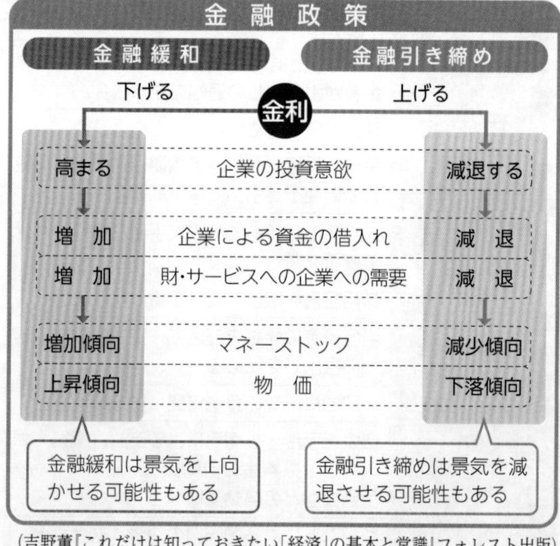

（吉野薫『これだけは知っておきたい「経済」の基本と常識』フォレスト出版）

解説 **金融政策は「緩和」と「引き締め」**　中央銀行の金融政策のうち，金利を下げるようなものを**金融緩和**といい，デフレや不況の時に行われる。反対に，金利を上げるようなものを**金融引き締め**といい，インフレや好況の時に行われる（➡p.161）。公開市場操作を例に取ろう。日銀が債券類を市中銀行に売却すると，通貨が代金として日銀に吸い上げられ，市中銀行としてはこれを貸付に回すことができない。つまり資金量が減少して，その分金利が上昇するわけだ。

しごとカタログ **ファイナンシャル・プランナー**　顧客の収支やライフスタイルなどのデータから，資産設計に関するアドバイスを行う能力を認定する民間資格。独立開業する場合もあるが，銀行や保険会社等の金融機関の従業員が取得するケースも多い。

3 金融政策の代表的手段

公開市場操作 ⇨ 有価証券を売買する

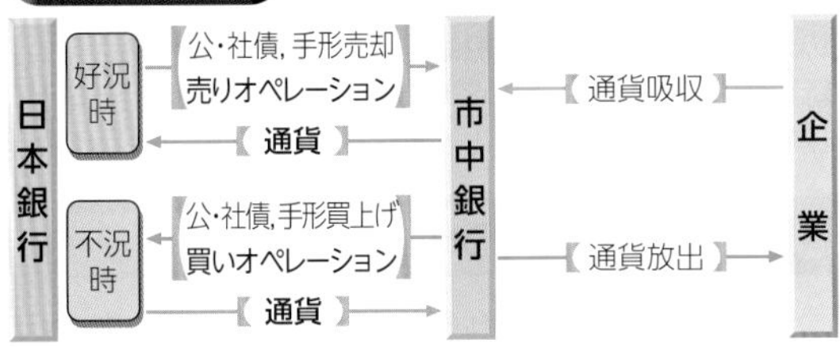

現在行われていない手段

預金準備率操作 ⇨ 預金準備率を上下させる

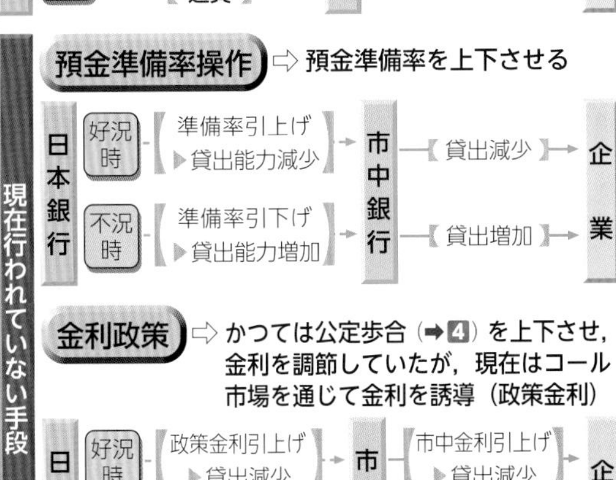

金利政策 ⇨ かつては公定歩合（➡4）を上下させ，金利を調節していたが，現在はコール市場を通じて金利を誘導（政策金利）

解説 **公開市場操作が金融政策の中心**　3つの手段のうち現在の金融政策は基本的に公開市場操作のみである。日銀が金融市場で国債や手形などの売買を通じて金利（銀行間の貸出金利であるコールレート）を誘導し，市中に流通する**通貨供給量**（マネーストック）を調節する。公開市場操作の際，日銀が金融市場で行う操作をオペレーションといい，国債などを買う場合を「買いオペレーション（買いオペ）」，売る場合を「売りオペレーション（売りオペ）」という。なお，1991年以来日本の預金準備率は変更されておらず，「公定歩合」（➡4）はすでにその政策金利としての役割を終えた。

4 公定歩合―政策金利としての役割終了

従来　預金金利など各種金利が公定歩合に連動
→公定歩合は政策金利として機能

↓

金利の自由化→公定歩合に各種金利が連動せず

↓

現在　無担保コールレート（翌日物）が政策金利の中心
→公定歩合は2001年から補完貸付制度の適用金利となり政策金利としての役割は終了。

解説 **公定歩合はコールレートの上限金利に**　かつて政策金利として重要な意味を持っていた公定歩合は，補完貸付制度の適用金利となった。金融機関はコール市場を通して他の金融機関から資金を調達できるが，資金需要の増加などでコール市場の金利が急上昇し，公定歩合を上回ると補完貸付制度を利用して日銀から資金を調達した方が有利となる。このため，コールレートは公定歩合以上に上がることはない。つまり，現在の公定歩合（2006年8月以降は「基準割引率および基準貸付利率」）はコールレートの上限金利という意味をもっているのである。

5 ゼロ金利政策と量的緩和政策

ゼロ金利政策	短期金利である**無担保コールレート（翌日物）をおおむねゼロ水準に誘導するという政策。** 景気の悪化と金融システム不安を収めるために1999年2月に導入。2000年8月にいったん解除されたが，2001年3月に**量的緩和政策**が導入され，再び実質ゼロ金利となった（2006年7月に解除）。
量的緩和政策	金融政策の**誘導目標**を短期金利ではなく，**日銀当座預金残高の「量」に置いた**政策。2001～06年にかけて日本で初めて導入された。 また，2013年4月，日本銀行は2％の物価目標（インフレ率）を掲げて国債の買い入れを行うことでマネタリーベースを増やす**質的・量的金融緩和政策（異次元緩和）**を導入。2016年には，供給した資金が市中にまわるようマネタリーベースを構成する日銀当座預金の一部に**マイナス金利**を導入した。

経済

6 公定歩合・預金準備率の推移と景気動向指数

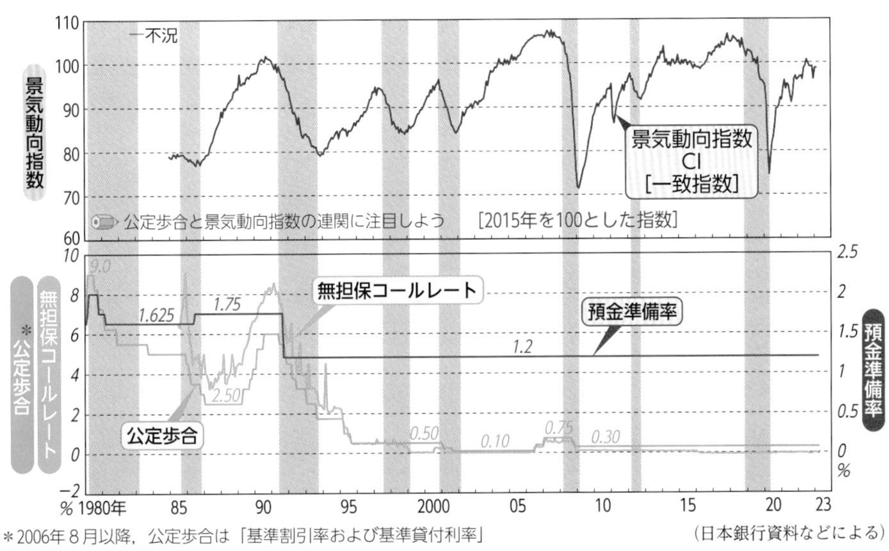

＊2006年8月以降，公定歩合は「基準割引率および基準貸付利率」

（日本銀行資料などによる）

解説 **マネーストックと景気**　日本銀行は金融市場に出回るお金の量を調節するのだが，そのお金の量には2種類ある。日本銀行が供給したそのままのお金が**マネタリーベース**で，日銀から供給されたお金を貸し出し，**信用創造**（➡p.169 5）によって生み出されるお金を**マネーストック**という。マネーストックが増加しないことには景気は好転しないので，日銀はこれを増やすために，ゼロ金利政策や量的緩和政策といった金融政策を行っている。

Try（トライ）　次のうち，日本銀行が行う金融政策ではないものはどれ？
①公開市場操作　②金利政策　③預金準備率操作　④財政出動

ゼミナール

変わる金融のあり方

以前の日本の金融構造は，行政による多くの規制によって保護された「護送船団方式」と呼ばれるものであった。バブル崩壊で景気が低迷する中，このような構造は円滑な金融を阻害しているとの批判を受け，1990年代半ばから金融の自由化に向けた取り組みが進められてきた。金融の自由化は，銀行の統廃合や外資の流入など，日本の金融構造を大きく変化させた。また，自由化の影響で，新しい金融商品が氾濫している。複雑化する金融について整理し，将来安心して生活を送るため正しい知識を身につけておこう。

1 金融の自由化のあゆみ

年	出来事
1979	自由金利のCD（**譲渡性預金**）の導入
84	**日米円ドル委員会報告**…金融の自由化，外国銀行への市場開放
85	MMC（市場金利連動型預金）の自由化 大口定期預金（1,000万円以上）金利の自由化
86	「**前川レポート**」発表…国際協調，内需拡大
93	**定期預金金利の自由化** **金融制度改革法**施行…銀行・証券会社の「業態的子会社方式」による相互参入
94	**普通預金金利自由化**，住宅ローン金利自由化→金利の完全自由化
96	生命保険・損害保険の子会社による相互参入 **日本版金融ビッグバン構想**
2000	**金融商品販売法**成立
01	**金庫株**（企業が，市場に流通している自社の株式を買い戻し［自社株買い］，保存すること）解禁
06	**金融商品取引法**成立

2 金融自由化・国際化の内容

Ⓐ日本版金融ビッグバンの目的と３原則

Free（フリー）	市場原理が働く自由な市場
Fair（フェア）	透明で信頼ある市場
Global（グローバル）	世界的な基準にあった市場

→ **目的**
①1,400兆円もの個人資産を有効活用
②日本の金融市場をニューヨーク・ロンドンと並ぶ国際市場化

Ⓑ金融の自由化・国際化の具体的な内容

区分	項目	分野	内容
金融の自由化	金利の自由化	銀行	金利の自由化（各銀行が自由に金利を設定：1994年）→自由競争
	金融業務の自由化	全体	銀行・証券・保険・信託に区分されていた業務制限を撤廃（各業界への相互参入を認可）
		全体	金融持株会社の解禁→海外金融機関に対抗できる巨大な金融グループの形成
		証券	証券取引手数料の自由化・インターネットなど「第三市場」での取引認可
		保険	保険料の自由化→自由競争
		外国為替	外貨交換業務，交換手数料，外貨建て預金の自由化など
金融の国際化			日本の金融市場の開放（海外金融機関の参入），円の国際化など

解説 **目指すのは世界基準の市場**　日本の金融市場は規制が多く，金融機関は保護されてきた（**護送船団方式**）。しかしながらアメリカなどからの金融市場開放の要求やバブル崩壊とともに訪れた金融危機に，政府は金融の自由化（規制緩和）を進める方針を打ち出した。**自由化は企業間に競争をもたらす一方，金融機関の破綻（倒産）もあることを前提**としている。

3 三大メガバンクの形成

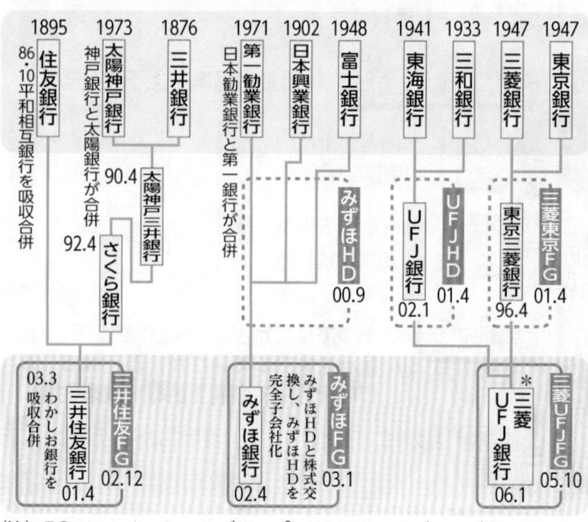

〈注〉FG…フィナンシャルグループ　HD…ホールディングス
＊2018年，「三菱東京UFJ銀行」から名称変更。

解説 **効率化を目指して**　合併することで，支店を統合・整理したり，事務をまとめたり，大幅な経費が節約できる。銀行が統合・合併するのは海外から上陸してくる世界の金融機関との競争で生き残るためだ。

4 新紙幣導入とキャッシュレス化

諸外国に比べてキャッシュレス化が遅れているとされる日本。今や中国で60％，韓国では90％の決済がキャッシュレスで行われているとされる中，日本のキャッシュレス決済の割合は20％にとどまっている。キャッシュレス化にはメリットもデメリットもあると考えられるが，政府は2019年10月の消費増税への対策として，キャッシュレス決済をした際の「ポイント還元」の導入を決めている。折しも19年４月に2024年から使われる新紙幣のデザインが発表されたが，その頃現金紙幣を使う人の割合はどうなっているだろうか。

Ⓐ主なキャッシュレス決済の仕組み

クレジットカード…購入代金を登録口座から後払いする。
デビットカード…購入代金をその場で登録口座から引き落とす。
電子マネー………あらかじめカード等にチャージした電子マネーで決済する。
ＱＲコード決済…店頭のＱＲコードをスマホで読み取って決済する。

Ⓑキャッシュレス決済のメリット・デメリット

メリット	・いちいちATMで現金を下ろさなくても買い物ができる。 ・ポイント還元などの優遇措置がある。 ・海外でも両替の必要なく買い物ができる。
デメリット	・カードやスマホを持っていないと買い物ができない。 ・手持ちの現金が減らないので，つい使いすぎてしまいがち。 ・年会費が必要な場合や，一定額以上使わないと優遇が受けられない場合などがある。 ・停電やシステムトラブルで決済ができなくなる危険がある。

5 知っておきたい金融商品に対する知識

お金を貯める・ふやす

Ⓐ預貯金

銀行や信用金庫などにお金を預けること。単にお金を貯める以外にも，給料の受け取りや各種料金の引き落とし（決済）など，銀行口座は現代の生活に欠かせないものとなっている。

種　類	特　徴	注意点
普通預金	いつでも払い戻し，預け入れ（預金）が可能。万一預金している銀行が破綻しても，**ペイオフ**で元本1,000万円とその利息は保証される。（➡p.169 6）	預金がすぐに引き出される可能性が高い（流動性が高い）分，利息が低い。
定期預金	一定期間払い戻しをしないことを条件に，普通預金よりも高い利息が付く預金。ペイオフの対象。	満期前に払い戻しを行うと，ペナルティとして利息が低くなる。
当座預金	決済用の預金。ペイオフの対象外で，全額が保護される。	利息が付かない。

Ⓑ投資

預貯金と投資の大きな違いは，リスクがあること。多額の利益を出す可能性もあれば，元本割れすることだってある。正しい知識を身につけて臨まないと，大変なことになりかねないことを理解しよう。

種　類	特　徴	注意点
株　式	業績の良い会社の株式を持っていると，配当金が出たり，株価の値上がりで，買った時以上の価格で売ることができる。	会社の業績が悪化すれば，配当金が出ない上に，株価が値下がりして，買ったときの価格を下回ってしまう。
債　券	国や地方公共団体，会社などがお金を借りるために発行する「借金証書」。定期的に利息が支払われる。	一般的に，返してくれる可能性が高い（信頼性が高い）債券ほど，利息が低い。
投資信託（投信）	株式や債券などへの投資を専門家に委託し，その成果を還元する。	信託報酬が高いと，投資が成功しても赤字になる可能性がある。
FX	「Foreign eXchange」の略。外国為替証拠金取引。為替レートの変動を読んで，通貨を売り買いし，利ざやを稼ぐ。	例えば手持ち資金100万円で200万円分の取引ができるしくみ（レバレッジ）があるが，元本割れのリスクも非常に大きい。

お金を使う・借りる

種　類	特徴・注意点
カードローン	**支払機能** 手持ちの現金がなくても支払いができる。 **借入機能** 利用枠に応じてお金を借りることができる。 **返済方法** 一括払い・分割払い（希望する回数で返す）・リボ払い（毎月ほぼ一定額で返す）などがある。支払回数が増えるほど金利の負担が大きくなる。
住宅ローン	銀行や信用金庫などが，住宅を購入する人に対して行う融資（ローン）。通常，購入した住宅が担保となるので，返済ができなくなった場合は，住宅が差し押さえられる。
消費者金融	一般の個人に対して，無担保で融資をする形態。気軽に借りられる反面，多重債務への入口となる危険性がある。一時は年30%近い金利（グレーゾーン金利）が請求されることもあったが，2010年にグレーゾーン金利は撤廃され，金利の上限は年15～20%となった。

（金融庁『基礎から学べる金融ガイド』などによる）

6 暗号資産とは何か？

最近しばしば話題に上る**暗号資産**（**仮想通貨**）。紙幣や硬貨などの「現金」としての形態はなく，インターネット上の電子データのみで取り引きされる。**政府や国際機関による価値の保証はなく**，暗号資産の価値を信じるユーザー間の共通意識によって成り立っている。2023年時点で9,000種類もの暗号資産が流通しているといわれるが，最も有名な暗号資産は，ビットコイン（BTC）だろう。送金手数料の安さや匿名性の高さから利用者が急増。すると希少価値が高まって1BTCあたりの相場が上昇し，投機目的でビットコインを購入する人が増加，さらに価格が上昇した。しかし，巨額の暗号資産が盗まれる事件などを受けて，相場は乱高下している。暗号資産にはそもそも通貨の供給量を調整する中央銀行の役割を果たす機関がないため，このような価値の暴騰・暴落を防ぐのは困難なのである。

Ⓐ 1 BTCの国内価格の推移

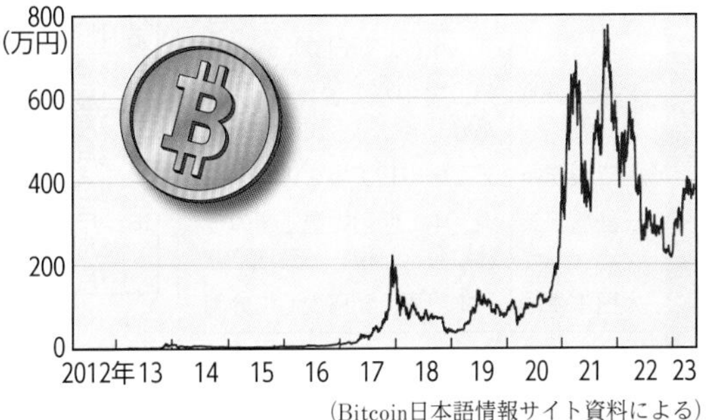

（Bitcoin日本語情報サイト資料による）

暗号資産の激しい値動きを巧みに利用して億単位の利ざやを稼ぐ人も現れたが，その反面，全財産を投じた暗号資産が暴落して破産に追い込まれる人が出てきていることにも留意が必要だ。

経済

Theme 49

戦後日本経済のあゆみ

基本用語 高度経済成長　国民所得倍増計画　傾斜生産方式　ドッジライン　シャウプ勧告

経済統計から見た戦後日本

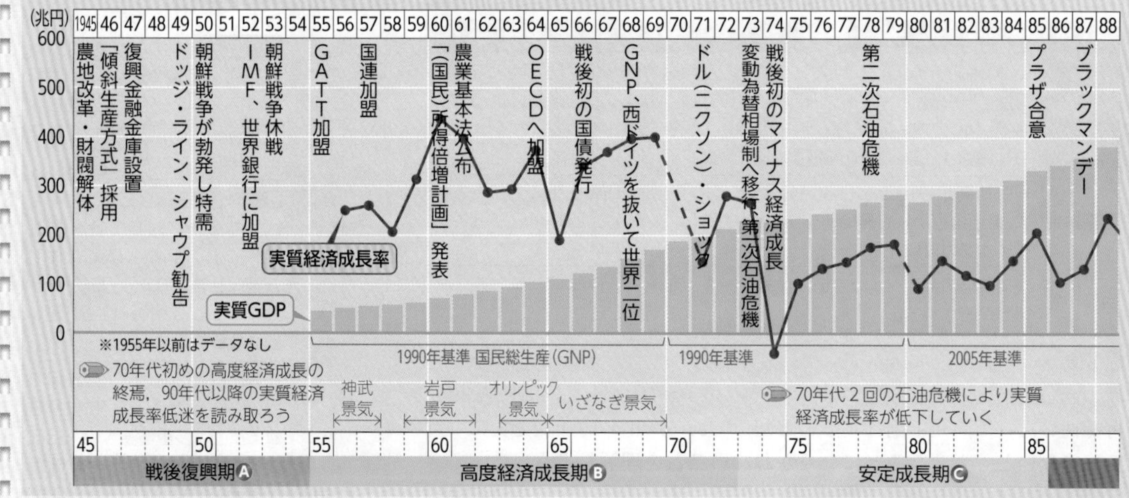

朝鮮特需（1950年）　フル回転する戦車修理工場

A朝鮮特需

億ドル 8 6 4 2 0 / 比率の目盛 % 40 30 20 10 0 / 1950年 51 53 55 57
特需収入 / 朝鮮戦争 / 外国為替収入中の特需収入の比率

主要物資の契約高（1950.7～55.6）
物資 3,472（十万ドル）：綿布，自動車部品，麻袋，石炭，兵器
サービス 3,680（十万ドル）：電信・電話，機械修理，荷役・倉庫，自動車修理，建物の建設

（日本銀行，経済産業省資料）

三種の神器（1959年）　テレビ，冷蔵庫と洗濯機を三種の神器になぞらえた。

1 経済民主化―戦後日本の出発点

	財閥解体	労働関係民主化	農地改革
措置	●**財閥の解体** 三井・三菱・住友・安田の四大財閥を含む83社を解体 ●**集中排除措置**（下は主な例） 日本製鉄：八幡，富士製鉄の2社に分割（現在，新日鉄） 東京芝浦電気：43工場中27工場1研究所を処分 日立製作所：35工場中19工場を処分 三菱重工業：東，中，西日本重工業の3社に分割（現在，三菱重工） 大日本麦酒：日本麦酒，朝日麦酒に分割 （持株会社整理委員会『日本財閥とその解体』）	●**労働三法**（労働関係調整法・労働基準法・労働組合法）を制定 **戦後解放期組合結成状況** 組合数（上目盛）0万 1 組合員数（下目盛）0万人 200 400 昭和20年 10月 11月 12月 昭和21年 1月 2月 3月 4月 5月 6月 7月 （末弘厳太郎『日本労働運動史』による）	●不在地主の小作地，在村地主の1haを超した小作地を強制買収し，小作農へ売却。 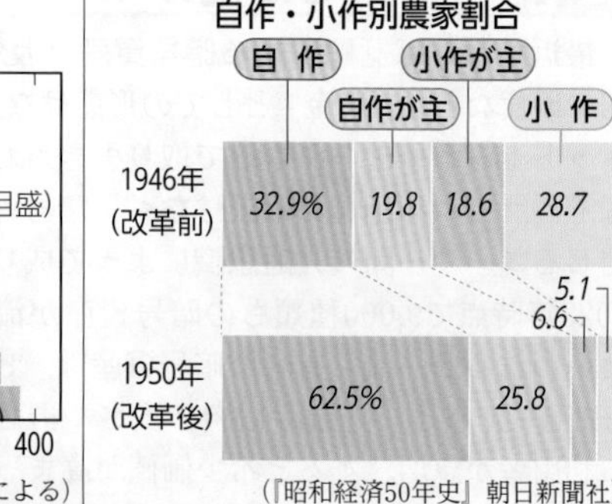
影響	●自由競争経済を生み出し，経済発展の条件を整備。	●労働組合，加入者が急増し，労働者賃金が上昇，国内市場を拡大した。	●多数の自作農が創設され，農民の所得が向上し，国内市場を拡大した。

（『昭和経済50年史』朝日新聞社）

解説 **経済民主化は戦後の経済発展の基礎**　戦前の財閥による経済支配と国内市場の狭小さが侵略戦争の一因となったという認識のもと，GHQの指令により戦後の経済の民主化が行われた。**財閥解体**により市場経済を機能させ，**農地改革**と**労働関係の民主化**により国内市場の拡大をめざしたことによって，戦後の経済発展の基礎が築かれた。しかし財閥解体に関しては，中国の急速な共産主義化に対応したアメリカの対日占領政策の転換の影響もあり，大企業の分割が当初の計画より縮小された。

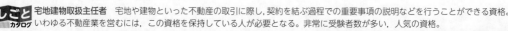

しごとカタログ **宅地建物取引主任者**　宅地や建物といった不動産の取引に際し，契約を結ぶ過程での重要事項の説明などを行うことができる資格。いわゆる不動産業を営むには，この資格を保持している人が必要となる。非常に受験者数が多い，人気の資格。

Approach

Key point キーポイント 敗戦後の日本は激しいインフレとそれに続くデフレ不況に陥るが，朝鮮戦争による**特需**が状況を一変させ（➡Ⓐ），その後の高度経済成長への足がかりをつくった。日本は高度経済成長時代，高い貯蓄率や豊富な設備投資，耐久消費財ブームなどにより著しい成長を遂げた（➡Ⓑ，2）。1973年の第一次**石油危機**で，物価は急騰（**狂乱物価**），翌年戦後初のマイナス成長を記録した（➡Ⓒ）。二度の石油危機により日本の産業構造は変化し，省エネ開発など堅実な経済成長へと移行していった（➡3）。その中，**プラザ合意**をきっかけにバブル経済が発生した。

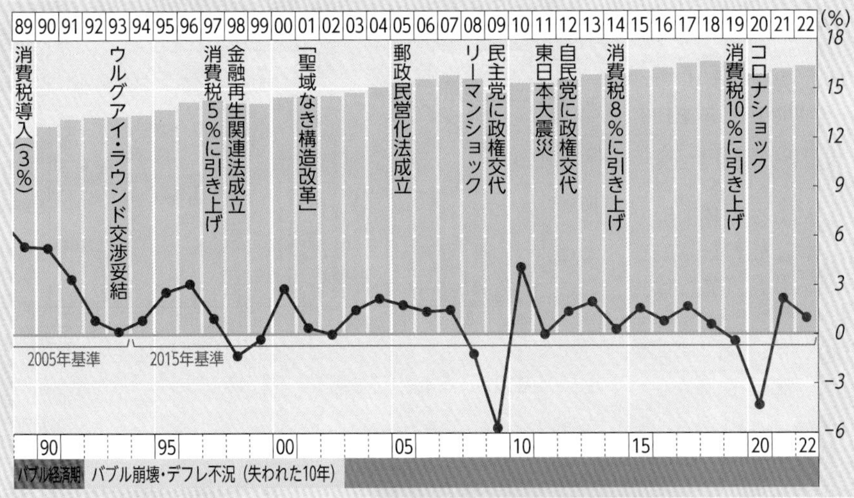

『追究』 日本が高度経済成長を達成できた要因を探ろう。

⬆バブル景気（1988年）株価史上最高値を記録した当時の，東京証券取引所。

Ⓑ耐久消費財普及率

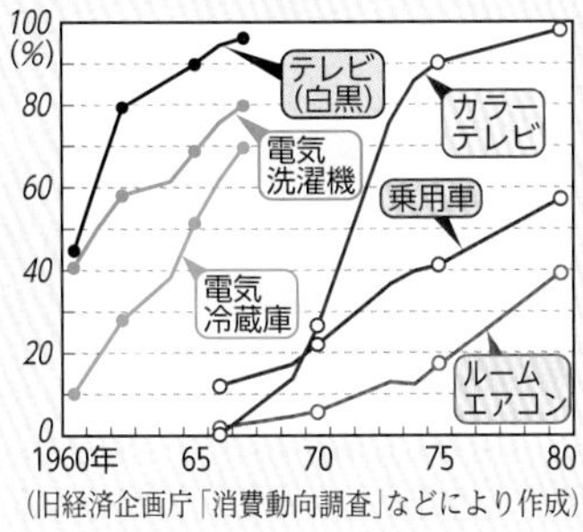

（旧経済企画庁「消費動向調査」などにより作成）

⬆第一次石油危機（1973年）　トイレットペーパーを買いあさる人々。

Ⓒ原油価格と実体経済の関係

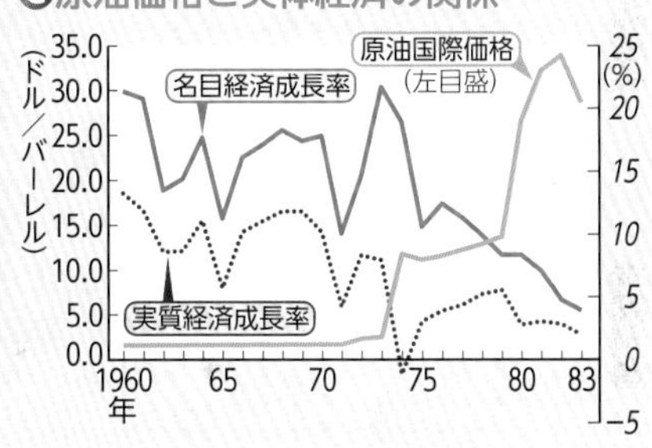

（総務省資料などによる）

2 高度経済成長の要因

内的要因	**国内市場の拡大**＝経済の民主化による大衆の購買力UP **国民の高い貯蓄率**＋低めの金利→**企業の活発な設備投資** **豊富で良質な労働力**←6・3制義務教育と高学歴化＋人口増加 **政府による産業基盤整備**（道路，鉄道，港湾など） **平和憲法**のおかげで軍事支出が少なかった
外的要因	**1ドル＝360円の固定為替レート**→実質円安で輸出に有利 世界的な経済成長→**海外市場の拡大** **原油価格が安かった** **アメリカからの最新技術の導入→技術革新**

Ⓐ主要国の個人貯蓄率の推移

（『国際比較統計』1997）

年　次	日　本	ドイツ	アメリカ	イギリス
1966～70	16.6%	16.3%	7.5%	5.5%
71～75	20.6	15.3	8.2	7.4
76～80	20.1	12.6	8.7	8.3
81～85	16.6	11.9	8.2	6.9

解説 **高い貯蓄率**　高度成長期の特徴は，膨大な民間設備投資にある。池田内閣以降の産業保護・育成策と高い貯蓄率を背景に，企業は積極的に設備投資を行い，空前の経済成長を達成することができた。

3 石油危機と日本経済の主な変化

		石油危機前	石油危機後
経済全体の総称		「量」経済	「質」経済
時代区分		高度成長時代	情報経済時代
経済目標		量的拡大（モノ中心）	質の充実（**サービス・ソフト化**）
産業構造	産業の特徴	**重厚長大** **資源多消費型**	**軽薄短小** **省資源型**
産業構造	主力産業	鉄鋼・石油化学 ＝**資本集約型素材産業**	エレクトロニクス・通信・バイオテクノロジー・自動車 ＝**知識集約型加工組立産業**
産業構造	貿易姿勢	**輸出**重視	**輸入**重視
財政・金融	税体系	直接税重視	間接税重視
財政・金融	企業の資金調達	**間接金融中心**	**直接金融増大**
国民の生活観		同質化	多様化，差別化
国際	通貨制度	**固定為替相場制**	**変動為替相場制**
国際	世界GNPに占める割合	5%	10%

解説 **変貌する日本経済**　石油危機により，公共投資を拡大しても大きな効果は現れず，**スタグフレーション**（不況とインフレの同時進行）となった。日本企業は，省資源化と減量経営によって国際競争力を高め，輸出によって堅実な経済成長を実現した。

Try トライ 高度経済成長期に普及が進んだ「三種の神器」でないものはどれ？
①白黒テレビ　②ラジオ　③電気冷蔵庫　④電気洗濯機

Theme 50

安定成長とバブル経済崩壊

基本用語 バブル経済　プラザ合意　平成不況　リストラ　産業構造の高度化　産業の空洞化

Approach

景気によってお小遣い(こづかい)も上下する？

ここ30年来の不景気によって，サラリーマンのお小遣いも下降し続けてきた。例えば新生銀行がまとめたアンケートによれば，男性サラリーマンの2022年の昼食代は，ピーク時の1992年を123円下回る623円。1992年の746円をピークに徐々に減り，お小遣い額も40年前より低い水準である。新型コロナウイルスの影響による外出自粛やテレワークが浸透(しんとう)した結果，「水道光熱費」の支出が増えた一方，「交際費（飲み代）」「旅行代」が減る結果になった。

高校生のお小遣いは，近年のデータが必ずしも連続していないこともあり，大きく揺れ動いている。大まかな傾向としてはバブル崩壊以降ゆるやかに下がりつつあったが，これが継続的に上向きに転換するのか注目される。

Ⓐサラリーマンの平均お小遣い額と昼食代の推移

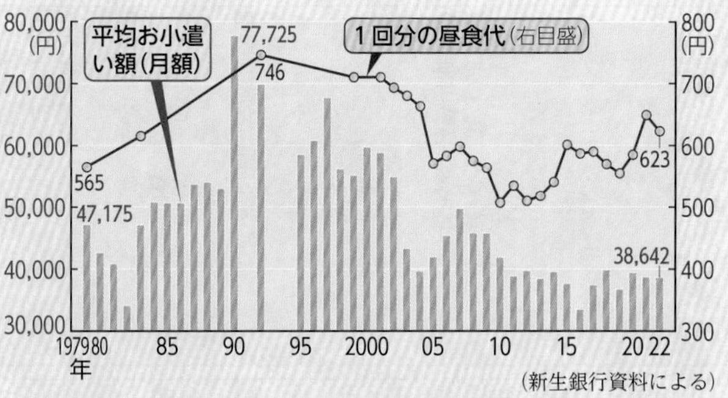

（新生銀行資料による）

Ⓑ高校生の平均お小遣い額の推移（月額）

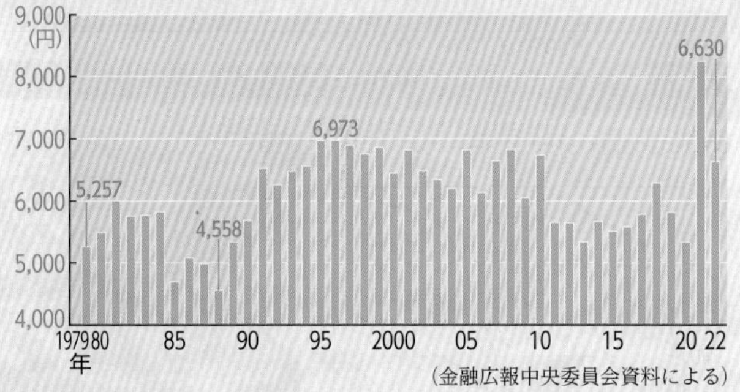

（金融広報中央委員会資料による）

〈注〉4時点（2003-04年，16-17年，19-20年，20-21年の間）において，データが不連続となっている。

追究 景気の動向とお小遣い額との関係を探ってみよう。

1 バブルの崩壊から平成不況へ

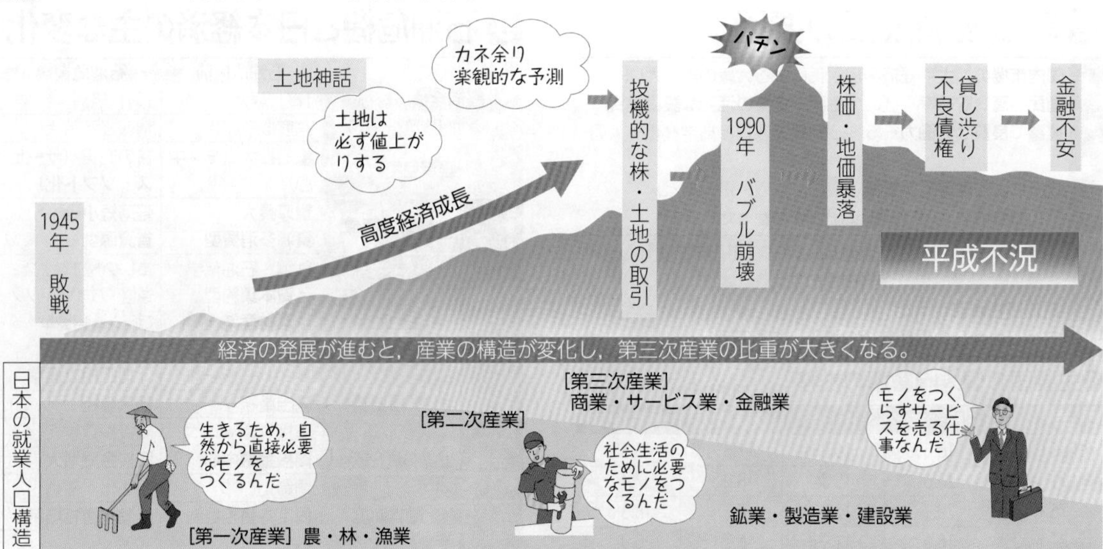

解説 **泡(バブル)が消えて不況へ**　戦後の日本は，「土地は値下がりしない」という神話が定着していた。1980年代になり，低金利で借りたお金を土地や株に投資して大きな利益を得ようとする動きが強まった。しかし，政府の引き締め政策とともに，景気が後退すると，地価・株価は暴落。以後，長い不況が続いていた。この不況の対策として，国が不良債権処理などの政策を進めた結果，2002年より景気は回復したが，2008年の金融危機により，再び悪化した。

不動産鑑定士　周辺の経済・交通状況や法律の知識を駆使して，土地や建物などの不動産の適正な価格を決定する専門家。毎年3月下旬に公示される各地の地価も，不動産鑑定士によるもの。資格試験は，司法試験・公認会計士試験に並ぶ難関といわれる。

2 就業構造と所得構造の変化

Ⓐ日本の就業人口割合の変化

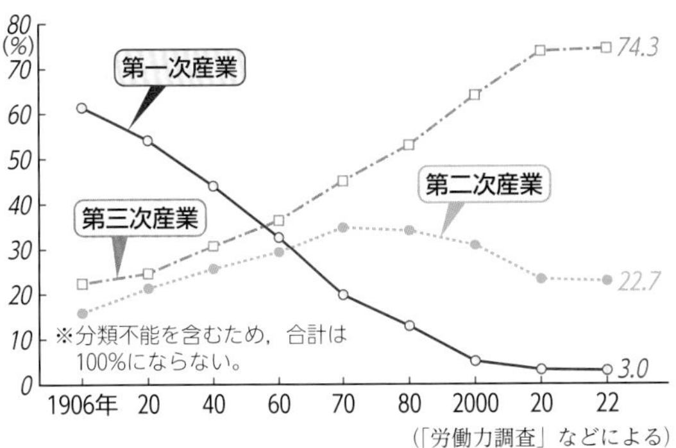

（「労働力調査」などによる）

Ⓑ日本の国民所得割合の変化（名目）

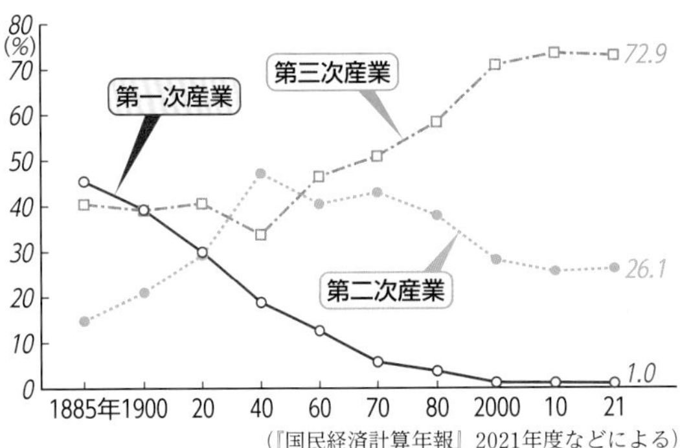

（『国民経済計算年報』2021年度などによる）

《解説》産業構造の高度化 1960年代の高度経済成長により，第一次産業の割合は，就業者，所得ともに急減した。第二次産業内部も繊維・雑貨などの軽工業から金属・機械・化学などを中心にした重化学工業化が進んだ。さらに1970年代からの石油危機・円高・低成長という状況下，エレクトロニクスなどの技術集約型の加工組立業が中心産業になった。第三次産業はこの間増大を続け，特にサービス産業の成長が著しい。このように，産業の軸足が第一次産業から二次・三次へとシフトしていく現象を**産業構造の高度化**といい，徐々に高度化が進む傾向を**ペティ=クラークの法則**という。

3 経済のサービス化・ソフト化

Ⓐサービス産業内の就業者増の日米比較

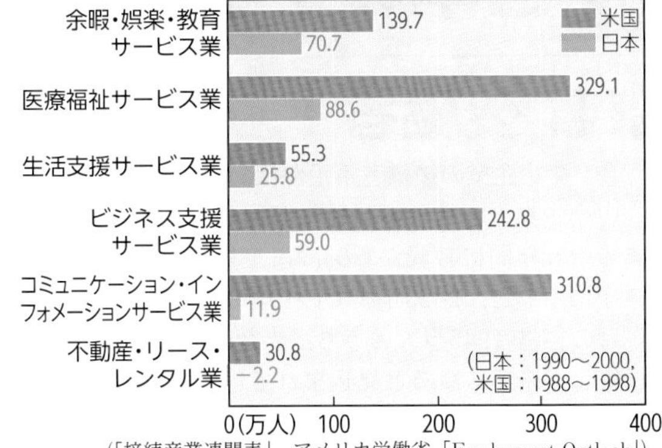

（「接続産業連関表」，アメリカ労働省「Employment Outlook」）

Ⓑ家計消費支出の財・サービス区分別構成の推移

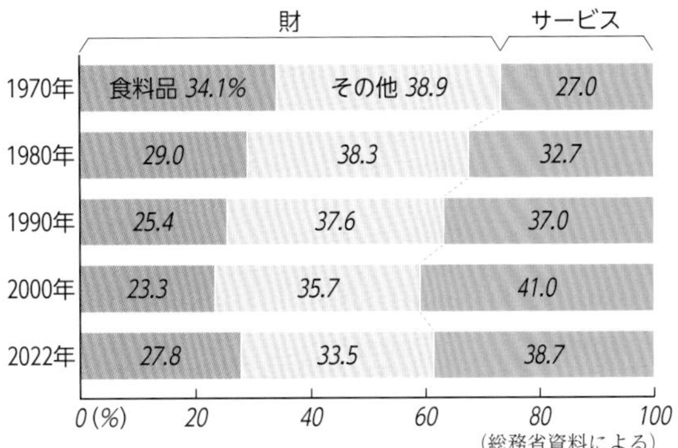

（総務省資料による）

《解説》経済のサービス化・ソフト化の進行 特に80年代以降，家計消費支出においてもサービスへの支出が増加し続けており，経済のサービス化・ソフト化進行がうかがわれる。モノ，つまり「ハード」よりも，知識・情報・サービスを中心とする「ソフト」分野が相対的に高まっていくのが，「経済のサービス化・ソフト化」である。例えば娯楽サービス・飲食サービスや，広告・コンサルティング，人材派遣，リース，デザイン，情報処理サービスなどのサービス業が伸びている。

4 海外移転と産業の空洞化

日本の企業が海外で生産した製品を国内で輸入・販売することを，**逆輸入**という。1980年代以降，安価な労働力を求め，また貿易摩擦・為替変動のリスク回避などを目的として日本企業の海外進出が進み，逆輸入の割合は大きくなっていた。こうした生産拠点の海外移転は各企業の経済合理性を追求する中で進展したものであるが，**産業の空洞化**を招き，国内の雇用の悪化や技術水準の低下といった弊害（へいがい）も指摘されている。

Ⓐ海外生産比率の推移

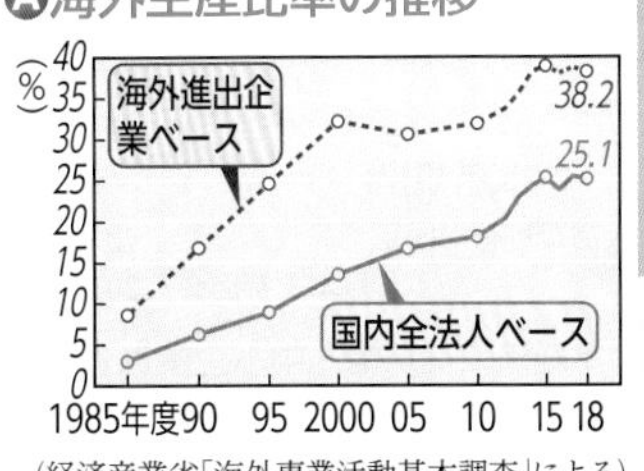

（経済産業省「海外事業活動基本調査」による）

Ⓑ「産業の空洞化」問題

1980年代後半〜 日本の製造業の生産拠点が急速に海外へ移転 →国内の雇用の減少や技術水準の低下に対する不安が広がる	**【理由】** 1985年の**プラザ合意**以降の急速な**円高の進展**と**貿易摩擦の回避**など ①円高は輸出に不利（➡ p.226）なので人件費の安いアジア諸国などに生産拠点を移転 ②工場の海外移転（特に北米などでの現地生産）は日本の貿易黒字を減らす効果もある

「産業の空洞化」に対する議論がおこる

容認論	①企業が利潤を最大化しようとして海外移転するのは当然の行動 ②空洞化は産業構造が変化（産業構造の高度化）していく過程での現象 ③多くの企業は研究や開発の拠点工場を国内に残すので技術水準は低下しない
不安論	①国内の雇用が減少する ②国内にサービス産業だけが残り経済が弱体化する ③日本の技術水準が低下する

Try トライ 空欄補充 円高不況脱出後も日銀が（① ）政策を維持したため，余剰資金が株式や（② ）への投機に向けられたため，バブル景気が発生した。しかし，1990年代初めにバブルが崩壊すると，金融機関は（③ ）を抱え込み経営を悪化させた。

基本用語 中小企業　ベンチャー・ビジネス

Theme 51

日本の中小企業問題

Approach

求む 後継者！—中小企業の廃業を食い止めよう

今，中小企業の後継者不足が深刻化している。

中小企業の経営者の高齢化が進む中，経営者の年齢のピークは2015年までの20年間に47歳から66歳に上昇し，若返りが進んでいない。中小企業庁によると，2025年までの10年間で70歳超となる中小企業・小規模事業者の経営者245万人のうち，半数の会社（日本の全企業の３分の１）で後継者が未定になると見込まれている。このまま放置すれば，**650万人の雇用と約22兆円のGDPが失われる可能性がある**という。

この流れを食い止めるには，企業と後継者候補とのマッチングが重要だ。国の中小企業政策の実施機関である中小機構は全国に**事業引継ぎ支援センター**を設け，「後継者人材バンク」などの事業承継支援のための取り組みを行っている。また，民間のM&A支援企業も中小企業と後継者候補のマッチングサービスに乗り出している。

Ⓐ中小企業・小規模事業者の経営者の2025年における年齢

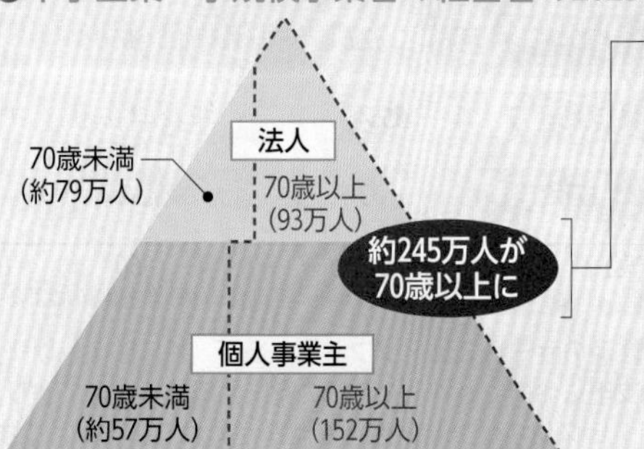

〈注〉2016年度総務省「個人企業経済調査」，2016年度帝国データバンクの企業概要ファイルから経済産業省推計
（「事業構想　2019年３月号」事業構想大学院大学）

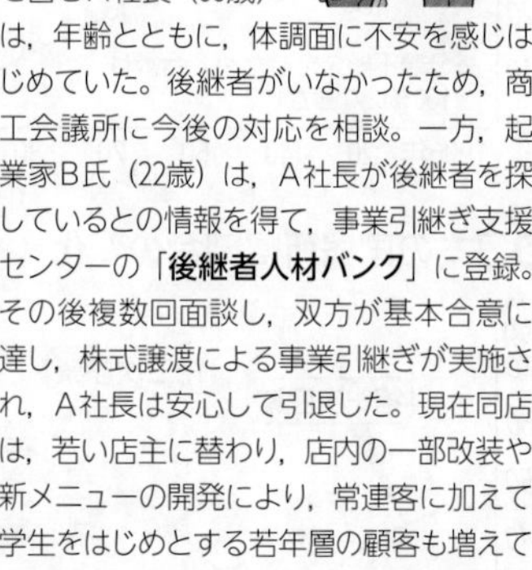

事業承継の例

10年以上焼き肉店を営むA社長（60歳）は，年齢とともに，体調面に不安を感じはじめていた。後継者がいなかったため，商工会議所に今後の対応を相談。一方，起業家B氏（22歳）は，A社長が後継者を探しているとの情報を得て，事業引継ぎ支援センターの「**後継者人材バンク**」に登録。その後複数回面談し，双方が基本合意に達し，株式譲渡による事業引継ぎが実施され，A社長は安心して引退した。現在同店は，若い店主に替わり，店内の一部改装や新メニューの開発により，常連客に加えて学生をはじめとする若年層の顧客も増えてきている。（中小企業庁「事業承継に関する現状と課題について」による）

Key point キーポイント 日本経済の土台を支えてきた中小企業の多くが，後継者不足という課題に直面している。事業を引き継ぐ子や親族がいない，あるいは引き継ぐ意志をもつ関係者がいないケースが多い。適切なマッチングを行うことで，関係者以外からやる気のある後継者が見つかるというケースも増えている。

追究 身近な中小企業が抱える課題を探ってみよう。

1 中小企業の定義と地位

Ⓐ中小企業基本法による中小企業の定義

業　　種	資本金規模	従業員規模
製造業・建設業・運輸業その他	３億円以下	300人以下
卸売業	１億円以下	100人以下
サービス業	5,000万円以下	100人以下
小売業	5,000万円以下	50人以下

Ⓑ中小企業の地位

（中小企業庁資料）

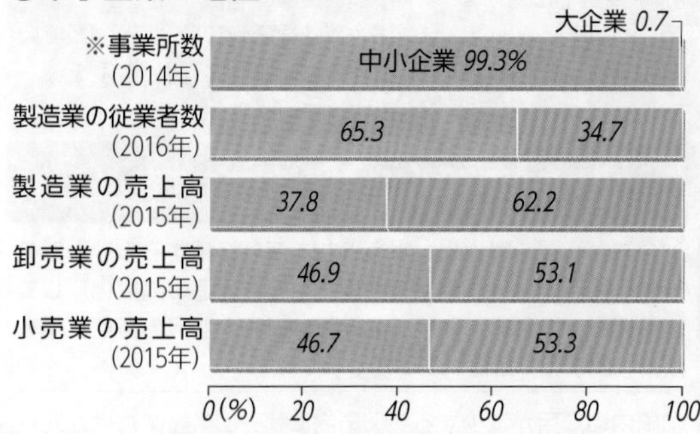

※非１次産業。製造業は従業者300人以下，卸売業は100人以下，小売業は50人以下を中小企業とする。

2 さまざまな格差

Ⓐ賃金・生産性・設備投資率の規模別格差（製造業）

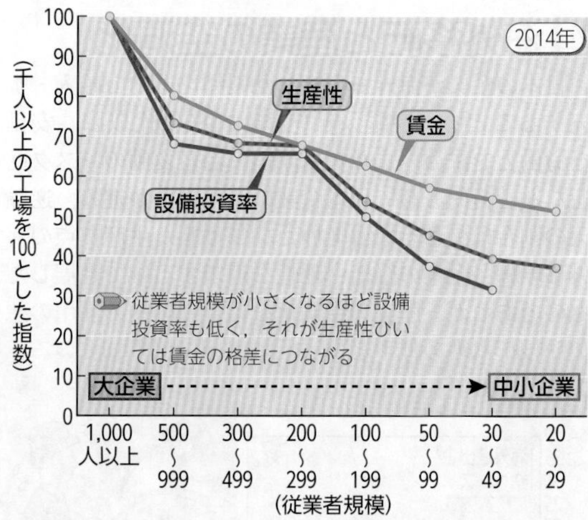

〈注〉設備投資率は従業者１人あたり有形固定資産投資総額。重工業で高く，軽工業では低い。（『日本国勢図会』2017/18）

解説 **二重構造とは**　日本経済において，中小企業は近代化が遅れ，大企業と比較して，設備投資率・生産性・賃金などの面で大きな格差がある。これを二重構造という。

しごとカタログ **中小企業診断士**　中小企業の経営課題に対応するための診断・助言（経営コンサルタント）を行う専門家の国家資格。経済産業省管轄の独立行政法人が全国に設置している中小企業大学校には，中小企業診断士の養成課程もある。

3 中小法人の現状

Ⓐ中小法人（資本金1,000万円以下）の業種別構成比

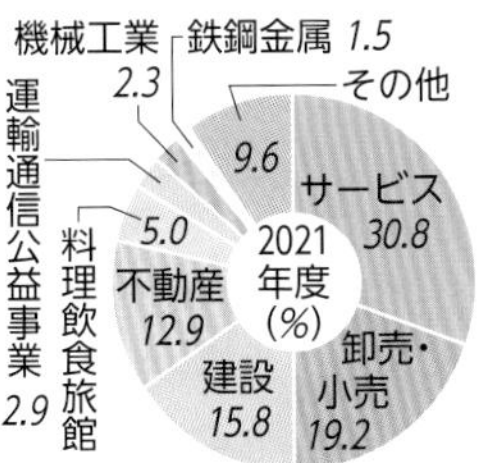

Ⓑ資本金階級別赤字法人数の割合

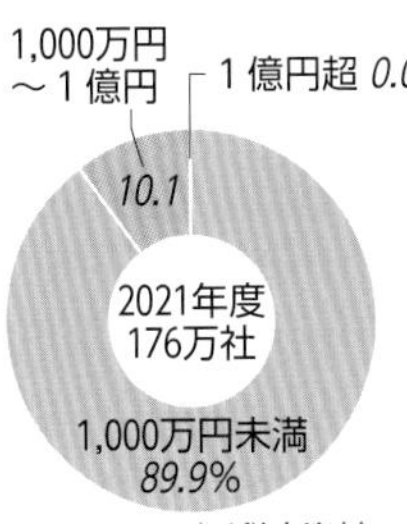

（国税庁資料による）

解説 **中小企業は小資本・下請け関連**　中小企業は比較的経営・資本の小回りのきく卸売・小売・建設・サービス産業に多くなっている。

4 中小企業の形態

独立企業	大企業ではできない特殊技術を生かしている企業や，ベンチャー企業のこと。ベンチャー企業とは，今までにない分野の仕事や，全く新しい発想に基づいた仕事（ベンチャー・ビジネス）を始めたばかりで，まだ評価が定まっていない会社のことをいう。
下請企業	大企業の注文を受け，その生産工程の一部を分担している企業のこと。労働集約的機械工業，繊維工業など。独自の技術をもたないと，不況時に不利となる。
系列企業	大企業が資金面や経営面にまで参加し，その大企業の系列と化した企業のこと。大企業の組織改革に伴って，リストラの影響を大きく受けることも多い。

解説 **99%以上が中小企業**　企業の99%以上を占める中小企業の地位は，**下請け**や**系列化**により大企業の「景気調節の安全弁」とされる一面もあるが，特色ある技術や商品開発などによって日本経済を支えている。

5 景気変動と下請企業

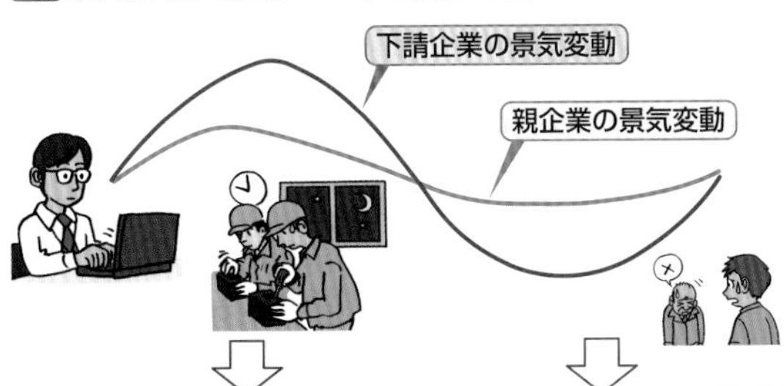

	好況時の対応	不況時の対応
親企業	正規従業員数増加せず 臨時・パートの増加 下請けへの注文を急増	正規従業員数減少せず 臨時・パートの減少 下請けへの注文を急減
下請	従業員数を急増させる 時間外労働の急増	従業員数を急減させる 時間外労働の急減

解説 **下請けは景気調節の安全弁**　大企業は，従業員数を景気に連動させることが少ない。好況時の生産急増は下請けに依存し，不況時には下請けを減らす。そのため，下請企業は好況時には仕事量が激増し，不況時には激減しやすい。

6 下請構造の変化

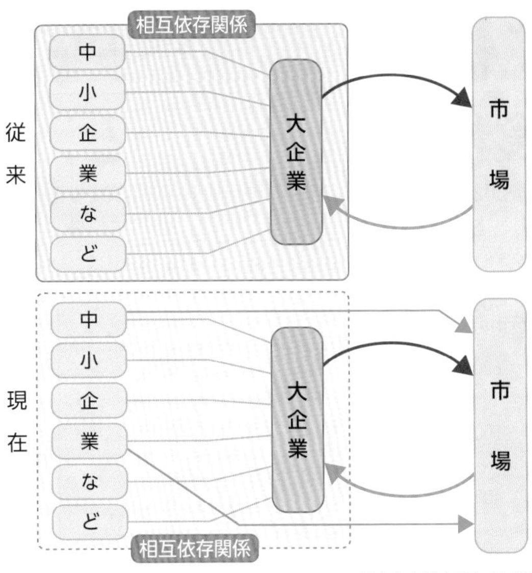

（『中小企業白書』2015）

解説 **ゆるむ下請構造**　長引く日本の不況は，大企業の下請けに対するコストカット要求や生産拠点の海外移転を促し，下請けの仕事だけでは立ち行かなくなる中小企業が続出した。このような中，下請けだけに依存せず，独自の商品を開発して市場に売り出す中小企業が増加している。

＋α（プラスアルファ） 人が歩く振動で発電！

歩行によって生じている振動を活用し，クリーンエネルギーとして発電するという画期的な研究が今，熱い注目を浴びている。その中心的人物とされるのが，株式会社音力発電（現在は株式会社グローバルエナジーハーベスト）の代表取締役，速水浩平（はやみずこうへい）さんだ。……速水社長が研究を始めたきっかけは，なんと小学生の時の理科の実験だった。

「発電すればモーターが回り，モーターが回れば発電するというしくみを習ったとき，音を出すスピーカーも同じじゃないかと思いました。電気によって音が出せるなら，音によって電気を起こせるんじゃないかって。」しかし音による発電量は非常に小さいため，人の歩行やクルマの走行など振動により発電する「発電床R」の研究へと発展させた。

床の中に圧電素子が内蔵された発電床は，体重60kgの人が1秒間に2歩歩くたびに約0.1から0.3ワット発電する（約100個のLEDを0.5秒間点灯）。化石燃料と違い燃料が不要で，空気を汚すこともなく，普段そのまま捨てている振動を有効活用できるというのが大きな魅力だ。

（『KORYU No.88』による）

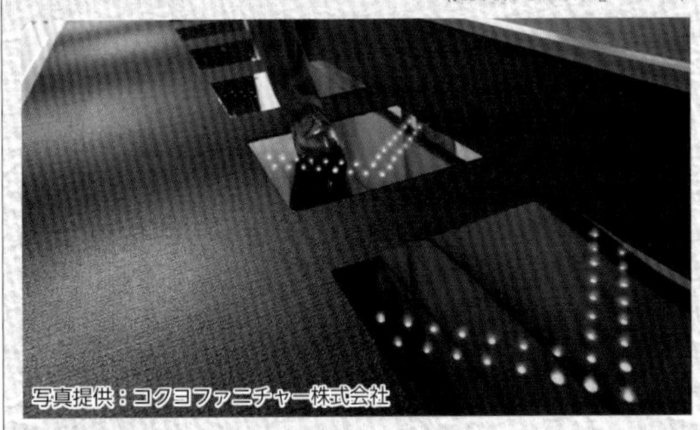

写真提供：コクヨファニチャー株式会社

⬆オフィスの玄関に設置された発電床

経済

Try（トライ） 大きな自動車会社に部品を納めている中小企業は，次の分類のうちどれにあてはまる？
①独立企業　②下請企業

基本用語》 食料自給率 食糧管理制度 減反政策 新食糧法 ウルグアイ・ラウンド 食料・農業・農村基本法

Theme 52 日本の農業問題

食料自給率が低いと，どんな心配があるの？

Approach

2022年の農地面積は1960年の約75％に減少しており，総農家戸数は約１／３以下に減少している。

Ⓐ耕地と耕作放棄地面積の推移

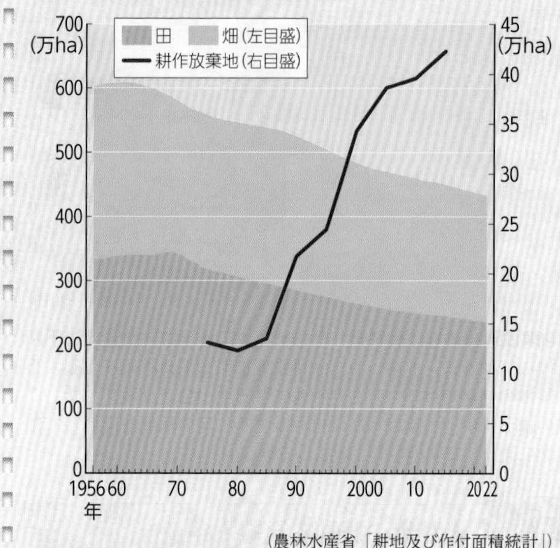

（農林水産省「耕地及び作付面積統計」）

日本で食料生産ができなくても，外国から輸入できれば問題ないという考え方もある。実際，長年食料自給率が低迷を続ける日本でも，食料危機は起きていない。しかし，異常気象や紛争によって世界の食料生産や流通が混乱すれば，輸入が続けられるとは限らない。

実際，2022年にロシアがウクライナに侵攻すると，小麦の国際価格が高騰（こうとう）し，日本でも小麦粉を原料とする商品の値上がりが報じられた。ロシアは小麦の輸出量が世界１位，ウクライナが５位（2021年）であり，小麦の供給が大きく混乱したのだ。食料自給率の高い国であれば，一時的に輸出量を制限して，国民に十分な食料を供給することも可能だが，世界の食料生産国がこのような措置を取れば，日本のような食料自給率の低い国はますます食料を手に入れにくくなるだろう。

生命の維持に直接かかわる食料生産は単純に効率性だけで評価することはできず，いざというときに対応できる余力を残しておくこと（**食料安全保障**）が大切である。

追究 日本と諸外国の食料自給率と農業政策を比較してみよう。

1 農家戸数と農業人口

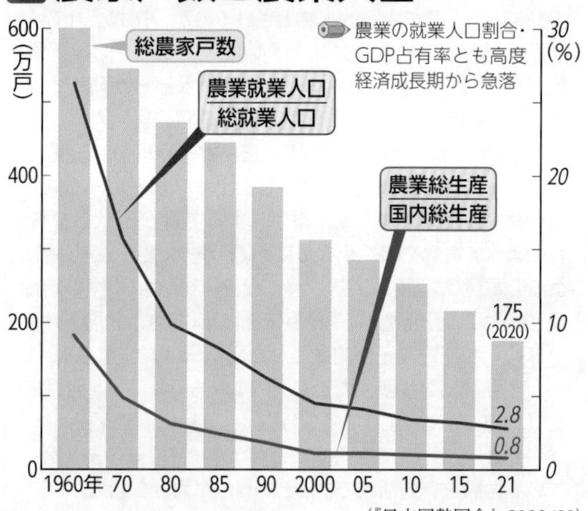

（『日本国勢図会』2022/23）

解説 日本経済の二重構造

1960年に総就業人口の約３割，国内総生産の約１割を占めていた農業は，高度経済成長による産業構造の激変や他国での品種改良などによって，その地位を大幅に低下させた。農業分野においても機械化等の技術革新はめざましいものがあるが，農用地面積が狭いため他産業との生産性の格差は大きく，日本経済の二重構造のひとつといわれている。

どうして日本の農業は衰退しているんだろう？

2 農業の地位の変化

Ⓐ農家戸数と構成の推移

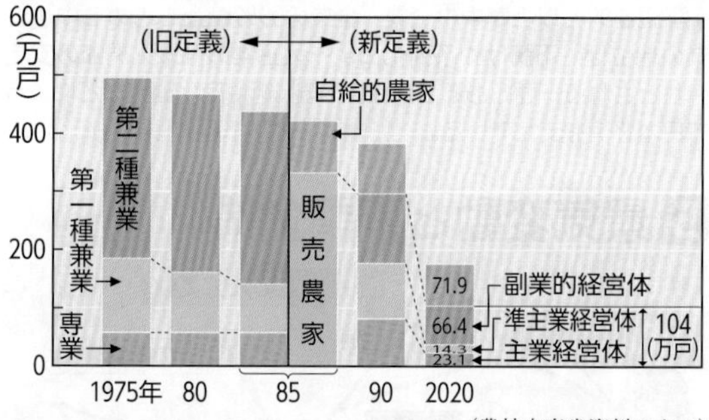

（農林水産省資料による）

Ⓑ農用地面積などの国際比較[*1]（2020年）

	日本(2022年)	アメリカ	ドイツ	フランス	イギリス
国土面積	1	25.9	0.9	1.4	0.6
農地面積	1	101.5	4.3	7.3	4.3
農家１戸当たりの農地[*2]	1	54.6	18.3	18.5	27.3
国土面積に占める農地の割合	11.6%	41.3%	46.4%	52.0%	70.9%

＊1：日本を１とした場合の比較値。
＊2：日本は2022年，アメリカは2021年，ドイツ・フランス・イギリスは2016年。
（農林水産省資料などによる）

解説 **減少する農家** 農家戸数は年々減少しており，主業経営体・準主業経営体（農業所得が主で65歳未満の農業従事60日以上の者がいる経営体）の合計数が副業的経営体（65歳未満の農業従事60日以上の者がいない経営体）の数を下回るなど，**農業の兼業化，農業従事者の高齢化**が進んでいる。背景の１つには，日本の農業経営が極めて小規模のため，効率が悪いことが挙げられる。

しごとカタログ **漁業監督官** 農林水産省の外局，水産庁の職員で，密漁などを取り締まる。特別司法警察職員であり，逮捕権をもっている。農林水産省のもう一つの外局，林野庁の職員である森林管理局員も，同じく逮捕権をもっている。

3 食糧制度の変遷

1942年　食糧管理法制定（国による食糧の全量管理等）

1945年　終戦
①農村の民主化（農地改革）（➡p.174），②食糧の増産

1961年　農業基本法制定
①農業の選択的拡大，②自立経営農家の育成

・高度経済成長のなかで農業・農村に様々なゆがみ
①米消費量の減少→**減反**，②農業と他産業との生活水準の格差拡大，③農村の過疎化，④農業従事者の減少・高齢化

1995年　食糧管理法廃止・新食糧法施行（政府から民間主導に）

1999年　**食料・農業・農村基本法**制定
・国民的視点から①食料の安定供給確保，②多面的機能の発揮，③農業の持続的な発展，④農村地域の振興という新たな理念の提示
・食料自給率目標の設定
・効率的かつ安定的な農業経営が相当部分を担う農業構造の確立

（『食料・農業・農村白書2008』などによる）

解説 **農業の発展をめざして**　戦後のめざましい高度経済成長により都市部の生活水準が向上する一方で，農村は発展から取り残されていたため，様々な対策が講じられてきた。米の価格を安定させるために1970年から続けられていた**減反政策**（生産調整）もその一つであるが，2008年度には生産者が自主的に生産量を調整する制度に変えることに決定し，減反政策は2018年度に廃止された。

Ⓐ米の需給動向

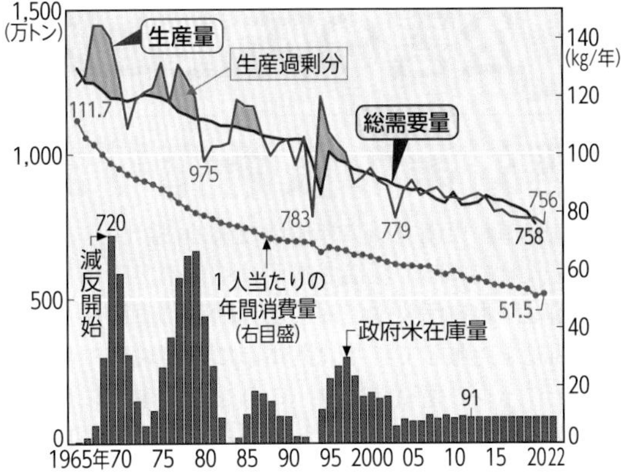

政府米在庫量は各年10月末現在　　（農林水産省資料による）

解説 **輸入義務があるコメ**　米の消費量が減少し国産の米も余りがちになる中，1994年にGATT（関税と貿易に関する一般協定）**ウルグアイ・ラウンド**で米の最低限輸入義務が設定された。これにより1995年より米を国内消費量の４～８％輸入することとなった（**ミニマム・アクセス米**）。1999年の関税化受け入れ後も，ミニマム・アクセスは続いている。

⇦旧食糧庁深川倉庫（現深川政府倉庫）に備蓄されている政府米　約６万トンの米が保管できる。

4 低下する食料自給率

Ⓐ日本の主要農産物の自給率

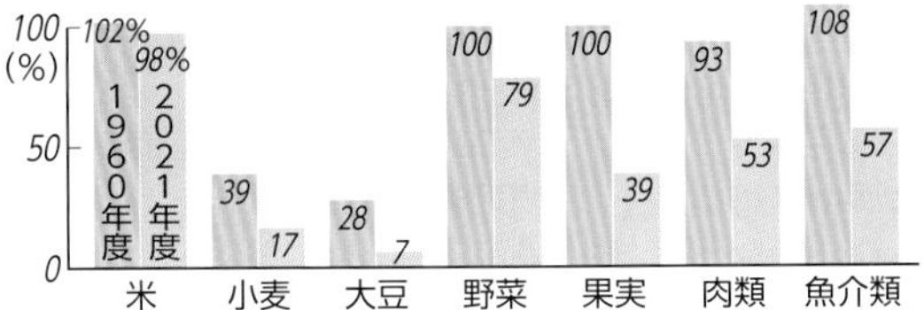

Ⓑ主要国の食料自給率（カロリーベース）の推移

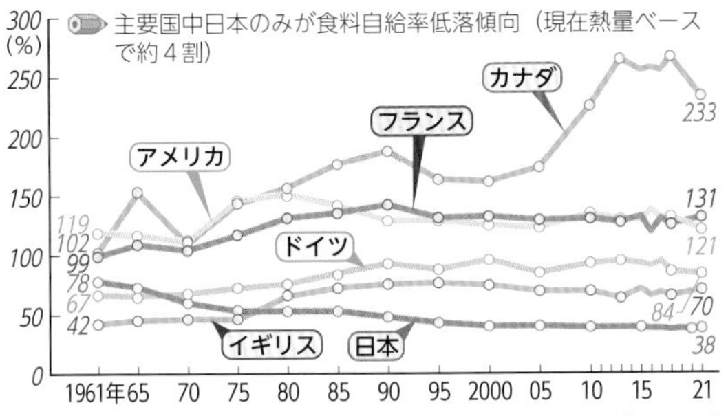

（ⒶⒷとも『食料需給表』2021）

解説 **６割を外国に依存**　外国産のものは安価で手に入れられるメリットはあるが，安全性（農薬や病気）や安定した食料供給（食料不足など）という側面から考えると不安も大きい。また，予想外の要因によって国外からの食料供給に混乱が生じても，安定的に食料を確保できるよう準備すべきという食料安全保障の観点でも食料自給率を高める必要がある。

Try トライ　次のうち，2021年現在日本の自給率が最も高い品目はどれ？
①野菜　②小麦　③米　④大豆

＋α プラスアルファ 農協改革とは？

2015年８月に成立した農協改革法により，全国農業協同組合中央会（JA全中）は地域農協に対する監査・指導権を失い，2019年には特別認可法人から一般社団法人に組織形態が変更された。「地域農協の自主性をしばっている」とたびたび指摘されてきたJA全中の監査・指導権を廃止することによって，約700ある地域農協の経営の自由度を高め，農家の所得向上につながるような創意工夫を促すのが狙いだ。しかし，TPPなどの農産物輸入自由化への強力な反対勢力であるJA全中の政治的な力を弱めるためのものではないか，といった指摘もある。

Ⓐ農協の組織図と農協改革の内容

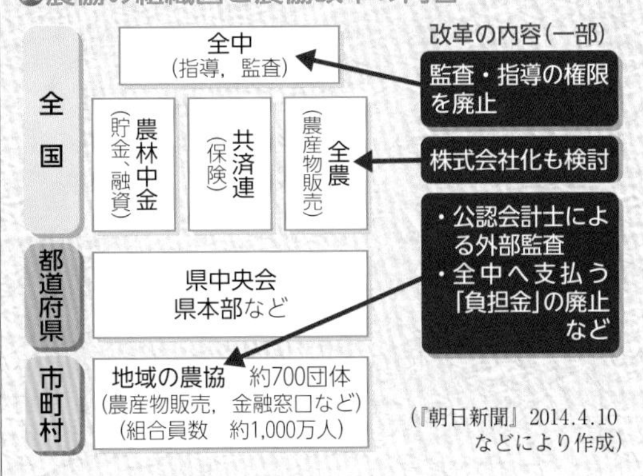

（『朝日新聞』2014.4.10などにより作成）

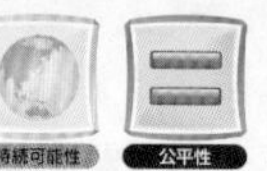

基本用語 水俣病　新潟水俣病　四日市ぜんそく　イタイイタイ病　公害対策基本法　汚染者負担の原則(PPP)　環境基本法　リサイクル　循環型社会形成推進基本法　3R

Theme 53

公害の防止と環境保全

Approach

公害対策の技術売ります―課題を「商機」に

北九州市が東南アジアで環境技術の「輸出」に力を入れている。経済成長が続く東南アジア諸国は，水質汚染やごみなどの問題に直面。公害問題を克服してきた北九州市には環境技術やノウハウの蓄積があり，これを地元企業のビジネスにつなげようとしている。

ベトナム第3の都市ハイフォンで，北九州市が持つ浄水技術の導入が進んでいる。2010年度から現地に実証プラントがつくられ，2017年には主力浄水場にこの技術を使った専用の水処理施設が建設されることが決まった。

これは「上向流式生物接触濾過（U−BCF）」という技術だ。北九州市が1980～90年代，生活排水で汚れた河川の水を浄化するために開発。水中の微生物を利用して，アンモニア性窒素などを除去する。

……北九州市にある浄水器メーカーも以前より海外進出を検討してきたが，問題は肝心の「水」だった。東南アジアでは，経済成長に伴って生活排水による河川の汚染が目立つようになった。浄水器は基本的に塩素やカビ臭を取り除くことが目的。そもそも衛生的な水道水でないと，浄水器の市場そのものが存在しない。念願の海外進出に踏み切ったのは，北九州市の浄水技術の移転などで，市場が広がる見通しが立ったからだ。

ハイフォンでのU-BCF実証実験

北九州市上下水道局の久保田和也・海外事業担当課長は言う。「国際協力で培ったネットワークと技術を生かし，地元企業のビジネスの拡大につなげたい」　（朝日新聞デジタル2015.11.17による）

追究 公害対策の技術について調べよう。

Key point キーポイント 大気汚染や海洋汚染といった問題は，国境を越えて多くの国に公害を引き起こしうるものだ。そのため，問題の解決には国際的な協力が不可欠とされており，公害問題に直面して多くの技術やノウハウを培ってきた日本に対し，国際社会からの期待が高まっている。

1 公害・環境問題関連年表

年	事項
1878	**足尾銅山（栃木県）の鉱毒**で渡良瀬川流域に被害
90	洪水により足尾鉱毒被害拡大
91	**田中正造**が衆議院で足尾鉱毒事件を追及
1922	神通川（富山県）流域で**イタイイタイ病発見**
56	**水俣病の存在が社会問題化**
61	**四日市ぜんそく多発**
	原子力損害賠償法制定
65	阿賀野川（新潟県）流域で**新潟水俣病発生**
67	阿賀野川水銀中毒被害者，昭和電工に対し損害賠償請求訴訟をおこす（**四大公害訴訟第1号**）
	公害対策基本法，海水汚濁防止法制定
69	初の「公害白書」発表。「公害被害者救済法」公布
70	東京で鉛公害，光化学スモッグ発生問題化
71	**環境庁設置**。イタイイタイ病訴訟，患者側勝訴，被告高裁へ控訴。新潟水俣病裁判，患者側勝訴，判決確定
72	ストックホルムで**「国連人間環境会議」**
	四日市公害訴訟，患者側勝訴，判決確定。イタイイタイ病訴訟控訴審，患者側勝訴，判決確定
73	水俣病公害訴訟，患者側勝訴，判決確定。その後行政責任を問う訴訟相次いで提起
	汚染者負担の原則(PPP)に基づく公害健康被害補償法(公健法)公布
74	大阪空港公害裁判**「環境権」**を主張
76	神奈川県川崎市で全国初の環境アセスメント条例成立
78	水質汚濁防止法改正（**濃度規制から総量規制へ**）
92	リオデジャネイロで**「国連環境開発会議（地球サミット）」**
93	**環境基本法の制定**，環境基本計画策定（'94）
96	政府解決策により水俣病和解→（水俣病関西訴訟は継続）
97	**環境アセスメント（環境影響評価）法**制定
98	地球温暖化対策推進法制定
99	ダイオキシン類対策特別措置法制定
2000	循環型社会形成推進基本法制定，容器包装リサイクル法改正
01	環境庁を**環境省に格上げ**。家電リサイクル法など環境関連法施行
02	日本，京都議定書を批准。地球温暖化対策推進法改正
	ヨハネスバーグで**「環境開発サミット」**
04	水俣病関西訴訟で最高裁が国と熊本県の行政責任認める
05	**京都議定書発効**
06	石綿（アスベスト）健康被害救済法制定
11	東京電力福島原発事故で放射能汚染拡大
12	地球温暖化対策税（環境税）導入
13	国連で「水銀に関する水俣条約」採択

解説 **公害は人為的な環境被害**　日本の公害の原点ともいうべき足尾鉱毒事件は，富国強兵・殖産興業を強力に進める明治政府と当時の大企業が，環境よりも経済的利益を優先させた結果生じた人為的な環境被害であった。田中正造らの努力もむなしく，政府は本格的な鉱毒対策をとるかわりに，谷中村を洪水の時に汚染された水をためこむ遊水地として消滅させたのである。その後，廃村となった旧谷中村の住民の一部は北海道などに移住させられ厳しい生活を強いられた。足尾銅山は1973年に閉山となったが，地元を中心に足尾銅山を日本の「負の歴史遺産」として登録し保存していこうとする動きがある。

しごとカタログ **公害等調整委員**　法律や工学の専門家から構成される，総務省の公害等調整委員会のメンバー。時間のかかる司法的手続（裁判所への提訴）とは別に，専門的な知見を生かして，迅速にあっせん・調停・仲裁・裁定などの解決に導くことが目的。

2 四大公害訴訟

		新潟水俣病	四日市ぜんそく	イタイイタイ病	水俣病（熊本県）
発生地域		1964年頃から，新潟県阿賀野川流域	1961年頃から，三重県四日市のコンビナート周辺	大正年間から，富山県神通川流域	1953年頃から，熊本県水俣湾周辺
症状		手足がしびれ，目や耳が不自由になり，苦しむ	気管支など呼吸器が冒され，ぜんそく発作が襲う	骨がもろくなり，「痛い痛い」と叫んで死に至る	新潟水俣病と同じ
訴訟	提訴日	1967.6.12	1967.9.1	1968.3.9	1969.6.14
訴訟	原告数	76人	12人	33人	138人
訴訟	被告	昭和電工	四日市コンビナート６社	三井金属鉱業	チッソ
訴訟	判決	1971.9.29（新潟地裁）**原告が勝訴**	1972.7.24（津地裁）**原告が勝訴**	1972.8.9（名古屋高裁）**原告が勝訴**	1973.3.20（熊本地裁）**原告が勝訴**
訴訟	判決内容	疫学的に因果関係が推認・立証できる。企業責任あり	コンビナート各企業の共同不法行為で責任あり	疫学的因果関係の証明で賠償請求は可能	工場排水の安全確認を怠った企業に責任あり
訴訟	〈原因〉	工場廃液中の有機水銀	コンビナート工場から排出の亜硫酸ガス	鉱山から放流されたカドミウム	工場廃液中の有機水銀
訴訟	判決額	約２億7,800万円	約8,800万円	約１億4,800万円	約９億3,700万円

Ⓐ高度経済成長の悲劇・水俣病

1953年不知火海一帯でネコが狂い死にした。よだれを垂らし，よろよろと歩いているかと思うと突然激しくけいれんをおこし，あるいは一直線に走り出し海の中に飛び込んだり，かまどに飛び込んで火だるまになったりした。

原因不明の研究依頼を受けた熊本大学医学部はまもなく水俣湾産の魚介類が原因であることをつきとめたが厚生省（当時）はなんら有効な手を打たなかった。

…チッソと通産省（当時）は東京工業大学教授のアミン説を支持し，くさった魚介類を食べた漁民の過失と主張した。この間チッソは生活に困った漁民と見舞金契約を結んでいた。その契約は「将来水俣病が工場排水に起因することが決定した場合においても，新たな補償金の要求は一切行わないものとする」という一項を入れていた。

（『教養の日本史』東京大学出版会による）

⬆チッソ本社前に座り込む水俣病原告支持者ら（1973年3月20日）

➡四日市市の小学校　立ち上るばい煙のすぐそばにある，四日市市の小学校(1972年)

◀解説▶ 高度経済成長の影で　戦後の日本は世界でもトップクラスの工業国となったが，その急激な工業化に伴って，**四大公害**を初めとする数々の公害を引き起こした。四大公害訴訟では，いずれも企業の責任が認められ，原告側が勝訴したが，判決後も患者と家族の苦しみは続き，国や自治体の責任を追及する訴訟もおこされた。1982年に提起された水俣病関西訴訟で，最高裁は2004年に国と熊本県の行政責任を認める判決を下した。

3 公害の苦情処理件数

＊環境基本法では「大気汚染・水質汚濁・土壌汚染・騒音・振動・地盤沈下・悪臭」を典型的な公害としている（典型７公害）

（万件）
0 1 2 3 4 5 6 7 8 9
1966年 20,502件
75 76,531
85 64,550
2021 73,739
土壌汚染・地盤沈下・その他
悪臭 30.6%
水質汚濁 14.1
7.3
騒音・振動 28.5
大気汚染 19.5

（『日本国勢図会』2023/24）

4 公害列島日本—公害病の認定患者（2021年12月末現在）

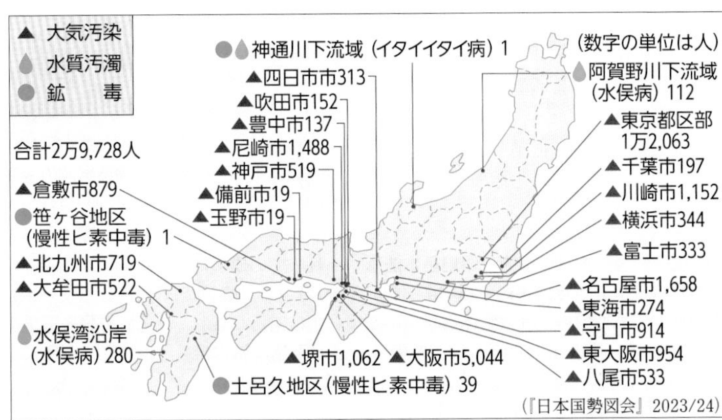

（『日本国勢図会』2023/24）

Try　コンビナートによる大気汚染で引き起こされた公害病はどれか。
①新潟水俣病　②四日市ぜんそく　③イタイイタイ病　④（熊本）水俣病

5 公害関係の主な法律

区分	法律	内容
公害対策基本法（1967年制定，93年廃止）		四大公害の発生を受けて制定。1993年に**環境基本法**（➡6）と統合され廃止。
省　庁	環境庁設置法（1971年公布）	環境庁を設置し，公害防止・環境保全などを管轄させる→2001年，**環境省**に格上げ。
公害規制	大気汚染防止法（1968年公布）	ばい煙や粉じんなどの大気汚染物質の排出量を規制し，国民の健康と生活環境を保護することを規定。
	騒音規制法（1968年公布）	工場や工事現場，交通量の多い道路や深夜営業の店などの騒音を規制。
	水質汚濁防止法（1970年公布）	河川や湖沼，地下水など公共用水域の汚染を防ぐため，工場などの排水を規制。
	廃棄物処理法（1970年公布）	高度経済成長に伴う大量消費・大量廃棄に対応するため，廃棄物の排出抑制と適正処理を規定。
	海洋汚染防止法（1970年公布）	海洋汚染を防止するための様々な規制を盛り込んでいる。1976年，海上災害も対象とし，改称。
	公害犯罪処罰法（1970年公布）	事業活動によって人の健康を害する行為を処罰するための法律。最高刑は懲役７年。
紛争処理	公害紛争処理法（1970年公布）	公害紛争を迅速に解決するための法律。総務省の**公害等調整委員会**及び都道府県に置かれる公害審査会等がこの法律に基づきあっせん，調停（ちょうてい），仲裁（ちゅうさい），裁定（さいてい）を行い，地方公共団体は公害に関する苦情の処理についての指導を行うことを規定。
賠償・被害者救済・負担	原子力損害賠償法（1961年公布）	原子力災害に対する賠償責任は，「異常に巨大な天災地変又は社会的動乱」によるものを除き，事業者が負担。
	公害防止事業費事業者負担法（1970年公布）	国・地方公共団体が公害防止事業を実施する際，発生源企業からも事業費を一定割合負担させる法律。最高時で事業費３兆円の約半分1.5兆円の負担。これは**汚染者負担の原則（PPP）**を適用したもの。例えば1977～90年の水俣湾ヘドロ除去工事では，485億円のうち307億円をチッソが負担。
	無過失賠償責任制度（大気汚染防止法・水質汚濁防止法改正法，1972年公布）	公害発生源企業の賠償責任を負わせ，被害救済を図るのが目的。故意・過失の有無を問わず，損害賠償責任を認めたもの。
	公害健康被害補償法（1973年公布）	民事責任の考えと**汚染者負担の原則**（PPP）に基づき，公害企業が損害を補償する制度として制定（1974年施行）。著しい大気汚染を生じ，その影響による疾病が多発している地域を「指定地域」とし，慢性気管支炎などの疾病にかかった住民を公害病患者に認定，医療費や障害補償費などが支払われる。しかし，1988年には，新規患者認定打ち切りなど大幅に縮小。

6 環境基本法

環境基本法［公布1993.11.19法91　最終改正2021法36］

第１条　この法律は，環境の保全について，基本理念を定め，並びに国，地方公共団体，事業者及び国民の責務を明らかにするとともに，環境の保全に関する施策の基本となる事項を定めることにより，環境の保全に関する施策を総合的かつ計画的に推進し，もって現在及び将来の国民の健康で文化的な生活の確保に寄与するとともに人類の福祉に貢献することを目的とする。

第２条②　この法律において「地球環境保全」とは，人の活動による地球全体の温暖化又はオゾン層の破壊の進行，海洋の汚染，野生生物の種の減少その他の地球の全体又はその広範な部分の環境に影響を及ぼす事態に係る環境の保全であって，人類の福祉に貢献するとともに国民の健康で文化的な生活の確保に寄与するものをいう。

③　この法律において「公害」とは，環境の保全上の支障のうち，事業活動その他の人の活動に伴って生ずる相当範囲にわたる大気の汚染，水質の汚濁……，土壌の汚染，騒音，振動，地盤の沈下……及び悪臭によって，人の健康又は生活環境……に係る被害が生ずることをいう。

解説 **環境基本法の目的**　**環境基本法**は，それまでの環境行政の基本法であった**公害対策基本法**（1967年制定）が，地球環境問題や生活型公害・社会全体としての環境保全に対応しきれなくなっている状況下で作られたもの（公害対策基本法は廃止）。前年（92年）に地球サミットが開催されたことに留意しよう。しかし，**環境権の明記は避けられた。**

7 環境アセスメント法

A 環境アセスメント（影響評価）の考え方

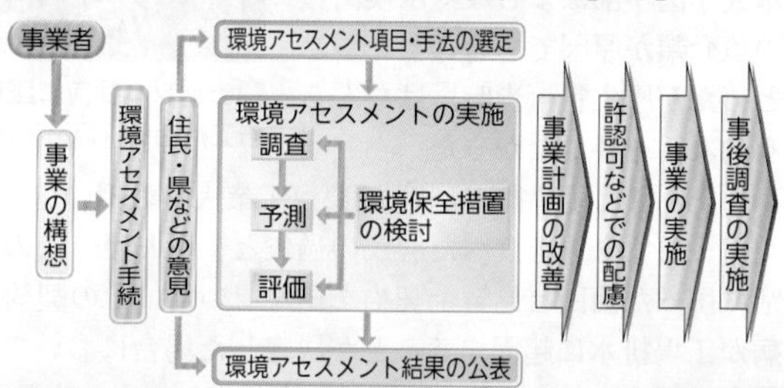

諫早湾（いさはや）の潮受（しおう）け堤防閉め切り（1997年４月）　諫早湾干拓事業は1989年から進められていたが，環境アセスメント法成立直前に行われたこの工事には甚大な漁業被害をもたらしたとの批判が噴出し，環境アセスメントの重要性を再認識させられる事例となってしまった。

解説 **環境への影響のチェック**　**環境アセスメント法**は，環境に影響を及ぼすおそれのある事業について，**事前に調査・予測・評価を行い**，住民の意見をふまえて保全をしようというものだ。先進国で唯一，アセス法がない状態だったが，1997年にようやく成立した。

Try（トライ） 公害を発生させた企業は，たとえ発生させる過程で過失（ミス）がなかったとしても，被害に対する賠償責任を負わなければならない？
①負わなくてはならない。　②過失がなければ，負う必要はない。

論点 原子力発電をどう位置づける？

1 「原子力発電」を多面的に評価しよう

環境面

メリット

・CO_2 排出量が少ない

Ⓐ各電源別のライフサイクルCO_2排出量

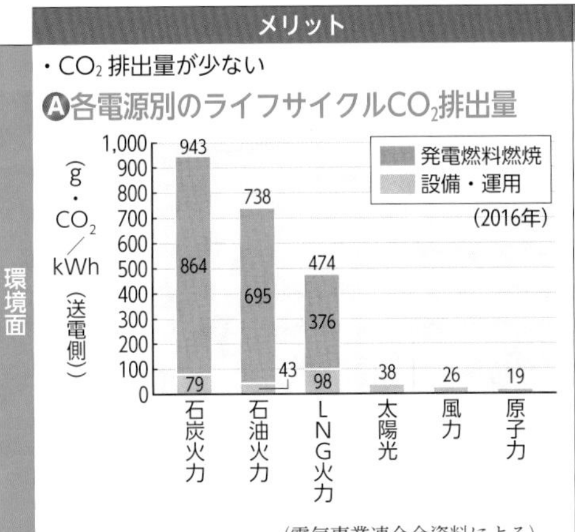

（電気事業連合会資料による）

デメリット

・放射能汚染の危険がある
・核のゴミの問題が未解決のまま

Ⓑ高レベル放射性廃棄物最終処分場のイメージ

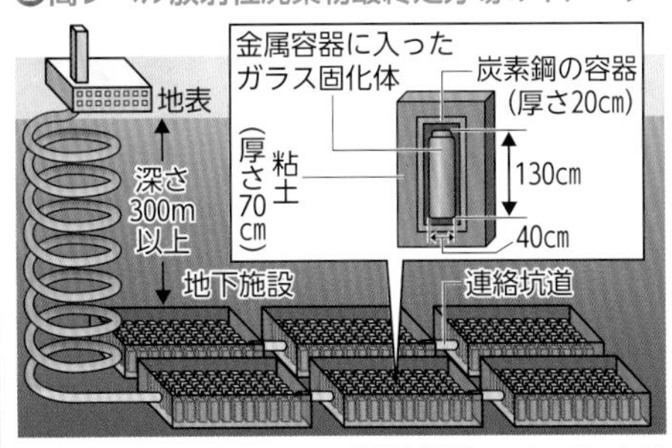

（『毎日新聞』2019.5.25による）

解説・補足

核のゴミ（放射性廃棄物）は，天然ウランと同程度の無害な状態になるまでに数万年以上を要するといわれる。政府は廃棄物を地層処分にすると決定しているが，地震大国の日本で安全性が確保できるのかといった不安から，いまだ最終処分場の予定地は決定していない。

経済面

メリット

・発電コストが安い

Ⓒ日本の発電コストの比較（2020年）

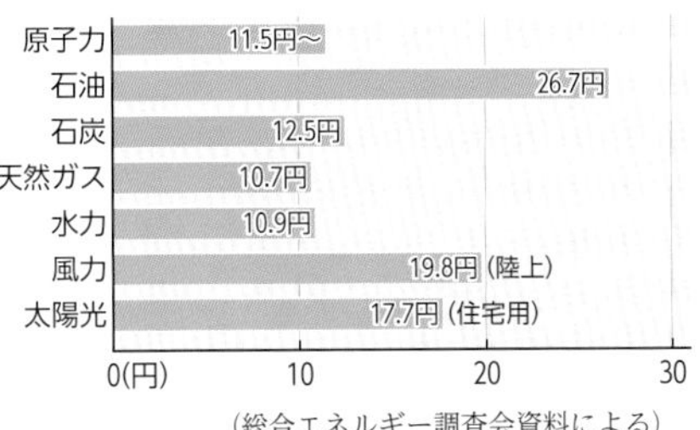

（総合エネルギー調査会資料による）

デメリット

・発電コストは高い

Ⓓ大島堅一（おおしまけんいち）・龍谷大教授による試算

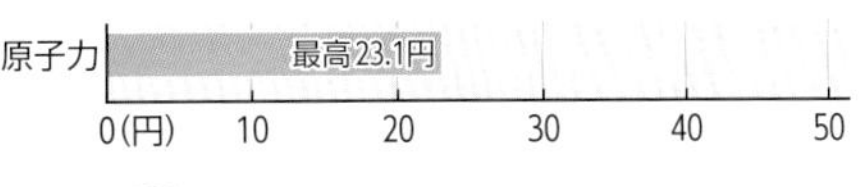

（福島第一原発の事故処理費用を反映しない政府の試算は）架空の前提に基づくため実態を反映していない。

（『静岡新聞』2023.5.16による）

解説・補足

政府は原子力発電の発電コストは他のエネルギーよりも安いとしているが，火力や水力よりも高いという試算もある。原発事故の損害賠償（そんがいばいしょう）額や放射性廃棄物処理の費用を考えれば，原子力発電はもっと高コストになるといわれる。

エネルギー安全保障面

メリット

・大量の電力を安定的に供給できる

⇧**黒部ダム**（富山県）
約10km下流の黒部川第四発電所に水を供給。

⇧**柏崎刈羽原子力発電所7号機**（新潟県）

・ウランの埋蔵地は分散しているため，エネルギー安全保障上有利

デメリット

・一度稼働すると発電量を調節できず，電力のつくりすぎと浪費が起こる

・天然ウランの可採年数は残り115年ほど（2019年）
（世界のウラン埋蔵量615万ｔ）÷
（2019年のウラン生産量5.35万ｔ）＝115年

解説・補足

火力発電の燃料（石油・天然ガス）は，政情が不安定な中東への依存度が高いため，情勢次第でコスト・供給量などに影響が出やすい。ウランは多様な地域から購入でき，わずかな燃料で長期間発電できるという利点がある。

経済

2 原子力の危険性―繰り返される深刻な事故

チョルノービリ（チェルノブイリ）原発事故

⇦**事故直後のチョルノービリ原発**
1986年４月26日，旧ソ連（現ウクライナ）のチョルノービリ原発４号炉が，設計の不備や誤った操作によって制御不能となり，爆発した。このため，大量の放射性物質（死の灰）が広範囲に広がり，付近から約40万人が避難した。放射能の影響から，ベラルーシやウクライナなどで甲状腺がんや白血病が多発するなどの健康被害が発生した。

東京電力福島第一原発事故

⇦**事故後の福島第一原発**（2011年３月，東京電力提供） 2011年３月11日に発生した東日本大震災の大津波で，炉心を冷却する電源・設備がダウン。これによって１～３号機で炉心溶融（メルトダウン）が発生。水素爆発や汚染水の海洋流出で，多量の放射性物質が外部に放出された。この事故により，最大で約10万人の住民が住み慣れた土地を離れ，避難生活を余儀（よぎ）なくされた。

解説 エネルギー資源の乏しい日本は，低コストで大量の電力を生み出せる原子力発電を重要な電源に位置づけ，20近くの原子力発電所が設置されてきた。しかし，2011年の福島第一原発事故によりこの方針は再考を余儀なくされた。近年は不安定な国際情勢を背景にエネルギー価格の高騰などで安定した電力供給が困難となっており，原子力をめぐる議論にも影響を与えている。

日本のエネルギー政策の中で，原子力をどのように位置づけるべきだろうか。

日本の原子力（一般社団法人 日本原子力産業協会）のページ➡

Theme 54

労働者の権利

基本用語 労働基本権　労働三法　労働基準法　労働委員会　労働組合

ストライキと職場放棄，何が違うの？

Approach

　ストライキの本質は，その目的にある。それは，**労働条件の向上を目指すために行われるもの**だという点だ。賃金を引き上げたり，労働時間を短くしたり，もっと働きやすい環境を求めるために働かないという行為がストライキにあたる。個人的に仕事が嫌だから働かない，ではストライキとは言えない。

　そして，**ストライキは労働者が団結して集団的に働かないという手段をとることによって，業務の正常な運営を阻害するという効果を持つ**。企業は労働者を雇い入れて働かせることで初めて事業を営むことができる。……

　昨今では，パワハラを苦に「突如退職することで会社にダメージを与えたい」という人は少なくない。しかし，このような場合には，個人的な報復が目的となってしまい，職場の労働条件につながらない。また，労働を集団的にコントロールするわけでもない。目的の面からも，手段の面からも「ストライキ」であるとはいえないだろう。

　ストライキとは，労働者が会社と交渉するための「武器」なのだ。ストライキは，労働者が「これよりも低い条件では働かない」という意思をもったときに行われる。つまり，労使の「取引」のプロセスにあたる。（今野晴貴「ベトナム人労働者の『ストライキ』から，私たちは何を学ぶべきか？」Yahooニュース2022.3.3による）

⇧ファストフード店の労働者の賃金引き上げを要求するストライキ（アメリカ・ニューヨーク，2013年）

Ⓐ日本の労働争議の件数の推移

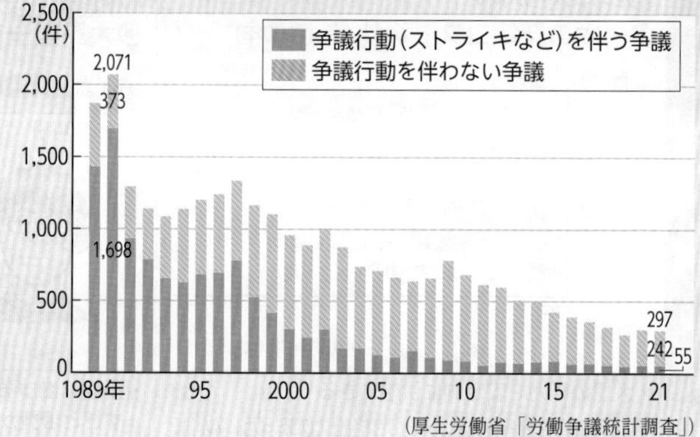

（厚生労働省「労働争議統計調査」）

追究 「ストライキ」ができる労働者，できない労働者の違いを説明してみよう。

1 労働基本権と労働三法 （➡p.266）

法　律		労働者の権利		
憲法27条		勤労権		労働基本権
憲法28条		労働三権		労働基本権
労働三法	労働基準法	労働条件の保護		
労働三法	労働組合法	労働三権	**団結権**	労働組合をつくり団結する権利
労働三法	労働組合法	労働三権	**団体交渉権**	労働条件改善のため使用者と対等な立場で交渉する権利
労働三法	労働関係調整法	労働三権	**争議権（団体行動権）**	労働条件の改善が受け入れられなかった場合に争議行為を行う権利

解説 **不当労働行為**　とかく弱い立場に置かれがちな労働者に対し，憲法は**労働三権**という基本的な権利を認めている。労働三権を保障するため，使用者による労働組合結成や活動に対する不当な妨害行為を，**不当労働行為**として禁止している。

2 労働組合とは

労働組合って何？	労働者が経済的地位の向上をめざして結成する団体	
労働組合法における組合の要件	①団体である	**2人以上**なら団体
	②メンバーの大部分が労働者	失業者も労働者
	③自主性をもつ	労働者が自主的に作り，会社からの干渉を受けない
	④**経済的地位向上**が主目的	政治運動や福利事業が主目的ではダメ（付随目的なら可）
	⑤会社の利益代表者の不参加	利益代表者とは，役員，人事権や施策決定権をもつ管理職など
	⑥組合運営費について会社から援助をうけない	**援助になる場合**・組合用備品を会社が負担・組合専従者給料を会社が負担 **援助にならない場合**・最小限の組合事務所の供与・組合の福利厚生資金への会社の寄付
	⑦必要事項を定めた**規約**をつくること	

（松尾道子『フリーターで大丈夫？』有斐閣選書による）

しごとカタログ **労働基準監督官**　労働基準関係法令の違反を取り締まる厚生労働省所属の国家公務員。おもに各地の労働基準監督署に勤務して調査や行政指導を行っているが，悪質な違反の場合には警察と同様に刑事事件として捜査を行い，送検して被疑者の処罰を求める。

3 労働組合の種類

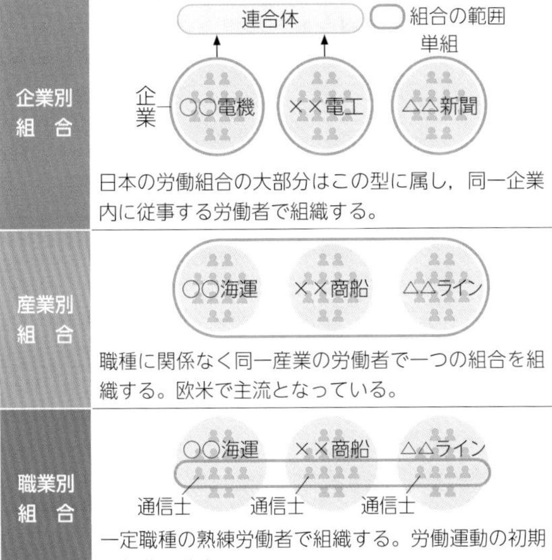

企業別組合	日本の労働組合の大部分はこの型に属し，同一企業内に従事する労働者で組織する。
産業別組合	職種に関係なく同一産業の労働者で一つの組合を組織する。欧米で主流となっている。
職業別組合	一定職種の熟練労働者で組織する。労働運動の初期の段階で発達。

解説 **企業別組合が主な日本**　わが国の組合の圧倒的多数は**企業別組合**であり，大会社の大組合が主導的地位を占めている。

4 労働組合員数と推定組織率

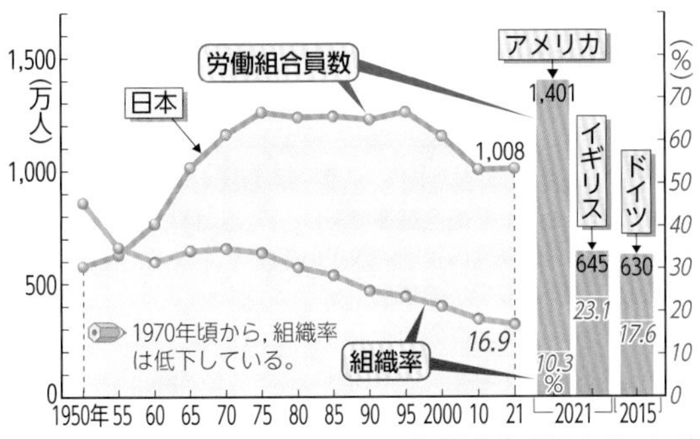

（『労働統計要覧』などによる）

解説 **下がる一方の組織率**　日本経済の**産業構造の急速な転換**，特に第２次産業から**サービス業中心の第３次産業にウエートが移った**こと，**ベンチャー企業などの小規模企業集団が増えた**こと，**パート・派遣労働者といった非正規労働者の急増**等を背景に労働組合が組織しづらくなってきている。

5 労働争議の種類

ストライキ（同盟罷業）	労働組合の統制のもとで労働提供を拒否すること。単一組合によるストのほか，ゼネスト（各産業の労働者が一斉に行うスト），部分スト（組合の指令に基づき一部組合員のみが行うスト）などがある。
サボタージュ（怠業）	組合の指示に基づき，作業能率を低下させること。
ピケッティング	労働者の側が，スト破り防止のためのピケを張る（座り込みで出入口を封鎖する）こと。

解説 **ストライキの現状**　1970年代頃まではストライキの件数は非常に多かったが，問題解決に結びつかないことが多く，現在ではかなり減少している。

Try 次のうち，「同盟罷業」と同じ意味の労働争議はどれだろうか？
①ストライキ　②サボタージュ　③ピケッティング

6 労働争議の調整

（厚生労働省資料による）

労働争議 ⇒ 労使間の自主的交渉 ⇒ 解決
労使間の自主的交渉 ⇒ 交渉決裂 ⇒ 労働委員会の調整

	①斡旋	②調停	③仲裁
開始事由	・労使双方か一方の申請 ・労働委員会会長の職権による斡旋	・労使双方の申請 ・労働委員会の職権 ・厚労相・知事の請求 ・労働協約による労使双方または一方の申請	・労使双方の申請 ・労働協約による労使双方または一方の申請
調整者	**斡旋員**→斡旋員候補者名簿から指名（原則）	**調停委員会**→使用者，労働者，公益を代表する委員から選出	**仲裁委員会**→公益を代表する委員３名で構成
内容	あくまで労使双方の話し合いを促すため，助言・仲介を行う。	労使双方の意見聴取などをし，調停を勧告する。当事者への**拘束力はない。**	労使双方の意見聴取などをし，**拘束力のある**仲裁裁定を出す。

解説 **自主解決が原則**　**労働関係調整法**では労働争議につき自主解決を原則とし，それが不調な場合に限り，**労働委員会**による**斡旋・調停・仲裁**の調整方法を定めている。

7 公務員の労働権

区分		団結権	団体交渉権	争議権	備考
国家公務員	公共企業体職員	○	▲	×	特定独立行政法人（印刷・造幣）
	一般職	○	△	×	
	警察職員など	×	×	×	警察・海上保安庁・刑務所の職員
地方公務員	公営企業体の職員	○	▲	×	地方鉄道・自動車運送・電気・ガス・水道など
	一般職	○	△	×	
	警察職員など	×	×	×	警察職員・消防職員

〈注〉○……あり　×……なし　△……団体協約締結権がない
▲……管理運営事項は，団体交渉の対象外。

＋α（プラスアルファ）労働審判制度

労働者と会社の間の紛争をより早く解決する「労働審判制度」が2006年に導入された。取り扱うのは，突然の解雇や退職強要，いじめ，残業代の不払いなど個人レベルの労使間のトラブルだ。労働審判では従来の裁判より格段に早い３～４か月での決着をめざし，審判員として労働者側，経営者側から１名ずつ，裁判官と同じ立場で審判に参加するしくみになっている。

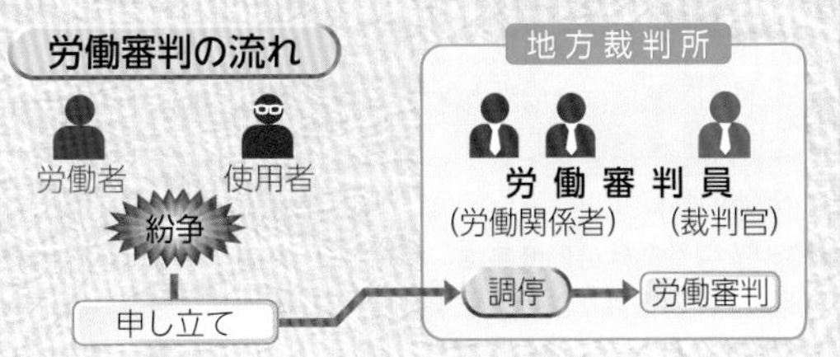

1 貧困をなくそう　5 ジェンダー平等を実現しよう　8 働きがいも経済成長も　10 人や国の不平等をなくそう　公正　公平性　ルール

Theme 55

現代の雇用・労働問題

基本用語　労働基準法　労働基準監督署　終身雇用制　年功序列型賃金　男女雇用機会均等法　育児・介護休業法　完全失業率　M字型雇用　ワークシェアリング

Approach

「働き方改革」，その中身は？

2018年６月29日，残業時間の罰則つき上限や，年収1,075万円以上の一部専門職を労働時間規制の保護対象から外す「**高度プロフェッショナル制度**」の導入を柱とした**働き方改革**関連法が参議院本会議で可決・成立した。政府は，相次ぐ過労死・過労自殺の悲劇を繰り返さないための改革であることを強調する。一方で，高度プロフェッショナル制度に加えて，当初の法案では裁量労働制の適用対象拡大という規制緩和も含まれており，厚生労働省が誤った調査データを国会に提出し野党から批判を浴びたことなどから，この部分は撤回された。

➡傍聴席では，過労死遺族らの姿があった。この法律では「過労死が防げない」と訴えていた。

追究　「働き方改革」が企業や労働者に与えている影響を調べてみよう。

Ⓐ働き方改革関連法の内容

改正する法律	内　容
労働基準法 労働安全衛生法	高収入（年収1,075万円以上）の専門職を労働時間規制から外す**高度プロフェッショナル制度**（高プロ）の新設
	残業時間の上限に罰則を導入。原則**月45時間未満，繁忙期は月100時間未満**
労働時間等設定改善法	終業時刻と始業時刻の間に一定時間の休息を確保する「**勤務間インターバル**」の促進
じん肺法 労働安全衛生法	産業医機能の強化など
パートタイム労働法 労働契約法 労働者派遣法	正社員と非正規労働者の待遇格差を埋める「**同一労働同一賃金**」
雇用対策法	働き方改革の理念を定める

（『毎日新聞』2018.4.6などによる）

1 労働基準法の主な内容

項目＼内容	主な条文	具体的内容（原則を記載）
総則	1条　労働条件の原則	**人たるに値する**生活を営むための必要を満たす**最低基準**であり，向上に努める。
	3条　均等待遇	**国籍・信条・社会的身分**を理由とする労働条件の差別的取扱いの禁止。
	4条　男女同一賃金の原則	**女性**であることを理由とする賃金の差別的取扱いの禁止。
	5条　強制労働の禁止	暴行・脅迫・監禁など不当な拘束手段による労働の強制の禁止。
労働契約	13条　労基法違反の労働契約	労基法の基準に達しない労働条件を定める労働契約は無効とし，本法を適用。
	15条　労働条件の明示	労働契約の締結の際，使用者は**賃金・労働時間**などの労働条件を明示する義務。
	20条　解雇の予告	**少なくとも30日前に予告**をする。予告をしない時は30日分以上の賃金を支払う。
賃金	24条　賃金の支払	**通貨**で**直接**労働者に**全額**を，毎月１回以上，一定の期日に支払う（口座払い可）。
	26条　休業手当	使用者の責任による休業の場合，平均賃金の60%以上を支払う。
労働時間等	32条　労働時間	１週間につき**40時間**，１日につき**８時間**。
	35条　休日	**毎週少なくとも１回**。４週間で４日以上の休日を与える義務。
	36条　時間外・休日労働	労働組合または労働者の過半数を代表する者と書面で協定をすれば可能（「**三六協定**」）。残業時間の上限は，原則１月45時間（繁忙期は月100時間）未満，年間360時間。＊2
	37条　割増賃金	時間外・休日・深夜の労働に対し，25～50%の割増賃金を支払う。月60時間を超える場合は50%以上にするか，労使協定により割増賃金分を有給休暇に代えることが可能。＊1
	38条の４（新たな）裁量労働制（高度プロフェッショナル制度）	企画・立案・調査・分析の業務に従事する者（ホワイトカラー）で，その業務遂行の手段や時間配分の決定の指示が困難な者を対象に，新たな裁量労働制を定める。＊2
	39条　年次有給休暇	６か月継続勤務し，全労働日の８割以上の出勤者に**10日以上**の休日。２年６か月を超える継続勤務年数１年ごとに２日，最高20日間。年５日以上は消化させる義務あり。＊2
年少者	56条　最低年齢	**満15歳未満**の児童の使用禁止（映画・演劇などは例外）。
	61条　深夜業	**満18歳未満**の**深夜業**（午後10時～午前５時）の禁止。
妊産婦等	65条　産前産後休業	産前は１子で**６週間**，多胎妊娠で14週間。産後は一律**８週間**。
	67条　育児時間	満１歳未満の子を養育する女性に１日２回，少なくとも各30分。

＊1 2008年改正，2010年４月施行。　＊2 2019年４月１日施行。

解説　**労働条件の最低基準**　労働基準法は，日本国憲法第27条２項の「勤務条件の決定」に基づき1947年４月に制定・公布されたものである。賃金や労働時間，休日といった労働条件の中心となる項目の他，年少者や女性の労働条件についても規定があり，法の実効性を確保するための措置として，各都道府県管内に**労働基準監督署**を置くこと，などが定められている。（➡p.266）

しごとカタログ　**労働審判員**　2006年に実施された労働審判制度では，労働審判官（裁判官）と労働審判員（民間出身者）からなる労働審判委員会が調停や審決などを行う。労働審判員には，事実上労働組合出身者と経営者団体出身者が半々で選出されている。

2 さまざまな雇用形態

雇用形態		定　義	特　徴
正規雇用者（正社員）		非正規雇用者に該当しない，通常の社員	期間を定めず，定年まで雇われることが多く（**終身雇用**），年齢や勤続年数に応じて賃金があがる形態（**年功序列型賃金**）が多い。労災・雇用保険・健康保険・厚生年金保険はすべて適用。
非正規雇用者	パートタイマー	正社員より労働時間が短い社員	家事や育児などを担っており，フルタイムで働けない主婦層に多い雇用形態。1993 年に**パートタイム労働法**が施行された。
	アルバイト	臨時的に雇用される社員	10 代～ 20 代前半の若者に多く，学業や本業のかたわらに働くものが一般的。
	契約社員	雇用期間が有期である社員	臨時工，期間工などとも呼ばれ，高度な技術を有した専門職の人に多い。
	派遣社員	仕事が決まるごとに就労する社員であって，他社へ派遣される社員	企業が派遣会社と契約し，派遣会社で雇っている社員を企業に派遣するしくみ。派遣会社が自ら雇用する常用社員を派遣する常用型派遣と，仕事のあるときのみ派遣する登録型派遣の 2 種類があるが，多くは登録型派遣である。1986 年に**労働者派遣法**が制定された当初は業種が制限されていたが，1999 年，2004 年に同法が改正され業種が拡大し，派遣社員は一気に増加した。2015 年改正※
	委託・請負社員	委託（請負）により就労する者	雇用契約ではなく委託（請負）契約で働く労働者を指すので，厳密には「社員」ではない。
	嘱託社員	主に定年退職者を引き続き別条件で雇用した社員	

※業種による派遣期間の上限をなくし，同一労働者の同一部署での受け入れの上限を 3 年に。

解説 **働き方の選択肢は増えたというが…**　バブル経済の崩壊後，終身雇用・年功序列型賃金といった**日本的雇用慣行**は失われてゆき，**雇用の流動化**が進んだ。派遣社員という雇用形態は一時期脚光を浴びたが，近年の急速な景気悪化によって非正規雇用者の雇い止めなどの問題が深刻化し，非正規雇用の不安定さが浮き彫りとなった。

3 労働形態の多様化

変形労働時間制

一定の条件を満たしていれば，1 日 8 時間を超えて労働させる日を設けることができる。

●1 年単位の変形労働時間制（従業員 101 人以上の場合）

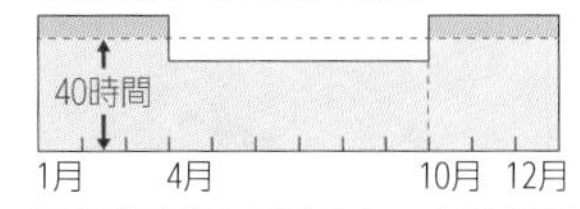

※満 18 歳未満と請求のあった妊産婦には適用されない

（『スーパー入門　労働法の知識』日本実業出版社などによる）

フレックスタイム制

出勤・退勤時間を，働く人が自由に決められる制度。

●コアタイムの付いたフレックスタイム制の例

12:00～13:00 休憩
7:00　10:00　15:00　19:00
8:30　17:30
標準労働時間帯
フレックス制適用時間帯

フレキシブルタイム（選択できる時間帯）→遅刻や早退の対象とならない。
コアタイム（必ず勤務しなければならない時間帯）→遅刻や早退の対象となる。

裁量労働制

実際の労働時間にかかわらず，**労使協定で定めた時間を労働したとみなされ，賃金が支払われる制度**。従来専門的な分野に限定されていた対象業務が労基法改正により 2000 年から**企画業務型のホワイトカラーに拡大された**。

経済

4 男女雇用機会均等法 （➡p.269）

Ⓐ1997年改正のポイント（1999年施行，2006年改正）

	旧　法	改　正　法
定年・退職・解雇・教育訓練	男性との**差別禁止規定**（ただし，罰則規定なし）	同　左
募集・採用・配置・昇進	事業主が女性に均等な機会を与えるよう努める**努力義務規定**	男性との**差別禁止規定**（ただし，罰則規定なし）
制裁措置	な　し	禁止規定違反の事業主が是正勧告に従わない場合，厚労相は**企業名を公表**できる
セクシュアルハラスメント	事業主に防止の配慮義務	事業主に防止措置義務

解説 **改正男女雇用機会均等法**　1985年の制定当初から，募集・採用などにおける平等規定が，単なる事業主の努力義務規定であったり，「ざる法」との指摘のあった**男女雇用機会均等法が97年改正され，99年 4 月から施行された**。労働の分野における男女差別の禁止は一歩前進したといえよう。ただし，**労働基準法の女子保護規定の撤廃**とセットで行われたもので，男女共通の残業強化など，かえって女性が働きにくくなったとの指摘も強い。2006年改正（**間接差別も禁止**など）は，従来の女性を男性並みにする方向から，女性が働きやすい仕組みへと，働く場の基準そのものを変えていく発想が根本にある。

5 育児・介護休業法

Ⓐ育児・介護休業法の主な内容

共通	①事業主は，育児・介護休業の申し出を拒否できない。 ②育児・介護休業を理由とする解雇・不利益な取扱いは禁止。 ③パート・派遣社員も，育児・介護休業取得可能。
育児	①男女労働者は，養育のため子が 1 歳になるまで 1 年間の休業を請求できる。（保育所入所不可の場合は最長 2 年まで延長可能）
介護	①男女労働者は，要介護状態にある家族の介護のための，通算93日の休業を申し出ることができる。（改正前は，1 回のみ連続 3 か月）

〈注〉**雇用保険**から休業開始前賃金の**67%**相当額の**育児休業給付金**（181日目以降は50%），**介護休業給付金**支給。2002年 4 月から公務員は育休 3 年間へ延長。

Ⓑ2009年改正のポイント

①3 歳未満の子どもがいる従業員を対象に短時間勤務制度を整備し，事業主は申請に応じ残業を免除しなければならない。
②夫婦が共に育休を取る場合は，子どもが 1 歳 2 か月まで可能。
③就学前の子の看護，要介護状態の家族の介護のため 1 人につき年 5 日（上限10日）の休暇（看護休暇，介護休暇）を認める。
④違法行為に対する勧告に従わない場合，企業名を公表する。

解説 **子育て・介護これで安心？**　仕事と家庭の両立を図るため，1991年に制定された育児休業法は，95年の改正で育児・介護休業法となった。2021年の改正（22年施行）では，男女ともより柔軟に育児休業が取得できるような枠組みが設けられた。

Try トライ 次のうち，現行の労働基準法の内容として正しいものはどれか？
①週休 2 日を義務付けている。　②残業などについての女子保護規定がある。　③企業には，残業した労働者に割増賃金を支払う義務がある。

6 雇用と失業の現状

Ⓐ年齢層別完全失業率の推移

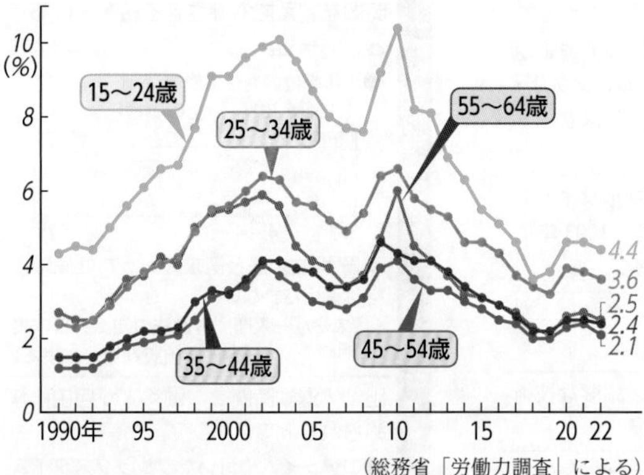

（総務省「労働力調査」による）

解説 **変動激しい完全失業率**　バブルの崩壊以後悪化を続けてきた完全失業率は，2000年代初頭に一旦回復。しかし2008年からサブプライム問題などで，再び急激に悪化し，近年は回復していたが，コロナ禍の影響などで再び悪化している。

7 雇用の状況

ⒶM字型雇用―年齢階級別労働力比率

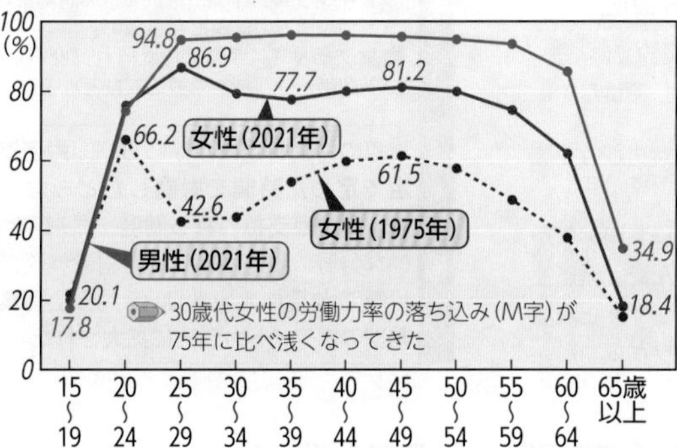

（『労働統計要覧』2021）

解説 **増える非正規労働**　女性労働者は増える一方であるが，その中でもパートなどの非正規労働者の比率が高い。図のように女性の労働力人口比率は**M字型**となるが，これは日本の女性のライフサイクルを反映している。なお，近年では，M字の底は次第に右へ移動し，底もかなり浅くなってきている。

8 労働時間の状況

Ⓐ年間総実労働時間の国際比較

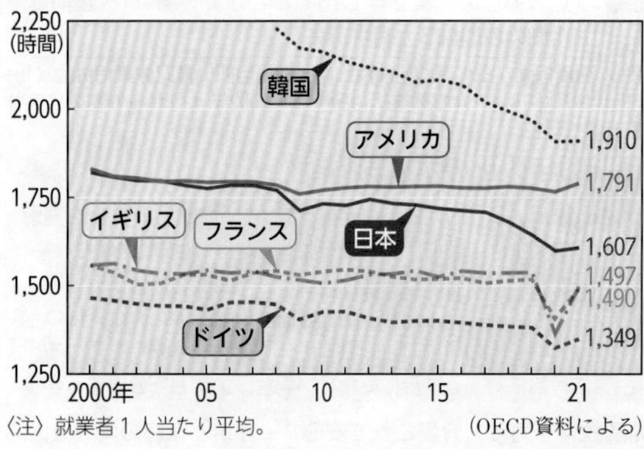

〈注〉就業者１人当たり平均。　（OECD資料による）

解説 **改善された労働時間**　「働きすぎ」と海外から批判されていた労働時間も，現在ではアメリカより200時間ほど少ない水準に削減されている。

9 賃金の状況

Ⓐ正社員と非正規社員との年収格差（2022年）

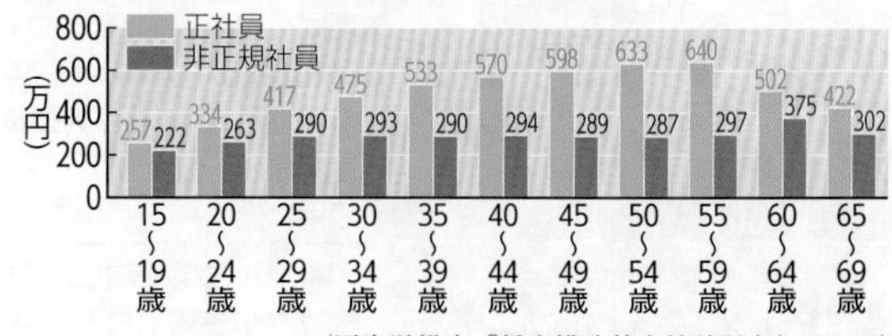

（厚生労働省「賃金構造基本統計調査」による）

Ⓑ年平均賃金額の推移

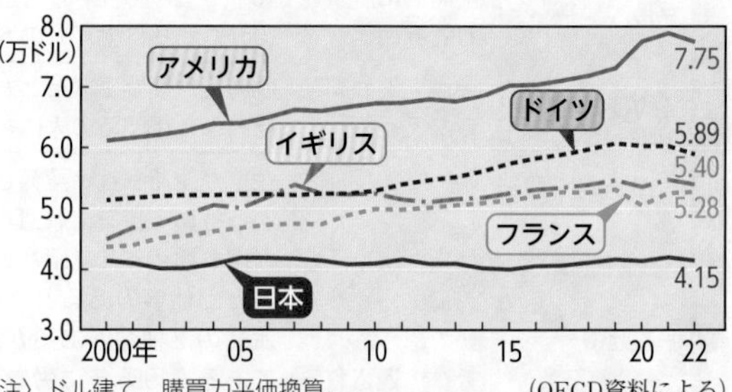

〈注〉ドル建て，購買力平価換算。　（OECD資料による）

解説 **低迷する日本の賃金**　雇用形態の規制緩和によって派遣社員などの非正規雇用が増加したが，非正規雇用者の賃金は正社員に比べて低く抑えられており，働いても生活保護の水準に満たない生活しか送ることができないワーキングプアなどの問題が起きている。また，世界的に見ても日本の賃金は低迷しており，先進各国との差が広がってきている。

10 女性の労働条件

Ⓐ女性の雇用状況

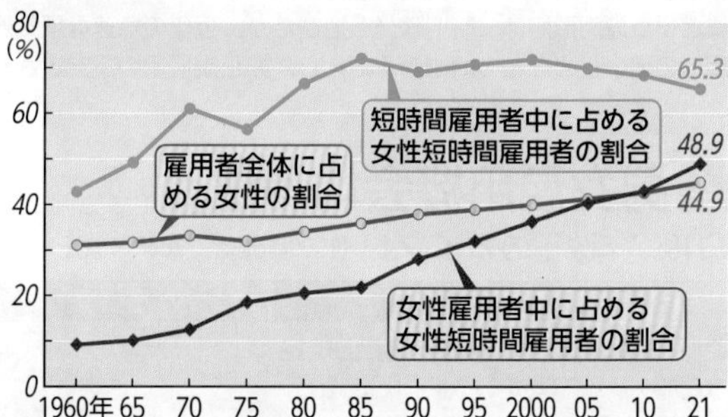

〈注〉短時間雇用者とは調査対象週において就業時間が35時間未満であった者をいう。　（『労働統計要覧』厚生労働省）

Ⓑ男女賃金格差の国際比較（男性=100，2021年）

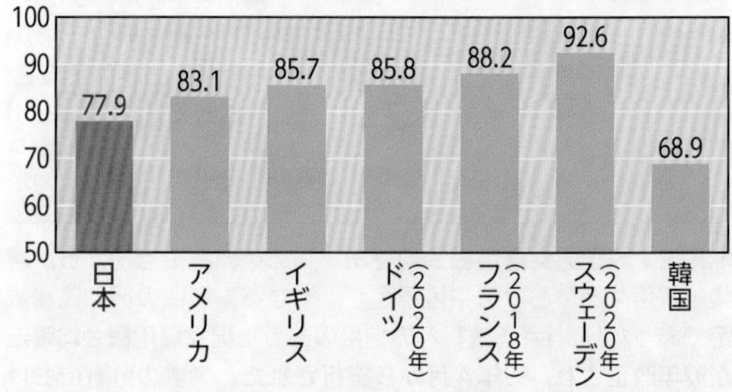

（『データブック国際労働比較2023』）

解説 **性別にかかわりなく働きやすい社会を目指して**　女性の雇用上の地位や賃金が男性より低い状況にあるのは世界的な傾向だが，日本は先進国の中でも特にこの傾向が強い。性別による格差の解消はSDGsのゴールの一つにもなっており，実効性のある取り組みが求められている。

try トライ　オランダなどで成果を収め，雇用対策の切り札として注目されている政策は，次のうちどれ？
①ワーク・ライフ・バランス　②ワークシェアリング　③ワーキングプア　④ワークショップ

論点 仕事について考えよう

1 労働についての考え方の多様化

Ⓐ西洋における「労働観の変遷」概括図

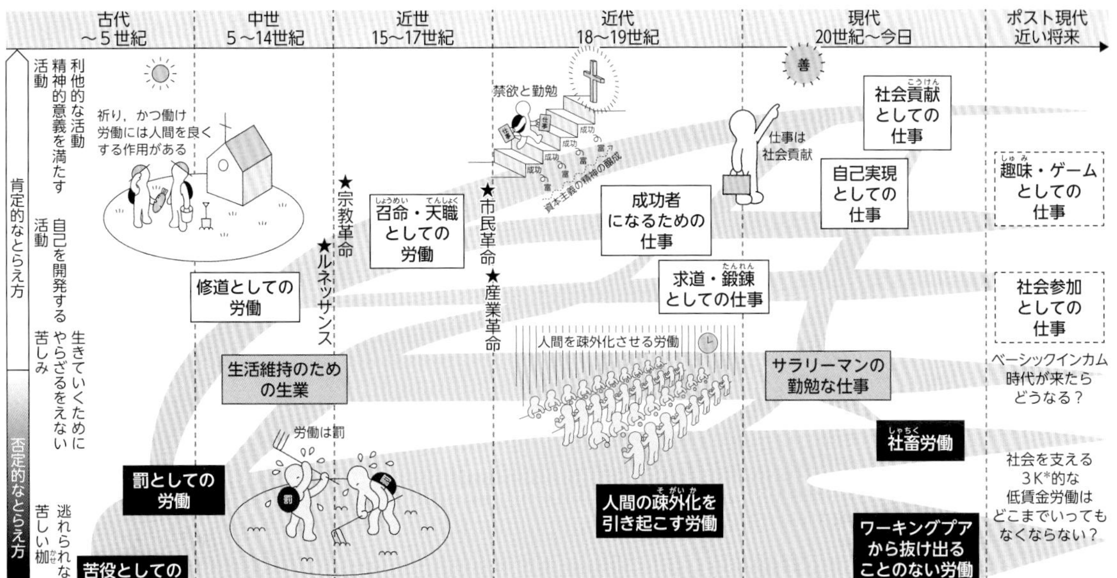

＊「きつい」「汚い」「危険」の頭文字をとった俗語。

（村山昇 著／若田紗希 絵『働き方の哲学　360度の視点で仕事を考える』ディスカヴァー・トゥエンティワン）

解説 人間は長い間働いてきたといえるが，労働についての考え方は時代によって変化してきた。古代の奴隷制社会は，奴隷の労働によって支えられていた。働くことは，いわば奴隷に課せられた「**苦役**」だった。やがて**キリスト教**世界においては，労働は「**神によって科せられた罰**」という考え方から，**祈りや瞑想と並ぶ重要な行い**であると認識されるようになり，**宗教改革**以降は，「**仕事に励むことが宗教的な使命である**」という考え方も広まった。近代になると，市民革命によって労働が信仰から切り離され，産業革命によって単純労働が増えると労働の意義そのものが問われるようになった。そして，現代では労働についての考え方は多様化しており，将来はさらなる変化が予想される。働くことは人間にとってどのような意味があるのだろうか？

2 AIの普及によって仕事はどうなるか？

ⒶAI化が進むとなくなる可能性が特に高い職業

職業	特徴・現状など
警備員	すでにAIによる24時間監視システムが実用化されている。
タクシー運転手	2025年度までに多数のエリア・車両での自動運転サービスの実現が目標とされている。
銀行員	定型業務が多く，人員削減が進んでいる。
鉄道運転手	すでに自動列車運転装置「ATO」による自動運転がさまざまな路線で行われている。

ⒷAI化が進んでも残る可能性が特に高い職業

職業	特徴・現状など
医者	医師の業務の約20%はAI化が不可能といわれている。
介護士 看護師	人の力で介護・看護を受けたいという意識をもつ人も多く，単調な仕事だけではなく柔軟に対応することも必要。
カウンセラー	人間の心の複雑な機微を感じ取り，数値化，データ化できない人間ならではの心理へのカウンセリングを行う。
データサイエンティスト*	AIは，実際の現場を観察することはできず，事業戦略や経営戦略など大きな観点からアドバイスすることも難しい。
キャリアアドバイザー	顧客との信頼関係が重要であり，もっとも重要視されるコミュニケーションやヒアリングは，AIでは不可能。

＊AIやデータ活用を担う専門家。　（参考：「マイナビ顧問」2022.1.14）

3 どのように仕事を選ぶか？

Ⓐ求人票で特に確認したいポイント

雇用形態・就業形態	長く勤めたい場合は「正社員」，あるいは「派遣・請負ではない」ことが望ましい。
職種・仕事の内容	採用後の仕事内容や将来見込まれる仕事内容。
就業場所等	就業場所や転勤の可能性が希望に合うか。
加入保険等	各種保険制度の加入状況が充実しているか。
賃金・手当等	基本給は多いほうがよい。その他の手当（転勤手当など）の支給額や条件。
就業時間・休日等	「変形」「交代制」については，自分のライフスタイルに合わせられるか。

解説 日本の労働人口の49%が，技術的には**人工知能**や**ロボット**等により代替できるようになる可能性が高いと推計されており（野村総合研究所2015年資料），これから仕事を選ぶ場合には，**仕事の現状や将来の変化**について考えておく必要がある。そして，実際に就職先を決める場合には，**求人票**などから労働条件等をきちんと確認し，いわゆる「**ブラック企業**」を選ばないことが大切である。内容が不明確な場合には必ず進路指導担当の先生や**ハローワーク**などに確認しよう。また，企業見学や**インターンシップ**の機会があれば積極的に参加し，仕事のミスマッチをできるだけ避けることも大切である。

問い 働くことは，あなたにとってどのような意味があるだろう？

さらに深めよう！
「職業情報提供サイト jobtag」，「求人票（高卒）の見方のポイント」➡

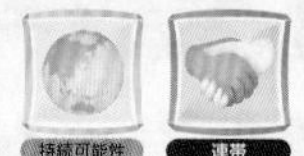

Theme 56

少子高齢化と社会保障

基本用語 少子高齢化　合計特殊出生率　エンゼルプラン　ゴールドプラン　バリアフリー　ユニバーサルデザイン　ノーマライゼーション

Approach

出生数減は止められるか？―「異次元の少子化対策」とは？

2023年6月，政府は「**異次元の少子化対策**」の具体的な中身「**こども未来戦略方針**」を正式決定した。2022年の出生数は初めて80万人を割るなど，コロナ禍以降日本の少子化は加速している。岸田首相は，若年人口が急激に減少する2030年代に入るまでが，少子化・人口減による衰退から反転させることができるかどうかの「**日本のラストチャンス**」だと，危機感をあらわにしている。

Ⓐ「こども未来戦略方針」の主な内容

児童手当の拡充	・「児童手当」の所得制限を完全に撤廃 ・給付対象を中学生までから高校生までに拡大 ・「第三子以降」への給付は1万5,000円から3万円に倍増。
両親とも育休取得で手取り収入引き上げ	一定期間内に夫婦ともに育休を取得する場合，産後28日間を限度に育児休業給付を，現在の「手取りで8割相当」から「手取りで10割相当」に引き上げ。
選択的週休3日制度の普及	仕事と育児の両立から心身の健康を守るため，選択的週休3日制度の普及にも取り組む。

（内閣官房資料による）

追究 日本の少子化を食い止めるには，どんな政策が有効だろうか？

Ⓑ夫婦の完結出生児数[*1]と生涯未婚率[*2]・未婚者の結婚意思[*3]の推移

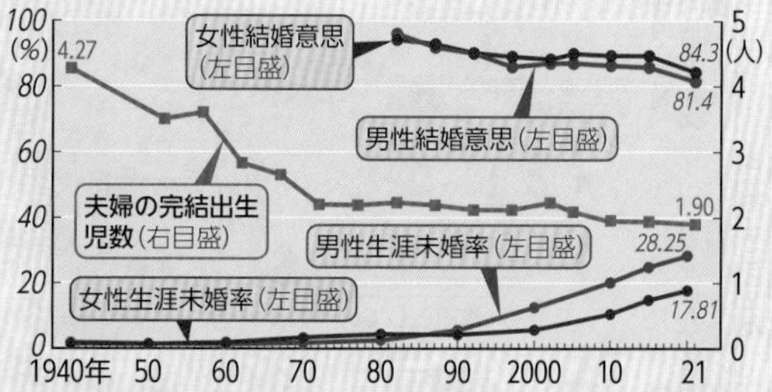

〈注〉＊1 一組の夫婦が最終的に出生する子どもの数の平均。＊2 50歳時点の未婚率。＊3 将来結婚したいと考えている35歳未満の未婚者の割合。
（国立社会保障・人口問題研究所資料による）

Key point キーポイント Ⓑのグラフを見ると，夫婦間の子どもの数は1970年代以降横ばいで推移しているが，生涯未婚率はここ30年で男女とも著しく上昇しており，若者の結婚意思の低下を加味しても，それをはるかに上回るペースで非婚化が進行していることがわかる。このことから，**結婚した夫婦が生む子どもの数が減っているのではなく，非婚化こそが現在の少子化の大きな要因である**と考えることができる。これまでの少子化対策は子育て支援が中心であったが，希望する若者が結婚できる環境を整えることが急務となっている。

1 進む日本の少子化

Ⓐ出生数および合計特殊出生率の動き

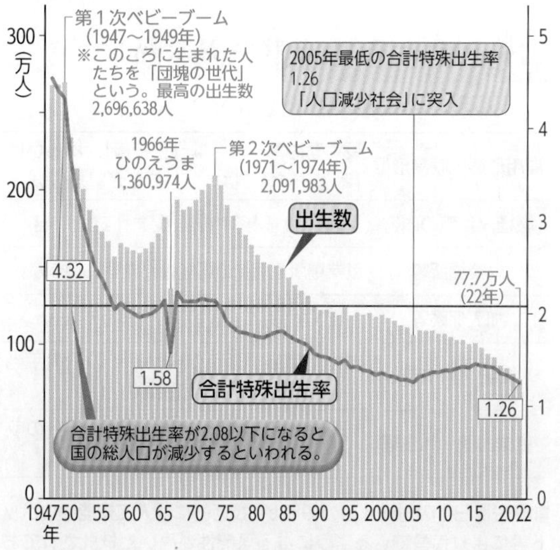

（厚生労働省統計情報部『人口動態統計』）

解説 **少子化の背景にあるもの**　第2次ベビーブーム期に年間200万人を超えていた出生数は，近年では100万人を下回っている。少子化の背景には①女性の社会進出，②晩婚化・非婚化，③仕事と育児の両立が困難，④核家族化の進行などがある。進む少子化と高齢化により，日本の人口ピラミッドは，多産多死の「**ピラミッド型**」から「**つりがね型**」を経て，少産少死の「**つぼ型**」へと変化し，今後，逆三角形に近づいていくと予測されている。

2 急速に進む高齢化

Ⓐ65歳以上人口比率は，2065年で38.4%に

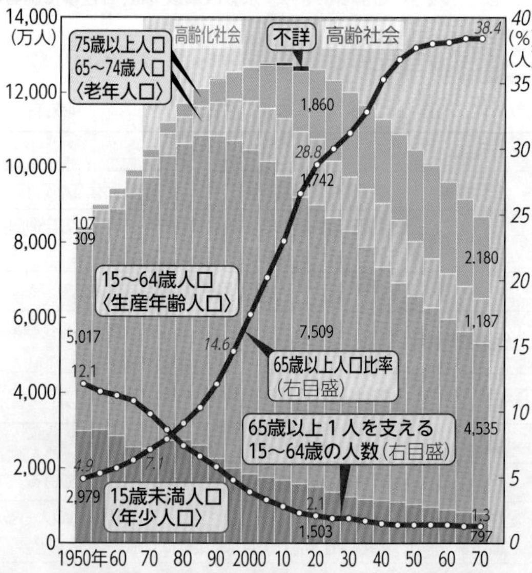

〈注〉2020年までは総務省「国勢調査」，2025年以降は国立社会保障・人口問題研究所「日本の将来推計人口」（出生中位・死亡中位推計）。
（総務省・厚生労働省資料による）

解説 **高齢社会の到来**　65歳以上の高齢者の人口比率（高齢化率）が7%を超えた社会を「**高齢化社会**」，14%を超えた社会を「**高齢社会**」とよぶ。君たちが働き盛りの年代にさしかかる2030年頃には，**全人口の3人に1人は高齢者**という社会になると予測されている。

しごとカタログ **保育士**　保育所などで子どもの保育を行うことができる国家資格。以前の資格名は「保母」であったが，時代の変化で男性保母が大幅に増加したことなどから，1999年に「保育士」と改められた。

3 働く世代の負担増加

Ⓐ高齢者１人を，何人の働き手で支えるか

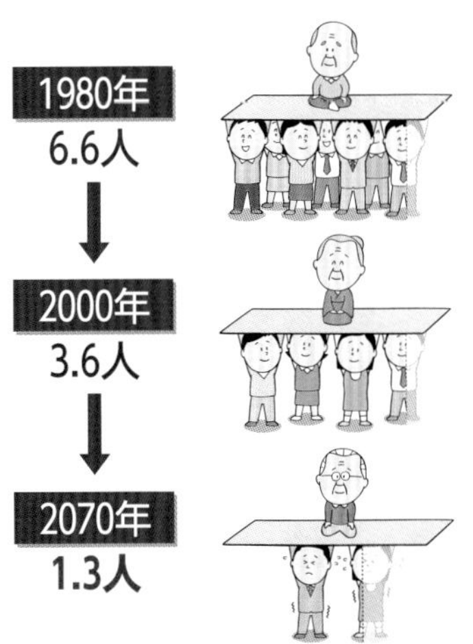

（国立社会保障・人口問題研究所資料より作成）

解説 人口のバランス崩壊!? 現在のペースで子どもが減っていくと，人口１億2,600万人（2020年）が2070年には8,700万人に，2115年には5,000万人に減るといわれている。若者と高齢者の数のバランスが崩れることは深刻な問題である。年金や医療，介護といった社会保障の制度を支える，現役世代への負担は増える一方だ。

4 少子高齢化への国や地域の対応

	施策	内容
少子化対策	エンゼルプラン（1994）	子育て支援社会・環境の構築
	新エンゼルプラン（1999）	数値目標・計画の見直し
	新新エンゼルプラン（2004）（子ども・子育て応援プラン）	子育て世代の働き方と若者自立策に対策を拡大
	育児・介護休業法（1995）改正（2001，2005）	子の養育または家族の介護を行う労働者等の雇用の継続を図り，職業生活と家庭生活の両立を目指す
	少子化対策基本法（2003）	国・地方自治体の責務を明確にし，子育ての環境を整える
	子ども・子育て支援法（2012）	「認定こども園」への支援の充実などを通して，都市部の待機児童解消をめざす
高齢社会対策	高齢社会対策基本法（1995）	高齢社会対策の基本理念と施策，国と地方公共団体の責務
	介護(かいご)保険法（2000）改正（2005）	加齢に伴う要介護者の看護・医療・福祉サービスの整備
	ゴールドプラン（1989）	高齢者の保健・医療・福祉サービスの整備。1994年に新ゴールドプラン，1999年にゴールドプラン21が示された。
	高年齢者雇用安定法改正	厚生年金支給開始年齢の65歳への段階的引き上げに伴い，定年を65歳まで延長または60歳定年後も希望者を再雇用する制度整備のどちらかを企業に義務付ける。2013年施行

解説 異次元の少子化対策 歯止めがかからない少子化の進行を受けて，2023年に岸田首相は「こども未来戦略方針案」を提案し，今後３年間に少子化対策に集中的に取り組むと宣言した。一方，政策に必要な財源の議論は後回しとなっている。

5 ノーマライゼーションを目指して

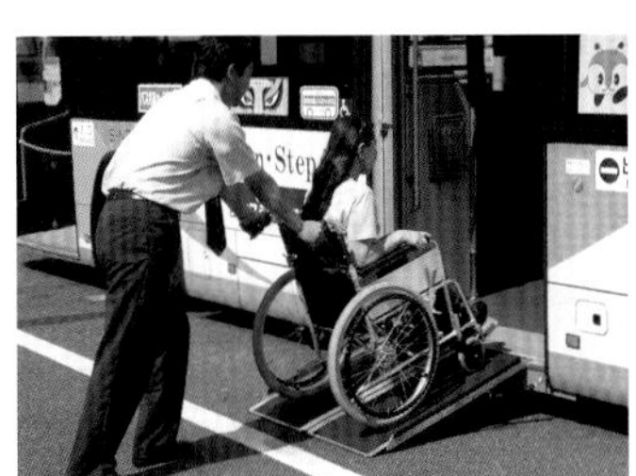

⇦バリアフリーのノンステップバス 高齢者や身体障がい者が公共交通機関を利用する際に邪魔になるような様々なバリア（障碍(しょうがい)）を取り除くため，2000年に**交通バリアフリー法**が施行された。この法律により，駅へのエレベーターの設置など，公共交通機関のバリアフリー化が進められている。

⇨介助(かいじょ)犬とともに勤務する公務員 2002年に制定された**身体障害者補助犬法**では公共施設や公共交通機関，スーパーやホテルなどの不特定多数が利用する民間施設に「補助犬同伴を拒まないよう」義務付け，補助犬利用者を雇用する事業所や民間のマンションなどにも努力義務を設けた。補助犬とは**盲導(もうどう)犬**，耳の不自由な人を補助する**聴導(ちょうどう)犬**，肢体の不自由な人を補助する**介助犬**など。

⇧ハートビルの表示 ハートビル法（2006年，交通バリアフリー法に統合）により，建築物のバリアフリー化が促進されている。

解説 ノーマライゼーションとは？ 障がいを念頭に置いて，その障がいによって生ずる様々なバリアを取り除く概念を**バリアフリー**と呼び，近年ではバリアフリー化を推進する法整備が進んでいる。また，障がいのあるなしにかかわらずだれにでも無理なく安全に使用できる**ユニバーサルデザイン**の考え方も注目されている。これらの概念が最終的に目指すものは，障がいのあるなしや年齢の違いなどにかかわらず，ともに生活できるような社会を築くこと，すなわち**ノーマライゼーション**を進めることであるといえる。

＋α（プラスアルファ） 自治体が消える!?

2014年5月，日本創成会議・人口減少問題検討分科会は，2040年に若年女性（20～39歳）の人口が50％以上減少する市町村が896市町村（全体の49.8％）にのぼる，という推計を発表した。地方から大都市への若者の流出が止まらず若年女性が減少を続ける地域は，将来的に消滅する恐れが高いという。

同会議は，「若者に魅力のある地域拠点都市の構築」によって若者の転出を防ぐことが重要であると提言している。

Ⓐ都道府県別消滅する都市の割合

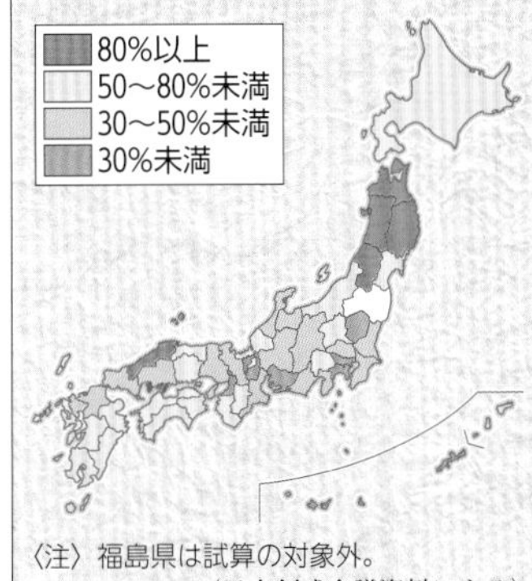

〈注〉福島県は試算の対象外。
（日本創成会議資料による）

Try（トライ） 高齢者福祉充実のための日本の施策は何とよばれているか。次から１つ選びなさい。
①エンゼルプラン　②ゴールドプラン　③シルバープラン

経済

  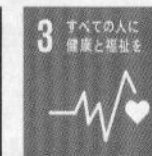    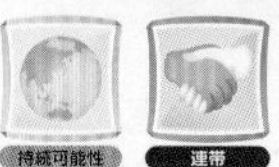

Theme 57 社会保障の役割

基本用語 生存権　社会保障制度　社会保険　医療保険　雇用保険　年金保険　公的扶助　社会福祉　公衆衛生　ベバリッジ報告　介護保険制度

Approach 年金は「遠い将来」にしかもらえないもの？

現役世代がもらえる年金　公的年金制度には65歳以上でもらえる老齢基礎年金のほか，病気やケガで生活や仕事などが制限されるようになったときに受けられる**障害年金**や，働き手を亡くした家族が受けられる**遺族年金**など，現役世代でも受けられる制度が用意されている。現在，20歳以上の国民は学生も含めて強制加入となっており，保険料を納付していなければ，障害年金・遺族年金を受けることはできない。なお障害年金については，1985年の法改正で，20歳未満であれば保険料の納付に関係なく受け取ることができるようになっている。

制度のはざまで泣いた若者　国民皆年金の制度ができた1961年から1991年まで，20歳以上の学生は国民年金への加入が強制ではなく，学生を対象にした猶予制度もなかったため，実に98％の学生が未加入であった。そして，この期間に障がいを負った未加入の学生が障害年金を受け取れなくなったことから，**学生無年金障害者訴訟**が起こされた。地裁では原告の主張が認められたケースもあったが，最高裁で原告は敗訴。一方で国は，「国民年金制度の発展過程において生じた特別な事情」に鑑みて，無年金となった学生などに対して，「特別障害給付金」を支給するという救済策を講じた（2004年）。

未納のリスクは…　現在，国民年金の未納率は約３割となっており，特に若い世代ほど未納率が高い傾向にある。「年金なんて先のこと」ととらえる向きもあるが，未納が長引けば，障害年金・遺族年金など現役世代からのリスクに対応した制度も利用できなくなってしまう。年金は「先のこと」ではなく「今のこと」だという認識を持っておこう。

追究 年金の未納率を下げるためには，どんな施策が有効だろうか。

⬆学生無年金障害者訴訟の原告団（2006年）

判例 学生無年金障害者訴訟

事件のあらまし	学生が国民年金の強制加入ではなかった時代に障がいを負い，生涯にわたって障害年金が受け取れないのは，憲法14条（**法の下の平等**）および25条（**生存権**）に違反する
裁判所の判断	**第一審**（東京地裁）　原告１人あたり500万円の**国家賠償を認める** **第二審**　学生が強制加入ではなかったことは憲法14条・25条に違反せず，国家賠償は認めない **最高裁**（2007.9.28）　高裁判決を支持し，原告敗訴

1 わが国の社会保障制度

＊社会保険については，一定の期間を超えて適法に在留する外国人も被保険者となり，日本人と同様の扱いとなる（一部例外あり）。

制度		内容	保険の種類	費用負担		
社会保険	医療保険	すべての人がどれかの医療保険に加入し，病気やけがのとき，安く治療が受けられる。	医療保険（会社員・日雇労働者） 船員保険（船員）	本人	事業主	国
			共済組合（公務員）			
			国民健康保険（一般）＊			
	年金保険	すべての人がどれかの年金保険に入り，老人になった時，年金が受けられる。	厚生年金+国民年金 （会社員・公務員・船員）	本人	事業主	国
			国民年金（自営業者等）＊			
	雇用保険	雇われて働く人が皆雇用保険に加入し，失業したときに，一定の期間保険金が給付される。	雇用保険（会社員） 船員保険（船員）	本人	事業主	国
	労災保険	雇われて働く人が仕事でけがをしたり病気になったとき，保険金が出る。	労働者災害保険（会社員） 船員保険（船員）	事業主		
	介護保険	40歳以上の国民から保険料を徴収し，必要度に応じて介護サービスを受けられる。	介護保険（第１号被保険者・65歳以上，第２号被保険者・40～64歳）＊	本人	国 県 市町村	

制度		内容
公的扶助	生活保護	**現金給付** 一家の働き手が亡くなったり，病気で働けなくなると，収入がなくなり，自分たちだけでは生活できなくなる。このような人たちに，国が最低限度の保障をする。生活・教育・住宅・医療・介護・出産・生業・葬祭の８項目について扶助が行われる。
社会福祉	児童福祉 母子・父子・寡婦福祉 高齢者福祉 障害者福祉	**サービス提供** 国や地方自治体が，児童・母子・高齢者・障がい者などのための施設をつくったり，サービスを提供する。都道府県や大都市には，社会福祉主事，母子相談員などが，また市町村には社会福祉協議会のほか，民生委員などがいて，困った人の相談に乗っている。
公衆衛生	公衆衛生	国や地方自治体が，国民の健康増進や感染症対策などを進める。
	環境政策	国や地方自治体が，生活環境の整備や公害対策，自然保護を進める。

しごとカタログ 社会保険労務士　労働・社会保険に関する法律や人事・労務管理の専門家として，企業へのアドバイスや社会保険関係の手続きの代行ができる厚生労働省管轄の国家資格。近年何かと騒がれる「年金」についての専門家でもあるので，困ったときは相談してみよう。

2 社会保障制度の歩み

Ⓐ社会保障制度の発生図

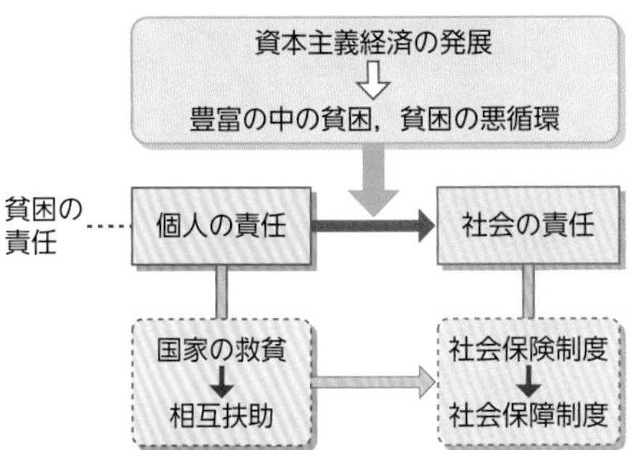

Ⓑ世界の社会保障の流れ

歴史的にみると，三つの段階をたどっている。第１に世界で初めて貧民に被救済権を与えたものとして有名なエリザベス救貧法（1601年），第２に社会保険を創立したドイツのビスマルクの社会保険（19世紀末），第３に「権利としての社会保障」を確立した**ベバリッジ報告**（1942年　スローガン「ゆりかごから墓場まで」）である。社会保障は，資本主義社会における労働者たちの失業貧困化の原因が，個々人の責任によるのではなく，資本家とその代弁者である国家にあるとする労働者たちの要求と闘いから生まれ発展してきた。

3 主要国の社会保障費

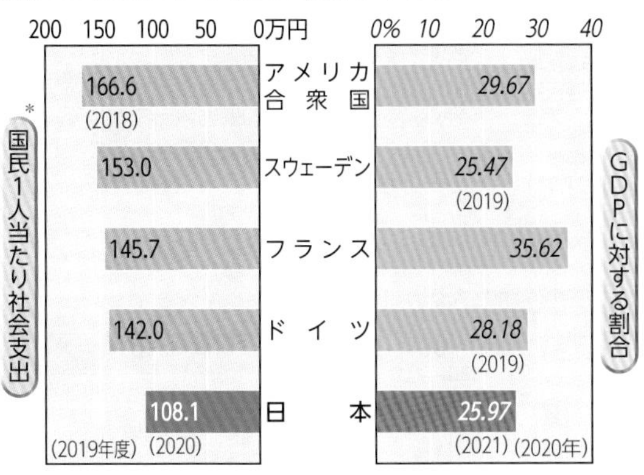

＊年平均の為替レートで換算。

（財務省，国立社会保障・人口問題研究所資料などによる）

解説 **低水準の日本の社会保障関係費**　日本の社会保障費は，年々増額を続けているものの，国民１人当たりの社会保障費や，社会保障費の対GDP所得比は先進諸国中でも低い水準にあるといえる。

5 わが国の社会保障関係費の推移

	1965年度	75	85	95	2005	10	15	23
一般会計総額に占める割合	14.2%	18.5	18.2	19.0	24.8	29.5	32.7	32.2
社会保障関係費	0.5兆円	3.9	9.6	14.3	20.4	27.3	31.5	39.9
雇用労災対策費	12.9	4.4	3.9	2.3	2.3	1.2	0.5	0.1
保健衛生対策費	17.9	7.0	4.8	4.3	2.4	1.6	1.5	1.3
年金医療介護保険給付費	40.4	59.3	59.1	59.4	77.8	74.6	73.3	78.4
社会福祉費	8.4	15.7	20.9	26.6	8.1	14.4	15.4	12.5
生活保護費	20.4	13.6	11.3	7.4	9.4	8.2	9.2	7.7

（厚生労働省・財務省資料による）

解説 **社会保険中心主義**　日本の社会保障費は,60年代の国民皆保険・皆年金の実現などもあり年々増額を続けているが，**拠出制の社会保険中心**で，無拠出制の社会福祉が立ちおくれているともいわれる。

4 社会保障財源の国際比較

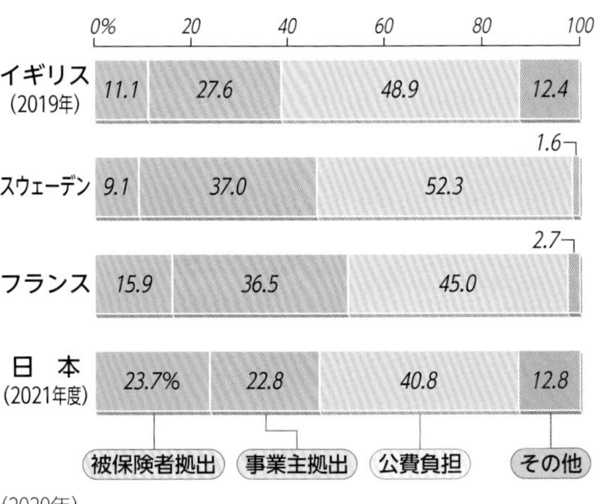

（国立社会保障・人口問題研究所資料）

解説 **３つのタイプ**　各国の社会保障制度は財源負担や年金給付の型から①**イギリス・北欧型（英・スウェーデン）**　年金の均一給付が原則で，国の財源負担が大きい，②**ヨーロッパ大陸型（フランス・イタリア）**　所得比例の年金給付を行い，事業主の負担割合が大きい，③**三者均一型（日本）**　事業主･被保険者･国や自治体の財源負担が比較的均一，に区分できる。

6 わが国の社会保障給付費の推移

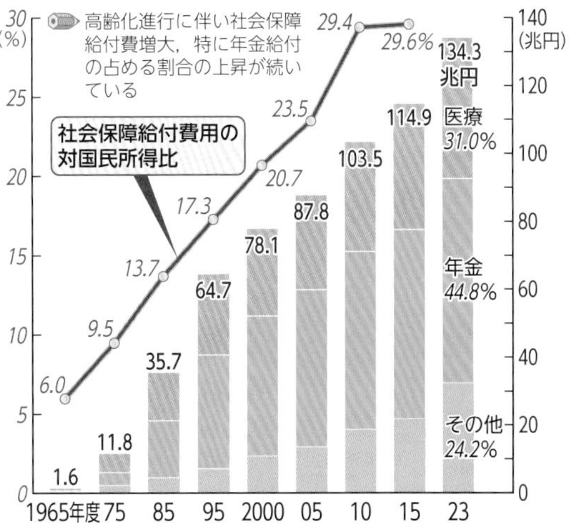

（国立社会保障・人口問題研究所資料などによる）

〈注〉2023年度は予算ベース。

解説 日本の社会保障費の内訳は，年金５割，医療３割，残りが介護といった福祉などに回っている。近年では高齢化の進展のため，年金の割合が多くなっているが，福祉や育児支援などが少ない。現金が中心で，サービスの現物の提供が少ないといえる。

空欄補充　日本の社会保障制度は戦後，公的扶助・社会保険・（　　　　　）・公衆衛生の４本柱を中心に整備された。

7 わが国の医療保険制度

（2023年4月現在）

区分	制度名	保険者	被保険者	加入者数（万人）	保険料率 本人	保険料率 事業主	医療給付の自己負担
被用者保険・健康保険	協会けんぽ 管掌健康保険	全国健康保険協会*1	健康保険組合のない事業所の被用者	4,027	5.00%（全国平均）	5.00%（全国平均）	本人・家族3割 ・義務教育就学前→2割 ・70歳以上75歳未満→2割（現役並み所得者→3割）
被用者保険・健康保険	組合管掌健康保険	健康保険組合 1,388	健康保険組合設立事業所の被用者	2,838	4.23%*3（平均）	5.03%*3（平均）	
被用者保険	船員保険	全国健康保険協会*1	船員	11	4.75%	5.05%	
被用者保険・各種共済	国家公務員共済組合	共済組合 20	国家公務員	869	3.81〜5.38%*4	3.81〜5.38%*4	
被用者保険・各種共済	地方公務員等共済組合	共済組合 64	地方公務員など		3.94〜6.14%*4	3.94〜6.14%*4	
被用者保険・各種共済	私立学校教職員共済組合	事業団 1	私立学校の教職員		4.28%	4.28%	
国民健康保険		市町村 1,716	被用者保険の対象外の者（農業従事者，自営業者など）	市町村 2,537 国保組合 268	1世帯当たり平均（市町村）13.8万円（2021年度）	—	
		国保組合 160					
		市町村 1,716	被用者保険の退職者				
後期高齢者医療制度（長寿医療制度）		［運営主体］後期高齢者医療広域連合*2	75歳以上（65歳以上75歳未満の一定の障がい者を含む）	1,843	・保険料 10％ ・公費 約50％（公費の内訳 国4：都道府県1：市町村1） ・各医療保険からの支援金 約40%		1割*5（現役並み所得者→3割）

〈注〉加入者数は2022年3月末現在。＊1 社会保険庁の解体にともない，2008年10月から公法人「**全国健康保険協会**（協会けんぽ）」が引き継いだ。＊2 都道府県単位で全市町村を含む広域連合。＊3 2021年3月末平均。＊4 2017年度。＊5 2022年10月から，所得に応じて2割負担を新設。

（『厚生労働白書』2023などにより作成）

A 国民医療費の推移

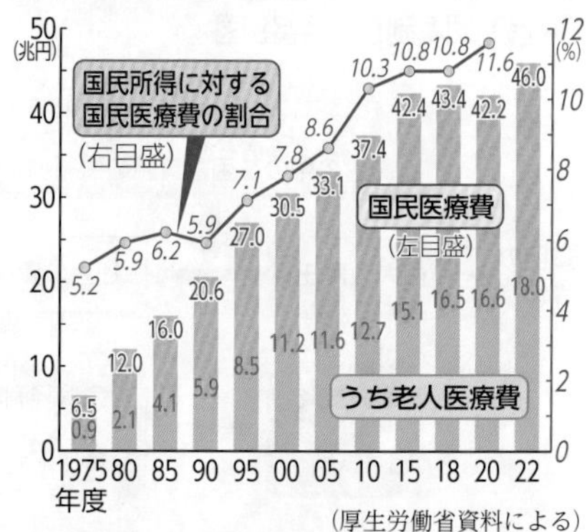

（厚生労働省資料による）

解説 増え続ける国民医療費 国民医療費は，医療保険・労災・生活保護の医療扶助などの医療費の合計で，毎年わが国で医療にどれだけの費用が使われたかを示す。国民医療費はここ数年着実に伸びており，その増加要因の一つとして，人口の高齢化による老人医療費の割合増加の著しいことがあげられる。

8 わが国の公的年金制度

（2022年3月31日現在）

制度	区分	被保険者	保険料・保険料率	平均年金月額
国民年金	第1号被保険者	20歳以上60歳未満の自営業者	16,590円	5.6万円
国民年金	第2号被保険者等	会社員・公務員	—	
国民年金	第3号被保険者	会社員の妻など		
被用者年金	厚生年金	民間会社員・公務員など	18.3%（2022.9）	14.9万円
被用者年金		私学共済	16.83%（2022.9）	

〈注〉**赤字**部分は本人と事業主が半額ずつ負担。なお，国庫負担は基礎年金（国民年金）に係る費用の**2分の1**（2009年度より3分の1から引き上げ）。2021年度の支給開始年齢…国民年金：65歳，厚生年金：男63歳・女62歳（段階的に65歳まで引き上げ予定）。（厚生労働省資料などによる）

解説 公的年金制度 **国民年金は20歳以上の国民に加入が義務づけられている**。統合された厚生年金は，会社員・公務員に加入が義務づけられており，国民年金の上乗せとして，給与額に比例した保険料を本人と事業主（会社員は会社，公務員は国・地方公共団体）で折半（せっぱん）して納める。

A 公的年金のしくみ

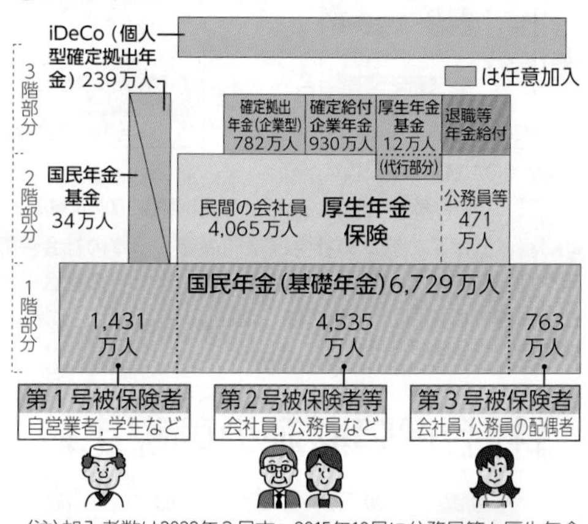

〈注〉加入者数は2022年3月末。2015年10月に公務員等も厚生年金に加入となり，共済年金は厚生年金に統合された。

（厚生労働省資料による）

9 介護保険制度

A 介護保険制度のしくみ

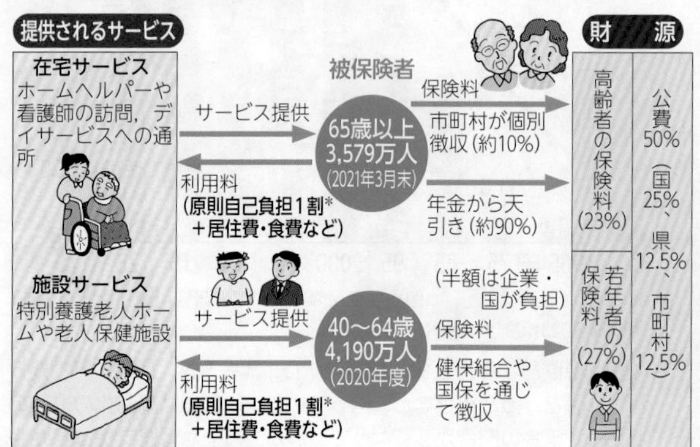

＊一定以上所得者は2割負担（15年施行），または3割負担（18年施行）。

B 介護サービスの概要（人数は2022年4月現在）

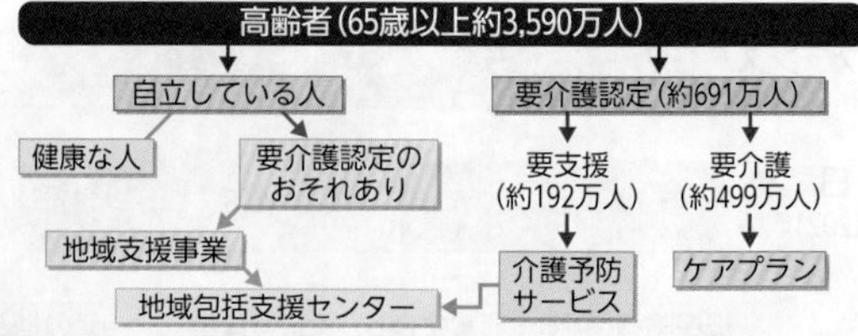

解説 2005年改正のポイント 高齢社会の到来に備え，2000年にスタートした介護保険制度だが，2005年大幅な法改正がなされた。主な改正点は，①「要支援」認定者に対して，状態の悪化防止のため，筋力トレーニングや栄養指導などの介護予防サービスを新設，②地域密接型サービス実施のため「地域包括支援センター」を設立，③これまで保険金でまかなわれてきた施設入所者の食費や住居費を自己負担とする，などである。改正の狙いは増えつづける保険金給付を抑えることにある。

Try（トライ） 介護保険制度は，何歳以上の国民が対象になっているか？
①20歳以上　②40歳以上　③60歳以上　④70歳以上

論点 利用しやすい社会保障にするには

1 実際にもらえる給料はいくら？―高卒で就職した  Aさんの場合

給与明細書

支給	Ⓐ基本給	役職手当	住宅手当	交通費	総支給額
	160,000				160,000
控除	健康保険料	介護保険	厚生年金	雇用保険	社会保険合計
	7,848	0	14,640	480	22,968
	所得税	Ⓑ住民税			控除額合計
	2,610	0			25,578
勤怠	要勤務日数	出勤日数	欠勤日数	残業時間	Ⓒ時間外手当
	20	20	0	0	0
合計	Ⓓ総支給額	控除額合計			Ⓔ差引支給額
	160,000	25,578			134,422

国民年金への加入は20歳からだが，労働者（正社員）は20歳未満でも厚生年金の保険料を納める。

保険料の納付は40歳から。

Ⓐ**基本給**：手当などを含まない，純粋な給料のこと。時間外手当や失業給付などの計算のもととなる。
Ⓑ**住民税**：前年の所得に応じて課税されるので，就職1年目は納めなくてよい（2年目からは課税されるので要注意！）。
Ⓒ**時間外手当**：時間外労働に対する対価。時間外勤務は時給換算で基本給×1.25の割増賃金となり（深夜・休日勤務は1.35），Aさんの場合は160,000／20（日）／8（時間）＝1,000円が時給なので，時間外勤務の単価は1,250円となる。
Ⓓ**総支給額**：160,000円
Ⓔ**差引支給額**：134,422円
手取りの割合：約84%

解説 初任給を16万円としたときの給与明細をシミュレートしてみた。税金（所得税）よりも社会保険料（特に健康保険料・厚生年金）の差し引かれる額が大きいことに驚くだろう。しかし，これは私たちが社会保険を利用するための「会費」のようなもの。この保険料を納めていないと，病気や事故で働けなくなったとき，困ることになる。

2 世代間の支え合いとしての社会保障

Ⓐ公的年金の実際

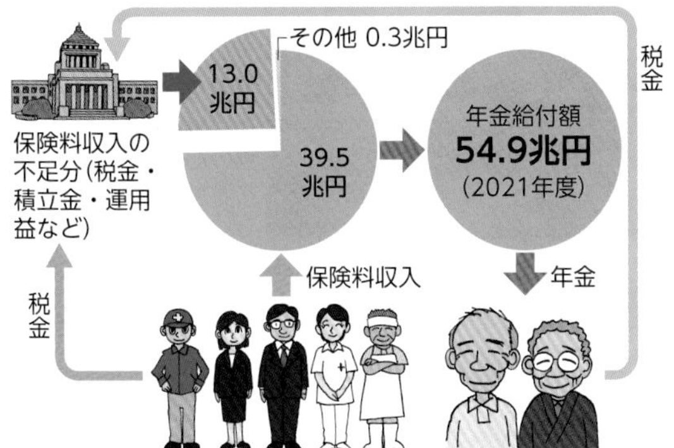

公的年金加入者：6,729万人（2021年度末）
平均月額保険料（2021年度）
・国民年金：1.6万円
・厚生年金：報酬の*18.3%*（半額は事業主負担）

年金受給権者：4,023万人（2021年度末）
月額平均受給額（2021年度）
・老齢基礎年金：6.5万円
・厚生年金：14.6万円

（厚生労働省資料による）

Ⓑ財源別国民医療費

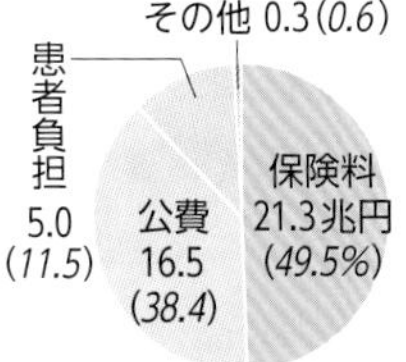

2020年度の国民医療費 **43.0兆円**

Ⓒ年齢階級別国民医療費

15歳未満 2.1（*4.9*）
15～44歳 5.0（*11.7*）
45～64歳 9.4（*21.9*）
65～74歳 9.7（*22.5*）
75歳以上 16.8兆円（*39.0%*）

（厚生労働省資料による）

解説 年金だけでなく医療保険も，かなりの割合が65歳以上の高齢者のために使われていることがわかる。このように，社会保険は世代間の支え合いで成り立っている。

問い 利用しやすい社会保障にしていくため，あなたは何が必要だと考える？

3 利用しやすい社会保障への課題

保険料の未納

公的年金への不信感が高まったことを背景に，2010年代初めに若い世代を中心に国民年金の未納が急増した。近年，納付率は改善したが，依然として約20%は未納のままである。

Ⓐ国民年金保険料納付率の推移

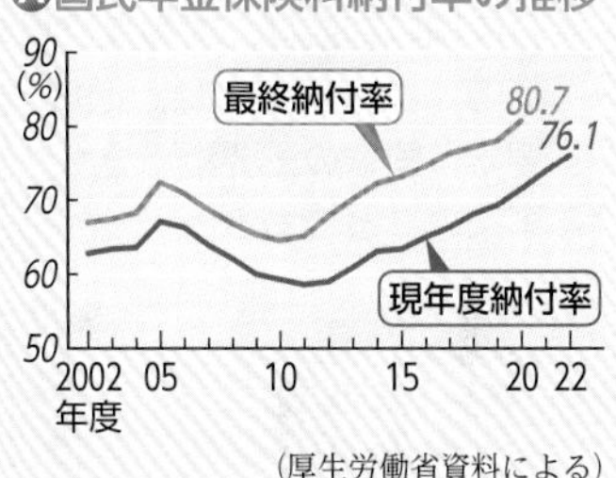

（厚生労働省資料による）

非正規雇用・フリーランスの人の保険料負担

働き方の多様化が進み，フリーランスの人の数は2018年の1,151万人から2022年には1,577万人と急増している。しかし，会社員に比べて加入できる社会保険が限られ，保険料も全額自己負担となるなど注意が必要な面もある。

	会社員	フリーランス
公的年金	厚生年金（保険料は労使で折半）	国民年金（保険料は全額自己負担）
医療保険	健保組合など（保険料は労使で折半）	国民健康保険（保険料は全額自己負担）
雇用保険	あり（保険料は労使で折半）	なし

低い生活保護の捕捉率

日本では，未だに生活保護の申請をためらったり，国側が受給者を抑制しようとする風潮があり，本当に生活保護が必要な人が利用できていないと指摘されている。実際，各国に比べて日本の生活保護の利用率・捕捉率（生活保護を利用する資格がある人のうち，実際に利用している人の割合）は著しく低い。

Ⓑ生活保護の利用率・捕捉率の国際比較（2010年）

	日本	ドイツ	イギリス	フランス	スウェーデン
利用率	1.6%	9.7%	5.7%	9.27%	4.5%
捕捉率	15.3～18%	64.6%	91.6%	47～90%	82%

（生活保護問題対策全国会議 編『生活保護「改革」ここが焦点だ！』あけび書房）

さらに深めよう！
社会保障改革（厚生労働省）のページ➡ 

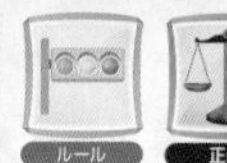

基本用語 主権国家 国際法 国際慣習法 条約 国際司法裁判所 国際刑事裁判所 北方領土問題

Theme 58

主権国家と国際法

Approach

トルコがDV防止条約脱退―条約による人権保障は弱い？

2021年３月，トルコのエルドアン大統領は「女性への暴力およびドメスティックバイオレンス（DV）防止条約」からの脱退を，大統領令で決定した。

2011年に欧州評議会で採択されたこの条約は，当時のトルコが各国に先駆けて署名したことからイスタンブール条約とも呼ばれていたが，イスラム教の教えに厳格な保守勢力が伝統的な家族制度をおびやかすと反発，今回の脱退に至った。

主権，つまり対外的に独立した権力を持つ国家は，条約や国際機関から脱退する権利を有しており，定められた手続きを踏めば，原則として脱退することは可能だ。しかし，人類が獲得してきた人権保障を後退させるような条約脱退には，トルコ国内のみならず，世界的に脱退への批判が巻き起こっている。

DV防止条約脱退に反対するトルコの女性（2021年３月，トルコ・イスタンブール）

追究 この事態について，あなたなりの解決策を考え，提案をまとめてみよう。

1 国際政治の特質

今日の国際社会は，対等な立場の**主権国家**で構成されている。主権国家とは，**領域・人民（国民）・主権**の三要素（**国家の三要素**）をもち，対外的に独立している国家のことである。

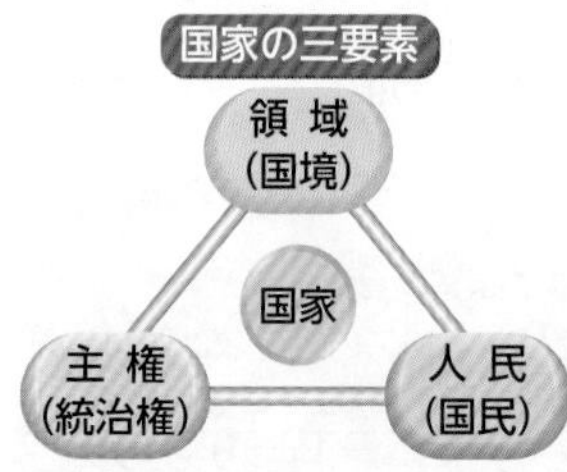

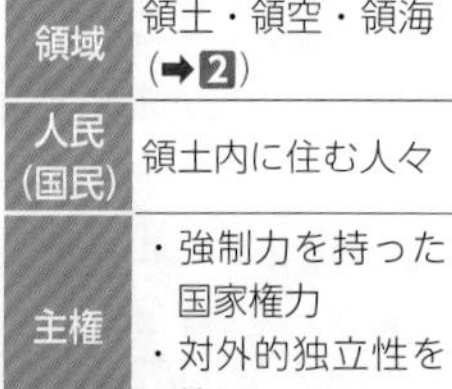

領域	領土・領空・領海（➡2）
人民（国民）	領土内に住む人々
主権	・強制力を持った国家権力 ・対外的独立性を持つ

このような国際社会では，各国家が自国の利益（国益＝ナショナル・インタレスト）に基づき，武力行使を含む行動の自由をもっている。また，国際社会全体をまとめる中央政府や，強制力をもった法は存在しない。そのため，国家どうしの対立はしばしば武力によって決着がつけられることとなり，戦争が繰り返されてきた。戦争の惨禍の中から生まれた国際法（国際社会においても守るべきだとされる規範）によって，かろうじて規律が保たれてきたにすぎないのである。

解説 主権国家システムとは？ 「国連があるじゃないか」と思った人も多いのでは？ しかし，PKO活動などで国連が関与しても解決の見通しが立っていない民族紛争や国家間の対立が，今日でも数多く存在するし，そもそも国連に加盟していない国もある。こうした主権国家を単位とする国際政治の基本構造は，**三十年戦争（1618～1648）後のウェストファリア条約（1648）**によって，ヨーロッパで確立された。

イギリス南東岸の沖合いにある自称「国家」・シーランド公国は，国連海洋法条約で島（領土）と認められていない人工島のため，国家の三要素を満たさず，よって国家とは認められていない。

2 主権の及ぶ範囲

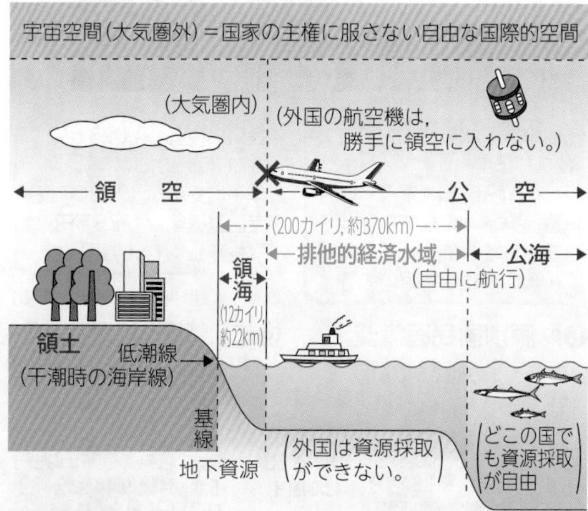

解説 国連海洋法条約 領海は，古くは基線から３カイリ（約5.5km，大砲の弾がとどく距離）が一般的であったが，1982年に**海洋法に関する国際連合条約**が採択され，領海を最大12カイリ（約22km）とし，また沿岸国に天然資源開発の主権的権利を認める**排他的経済水域（EEZ）**を200カイリ（約370km）まで設定できるようにした。

しごとカタログ **外交官** 外交使節団を構成する官吏。大使館などの在外公館に勤務し，最上位の特命全権大使を筆頭に，特命全権公使・参事官・書記官などがあるほか，自衛官から任命される防衛駐在官という外交官もある。国連本部への代表として国連大使が派遣されている。

3 国際法の分類とその例

形式による分類	国際慣習法	国家間に一定の行為が繰り返し行われ，その慣行が国際社会の法的義務だという認識が形成されたもの。 政治犯不引渡しの原則などがこれに当たる。
	条約	国家間，または国際機構を当事者として創設・文書化された規範。憲章・協定・規約なども広い意味での条約である。
適用時による分類	平時国際法	平常時における国家間の法的関係を規定したもの。
	戦時国際法	戦争発生の際，可能な限り人道を維持し，武力による惨害を緩和するため形成されたもの。

	名　称	採択	発効	当事国	特　権
平時国際法	公海に関する条約	1958	1962	63	公海における航行自由，漁獲の自由，海底電線・パイプライン敷設の自由，公海上空の飛行の自由を規定。
	大陸棚に関する条約	1958	1964	59	大陸棚の探索と天然資源の開発は，沿岸国が主権的権利を行使できると規定。
	難民の地位に関する条約	1951	1954	146	難民の保護と，帰化・同化の促進，また積極的に権利を認めるべきことを求めている。
戦時国際法	開戦ニ関スル条約	1907	1910	39	開戦には宣言または事前通告を必要とすることなどを規定。
	陸戦ノ法規慣例ニ関スル条約	1907	1910	42	交戦者の定義，捕虜（ほりょ）の取り扱い，毒・施毒兵器の禁止，無防備都市への攻撃禁止などを規定。
	毒ガス等の禁止に関する議定書	1925	1928	145	毒ガス・細菌学的手段の戦争における使用禁止を宣言。

〈注〉当事国は2023年１月現在。　（『国際条約集2023』有斐閣などによる）

4 国際法と国内法の比較

国際法		国内法
国家が原則。	法の主体	個人が原則。
統一した立法機関は存在せず，主権国家が自ら認める場合に拘束される。	立法機関	議会が決定した法は国民を拘束する。
国連や国際機構が部分的に執行するが，統一的なものはない。	行政機関	政府によって執行される。
国際司法裁判所は，当事国が合意した場合のみ裁判を開くことができる。	司法機関	裁判所が強制管轄権をもち，訴えにより裁判を開始できる。
国連安保理への依頼は可能だが，強制執行力はない。	法の執行	警察などの強制執行機関あり。

⇧グロティウス

解説 **国際法の父**　オランダの法学者**グロティウス**（1583～1645）は三十年戦争の最中に『戦争と平和の法』を著し，国家相互の間で正当な理由のない戦争を禁止し，また戦争の場合であっても，守らなければならない一定の規則があることを説いた。それが近代**国際法**の観念的な基礎を作る上で重要な役割を演じることとなり，彼は「国際法の父」と呼ばれるようになった。

国際

5 国際紛争と国際裁判制度

国際司法裁判所（ICJ） 本部…ハーグ（オランダ）	設立…1945年（国連憲章第92条） **裁判の対象**…**国家間の紛争の処理**（国連の総会や安保理の諮問（しもん）に応じ，法律問題につき勧告的意見を与えることもある） **裁判官**…15か国15人の裁判官。任期９年，３年ごとに５人改選（総会・安保理で選挙） **訴訟開始**…紛争当事国の同意に基づく提訴。一審制（上訴不可） **日本人裁判官**…岩沢雄司（いわさわゆうじ）氏　裁判官（2018.6～）
国際刑事裁判所（ICC） 本部…ハーグ	設立…2003年（2002年にICC設立条約発効） **裁判の対象**…国際社会の懸念となる重大犯罪（大量虐殺，戦争犯罪，人道に対する罪，侵略）に対する**個人の責任を追及** **裁判官**…18か国18人の裁判官。任期９年（締約国会議で条約批准国出身者から選出） **訴訟開始**…加盟国または安保理の要請，ICC検事局による起訴。二審制 **日本人裁判官**…赤根智子（あかねともこ）氏　裁判官（2018.3～）
常設仲裁（ちゅうさい）裁判所（PCA） 本部…ハーグ	設立…1901年（1899年の第１回ハーグ平和会議で採択された条約により設立） **裁判の対象**…国家・私人・国際機関の間の紛争の仲裁・調停（話し合いによる解決） **裁判官**…紛争当事者が候補者リストから選ぶ

解説 **紛争解決に向けて**　**国際司法裁判所（ICJ）**は紛争当事国が裁判をすることに同意しない限り開けない。そのため，ICJの有効性を疑問視する声もある。一方，旧ユーゴスラビア内戦の際の臨時国際法廷設置を契機に，常設の**国際刑事裁判所（ICC）**を求める声が強まり，2003年に設立された。**ICJが国家間の紛争を扱うのに対し，ICCは個人の責任を追及する。**

＋α（プラスアルファ） 外交特権はなぜあるの？

「外交特権」とは，特命全権大使などの外交官が任務を遂行するために保障される権利のこと。元々はヨーロッパの外交で慣習的に行われていたものだが，ウィーン条約で国際法として明文化された。たとえば，空港の入国カウンターで，外交官は特別ゲートから，順番を待たずに出入国できる。他にも，課税の免除や不逮捕特権などがある。　（参考：久家義之『大使館なんかいらない』幻冬舎）

●おもな外交特権　（『現代用語の基礎知識』2012による）

対　象	特　権
在外公館	公館や公文書等は不可侵
外交官	①身体，住居，書類，通信，財産に対する侵害の禁止（**不可侵権**），②原則として，接受国（派遣先の国）の刑事裁判権，民事裁判権，行政管轄権からの免除，③通信および旅行の自由，④公的役務，課税，社会保障規定からの免除

外交特権は，なぜ発生するのか？根拠となる説はいくつかあるが，ウィーン条約の前文に「国の主権平等……に関する国際連合憲章の目的及び原則に留意し」とあるように，**主権国家間の平等が確認されているため**に，主権国家の代表でもある外交官は他の主権国家の支配に服さないという考え方が一般的だ。

⇨外交官ナンバーの車　大使館等が利用する自動車には税金がかからず，交通違反を起こしても処罰されない。

次のうち，世界的に認められている独立国はどれだろうか？
①バチカン　②台湾　③アラスカ　④香港

ゼミナール

領土をめぐる問題

現在，日本は周辺諸国との間で３つの領土に関する問題を抱えている。ひとつは北方領土問題。ソ連崩壊後引き継いだロシアとの間で，交渉は一時期盛んになったものの，ロシア側の対応は再び硬化しつつある。一方，1996年の国連海洋法条約批准(ひじゅん)に伴う排他的経済水域設定をめぐり，にわかにクローズアップされてきたのが，竹島と尖閣(せんかく)諸島（尖閣諸島については，日本政府は領土問題は存在しないとの見解）。韓国，中国，台湾側の過激な行動が目立ち，一段と緊張が高まっている。

竹島問題◆日本VS韓国

竹島は江戸時代からアシカ漁などで日本人が使用しており，1905年の島根県告示で日本の領土に編入された。しかし1946年，GHQの指導で日本の領土から暫定的に除外されると，1952年１月，時の韓国李承晩(り しょうばん／イ スンマン)大統領が一方的に**「海洋主権宣言」**を行い，竹島を韓国の「主権海域」に取り込んだ。このとき韓国が主張した主権海域の境界線を**李承晩ライン**という。李承晩ラインは1965年に廃止されたが，竹島は韓国が警備隊を常駐させ，実効支配したままである。日本政府は竹島問題の平和的な解決のため国際司法裁判所に付託することを韓国側に提案しているが，韓国政府は応じていない。

⇧韓国国旗が作られた現在の竹島

1618	日本による最古の竹島渡航記録
1905	日本政府が閣議で竹島と命名し，島根県隠岐島司の所管とする
1910	**韓国併合**
1945	日本敗戦。朝鮮半島は，米ソの占領下に置かれる
1948	韓国が独立
1952	韓国政府が**李承晩ライン**を一方的に宣言
1954	この年から竹島に韓国の警備隊が常駐 日本政府，竹島の領有権問題を国際司法裁判所に提訴することを韓国側に提案。韓国側は拒否
1965	**日韓基本条約**締結。竹島問題は棚上げ

⇧1905年の竹島編入時の記念写真　○印は当時の島根県知事

中華人民共和国

日韓暫定措置水域
竹島付近の排他的経済水域(EEZ)はまだ確定しておらず，日韓が共同で管理する暫定水域が設定されている。

李承晩ライン（1952〜1965）
朝鮮民主主義人民共和国
平壌
ソウル
大韓民国
日本海
竹島（島根県）
中華人民共和国
日中暫定措置水域
平湖ガス田
日中中間線
春暁ガス田
東シナ海
沖縄トラフ
尖閣諸島（沖縄県）
中国が主張する日中経済主権の境界
台湾
与那国島（沖縄県）
沖大東島（沖縄県）
日台取り決め適用水域
フィリピン海
沖ノ鳥島（東京都）
40°　35°　30°　25°　20°
125°　130°　135°

尖閣(せんかく)諸島◆日本VS中国・台湾

1895年の閣議決定で正式に日本領となった尖閣諸島が注目されるようになったのは，1969年に尖閣諸島近海の海底に**埋蔵量豊富な油田がある**可能性が高いと判明してからである。1971年には，石油の利権を求め台湾と中国が相次いで尖閣諸島の領有権を主張。2010年には尖閣諸島近海で海上保安庁の巡視船と中国の漁船が衝突し，日中間の対立が表面化した。さらに2012年からは，日本政府が尖閣諸島の土地を購入したことに反発し，中国の海洋監視船による領海侵犯が頻発している。

⇩尖閣諸島

⇦巡視船に衝突する中国漁船

⇦明治期の尖閣諸島のカツオ節工場（写真提供：古賀花子さん／朝日新聞）

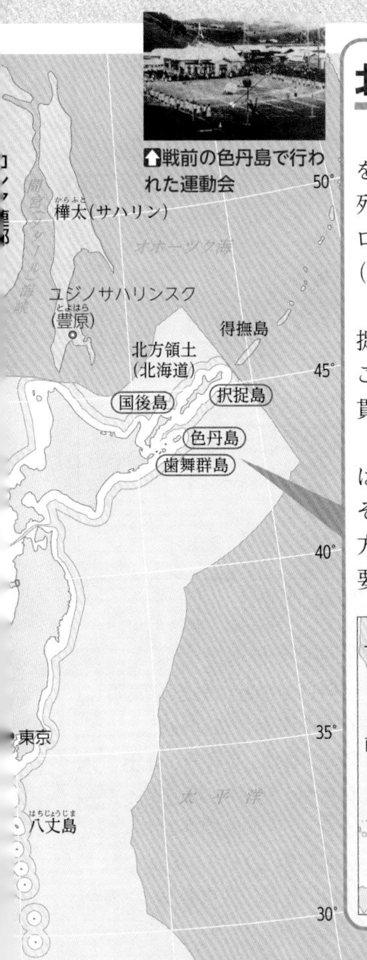

北方領土問題◆日本VSロシア

第二次世界大戦末期，旧ソ連軍は日ソ中立条約を一方的に破棄して対日参戦し，南樺太及び千島列島を占領・併合した。北方領土とはこの時以来ロシアに併合されたままになっている北方四島（択捉島・国後島・色丹島・歯舞群島）のことである。

1854年に，ロシアと日本の国境は得撫島と択捉島の間に置かれ，北方四島が日本の領土であることが日露両国で確認され，ソ連軍の占領まで一貫して日本の領土であり続けた。

1951年のサンフランシスコ講和条約で，日本は千島列島の領有権を南樺太とともに放棄したが，その千島列島とは得撫島以北の島々であって，北方領土は含まれないとし，ロシアに対して返還を要求し続けている。

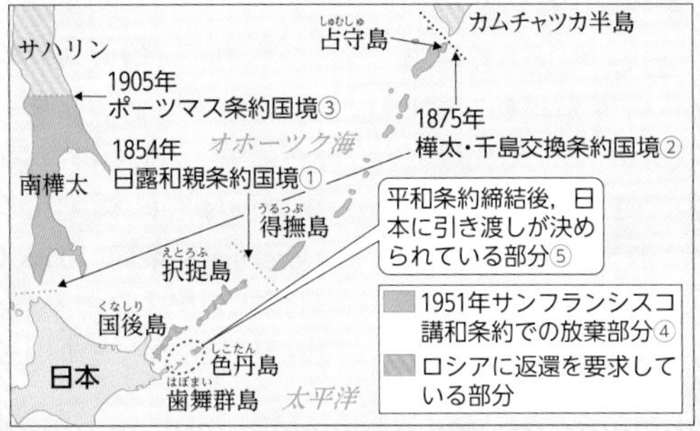

北海道（知床半島）から見た国後島

年	事項
1854	**日露和親条約**　択捉島と得撫島の間を国境にする→①
1875	**樺太・千島交換条約**　樺太をロシアが，千島を日本が獲得→②
1905	**ポーツマス条約**　ロシアから南樺太を獲得→③
1945	**ヤルタ協定**（米・英・ソ） ソ連対日参戦の見返りに，南樺太・千島列島をソ連領とする秘密協定 ソ連，南樺太，千島列島と北方四島を占領・併合。
1951	**サンフランシスコ講和条約** 日本，南樺太と千島列島（北方四島は含まず）を放棄→④
1956	**日ソ共同宣言**　平和条約の締結後，歯舞・色丹の返還を約束→⑤
2016	日ロ首脳会談→北方領土での共同経済活動に関する合意

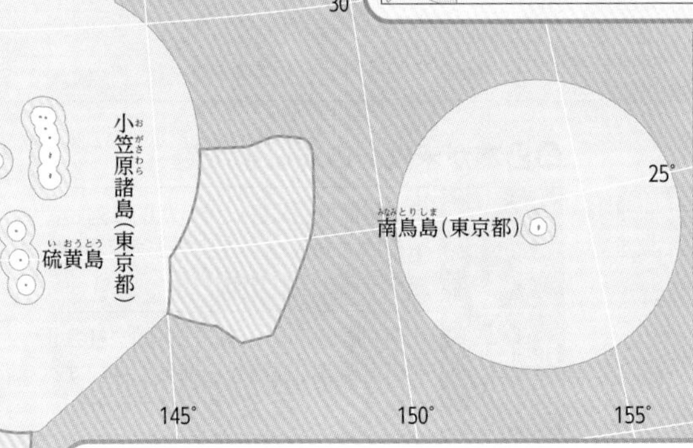

- 領海　沿岸国の主権が完全に及ぶ範囲。領土の基線から12カイリ（約22.2km）の範囲で設定。
- 接続水域　領海から12カイリ。
- 排他的経済水域(EEZ)　領土の基線から200カイリ（約370km）の海域。沿岸国に天然資源の権利が認められる範囲。
- 2012年に日本の大陸棚と認められた水域　これにより，EEZ外であるが，海底資源の開発権を主張できるようになった。
- (島名) 日本の施政権が及んでいない島

Ⓐ日本の国土と領域

構成島数	6,852
面　積	377,974km²
海岸延長	35,126km
領海面積	約430,000km²
排他的経済水域面積	約4,050,000km²（世界第６位）

（『理科年表』2023による）

沖ノ鳥島はなぜ大事？

沖ノ鳥島を起点とした日本の排他的水域は，約40万平方キロメートルにも及ぶ。これは，日本全体の排他的水域の約10％に相当し，日本の国土（38万平方キロメートル）以上の面積である。この沖ノ鳥島近海の海底には，ニッケル，マンガン，コバルト，銅などを含む金属鉱がかなりの量存在することが判明している。……1987年建設省（現・国土交通省）は，この貴重な島を守るために鉄製の波消しブロックとコンクリートなどによる保全工事を行った。……総工費約285億円。南の海の真ん中で，海洋権益をかけて実施された足掛け７年にわたる一大土木工事であった。　（山田吉彦『日本の国境』新潮社）

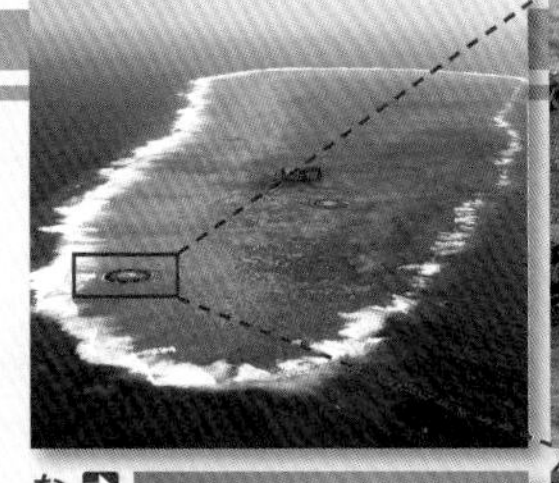

護岸工事前の，水没しそうな東小島（1987年）
（写真：国土交通省提供）

沖ノ鳥島　全景（上左），現在の東小島（上右），東小島内部（下）

国際

基本用語 難民の地位に関する条約　国連難民高等弁務官事務所　世界人権宣言　国際人権規約　女子差別撤廃条約　児童の権利に関する条約

Theme 59 人権保障の広がり

実効性が問われる人種差別撤廃条約

Approach

写真：ロイター／アフロ

⇧ウイグル族収容所と考えられる施設（中国，ウルムチ，2018年）

Ⓐ中国と新疆ウイグル自治区の人口千人当たりの出生率

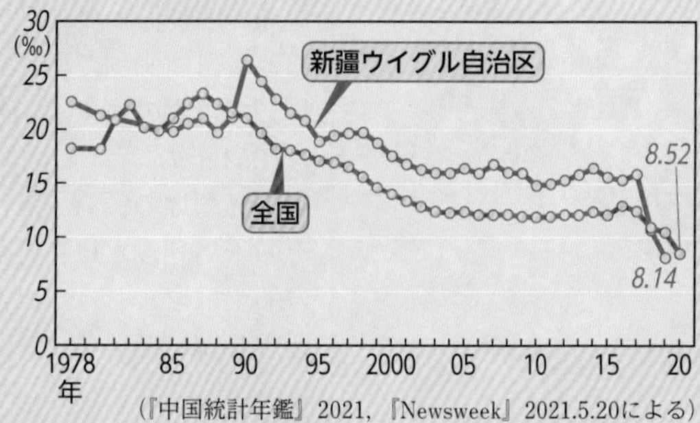

（『中国統計年鑑』2021，『Newsweek』2021.5.20による）

〈注〉2020年の新疆ウイグル自治区の出生率は非公表。

2018年，国連の人種差別撤廃委員会は，複数の人権団体からの報告内容として，中国国内のウイグル族やその他のテュルク諸語を話すイスラム少数民族の計100万人以上が過激派対策施設に身柄を拘束され，さらに200万人が強制的に「再教育キャンプ」に収容されて政治的・文化的思想を吹き込まれていると指摘した。中国側はこの指摘を全面的に否定している。

さらに，新疆ウイグル自治区で生産される「新疆綿」が，ウイグル族の強制労働によって生産されているとの証言が出ていることから，米スポーツ用品大手ナイキとスウェーデンの衣料品大手H&Mなどは懸念を表明し，「新疆綿」の取り扱いを止める動きが広がった。

中国は，日本（1995年）よりも早い1981年に**人種差別撤廃条約**に加入したが，近年も新疆ウイグル自治区の出生率の不自然な低下が指摘されるなど，少数民族に対する抑圧が問題視されている。

（「AFP BB.com」2018.8.14などによる）

追究 こうした問題について，国際社会としてどのような取り組みが求められるだろうか。

1 おもな人権条約

採択年	条約とおもな内容	日本の批准年	当事国の総数
1948	**ジェノサイド条約**　集団的殺害を，平時でも戦時でも国際法上の犯罪として確認し，処罰する	×	154
1951	**難民の地位に関する条約**　国外に逃れた難民を保護したり定住を確保する	1981	146
1965	**人種差別撤廃条約**　人種の違いを理由とする差別を廃止する（南アフリカの**アパルトヘイト**など）	1995	182
1966	**国際人権規約**　**世界人権宣言**を国際的に法制化し，加盟国に義務づけるもの（➡2）	1979	①171※ ②173※
1979	**女子差別撤廃条約**　女性に対するあらゆる差別を撤廃し，男女平等を保障する（➡3）	1985	189
1989	**児童の権利に関する条約**（子どもの権利条約）子どもを，人権をもち行使する主体として認め，様々な権利を規定（➡4）	1994	196
1989	**死刑廃止議定書**　死刑廃止が人間の尊厳向上と人権保障の発展につながるとして完全廃止（➡ p.92 5）	×	90
2000	**人身取引防止議定書**　人身取引，とくに女性や子どもの取引防止，人身取引の処罰，被害者の保護など	2017	179 ＋EU
2006	**障害者権利条約**　障がいのある人の基本的人権を促進・保護する	2014	184 ＋EU

〈注〉×：日本は未批准（2023年1月現在）　批准＝条約を国家が承認すること
※①は経済的社会的文化的権利（A規約）　②は市民的政治的権利（B規約）

（『国際条約集』2023有斐閣などによる）

Ⓐ日本が未批准のおもな条約

ジェノサイド条約	締約国は集団殺害を行った国に対して軍事的な介入をする義務を負うため，憲法9条と矛盾する
死刑廃止議定書	死刑制度の存廃は，国民世論や社会正義の実現等の観点から慎重に検討すべきであって，直ちに廃止はできない

ジェノサイド条約［採択1948.12.9 日本未批准］

第1条　締約国は，集団殺害が平時に行われるか戦時に行われるかを問わず，国際法上の犯罪であることを確認し，かつ，これを防止し，処罰することを約束する。

第3条　次の行為は，処罰される。
(a)　集団構成員を殺すこと。
(b)　集団構成員に重大な肉体的または精神的な危害を加えること。……

第8条　締約国は，国際連合の権限ある機関に対して，集団殺害または第3条に掲げる……行為を防止し，抑止するために適当と認める国際連合憲章に基づく行動をとるように求めることができる。

解説 **国内事情との兼ね合い**　戦後様々な人権条約が採択されているが，国内法や世論などから，全てに日本が批准しているわけではない。

しごとカタログ **国連難民高等弁務官**　世界各地にいる難民の保護と支援を行う国連機関，国連難民高等弁務官事務所（UNHCR）のトップ。日本人の緒方貞子さん（1927～2019）も務めたことがある。UNHCRは組織として，1954年と1981年の2度にわたりノーベル平和賞を受賞している。

2 世界人権宣言と国際人権規約

世界人権宣言［採択1948.12.10］

前文　人類社会のすべての構成員の固有の尊厳と平等で譲ることのできない権利とを承認することは，世界における自由，正義及び平和の基礎であるので，……よって，ここに，国際連合総会は，……すべての人民とすべての国とが達成すべき共通の基準として，この世界人権宣言を公布する。

⬅世界人権宣言を採択した第3回国連総会

国際人権規約［採択1966.12.16　日本批准1979条約6・7］

経済的，社会的及び文化的権利に関する国際規約（A規約）
第1条（人民の自決の権利）　1　すべての人民は，自決の権利を有する。この権利に基づき，すべての人民は，その政治的地位を自由に決定し並びにその経済的，社会的及び文化的発展を自由に追求する。
市民的及び政治的権利に関する国際規約（B規約）
第6条（生存権及び死刑の制限）　1　すべての人間は，生命に対する固有の権利を有する。この権利は，法律によって保護される。何人も，恣意的にその生命を奪われない。

解説 **世界的な人権保障をめざして**　**国際人権規約**は，人権確保の理想を示した**世界人権宣言**を法制化したもので，社会権的規約（A規約）と自由権的規約（B規約），自由権的規約に関する「選択議定書」からなる。日本はA規約を一部留保（公務員スト禁止など）で批准し，B規約も批准しているが，B規約の選択議定書（死刑廃止など）は未批准である。（➡p.272）

3 女子差別撤廃条約 （➡p.273）

女子差別撤廃条約［採択1979.12.18　日本批准1985条約7］

第1条　この条約の適用上，「女子に対する差別」とは，性に基づく区別，排除又は制限であつて，政治的，経済的，社会的，文化的，市民的その他のいかなる分野においても，女子（婚姻をしているかいないかを問わない。）が男女の平等を基礎として人権及び基本的自由を認識し，享有し又は行使することを害し又は無効にする効果又は目的を有するものをいう。

Ⓐ日本の条約批准（1985年）による国内法の整備

年	法　整　備
1984	国籍法の改正 **第2条〔出生による国籍の取得〕** **（改正前）** 出生の時に父が日本国民であるとき。 **（改正後）** 出生の時に父又は母が日本国民であるとき。 改正前は母が日本人であっても父が外国人の場合，その子は日本国籍を取得できなかった。
1985	男女雇用機会均等法成立　募集・採用・昇進・退職など，男性との差別の禁止。（➡p.189 4）
1991	育児休業法成立　1歳未満の子を養育するための休業を，男女どちらも取得できる。（➡p.189 5）

解説 **国内法を変えた条約**　**女子差別撤廃条約**は，世界の国々が男女の完全な平等の達成をねらい，女性差別をなくすことを目的としている。1979年の国連総会で採択。日本は1985年に批准し，以後この条約に合うように法律の改正が行われてきた。一方で，法律と実生活とのズレは，今も残る男女差別の中でもみられる。ズレを埋める努力が重要だ。

4 児童の権利に関する条約 （➡p.273）

この権利条約の中で，子どものベスト・インタレストということばが使われている条項が，第3条をはじめとして7つもあります。そのことは，このことばが条約を理解するうえでの鍵であることを意味しています。

⬆15歳未満の子ども兵士（チャイルドソルジャー）もいる。

…「利益」“the interests”は，たとえば「国益」とか「利害関係」「利権」という意味に使われることがありますが，他方では「関心」や「興味」という意味もあるのです。ですから the interest は，単なる経済的ないし物的利益をいうのではありません。あることが本当に子どものためになるかどうか，子どもの立場から深く思いをいたすことにほかなりません。…

（『ハンドブック子どもの権利条約』 岩波ジュニア新書による）

解説 **児童の権利条約**　18歳未満の子どもの人種・性別・宗教等による差別禁止，思想・表現・集会の自由などの権利を保障するもので，1989年国連総会で採択され，90年に発効した。

＋α（プラスアルファ） アムネスティ・インターナショナル

1961年に結成されたアムネスティ・インターナショナルは，150か国に約180万人の会員がおり，世界最大のNGO（非政府組織）といわれている。

おもな活動は，世界中の人権侵害を調査し，その情報を発信することで，市民の関心を高め，人権侵害をやめるための行動を呼びかける。また，人権侵害を行っている政府や武装集団には人権侵害をやめるよう，また被害者に対しては励ます内容の手紙を送る。そうすることで，政府や武装集団は世界からの関心に配慮せざるを得なくなり，被害者を解放に導くのだ。活動が評価され，1977年にノーベル平和賞を，78年には国連人権賞を受賞。

なお，アムネスティとは「恩赦」のこと。

Try（トライ） 次のうち，日本が批准していない条約はどれ？
①国際人権規約　②児童の権利に関する条約　③女子差別撤廃条約　④死刑廃止議定書

Theme 60

国際連合の役割と課題

基本用語 国際連盟　国際連合　勢力均衡　集団安全保障　安全保障理事会　常任理事国　拒否権　国連憲章　平和維持活動　ＰＫＯ協力法　平和維持軍

Approach

できること 考えて やってみる

文化学園長野中学校（長野市）生徒会が国連の「持続可能な開発目標（SDGs）」に沿った取り組みを続けている。同校は国連教育科学文化機関（ユネスコ）の「ユネスコスクール」に認定されており，世界の課題を考える学習の一環。生徒会の各委員会が，自分たちで実践できるアクションプランを作って発表し，全校で理解を深めた。（『信濃毎日新聞』2018.12.24）

Ⓐ生徒会のアクションプラン（主なもの）

生徒会執行部	学校周辺のハザードマップの作製
評議委員会	難民や募金についての周知
美化奉仕委員会	使わない文房具を途上国へ寄付
校風委員会	捨てるようなもので料理を作る

⬆アクションプランを発表する生徒たち

Key point キーポイント 2015年の９月，ニューヨーク国連本部において，「国連持続可能な開発サミット」が開催され，**「持続可能な開発目標（SDGs：Sustainable Development Goals）」**が掲げられた。現在SDGsは様々な場所で活動指針となり，その価値観が広がっている。

追究 SDGs達成に向けた取り組みを探してみよう。

1 国際連合機構図

（国連広報センター資料などによる）

➡グテーレス事務総長（出身国：ポルトガル）

〈注〉●は主要機関

- 国連総会
- 事務局
- 信託統治理事会（休止状態）
- 安全保障理事会
  - 制裁委員会
  - 軍事参謀委員会
- 平和構築委員会
- 国際司法裁判所
- 経済社会理事会
  - 地域経済委員会
  - 機能委員会
  - 国連合同エイズ計画（UNAIDS）
- 人権理事会／主要委員会／常設，特別，会期委員会／その他の総会下部機関
- 持続可能な開発に関するハイレベル政治フォーラム（HLPF）
- 国際原子力機関（IAEA）／世界貿易機関（WTO）／化学兵器禁止機関（OPCW）／国際移住機関（IOM）

総会付属・常設機関

国連パレスチナ難民救済事業機関（UNRWA）
国連貿易開発会議（UNCTAD）
国連児童基金（UNICEF）
国連難民高等弁務官事務所（UNHCR）
国連開発計画（UNDP）
国連環境計画（UNEP）
国連大学（UNU）
国連ハビタット（UN-HABITAT）
国連人口基金（UNFPA）
世界食糧計画（WFP）
UNウィメン（UN Women）

専門機関

国際労働機関（ILO）
国連食糧農業機関（FAO）
国連教育科学文化機関（UNESCO）
世界保健機関（WHO）
世銀グループ：
国際開発協会（IDA）
国際復興開発銀行（世界銀行）（IBRD）
多数国間投資保証機関（MIGA）
国際金融公社（IFC）
投資紛争解決国際センター（ICSID）

国際通貨基金（IMF）
国際民間航空機関（ICAO）
万国郵便連合（UPU）
国際電気通信連合（ITU）
世界気象機関（WMO）
国際海事機関（IMO）
世界知的所有権機関（WIPO）
国際農業開発基金（IFAD）
国連工業開発機関（UNIDO）
世界観光機関（UNWTO）

⬅国連総会

国連総会	**任務** 国連憲章の範囲内で問題を討議し，加盟国または安全保障理事会に勧告するが，拘束力はない。 **構成** 全加盟国代表で構成。投票は各加盟国１票。
事務局	**任務** 国際連合運営に関するすべての事務を行う。 **事務総長** 事務局の責任者。国連の事務一般を担当し，国際平和を脅（おびや）かす事項について安保理に勧告する。任期５年。現在，第９代グテーレス（ポルトガル・2017～）
経済社会理事会	**任務** 非政治的分野での国際協力のため，国際問題を研究して総会・加盟国・専門機関に報告・勧告する。 **構成** 54の理事国（任期３年，毎年３分の１改選）
安全保障理事会	**任務** ①国連で最も重要な機関。国際平和の安全と維持のため，主要な責任を負う。②全加盟国に代わって任務を遂行し，その決定は各加盟国に対し拘束力をもつ。 **構成** **常任理事国**（５か国）…**ロシア，アメリカ，フランス，中国，イギリス**が**拒否権**をもつ。 非常任理事国（10か国）…総会の投票で３分の２の多数を得た国を選出。原則任期２年，引き続きの再選なし。毎年半数を改選。アラブ首長国連邦，ガーナ，ガボン，ブラジル，アルバニア（2023年末まで），日本，モザンビーク，エクアドル，マルタ，スイス（2024年末まで）

しごとカタログ **国際公務員**　国際連合及び専門機関などの国際機関に勤務する職員のこと。国際公務員になるには，英語かフランス語で勤務できる語学力と，修士以上の学位が必須条件。日本出身の国際公務員は，分担金割合と比較して少ない状況が続いている。

2 勢力均衡と集団安全保障

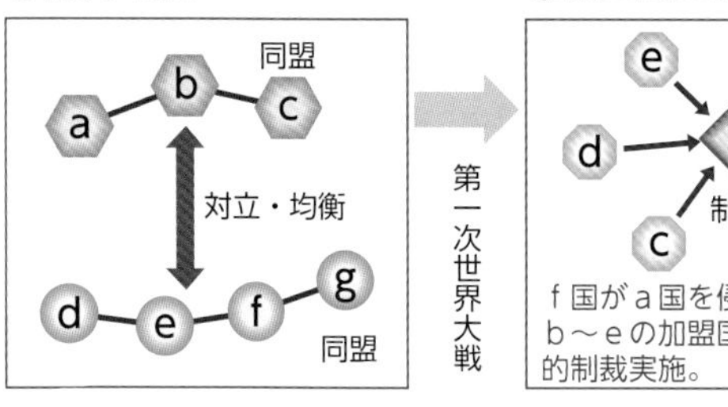

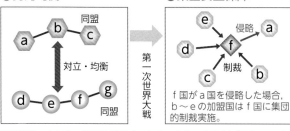

解説 いかにして平和を維持するか？　主権国家体制が確立した近代ヨーロッパでは，一国の強大化を周辺諸国が結束して阻止したり，軍備拡張の一方で周辺諸国への警戒感から結成された軍事同盟が対峙しつつ表面的平和を維持する事態が生じた（**勢力均衡**）。その結果生じた最大の悲劇が第一次世界大戦であり，国際連盟ではこれを防止するため，戦争や侵略を起こした国には加盟国全体で制裁を加えようという考えが採用された。これが**集団安全保障**で，国際連合にも継承されている。

3 国際連合と国際連盟

国際連合（1945）		国際連盟（1920）
ニューヨーク（アメリカ）	本　部	ジュネーブ（スイス）
大国を含む世界のほとんどの国家が加盟	加盟国	アメリカ不参加，ソ連の加盟遅延，日・独・伊の脱退
総会，安保理事会，経済社会理事会，信託統治理事会，事務局，国際司法裁判所	機　関	総会，理事会，事務局，常設国際司法裁判所
多数決，五大国一致主義（拒否権あり）	表　決	**全会一致主義**
軍事的・非軍事的強制措置，裁判	制裁措置	**経済封鎖**が中心

解説 「連盟」と「連合」の違い　集団安全保障は，違反国に対する武力制裁を前提とした制度。経済制裁が中心であり，かつ大国が不参加であった**国際連盟**は，第二次世界大戦の勃発を阻止することができなかった。この反省にたって設立されたのが**国際連合**である。

4 国連の加盟国の推移

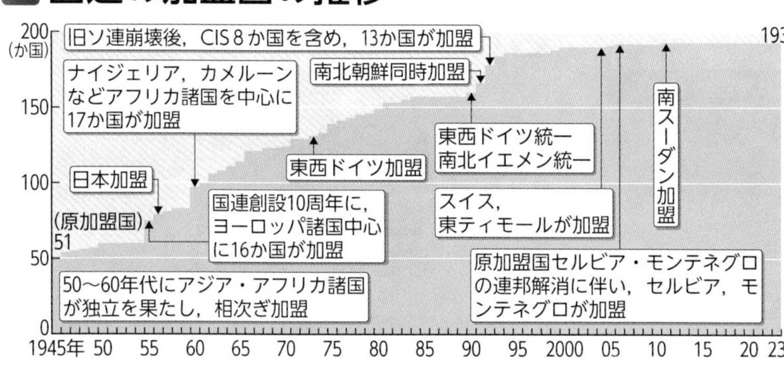

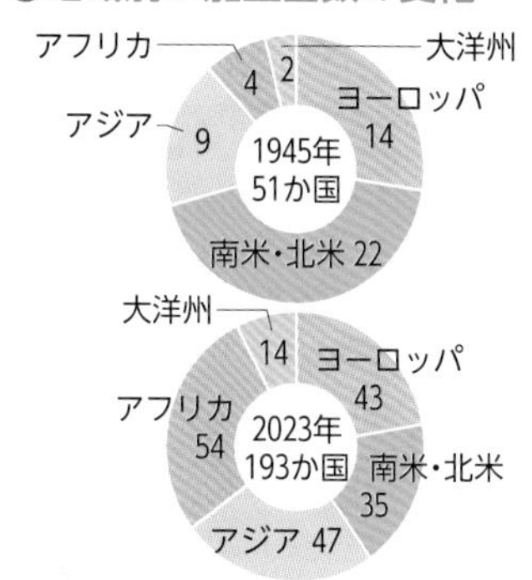

5 国連の諸活動

分　野	活　動
平　和 	・紛争の平和的解決についての話し合い ・平和維持活動（PKO） ・地雷の除去・道路橋の修理 ・軍縮活動 ・難民・避難民の故国復帰の手助け ・選挙の監視 ・経済復興・技術援助
人　権	すべての市民の人権を守るため，世界人権宣言以降いろいろな宣言・条約を総会で採択している。 ①人種差別撤廃宣言 ②女性差別撤廃条約 ③子どもの権利条約 ④死刑廃止議定書 ⑤児童の権利に関する条約　　など
環境・開発	ローマクラブの『成長の限界』をきっかけに，国連人間環境会議（UNCED）が開催され，国連環境計画（UNEP）が創設された。環境と開発の調和を図る「持続可能な開発」という概念を打ちだしている。

解説 日常に関連した活動も　国連の仕事は，世界のすべての人が，「安全に，尊厳をもって，より良い生活をする」ために行われている。ボランティア・募金などを通して，私たちもその活動に参加することができる。

6 国連の紛争解決方法

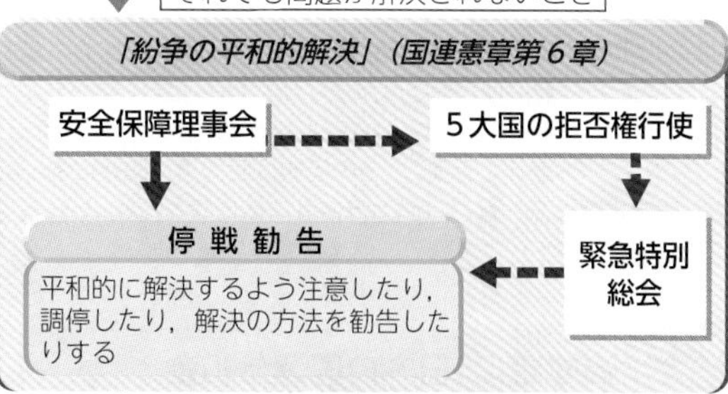

それでも問題が解決されないとき

「非軍事的措置」（国連憲章第７章）
平和を脅かし，破壊している国や政治勢力をじっくりと経済的にしめあげる（経済制裁）

それでも問題が解決されないとき

「軍事的措置」（国連憲章第７章）
国連が自ら「国連軍」を組織して押さえる
（正式な国連軍が組織されたことはない）

国連では，６つの言語を国連公用語としている。さて，次のうち国連公用語ではない言語はどれだろうか？
①英語　②フランス語　③中国語　④スペイン語　⑤ドイツ語　⑥ロシア語　⑦アラビア語

7 国連の平和維持活動（PKO）

Ⓐ世界に展開する国連の平和維持活動

（2022年10月現在）

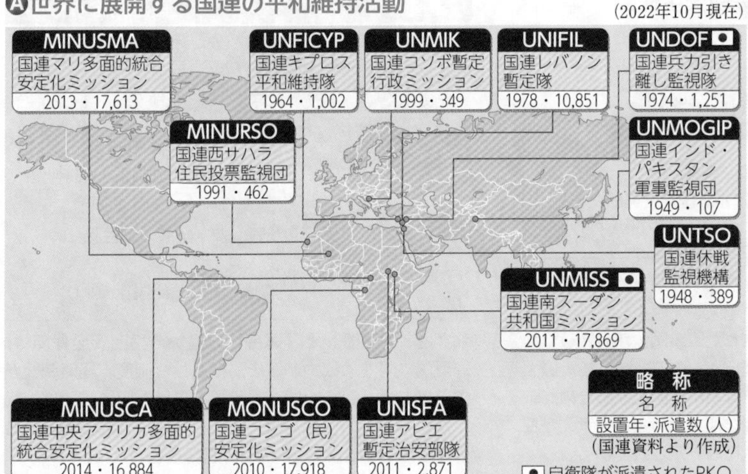

〈注〉PKOは紛争地域の平和の維持・回復のため送られるが，受け入れ国の同意を原則とするため，紛争地域すべてに送られているわけではない。

PKO５原則

❶停戦合意
❷紛争当事者の受け入れ同意
❸中立厳守
❹隊員の生命・身体防御に限定した武器使用
❺上記❶～❸の３条件が崩れたときの独自判断による撤収

〈注〉❺は日本独自のもの

解説 伝統への回帰 冷戦構造の下では，米ソの代理戦争が各地で発生，安全保障理事会でも大国の拒否権行使が相次ぎ，国連は十分な役割を果たすことができなかった。こうして，**国連憲章**には出てこないPKO活動が登場したのである。一時中立的性格を離れ地域紛争に介入する傾向が強まったが，伝統的なPKOへの回帰がみられるようになっている。

8 国連軍とPKOの比較

	国連憲章上の国連軍	平和維持活動（PKO）
目的	侵略の鎮圧・平和の回復	武力衝突再発の防止
主要任務	侵略者に対し軍事的強制力を行使し撃退。平和を回復	停戦の監視，兵力の引き離し監視，現地の治安維持など
設立根拠	憲章43条・特別協定	憲章22・29条
活動根拠	憲章39・42条	明示規定なし（第６章半）
設立主体	安全保障理事会	安全保障理事会・総会
指揮	未定（憲章47条３）	国連事務総長
編成	安保理常任理事国を中心とした大国の軍隊を中心に構成。**一度も組織されたことがない。**	大国や利害関係国を除く諸国の部隊・将校を中心に構成。国連軍の代わりとして登場
武装	重武装	**平和維持軍(PKF)＝軽武装** **停戦監視団　＝非武装**
武器使用	原則として無制限	自衛の場合に限定

解説 PKOは国連憲章に規定なし 国際紛争解決へのプロセスは，たびたび安保理が機能麻痺に陥ったためうまくいかなかった。想定外の事態に直面する中で，国連憲章に規定のないPKOが登場した（６章半の活動）。その目的は武力衝突防止にあるので，強制措置は行わない（武力行使は自衛に限る）。したがって，**平和維持軍（PKF）**は「軍」といえども軽武装である。

9 PKOと日本

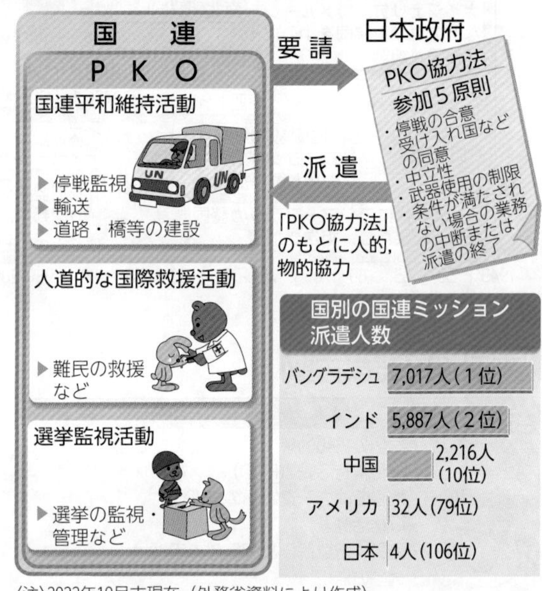

〈注〉2022年10月末現在（外務省資料により作成）

解説 自衛隊だけでなく 1992年に成立したPKO協力法に基づいてこれまでにカンボジアなどに日本のPKOが派遣された。自衛隊だけでなく，地方公務員や警察官，医師，看護師なども派遣された。

＋α プラスアルファ 高すぎ!? 日本の国連分担金

日本の分担率が減った 2000年の約20.6％をピークに国連通常予算に対する日本の分担率は下がり続け，2019～2021年の分担率では，世界２位の座を中国に譲ることとなった。国連分担金の比率は，各加盟国の国民総所得(GNI)などから支払い能力と経済力に応じて決められる。日本の分担率は，2000年には20％を超えていたが，長引いた不況と低成長のため減少し続けている。それでも，米中を除く常任理事国よりも高い分担率だ。

Ⓐ国連分担金の比較（2022～2024年）

（2023年３月現在）

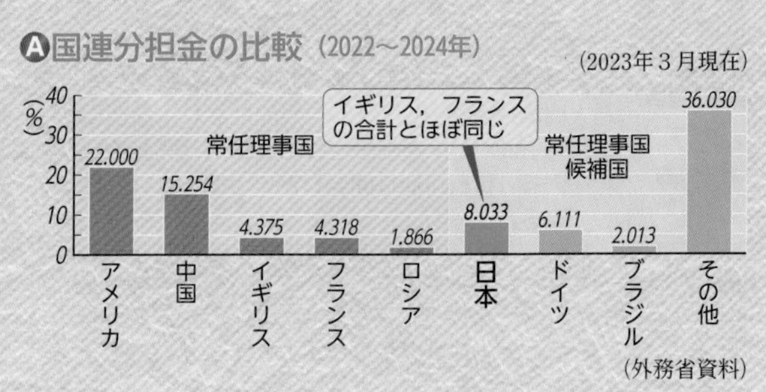

（外務省資料）

Try トライ 国連ファミリー（国連本体と関連機関）で働く職員の数は，どのくらいだろうか？
①日本の国家公務員数に近い，約30万人　②東京都の公務員数に近い，約15万人　③大阪市の公務員数よりも少ない，約６万人

論点 人間の安全保障とは？

1 人間の安全保障の全体像

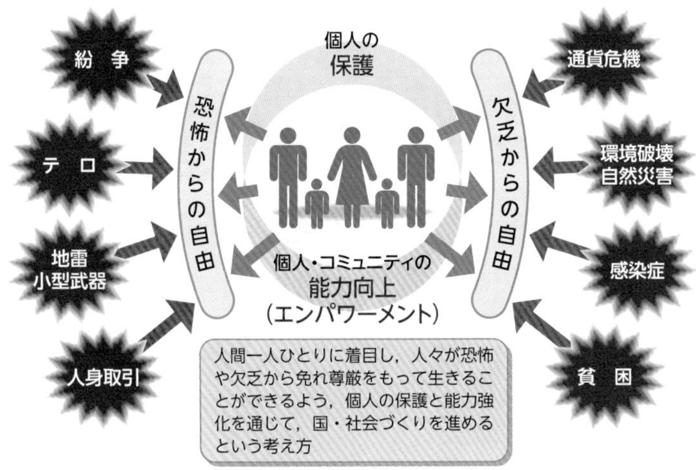

（外務省資料による）

平和と安全
欠乏からの自由
恐怖からの自由
開 発
人 権
尊厳をもって生きる自由

解説 人間の安全保障は，従来の「国家の安全保障」だけでは取りこぼされてしまう**人間一人ひとりに着目**した考え方。2001年国連と日本政府が中心となって「人間の安全保障委員会」が発足し，現在の日本の外交の重要な柱の一つとなっている。2015年に国連で採択されたSDGsにも「人間中心」「誰一人取り残さない」社会の実現などの人間の安全保障の理念が盛り込まれている。

2 人間の安全保障にかかわる現代の課題

Ⓐコロナ禍と人間の安全保障

コロナ禍の問題を考える上で不可欠なことは，「世界的な感染症に一国での解決はない」ということである。……たとえ一国（たとえば日本）の中で一時的に鎮静化に成功したとしても，世界的に感染が拡大している限り，国境を開放し，多くの人が国外から入ってくるようになった途端，感染は戻って来てしまう。

……世界全体での感染が続けば，世界経済の縮小が続き，それは世界中の人々を新たな貧困に追い込む。それは輸出に大きく依存する日本経済や日本企業の収益も直撃し，日本人の雇用も大打撃を受ける。つまり**世界全体で解決しない限り，コロナ禍を克服することはできない**のである。このように一国では解決できず，かつ，私たちの安全や仕事，尊厳を直接脅かすグローバルな脅威をどう克服するかが問われているという意味で，コロナ禍の問題は，まさに「人間の安全保障」の課題だと筆者は考えている。（東大作「研究レポート　コロナ禍を人間の安全保障で」公益財団法人日本国際問題研究所HP）

↑日本が支援した酸素濃縮器を受け取ったインドの病院関係者（2021年５月）

Ⓑウクライナ侵攻と人間の安全保障

人は誰でも安全で安心な日々を過ごしたいし，過ごす権利がある。一人一人の人間が恐怖と欠乏から自由であり，尊厳をもって暮らすことができる――。それが「人間の安全保障」という概念だ。民族紛争や治安の悪化，そして感染症の流行によっても人間の安全保障は脅威にさらされる。

国家の安全保障の喪失により，人々の安全，安心や尊厳が奪われることもある。ロシアのウクライナ侵攻がもたらした殺りく，破壊，飢えや寒さ，そして家族の別離によってウクライナ人の人間の安全保障は失われた。

……不都合な真実は独裁者に伝わりにくい。また聞こえのよい情報から間違った判断が下されても修正ができない。非民主体制の権力の乱用こそ，人間の安全保障を脅かす大きなリスクなのである。

（高原明生「非民主体制の権力乱用」『毎日新聞』2022.4.3）

➡**羽田空港に到着したウクライナからの避難民**（2022年４月） 2023年３月時点で，ウクライナから国外に避難した人が810万人を超え，国内で避難生活を余儀なくされている人はおよそ530万人となっている。

問い 「人間の安全保障」を実現していくために，あなたは何が必要だと考える？

さらに深めよう！
人間の安全保障（国際連合広報センター）のページ➡

国際

Theme 61

第二次世界大戦後の国際社会

基本用語 冷戦　NATO　朝鮮戦争　キューバ危機　ベトナム戦争　緊張緩和（デタント）　マルタ会談　ペレストロイカ

Approach

世界終末時計と戦後国際政治

世界の終末までに残された時間

（分）
17
16
15
14
13
12
11
10
9
8
7
6
5
4
3
2
1
0

1950　1960　1970　1980

ソ連原爆実験
米ソ水爆実験
米ソ首脳会談
PTBT締結
仏中核実験
米NPT批准
米ソSALT締結
インド核実験
ソ連アフガニスタン侵攻
イラン・イラク戦争
米ソ軍拡激化

3分前

Ⓐ冷戦激化－朝鮮戦争

⇧漢江を渡って進む国連軍（韓国）

7分前

Ⓑキューバ危機

LAUNCH POSITION
MISSILE-READY TENTS
MISSILE ERECTORS

⇦キューバのミサイル基地（1962）

12分前

Ⓒ緊張緩和（デタント）

⇨SALT締結後，握手する米・ニクソン大統領（左）とソ連・ブレジネフ書記長（1972）

米大統領	トルーマン	アイゼンハワー	ケネディ	ジョンソン	ニクソン	フォード	カーター

ソ連指導者	スターリン	マレンコフ	フルシチョフ	ブレジネフ	アンドロポフ

中国指導者	毛沢東	華国鋒	鄧小平

日本首相	吉田	片山	芦田	吉田	鳩山	石橋	岸	池田	佐藤	田中	三木	福田	大平	鈴木

❶40年代　冷戦の開始　第二次大戦後の1946年，英のチャーチル首相がフルトンでの演説で「**鉄のカーテン**がヨーロッパ大陸を横切っておろされている」と述べた言葉通り，西側陣営と東側陣営の形成が戦後急激に進んだ。また，米大統領トルーマンは共産主義（＝東側）の封じ込め政策を提唱し，東西対立はよりいっそう激化した。その過程で，東アジアに中華人民共和国という社会主義国家が生まれ，東西ドイツと韓国・北朝鮮という分断国家が生み出された。

❷50年代　「熱い戦争」から「雪どけへ」　1950年代は東西緊張が衝突へと発展する。1950年6月，北緯38度線で分断されていた朝鮮半島で，南北両軍が衝突し，冷戦は「熱い戦争」となった（→Ⓐ**朝鮮戦争**）。日本はこの過程で，西側陣営の一員として独立を果たす。53年に休戦協定が結ばれると，東西陣営は歩み寄りを始め，56年にはソ連で**スターリン批判**が行われ，そして59年には**米ソ首脳会談**が行われた（「雪どけ」）。

❸60年代　終末の最接近からデタントへ　雪どけムードは60年代前半にも続き，「**アフリカの年**」などをもたらした。しかしその一方で，62年には**キューバ危機**（→Ⓑ）による米ソ核戦争の危機が起こり，東西対立はあっという間に沸点に達することになる。62年10月22日，米のケネディ大統領が，ソ連がキューバにミサイル基地を建設中であることを発表し，さらにその撤去を求めてキューバを海上封鎖したので，戦後最大の核戦争の危機となったが，ソ連の譲歩で幸運にも危機は回避され，以降世界は冷戦から**デタント**（緊張緩和）へと向かった。

しかし60年代は，世界の多極化と混迷化が深まる時代でもあった。アフリカ諸国が一気に独立を果たし，61年には**非同盟諸国首脳会議**が開かれて米ソ両陣営いずれにも属さない**第三勢力**の台頭が進み，67年には西ヨーロッパ諸国が「第三の巨人」を目指して**EC**を発足させた。その一方でアメリカは**ベトナム戦争**を開始して泥沼にはまり込んでいき，ソ連は50年代後半から自由化とソ連圏からの離脱への動きの高まりで，**ハンガリー動乱**や「**プラハの春**」を経験する。**中ソ論争**でソ連と対立した中国は，66年からの**文化大革命**で混乱に陥ることになる。

しごとカタログ　**公安調査官**　破壊活動防止法などの法律に基づいて，国家に危害を及ぼす可能性のある団体や外国機関の情報を収集する公務員。いわゆるスパイ的な活動をしており，実情はよくわかっていない。なお，任務は「調査」のみで逮捕権はなく，武器も持たない。

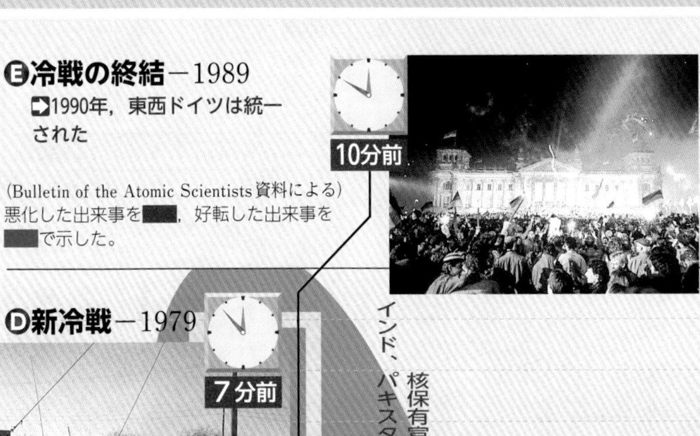

Ⓔ冷戦の終結－1989
➡1990年，東西ドイツは統一された

(Bulletin of the Atomic Scientists資料による)
悪化した出来事を■，好転した出来事を■で示した。

世界終末時計…核戦争による人類滅亡を，午前零時(れいじ)までの残り時間で表す。米国の原子物理学者団体が考案し，広島・長崎への原爆投下から２年後の1947年，「原子力科学者会報」の表紙に初めて掲載された。近年は核の脅威以外にも，紛争や環境破壊による人類滅亡も考慮されている。

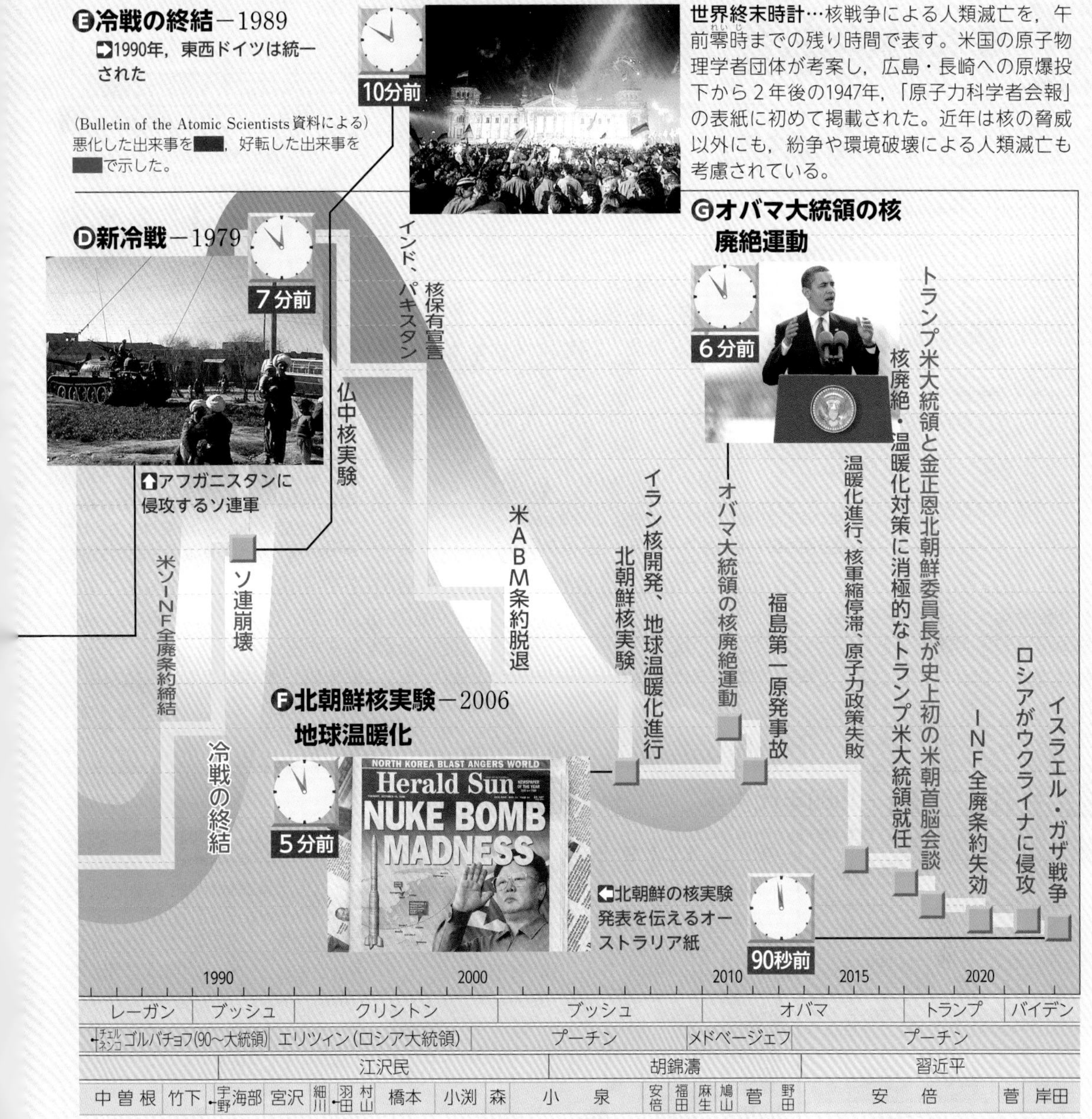

Ⓓ新冷戦－1979
7分前
⬆アフガニスタンに侵攻するソ連軍

Ⓖオバマ大統領の核廃絶運動
6分前

Ⓕ北朝鮮核実験－2006
地球温暖化
5分前
Herald Sun NUKE BOMB MADNESS
⬅北朝鮮の核実験発表を伝えるオーストラリア紙

90秒前

米ソINF全廃条約締結
冷戦の終結
ソ連崩壊
仏中核実験
インド、パキスタン核保有宣言
米ABM条約脱退
北朝鮮核実験
イラン核開発、地球温暖化進行
オバマ大統領の核廃絶運動
福島第一原発事故
温暖化進行、核軍縮停滞、原子力政策失敗
核廃絶・温暖化対策に消極的なトランプ米大統領就任
トランプ米大統領と金正恩北朝鮮委員長が史上初の米朝首脳会談
INF全廃条約失効
ロシアがウクライナに侵攻
イスラエル・ガザ戦争

1990　2000　2010　2015　2020

レーガン｜ブッシュ｜クリントン｜ブッシュ｜オバマ｜トランプ｜バイデン
チェルネンコ｜ゴルバチョフ(90～大統領)｜エリツィン(ロシア大統領)｜プーチン｜メドベージェフ｜プーチン
江沢民｜胡錦濤｜習近平
中曽根｜竹下｜宇野｜海部｜宮沢｜細川｜羽田｜村山｜橋本｜小渕｜森｜小泉｜安倍｜福田｜麻生｜鳩山｜菅｜野田｜安倍｜菅｜岸田

国際

❹70年代　2超大国の動揺と多極化の進行

70年代は米ソの世界支配が大きく動揺した時代だった。とくに，米では**ニクソン・ショック**やベトナム戦争の泥沼化が大きくのしかかり，その指導力にかげりが生まれた。そこでニクソン大統領はデタント（緊張緩和）をかかげ，**SALT**の調印（→Ⓒ）や中国・ソ連を訪問。そしてベトナム撤兵を実現させた。

ソ連も同じく動揺した。中国との関係は冷え込み，東欧諸国はソ連から次第に距離を置き，自主管理路線を貫くユーゴスラヴィアとも対立が続き，ソ連の支配力が低下し始めた。

二つの超大国に従わない勢力が台頭する中，米は従来の強硬な世界支配からの転換を図ったが，ソ連は方針を変えずに，79年にアフガニスタン侵攻を実行してしまう。

❺80年代　新冷戦と冷戦終結

1979年，ソ連の**アフガニスタン侵攻**に米は反発，両国は再び対決姿勢を示した。この影響はオリンピックにも及び，80年のモスクワ大会には日本も含む西側諸国が参加せず，84年のロサンゼルス大会には東側諸国が参加しなかった。

中東ではイラン革命の後80年から**イラン・イラク戦争**が勃発。イスラム勢力復興が進行し，世界はよりいっそう混迷が深まった。

そんな中，ソ連内部にも限界が訪れ，ついにゴルバチョフが**ペレストロイカ**と呼ばれる政治改革や民主化を始め，西側諸国との関係改善を図った。87年には**INF全廃条約を締結**し，東側諸国での民主化が広まる中，89年にはベルリンの壁も崩壊。同年末，マルタ島での首脳会談で，ついに歴史的な冷戦終結宣言が出された。

❻北朝鮮の核実験,地球温暖化

冷戦後，世界的な核戦争の危機は低下したが，地域紛争は増えた。今も冷戦構造が残る朝鮮半島では，経済的に追い込まれた北朝鮮が国際関係でも孤立傾向を強め，2006年に核実験を実施。また，この翌年から，温暖化などの環境問題も終末時計に考慮されるようになる。

❼テロの拡散と反グローバリズム

ISの台頭以降，世界各地にテロが広がり，英のEU離脱や米のトランプ大統領（任2017～21）による自国第一主義の外交など「内向き」の流れが強まった。

Try トライ 次のうち，冷戦後に独立した国はどれ？
①スロバキア　②ルーマニア　③ブルガリア　④アルバニア

基本用語 多極化 湾岸戦争 イラク戦争

Theme 62

冷戦終結後の国際社会

Approach

21世紀は「新冷戦」の時代？

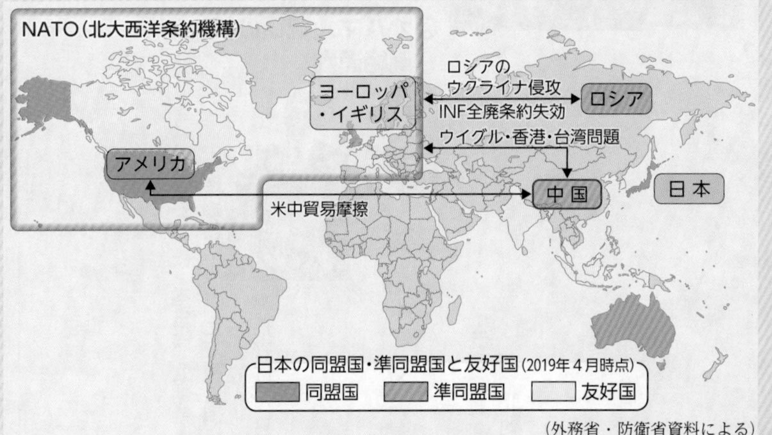

（外務省・防衛省資料による）

提供：Scott Howe/Department of Defense/UPI/アフロ

⇧INF全廃条約の失効を受けてアメリカが実施した中距離ミサイルの発射実験（2019年8月）

1989年のマルタ会談で終結した東西冷戦。しかし，その後は資本主義陣営と社会主義陣営の対立構造（冷戦構造）が崩れたことによって民族紛争やテロが多発するようになり，**「新しい戦争」**という呼び名も生まれた。さらに2010年代に入ると，急速な経済成長と軍備増強によって覇権を狙う中国とアメリカの対立構造，他方NATOの東方拡大を警戒するロシアとアメリカ・ヨーロッパとの対立構造（**新冷戦**）が鮮明になり，2022年，ロシアのウクライナ侵攻という形で現実の戦争となってしまった。

追究「新冷戦」の特徴をとらえよう。

1 冷戦の終結―1980年代後半

ソ連
- 同盟国の自由化抑圧→威信（いしん）の低下
- 共産党の一党独裁に対する民衆の不満
- 技術革新の遅れ→経済停滞
- アフガニスタン侵攻
 →軍事費増大，威信の低下

↓

1985年 共産党書記長にゴルバチョフ就任
- ペレストロイカ（「建て直し」）
  - グラスノスチ（情報公開）
  - ウスカレーニエ（加速化）
- 新思考外交

米ソ包括軍縮交渉

INF全廃条約（1987）
マルタ会談→**冷戦終結宣言**（マルタ宣言，1989）

アメリカ
- ベトナム戦争介入
 →ドル危機，威信の低下
- レーガン政権下の軍事費増大
 →「双子の赤字」

Ⓐゴルバチョフの「新思考」（1986.11）

核時代において，われわれは新政治思考，人類の平和を確実に保証する，平和に関する新たな概念を策定しなければならない。人間の生命を最高の価値として認めなければならない。……「恐怖の均衡」に代わって，包括的国際安全保障体制を実現しなければならない。

（『ゴルバチョフ回想録』新潮社）

⇩マルタ会談（1989.12）〔左から〕ブッシュ（米），ゴルバチョフ（ソ連）

⇩冷戦の象徴「ベルリンの壁」崩壊 壁の上に立つ東ドイツの人々。

解説 ヤルタからマルタへ 1980年代の軍拡競争などにより，米ソの経済が悪化する中，1985年に誕生したソ連の**ゴルバチョフ政権は新思考外交を展開**。米ソの関係改善が進み，包括的軍縮交渉も始まる。このような情勢を背景に，1989年には東欧で相次いで社会主義の一党独裁体制が崩壊した（**東欧革命**）。同年11月には**東西冷戦の象徴だった「ベルリンの壁」が崩壊**。東側体制の動揺の中，翌12月にはアメリカのブッシュ，ソ連のゴルバチョフ両首脳による首脳会談が開かれた（**マルタ会談**）。会談後，両首脳は初めて共同で記者会見に臨（のぞ）み**「冷戦の時代は終わり，東西関係が新しい時代に入った」**ことを宣言し，戦略核兵器と欧州通常戦力の削減への決意を示した。こうして，二大陣営による軍事的対立のもとになったヤルタ体制は44年目に終焉（しゅうえん）を迎えた。

しごとカタログ **国際弁護士** 最近「国際弁護士」の肩書きで活動する人が増えているが，実際にはそのような資格は存在せず，日本国外における弁護士資格を持っている人などが自らを「国際弁護士」と名乗っていることが多い。

2 冷戦終結後の国際政治のトレンドは？

米国 唯一の超大国化→地域紛争への介入
・ソ連崩壊（1991） ・米国経済繁栄（1990年代）
・イラクのクウェート侵攻（1990）**→湾岸戦争**（1991）
欧州 統合，多国間協調システムの進展
・EU成立（1993）

2001.9 米国同時多発テロ

米国 国内で単独行動主義台頭
・タリバン政権（アフガニスタン）への軍事制裁（2001）
・国連無視の**イラク戦争**（2003）
諸地域 米国覇権（はけん）への反発
・イスラム原理主義過激派によるテロ
→文明間の衝突？ 欧米ユダヤ連合vsイスラムor中国？
欧州 米欧対立
・京都議定書批准問題 ・イラク戦争への対応

2009.1 オバマ大統領（米，民主党）就任

米国 多国間協調主義
・核軍縮の推進 ・対話の重視
・地球環境問題への積極的取り組み
中東 アラブの春→中東大変動
ウクライナ 米・EUvsロシアの対立（「新冷戦」？）

2017.1 トランプ大統領（米，共和党）就任

米国 欧州 自国中心主義の潮流
・貿易戦争 ・国境に壁を建設
・EU懐疑派の台頭 ・ブレグジット

2021.1 バイデン大統領（米，民主党）就任

米国・アフガニスタンから米軍撤退（対テロ戦争の終結）
ロシア・ウクライナに軍事侵攻

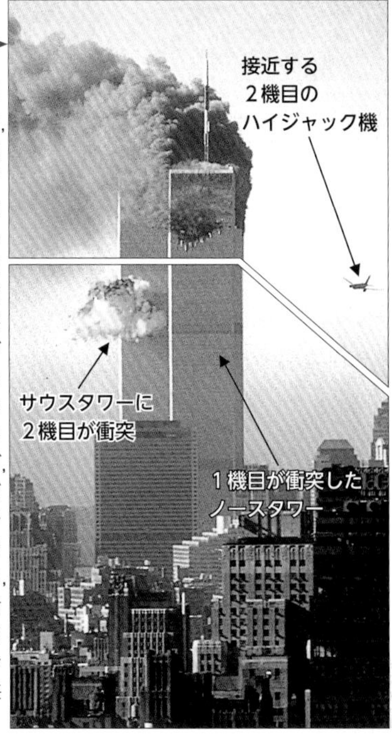

➡**同時多発テロ**（2001年9月11日） アメリカ，ニューヨークの世界貿易センタービルにハイジャックされた2機の旅客機が突入し，ビルは完全に倒壊。ほぼ同時にワシントンの国防総省にも旅客機が激突し，計3,000人以上が死亡する大惨事となった。首謀者（しゅぼうしゃ）は「アルカイダ」を名乗るイスラム過激派。このテロが，アメリカによるアフガニスタン攻撃（**対テロ戦争**），さらに**イラク戦争**の引き金となり，一連の攻撃による死者数は50万人超と推定されている（米ブラウン大学ワトソン国際公共問題研究所調査）。

解説 同時多発テロで幕を開けた21世紀 アメリカはイラク戦争でフセイン政権を倒したものの，開戦の大義とされた「大量破壊兵器」は見つからず，「世界の警察官」としてのアメリカの地位は低下。さらなる反発やテロ行為が拡散し，近年はヨーロッパやアジアでも大規模なテロが発生している。こうした中，貿易・人権・安全保障の側面でアメリカvs中国，アメリカ・ヨーロッパvsロシアという「新冷戦」の構造も鮮明になりつつある。

国際

3 今に残る冷戦構造

A 南北朝鮮問題

韓国（大韓民国） **北朝鮮（朝鮮民主主義人民共和国）**

⬆**2022年に大統領に就任した尹錫悦（ユンソンニョル）大統領**（左）
人口：5,182万人（2022年）
名目GDP：18,110億ドル（2021年）
正規兵力：56万人（2021年）

⬆**軍事パレードを見る金正恩（キムジョンウン）国務委員長**（中央）
人口：2,607万人（2022年）
名目GDP：158億ドル（2020年）
正規兵力：128万人（2021年）

戦前日本の植民地だった朝鮮半島は，戦後，北緯38度線の北側をソ連，南側をアメリカが占領し，1948年に南北が別々に独立。1950年に社会主義陣営の北朝鮮が自由主義陣営の韓国側に攻め込んで朝鮮戦争が勃発，1952年に休戦協定が結ばれたが戦争自体は終結していない。韓国側は軍事独裁政権の時代を経て民主的な政治体制が構築されているが，北朝鮮は建国の英雄とされる金日成（キムイルソン）の子孫が権力を世襲する強固な個人崇拝（こじんすうはい）・一党独裁体制（いっとうどくさいたいせい）を確立。現在は金日成の孫・金正恩がトップに立ち，**核・ミサイル開発**を中心に軍事面で韓国・アメリカに対抗しようとしている。

B 中国・台湾問題

戦後も中国大陸で続いていた国民党と共産党の内戦が1949年に共産党の勝利で決着すると，国民党側は本拠地を台湾に移し，以後，大陸側の中華人民共和国との緊張関係が続いている。近年台湾では台湾独立論を唱える民進党が政権を握っているが，「**一つの中国**」を唱える大陸側は台湾独立論（**二つの中国**）に強く反発し，武力による台湾編入をちらつかせている。

⬆**蔡英文（さいえいぶんそうとう）総統を支持する台湾独立派**

Try トライ 2011年の「アラブの春」で政変が起きた国は，次のうちのどの国だろう？
①イラン ②エジプト ③イラク ④ヨルダン

Theme 63

民族・地域紛争と難民

基本用語 難民　アラブの春　ユーゴスラビア紛争　パレスチナ問題　ウクライナ紛争

Approach

21世紀の難民問題—なぜ難民は増え続けるのか？

⬆地中海でイタリア沿岸警備隊に救助されるリビアからの難民（2016年）

⬆ミャンマーから国境を越えてバングラデシュに逃れるロヒンギャの難民（2017年）

追究 あなたは，世界の難民問題を解決するために，日本はどのような貢献をするべきと考える？

現在世界では，日本の人口とほぼ同じ1億人近い人々が難民となっている。2010年の「**アラブの春**」をきっかけに，政情不安や内戦の発生により中東・アフリカ諸国からヨーロッパを目指す難民が激増。特にアメリカやロシアといった大国が介入する激しい内戦が発生しているシリアや，無政府状態となっているソマリアやリビアなどアフリカ諸国から逃れてきた人々が多い。避難ルートの地中海では難民を満載したボートが転覆して多数の死者を出す悲劇も起こった。

一方アジアでは，ミャンマーに住む少数民族**ロヒンギャ**に対するミャンマー政府による迫害が2010年代に入って激化し，隣国のバングラデシュなどに逃れる難民が後を絶たない。

ほとんどの難民は人種や民族・宗教の対立が原因で発生している。我々人類は，多様性を認め合い，憎しみの連鎖を断ち切ることができるだろうか。

A 世界の難民数の推移

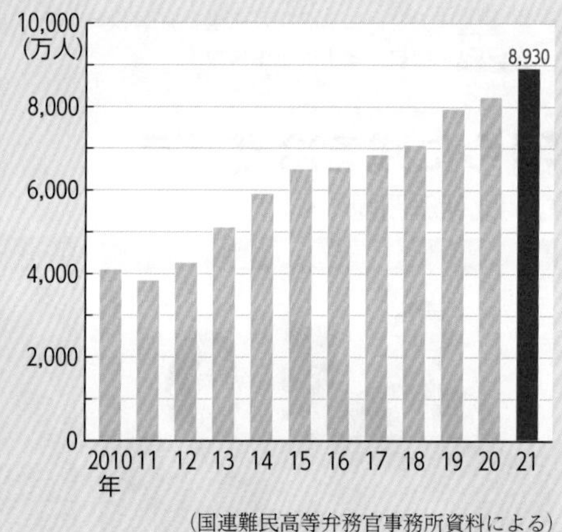

（国連難民高等弁務官事務所資料による）

1 人種・民族問題

人種 皮膚や毛髪，眼の色，身長，頭や鼻の形など身体的特徴で分類された人間集団のこと。モンゴロイド（黄色人種），コーカソイド（白色人種），ネグロイド（黒色人種）など。

➡ **人種問題** 異なった人種に対する差別的な扱い
(例)・ナチスによるユダヤ人虐殺
・アメリカの黒人差別問題
・南アフリカの**アパルトヘイト**（人種隔離政策）

民族 言語・宗教・生活様式といった文化の違いを基準に分類された人間集団のこと。「仲間意識」，「われわれ意識」をもつ人間集団。

➡ **民族問題** さまざまな民族間の対立や摩擦
(例)・ユダヤ人とアラブ人の対立（パレスチナ問題）（➡p.215）
・ユーゴスラビア紛争（➡p.214）
・クルド人問題（➡p.214）（独自の国家をもたない世界最大の民族集団）

解説 **根深い民族問題**　アメリカ大統領ウィルソンは，14か条の平和原則の中で他民族の支配を受けずに独立国家を形成したり，政治的態度を決定する「**民族自決**」の権利を提唱した。その後，この権利は国連憲章においても認められ，国際人権規約では，締結国は民族自決権を保障する義務を負っている。しかし，これは表面的な成果であり，文化・宗教の違いや歴史的な経緯，多数民族の少数民族に対する抑圧などを原因とする民族問題は根深く，特に冷戦終結後は，それまで米ソの力に抑え込まれていた民族・宗教・領土をめぐる局地的な紛争が多発した。

しごとカタログ **入国審査官**　日本を訪れる外国人の出入国審査や在留外国人の在留資格審査のほか，難民認定に関する調査を行う出入国在留管理庁の職員。2023年度現在約4,000人が入国審査官として働いている。

2 難民問題

A難民の主な発生国

（UNHCR資料などによる）

難民発生国	万人	難民発生国	万人
シリア	1,380	コロンビア	765
ウクライナ	1,218	パレスチナ	664
ベネズエラ	998	エチオピア	489
アフガニスタン	954	イエメン	460
コンゴ民主共和国	785	ソマリア	451

〈注〉庇護申請者・国内避難民などを含む。パレスチナは国連パレスチナ難民救済事業機関（UNRWA）が担当する約652万人（2022.12）を含む。

B難民の地位に関する条約（1951）の主な内容

●難民の定義

人種，宗教，国籍，特定の社会集団の構成員であること，または政治的意見を理由に迫害を受けるか，もしくは迫害を受けるおそれがあるために他国に逃れた人々（国内避難民や経済難民は含まれていない）

●ノン・ルフールマンの原則（追放・送還の禁止）

生命や自由が脅威にさらされるおそれのある国へ強制的に追放・送還させてはならない。

CUNHCR（国連難民高等弁務官事務所）

「難民および難民に類する人たちの法的な保護」を目指し,「難民と政府との間の交渉をすること」が仕事。132か国に事務所があり，17,878人が働く。（2021年末現在）

①各国政府が難民条約を守るように促し，監視する。
②受け入れ国に対し，難民の収容施設や食料などの生活物資，医療などを提供する。
③難民問題が最終的に解決されるように支援していく。
難民問題の解決方法は，大きく分けて次の3つ。
ⓐ本国への帰還
ⓑ庇護国への定住
ⓒ第三国への再定住
これらがスムーズに行われるよう各国政府と交渉を行う。

解説 世界の難民約1億1,908万人　難民とは,「戦争や政治的・宗教的迫害などの危険を逃れるために，居住国を離れざるをえなかった人」を指す。その保護のために 1951年に「**難民の地位に関する条約**」，1967年に「**難民の地位に関する議定書**」が国連で採択された（この両条約を一般に「**難民条約**」とよぶ）。そして，難民問題を解決するために1951年，国連に**UNHCR（国連難民高等弁務官事務所）**が設置された（緒方貞子氏が1991年から2000年にかけて高等弁務官を務めた）。

3 日本の難民政策

日本は，1981年に難民の地位に関する条約・難民の地位に関する議定書を批准し，難民受け入れの法整備を行った（出入国管理及び難民認定法制定）。しかし，日本の難民認定者数（＝難民受け入れ数）は，他の先進国と比べて非常に少ない。理由としては，①欧米に比べて申請者の数自体がそう多くないこと，②認定基準が厳しいことがあげられる。近年，日本への難民認定申請者が急増するなか，認定基準の見直しを求める声があがり，認定数も増加した。

A日本における難民申請・認定者数の推移

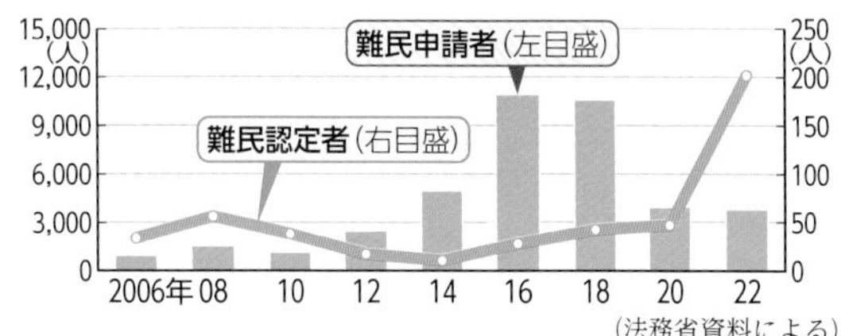

（法務省資料による）

B難民認定審査の流れ

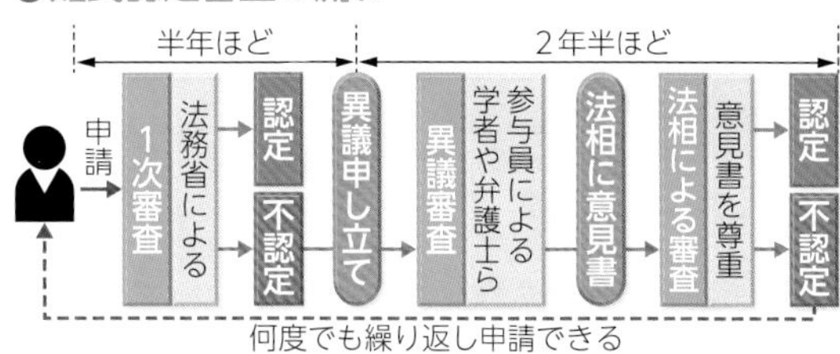

C主な国の難民認定申請者数と認定者数（2022年）

	新規申請者数（人）	認定者数（人）	認定率（%）
ドイツ	217,759	46,787	20.9
アメリカ	730,399	46,629	45.7
イギリス	89,393	18,551	68.6
日本	3,772	203	1.7

（UNHCR資料による）

〈注〉認定率はその年の「認定者数÷（総決定数－取り下げ数）」で算出。

解説 難民認定は狭き門　日本で難民認定される人数は年間100名もいないが，難民認定された場合には,「定住者」として「5年間」の在留資格が認められ，制限を受けずに就労することができるほか，日本での住民票も作成される。一方，難民認定がなされず仮滞在も認められなければ日本を出国しなければならず，ノン・ルフールマンの原則に照らして問題があるとも指摘されている。

国際

＋α プラスアルファ　ウクライナからの避難民は「難民」ではない？

2022年のロシアによるウクライナ侵攻による戦火を避けるため，同年5月時点で1,000人超のウクライナからの避難民が日本に滞在している。ここで，日本政府が彼らを「難民」ではなく「避難民」と呼んでいることに注意しよう。政府は「難民」と呼ばない理由に，難民条約に規定された条件（人種・宗教・国籍等による迫害）を満たさないことから便宜的に「避難民」と呼んでいると説明するが，もともと厳しかった難民認定の幅を広げたくないという思惑を指摘する声もある。

証明書番号 000000000000

見本

ウクライナ避難民であることの証明書

Посвідчення переміщеної особи України

氏名 XXXXXXXXXXXXXXXXXXXXXXXXXXXXXXXXXX
Прізвище/Ім'я

国籍・地域 XXXXXXXXXXXXXXXXXXXXXXXXXXXXXXXXXX
Національність/Країна
0000 年 00 月 00 日生
Дата народження (Рік/місяць/день)

入国年月日 0000 年 00 月 00 日
Дата в'їзду на територію Японії

身分証明書番号 000000000000000000
Номер посвідчення особи

上記の者は，ウクライナ避難民として日本国政府が受け入れた者であることを証明します。

0000 年 00 月 00 日
Рік Місяць День

出入国在留管理庁長官
Директор Міграційної Служби Японії

出入国在留管理庁長官之印

⬆ウクライナ避難民の証明書の例（サンプル）

2020年における日本の難民認定率は次のうちどれ？
①25%　②15%　③5%　④0.5%

4 民族・地域紛争

Ⓐ紛争地図

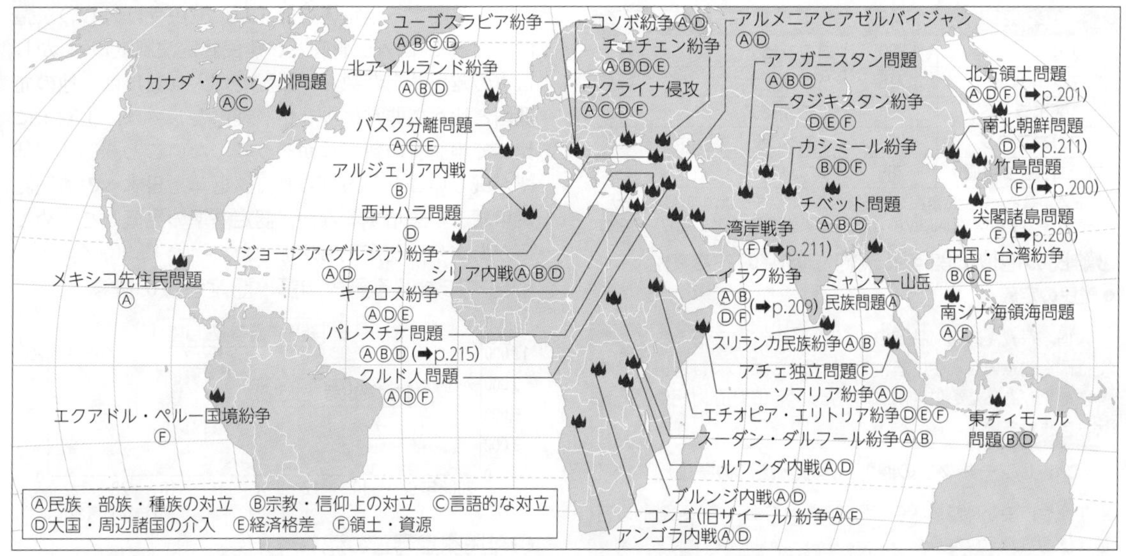

Ⓑ主な地域紛争

	主な原因	経 過 ・ 現 況
ユーゴスラビア紛争	旧ユーゴスラビア連邦共和国＊内の民族対立。 **民族・宗教対立** ＊セルビア，モンテネグロ，クロアチア，スロベニア，マケドニア，ボスニア・ヘルツェゴビナ(当時) 旧ユーゴスラビアの国：スロベニア，クロアチア，セルビア，コソボ，ボスニア・ヘルツェゴビナ，モンテネグロ，アルバニア，マケドニア	旧ユーゴ連邦は6共和国から構成され，民族，宗教が複雑に入り組んでいた。1989年の東欧民主化の波を受けて連邦が解体すると，それに伴う紛争が発生。 ①スロベニア，クロアチアが連邦から独立(1991) ②ボスニア・ヘルツェゴビナの独立宣言にセルビアが介入(1992，ボスニア内戦)(95年に内戦が終結するまでに20万人の死者と250万人の難民・避難民を出した) ③セルビアの自治州コソボの独立宣言にセルビアが介入(1998，コソボ紛争) ④アルバニア人の権利拡大要求から武力衝突発生(2001，マケドニア紛争) ＊②③に対してNATO軍が人道的介入 なお，92年に成立したセルビアとモンテネグロからなる新ユーゴ連邦は，2003年に緩やかな国家連合「セルビア・モンテネグロ」に再編されたが，06年にモンテネグロが独立。旧ユーゴ連邦は完全に解体した。08年には，セルビアの自治州コソボが独立を宣言(EUや米は独立承認，ロシアなどは未承認)。
チェチェン独立運動	チェチェン(イスラム系住民多数)がロシアからの独立を求め対立。 **民族対立**	1991年のソ連崩壊時にロシアから独立宣言。国家分裂を阻止したいロシアは，94年に侵攻し内戦状態となる(第1次チェチェン紛争)。96年に和平合意に至るも，プーチン政権は強硬姿勢を示し，99年に空爆開始(第2次チェチェン紛争)。その後，モスクワ劇場占拠事件(02)やモスクワ地下鉄テロ事件(04)などチェチェン独立派によるテロが頻発。
チベット問題	中国政府とチベット人(チベット仏教)との対立。 **民族・宗教対立**	1951年に中国が併合。以後，チベット人の独立運動が起こる。チベット仏教の最高指導者ダライ・ラマ14世は，59年にインドに亡命政府を樹立。65年にはチベット自治区が成立するが，その後も独立運動が続く。
クルド人問題	クルド人が，分離・独立，自治獲得を目指し，各地で政府と対立 **民族対立・大国の介入・領土**	クルド人は，トルコ，イラク，イラン，シリアの国境山岳地帯(クルディスタン)に居住する民族。ペルシャ語系クルド語を母語とし，大多数はイスラム教スンナ派を信仰。推定人口は約3,000万人。「国家をもたない最大の民族」といわれ，各地で分離・独立や自治獲得を目指す闘争を展開している。
ルワンダ内戦	ベルギーの植民地政策を機にフツ族(多数派)とツチ族(少数派)の民族紛争勃発 **民族対立・大国の介入**	もともとフツ族(多数派)とツチ族(少数派)が共存していた。第一次世界大戦後，植民地支配を行ったベルギーは，ツチ族を優遇し民族対立を生み出す。1962年，ベルギーから独立後も両民族の紛争が続く。94年には，フツ族の強硬派により，ツチ族とフツ族の穏健派住民80～100万人が殺害された(ルワンダ大虐殺)。現在は両民族の融和が進む。
カシミール紛争	カシミール地方をめぐるヒンドゥー教国インドとイスラム教国パキスタンの領土争い。 **宗教対立・領土**	1947年，イギリスからインド(ヒンドゥー教徒多数)とパキスタン(イスラム教徒多数)に分離・独立。カシミール地方は，イスラム教徒多数であったが，支配層がヒンドゥー教徒であったため，インドに帰属。しかし，パキスタンも領有権を主張し，40年代，60年代，70年代の3次にわたる印パ戦争が行われる。98年には両国がともに核実験を行い緊張が高まった。

⇧1984年サラエボオリンピックが開催されたメイン会場周辺は，現在，墓地となっている

⇧モスクワの文化宮殿劇場占拠事件を制圧したロシア特殊部隊

⇧インドに抗議するパキスタンのデモ隊

Try トライ トルコ，イラク，イラン，シリアの国境地帯に居住する民族の分離・独立運動に起因する民族紛争は，次のうちどれ？
①チェチェン独立運動　②クルド人問題　③カシミール紛争

ゼミナール

パレスチナ問題

中東ではイスラエル人（大多数がユダヤ人）とパレスチナ人（アラブ人）の武力衝突が，第二次世界大戦後からずっと続いている。なぜこれほど憎し み合うのか。その原因は「土地争い」と「宗教上の聖地の取り合い」である。パレスチナ人は，第二次世界大戦後に建国されたイスラエルに奪われた土地を取り返そうとテロをしかけ，イスラエルは軍隊で報復（ほうふく）しているという構図である。過去に幾度も結ばれた和平合意にもかかわらず，軍事的な衝突は近年も発生しており，犠牲者と憎しみだけが積み重なっている。

Ⓐ土地の取り合いの歴史

①紀元前10世紀

②紀元前1～19世紀

ローマ帝国
迫害
パレスチナ
ローマ帝国の迫害でユダヤ人は世界に離散
後にパレスチナにはアラブ人が住むようになる

③19世紀末

④20世紀前半

パレスチナでのアラブ独立を認めるからイギリス側についてよ。
イギリス
パレスチナでのユダヤ人の国家建設に協力するから財政援助よろしくね。
フサイン・マクマホン協定
バルフォア宣言
アラブ人
ユダヤ人

⑤第二次世界大戦

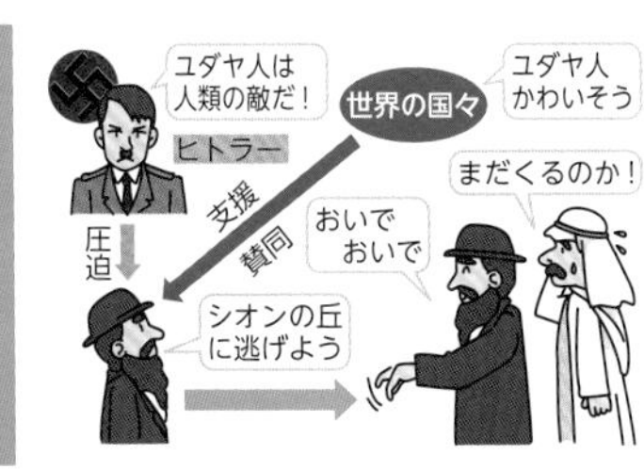

ユダヤ人は人類の敵だ！
ヒトラー
世界の国々
ユダヤ人かわいそう
支援
賛同
圧迫
まだくるのか！
おいでおいで
シオンの丘に逃げよう

⑥大戦終了

平和に分割しましょう
国連
イスラエル
やったー！国ができた
追い出された！
けしからん。取り返そう！
4次にわたる中東戦争へ
周囲のアラブ人国家

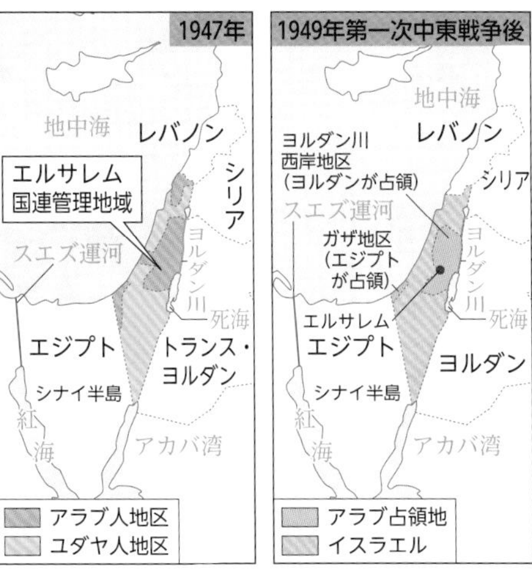

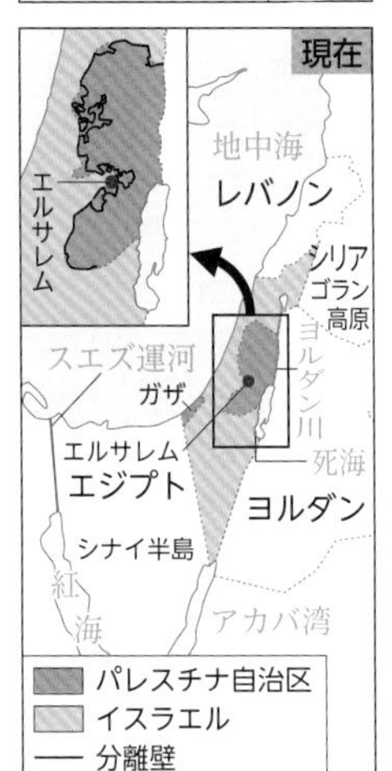

🔼**イスラエルが建設している分離壁**　パレスチナによるテロ防止のためと称して，一方的にパレスチナ自治区側に食い込む形で建設が続いており，国際的な非難を浴びている。高さは8mにも及ぶ。

Ⓑ聖地エルサレムをめぐる対立

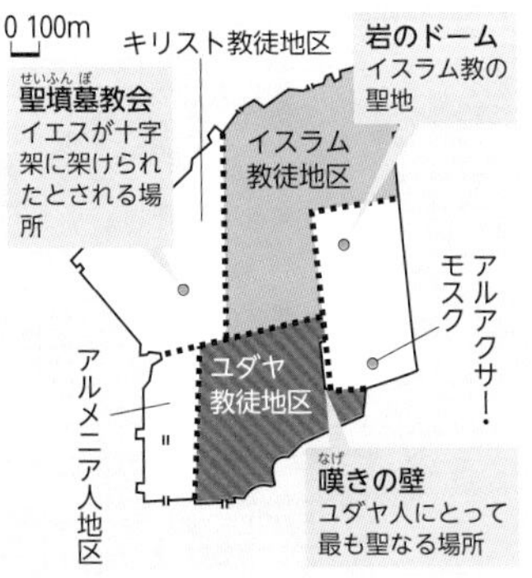

🔼**エルサレムの旧市街地**　ユダヤ教にとってはユダ王国があった場所，キリスト教にとってはイエス・キリストが処刑され，復活した場所，イスラム教にとっては預言者（よげんしゃ）ムハンマドが一夜にして昇天（しょうてん）した場所であり，それぞれの聖地となっている。

Ⓒテロと報復（ほうふく）の連鎖（れんさ）は止められるか

🔼**イスラエル軍による爆撃で廃墟（はいきょ）になったガザ地区北部の市街地**　（2023年10月29日）　ガザ地区を支配するイスラム組織ハマスによる奇襲（きしゅう）攻撃を受けたイスラエルは，ハマス壊滅を宣言し大規模な報復攻撃を実行。死者はイスラエル側で約1,200人，パレスチナ側は約1万5,000人にのぼっている（2023年11月30日現在）。

国際

基本用語 部分的核実験禁止条約（PTBT）核拡散防止条約（NPT）包括的核実験禁止条約（CTBT） INF全廃条約 戦略兵器削減交渉（START）化学兵器禁止条約 対人地雷全面禁止条約

Theme 64

核兵器の廃絶と国際平和

Approach

なぜ，核兵器を捨てない国があるの？

核をめぐる近年の動き

北朝鮮は2018年にアメリカ・韓国と非核化を確認したが，2022年現在も核開発を続けているといわれ，ミサイル実験も再開。

2018年 朝鮮半島の非核化を約束

2019年 非核化交渉進展せず

アメリカは2018年にロシアとのINF（中距離核戦力）全廃条約から離脱を宣言し，同条約は2019年８月に失効した。

1987年 米ソ，INF全廃条約締結

2019年 米の離脱により条約失効

イランは，2015年に結ばれた「核合意」から2018年にアメリカが一方的に離脱したことに反発し，合意に反して核開発を再開する姿勢を見せている。

2015年 イラン核合意

2018年 米の合意離脱で事態緊迫化

いったんは「非核化」「核軍縮」を目指し，「信頼」に根差した関係構築に向かった国々が，近年再び「不信」に陥り，「核なき世界」が遠ざかりつつある。一度相手を信用できなくなれば，最悪の状況（＝核の使用）を想定した行動しかとれなくなるのが，核をめぐる問題の本質だ。

本当ならば**すべての国が非核化をした方が，費用もかからず，核戦争の危機も回避されて一石二鳥のはず**なのだが，**結局どの国も最悪の事態（＝他国の裏切り）を恐れて，核を手放すという「ベストな選択」ができなくなる**のだ。

追究 このジレンマを解消するアイデアを考えてみよう。

Key point キーポイント 双方にとって最適な選択が何なのか分かっているにもかかわらず，相手の「裏切り」を恐れた結果，お互いにとって最悪の選択をしてしまうことになる。これが**囚人のジレンマ**の問題だ。各国がためらいなくベストな選択ができるようにするためには，どんなことが必要だろうか。唯一の戦争被爆国である日本には，どんなことができるだろうか。

1 世界の核兵器保有

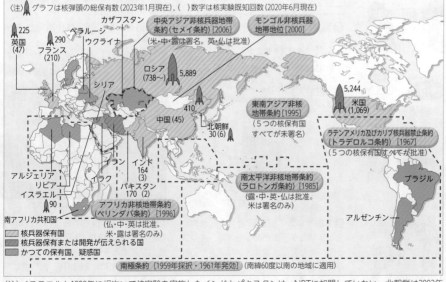

〈注〉グラフは核弾頭の総保有数（2023年1月現在），（ ）数字は核実験既知回数（2020年6月現在）

225 英国 (47)
290 フランス (210)
ベラルーシ
ウクライナ
カザフスタン
中央アジア非核兵器地帯条約（セメイ条約）[2006]
（米・中・露は署名。英・仏は批准）
モンゴル非核兵器地帯地位 [2000]
ロシア (738〜) 5,889
シリア
410 中国 (45)
北朝鮮 30 (6)
東南アジア非核地帯条約 [1995]
（５つの核保有国すべてが未署名）
5,244 米国 (1,069)
ラテンアメリカ及びカリブ核兵器禁止条約（トラテロルコ条約）[1967]
（５つの核保有国すべてが批准）
イラン
インド 164 (3)
パキスタン 170 (2)
アルジェリア
リビア
イスラエル 90
イラク
南アフリカ共和国
アフリカ非核地帯条約（ペリンダバ条約）[1996]
（仏・中・英は批准。米・露は署名のみ）
南太平洋非核地帯条約（ラロトンガ条約）[1985]
（露・中・英・仏は批准。米は署名のみ）
ブラジル
アルゼンチン
南極条約［1959年採択・1961年発効］（南緯60度以南の地域に適用）

核兵器保有国
核兵器保有または開発が伝えられる国
かつての保有国，疑惑国

〈注〉イスラエルと1998年に相次いで核実験を実施したインドとパキスタンは，NPTに加盟していない。北朝鮮は2003年にNPT脱退を表明し，核保有を宣言，2006，09，13，16（２回），17年に核実験を実施。

（SIPRI資料などによる）

解説 **核の抑止力** 核の抑止力とは，実際のケンカ〈戦争〉はしなくても，お互いに強い用心棒〈核兵器〉をもつことで，威嚇し合って，**互いに相手国からの攻撃を思いとどまらせようとする考え**である（**核抑止論**）。ところがこの論理は，兵器の数を兵器の数で押さえつけることになり，その結果，世界的に核兵器を増やす理由になってしまった。

しごとカタログ **不発弾処理部隊** 陸上自衛隊の任務の一つである不発弾処理を行う部隊。地上戦のあった沖縄や空襲を受けた全国の都市などで見つかった不発弾を，安全に処理する。この部隊のOBの中には，カンボジアやラオスに渡って地雷の処理にあたる人もいる。

2 軍縮と核兵器をめぐるあゆみ

年	核兵器	その他の兵器
1945	アメリカ，広島・長崎に原子爆弾を投下	
49	ソ連，核保有	
50	ストックホルム・アピール…核兵器の絶対禁止を求める	
52	イギリス，核保有。アメリカ，水爆保有	
53	ソ連，水爆保有	
55	ラッセル・アインシュタイン宣言…核による人類絶滅を危惧	
57	パグウォッシュ会議（科学者の国際会議）	
60	フランス，核保有	
63	**部分的核実験禁止条約（PTBT）**調印（米英ソ）★1964	
64	中国，核保有	
68	**核拡散防止条約（NPT）**調印★1976	
72	戦略兵器制限条約（SALTⅠ）調印（米ソ）	
75	全欧州安全保障協力会議開催。ヘルシンキ宣言発表（信頼醸成措置を提唱）	
78	第１回国連軍縮特別総会（SSD）開催	
79	SALTⅡ調印（米ソ）…新冷戦で未批准	
87	中距離核戦力（INF）全廃条約調印（米ソ）*	
91	戦略兵器削減条約（STARTⅠ）調印（米ソ，94発効）	
93	STARTⅡ調印（米ロ，発効せずに終了）	化学兵器禁止条約
95	NPTを無期限延長	
96	**包括的核実験禁止条約（CTBT）**採択（未発効）★1997	
97		対人地雷全面禁止条約調印（1999発効）★1999
98	インド・パキスタンが核実験	
2002	戦略攻撃能力削減条約（SORT）調印（米ロ，2003発効）	
06	北朝鮮，核実験実施と発表	
08		クラスター爆弾禁止条約採択（2010発効）★2009
10	新START調印（2011発効）	
13	武器貿易条約（ATT）採択	
16	国連，「核兵器禁止条約」交渉を開始	
17	核兵器禁止条約（NWC）採択（21年発効，日本や５核保有国などは不参加）	

〈注〉★は日本の批准年。　＊2019年，アメリカのロシアに対する条約破棄通告により失効。

Ⓐ核兵器の禁止・防止に関する国際条約

	おもな内容
部分的核実験禁止条約（PTBT）	大気圏，宇宙空間，水中における核実験を禁止。ただし，地下核実験は対象外
核拡散防止条約（NPT）	・核保有国（米ソ英仏中）による非核保有国への核兵器・核爆発装置供与の禁止 ・非核保有国の核兵器・核爆発装置の受領禁止 ・非核保有国は国際原子力機関（IAEA）と協定を結び，原子力の平和利用に関し，同機関の現地査察を受ける
包括的核実験禁止条約（CTBT）	あらゆる核兵器の爆発実験とその他の核爆発を禁止する。反発国（アメリカなど）があり，発効していない

Ⓑ米ロ（ソ）間の核軍縮交渉

	おもな内容
戦略兵器制限交渉（SALT）	大陸間弾道ミサイル（ICBM），潜水艦発射弾道ミサイル（SLBM）の保有数を制限する交渉
戦略兵器削減条約（START）	戦略核弾頭の総数を削減する条約。史上初の核軍縮条約である中距離核戦力（INF）全廃条約が締結された。新STARTでは，総数を1,550に削減することを規定

Ⓒその他の軍縮条約

	おもな内容
化学兵器禁止条約	・化学兵器の開発，所有，移譲，使用の禁止 ・現有及びかつて他国に遺棄した化学兵器の廃棄
対人地雷全面禁止条約	・対人地雷の使用，開発，生産，取得等を禁止 ・現有の対人地雷は廃棄
クラスター爆弾禁止条約	・クラスター爆弾の使用，開発，生産，取得等を禁止 ・現有のクラスター爆弾は廃棄

3 2021年，核兵器禁止条約が発効

Ⓐ核兵器禁止条約の主な内容（2017年採択）

被害者	・核兵器使用による被害者（hibakusha）および核実験の被害者の苦難に留意
禁　止	・核兵器の開発や実験，製造，保有，貯蔵 ・核兵器の管理を直接・間接に移転すること ・核兵器の移譲や開発支援 ・条約は50か国が批准し，90日後に発効

解説　被爆国日本の対応は？　1996年に**国際司法裁判所**（ICJ ➡p.199）が「**核兵器の使用・威嚇は紛争に関する国際法・人道に関する法律の原則に一般的に反する**」との見解を示したことから，核兵器違法化への気運が高まった。その後，事実上の核保有国が増加する中，日本の被爆者の訴えもあり，NGOの協力も得て2017年，国連本部で122か国賛成，反対１（オランダ），棄権１（シンガポール）で採択。ただし核保有国や日本を含む米国の同盟国はNPT体制による核軍縮を優先させる立場から制定会議に参加せず（唯一の参加国オランダは反対），核廃絶の難しさを感じさせた。また，20年には批准国が50に到達，21年には発効に至った。

4 世界の武器輸出入

Ⓐ主要通常兵器の輸出入（2018～22年計）

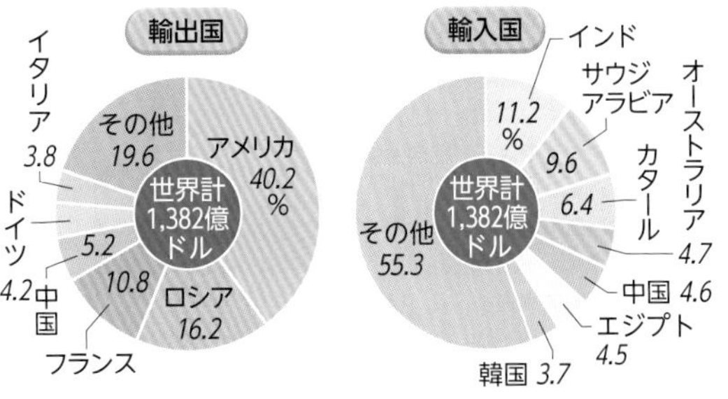

（『世界国勢図会』2023/24）

解説　軍産複合体　軍事・外交政策を軍拡に適合する方向に向けようとする諸集団の連携構造。冷戦終結後，米ソ両大国の圧力が及ばなくなった第三世界が軍備増強に走る一方で，緊張緩和により得意先を失った軍需産業は第三世界に活路をみいだす。2013年，国連総会で武器貿易条約（ATT）が採択され，今まで野放し状態だった通常兵器取引にも世界共通の規制が導入されることになった。

Try 米・ロ・英・仏・中以外の核兵器保有を禁止する「核拡散防止条約」の英略称はどれ？
①CTBT　②NPT　③PTBT　④SALT

Theme 65

貿易と国際分業

基本用語 関税　自由貿易　リカード　比較生産費説　保護貿易　リスト　国際分業

Approach

米中貿易戦争に見る「自由」と「保護」の対立

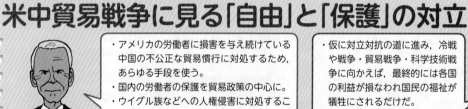

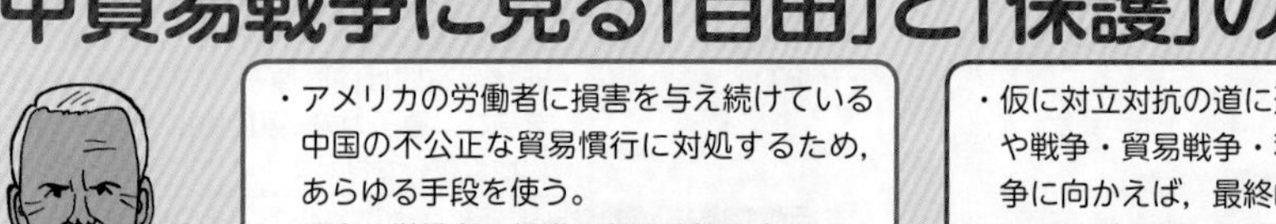

Ⓐアメリカの対中輸出入の推移

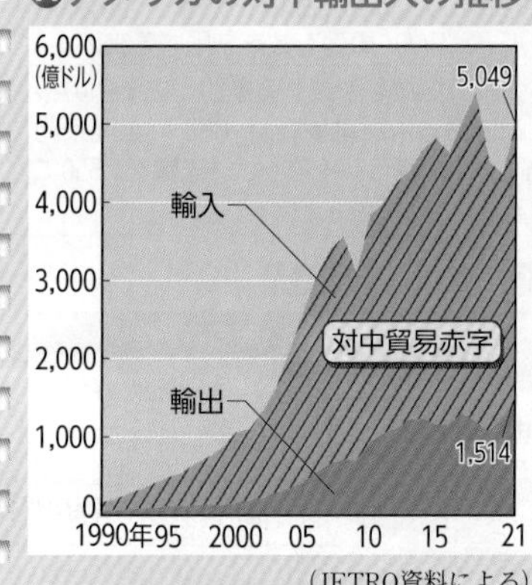

（JETRO資料による）

Ⓑ世界貿易における輸出額のシェア（2021年）

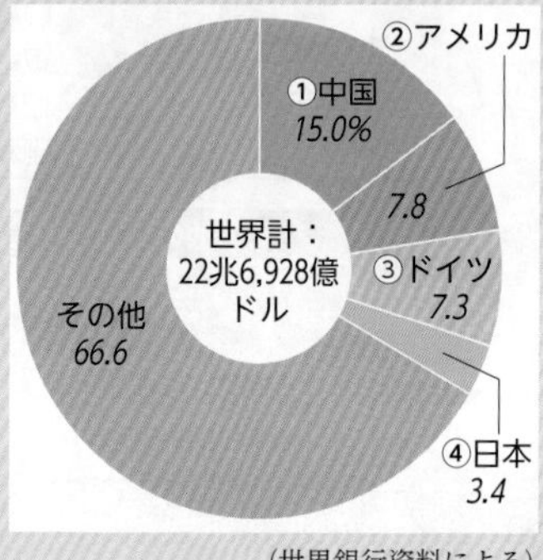

（世界銀行資料による）

「アメリカ・ファースト」を掲げたトランプ氏の再選を阻止し，2021年に米大統領に就任したバイデン氏。当初はトランプ氏がしかけた**米中貿易戦争**（中国とアメリカが，双方の輸出品に高率の関税をかけ合う事態）に終止符を打つのではないかと予測されたが，3月に「中国の不公正な貿易慣行」に対抗すると宣言，米中の摩擦は続きそうだ。近年，**自由貿易**を推進する動きが弱まり，再び**保護主義**的な傾向が強まっているが，そもそも自由貿易のメリットとは何だったのだろうか。

Ⓒリカードの比較生産費説に見る国際分業の利益

イギリスの経済学者**リカード**（1772～1823）が『経済学および課税の原理』で唱えた「**比較生産費説**」は，国境を越えて資本と労働者が自由に移動しない，失業がない（完全雇用）といった諸前提のもと,**自由貿易**と**国際分業**の利益を強調するものだった（こうした前提が現実とかけはなれているとの批判も，当然ある）。

各国は,他国に比べて相対的に優位な商品に特化して生産を行い，特化した商品をそれぞれ交換すること（貿易）で，同じ労働力でより多くの商品を得られるとした。この利益を最大化するため，**関税**などの政府の介入は避けるべき（自由貿易）と主張した。

Ⓓ比較生産費説の例

	生産に必要な労働量（人）	
	ぶどう酒1単位	ラシャ1単位
ポルトガル	80人	90人
イギリス	120人	100人

ポルトガルの場合	ポルトガルは，ぶどう酒（ワイン），ラシャ（毛織物）のいずれも，イギリスに比べ少ない労働量で生産できる（**絶対優位**）。だが,相対的に考えると，ポルトガルはぶどう酒に特化した方が生産性が高い（**比較優位**）。ラシャ生産の労働量90人をぶどう酒生産場に回すと，170/80＝2.125単位のぶどう酒を生産できる。そのうちぶどう酒1単位をイギリスへ輸出し，ラシャ1単位と交換する(**貿易**)。結果ポルトガルは,「ラシャ1単位＋ぶどう酒1.125単位」となり,ぶどう酒0.125単位の増産となる。
イギリスの場合	ポルトガルと比べて,ラシャの生産に特化（**比較優位**）すると,220/100＝2.2単位のラシャを生産できる。そのうち1単位をポルトガルのぶどう酒と交換する（**貿易**）。結果イギリスは，「ラシャ1.2単位＋ぶどう酒1単位」となり,ラシャ0.2単位の増産となる。
全体（国際分業の利益）	ラシャ＋ぶどう酒:「2＋2」→「2.2＋2.125」(単位)。**ラシャ0.2単位＋ぶどう酒0.125単位が増加**

Ⓔ自由貿易と保護貿易の違い

自由貿易	国際分業の利益を追求するには,貿易について国家が政策の介入をすべきではないとする。**アダム・スミスの自由貿易論**にはじまり,**リカードの比較生産費説***で理論的に確立された。
保護貿易	自国の発展途上の産業を守り育成するため輸入制限や関税などにより貿易を制限。19世紀,ドイツの経済学者**リスト**が**経済発展段階説**から主張した。

*当初の比較生産費説には，生産物の輸送コストと失業がゼロであること，国境を越えた資本移動がないこと，生産物はすべて売れること(セイの法則)などの前提があった。

Ⓕ保護貿易の手段

関税障壁	輸入品に関税を賦課し輸入品価格を上昇させることで輸入量を制限する。
非関税障壁	輸入数量を直接的に制限したり,輸入許可手続・検疫基準などを強化したりすることにより，外国製品を輸入しにくくする。

Key point キーポイント 極端な**保護貿易**が第二次大戦の一因となったことを踏まえ，戦後は**自由貿易**と民主主義を推進し，各国が相互に依存する状態をつくることで世界平和を築こうとしたのだが,リーマンショックを契機に各国が保護主義的な政策を打ち出し始めている。近年のアメリカと中国の貿易戦争は両国の覇権争いに転じつつあるが，根本には保護貿易で自国の産業を守りたいアメリカと，自由貿易で高い経済成長率を維持したい中国との対立がある。

追究 自由貿易と保護貿易のメリット・デメリットを整理しよう。

しごとカタログ **税関職員**　財務省が所管する税関の職員。港や空港に置かれている税関支署で関税などの課税・徴収を行うほか，麻薬や武器などの密輸の取り締まりも行う。職務の執行には危険が伴うこともあるので，拳銃の携帯と使用が認められている。

1 世界貿易の推移

Ⓐ世界の輸出貿易額の推移

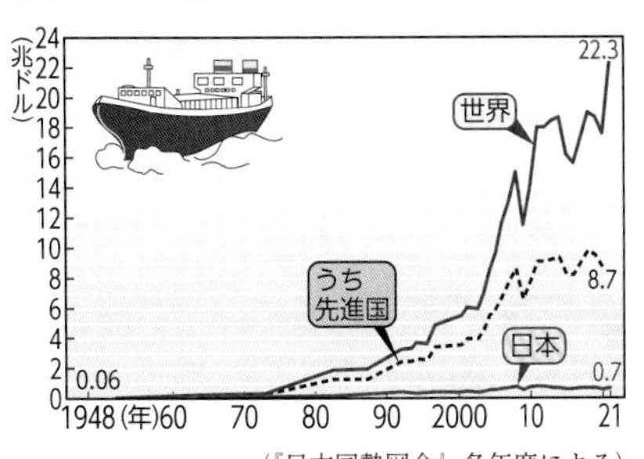

(『日本国勢図会』各年度による)

Ⓑ世界輸出に占める主要国の割合

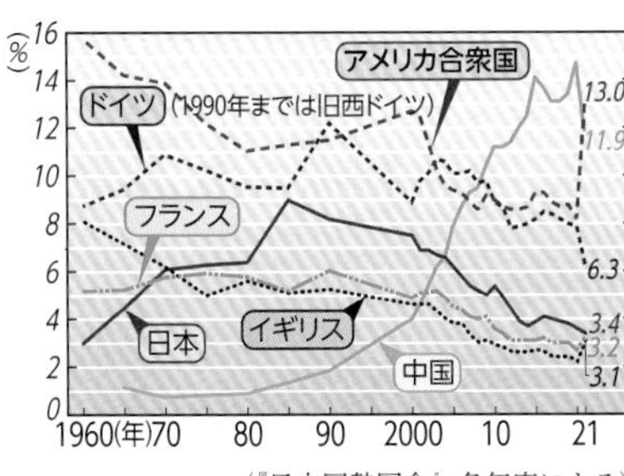

(『日本国勢図会』各年度による)

《解説》不況の影響がここにも　1948年600億ドルだった世界の輸出貿易は，2021年には約22兆ドルとなった。戦後のIMF・GATT体制に支えられ，世界経済における貿易の比重が著しく高まったためだ。一方，1980年代に大きく伸びた日本の貿易はバブル崩壊後，急速に下降している。その一方で，中国が一国で15%近いシェアを占めるようになった。

2 地域別の世界輸出貿易の現状

Ⓐ地域別の世界輸出貿易（2021年）

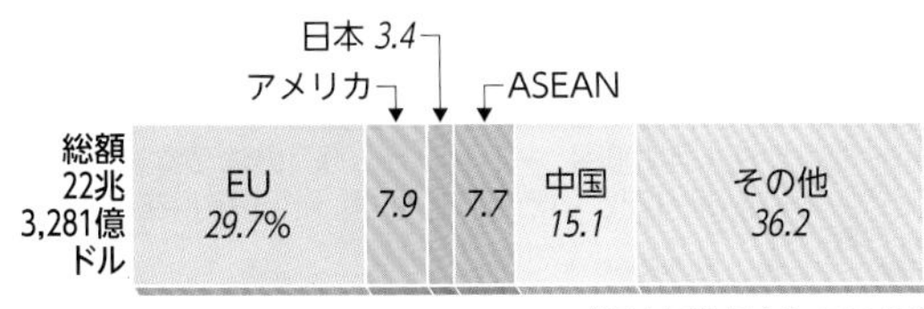

(『日本国勢図会』2023/24)

Ⓑ相手地域別の輸出割合（2021年）

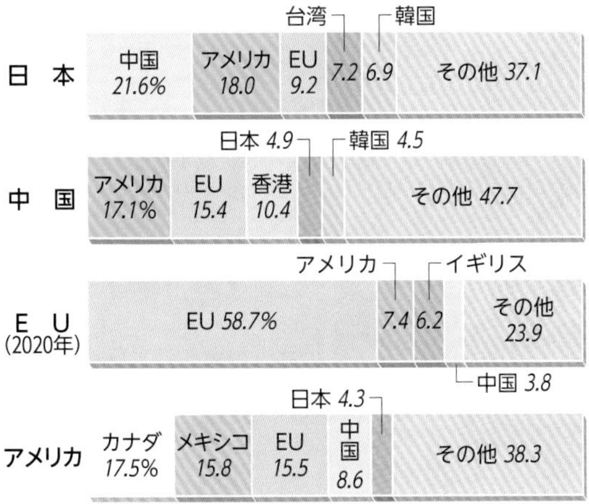

(『日本国勢図会』2023/24,『世界国勢図会』2022/23)

《解説》躍進する開発途上国　中国をはじめとする開発途上国の輸出貿易の拡大は目覚ましい。一方で，EU域内貿易の比率の高さから，強固な地域経済圏を形成していることもうかがえる。

3 わが国の貿易の現状

Ⓐ輸出入品目の変化

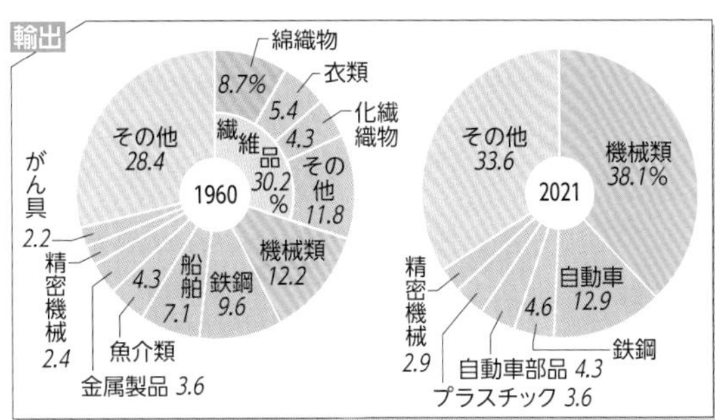

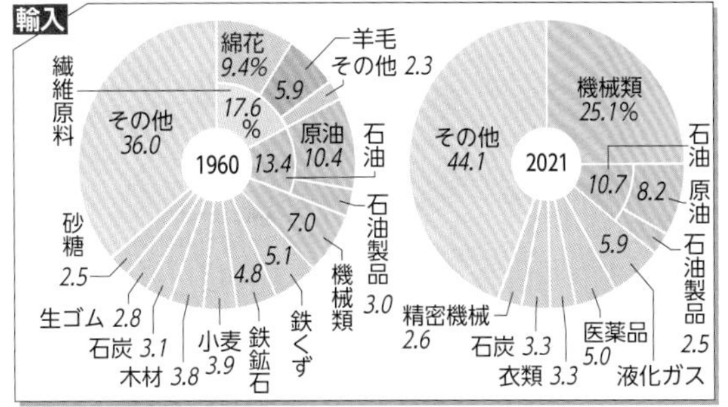

(『日本国勢図会』2023/24)

《解説》輸入に変化が　わが国の輸出に占める製品の割合は99%を超える。輸入では，最近原料・燃料の割合が下がり，製品の占める割合が高まり始めている。輸入をみる限りでは，従来の典型的な加工貿易の姿から離れつつある。国別の貿易では，中国をはじめアジア新興工業地域との貿易額の比率が一段と高まってきている。

4 水平分業と垂直分業

Ⓐ水平分業

先進国間にみられる。同水準の工業製品を交換しあう。

日本の対米貿易の品目別割合（2021年）

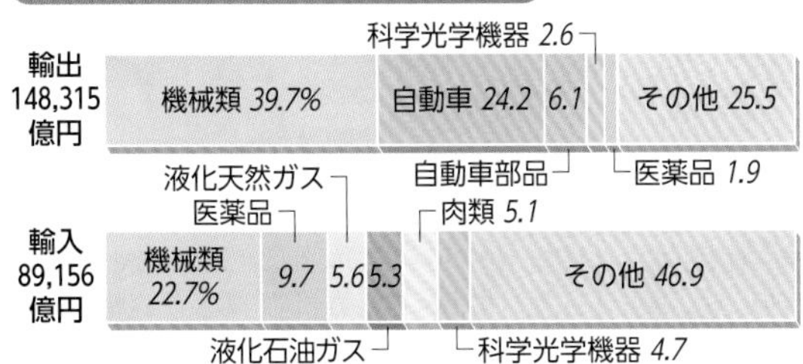

(『日本国勢図会』2023/24)

Ⓑ垂直分業

先進国と途上国間にみられる関係で，先進国は工業製品を，途上国は農産物や工業原料などの一次産品を生産し，交換する。

発展途上国の輸出品目割合（2021年）

パキスタン 288億ドル	繊維品 31.9%	衣類 29.4	米 7.5	その他 31.2
エクアドル 267億ドル	原油 27.3%	魚介類 26.4	バナナ 13.1	その他 33.2
ザンビア 101億ドル	銅 75.9%	その他 24.1		

(『日本国勢図会』2023/24)

Try（トライ） 自由貿易を促進する「世界貿易機関」の英略称はどれ？
①WTO　②WHO　③WFP　④TPP

8 働きがいも経済成長も

9 産業と技術革新の基盤をつくろう

グローバル化

基本用語 国際収支　為替相場

Theme 66

外国為替と国際収支

Approach

円高・円安はなぜおこる？

追究 円高・円安の要因と影響を整理しよう。

Ⓐ円高・円安とは？

円　高

1ドル＝100円　→1ドル＝50円

1ドルの価値が50円下がったのだから，ドル安

100円＝1ドル　→100円＝2ドル

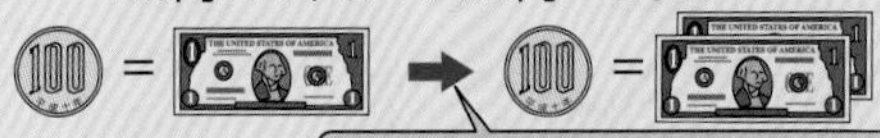

100円の価値が2倍になったので，円高

1ドル＝100円　→1ドル＝50円のような変動をドル安円高という。（普通は「ドル安」を省略）

ポイント

円という「商品」が高いのか，安いのか！

円　安

1ドル＝100円　→1ドル＝200円

1ドルの価値が100円上がったのだから，ドル高

100円＝1ドル　→100円＝0.5ドル

100円の価値が1/2になってしまったので，円安

1ドル＝100円　→1ドル＝200円のような変動をドル高円安という。（普通は「ドル高」を省略）

Ⓑどうして円高・円安はおこる？（貿易による為替変動の例）

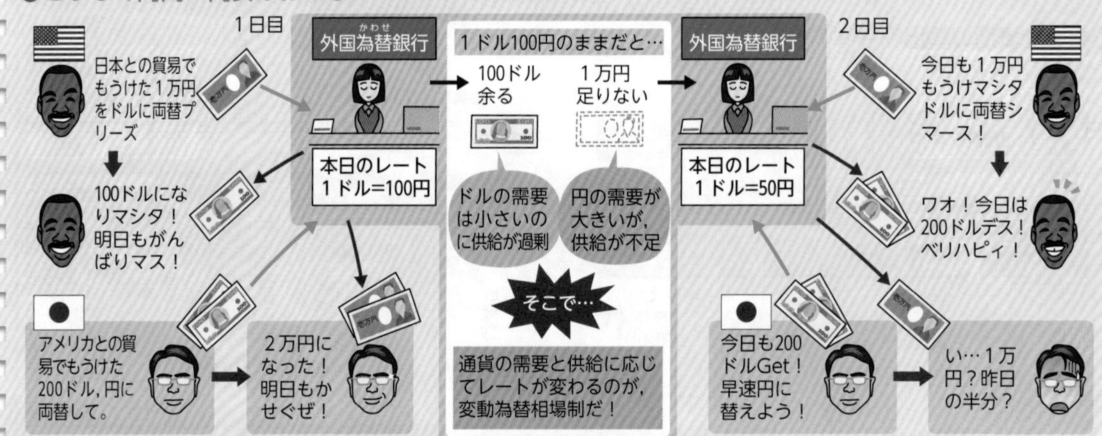
1日目
日本との貿易でもうけた1万円をドルに両替プリーズ
100ドルになりマシタ！明日もがんばりマス！
外国為替銀行
本日のレート 1ドル＝100円
アメリカとの貿易でもうけた200ドル，円に両替して。
2万円になった！明日もかせぐぜ！
1ドル100円のままだと…
100ドル余る
1万円足りない
ドルの需要は小さいのに供給が過剰
円の需要が大きいが，供給が不足
そこで…
通貨の需要と供給に応じてレートが変わるのが，変動為替相場制だ！
2日目
外国為替銀行
本日のレート 1ドル＝50円
今日も1万円もうけマシタ ドルに両替シマース！
ワオ！今日は200ドルデス！ベリハピィ！
今日も200ドルGet！早速円に替えよう！
い…1万円？昨日の半分？

Ⓒ円高・円安のメリット・デメリット

円高（ドル安）1ドル50円の場合
円安（ドル高）1ドル200円の場合
メリット
安～い!
2万円
$400
輸入が有利
タブレット
100万円
$5000
Oh! Yasui!
輸出が有利
デメリット
100万円
$20000
Oh! Takai!
輸出が不利
高～い…
8万円
$400
輸入が不利

円高（ドル安）になれば，円安（ドル高）時は8万円したタブレットが2万円で買えるので，購買意欲が高まり**輸入が好調**になる。

車の輸出などで支えられている日本経済には，円安の方が有利に働くのだ。

円安（ドル高）になれば，海外の製品（輸入品）は高くなるが，国内の製品（輸出品）が安くなるので**輸出が好調**になる。

しごとカタログ **通関士**　輸入の際にかかる関税や輸出の際に還付される戻し税の申告手続を代行する，通関業を営むために必要な資格。近年は個人輸入の流行などによって，以前よりも身近な資格となってきている。

1 外国為替とは？

Ⓐ外国為替と外国為替相場

外国為替…国と国との間でお金の決済をする方法・手段。

外国為替相場(外国為替レート)…ある国の通貨と他国の通貨との「交換比率」のこと。(例：1ドル＝120円)

Ⓑ外国為替相場の決め方

固定（為替）相場制	為替レートを政策的に固定する方法。
変動（為替）相場制	為替レートを，外国為替市場での通貨の需要と供給のバランスで決める方法。

解説 為替＝交換（exchange）

為替とは，遠距離で商品の売買などをするときに，直接現金のやりとりをせずに代金の決済をするしくみである。しかも外国と貿易をする際は，お互いの通貨が異なるため，一定の比率のもとで通貨を交換する必要がある。通貨の交換＝売買がおこなわれている市場が「**外国為替市場**」であり，そこでの通貨の需要・供給で為替レートが決まるしくみを「**変動為替相場制**」とよぶ。

2 国際収支

Ⓐ日本の国際収支（2014年発表の新形式）

項　目	2021年度	2022年度	内　容
A経常収支	201,522	92,256	①＋②＋③
①貿易・サービス収支	-64,202	-233,367	
・貿易収支	-15,432	-180,603	**モノの収支＝輸出－輸入**（日本企業が外国から石油を買って支払った代金など）
・サービス収支	-48,770	-52,764	サービスについての収支。輸送・旅行・通信など（外国人が京都で支払った宿泊代など）。
②第一次所得収支	290,083	355,591	生産過程に関連した所得および財産所得の収支。
③第二次所得収支	-24,360	-29,968	居住者と非居住者との間の対価を伴わない資産提供の収支。食料・医療費の無償資金援助，国際機関拠出金，外国人労働者の郷里送金等。
B資本移転等収支	-3,707	-1,724	資本の移転や，金融・生産に関係のない資産の収支。
C金融収支	180,787	87,713	投資や外国からの借入による資産と負債の収支。「＋」は純資産の増加，「－」は減少を示す。
D誤差脱漏	-17,027	-2,819	統計上の不整合の処理。

（単位：億円）　〈注〉2022年度の数値は速報値。　（財務省資料）

Ⓑ主要国の国際収支（2021年）

	アメリカ	ドイツ	中国	韓国	インド
経常収支	-8,216	3,141	3,173	883	-346
貿易・サービス収支	-8,614	3,780	4,628	731	-747
第一次所得収支	1,749	1,491	-1,620	193	-382
第二次所得収支	-1,352	-639	165	-41	782
資本移転等収支	-24	-16	1	-2	-3
金融収支（外貨準備以外）	-8,014	3,356	-382	623	-1,018

（単位：億ドル）　（IMF資料による）

解説 国際収支＝国の対外的「家計簿」

外国との物やサービスの取引で生じた収入や支出をまとめたものを**国際収支**といい，収支がプラスのときは「**黒字**」，マイナスのときは「**赤字**」と表現される。日本の国際収支は，1980年代以降大幅な貿易収支の黒字が続き，貿易赤字に苦しむアメリカとの間に経済摩擦を引き起こした。しかし，2011年の東日本大震災による福島第一原発の事故以降，国内の原発停止が進み，**代替燃料としてのLNG輸入が急増，加えて超円高期に進んだ国内産業の海外移転などの影響もあって，日本の貿易・サービス収支はたびたび赤字となっている**。ただ，経常収支は一貫して黒字を維持している。

Ⓒ主要国の経常収支の推移

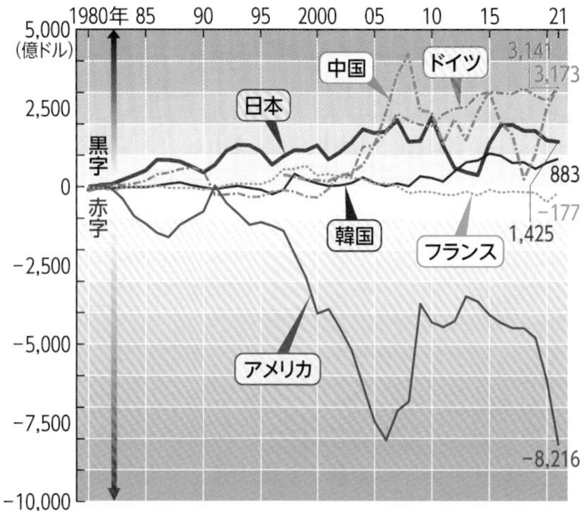

（IMF資料による）

Ⓓ主要国の外貨準備高の推移

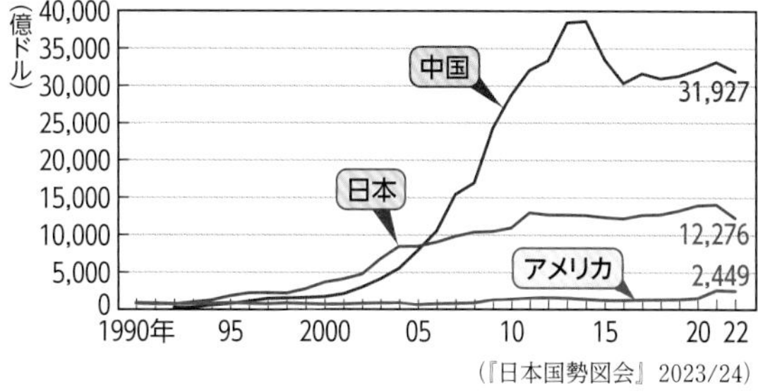

（『日本国勢図会』2023/24）

解説 **外貨準備とは**　政府や中央銀行が持っている金・外貨など「準備資産」のこと。他国に対して外貨建て債務の返済などが困難になった場合にあてられるほか，自国の通貨安定のため「為替介入」をする際の資金としても運用される。なお，中国の外貨準備高が大きいのは，元安を維持するために，政府が元を売って外貨を買い続けているからである。一般的に，国際収支全体が黒字の場合には増加し，赤字の場合は減少する。

日本の企業が海外に工場を建設したとき，その資金の流れは次の①～④のどれに計上されるか？
①経常収支　②資本移転等収支　③金融収支　④誤差脱漏

ゼミナール

円高・円安って何？

「円高」とは外国の通貨（特にドル）に対して「円」の価値が高くなり,「円安」とは「円」の価値が下がることである。外国為替市場では日々「円」が売り買いされており，その価値も常に変化している。「円」の価値が変化すると，外国との貿易やお金のやりとりに影響を与え，ひいては経済そのものに大きく影響する。ここでは，円高・円安のメカニズムについて理解しよう。

1 円高・円安とはどういう意味？

円高・ドル安

【1円の価値 UP・1ドルの価値 DOWN】

1ドルの「価値」が20円下がった。（円の価値が上がった）

①1ドル＝120円

1＄＝1$の価値 100 10 10

（1円＝0.0083ドル）

②1ドル＝100円

1＄＝1$の価値 100

（1円＝0.01ドル）

1ドルの「価値」が20円上がった。（円の価値が下がった）

円安・ドル高

【1円の価値 DOWN・1ドルの価値 UP】

「1ドル＝120円」とは,「1ドルと120円が同じ価値」という意味だ。これを**為替レート**という。為替レートは「1ドル」を基準に表示する。**変動為替相場制**(➡p.223)では毎日，毎分，毎秒，この為替レートが変化しているのだ。

左の図で①→②へ為替レートが動くと，1円の価値は0.0083ドルから0.01ドルへとUPしている。だからこの①→②への動きを「**円高**」という。「120円」が「100円」へと数字が小さくなっているのは,「1ドル」を基準にしているためなのだ。また1ドルの価値は，120円から100円にDOWNしているので,「**ドル安**」とよぶ。「円高」と「ドル安」は，コインの両面のように裏腹の関係なのだ。②→①への動きは，すべて①→②の逆。1円の価値は下がり，1ドルの価値は上がっているので,「**円安・ドル高**」とよぶ。

2 どうして円高・ドル安（円安・ドル高）になるのか？

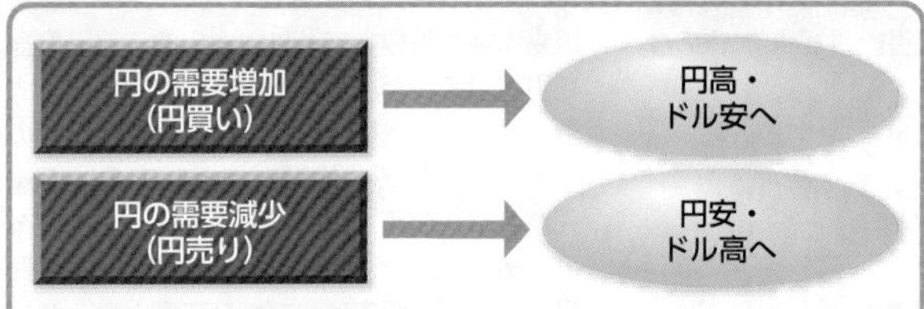

「円」＝「商品」,「為替レート」＝「価格」と考えれば，普通の市場と同じ。円に対する需要が高まれば(円買いすれば)，円の価格，つまり為替レートは円高になり，円に対する需要が減少すれば(円売りすれば)円安になる。

3 円高・円安になると経済にどのような影響があるのか？

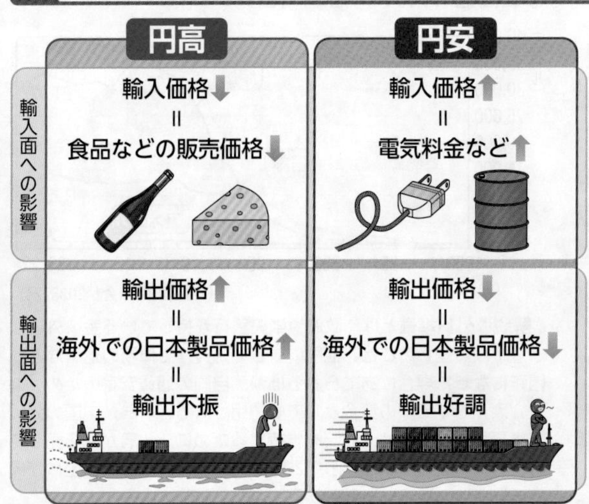

A為替変動を利用した取引の例

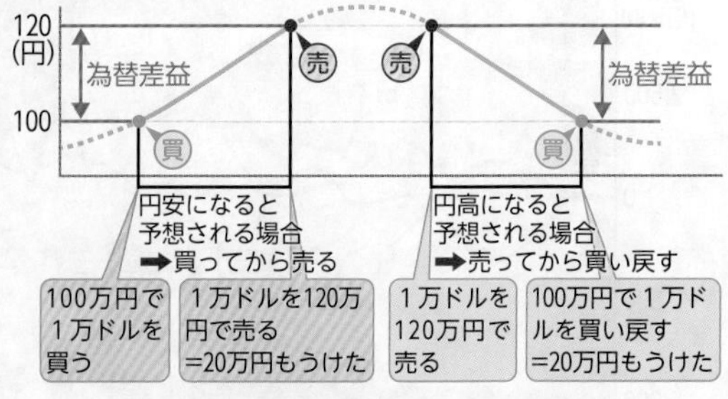

為替変動は貿易や私たちの生活(商品の価格・給料など)に大きく関わっているほか，為替差益の獲得を目的にした取引(FX)が行われている。短期間に為替が大きく変動すれば大きな利益が得られる可能性がある反面，リスクが大きいと言われる。

ゼミナール

国際収支の見方

国際収支統計は，その国と外国との経済取引を記録したもので，その国の「家計簿」のようなものである。国際収支統計を継続して記録していくことで，その国の対外的な経済取引（モノやサービスの貿易，利子・配当，投資，外貨の増減）の傾向や，経済構造の問題点などを見通すことができる。IMFの国際収支マニュアル改定にともなって，日本では2014 年から新国際収支表が使用されている。国際収支表を学習する上でのポイントを整理していこう。

1 新旧国際収支表

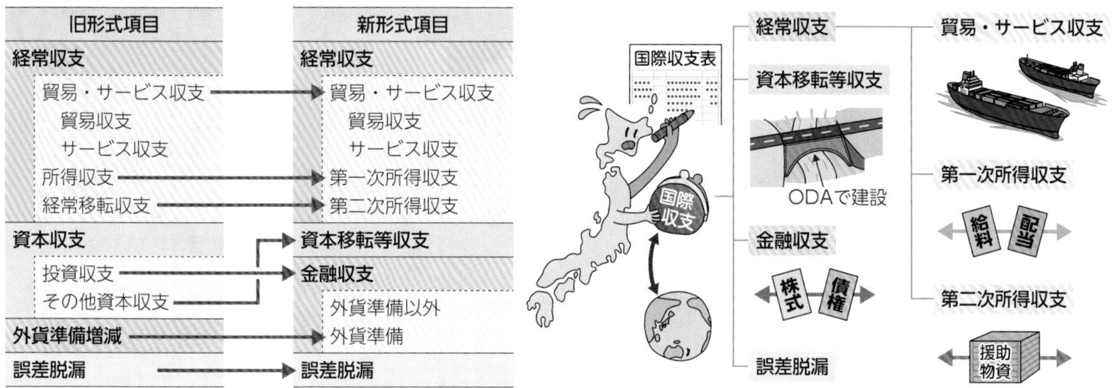

旧形式項目	新形式項目
経常収支	経常収支
貿易・サービス収支 →	貿易・サービス収支
貿易収支	貿易収支
サービス収支	サービス収支
所得収支 →	第一次所得収支
経常移転収支 →	第二次所得収支
資本収支	資本移転等収支
投資収支 →	金融収支
その他資本収支 →（資本移転等収支）	外貨準備以外
外貨準備増減 →	外貨準備
誤差脱漏 →	誤差脱漏

2 新国際収支表の変更点

Ⓐ項目名称の変更点

	旧項目	内　容	新項目
①	所得収支	外国との給与・利子・配当などのやりとり	第一次所得収支
②	経常移転収支	外国との対価を伴わないお金のやりとり（送金，食糧や医薬品の援助など）	第二次所得収支
③	その他資本収支	外国との投資収支以外の投資のやりとり（ODA，鉱業権，排出権，移籍金など）	資本移転等収支
④	投資収支	外国との投資のやりとり（直接投資，株，債券，預金など）	金融収支
	外貨準備増減	政府・中央銀行がもっている外国資金（金，ドル，外国国債など）	

Ⓑ新項目の「プラス」「マイナス」のカウントの仕方

	新項目	「プラス」「マイナス」のカウントの仕方
①	経常収支（貿易・サービス収支，第一次所得収支，第二次所得収支）	【資金流入－資金流出】 ※従来どおり 資金の流入→プラス 資金の流出→マイナス
	資本移転等収支	
②	金融収支（直接投資・証券投資・金融派生商品・その他投資・外貨準備）	【資産－負債】 ※従来との変更点 資産の増加・負債の減少→プラス 資産の減少・負債の増加→マイナス

（①の例）
- 日本から外国へ輸出増加→輸入代金の流入→「経常収支（貿易収支）」のプラス
- 日本から外国への無償資金援助→援助資金の流出→「経常収支（第二次所得収支）」のマイナス

（②の例）
- 日本から外国銀行への預金→【＝資産の増加】→「金融収支（その他投資）」のプラス
- 日本の外貨準備の減少→【＝資産の減少】→「金融収支（外貨準備）」のマイナス
- 外国企業による日本株の買い付け→【＝負債の増加】→「金融収支（証券投資）」のマイナス
- 外国銀行から受けた融資への返済→【＝負債の減少】→「金融収支（その他投資）」のプラス

Ⓒ国際収支表全体の恒等式

旧）経常収支＋資本収支＋外貨準備増減＋誤差脱漏＝０

新）経常収支＋資本移転等収支－金融収支＋誤差脱漏＝０

新国際収支表では，Ⓐのようにいくつかの新しい項目名が使用されている。特に注意がいるのは，**「資本収支」の大項目が消え，「投資収支」と「外貨準備増減」が新設の大項目「金融収支」へと統合された**ことである。

国の金融資産の増減をみる項目が「金融収支」である。Ⓑのように金融収支は，資産の増加・負債の減少をプラス，資産の減少・負債の増加をマイナスとしてカウントすることで，日本の**純金融資産（資産－負債）の大きさ**を表示する。

旧国際収支表の「投資収支」「外貨準備増減」では，他項目同様，資金の動きに着目して，資金流入はプラス，資金流出はマイナスとカウントしていたため，金融資産や外貨準備が純増すると「マイナス」表示となったが，今回の改定によって「プラス」表示となる。

また，国際収支表は「お金の収支」をみるものであるため，収支の全項目の合計が０となる計上方式をとる（複式計上方式）。よって従来は「経常収支＋資本収支＋外貨準備増減＋誤差脱漏＝０」という恒等式になったが，新国際収支表では上記の通り「金融収支」のカウント方法が変更されたため，恒等式は「経常収支＋資本移転等収支－金融収支＋誤差脱漏＝０」となる。

Theme 67 戦後国際経済の枠組みと変化

基本用語 ブレトン・ウッズ体制 ニクソン・ショック IBRD スミソニアン協定 基軸通貨 IMF GATT 固定為替相場制 変動為替相場制

Approach 安定した貿易には安定した通貨が必要—基軸通貨とは

⬆ドイツ中央銀行の金庫に保管されている金塊（2012年，ドイツ・フランクフルト） 通貨の裏付けではなく，外国への支払いなどのための準備資産として保有。

基軸通貨（キーカレンシー）とは，貿易など国際取引に広く使われる通貨のことで，現在はアメリカのドルである。

そもそも，第二次世界大戦の反省から自由貿易を基本とした国際経済秩序が構想され，その実現には安定した基軸通貨が不可欠と考えられた。そうして1944年に締結された**ブレトン・ウッズ協定**では，基軸通貨ドルの価値を安定させるため，金１オンス（31.1ｇ）＝35ドルのレートでの金とドルの交換を保障する**金本位制**を採用。各国はドルに自国の通貨を固定レートでリンク（円は当初１ドル＝360円）することで，間接的に通貨の価値を金で裏付けていた。つまり，安定した「金の価値」で安定した「通貨の価値」の実現を図る制度だったのだ。

しかし，世界の国々が経済成長し貿易がどんどん拡大するとともに，アメリカの保有する金準備以上のドルが外国に出回ることとなり，不安を感じた国々が手持ちのドルを金に交換する動きが強まった。そして1971年8月15日，当時のニクソン米大統領が金とドルとの交換を一時停止（現在までずっと停止している）する宣言を発した。これが**ニクソン・ショック**である。

ドルは金による価値の裏付けを失ったものの，世界一の経済大国・軍事大国（要は，最もつぶれにくい国）の通貨であるため，引き続き基軸通貨であり続けており，現在も国際決済の約９割がドルで行われている。なお，中国は開発中のデジタル人民元で基軸通貨の地位を狙っているといわれている。

追究 通貨の安定と貿易との関係を説明しよう。

1 ブレトン・ウッズ体制

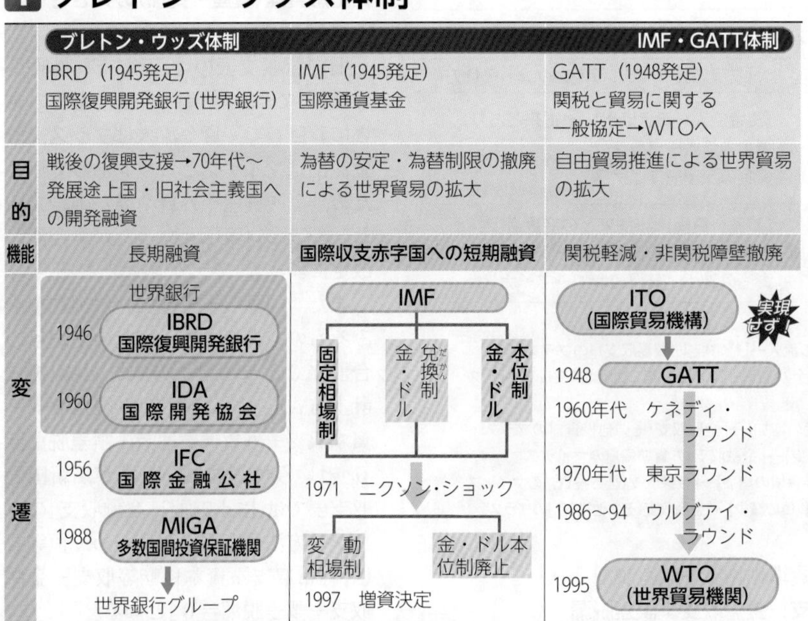

	ブレトン・ウッズ体制		IMF・GATT体制
	IBRD（1945発足） 国際復興開発銀行（世界銀行）	IMF（1945発足） 国際通貨基金	GATT（1948発足） 関税と貿易に関する一般協定→WTOへ
目的	戦後の復興支援→70年代〜発展途上国・旧社会主義国への開発融資	為替の安定・為替制限の撤廃による世界貿易の拡大	自由貿易推進による世界貿易の拡大
機能	長期融資	国際収支赤字国への短期融資	関税軽減・非関税障壁撤廃
変遷	世界銀行 1946 IBRD 国際復興開発銀行 1960 IDA 国際開発協会 1956 IFC 国際金融公社 1988 MIGA 多数国間投資保証機関 ↓ 世界銀行グループ	IMF 固定相場制／金・ドル兌換制／金・ドル本位制 ↓ 1971 ニクソン・ショック 変動相場制／金・ドル本位制廃止 1997 増資決定	ITO（国際貿易機構）実現せず！ ↓ 1948 GATT 1960年代 ケネディ・ラウンド 1970年代 東京ラウンド 1986〜94 ウルグアイ・ラウンド ↓ 1995 WTO（世界貿易機関）

解説 **世界経済の安定と拡大のために** 第二次世界大戦の原因の一つは，各国がブロック経済のもとで保護貿易をおこない，世界貿易が縮小したことにあった。その反省に立ち，世界経済の繁栄と安定のために，国際経済機構が組織されていった。

1944年，連合国が**ブレトン・ウッズ協定**を結び，翌年，世界の為替の安定をめざす**IMF（国際通貨基金）**と，戦後復興支援をおこなう**IBRD（国際復興開発銀行）**が発足した。これを**ブレトン・ウッズ体制**という。

また，1948年には，世界の自由貿易の拡大を目指す**GATT（関税と貿易に関する一般協定）**が発足した。

しごとカタログ **水先人** 港や海峡など多数の船舶が行き交う水域において，通行する船舶の船長を補助し，安全かつ効率的に導く専門家のこと。水先案内人と称されることが多い。水先人免許の取得には，大型船の乗り組み経験など多くの業務経験が必要とされる。

2 国際通貨制度の変遷

旧IMF（ブレトン・ウッズ）体制

固定相場制

1944.7 **ブレトン・ウッズ協定調印**

47.3 IMF業務開始

①金とドル，ドルと各国通貨をリンク。金とドルの交換をアメリカが保証。
②国際収支困難国への一時的融資など。

▶金1オンス（約31g）＝35ドル，1ドル＝360円

↓

60年代 対外経済援助や軍事支出の増大，経常収支赤字，民間直接投資増大による長期資本収支赤字で過剰ドル→ドルの信用低下→ドルを金に交換→アメリカから金流出（**ドル危機**）

（崩壊）

71.8 **ニクソン・ショック（金・ドル交換停止）**

↓

71.12 **スミソニアン協定調印**

①ドル切り下げ。
②多国間通貨調整により固定相場制へ。

▶金1オンス＝38ドル，1ドル＝308円

キングストン体制

変動相場制

73.2 主要国は**変動相場制**に移行

76.1 **キングストン合意**

①**変動相場制**の正式承認（固定相場制のほかに）
②金公定価格を廃し，**SDR**を中心的準備資産とする。

↓

管理フロート制（**先進国の協調介入**などで為替レートを誘導するシステム）

85.9 **プラザ合意**→ドル高是正，円高誘導

87.2 **ルーブル合意**→円高・ドル安行き過ぎ防止で協調介入

Ⓐ金ドル本位制・固定為替相場制

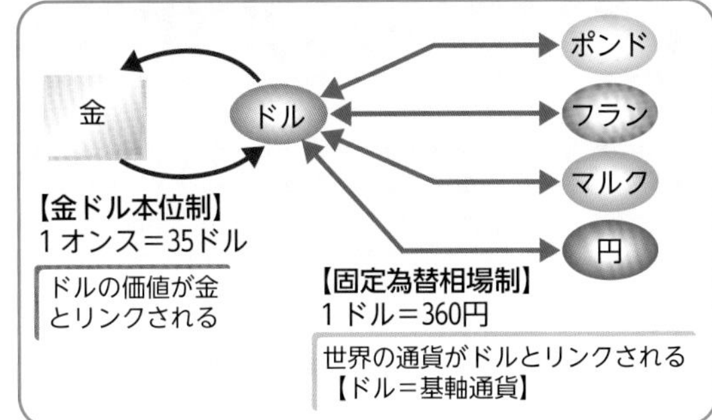

Ⓑ変動為替相場制

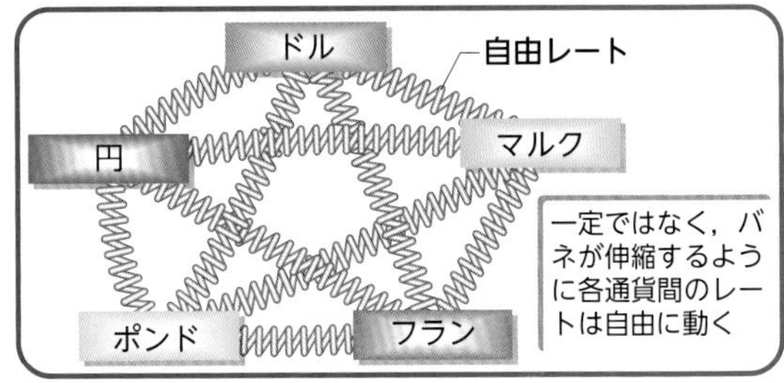

〈注〉フラン，マルクはそれぞれユーロ導入前のフランス，ドイツの通貨。

解説 ブレトン・ウッズ体制の崩壊，変動為替相場制へ IMF発足当初は，アメリカの強大な経済力を背景に，金とドル，ドルと各国通貨の価値をリンクさせる**固定為替相場制**をとっていた。しかし1960年代，アメリカから資金の流出が激しくなってドルの信認が下がり（**ドル危機**），1971年の**ニクソン・ショック**を経て，1973年，ついに主要国が**変動為替相場制**へ移行した。

国際

3 円相場の軌跡

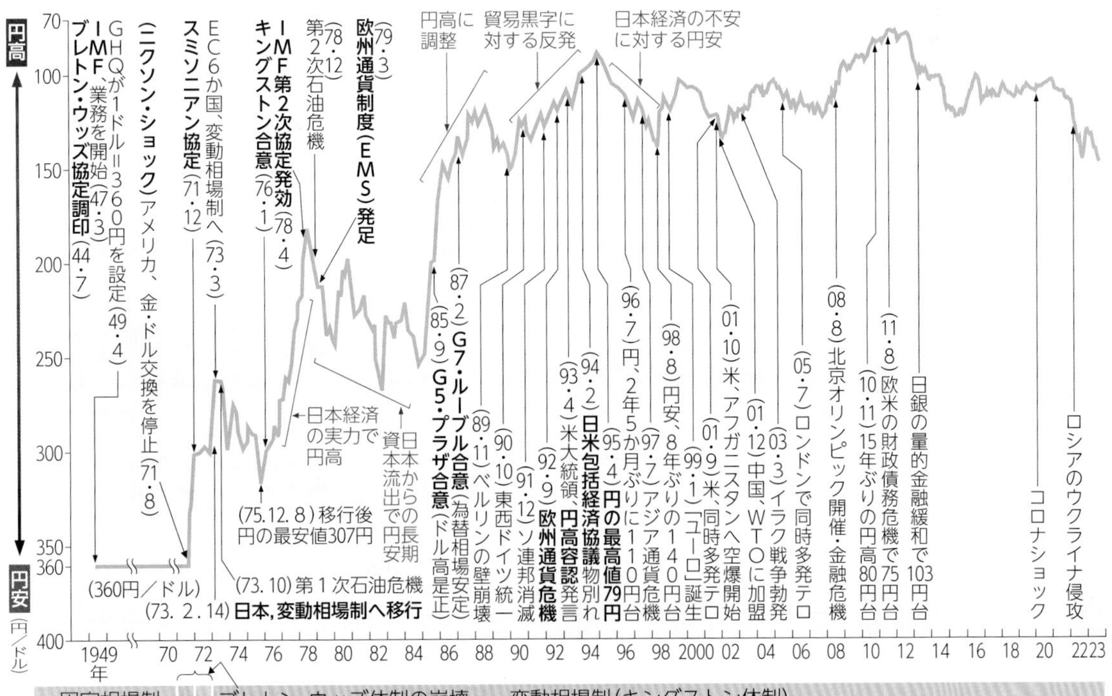

（日本銀行資料などにより作成）

1971年に金とドルの交換が停止されたことを，「何ショック」という？
①スプートニク・ショック　②ニクソン・ショック　③オイルショック

Theme 68

グローバル化する経済

基本用語 グローバル化　グローバル・スタンダード　多国籍企業　GATT　WTO　非関税障壁

Approach

日本の上場企業の30%が外国人の持ち物に！

Ⓐ所有者別持ち株比率の推移

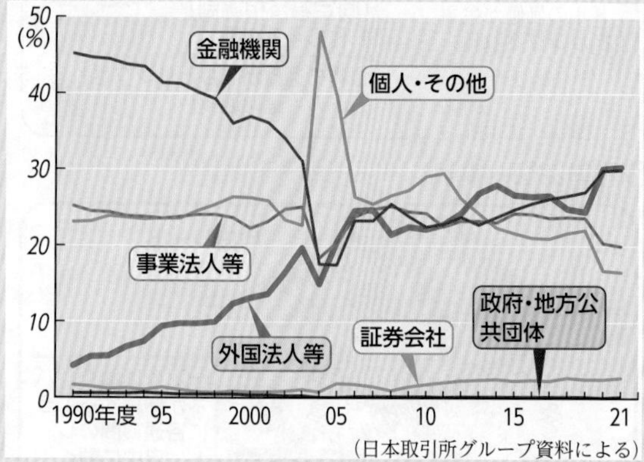

（日本取引所グループ資料による）

Ⓑ実質賃金指数（2015年＝100）と日経平均株価の推移

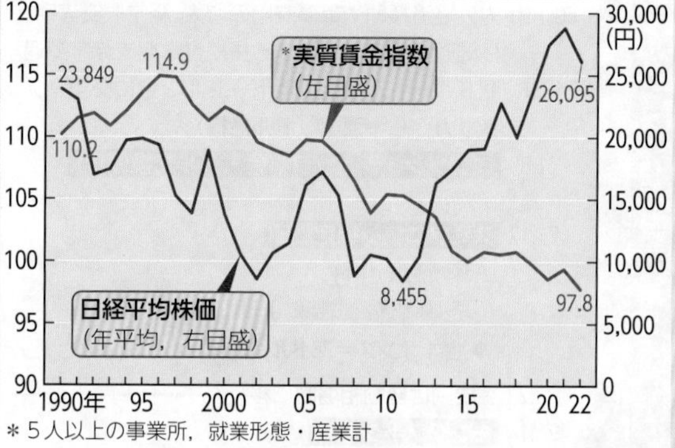

＊５人以上の事業所，就業形態・産業計

（厚生労働省資料，日経平均プロフィルによる）

1990年代から2000年代にかけて，日本の上場企業の株主に占める外国人投資家（外国法人等）の割合が急増し，今やその割合は30%に達している。この背景には，**グローバル化**の進展によって外国から日本企業への投資が以前より簡単になったこと，**グローバル・スタンダード**の会計基準（IFRS）の導入などが進み，外国人が安心して投資できる環境が整えられたことなどがある。

外国からの投資割合の増加には，世界を相手にしたビジネスを行うために必要な巨額の資金を調達しやすくなるというメリットがある。一方で，より株主重視の経営（配当金の増額，株価の上昇など）が求められるため，経営者は賃上げの抑制や解雇をともなう不採算事業の整理縮小をしてでも利益を増やすよう要求されるというデメリットも指摘されている。実際日本では，2010年代に入って株価の上昇は続いているものの，実質賃金は低迷を続けている。

世界では，2016年のトランプ大統領当選や2020年のイギリスのEU離脱のように近年急速に進んだグローバル化に「待った」をかける動きが出始めている。

追究 あなたは，これからのグローバル化のありかたについてどう考える？

1 国際経済機構とその役割

	国際経済機構・会議	設立年	主な役割
ブレトン・ウッズ体制	IMF（国際通貨基金）	1945	為替の安定，為替制限の撤廃
	IBRD（世界銀行）	1945	発展途上国の援助
	GATT（関税及び貿易に関する一般協定）	1948	関税の撤廃，貿易の自由化
	↳WTO（世界貿易機関）※GATTの後継組織	1995	
国連機関	FAO（国連食糧農業機関）	1945	貿易拡大などを通じた発展途上国の援助
	UNCTAD（国連貿易開発会議）	1963	関税の撤廃，貿易の自由化を通じた発展途上国の援助
	UNIDO（国連工業開発機関）	1986	発展途上国の援助
先進国	OECD（経済協力開発機構）	1961	貿易と資本の自由化
	↳DAC（開発援助委員会）※OECDの下部組織	1960	貿易拡大を通じた発展途上国の援助
	主要国首脳会議（G７）	1975	世界の政治・経済に関する課題についての取り組みの調整
	先進７か国財務相・中央銀行総裁会議	1986	金融や為替に関する問題の調整

⇧スイス・ジュネーブにあるWTOの常任事務局（本部）　戦後，貿易や投資・国際援助に関するさまざまな機構が設立された。中でもWTOは，貿易拡大のための中心的な役割をになっている。

海技士（航海）　大型船の船長や航海士になるために必要な資格で，18歳以上から取得できる。１～６級の等級に分かれ，上位の等級ほど操船できる船舶のトン数が大きくなる。海技士には，他に機関・通信・電子通信の区分がある。

2 GATTからWTOへ―自由貿易体制の進展

Ⓐ GATTとWTOの違い

	GATT	WTO
正式名称	関税及び貿易に関する一般協定	世界貿易機関
発足年	1948年	1995年
加盟国数	103か国（1993年５月時点）	164の国・地域（2023年12月時点）
紛争処理方法	紛争処理委員会による裁定	貿易政策審査委員会・紛争処理機関による裁定
罰則規定（対抗措置）	加盟国中１か国でも反対があると実施不可能（コンセンサス方式）	全加盟国の反対がなければ実施可能（ネガティブ・コンセンサス方式）
強制力	極めて弱い	強い
問題点	影響力が弱く貿易の重要問題の話し合いが少ない	主要加盟国の脱退が考えられるため弱体化する可能性がある

（『なるほど，これならわかる経済の話』三笠書房などによる）

解説 **目的は貿易の自由化**　第二次世界大戦の引き金の一つにもなった閉鎖的な貿易を打破するために設置されたのが**GATT**である。「自由・無差別・多角」を３原則として，「東京ラウンド」や「ウルグアイ・ラウンド」といった交渉会合を行い，貿易の障壁となる関税・非関税措置の軽減に取り組んだ。しかし，実態は拘束力のほとんどない「一般協定」であったため，自由貿易の拡大促進を行う常設組織の設置が求められるようになり，1995年に**WTO（世界貿易機関）**に発展的に改組された。だが，WTOの紛争解決手続は大幅に強化されたものの，相変わらず各国の利害対立からWTOを通じた貿易交渉は進まなかったため，近年では利害の一致する国々が個別に**FTA**や**EPA**を締結する傾向が強まっている。

Ⓑ 拡大する対象分野

1948	1973～79	1995
GATT発効 ➡	東京ラウンド ➡	WTO設立
モノの貿易 関税	モノの貿易 関税 非関税（９つの個別協定）	モノの貿易 関税 非関税（12の付属協定） サービス貿易 知的所有権 複数国間協定(4)
紛争解決手続	紛争解決手続	紛争解決手続（大幅に強化）
参加国数 23か国	100か国	128か国　現在 164か国

〈注〉参加国数には地域を含む。2023年12月現在。

Ⓒ WTOの紛争処理手続き

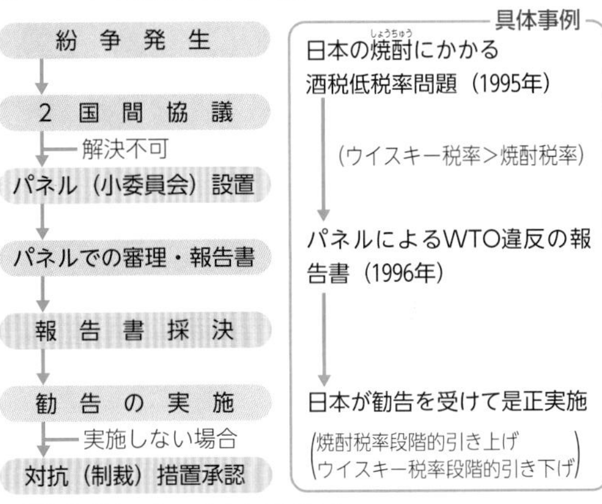

※　　ネガティブ・コンセンサス方式。

3 非関税障壁とは

Ⓐ 非関税障壁として指摘された日本の規制

大規模小売店舗法（大店法）	商店街を保護するため，大規模小売店舗の出店の際に一定以上の売場面積の店舗の出店を規制する法律。アメリカ政府や日米合弁企業である日本トイザらスなどから是正要求があり，2000年に廃止。
酒税	ウイスキーやブランデーの税率が，アルコール度数が近い日本酒や焼酎より高く設定されていることを洋酒輸出国から指摘され，2008年に同等の税率に変更。
自動車	・日本ではかつてドアミラーが認められず，フェンダーミラーの装着が義務付けられていた。これにより海外で主流のドアミラー車を日本で販売できず非関税障壁と指摘されたため，1970～1980年代にかけて規制が撤廃された。 ・日本ではかつて大型トラックの正面上に速度表示灯と呼ばれる三灯のランプを設置することが義務付けられていたが，海外には存在しない規制であり，日本にトラックを輸出する際の非関税障壁との指摘などから，1999年に廃止。

解説 **「障壁」か「防壁」か**　**非関税障壁**（非関税措置）とは，輸入を阻害する関税以外の措置のことで，ここに挙げた規制や税制以外にも輸入数量制限や煩雑な輸入手続きなど様々なものがある。こうした措置は，貿易を拡大したい人にとっては「障壁」であるが，同時に国民の安全や伝統文化を守る「防壁」の役割を果たしている場合もあり，多面的・多角的な検討が求められる。

＋α プラスアルファ 日米貿易摩擦の歴史

1950年代～	**繊維製品で摩擦**…日本製の安価な繊維製品でアメリカの繊維業界が打撃 ➡日本は繊維製品輸出を自主規制（1972年）
1965年	アメリカの対日貿易収支が赤字に転換
1960～70年代	**鉄鋼，カラーテレビで摩擦**
1980年代	**自動車，半導体で摩擦**➡日本からの輸出を制限し，アメリカでの現地生産を進める
1985年	プラザ合意で円高ドル安を誘導 ➡日本の輸出にブレーキがかかる

2008年までの50年間，日本の最大の輸出相手国であったアメリカとは幾度も貿易摩擦が生じてきた。これはヨーロッパ各国も同じで，1980年代にはアメリカが保護主義的な輸入制限措置を発動するとともに，日本やヨーロッパのGATTに基づく輸入制限や非関税障壁への批判を強めた。こうした貿易摩擦を多国間の交渉によって解決するため1986年にGATTのウルグアイ・ラウンド交渉が開始され，1995年のWTO設立につながることとなった。

➡**日本車を破壊する自動車製造業と鉄鋼業の労働者**（1982年，アメリカ）

写真：AP/アフロ

酒税の税率（酒税等負担率）が最も高いものはどれ？（2022年７月現在）
①ビール　②ワイン　③日本酒　④ウイスキー

基本用語 EU USMCA ASEAN APEC MERCOSUR FTA EPA

Theme 69

地域統合の現状

Approach

Brexit(ブレグジット)でEUはどうなる？

2016年の国民投票で，イギリス（Britain）はEUを離脱（Exit）することを決めた。その後EUとの離脱交渉が行われ，当初の離脱予定の2019年３月から遅れること１年弱，2020年１月31日にEUを離脱した。**本来EUは，20世紀に起こった２つの世界大戦の過(あやま)ちを反省し，「壁を取り払うことで真の平和を構築する」ことを目指してドイツ・フランスを中心に始まった欧州統合の夢の成果であった。**今後はEUで「離脱の連鎖」が始まり，EUが崩壊するのだろうか，それとも残された国々で一層の結束が生まれていくのだろうか。

⇧EU離脱を祝う人々（ロンドン，2020.1.31）

⇧EU本部から撤去されるイギリス国旗（ブリュッセル，2021.1.31）

Key point キーポイント 「グローバル化・国家主権・民主主義」の同時実現の不可能性（トリレンマ）というEUが抱えてきた問題が，ついに「イギリス離脱（ブレグジット）派の勝利」という事態を招いてしまった。ユーロ危機に始まる各国の財政危機と厳しい緊縮財政政策，ＥＵ域内の移民流入問題などが，シリア難民の流入とテロの拡散で複雑・深刻化し，ＥＵへの不満は高まる一方であった。注目すべきなのは，今回の離脱問題について，**欧州各国が抱える格差問題への人々の不満，反グローバリズムの傾向，社会内部の分裂が予想以上に進んでいた**ことが浮き彫りにされた点だろう。アメリカのトランプ前大統領に象徴される自国第一主義の台頭も，同じような社会状況が背景にあると見るべきだろう。

追究 ブレグジットが地域統合に投げかけた意味を考えよう。

1 EUの歩み

1952年	**ECSC（欧州石炭鉄鋼共同体）** 発足 （仏・西独・伊・ベルギー・オランダ・ルクセンブルクの６か国）
58	**EEC（欧州経済共同体）・EURATOM（欧州原子力共同体）** 発足
67	**EC（欧州共同体）** 発足 《EEC・ECSC・EURATOM が統合》
87	**単一欧州議定書**《市場統合プログラム》発効
92	**マーストリヒト条約調印**
93	EC 市場統合が発足
93	マーストリヒト条約発効　**EU（欧州連合）発足**（12 か国）
99	**ユーロ導入**（2001 からギリシャを加え 12 か国参加）
2002	**ユーロ紙幣・硬貨の使用開始**
04	東欧 10 か国が加盟（計 25 か国），EU 憲法調印
07	ルーマニア・ブルガリア加盟（計 27 か国）
13	クロアチア加盟（計 28 か国）
20	イギリスが EU を離脱（計 27 か国）

解説 **欧州の壮大な実験**　ECは1957年のローマ条約（EC憲法）で設立され，87年に発効した単一欧州議定書で市場統合の目標を定めるなどの大改正が行われたが，**マーストリヒト条約**はこれを超える抜本的な改正で，92年に調印された。以後，EU統合の基本条約となっている。

2 EUの主要機関

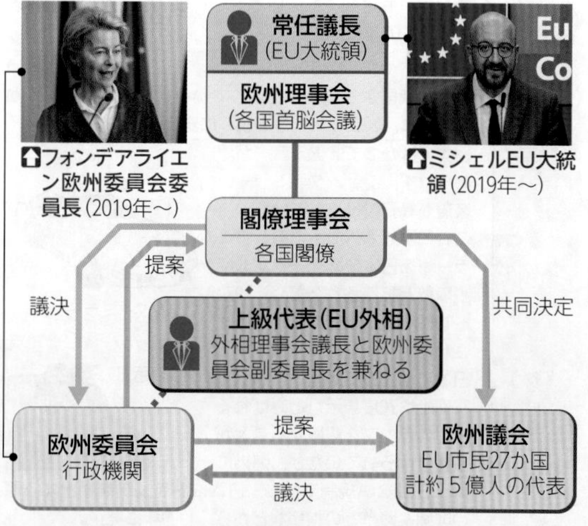

⇧フォンデアライエン欧州委員会委員長（2019年～）
⇧ミシェルEU大統領（2019年～）

解説 **リスボン条約下のEU機構**　EUの新基本条約である「**リスボン条約**」が2009年に発効しEU機構も変更された。「大統領」に相当する任期２年半（最長５年）の欧州理事会常任議長と「外相」に相当する外交安全保障上級代表の新設である。「EU大統領」が議長である欧州理事会とその下にある閣僚理事会は欧州議会と共同して議決にあたり（立法），欧州委員会が執行する（行政）。

しごとカタログ **EU大統領**　正式名称は「欧州理事会常任議長」。以前は，EU加盟国のリーダーが輪番制で就任していた役職だったが，2009年より常任の議長が置かれるようになった。この職は，「EUの顔」というべき位置づけにあるので，EU大統領と通称されている。

3 EU加盟国

〈注〉加盟国は2024年1月現在。

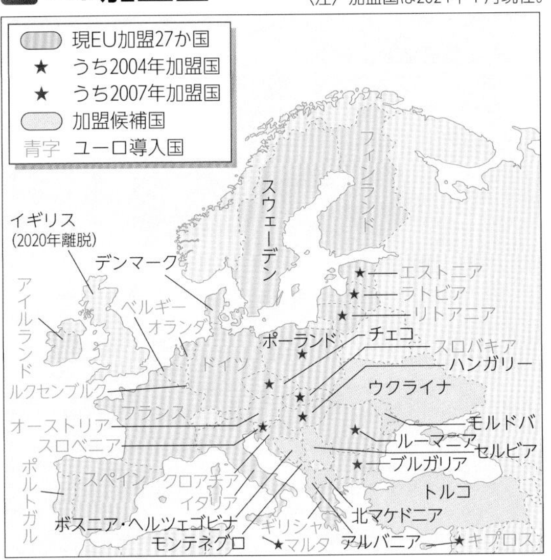

解説 東欧へ拡大するEU 2004年5月に東欧・地中海諸国10か国が，2007年1月にはルーマニア，ブルガリアが加盟し，2013年にはクロアチアが加盟，EUは旧共産圏を含む**28か国体制**へと発展した。一方，イギリスは2016年の国民投票でEU離脱を決定。2020年1月末に離脱が完了した。

4 ユーロの導入

←ユーロ

A ユーロ導入の現状（2024年1月現在）

参加（20か国）	ドイツ・フランス・イタリア・オーストリア・スペイン・ポルトガル・ベルギー・オランダ・ルクセンブルク・アイルランド・フィンランド・スロバキア・スロベニア・エストニア・ギリシャ・マルタ・キプロス・ラトビア・リトアニア・クロアチア
不参加（7か国）	デンマーク・スウェーデン・ポーランド・ブルガリア・チェコ・ハンガリー・ルーマニア

B ユーロ導入の利点・問題点

利点	・欧州を一つの「連邦国家」にするためのステップ ・価格競争，品質競争の促進 ・企業の活動範囲が全欧州に広がる
問題点	・EU全体で財政政策が打てない（各国独自の財政政策） ・零細な企業や銀行が淘汰（とうた）される ・一時的な失業者の増加の懸念（けねん）

解説 単一通貨ユーロ 1999年1月からユーロの流通が始まった。参加国は3年間の移行期間を経て，これまで使用していた自国通貨を放棄してユーロへ統合した。ドル・円に対抗する国際基軸通貨の誕生である。その一方，通貨統合を国民投票で否決されるなど，世論の反対が根強い国もある。

5 世界のおもな地域経済圏（自由貿易圏）

A 目的と現状

EU（欧州連合）
経済統合を主な目的として1967年に結成された欧州共同体（EC）が土台となり，1993年の**マーストリヒト条約**により成立。経済分野に加え，政治・社会全般にわたる欧州統合を目指す。

USMCA（米国・メキシコ・カナダ協定）
1994年にスタートした旧NAFTAは，域内GDP世界最大の統一市場であったが，2016年から再交渉が行われ，米国・メキシコ・カナダ協定（USMCA）に置き換えられた。

APEC（アジア太平洋経済協力）
環太平洋地域の多国間経済協力関係を強化するため，1989年に発足。加盟国はアジア各国にとどまらず，NAFTA諸国や中南米，ASEAN 7か国，ロシアなど広範囲に及んでいる。

AFTA（ASEAN自由貿易地域）
1992年に正式に発足。東南アジアの市場統合を通じて，EUやNAFTAに対抗する。

MERCOSUR（メルコスール）（南米南部共同市場）
1995年に発足。域内では原則として関税を撤廃。域外では85%の品目に共通関税を設定している。

B 地域経済圏の範囲と規模（2022年）

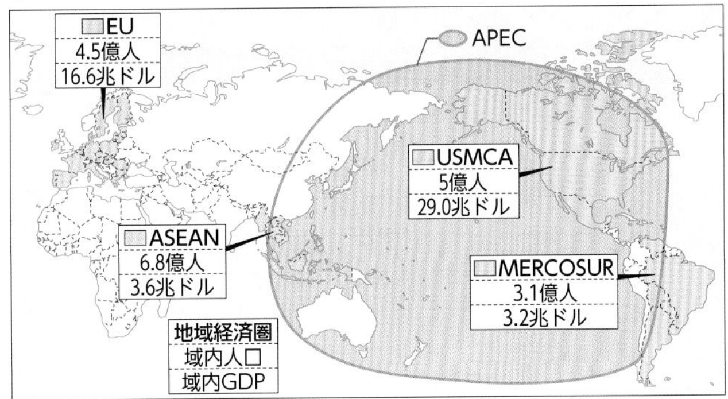

（世界銀行資料による）

C 地域経済圏の加盟国

APEC（21の国，地域）
- ASEAN（10か国）：ミャンマー，ラオス，カンボジア（APEC非加盟）；タイ，シンガポール，マレーシア，ブルネイ，フィリピン，ベトナム，インドネシア（APEC加盟）
- 日本，オーストラリア，ニュージーランド，韓国，中国，台湾，香港，パプアニューギニア，チリ，ロシア，ペルー
- USMCA（3か国）：アメリカ，カナダ，メキシコ

MERCOSUR（6か国）
アルゼンチン，ブラジル，パラグアイ，ウルグアイ，ベネズエラ，ボリビア*

＊ボリビアは各国議会の批准待ち。

EU（27か国）
フランス，ドイツ，イタリア，ベルギー，オランダ，ルクセンブルク，スペイン，アイルランド，デンマーク，ギリシャ，ポルトガル，オーストリア，スウェーデン，フィンランド，エストニア，ラトビア，リトアニア，ポーランド，チェコ，スロバキア，ハンガリー，スロベニア，マルタ，キプロス，ルーマニア，ブルガリア，クロアチア

解説 進む経済統合 「経済統合」とは，モノや人・資本などの移動を自由化しつつ，一つの経済単位に統合していく過程のこと。日本が加盟するAPECはアジア・太平洋地域経済協力関係の強化を図ったもので，経済統合の前段階といえる。

Try（トライ） 次の地域的経済統合のうち，加盟国が最も多いものはどれだろうか？
①EU ②USMCA ③MERCOSUR ④ASEAN

国際

6 地域統合と貿易の自由化

Ⓐ地域統合の諸形態

統合の強さ	類型		内容	例
	統合の前段階	地域協力	特定の課題について協議し，協力の枠組みを作る	APEC
弱い	経済統合の5段階	❶自由貿易協定(FTA)	(A)域内の貿易を自由化(関税の削減・撤廃)	AFTA
			(B)(A)に加え，人的交流の拡大・投資規制の撤廃・知的財産権の保護など幅広い経済関係の強化	USMCA，日本・シンガポールEPA
		❷関税同盟	域外に対する共通関税の設定	MERCOSUR(メルコスール)
		❸共同市場	人や資本など生産要素の移動を自由化	EU
		❹経済同盟	各国の経済政策を調整	EU
強い		❺完全な経済統合	超国家機関を設置し，経済政策を統一	※現在は存在しない

（参考：国立国会図書館『東アジア経済統合をめぐる論点』）

解説 深化する経済統合 「経済統合」とは，モノや人・資本などの移動を自由化し，一つの経済単位に融合していく過程であり，その統合の度合いによって5段階に分類できる。日本が結んでいるEPAは❶の段階にとどまっている一方，EUは❹の段階まで進んだ最も先進的な地域統合である。

Ⓓ日本が結んでいるFTA／EPA

分類	日本と署名した国・地域	署名	発効
EPA	シンガポール	2002. 1	2002. 11
	メキシコ	04. 9	05. 4
	マレーシア	05. 12	06. 7
	チリ	07. 3	07. 9
	タイ	07. 4	07. 11
	ブルネイ	07. 6	08. 7
	インドネシア	07. 8	08. 7
	フィリピン	07. 9	08. 12
	ASEAN全体	08. 4	08. 12
	ベトナム	08. 12	09. 10
	スイス	09. 2	09. 9
	インド	11. 2	11. 8
	ペルー	11. 5	12. 3
	オーストラリア	14. 7	15. 1
	モンゴル	15. 2	16. 6
	TPP	16. 2	
	CPTPP	18. 3	18. 12
	EU	18. 7	19. 2
	イギリス	20. 5	21. 1
	RCEP*1	20. 11	22. 1
(FTA)	アメリカ*2	19. 10	20. 1
交渉中	コロンビア，日中韓，トルコ		

*1 RCEP(アールセップ)（ASEAN+5）…ASEAN10か国＋日，中，韓，オーストラリア，ニュージーランド。

*2 「日米貿易協定」を指す。日本政府はFTA・EPAには該当しないと主張しているが，2国間の関税引き下げなので実質的にFTA。

ⒷEPA／FTAとは？

自由貿易協定(FTA)

特定の国や地域の間で，物品の関税やサービス貿易の障壁等を削減・撤廃することを目的とする協定。経済連携協定の主要な内容の一つ。

など

経済連携協定(EPA)

FTAの内容に加え，投資規制の撤廃・紛争解決手続きの整備・人的交流の拡大・知的財産権の保護など，より幅広い経済関係の強化を目的とする協定。

知的財産制度，競争政策の調和

人的交流の拡大

各分野での協力

など

ⒸWTO（世界貿易機関）とFTA（自由貿易協定）の関係

＊図は物品貿易の場合

WTO
最恵国待遇(原則)
(他の全ての加盟国に対し，関税を等しく適用)

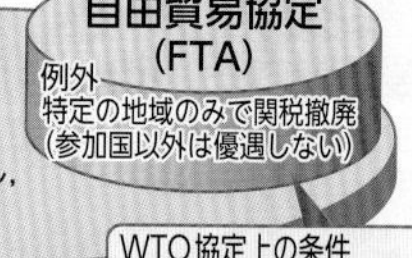

高 自由化度

WTO協定上の条件
「実質上全ての貿易」を自由化する
(先進国を含むFTAの場合)

WTOにおける原則

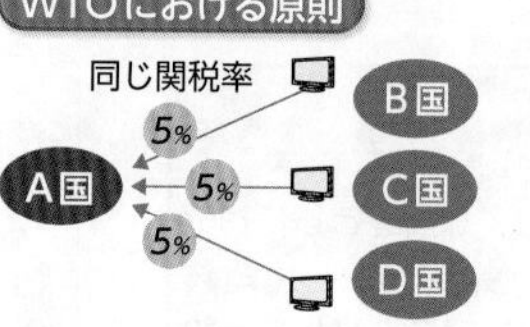

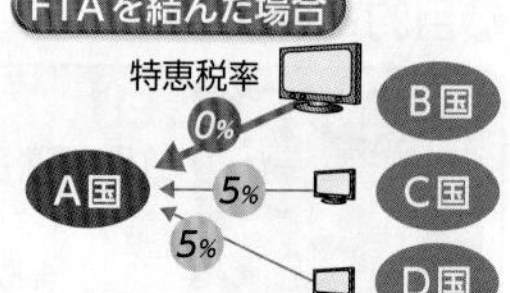

＋α（プラスアルファ） 2022年に発足したIPEF(アイペフ)とは？

「IPEF＝インド太平洋経済枠組み」とは，「Indo-Pacific Economic Framework」の頭文字をつなげたもの。発足の背景には，中国がTPP11への加盟申請やRCEP(アールセップ)の主導で台頭する中，そのいずれにも参加していないアメリカがインド太平洋地域への影響力で巻き返しを図る意図があるといわれる。なお，IPEFは自由貿易協定のような条約ではなく政府間の合意にとどまり，関税引き下げなどの項目は含まれていない。これは，自由貿易による競争激化・失業などを懸念するアメリカ国内の世論に配慮しているためだと考えられる。

⇧IPEF発足式典に臨(のぞ)むバイデン米大統領，岸田首相，モディ印首相（2022年5月，東京）

Try（トライ） 日本とEPAを結んでいる国を次からすべて選びなさい。
①マレーシア　②インド　③ロシア　④ペルー

論点 グローバル化で世界はどう変わる？

1 日欧EPAの発効による日本への影響

関税は自国の産業を保護・育成することを主な目的として，輸入品に課税されるもの。グローバル化の一環として関税は削減・撤廃される傾向にあり，日欧EPAでは日本がチーズやワインなどの関税を撤廃することと引き換えに，EU側は自動車や電気機器などの関税を撤廃することで合意した。この流れが加速すれば，両国が得意分野の生産をさらに伸ばすことで双方にとってプラスの関係になれるという見方がある一方，関税撤廃によって海外とより厳しい価格競争にさらされる国内産業が衰退(すいたい)する危険性もある。

Ⓐ関税が下がる主な品目

EU ▶ 日本

品　目	いまの関税	合意内容
ナチュラルチーズ	原則29.8%	枠内は15年で撤廃
パスタ	１キロ30円	10年で撤廃
チョコレート	10%	10年で撤廃
豚肉	最低で１キロ約23円	10年で引き下げ
革製品	最高で30%	10年か15年で撤廃
木材（構造用集成材）	3.9%	７年で撤廃

日本 ▶ EU

品　目	いまの関税	合意内容
自動車	10%	７年で撤廃
自動車部品	3～4.5%（ギアボックスで）	大半を即時撤廃
電気機器	最高14%	大半を即時撤廃
ホタテ貝（冷凍）	８%	７年で撤廃
緑茶	無税～ 3.2%	即時撤廃
しょうゆ	7.7%	即時撤廃

（『朝日新聞』2017.7.7）

🡅日欧EPA発効(はっこう)当日に設置されたスーパーの特設売場　チーズには低関税の輸入枠が設定された（2019年２月１日）。

🡆北海道にあるチーズ工場　日欧EPA発効により約30%に設定されているチーズの関税が段階的に撤廃されることに不安をぬぐえない。

2 デジタル化とグローバル化で世界はどう変化するか

近年成長が著(いちじる)しいインドのIT産業の中心地，ベンガルール。インド版シリコンバレーとも呼ばれるこの都市では，欧米から注文を受けたソフトウェアの開発が特に盛んだ。インドは英語話者が多く，数学的・論理的な思考能力の高さや安く優秀な大量の労働力も，発注元の欧米企業にとって魅力的だった。こうした利点に着目して，欧米の大手IT企業や国際的な**プラットフォーマー（GAFA）**がベンガルールに拠点を置き，盛んに取引が行われるようになった。このように，デジタル化の深化によってグローバル化はモノの貿易にとどまらない広がりを見せており，発展途上国にとって大きなメリットをもたらしている。

他方，今日では一部のプラットフォーマーに利用者が集中することで，適正な競争が行われていないという指摘が強まっている。こうした中，ベンガルールを拠点としたスタートアップ企業が近年急増し，革新的(かくしんてき)なアプリの開発などの**イノベーション**が生まれているという。プラットフォーマーに依存しないビジネスの成長が，今後のベンガルールの成長のカギとなるだろう。（参考：久保明教「インドIT産業とグローバル化の幽霊――繋がること，切りはなすこと，そして折りたたまれる世界」SYNODOS）

🡅米AMAZONが提供する教育アプリの開発を行うインド・ベンガルールの労働者（2019年）

問い　日本はグローバル化の流れにどのように対応するべきだろうか。

さらに深めよう！
実行関税率表（税関）のページ➡

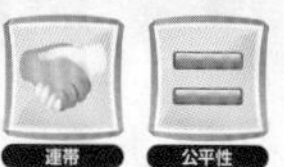

Theme 70

南北問題

基本用語 モノカルチャー　南北問題　国連貿易開発会議　累積債務問題　後発発展途上国（ＬＤＣ）　南南問題　ＢＲＩＣＳ　フェアトレード

アフリカに古着を送れば，現地の人は助かるのか？

Approach

　先進国の人たちは不要になった古着を処分できて，アフリカの人たちは安価，もしくはタダで古着を手に入れることができる。互いに助かっているのだから，ウィンウィンじゃないか。そのように感じるかもしれません。……

　しかし，「アフリカでは服が足りていないのだから，先進国から古着を送ってあげれば現地の人たちが助かる」というのは，必ずしも正解とは呼べないようです。

　ケニアやウガンダ，タンザニアなどが構成している東アフリカ共同体では，古着や靴の輸入額は1億5,100万ドル以上（2015年，日本円に換算すると約170億円），ケニアだけでも毎年約10万トンの古着が輸入されています。

　技術面で進んでいる先進国側でさえも，大量に余っている古着を処理しきれていないわけですから，ゴミ処分場などの施設が不十分なアフリカの国々で，大量の古着を処理することは到底できません。

　実際に私が活動するウガンダでも，街中の至る所で先進国から輸入されたと思われる古着が山積みになって売られていますし，処理しきれない大量の古着が現地の環境問題に繋がっているという話も耳にします。他にも，西アフリカのガーナでは毎週1,500万着の古着が輸入されていますが，近年はファストファッションなど低品質な古着が占める割合が増えており，売れなかったものは最終的に埋立地へ流れ着いています。ガーナに輸入されている衣服の約4割が埋め立て処分されていると考えられているのです。

（原貫太『あなたとSDGsをつなぐ「世界を正しく見る」習慣』KADOKAWA）

⇧ゴミ捨て場に捨てられた古着たち（2022年12月，ガーナ）

Key point キーポイント 筆者のフリーランスで国際協力活動を行う原貫太氏は，古着の大量廃棄という環境問題に加え，こうした**古着の流入が現地の繊維産業を圧迫し，経済的な自立を阻害している**ことを指摘する。東アフリカ共同体（EAC）はこの状況を是正しようと，2019年までの古着の輸入禁止で合意したものの，自国の古着輸出産業への影響などを嫌うアメリカの圧力に屈し，現在も古着の大量輸入が続いているという。「一見エコと思われる行動が，実は格差の拡大・固定化を加速させるのではないか？」という問題提起を，あなたはどのように受け止める？

追究 SDGsに関連する取り組みを，多面的・多角的な視点から見直してみよう。

1 南北の格差―先進国と発展途上国

（『世界国勢図会』2023/24 などによる）

	日　本（先進国）	アメリカ（先進国）	イ　ン　ド（アジアの途上国）	エチオピア（アフリカの途上国）
人　口（2022年）	1億2,495万人	3億3,829万人	14億172万人	1億2,338万人
人口増加率（2012～22年平均）	−0.2%	0.7%	1.1%	2.7%
1人あたりGNI（2021年）	41,162ドル	70,081ドル	2,239ドル	821ドル
輸入額（2022年）	8,972億ドル	3兆3,762億ドル	7,233億ドル	188億ドル
輸出額（2022年）	7,469億ドル	2兆648億ドル	4,535億ドル	39億ドル
1人1日あたりの栄養供給量（2020年）	2,679kcal	3,926kcal	2,599kcal	2,407kcal
医師の数（1万人あたり）（2021年）	26.1人	35.6人	7.4人	1.1人

しごとカタログ **栄養士**　学校・病院・福祉施設などで，栄養についての管理・指導を行う職業。資格は，都道府県知事が免許を与える栄養士と，厚生労働大臣が免許を与える管理栄養士に分かれる。食生活による病気の予防が注目を集める中，様々な分野で栄養士が活躍している。

2 発展途上国の輸出品（2021年）

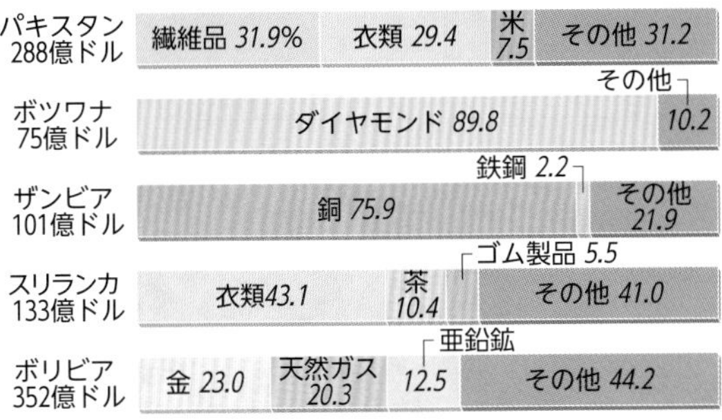

（『日本国勢図会』2023/24）

Ⓐ一次産品の価格の推移

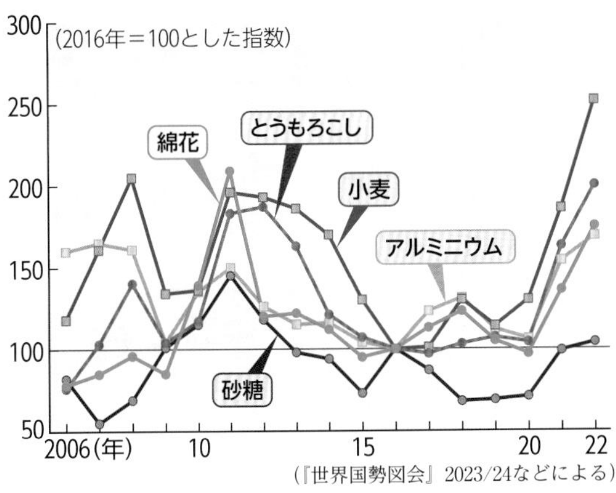

（『世界国勢図会』2023/24などによる）

解説 **南北問題とは？**　北半球側に多い先進工業国と南の熱帯・亜熱帯地域に集中している発展途上国との間のいちじるしい経済的格差がもたらしている諸問題のことをいう。これは，発展途上国の多くが，過去数世紀にわたって，欧米先進国の植民地支配の下で，特定の**一次産品**（農産物・鉱産物など）の生産に依存する経済のしくみである**モノカルチャー**をおしつけられ，先進工業国が必要とする原料・燃料を提供する地域として位置づけられてきた結果である。このような経済構造下では，一次産品を不当な安値で買いたたかれるために，乱開発や児童労働などの弊害を生みやすい。そこで，先進国が公正な価格で買い取るという**フェアトレード**という考え方が広まっている。

一方で，2000年代以降**BRICS**などの新興国の工業化や投機的な資金の流入によって価格が不安定となっている。こうした価格の不安定化は，途上国の工業化を一層困難にするという側面がある。このような途上国間の格差を**南南問題**という。

3 国連貿易開発会議

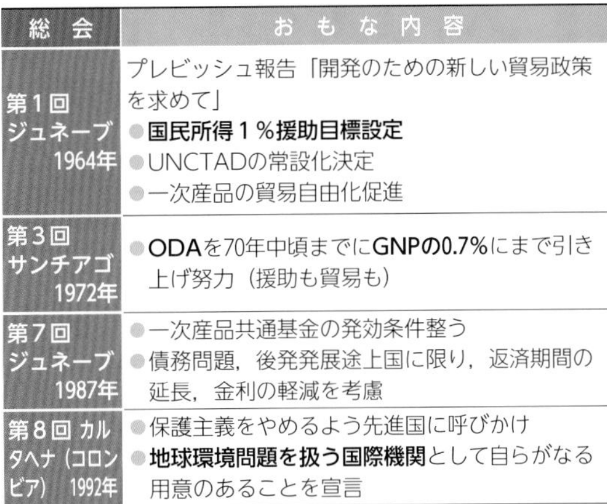

総会	おもな内容
第1回 ジュネーブ 1964年	プレビッシュ報告「開発のための新しい貿易政策を求めて」 ●**国民所得1％援助目標設定** ●UNCTADの常設化決定 ●一次産品の貿易自由化促進
第3回 サンチアゴ 1972年	●**ODA**を70年中頃までに**GNPの0.7%**にまで引き上げ努力（援助も貿易も）
第7回 ジュネーブ 1987年	●一次産品共通基金の発効条件整う ●債務問題，後発発展途上国に限り，返済期間の延長，金利の軽減を考慮
第8回 カルタヘナ（コロンビア）1992年	●保護主義をやめるよう先進国に呼びかけ ●**地球環境問題を扱う国際機関**として自らがなる用意のあることを宣言

解説 **南北格差の是正**　南の国々は，1964年，**国連貿易開発会議**〔UNCTAD〕（本部：ジュネーブ）を設立し，1970年代に入ると，**新国際経済秩序（NIEO）**を提唱して，それまでの国際分業体制を打ち破ろうと努力をかさねてきた。

4 累積債務問題

Ⓐ各国の対外債務残高と対GNI比

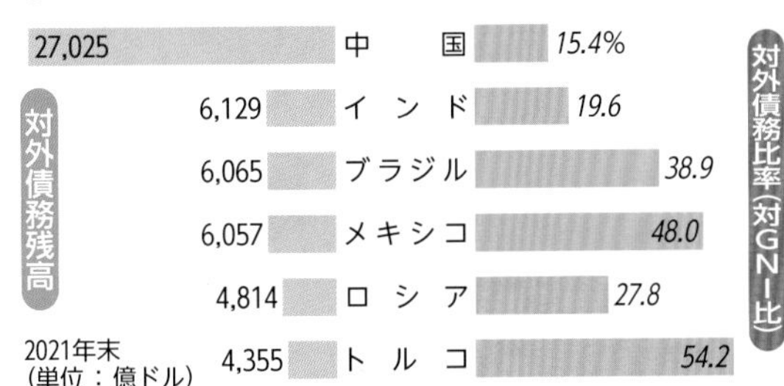

（『世界国勢図会』2023/24）

解説 **続く累積債務問題**　途上国の抱える債務が特に問題となったのは1980年代で，1982年，メキシコの対外債務不履行宣言→リスケジューリング（債務支払い繰り延べ）に続き，中南米・アフリカ諸国で債務危機が相次いで発生した。その要因には石油危機による石油価格の高騰とその後の経済不況，また途上国の輸出品の中心である一次産品の価格が下落したこと，80年代前半のアメリカの金利政策などがあった。その後，世界銀行とIMFを中心に対策が打ち出され，先進諸国も債務免除などの救済措置をとっているが，依然として深刻な状況にある国も多い。

＋α「BRICS」と南南問題

ⒶBRICSとバングラデシュの1人あたり国民所得

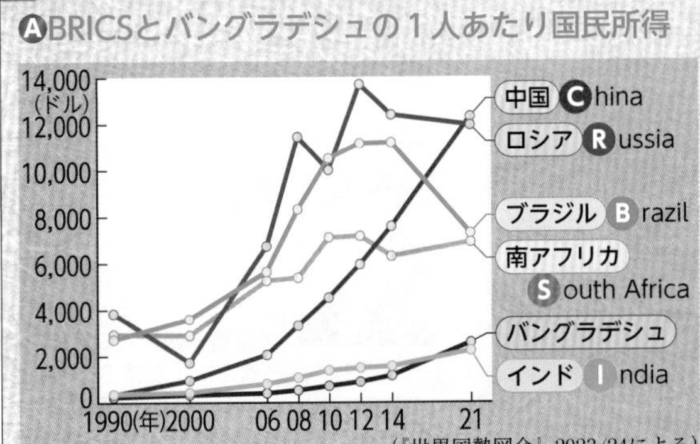

（『世界国勢図会』2023/24による）

石油危機以降，産油国と非産油国との経済格差が生じてきた。これが**南南問題**のはじまりである。1980年代に入ると，発展途上国の中で工業化に成功する国々も出てきた。例えば，1980年代から外国資本の積極的導入で輸出指向工業化を進め，アメリカへの輸出・日本との分業で急成長したアジアNIES（韓国・台湾など）やASEAN（インドネシア・タイ・マレーシアなど）各国である。さらに近年では，人口・領土・資源とも豊富なBRICS各国の成長が注目を集めている。

一方で，バングラデシュのような**後発発展途上国**（LDC）は，1人あたり国民総所得の伸びが鈍く，国民の暮らしはほとんど良くなっていないことがわかる。このため，世界的な経済格差是正の取り組みが求められている。

Try 2023年現在，後発発展途上国（LDC）に認定されている国は約何か国？
①約10か国　②約20か国　③約30か国　④約50か国

基本用語 人口爆発　食料自給率　貧困・飢餓　人口ピラミッド　国連人口開発会議

Theme 71
人口・食料問題

Approach

地球の食卓
―お宅の一週間分の食材は？

➡**アブバカルさん一家**（チャド：ブレイジング・スーダン難民キャンプ在住）　１週間分の食費は143円（685CFAフラン）。難民キャンプに暮らす人々の食事は，朝も昼も晩も大体ソルガム（コウリャン）を粥(かゆじょう)状にして固めたアイシュという主食と，薄いスープである。

⬇**リーバイスさん一家**（アメリカ合衆国：ノースカロライナ在住）　１週間分の食費は40,355円（341.98ドル）。ファストフードが中心の食事であったが，現在は肉が少なく新鮮野菜の多い計画的な食事に努めているとのこと。

（ピーター･メンツェル＋フェイス･ダルージオ『地球の食卓』TOTO出版による）

写真：ピーター・メンツェル／ユニフォトプレス

『地球の食卓』
ー世界24か国の家族のごはん

報道写真家ピーター・メンツェル氏とジャーナリストのフェイス・ダルージオ夫妻が世界24か国30家族の食料事情を取材した写真集。１週間分の食料のポートレート，食事風景などを中心に構成されている。

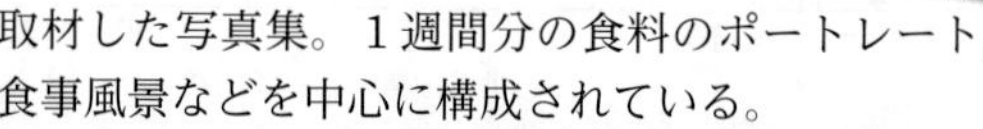

Key point 過去40年間で世界の食料生産量は約170％増加した。にもかかわらず，栄養不足による感染症を患っている人はまだ多数存在し，一方で過食による慢性疾患の人も増えている。地球の食卓はこのように「分断された」現状を抱えている。

追究 あなたの家の食生活と比べてみよう。

1 世界人口の推移

Ⓐ 発展途上国の人口増加

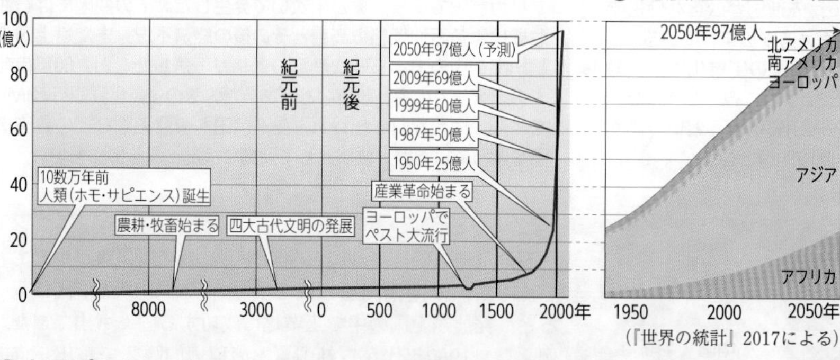

（『世界の統計』2017による）

《解説》1日22万人　現在，世界の人口は約80億人（2022年）であるが，年間で約8,000万人のペースで増加し続けており，これは１日平均で約22万人の人口増加となる。人口増加の主な要因はアジア・アフリカの発展途上国における**「人口爆発」**であり，これらの国では，**貧困→多産→人口爆発→食糧不足→環境悪化→貧困**という悪循環に陥っている。

Ⓑ人口ピラミッド

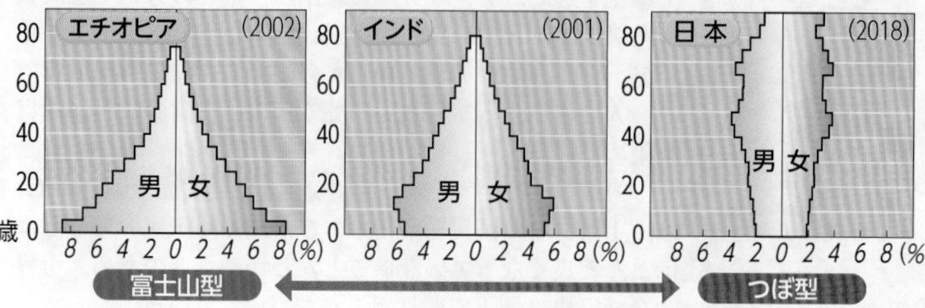

（『日本国勢図会』2006/07，2019/20）

Ⓒ食糧危機の警告

⬅**マルサス**（1766～1834）
主著『人口論』　イギリスの経済学者。人口は制限されないと等比級数的に増加し――1,2,4,8,16…，食糧生産は等差級数的に増加する――1,2,3,4,5，と考えた。食糧の増産が人口増加に追いつかない以上，貧困の増大は避けられないという彼の危惧は，現実化している。

しごとカタログ　農家　農耕によって生計を立てている人。日本では，江戸時代には人口の約75％が農家（百姓）であったが，工業化が進み，少ない人手で農作業ができるようになった現在では，農家の人口比は数％にまで減少しており，それもほとんどが兼業農家である。

2 世界の飢餓

A ハンガーマップと地域別栄養不足人口（2016～18年）

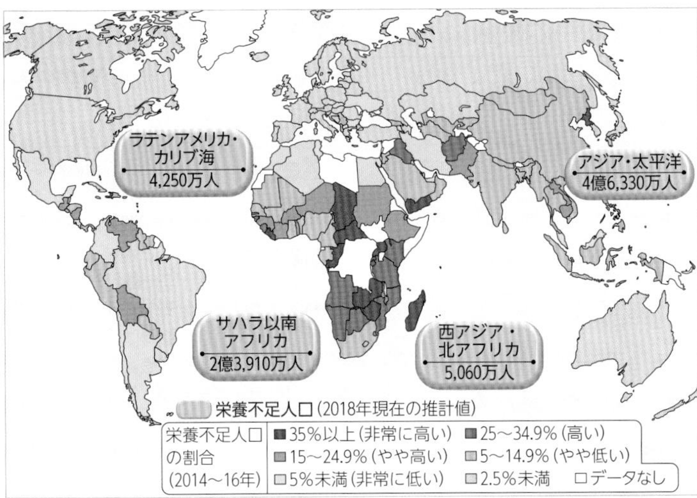

（WFP資料による）

B 穀物，大豆の国際価格の推移

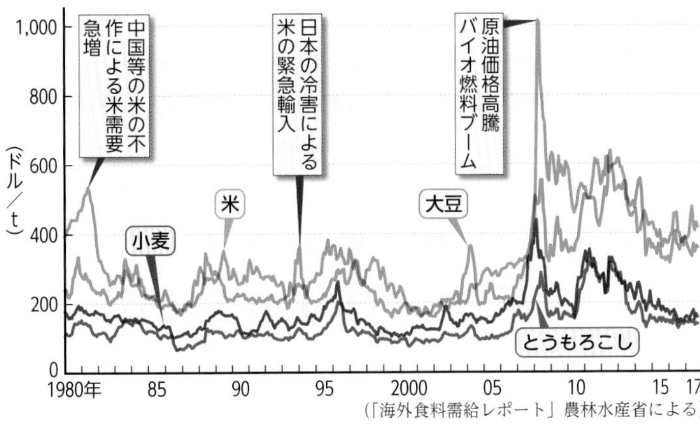

（「海外食料需給レポート」農林水産省による）

C 飢える南―3つの理由

①穀物のすべてが人間用ではない!!

所得水準が高まるにつれて，食肉需要が増大する（➡3）。世界全体で言えば，生産された穀物の約4割が家畜の口に運ばれており，最近では**バイオ燃料**として消費される量も増えている。

②食料を購入することができない

世界的な富の偏在から，南北間の購買力に著しい差がある。貿易赤字に苦しむ発展途上国には，経済援助なしに食料輸入の増加は難しい。（➡B）

③食料よりも商品作物を栽培せよ

発展途上国の多くは農業国だが，その農地の約半分が輸出向けの商品作物の栽培にあてられており，工業化を進めるための外貨獲得の手段となっている。

⬆**食料価格値上げへの抗議デモ**（2008年，フィリピン・マニラ）

解説 **高騰する食料価格**　世界のほとんどの地域は何らかの形で**飢餓**の問題をかかえている。最近では，世界的な異常気象やバイオ燃料の生産拡大で，近年の食料価格は乱高下しており，発展途上国の人々をさらに苦しめている。

3 肉食化による穀物需要

A 1人1日あたりの食料供給量（2020年）

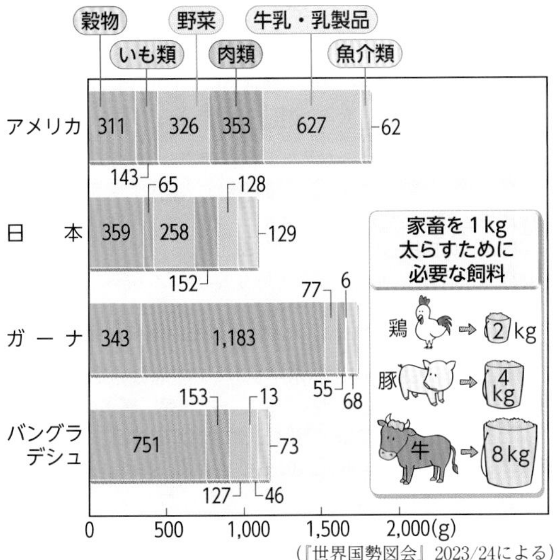

（『世界国勢図会』2023/24による）

＋α（プラスアルファ）飢餓のうたげ

ご飯におかずと果物という普通の食事をする少数の人，その横では薄味のスープとナンの食事，青いシート上で味の無いすいとんを手づかみで食べるその他大勢。世界の貧富の人口比率に応じて3つの世界に分かれた参加者が食糧格差を疑似体験する催し「飢餓のうたげ」を，清泉女子大の学生らが行った（2004年12月）。参加者は小学生を含む約120人。「味の無いすいとんを毎日食べるのはつらい」という声の一方で，通常の食事をした参加者からは「他の世界の人々の視線が気になっておいしく食べられなかった」という声があった。

Try　日本では，食料の約何%を調理くずや食べ残しなどで廃棄しているだろうか？（農林水産省資料）
①5%　②10%　③20%　④40%

基本用語 ODA（政府開発援助） OECD 人間の安全保障 NGO JICA海外協力隊

Theme 72 日本の役割

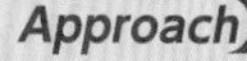

"Shinkansen"で世界に貢献

（『毎日新聞』2016.1.2による）

台湾高速鉄道　2007年1月の開業以来，大きな事故は起きていない（2023年12月現在）。

Key point キーポイント 日本にできる国際貢献とは何だろうか。1991年から2000年まで10年間にわたり国連難民高等弁務官を務めた緒方貞子さんは「国際協力（途上国の発展）に一番欠かせないのが，さまざまな分野でのインフラ整備であり，インフラ整備は日本の国際貢献のお家芸だ」と言う。国際貢献には様々な方法があるが，近年盛んになってきた新幹線技術などの「鉄道輸出」は，インフラの整備をとおして世界各国の経済発展や社会発展への貢献につながるだけでなく，日本の成長にとってもプラスが見込める「Win-Win」の取り組みでもある。今後の展開に期待大だ。

世界各国の高速鉄道計画が，今，活況を迎えている。そんな中，日本の新幹線技術の輸出も順調だ。運行による死亡事故ゼロの実績や，東日本大震災でも脱線しなかった高次元の安全性に加え，定時運行，快適性も申し分ない総合力が，多くの国からの信頼と需要につながっている。

2007年の台湾を皮切りに，アメリカ，インドでも導入が決まったほか，2016年にはタイとも閣僚間の覚書（おぼえがき）が交わされた。

追究 日本が世界に貢献できることを考えてみよう。

1 政府開発援助（ODA）とは

政府開発援助（ODA）	二国間	贈与	**無償資金協力**…返済義務を課さず資金を供与。〈担当：外務省と**JICA（国際協力機構）**〉 **技術協力**…研修員受け入れ，専門家・**青年海外協力隊**の派遣など（途上国の人造りに協力）。〈担当：JICA（国際協力機構）〉
		政府貸付	**円借款**（えんしゃっかん）など…ダム・工場などのプロジェクトへ借款，物資購入への借款など。〈担当：政府関連各省と**国際協力銀行**〉 〈注〉2008年からJICAが担当
	多国間		**国際機関等への出資・拠出等**…世界銀行グループ，アジア開発銀行，国連の諸機関などへの資金協力。〈担当：政府関連各省〉

Ⓐ ODAのしくみ

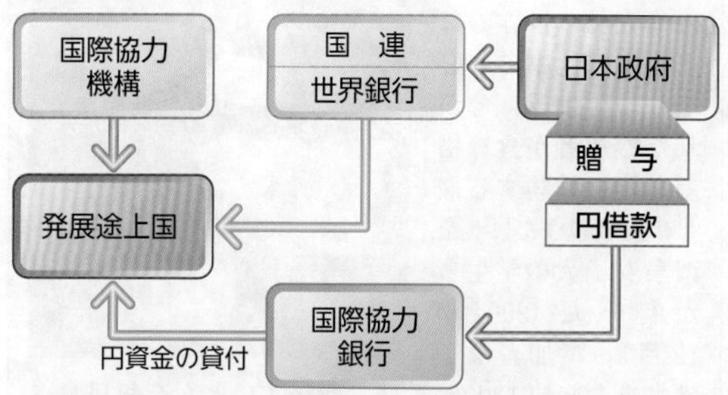

解説 **ODAとは？** **ODA**（Official Development Assistance）は，援助を目的として発展途上国に資金援助すること。経済協力開発機構（OECD）の加盟国のうちの29か国とEUが資金を拠出し，開発援助委員会（DAC）によって途上国に分配される。

2 日本のODAの基本方針

ODA大綱（1992年閣議決定）での原則

①開発と環境の両立 ②軍事的用途への使用回避
③受入国の大量破壊兵器・ミサイル製造等への注意
④受入国の民主化促進，人権保障状況への注意

2003年　改正の際のポイント

- **国益重視の方針**明記
- 国際的諸機関やNGOとの連携
- 「**人間の安全保障**」の視点重視
- 開発教育の普及等を通じた国民の参加拡大

2014年　大綱改正の際のポイント

- 途上国への支援のみならず，安全保障や資源確保などの国益を重視する立場から，「**開発協力大綱**」に名前を変更
- 民生目的，災害救助等の非軍事目的の支援であれば，**外国軍への支援**も排除すべきではない。
- 経済発展してODAの対象ではなくなった「卒業国」への支援制限を撤廃

解説 **ODA大綱見直しのポイント**　1992年決定のODA大綱では，人道的見地，国際社会の相互依存関係，環境の保全および平和国家としての使命を目的として掲げていた。2003年改正ではそれに加えて「国際社会の平和と発展に貢献し，これを通じて日本の安全と繁栄の確保に資する」こととし，国益重視を盛り込んだ。14年改正では「**積極的平和主義**」の一環として軍事活動以外の軍への支援も盛り込まれた。

しごとカタログ **NGO相談員**　NGOの国際協力活動，NGOの設立，組織の管理・運営など，市民やNGO関係者からの質問・照会に答える相談員。国際協力分野で経験と実績をもつ日本のNGO団体が外務省から委嘱され，「NGO相談員」としての活動を行っている。

3 日本のODAの現状と課題

A 各国と比較した日本のODAの推移

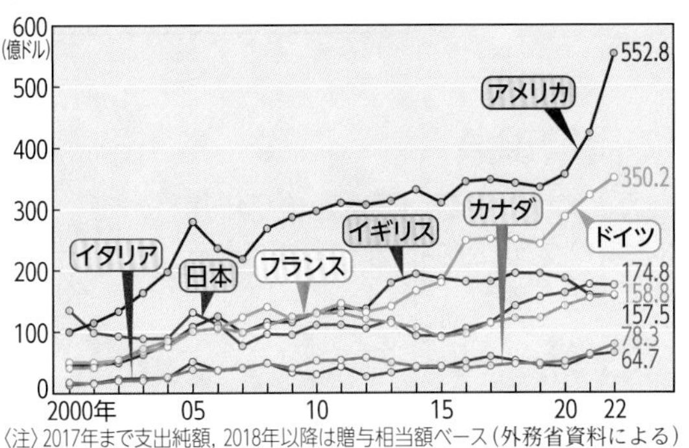

〈注〉2017年まで支出純額，2018年以降は贈与相当額ベース（外務省資料による）

B DAC加盟国における日本の地位（2022年）

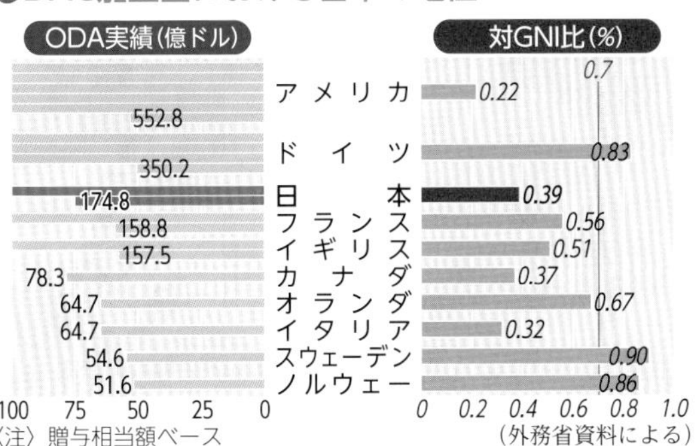

〈注〉贈与相当額ベース　（外務省資料による）

C 各国の贈与比率（2020/21年）

国	贈与比率（%）
アメリカ	100.0
オーストラリア	100.0
スウェーデン	100.0
イギリス	96.7
ドイツ	83.1
フランス	57.0
日本	39.3

〈注〉約束額ベース　（外務省資料）

D 日本の二国間ODAの地域別配分の推移（総額ベース）

(年)	アジア	中東・北アフリカ	サブサハラ・アフリカ	中南米	大洋州	欧州	その他
1980	72.8%	8.8	10.8	5.9	0.7	0.1	1.0
2000	60.1%	7.8	8.5	8.8	1.1	3.0	12.5
20	59.1%	11.0	9.5	4.0	0.5	3.5	12.5

〈注〉1990年以降の欧州地域に対する実績には東欧向け援助を含む。（『開発協力白書』2022）

解説 **日本のODAの特色**　かつてはアメリカと1，2位を争った日本のODA額は，財政難を背景に削減され，2023年現在世界3位となっている。日本の援助は贈与比率が低い点が批判されるが，「返済が必要な援助の方が，産業発展などに役立つ」とする声もある。また，インフラ整備が中心のODAが，発展途上国の環境破壊を招いているとの批判もある。

日本の二国間ODAは，以前はアジアに重点的に配分されていたが，中国や東南アジアの経済成長によってその比率は徐々に下がり，逆に多くの国が経済的に自立できずにいるサブサハラ（サハラ以南）のアフリカに対し，配分の重点が移ってきている。

4 NGOによる国際援助

A NGOとは？

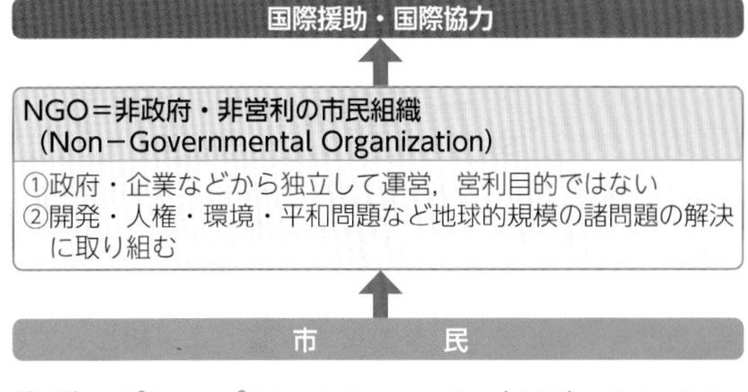

国際援助・国際協力
NGO＝非政府・非営利の市民組織
(Non−Governmental Organization)
①政府・企業などから独立して運営，営利目的ではない
②開発・人権・環境・平和問題など地球的規模の諸問題の解決に取り組む
市　民

B ジャパン・プラットフォーム（JPF）のしくみ

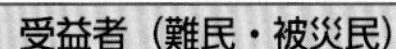

解説 **国際援助の新協力システム**　現在，地域紛争や自然災害などの被災者に対する国際緊急援助の強化と質の向上が最優先事項となっている。ジャパン・プラットフォームはこのような世界情勢に応え，難民発生時，自然災害時の緊急援助を効果的かつ迅速に行うために，政府・経済界・NGOが対等なパートナーシップの下で協力・連携するシステムである。

＋α（プラスアルファ） 約4.6万人派遣！―JICA（ジャイカ）海外協力隊

JICA海外協力隊は，開発途上国に対する援助や技術協力を行うJICA（国際協力機構）の事業。1965年の発足以来，93か国に派遣され，途上国の人々とともに生活しながら，自分のもつ知識や技術，経験を生かして農林水産，土木建築，保健衛生，教育文化，スポーツなどの８分野において180種類以上の職種で活動している。2023年までに青年海外協力隊／海外協力隊の派遣隊員数は累計約4.6万人となっている。

Try（トライ） 日本がODAを受けて建設した新幹線は，次のうちのどれだろうか？
①九州新幹線　②東北新幹線　③上越新幹線　④東海道新幹線

基本用語》 地球温暖化　異常気象　酸性雨　森林破壊　砂漠化　オゾン層の破壊　京都議定書　パリ協定　砂漠化対処条約　ラムサール条約　ワシントン条約　気候変動枠組み条約

Theme 73 地球環境問題

Approach

海が熱くなっている!?—各地で異常現象

世界気象機関などは2020年の北半球の夏が史上最も暑かったと発表している。人間が排出した温室効果ガスなどによって蓄(たくわ)えられた熱のうち，90％以上が海に吸収されていることもわかり，海水表面にとどまらず水深2,000メートルまでの全海域で水温上昇が起こっているようだ。

(AFP BB NEWSなどを参考に作成)

⬆海岸でムール貝がゆであがった（アメリカ・カリフォルニア州，2019年7月）

⬆夏にひょうが2メートルも積もった（メキシコ，2019年6月）

Ⓐ海面水温の平年差

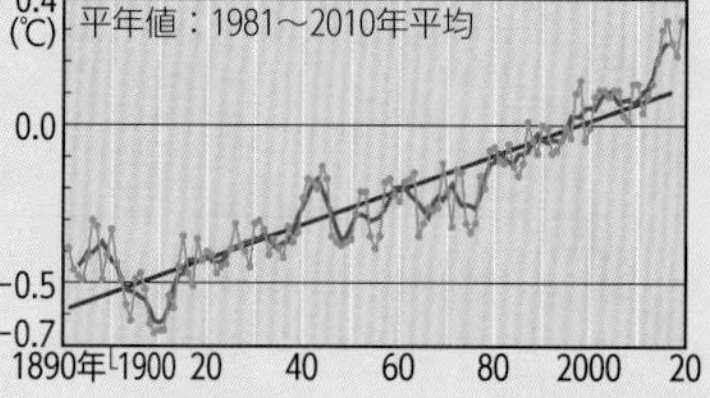

①異常気象

②海面上昇

③極圏(きょくけん)の氷消失で温暖化が加速

④生態系の崩壊

追究 海水温上昇は地球環境にどんな影響を与える？

1 地球温暖化のメカニズム

Ⓐ温室効果とその影響

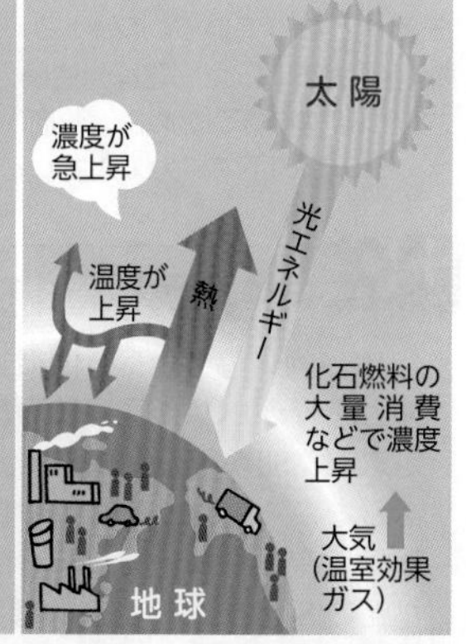

解説 **温室効果ガスが原因**　大気には**二酸化炭素**（CO_2）やメタンといった**温室効果ガス**が含まれ，地表面を14～15℃の適切な温度に保っている。しかし，18世紀の産業革命以降，**化石燃料**の大量消費によって，CO_2などの温室効果ガスの濃度が上昇し，大気中に蓄熱されるエネルギーが増加して地表温度が上昇を続けている。これが**地球温暖化**である。

2 進む地球温暖化

Ⓐ世界の年平均気温の推移

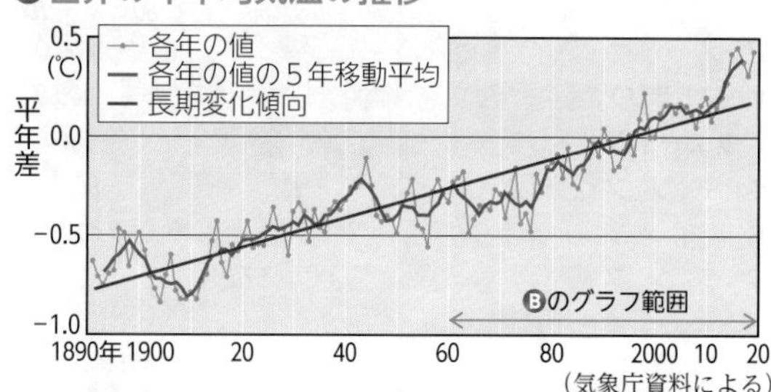

(気象庁資料による)

Ⓑ人為的CO_2排出量と大気中のCO_2濃度

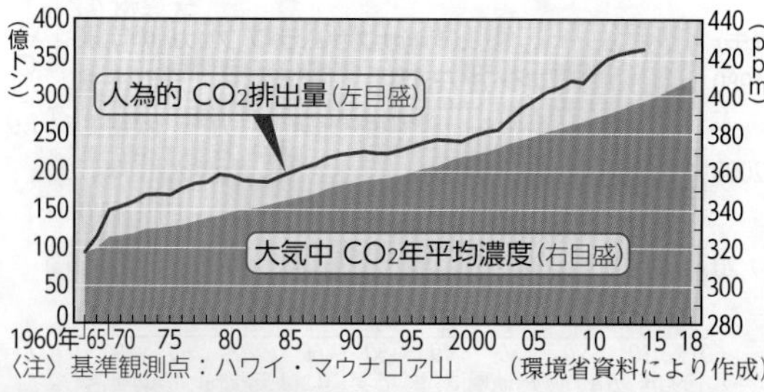

〈注〉基準観測点：ハワイ・マウナロア山　(環境省資料により作成)

解説 **地球温暖化の現状**　現在，大気中のCO_2濃度は産業革命前の280ppmから400ppm超に達している。このままCO_2の放出が続くと，**温室効果**の影響で，最悪の場合21世紀末には世界で平均2.6～4.8℃気温が上昇すると予測されている。

左の写真のように，地球温暖化で氷河や南極大陸の氷が融け出しており，海面水位は，21世紀末までに約45～82cm上昇すると予測されている。

⬆融(と)けるモンブランの氷河　左は1940年代，右は2012年7月に同じ場所で撮影（フランス）

しごとカタログ **環境計量士**　工場などから出される排気・排水・騒音には法令で基準が定められており，基準が守られているかどうか定期的に計測する必要がある。環境計量士は，それらの計量結果を証明することができる経済産業省所管の国家資格だ。

3 オゾン層の破壊

Ⓐオゾン層破壊のメカニズム

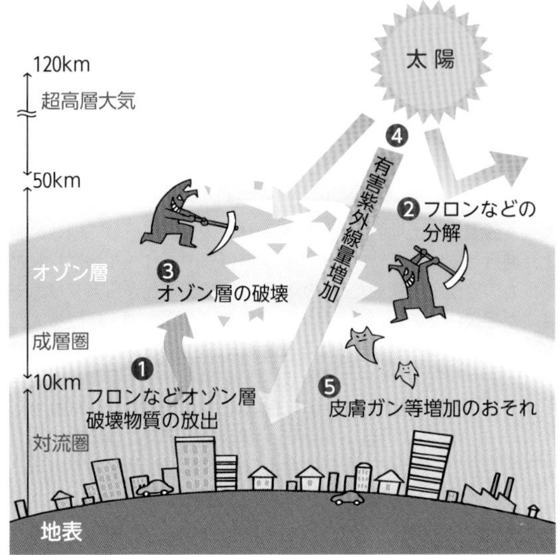

Ⓑオゾンホールの拡大

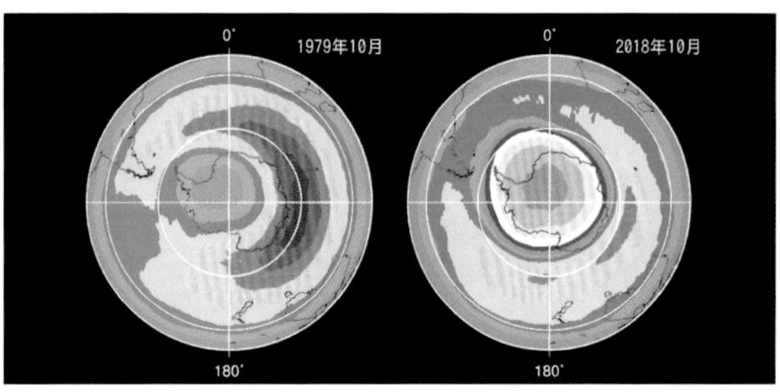

（気象庁資料）

Ⓒ紫外線の健康への影響

急性…症状がすぐに現れるもの	サンバーン（赤い日焼け） サンタン（黒い日焼け） 雪目　免疫機能低下
慢性…症状が徐々に現れるもの	**皮膚**―しわ（菱形皮膚）　シミ・老人斑　良性腫瘍　前がん症（日光角化症，悪性黒子）　皮膚がん 目―白内障　翼状片

（Ⓑ・Ⓒとも環境省資料による）

解説 **オゾン層の役割**　地上から約10～50km上空の成層圏には，酸素原子3個からなるオゾンの層（**オゾン層**）がある。オゾン層は太陽光に含まれる有害な紫外線の大部分を吸収し，地球上の生物を守っている。しかしこのオゾン層が，冷房やスプレーなどに使われてきた**フロン**などにより破壊されていることがわかり，特に南極上空では，**オゾンホール**と呼ばれるオゾン層の穴ができてしまったため，国際的な対策が行われている。なお，気象庁によると，こうした国際的な取り組みが功を奏し，2019年のオゾンホールは1990年以降で最小となったという。

←南極に近いオーストラリアの子どもたちの帽子には，紫外線を防ぐ特殊な布が使用されている。

4 森林破壊

Ⓐ森林面積の増減（1990～2015年）

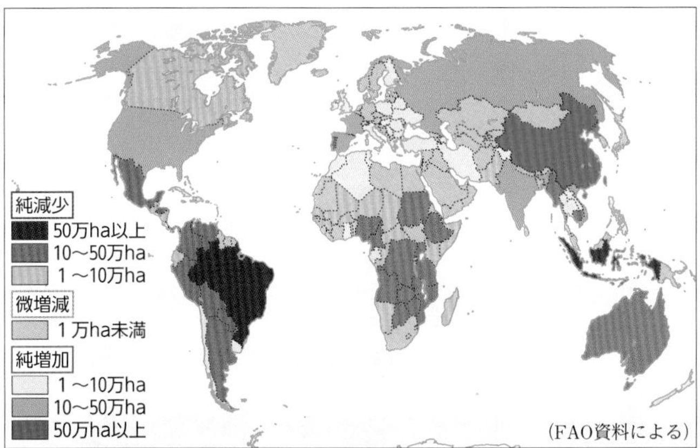

（FAO資料による）

Ⓑ熱帯雨林を伐採するとなかなか回復しない理由

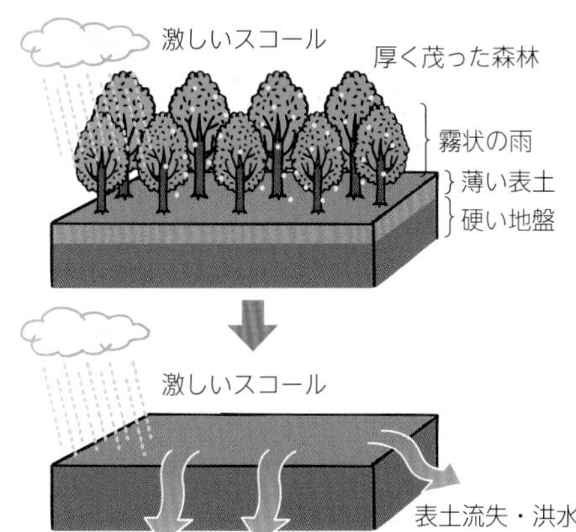

↑**人工衛星から見たブラジル・パラグアイ国境付近の森林破壊**　30年間でどれだけの森林が破壊されただろうか。

解説 **森林破壊の原因と影響**　世界で特に懸念されているのが，アフリカ・南アメリカ・東南アジアなどの熱帯雨林の減少。森林減少の主な要因は，商業伐採や農地・放牧地確保のための開拓，伝統的な焼畑農業，酸性雨による樹木の枯死などが挙げられる。森林には①二酸化炭素を吸収し地球の気候を安定化させる働き，②雨水を地中に蓄え，洪水や土壌流出を防ぐ働き，③多種多様な生物の生活の場となり，生態系を支える働きなどがある。森林が大規模に破壊されると，こうした働きもまた失われてしまうのである。

下の①～③に関係が深いものを，あとのA～Cから選びなさい。
①オゾン層の破壊　②地球温暖化　③酸性雨　A温室効果ガス　B窒素酸化物・硫黄酸化物　Cフロンガス

5 砂漠化

Ⓐ砂漠化の過程

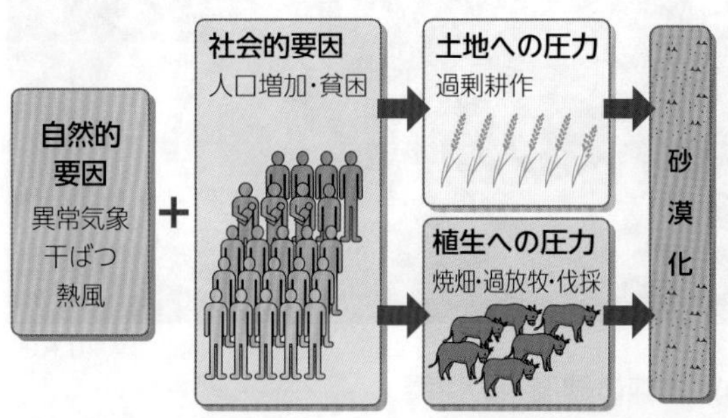

⬅砂漠化した中央アジアのアラル海　1960年以前には世界第４位の面積の湖だったが，流入する河川の水を過剰に使い，現在の面積は元の25％にまで縮小。塩分濃度が６倍に上がり，湖の生物は死滅した。

Ⓑ砂漠化の影響を受けやすい乾燥地域の分布

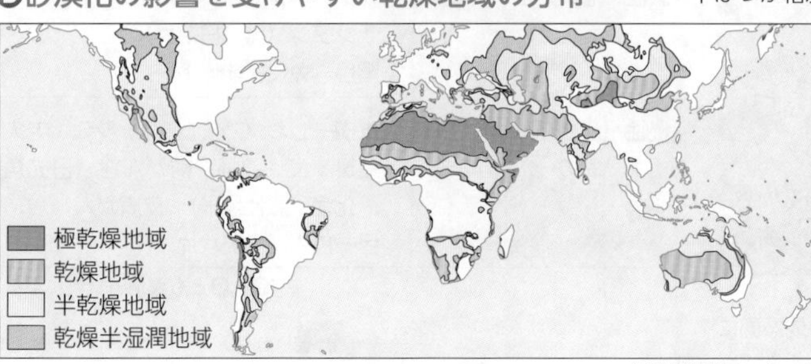

（環境省資料による）

解説 **砂漠化＝土地の荒廃**　熱帯雨林の減少と並行して地球の**砂漠化**が進行している。特にサハラ砂漠南縁部の「サヘル地帯」など，アフリカの砂漠化は深刻だ。その背景には，1960年代からアフリカで干ばつが相次いでいるという気候的要因のほかに，増え続ける人口をまかなうための**農地拡大**，**過剰な食糧生産**，牛やヤギなど**家畜の過放牧**，**燃料用の樹木伐採などの人為的要因**がある。毎年，日本の九州と四国とをあわせた面積に相当する600万haの土地が不毛になっている。

また，中国では全土の約35％が砂漠化しているといわれている。1972年以降，黄河の水が干上(ひあ)がって水が海に注がなくなる「断流」という現象もみられる。また，インドやパキスタン，アラル海周辺地域では，土壌表面に塩分がたまり作物が育たなくなる「塩害」が深刻化している。

6 酸性雨

Ⓐ酸性雨発生のメカニズム

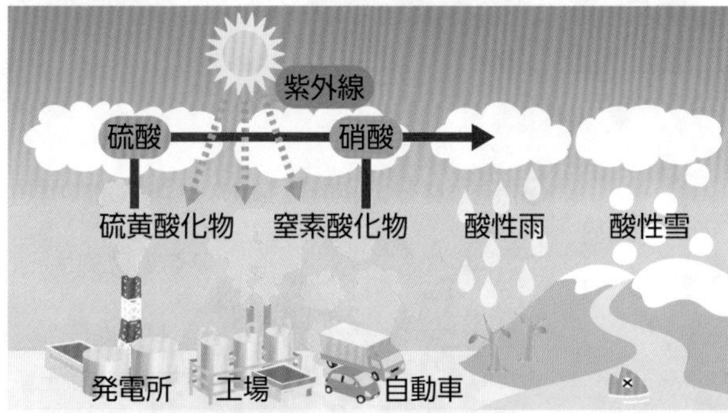

Ⓑ酸性雨の“酸性度”

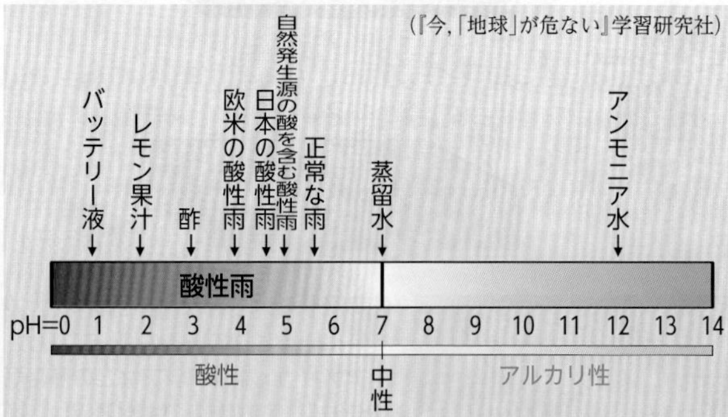

解説 **酸性雨の原因は「ばい煙」**　**酸性雨**は，工場のばい煙や自動車の排気ガスなどに含まれる硫黄(いおう)酸化物や窒素(ちっそ)酸化物などが，大気中で化学反応を起こして硫酸(りゅうさん)や硝酸(しょうさん)に変化することで発生し，湖の生物を死滅させたり，森の植物を枯死させるなどの被害を生んでいる。酸性雨はpH5.6以下と定義されているが，環境省が調査した日本の雨の酸性度は2013～17年度の平均で4.77であり，依然として酸性雨は収まっていない。これには，急速な工業化を遂げる中国からの影響も指摘されている。

＋α（プラスアルファ）　近畿大，ウナギ味のナマズを開発！

クロマグロの完全養殖(ようしょく)を世界で初めて成功させた近畿大学が，今度はナマズの「ウナギ味」化に成功した。ウナギの完全養殖の実用化はいまだそのメドすらついていないが，ナマズの養殖はすでに実用化されている。今回の成果はナマズに与えるエサの調合を変えることなどでウナギ味を実現できることを実証したもので，試食した一般客からも「本物と変わらない」と好評だ。

近年ウナギの稚魚が激減し，国内でもウナギの供給量が15年前の約３分の１に。それとともにウナギの価格も高騰してきた。さらに2014年にはニホンウナギが国際自然保護連合（IUCN）によって，**絶滅危惧種**として「**レッドリスト**」に掲載されたばかりであった。

日本人の食文化であるウナギの行く末が懸念(けねん)されていた中での今回のニュース。果たして「ウナギ味のナマズ」はニホンウナギを絶滅の危機から救い，**生物多様性**と日本のウナギ食文化を守る救世主になるだろうか？

⬅ウナギの蒲焼き(かばや)（奥）と「ウナギ味のナマズ」の蒲焼き（手前）

try（トライ） 次のうち，絶滅の危険性が高い動物種のリストである「レッドリスト」に記載されている生物をすべて選ぼう（2022年現在）。
①トキ　②イリオモテヤマネコ　③ドジョウ　④オオサンショウウオ

7 各分野における環境保全の取り組み

分野	主な取り組み
地球温暖化（➡p.238）	⬇地球温暖化防止京都会議（1997年） ●気候変動枠組み条約（1992年締結）…温室効果ガス濃度の安定化を目指す条約。**地球サミット**にて採択 ●京都議定書（1997年採択，2005年発効）…**気候変動枠組み条約**に基づき，法的拘束力のあるCO_2排出量削減目標を設定 ●パリ議定書（パリ協定）締結（2015年採択，2016年発効）
オゾン層の破壊（➡p.239 3）	●**オゾン層保護のためのウィーン条約**（1985年採択） ●**モントリオール議定書**（1987年採択）…フロンを段階的に規制 ●モントリオール議定書改定（1992年）…特定フロンの全廃を決定 ●先進国で，フロンの生産・消費打ち切り（1995年）
森林破壊（➡p.239 4）	●**森林に関する原則声明**（1992年採択）…森林の保全と持続可能な開発をうたった初の世界的合意。**地球サミット**にて採択
砂漠化（➡p.240 5）	●**砂漠化防止行動計画**（1977年採択） ●砂漠化対処条約（1994年採択，1996年発効）
酸性雨（➡p.240 6）	●**長距離越境大気汚染条約**（1979年締結，1983年発効）…欧州・北米地域を中心に，酸性雨等の対策を義務化 ●「東アジア酸性雨モニタリングネットワーク」本格稼働（2001年）
生物多様性の減少（➡p.240 ＋α）	●ラムサール条約（特に水鳥の生息地として国際的に重要な湿地に関する条約）（1971年採択，1975年発効）…2018年５月現在の日本の登録湿地は，琵琶湖や釧路湿原など50か所 ●ワシントン条約（1973年採択，1975年発効）…野生動物の国際取引を規制する条約 ●生物の多様性に関する条約（1992年採択，1993年発効）…絶滅危惧種（ぜつめつきぐしゅ）のリスト化（レッドリスト）などを義務づける。**地球サミット**にて採択 ●名古屋議定書（2010年採択，2014年発効）…遺伝子資源の利用と利益配分
海洋汚染	●**海洋法に関する国際連合条約**（1994年発効）
有害物質の越境移動	●**ロンドン条約**（1972年採択，1975年発効）…廃棄物海洋投棄を規制する条約 ●**バーゼル条約**（1989年採択，1992年発効）…有害廃棄物の発生国処分の原則を定めた条約。日本は1993年に加入
その他	●レイチェル・カーソン『**沈黙の春**』（1962年発表） ●ローマ・クラブ『**成長の限界**』（1972年発表）…人口増加や環境悪化・資源の消費が現在のまま続けば，100年以内に地球上の成長は限界に達すると警告（➡p.242 1） ●国連人間環境会議（1972年開催）…**国連環境計画**（UNEP）を設立 ●**世界遺産条約**（1972年採択） ●地球サミット（環境と開発に関する国連会議）（1992年開催） ●持続可能な開発に関する世界首脳会議（2002年開催） ●ＲＩＯ＋20（2012年開催）

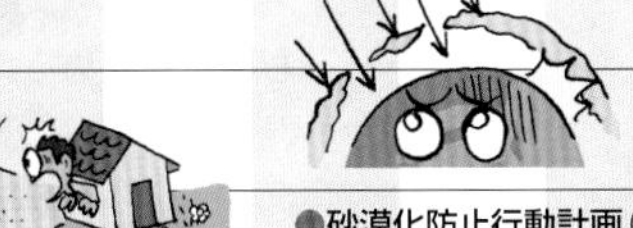

1960年　65　70　75　80　85　90　95　2000　05　10　15

8 京都議定書からパリ協定へ

Ⓐ京都議定書とパリ協定の比較

	京都議定書	パリ協定
採択年	1997年	2015年
温室効果ガス削減対象国	38か国・地域（先進国のみ）	196か国・地域（気候変動枠組条約の全加盟国）
目的	先進国は温室効果ガス排出量を2008年から2012年の間に1990年比で約５％削減	産業革命前からの**気温上昇を2℃未満**とし，可能な限り**1.5℃未満に抑える**ように努力
長期目標	なし	できる限り早く世界の温室効果ガス排出量を頭打ちにし，21世紀後半には実質ゼロにする
国別削減目標	目標値は政府間交渉で決定	すべての国に策定・報告・見直しを義務付ける。目標値は各国が自ら策定
目標達成義務	あり（できなければ罰則）	なし
途上国への支援	途上国の持続可能な発展の達成を支援し，先進国の削減目標達成を助ける「クリーン開発メカニズム」の構築を規定	2020年以降，先進国が最低でも1,000億ドルを拠出することで合意したが，条約の本文に金額は明示されなかった

（『毎日新聞』2015.12.15などによる）

Ⓑパリ協定の排出削減数値目標

国名	削減目標
中国	2030年までにGDPあたりのCO_2排出量を2005年比で**60～65％削減**
ＥＵ	2030年までに1990年比で**40％削減**
インド	2030年までにGDPあたりのCO_2排出量を2005年比で**33～35％削減**
日本	2030年までに2013年比で**26％削減**
ロシア	2030年までに1990年比で**70～75％に抑制**
アメリカ	2025年までに2005年比で**26～28％削減**

ⒸCO_2排出量の国別割合

（『日本国勢図会』2023/24）

1990年：22.0%　10.2　15.3　11.6　4.6　2.6　232億トン

2020年：13.4　30.5　7.0　5.8　2.8　6.3　317億トン

アメリカ　中国　EU（27か国）　ロシア　日本　インド　その他

解説 **パリ協定の実効性は？**　**パリ協定**は対象国が**京都議定書**の５倍に増えたものの，目標達成義務はなくなり，拘束力はゆるめられた。2022年のロシアのウクライナ侵攻による石炭回帰もあり，目標達成は厳しい。

次の①～③の条約・議定書と関連が深い地球環境問題を，あとのＡ～Ｃからそれぞれ選びなさい。
①ラムサール条約　②モントリオール議定書　③バーゼル条約　　Ａ生物多様性の減少　Ｂオゾン層の破壊　Ｃ有害物質の越境移動

課題

Theme 74

資源・エネルギー問題

基本用語 成長の限界　化石燃料　石油危機　OPEC　資源の偏在性　原子力発電　資源ナショナリズム　新エネルギー　再生可能エネルギー　環境税（炭素税）　循環型社会

Approach

資源・エネルギー問題は共有地の悲劇？

資源は世界中に，国境の区別なく分布している。例えば，石炭や鉄，石油がそれにあたるだろう。

① これらの資源はとくに19世紀以降多くの国や企業が手に入れ，人類の生活を豊かにしてきた。資源を多く手に入れるほど経済は豊かになり，他の国や企業もそれに追随した。

② しかし，ある時点で「資源は無限ではない」ことに誰かが気付き（➡p.243❹），採掘が進むほど環境が破壊されていくことも認識した（➡p.238〜240）とする。

③ ②の事実に気付いたものが資源の増産をやめて，最初の頃の採掘量におさえたとする。この結果，損するのは誰だろう？

答え 増産をやめた者の資源は増産をやめない採掘者に回収されるだけで，増産をやめた者だけが不利益を受け，競争に敗れてしまう。

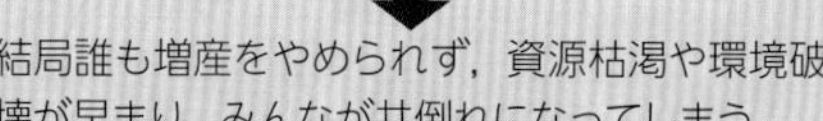

結局誰も増産をやめられず，資源枯渇や環境破壊が早まり，みんなが共倒れになってしまう。

Key point キーポイント 「共有地の悲劇」では，「自由に入手可能」な共有地という前提の下で誰もが最大限の利益を追求してしまい，これが結局は全員の破滅を招いてしまうというものだ。

追究 共有地の悲劇を止めるために必要なことを考えよう。

1 破局は起こるか―『成長の限界』

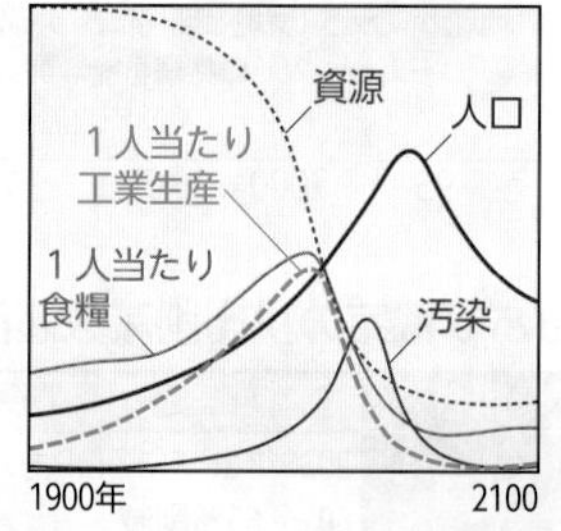

右図のシステムの行動様式は，明らかに行き過ぎると破局の行動様式である。この計算では，**破局は，再生不可能な天然資源の枯渇（こかつ）によって発生する**。……工業の成長の過程自体で，使用可能な資源埋蔵量の大部分は，底をついてしまう。資源の価格が上がり，資源が底をつくにつれ，資源を得るために，ますます多くの資本がつぎ込まれなければならなくなり，将来の成長のために，投資する余裕はなくなってしまう。

このようにして，**われわれがある程度の確信をもっていえることは，現在のシステムに大きな変革が何もないと仮定すれば，人口と工業の成長は，おそくともつぎの世紀内に確実に停止するだろうということである**。

（ローマ・クラブ『成長の限界』ダイヤモンド社）

解説 **恐怖の警告**　1974年の世界人口会議に先立ち1972年**ローマ・クラブ**（1968年に結成された民間の国際的研究機関）が発表し，世界的に反響を呼んだのが「**成長の限界**」である。爆発的人口増加と工業成長が続けば，有限資源・環境の限界を超えて数十年後破局が訪れると警告したのである。

実際には予測どおりにはならなかったが，翌年に**第一次石油危機**も起き，資源問題を世界に強く意識させる契機（けいき）となった。

2 世界のエネルギー消費

A 世界の地域別一次エネルギー消費量の推移

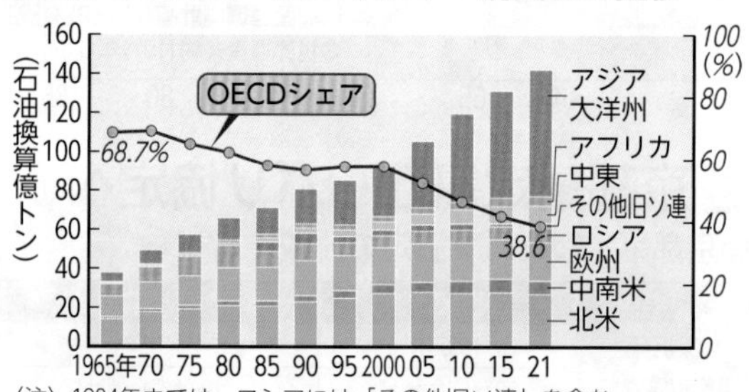

〈注〉1984年までは，ロシアには「その他旧ソ連」を含む。

（資源エネルギー庁資料による）

B 各国の1人あたり年間エネルギー消費量（2021年）

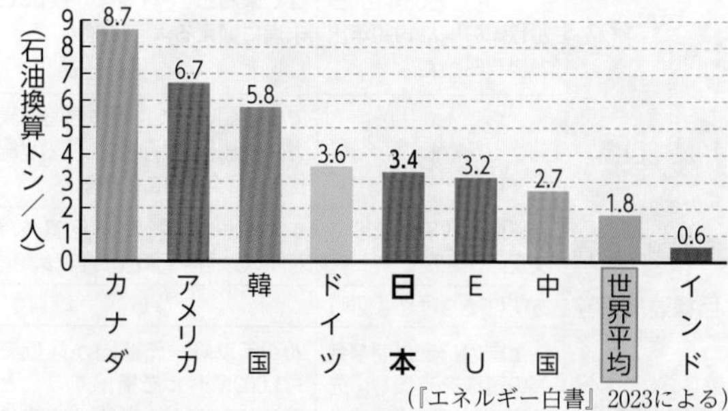

（『エネルギー白書』2023による）

解説 **増えるエネルギー消費**　世界のエネルギー消費は年を追うごとに拡大を続けており，近年では発展途上国での消費の伸びが著しい。また，省エネルギー化が進んだ日本も，世界平均の約2倍のエネルギーを消費している。

しごとカタログ **危険物取扱者**　消防法に基づく国家資格で，ガソリンなど火災の危険性が高いものを取り扱うことができる。ガソリンスタンドの運用にはこの資格をもつ人が必須で，例えセルフ方式であっても，遠隔監視により非常時に備えている。

3 消費エネルギー資源の推移

Ⓐ世界の資源別一次エネルギー消費量の推移

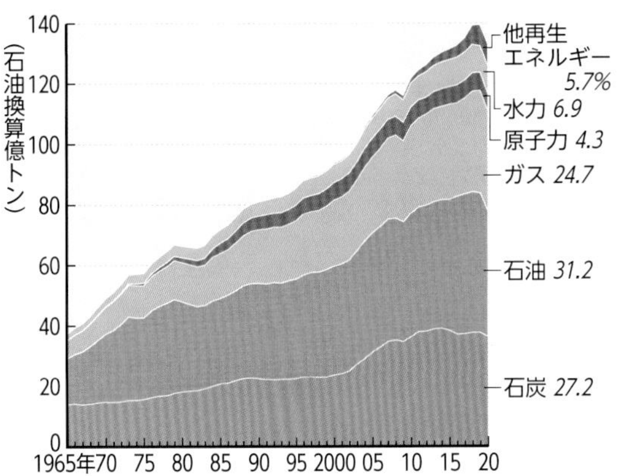

(資源エネルギー庁資料による)

解説 **減少する石油消費**　世界の一次エネルギーに占める資源の種類は，石油の増加が抑制されている一方で，原子力や石炭・天然ガスなどの増加が目立つ。これは石油危機の後，各国が政情不安のある中東地域に偏在する石油への依存から脱却し，より安定的に入手できるエネルギー資源の開発を進めた結果である。

4 資源の埋蔵量割合と可採年数

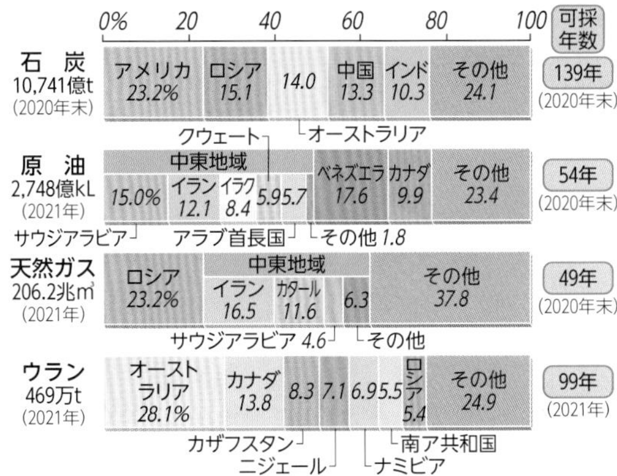

(『世界国勢図会』2023/24，日本原子力文化財団資料)

解説 **偏在（へんざい）するエネルギー資源**　**中東地域に極端に偏在している石油**に比べ，石炭・天然ガス・ウランは埋蔵地域の偏りが少なく，各国はこれらのエネルギー資源へのシフトを図ってきた。しかし，石炭・石油・天然ガスといった**化石燃料**は，地球温暖化の原因とされている上，いずれは**枯渇**を免れない。さらに東京電力福島第一原発事故が発生し，**原子力発電**の安全性に大きな疑問が投げかけられることとなった。(➡p.185)

5 暮らしを支える石油

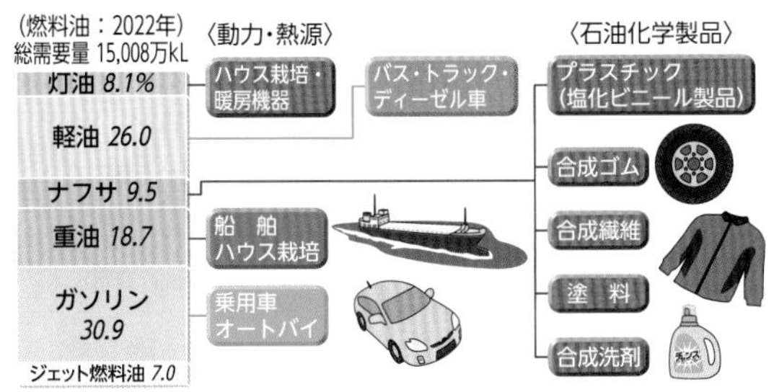

(『日本国勢図会』2023/24による)

Ⓐ原油価格の推移

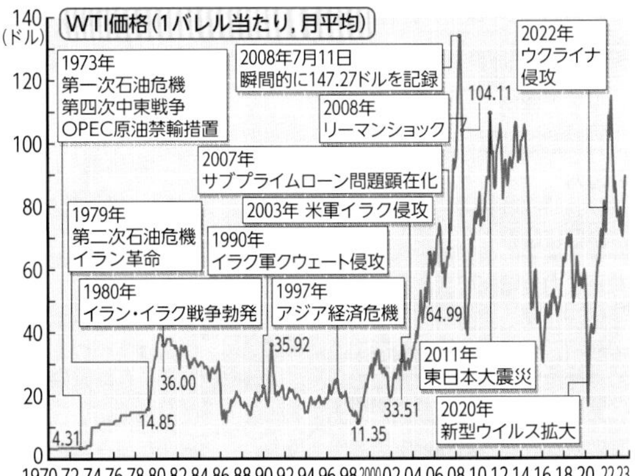

(石油連盟，AFP BB News資料により作成)

解説 **乱高下する原油価格**　石油は単に燃料として消費されるだけではなく，私たちの身の回りにある様々な製品の原料になっている。1973年10月，**OAPEC（アラブ石油輸出国機構）**の石油減産，イスラエル支援国への禁輸が第一次石油危機，さらに1979年のイラン革命による**OPEC（石油輸出国機構）**の原油価格引き上げが第二次石油危機となった。近年，不安定な中東情勢，新興国の需要増，投機マネーの流入，感染症，2022年のロシアによるウクライナ侵攻などによって，原油価格は乱高下を続けている。

＋α（プラスアルファ） 開発が進むCO_2回収技術

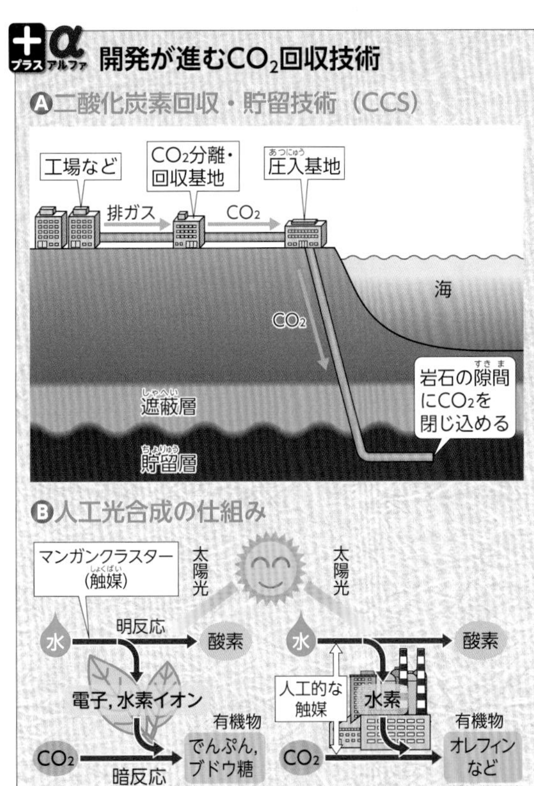

(資源エネルギー庁資料などによる)

化石燃焼の消費で排出されるCO_2を分離して地下深くに閉じ込めることで，地球温暖化を防ぐ研究が各国で行われている。日本でも2012年から北海道で実証実験が実施され，実用化に向けた動きが加速している。また，人工的光合成でCO_2を削減する研究も進んでおり，実用化に向け変換効率の向上が課題となっている。

課題

Try（トライ） 2021年度の日本のエネルギー自給率は約何％だった？（資源エネルギー庁資料による）
①約10%　②約20%　③約30%　④約40%

6 日本の資源の依存状況

A日本の一次エネルギー供給量の推移

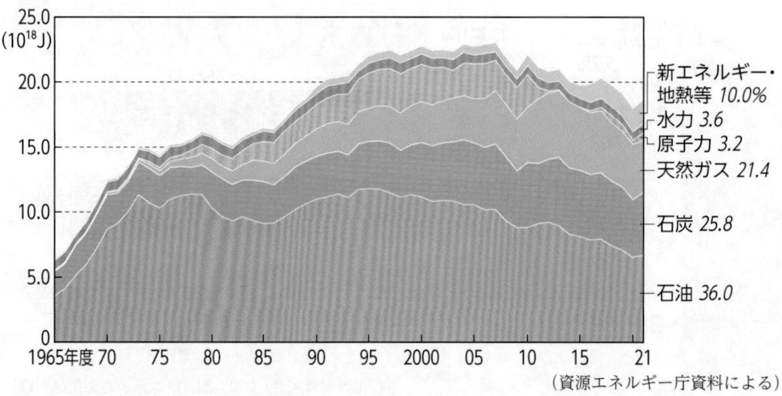

（資源エネルギー庁資料による）

B日本の発電量構成の変化

（『読売新聞』2011.5.26，電気事業連合会資料などによる）

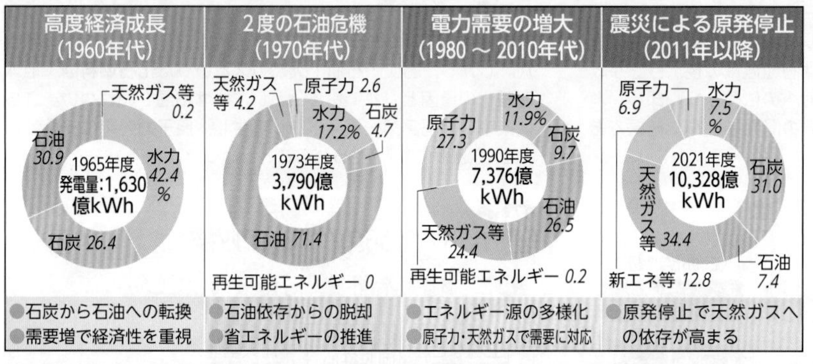

解説 **輸入頼みのエネルギー資源**　2度の石油危機の経験から，日本は中東依存度が極めて高い石油から，石炭・天然ガス・原子力を新たな基幹エネルギーとして積み増していき，エネルギーの安定供給を目指してきた。

C日本の資源の輸入元

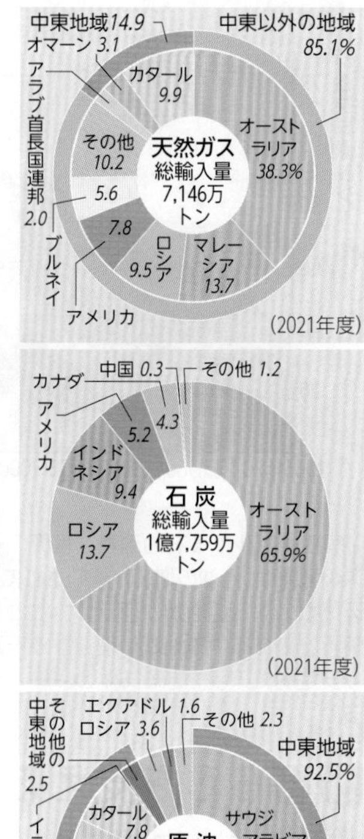

（財務省資料による）

7 原子力をめぐる問題 (➡p.185)

A原子力発電の仕組み

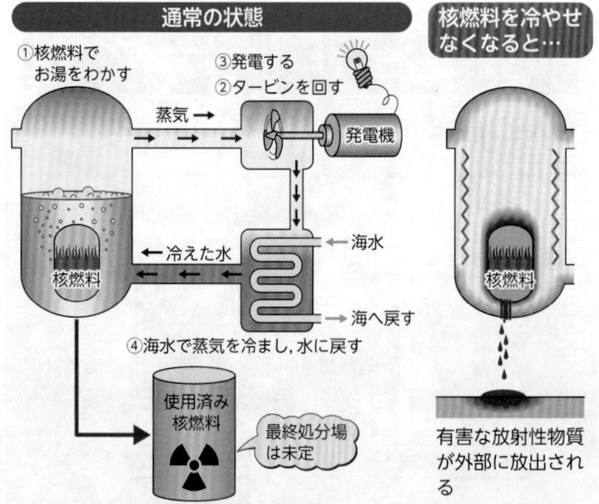

解説 原子力発電は，水を沸かして作り出した蒸気の流れを使って発電機を回転させる。原理としては蒸気機関車と同じだ。大きく異なるのは，核燃料を燃やす際に人体に有害な極めて強い放射線が生じ，燃え残った使用済み核燃料も強い放射線を長期間発し続けること。放射性物質は絶対に外部に漏れないよう管理しなければならないが，福島第一原発事故をはじめ，深刻な汚染をもたらす事故はたびたび発生している。

B日本の原子力発電所の現状

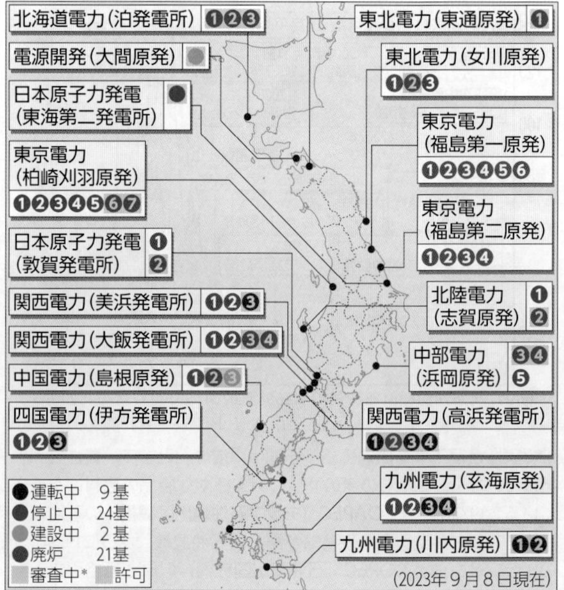

＊2013年7月に施行された新基準。福島第一原発事故を教訓として，地震・津波・火災・苛酷事故・テロ対策などに備えるもので，運転期間は原則40年とした。（日本原子力産業協会資料などによる）

try トライ 日本が90%以上を中東地域に依存しているエネルギー資源は次のうちどれ？
①石炭　②石油　③天然ガス　④ウラン

8 省エネルギー化

Ⓐ主要家電のエネルギー効率の変化

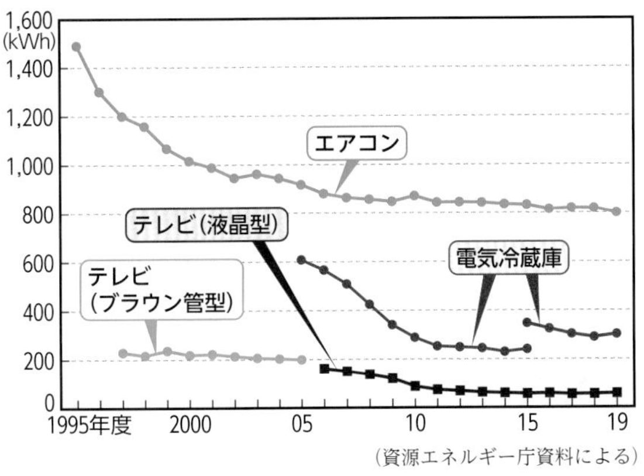

(資源エネルギー庁資料による)

Ⓑ家電の省エネラベルの見方

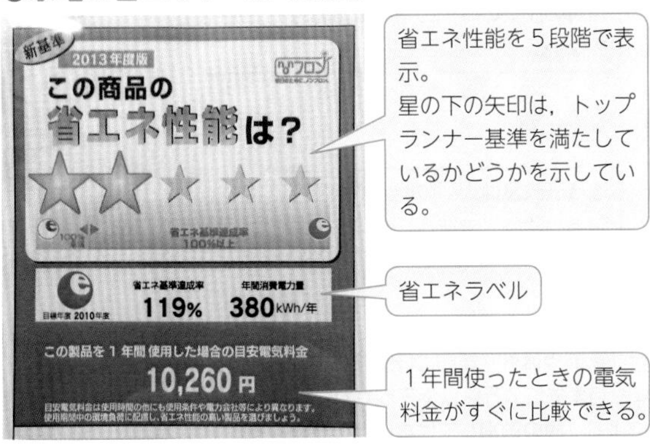

解説 **貴重な資源を無駄づかいしない** 第二次石油危機が発生した1979年，政府は**省エネ法**（エネルギーの使用の合理化に関する法律）を制定し，企業の省エネ技術開発を促進してきた。トップランナー制度もその一つで，自動車の燃費基準や電機製品等の省エネ基準を，現在商品化されている製品のうち最も優れている機器の性能以上にするというもの。現在，エアコン・テレビ・電気冷蔵庫など32品目がトップランナー基準の対象に指定されている。このような取り組みが功を奏し，日本の実質GDPあたりのエネルギー消費は，主要国の中でも低い水準となっている。

9 環境に優しい制度設計

Ⓐエコカーの普及

エコカーの種類	特　徴
電気自動車(EV)	電気モーターで走る自動車。走行中にCO_2や有害な排気ガスを排出しない。水素から電力を生み出す**燃料電池車**もある
ハイブリッド車(HV)	エンジンと電気モーターを併用し，燃料の消費量を低減した自動車
バイオエタノール車	サトウキビなどの植物から作られる石油代替(だいたい)燃料を使用する自動車
天然ガス車	CO_2や有害な排気ガスの排出量が少ない天然ガスを使用した自動車

量産型電気自動車「モデル3」を発表するテスラ社のイーロン・マスクCEO（2017年） 世界的に電気自動車への注目が高まる中，2021年にはテスラ社の時価総額がトヨタ・GMなどの大手自動車メーカー6社の合計を上回った。

Ⓑ諸外国の環境税（炭素税）

日　本	2012年	温対税	ガソリン・軽油・石炭など
フィンランド	1990年	炭素税(世界初)	ガソリン・軽油・石炭など
スウェーデン	1991年	CO_2税	ガソリン(36.7円/L)・石炭・天然ガスなど
スイス	2008年	CO_2税	石油・天然ガス・石炭など
フランス	2014年	炭素税	軽油・天然ガス・石炭など

(環境省資料による)

解説 **資源節約のための取り組み** エネルギー資源の消費量の少ない製品を普及させるため，国は様々な制度を設けている。景気対策の一環として2009年から行われたエコカー減税・補助金や家電エコポイント制度などがあり，2012年から地球温暖化対策税として**環境税（炭素税）**も導入された。

課題

10 資源ナショナリズム

ウクライナ向けの天然ガスパイプラインを閉じる作業員（2015年） 代金未払いを理由に供給を停止したというが，対立するウクライナ政府やそれを支援するEUに圧力をかけるねらいもあると考えられる。

写真：AP/アフロ

資源ナショナリズムとは，自国で産出するエネルギー資源や鉱物資源を自国で管理・開発しようとする動きのこと。資源ナショナリズムの代表例は，1973年の第四次中東戦争（アラブ諸国によるイスラエル奇襲(きしゅう)）が勃発(ぼっぱつ)したとき，従来価格決定の主導権を握ってきた国際石油資本に対抗し，アラブ諸国が一致協力して原油価格を引き上げたことである（→**第一次石油危機**）。

近年では，ロシアが対立するウクライナや日・欧に対して天然ガスの供給停止を外交カードにしているほか，中国も世界の生産量の95%超のシェアを持つレアアースの輸出規制を日・米への外交カードにしていることが指摘されている。資源ナショナリズムに対抗するには，資源輸入先の多様化や特定の資源に依存しないための産業政策・技術革新が必要だ。

Try 2011年3月11日発生した東日本大震災によって，この年の夏に電力使用制限令が発令された。これは，いつ以来のことか？
①終戦の1945年　②第一次石油危機後の1974年　③阪神・淡路大震災の1995年

基本用語 生命倫理 バイオテクノロジー ゲノム クローン 遺伝子組み換え 臓器移植法 脳死 生命倫理 出生前診断 尊厳死 QOL 安楽死 インフォームド・コンセント

Theme 75 生命倫理

Approach

デザイナーベビーは認められるべき？

人の遺伝子情報であるヒトゲノムの解析は2003年に終了し，現在では遺伝子検査によって病気のリスクを判定するビジネスが普及したり，ゲノム編集によるがんや難病治療の研究が進められている。では，生まれてくる子どもの遺伝子情報を親が選別して選ぶ「**デザイナーベビー**」は認められるだろうか？

優生学　国力増強や社会改良のために「欠陥」のあるものを排除し優秀なもののみを残すべきだとする思想。かつて，精神病患者や貧困層への強制断種がナチスドイツなどで行われ，日本でも**旧優生保護法**（1948～1996）のもとで障がい者の強制不妊手術が行われていた。

賛成派（かつての優生学とは違う）

反対派（優生学の復活ではないか？）

ロールズ

遺伝情報が子どもの自律や「開かれた未来に対する権利」を侵害することなく，可能性を広げるのであれば道徳的に許される。遺伝子改良がもたらす利益と負担を公平に配分すれば正義にかなっている。

ハーバーマス

遺伝的に設計された子どもは，自分を自分自身の歴史の唯一の著者とみなすことができない。

ノージック

親が注文通りに子どもを設計できる「遺伝のスーパーマーケット」は望ましい。

サンデル

遺伝子改良は人間の能力や優秀さが持つ被贈与的性格（神聖さ）を見失わせる。

Key point（キーポイント）現在日本でも行われている出生前診断や体外受精卵に行う**着床前診断**では，染色体の病気の有無を調べることができる。2018年9月までに7万件以上実施され，異常が確定した人の9割が**人工妊娠中絶**を行っている。これは遺伝子による「**命の選別**」ではないかと懸念する意見がある。一方，中絶やその決断は当事者（特に女性）に大きな負担を強いるため，周囲のサポートやケアが欠かせない。命はひとりで始めることも終えることもできない。生命，家族，資産，生きがいなどはみな，他者とともに育まれ，他者へと受け継がれていく。**生命倫理**は，**政治**と**道徳**，**社会・家族**と**個人**，**正義**と**ケア**が交差する場なのだ。

追究 デザイナーベビーは認められるべきか否か，意見交換してみよう。

1 人工妊娠中絶とリプロダクティブ・ヘルス／ライツ

これまで49年間，アメリカはどこの州でも，合法的に中絶の手術を受けることができた。1973年1月22日，最高裁が「中絶を禁止するのは違憲である」と判断し，ロー対ウェイド判決とも呼ばれる女性の中絶の権利を認める歴史的な判例が生まれた。この判決により，すべての州で安全な中絶ができるようになっただけでなく，女性は自分の体に関する自己決定権を得た。……

しかし，約半世紀にわたり維持されてきたにもかかわらず，2022年6月24日に同じ最高裁がこの決定を覆したのだ。「中絶の権利は憲法では守られていない。規制する権限は国民が選んだ議会に戻されるべきだ」。この判断の直後，13の保守州で既に成立していた法律（トリガー法）が施行され，中絶は事実上の禁止となった。

(https://www.vogue.co.jp/lifestyle/article/my-body-my-choice-us-abortion-rights)

⇧人工妊娠中絶の違法化に抗議する人々（2022年7月10日，アメリカ・アリゾナ州）

解説 アメリカでは中絶に関して，女性の自由・権利として賛成する**プロ・チョイス派**と，キリスト教的な価値観から反対する**プロ・ライフ派**（生命は神聖である）の対立があり，政治的に重要な問題となっている。国連は，**テヘラン宣言**（1968）で生殖に関する個人の権利を「人権」として認め，カイロ行動計画（ICPD: 1994）で「人は，生涯にわたり差別と強制と暴力を受けることなく，性と生殖に関して身体的・精神的・社会的に良好な健康環境にあること（**リプロダクティブ・ヘルス**），またその状態を享受する権利（**リプロダクティブ・ライツ**）があること」を公式に提唱している。日本では，**母体保護法**で人工妊娠中絶を行う条件を定めており，2021年には約12.6万件（対出生数比約16%）中絶が実施された。中絶の背景には，若年妊娠や貧困など産んでも育てられない境遇があり，「子の福祉，親の福祉」両面からのケアが急務といえる。

➡**映画「あのこと」**（監督・脚本：オードレイ・ディヴァン／原作：アニー・エルノー）2022年にノーベル文学賞を受賞した原作者の実体験をもとに，中絶が違法だった1960年代フランスで予期せぬ妊娠をした主人公アンヌの苦悩を描く。

しごとカタログ **獣医師**　人間以外の動物を診察する医師。ペットブームで動物病院を開業する獣医師が増えているが，家畜の健康維持など産業面での役割も大きい。獣医師になるには，獣医学系の大学を卒業し，獣医師国家試験に合格しなければならない。

2 医療における自己決定権の尊重—SOLとQOL

©手塚プロダクション

⬅ブラック・ジャックはSOL，ドクター・キリコはQOLの立場で描かれている。（手塚治虫文庫全集『ブラック・ジャック』第9巻「死への一時間」より）

医療は，古来より「患者を生かすことが善であり使命」とするSOL（生命の尊厳）の立場で高度な技術を発達させ，**ターミナルケア**（末期医療：治癒の可能性のない段階）における延命治療も発達させてきた。しかし同時に，医療の**パターナリズム**（父権主義）化を促し，医師の治療方針と患者の意思との乖離が問題となってきた。この漫画が発表された1970年代の日本はまだまだ医療パターナリズムの全盛期で，天才外科医ブラックジャックも概ね「患者は医師を信頼して治療方針を任せるべき」という立場で描かれている。

しかし，近年では患者の自己決定権を尊重する立場であるQOL（生命・生活の質）の考え方が広まり，医療者と患者は対等な関係と位置づけられるようになった。医療行為についての十分な説明と同意（**インフォームド・コンセント**）が医療者に求められるようになり，主治医以外の医師に意見を聞く**セカンドオピニオン**も浸透している。

病状や治療の内容を説明して，患者さんに合った治療の選択をサポートします。

病状や治療の内容を理解・納得し，自分の意思で治療を選択・同意します。

⬆インフォームド・コンセントの例

3 安楽死・尊厳死をどう考える？

末期がんなどの病気で完治が見込めず死期が迫っている患者には，どんな医療措置をほどこすべきだろうか。

現在では死の瞬間を遅らせるためだけの延命措置は差し控え，身体的・精神的苦痛を和らげる緩和ケアを十分に受けて，患者の尊厳を損なわない状況で自然に死を迎える選択が尊重されている（**尊厳死**）。

しかし，患者の**リビングウィル**（事前の意志）が確認できないまま延命治療に至るケースや，延命治療の中止（尊厳死）を望む患者の「本人の明確な意思」を，「空気を読む」文化の日本で的確に判断できるかどうかといった課題が提起されている。なお，**安楽死**（積極的安楽死）は日本では違法だが，ヨーロッパの国々では法制化の議論・導入が進んでおり，各国で賛否両論が巻き起こっている。

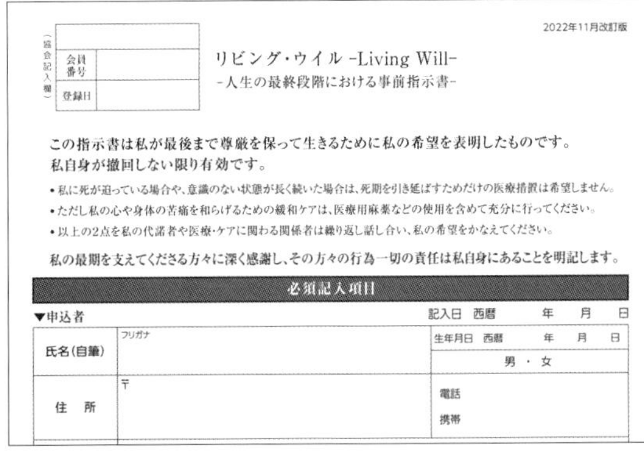

（協会記入欄）

会員番号	
登録日	

2022年11月改訂版

リビング・ウイル -Living Will-
-人生の最終段階における事前指示書-

この指示書は私が最後まで尊厳を保って生きるために私の希望を表明したものです。
私自身が撤回しない限り有効です。

- 私に死が迫っている場合や、意識のない状態が長く続いた場合は、死期を引き延ばすためだけの医療措置は希望しません。
- ただし私の心や身体の苦痛を和らげるための緩和ケアは、医療用麻薬などの使用を含めて充分に行ってください。
- 以上の2点を私の代諾者や医療・ケアに関わる関係者は繰り返し話し合い、私の希望をかなえてください。

私の最期を支えてくださる方々に深く感謝し、その方々の行為一切の責任は私自身にあることを明記します。

必須記入項目

▼申込者　　記入日　西暦　　年　　月　　日

氏名(自筆)	フリガナ	生年月日　西暦　　年　　月　　日 男・女
住　所	〒	電話 携帯

⬆リビングウィルの例（画像提供：公益財団法人日本尊厳死協会）

A 安楽死と尊厳死の考え方

安楽死	痛みに苦しむ末期患者の要望により，医師が薬物などを投与して死に至らしめること。「**積極的安楽死**」と呼ぶこともある。2001年にオランダで初めて導入され，生命倫理のあり方をめぐって注目を集めた。現在「安楽死法」がある国と地域はベネルクス三国（ベルギー，オランダ，ルクセンブルク）とスイス・アメリカ（オレゴン州／ワシントン州）などがあるが，日本では法律で明確に認めていない。
尊厳死	末期がんなどの患者自身が，自ら延命治療を拒否して自然のままに死を迎えることをいう。

B 医師によるおもな安楽死，延命治療の中止事例

発生年	医療機関	医師の行為	刑事処分・判決
1991年	**東海大医学部付属病院（神奈川県）**	末期がん患者に塩化カリウムを投与し，死亡	殺人罪で懲役2年，執行猶予2年の有罪判決が確定
98年	**川崎協同病院（川崎市）**	入院患者の気管内チューブを抜いて，筋弛緩剤を投与し，死亡	殺人罪で一審懲役3年，執行猶予5年，控訴審懲役1年6月，執行猶予3年。最高裁は上告棄却
2006年	**県立医大病院分院（和歌山県）**	入院患者の人工呼吸器を外し，死亡	医師を嫌疑不十分で不起訴
06年	**射水市民病院（富山県）**	人工呼吸器を外し，2000～05年に入院患者7名が死亡	殺人容疑で書類送検された医師2人を不起訴

〈注〉医療機関名は当時

Try 日本では，安楽死は法律で認められている？
①認められている　②認められていない

4 臓器移植法

A臓器移植法関連年表

1964	日本初の生体腎移植（東京大学）
1984	日本で初の脳死判定による膵・腎同時移植 （筑波大学：患者死亡により，執刀医が刑事告発される） 脳死と臓器移植をめぐる議論が本格化。
1997	**臓器移植法成立・施行** ①臓器提供の希望者数に対して，提供数が圧倒的に不足。 ②15歳未満の人から脳死臓器提供が認められていなかったため，移植を必要とする子どもが，体格に合う臓器を求めて海外に渡航し移植を受ける例が相次ぐ。
2009	**改正臓器移植法成立**
2010	改正臓器移植法施行 ①臓器提供者の年齢制限を撤廃。 ②本人が生前に臓器提供の拒否をしていなければ，家族の同意のみで臓器提供が可能に。

B臓器移植の手続き

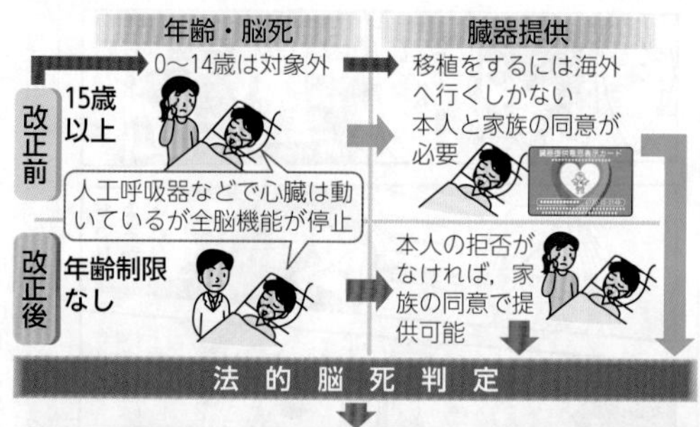

〈注〉**脳死判定の方法**　脳死臓器提供には，脳死判定を6時間以上間隔を空けて2回実施する必要があり，臓器摘出手術などを含め，6歳以上は約45時間前後かかる。蘇生力の高い6歳未満は脳死判定の間隔を24時間以上空けるため，さらに18時間長くかかる。

5 移植医療を支える組織—いくつ知っている？

公益社団法人　日本臓器移植ネットワーク（1997年改組発足）

死後に臓器を提供したいという人（ドナー）やその家族の意思を生かし，臓器の移植を希望する人（レシピエント）に最善の方法で臓器が贈られるように橋渡しをする日本で唯一の組織。脳死移植が行われる際は，日本臓器移植ネットワーク所属または委託の移植コーディネーターが，患者の家族に説明し，法的脳死判定と臓器提供の確認を行う。1997年の臓器移植法施行に合わせて，日本腎臓移植ネットワークが改組されて発足した。

A脳死下の臓器提供者の推移（2022年末現在）

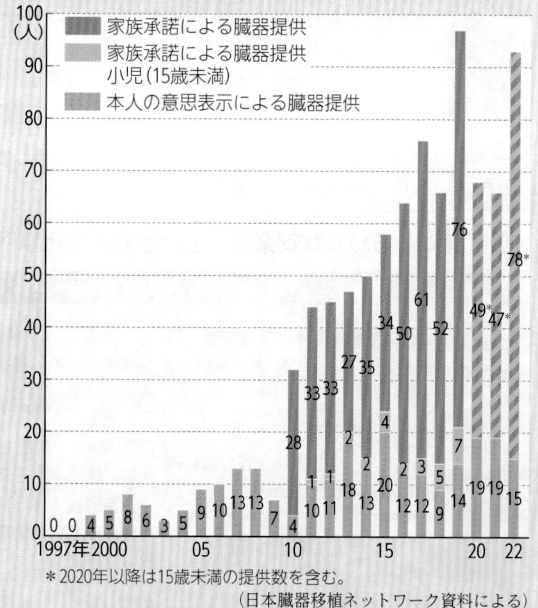

＊2020年以降は15歳未満の提供数を含む。

（日本臓器移植ネットワーク資料による）

公益財団法人　日本骨髄バンク（1991年設立）

白血病など骨髄の病気への有力な治療方法である骨髄移植のため，健康なドナーの骨髄の型（HLA型）をあらかじめ登録する機関。きょうだい以外で骨髄の型が一致する確率は数百人～数万人に一人と極めて低いため，登録者数の増加は極めて重要だ。2019年2月，競泳の池江璃花子選手が白血病と診断されたことを告白すると，月間の骨髄バンク登録者数が前の月の4倍に急増し，話題となった。

B日本骨髄バンクの登録者数の推移

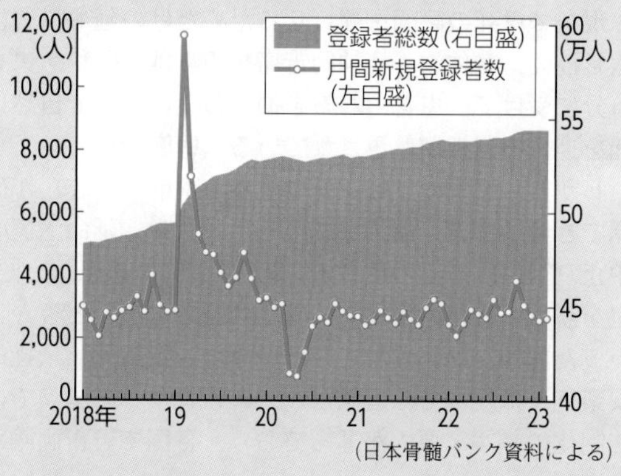

（日本骨髄バンク資料による）

日本赤十字社　臍帯血バンク事業（1999年事業開始）

赤ちゃんと母親を結ぶへその緒と胎盤の血液には，白血病など血液の病気の治療に使われる造血幹細胞がたくさん含まれている。この臍帯血の情報を一元管理して移植医療に結びつけるのが臍帯血バンクだ。

アイバンク（全国54団体，1965年日本アイバンク協会発足）

角膜移植によってしか視力を回復できない患者のために，死後，眼球を提供することに本人・遺族の同意を得て，移植を待つ患者にあっせんする公的機関。古くは眼球銀行とも呼ばれた。

解説　日本で移植医療が普及する過程で，移植のため身体の一部を提供する側と，移植を受ける側を橋渡しする組織がつくられた。最も古くからあるアイバンクの場合，日本では1960年代から活動を続けており，実績を積んでいる。いずれの団体でも，移植医療が公正・公平に運用されることが大原則。つまり，お金で臓器が売買されることが絶対にないように，慎重な運営が求められているのである。

Try　次のA・Bのケースは，臓器移植法上，脳死下の臓器提供ができるだろうか？
A本人は書面で提供を拒否しているが，家族が認める場合。　B家族は提供を拒否しているが，本人は書面で認めている場合。

6 脳死とはどういう状態？

Ⓐ死の三徴候(ちょうこう)と脳死

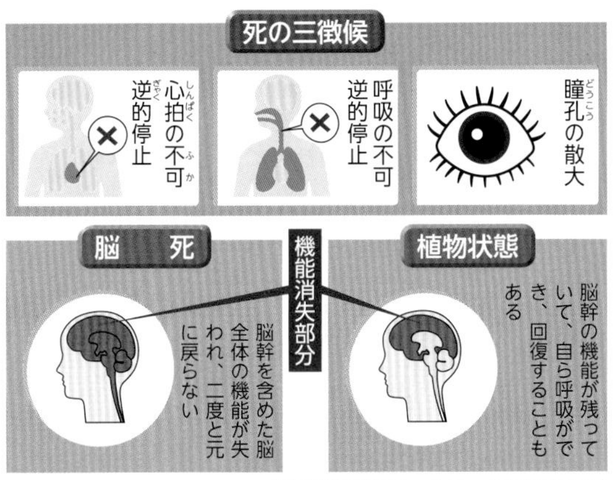

（日本臓器移植ネットワーク資料による）

解説 **脳死と「人の死」** 医師が人の死亡を判断するための徴候は，伝統的に**心拍の不可逆的停止・呼吸の不可逆的停止・瞳孔の散大**の３つであった。ところが，臓器移植という治療法が実用化される中で，**「臓器移植のために新鮮な臓器を取り出す」という要請から「脳死」という新たな死の概念が提唱されるようになり**，現在は臓器移植法で制度化されている。脳死移植が多くの難病患者を助けているというメリットは，誰の目にも明らかだ。一方で，家族が脳死を疑われる状況になった場合，脳死判定を行って臓器提供を行うかという重い判断を迫られるようになったという事実も踏まえておく必要がある。

7 脳死移植についての賛否

・脳死移植の増加で，多くの難病患者が救われる
・脳死を人の死ととらえる人が増えてきている

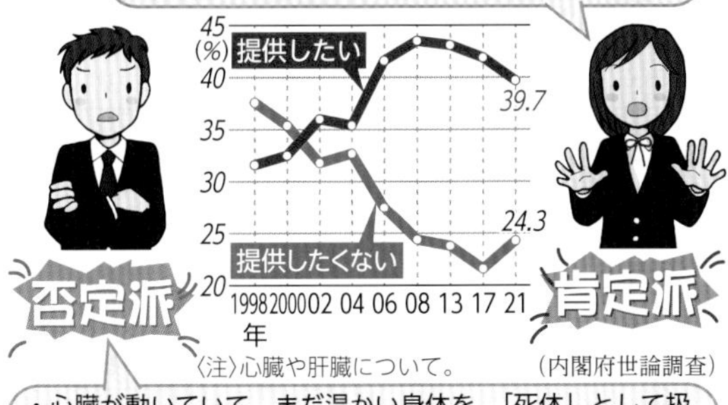

〈注〉心臓や肝臓について。 （内閣府世論調査）

・心臓が動いていて，まだ温かい身体を，「死体」として扱うことに抵抗がある
・将来，脳死状態が治療される可能性を捨ててしまうことになる

Ⓐ待機患者数と移植件数

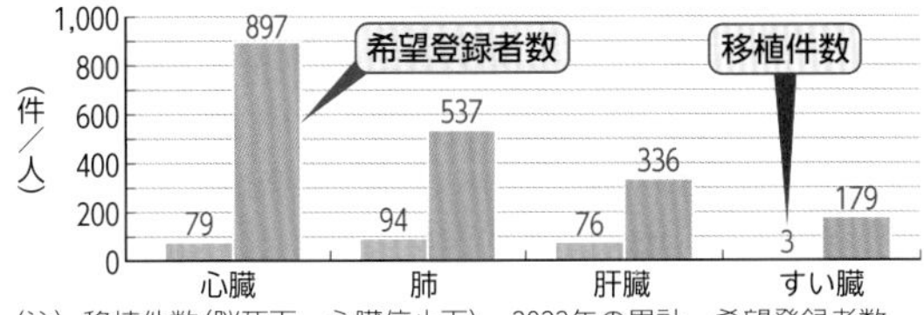

（注）移植件数（脳死下，心臓停止下）…2022年の累計 希望登録者数…2023年２月28日現在 日本臓器移植ネットワーク内での登録
（日本臓器移植ネットワーク資料による）

解説 **脳死移植は狭き門** 臓器提供者（ドナー）の数は不足している。移植を待つ患者のほとんどは，もし提供されても適応するかどうかも分からない不安の中で長期間待つことを余儀なくされる。そのため，再生医療（➡8）への期待が高まっているのである。

8 iPS細胞と再生医療

Ⓐ万能細胞の作製法と再生医療への応用

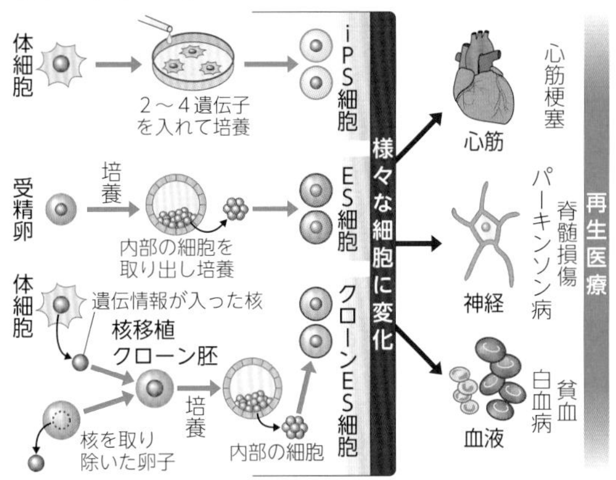

（『読売新聞』2008.8.18 による）

解説 **再生医療に残された課題** 現在研究されている再生医療の方法には，上記の３種類がある。それぞれにメリットや課題があるが，中でも山中伸弥(やまなかしんや)京都大学教授が発明した**iPS細胞**はヒトの受精卵や卵子を使わずにすむため倫理的な問題がともなわず，臓器移植（➡p.248 4）に関するドナーや生体適応等の課題がクリアできるという利点から，医療現場での実用化が急がれている。一方で，倫理面，医療格差，安全性などの十分な検討も欠かすことはできない。日本では2013年に「再生医療等の安全性の確保等に関する法律」が制定され，慎重な臨床研究が進められている。

＋α（プラスアルファ） クローン技術と「ヒトクローン」

再生医療分野の発展は著しい。それらはゲノム解読によりもたらされた**クローン技術**の応用であるといえる。クローンは「遺伝的に同一である個体や細胞」。野菜や花など植物の生産にはすでに多く使われている。一方，1996年に世界初のクローン羊ドリーが誕生し，動物のクローン作成も可能となった。では，「人」のクローンは？

技術的にはiPS細胞やクローンES細胞の技術を応用すれば「ヒトクローン」の製造も可能である。しかし，そのことは私たちを，私たちの社会を，幸福へと導くだろうか？ もしビジネスとしての活用がはじまれば，デザイナーベビーを生み出す可能性もある。このため日本では2000年に「ヒトに関するクローン技術等の規制に関する法律」が制定され，世界でも2005年に国連総会で「ヒトクローン全面禁止宣言」が採択されている。

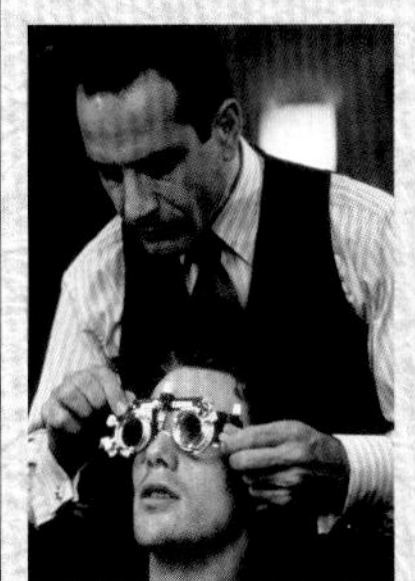

⬆**映画『ガタカ』**（1997，アメリカ） デザイナーベビーが横行する近未来を描く。

⬆**クローン羊の「ドリー」（右）と「ボニー」** いずれも短命であり，クローンによる遺伝子の異常が原因と考えられている。

課題

Try（トライ） 次の①～③のうち，バイオテクノロジーの進歩で実際に開発が進んでいる遺伝子組み換え作物（米）はどれ？
①栄養失調を予防する米。 ②研がなくても炊ける米（無洗米）。 ③花粉症の症状を和らげる米。

プレゼンテーションに挑戦しよう！

「公共」という科目の目標は，用語や概念(がいねん)を覚えたり，説明したりできるようにするだけではありません。現代の社会における問題点を自分なりにあぶり出し，どうやったらその問題を解決できるか他者と共に考えていくことこそ「公共」の目標です。さらには，問題解決に向けて，実際に行動して社会に働きかけていくことが最終的な目標と言えるでしょう。

その最終目標に向けた第一歩として，「公共」で学んだことをテーマに，自分なりの問題点をあぶり出し，その解決に向けて他者と協力する姿勢について，**「プレゼンテーション」**を通じて体験しましょう。

プレゼンの構成 以下の５枚のスライドを作成し，一人３分以内でプレゼンテーションを行う

❶ 「問い」をたてる
❷ 「問い」を改善する
❸ 「問い」に答える(1)－情報収集
❹ 「問い」に答える(2)－仮説をたてよう
❺ さらなる課題・まとめ

❶「問い」をたてる

(1) 「公共」で学んだことの中から，興味深かったテーマを一つあげてみよう
例…青年期・宗教・自由・幸福・正義・法の支配・人権・憲法・国会・内閣・裁判・国際法
国際連合・冷戦・国際紛争・PKO・NGO・資本主義・需要と供給・株式会社・財政・金融
中小企業・社会保障・為替(かわせ)・国際収支・地域統合・南北問題・SDGs　など
(2) あげたテーマと，下の「問いワード」を組み合わせて「問い」をつくってみる
(3) できた「問い」の難しさを三段階でレベル分けする（A難しい　B普通　C易(やさ)しい）
(4) できた「問い」に答えることの意義を一言で表そう

●選んだテーマ：(　選択的夫婦別姓　)

「問いワード」	できた「問い」	難しさ	「問い」に答えるとどんな意義があるか
いつ？どこ？だれ？ なに？なぜ？ どのように？	・「夫婦別姓」ってなに？ どのような制度？	C	どのような制度か理解できる
比較 今・昔・未来 地域・国・世代の違い	・昔の日本も夫婦同姓だった？	C	夫婦の姓についての制度に詳しくなれる
	・日本以外の国も夫婦同姓？	C	
価値判断 善悪，優先順位 すべきか？ 必要か？適切か？	・日本は夫婦別姓を認めるべき？	A	・今後の日本での夫婦の姓についての在り方について考えを深めることができる ・日本の世論について理解が深まる
	・日本の人々は夫婦別姓をどう考えている？	B	
原因・結果・対策など もともとは？影響は？ どうなった？反論は？ どうすれば？	・もしも日本で夫婦別姓を認めたらどんな影響が出る？	A	・もしもこの制度をとるとしたら，その準備ができる ・夫婦別姓について多面的に考えることができる
	・夫婦別姓にはどんな反論がある？	B	

(5) つくった「問い」の中から，プレゼンテーションの題材にする「問い」を一つ選ぼう
選んだ「問い」について，難しさ・おもしろさ・意義を表現してみよう
【問い】もしも日本で「選択的夫婦別姓」を認めたらどんな影響が出るか？
・どんな点が難しい？…（　仮の話であるため，予想しきれないところがある。　）
・どんな点がおもしろい？…（　社会の中で話題になっていて，自分にも関わりがある。　）
・どんな点に意義がある？…（　もしもこの制度をとるとしたら，その準備ができる。　）

❷「問い」を改善する

⑴ 立てた「問い」について情報共有（グループワーク3人組）

・自分が策定した「問い」（❶の内容）について，グループの人に説明する。持ち時間は一人2分。

・他の人の「問い」について，説明された「難しさ」「おもしろさ」「意義」に追加できることがないか検討する。また，「問い」そのものへの疑問点・改善点を検討する。検討した内容を情報共有する。

グループワーク時のルール

聞く相手を見ながら説明する。（手元のメモだけ見ながら話すのはダメ）

説明している相手に目線を送りながら聞く。（メモをとるのに集中しすぎて相手を見ないのはダメ）

説明は最後まで聞く。（説明の最中に口をはさまない）

他者の考えを否定しない。

どうしたらよりおもしろく有意義になるか，という視点から意見を伝える。

★（ A ）さんの「問い」：投票率を上げるにはどうしたらよい？

難しさ（メモ）		追加点
なかなか効果的な対策が思いつかない。	➡	投票率は年々下がる傾向にある。

おもしろさ（メモ）		追加点
社会に関わる実感をもてる。	➡	社会をよくする活動につながるかもしれない。

意義（メモ）		追加点
投票率が上がれば社会的にプラスになる。	➡	投票する人が多い方が広く意見を反映できる。

「問い」そのものへの疑問点・改善点

「若者の」投票率を上げるにはどうするか考えた方が，より自分たちに身近な課題になるのでは？

巻末資料

★（ B ）さんの「問い」：地方を活性化するにはどうしたらよい？

難しさ（メモ）
どこもみな同じようなことを考えていて，二番煎（にばんせん）じになってしまう。
➡ 追加点
そもそも何ができたら「活性化」かはっきりしない。

おもしろさ（メモ）
多くの人が関心をもつテーマである。
➡ 追加点
身近なところから挑戦できそう。

意義（メモ）
上手くいけば社会の課題解決につながる。
➡ 追加点
良いアイディアが出れば市役所とかに提言できるかも。

「問い」そのものへの疑問点・改善点
対象を「自分の」市町村にして具体的に考えた方がいいのではないか。

★自分の「問い」： もしも日本で「選択的夫婦別姓」を認めたらどんな影響が出るか？

難しさ（メモ）
予想しきれないことがある。
➡ 追加点
不安な要素や悪い影響ばかりになりそう。

おもしろさ（メモ）
話題にもなっていて，自分も関わりがある。
➡ 追加点
ディベートなど他の活動にも発展しそう。

意義（メモ）
この制度をとるなら準備ができる。
➡ 追加点
制度や仕組みについて理解を深めて選択できるようになる。

「問い」そのものへの疑問点・改善点
反対している人も多いし，どんな課題があるか整理することから始めた方が具体的な活動ができそう。

⑵ グループワークを参考に「問い」を立て直そう
・立て直した「問い」…日本で「選択的夫婦別姓」を導入するならまず解決すべきはどんな課題か？
・どんな点が難しい？…（ 様々な意見があってまとめきれないかもしれない ）
・どんな点がおもしろい？…（ 社会で話題になっていて自分にも関わりがある ）
・どんな点に意義がある？…（ 社会で議論になっていることについて論点を整理できそう ）

選んだテーマ：（ ）

「問いワード」	できた「問い」	難しさ	「問い」に答えるとどんな意義があるか
いつ？どこ？だれ？ なに？なぜ？ どのように？			
比較 今・昔・未来 地域・国・世代の違い			
価値判断 善悪、優先順位 すべきか？ 必要か？適切か？			
原因・結果・対策など もともとは？影響は？ どうなった？反論は？ どうすれば？			

つくった「問い」の中から、プレゼンテーションの題材にする「問い」を一つ選ぼう

自分の「問い」：

難しさ（メモ） → 追加点

おもしろさ（メモ） → 追加点

意義（メモ） → 追加点

「問い」そのものへの疑問点・改善点

グループワークを参考に「問い」を立て直そう
・立て直した「問い」…
・どんな点が難しい？…（ ）

⬆❶・❷のワークシートの例

❸「問い」に答える(1)ー情報収集

(1) まずは教科書・資料集を使って情報を集めてみよう。集めた情報は参照ページをメモしよう。

分かったこと①	分かったこと②
夫婦が同じ姓になる今の日本の制度は，最高裁判所で「合憲」の判決が出ている（2015年と2021年）。	夫婦の姓が違うと子どもに「好ましくない影響があると思う」と考えている人が過半数いる。
参照ページ：資料集p.86	出典ページ：資料集p.86

(2) 次にインターネットを使って情報を集めてみよう。集めた情報は出典を明記してメモしよう。

分かったこと①	分かったこと②
「選択的夫婦別姓」がどのような制度で，国は今までどのような検討を行ってきたか，過去の裁判ではどのような判決が出たか。	若年層ほど「選択的夫婦別姓」を容認する傾向にある。男性より女性の方が別姓を求める傾向にある。　など
出典：「選択的夫婦別氏制度（いわゆる選択的夫婦別姓制度）について」，法務省，https://www.moj.go.jp/MINJI/minji36.html （参照2022-04-17）	出典：選択的夫婦別姓「支持」29%　同姓維持27%，内閣府調査，日本経済新聞，2022-03-25，https://www.nikkei.com/article/DGXZQOUA2547E0V20C22A3000000/
分かったこと③	**分かったこと④**
2021年６月23日の最高裁判決では，違憲判断をした４人の判事のうち，１人は女性判事だった。また，2015年の最高裁判決でも３人いた女性判事全員が違憲の判断を示している。	夫婦別姓への主な反対意見は，「家族の一体感がなくなる」という点。また子どもの姓が片方の親と異なることに伴うトラブルや不都合などが懸念（けねん）されている。
出典：夫婦別姓訴訟「裁判官の半分が女性ならこの結論にはならない」弁護団長が指摘， 澤木香織，2021-06-23，HUFFPOST， https://www.huffingtonpost.jp/entry/story_jp_60d2f2c2e4b052e474fbed89	出典：夫婦別姓，最高裁認めず→賛成派，反対派それぞれの理由を知ろう，一色清，2021-07-02，朝日新聞EduA， https://www.asahi.com/edua/article/14383527?p=2

(3) インターネット検索するときには以下のことに気をつけよう

①必ず複数のサイトで情報を確認して比較しよう。

「Wikipedia」などのWeb辞典は便利ですが，誰でも編集可能なので根拠が不正確な情報があります。収集する情報が偏（かたよ）ったり誤った情報を拡散したりしないよう，必ず複数のサイトで情報を確認しましょう。なお，この「複数の情報を比較する」姿勢は，書籍や新聞などインターネット以外の情報に接するときも大切な姿勢です。

②情報やデータの発信元が「どこ」か気をつけよう。

作成者や執筆者など「どこの誰による」発信かが分かっている情報は信頼度が高い傾向にあります。例えば，官公庁や大学・研究所，研究者などがそれに当たります。一方「Wikipedia」やブログ・ツイッターなどは作成者がはっきりせず，情報の信頼度が低くなります。

③「いつ」発信された情報なのか，気をつけよう。

とくにニュース記事などを参考にする場合，新しく出された情報により訂正がなされたり，時間の経過と共に全く異なる情報が出されたりしている可能性があります。より新しく正確な情報に接するよう心がけよう。

❹「問い」に答える(2)ー仮説をたてよう

(1) 集めた情報をもとに，「問い」に対する仮説を用意してみよう。

選択的夫婦別姓がなかなか容認されないのは，女性や若者の国会議員が少ないからではないか。

⬆

上のような仮説を立てた理由は？

・(夫婦の姓について制度は，裁判ではなく国会で議論されるべきと示されているから。)

・(裁判で女性判事が違憲の判断を出しているから。)

・(世論調査でも女性や若年層の方が夫婦別姓を容認する傾向にあるから。)

(2) 上の仮説を論証・検証・補強するために，インターネットの情報では足りないことはないか？

A 女性や若者の議員が増えれば確実に夫婦別姓の実現につながるか確証がない。

B 現在の国会や世論で夫婦別姓の問題がどの程度の優先順位で考えられているかわからない。

C そもそも，どうやったら女性や若者の国会議員が増えるのかはっきりしない。

❺さらなる課題・まとめ

(1) ❹で明らかになった，「インターネットの情報では足りない点」をより深めるためには，どんな活動が必要になるか，整理してみよう。

A➡ 例えば，選挙公約などを細かく確認して，夫婦別姓を掲げている人をリストアップする。

B➡ インタビュー調査やアンケート調査をやってみる。

C➡ クォータ制など，今回のプレゼンとは別のテーマを深めてみる。
例…論文・雑誌・書籍などの文献調査，街頭でのインタビュー調査，独自に作成したアンケート調査 など

(2) 成果・意見・感想

・この取り組みで明らかになった成果は何か？

「選択的夫婦別姓」について，どのような経緯で議論が進んできて，現在どんな課題があるのかはっきりさせることができた。また男性か女性かで意見が大きくことなること，また年齢層によっても意見がことなっていることがよく分かった。

・この取り組みによって形成された自分の意見

【選択的夫婦別姓に賛成】
選択的夫婦別姓の導入に賛成。夫婦別姓を選択できる制度は法律を改正すれば導入できるので，合意形成さえできれば十分に実現可能であるから。また，よりよい人生・幸福追求のために個人の選択権の幅を広げることはとても大切なことだと思うから。

【選択的夫婦別姓に反対】
選択的夫婦別姓の導入に反対。夫婦が同姓となる現在の婚姻制度は合憲の判断が出ていて，制度自体は憲法上問題がないから。また，選択的別姓には反対も根強く，若者や女性に賛成が多いといっても，簡単に合意形成できない。また，別姓によって子どもに好(この)ましくない影響がでることへの懸念(けねん)も大きいため。

・この取り組みを行った感想

> 今回は「選択的夫婦別姓」をテーマにしたが，こうした制度の実現をめざそうとした場合，社会での女性の活躍の問題や若者の政治参加の問題などともからみあっていて，複雑で簡単に解決しないことだということを痛感した。私は悩みながらも（賛成／反対）の意見をもったが，皆さんはどう考えるだろうか。ぜひ意見を寄せてもらいたい。

普段の授業は回数も時間も限られているため，学校の外に出て調査をしたり，時間をかけて多くの文献を参照したりすることは難しいでしょう。そのため，今回は教室の中で完結できる部分のみでプレゼンテーションまで実施できるような組み立てになっています。しかし，もし「総合的な探究の時間」で似たような活動を行う場合は，このプレゼンテーションをベースにして，「インターネットでは足りない点」について深めてみると良いでしょう。充実した「探究学習」の取り組みになるはずです。

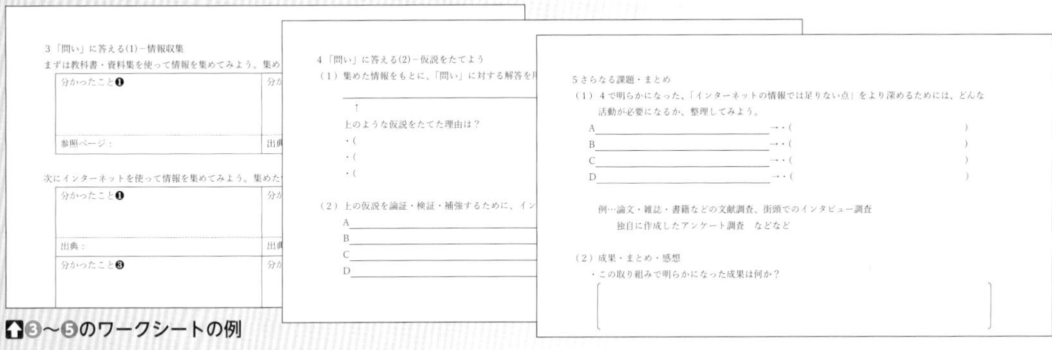
3「問い」に答える(1)－情報収集

まずは教科書・資料集を使って情報を集めてみよう。集め

分かったこと❶

参照ページ：

次にインターネットを使って情報を集めてみよう。集めた

分かったこと❶

出典：

分かったこと❸

4「問い」に答える(2)－仮説をたてよう

（1）集めた情報をもとに、「問い」に対する解答を

↑

上のような仮説をたてた理由は？

・(

・(

・(

（2）上の仮説を論証・検証・補強するために、イン

A

B

C

D

5さらなる課題・まとめ

（1）4で明らかになった、「インターネットの情報では足りない点」をより深めるためには、どんな活動が必要になるか、整理してみよう。

A ____ →・(　)

B ____ →・(　)

C ____ →・(　)

D ____ →・(　)

例…論文・雑誌・書籍などの文献調査、街頭でのインタビュー調査　独自に作成したアンケート調査　などなど

（2）成果・まとめ・感想

・この取り組みで明らかになった成果は何か？

⬆❸～❺のワークシートの例

❻ プレゼンテーションを実践してみよう。

①５人グループをつくる。

②グループ内で一人ずつプレゼンテーションを行う。
（３分×５人，評価記入を含め20分程度）

③グループ内で一番優れたプレゼンを行った人を代表に選ぶ。

④グループ代表のうち３名程度を選び，クラス全員に対してプレゼンを行う。

参考文献の示し方

①ウェブページの場合

【例】「キリスト教」(2005年８月21日 (日) 21:19　UTCの版)『ウィキペディア日本語版』https://ja.wikipedia.org（参照 2021-04-08）

【例】ThinkGender入学願書，性別欄の廃止進む　公立高，19年２府県→今年41道府県,朝日新聞,2021-02-08, 朝日新聞デジタル, https://www.asahi.com/articles/DA3S14792330.html（参照 2021-06-30）

・著者名・発行年・タイトル・URL・アクセス年月日を書く。

・参照するテキストの最終更新日を発行年とする。

・タイトルは, サイト名やページタイトルではなく, テキスト（文章）のタイトルを書く。

・アクセス年月日は，「2022年５月７日アクセス」や「(参照2022-8-4)」のように書く。

・著者名が不明または匿名の場合はタイトルから書く（発行年は省略してよい）。

・テキストのタイトルが不明の場合は，サイト名またはページのタイトルを書く。

②書籍の場合

【例】仲正昌樹（2013）『<法と自由>講義―憲法の基本を理解するために―』作品社

・著者名・発行年・タイトル・出版社を書く。

・著者名はフルネームを姓-名の順で書く。姓と名の間を空ける必要はない。

・発行年は，西暦で書いてカッコでくくる。発行年が複数年にわたるときは「(2000-2004)」。

・書籍名は二重カギカッコ（『』）でくくる。

・出版社は，「発行所」や「出版社」として記されているものを書く。

③新聞の場合

【例】日本経済新聞「外国人活用を人材各社支援」2005年10月19日付朝刊, 14(7)

・新聞名・記事名（または欄の名前）・年月日・朝刊夕刊などの別, 版，面を書く。

・14版の７面ならば「14(7)」と書く。

・記事名はカギカッコ（「」）でくくる。

日本国憲法，大日本帝国憲法，労働基準法，労働組合法，労働関係調整法，労働契約法，男女雇用機会均等法，男女共同参画社会基本法，教育基本法，環境基本法，消費者基本法，情報公開法，重要影響事態法，民法，国際連合憲章，世界人権宣言，国際人権規約，女子差別撤廃条約，児童の権利に関する条約，障害者の権利に関する条約，用語解説，略語一覧

日本国憲法

[1946(昭和21).11. 3公布　1947(昭和22). 5. 3施行]

朕は，日本国民の総意に基いて，新日本建設の礎が，定まるに至つたことを，深くよろこび，枢密顧問の諮詢及び帝国憲法第73条による帝国議会の議決を経た帝国憲法の改正を裁可し，ここにこれを公布せしめる。

御名御璽

昭和21年11月3日

内閣総理大臣兼外務大臣		吉田　茂
国務大臣	男爵	幣原喜重郎
司法大臣		木村篤太郎
内務大臣		大村　清一
文部大臣		田中耕太郎
農林大臣		和田　博雄
国務大臣		斎藤　隆夫
逓信大臣		一松　定吉
商工大臣		星島　二郎
厚生大臣		河合　良成
国務大臣		植原悦二郎
運輸大臣		平塚常次郎
大蔵大臣		石橋　湛山
国務大臣		金森徳次郎
国務大臣		膳　桂之助

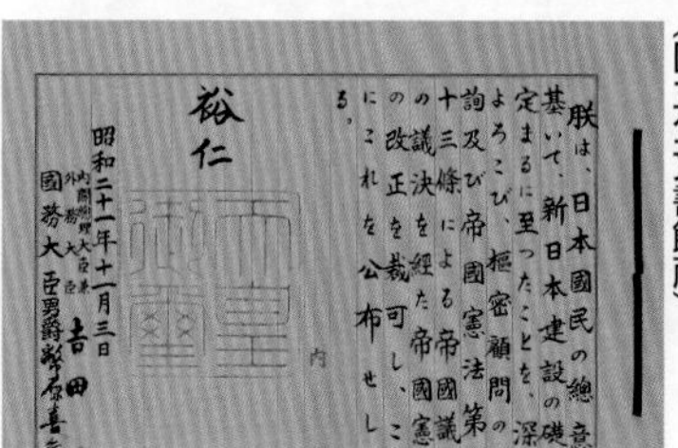

◀日本国憲法の御署名原本（国立公文書館蔵）

日本国憲法

日本国民は，正当に選挙された国会における代表者を通じて行動し，われらとわれらの子孫のために，諸国民との協和による成果と，わが国全土にわたつて自由のもたらす恵沢を確保し，政府の行為によつて再び戦争の惨禍が起ることのないやうにすることを決意し，ここに主権が国民に存することを宣言し，この憲法を確定する。そもそも国政は，国民の厳粛な信託によるものであつて，その権威は国民に由来し，その権力は国民の代表者がこれを行使し，その福利は国民がこれを享受する。これは人類普遍の原理であり，この憲法は，かかる原理に基くものである。われらは，これに反する一切の憲法，法令及び詔勅を排除する。

日本国民は，恒久の平和を念願し，人間相互の関係を支配する崇高な理想を深く自覚するのであつて，平和を愛する諸国民の公正と信義に信頼して，われらの安全と生存を保持しようと決意した。われらは，平和を維持し，専制と隷従，圧迫と偏狭を地上から永遠に除去しようと努めてゐる国際社会において，名誉ある地位を占めたいと思ふ。われらは，全世界の国民が，ひとしく恐怖と欠乏から免かれ，平和のうちに生存する権利を有することを確認する。

われらは，いづれの国家も，自国のことのみに専念して他国を無視してはならないのであつて，政治道徳の法則は，普遍的なものであり，この法則に従ふことは，自国の主権を維持し，他国と対等関係に立たうとする各国の責務であると信ずる。

日本国民は，国家の名誉にかけ，全力をあげてこの崇高な理想と目的を達成することを誓ふ。

解説

【朕】 天皇が自分を指していう言葉。歴史的には，古代中国の秦の始皇帝以降，天子を指して使われた。

【枢密顧問】 1888(明治21)年，憲法草案審議のために設けられ，その後天皇の諮問機関となった枢密院の構成員のこと。

【諮詢】 明治憲法下で，枢密院などの機関が，天皇の諮問に応えて参考意見を述べること。

【裁可】 明治憲法下で，議会の議決した法律案や予算を，天皇が承認すること。

【御名御璽】 天皇の自署した署名と印章。

【主権】 最高の権力。国の政治を決定する上に根源になる最高の力をいう。主権が国民に存するとは，国の政治は根本において全国民が決するのであり，天皇や一部の権力者が決するものではないことをいう。

【信託】 信頼してあずけ任せること。国の政治は主権を有する国民から国会，内閣，裁判所，公務員等に信頼してあずけ任せられたものであり，従って国民の考えに反して行われてはならない。

【人類普遍の原理】 一般的にひろくあてはまる根本的な原則のこと。国民のために国民によって政治が行われなければならないという原則は，特定の国や特定の時代にだけあてはまる原則ではなく，どんな国にも，どんな時代にもあてはまる人類一般の原則だというのである。

【法令】 法律，命令，規則などの総称。

【詔勅】 詔書，勅語などの総称。天皇の考えをおおやけに発表する書きもの。

第1章　天　皇

第１条〔天皇の地位・国民主権〕 天皇は，日本国の象徴であり日本国民統合の象徴であつて，この地位は，主権の存する日本国民の総意に基く。

第２条〔皇位の継承〕 皇位は，世襲のものであつて，国会の議決した皇室典範の定めるところにより，これを継承する。

第３条〔天皇の国事行為と内閣の助言・承認及び責任〕 天皇の国事に関するすべての行為には，内閣の助言と承認を必要とし，内閣が，その責任を負ふ。

第４条〔天皇の権能の限界と権能行使の委任〕 天皇は，この憲法の定める国事に関する行為のみを行ひ，国政に関する権能を有しない。

② 天皇は，法律の定めるところにより，その国事に関する行為を委任することができる。

第５条〔摂政〕 皇室典範の定めるところにより摂政を置くときは，摂政は，天皇の名でその国事に関する行為を行ふ。この場合には，前条第１項の規定を準用する。

第６条〔天皇の任命権〕 天皇は，国会の指名に基いて，内閣総理大臣を任命する。

② 天皇は，内閣の指名に基いて，最高裁判所の長たる裁判官を任命する。

第７条〔天皇の国事行為〕 天皇は，内閣の助言と承認により，国民のために，左の国事に関する行為を行ふ。

⑴ 憲法改正，法律，政令及び条約を公布すること。
⑵ 国会を召集すること。
⑶ 衆議院を解散すること。
⑷ 国会議員の総選挙の施行を公示すること。
⑸ 国務大臣及び法律の定めるその他の官吏の任免並びに全権委任状及び大使及び公使の信任状を認証すること。
⑹ 大赦，特赦，減刑，刑の執行の免除及び復権を認証すること。
⑺ 栄典を授与すること。
⑻ 批准書及び法律の定めるその他の外交文書を認証すること。
⑼ 外国の大使及び公使を接受すること。
⑽ 儀式を行ふこと。

第８条〔皇室の財産授受〕 皇室に財産を譲り渡し，又は皇室が，財産を譲り受け，若しくは賜与することは，国会の議決に基かなければならない。

第2章　戦争の放棄

第９条〔戦争の放棄と戦力及び交戦権の否認〕 日本国民は，正義と秩序を基調とする国際平和を誠実に希求し，国権の発動たる戦争と，武力による威嚇又は武力の行使は，国際紛争を解決する手段としては，永久にこれを放棄する。

② 前項の目的を達するため，陸海空軍その他の戦力は，これを保持しない。国の交戦権は，これを認めない。

第3章　国民の権利及び義務

第10条〔国民の要件〕 日本国民たる要件は，法律でこれを定める。

第11条〔基本的人権の享有〕 国民は，すべての基本的人権の享有を妨げられない。この憲法が国民に保障する基本的人権は，侵すことのできない永久の権利として，現在及び将来の国民に与へられる。

第12条〔自由・権利の保持の責任と濫用の禁止〕 この憲法が国民に保障する自由及び権利は，国民の不断の努力によつて，これを保持しなければならない。又，国民は，これを濫用してはならないのであつて，常に公共の福祉のためにこれを利用する責任を負ふ。

第13条〔個人の尊重〕 すべて国民は，個人として尊重される。生命，自由及び幸福追求に対する国民の権利については，公共の福祉に反しない限り，立法その他の国政の上で，最大の尊重を必要とする。

第１条〔天皇の地位〕
象徴天皇制 （➡p.80）

【象徴】 しるしとなるもの。何か目に見えないものを，目に見えるものでかたどりあらわすもの。例えば，鳩は「平和」をかたどりあらわす鳥だとされ，「平和の象徴」とされるといったもの。

【皇室典範】 皇室に関係したことがらについて定めた法律。天皇の位のうけつぎ方，皇族の範囲，摂政のさだめ方，その他のいろいろのことがらがこの法律によって定められている。

【国事】 国のために行う仕事。天皇がおおやけに国の仕事として行う行為を国事に関する行為ということばであらわしている。

【権能】 権利，ちから。その人の力によってできるはたらき。ここでは，国の政治に関して何かすることのできる力。

【準用】 準じて用いること。それにならって，そのままあてはめること。ここでは，天皇について定めたことがらを，摂政にもそのままあてはめて用いること。

【公布】 一般におおやけに告げ知らせて法律などを行わせるようにすること。

【批准書】 国と国との間でとりきめた条約に，両国の大統領とか首相などの印を押した書きもの。

第９条〔平和主義〕
平和主義 （➡p.100）
自衛隊 （➡p.102）
日米安保体制 （➡p.104）
PKO協力法 （➡p.103・206）

【威嚇】 おどかし。他の国を，戦争をするぞ，とおどかすこと。

【交戦権】 戦争をする権利。国家は紛争が生じたときにできるだけ平和的な話合いの手段で解決することに努めなければならないが，そのような手段では目的を達し得ないときには戦争を行う権利があるものと考えられている。日本はこの権利を自分から認めないというのである。

第13条〔幸福追求権〕 （➡p.98）
プライバシーの権利
自己決定権
（尊厳死など自己の生命・身体の処分にかかわるもの）
知る権利
情報公開法
環境権

巻末資料

第14条〔法の下の平等・貴族制度の否認・栄典の授与〕 すべて国民は，法の下に平等であつて，人種，信条，性別，社会的身分又は門地により，政治的，経済的又は社会的関係において，差別されない。

② 華族その他の貴族の制度は，これを認めない。

③ 栄誉，勲章その他の栄典の授与は，いかなる特権も伴はない。栄典の授与は，現にこれを有し，又は将来これを受ける者の一代に限り，その効力を有する。

第15条〔公務員の選定罷免権・公務員の本質・普通選挙及び秘密投票の保障〕 公務員を選定し，及びこれを罷免することは，国民固有の権利である。

② すべて公務員は，全体の奉仕者であつて，一部の奉仕者ではない。

③ 公務員の選挙については，成年者による普通選挙を保障する。

④ すべて選挙における投票の秘密は，これを侵してはならない。選挙人は，その選択に関し公的にも私的にも責任を問はれない。

第16条〔請願権〕 何人も，損害の救済，公務員の罷免，法律，命令又は規則の制定，廃止又は改正その他の事項に関し，平穏に請願する権利を有し，何人も，かかる請願をしたためにいかなる差別待遇も受けない。

第17条〔国及び公共団体の賠償責任〕 何人も，公務員の不法行為により，損害を受けたときは，法律の定めるところにより，国又は公共団体に，その賠償を求めることができる。

第18条〔奴隷的拘束及び苦役からの自由〕 何人も，いかなる奴隷的拘束も受けない。又，犯罪に因る処罰の場合を除いては，その意に反する苦役に服させられない。

第19条〔思想及び良心の自由〕 思想及び良心の自由は，これを侵してはならない。

第20条〔信教の自由〕 信教の自由は，何人に対してもこれを保障する。いかなる宗教団体も，国から特権を受け，又は政治上の権力を行使してはならない。

② 何人も，宗教上の行為，祝典，儀式又は行事に参加することを強制されない。

③ 国及びその機関は，宗教教育その他いかなる宗教的活動もしてはならない。

第21条〔集会・結社・表現の自由・通信の秘密〕 集会，結社及び言論，出版その他一切の表現の自由は，これを保障する。

② 検閲は，これをしてはならない。通信の秘密は，これを侵してはならない。

第22条〔居住・移転・職業選択の自由・外国移住及び国籍離脱の自由〕 何人も，公共の福祉に反しない限り，居住，移転及び職業選択の自由を有する。

② 何人も，外国に移住し，又は国籍を離脱する自由を侵されない。

第23条〔学問の自由〕 学問の自由は，これを保障する。

第24条〔家族生活における個人の尊厳と両性の平等〕 婚姻は，両性の合意のみに基いて成立し，夫婦が同等の権利を有することを基本として，相互の協力により，維持されなければならない。

② 配偶者の選択，財産権，相続，住居の選定，離婚並びに婚姻及び家族に関するその他の事項に関しては，法律は，個人の尊厳と両性の本質的平等に立脚して，制定されなければならない。

第25条〔生存権・国の社会保障義務〕 すべて国民は，健康で文化的な最低限度の生活を営む権利を有する。

② 国は，すべての生活部面について，社会福祉，社会保障及び公衆衛生の向上及び増進に努めなければならない。

第26条〔教育を受ける権利・教育を受けさせる義務〕 すべて国民は，法律の定めるところにより，その能力に応じて，ひとしく教育を受ける権利を有する。

② すべて国民は，法律の定めるところにより，その保護する子女に普通教育を受けさせる義務を負ふ。義務教育は，これを無償とする。

第27条〔勤労の権利と義務・勤労条件の基準・児童酷使の禁止〕 すべて国民は，勤労の権利を有し，義務を負ふ。

② 賃金，就業時間，休息その他の勤労条件に関する基準は，法律でこれを定める。

③ 児童は，これを酷使してはならない。

第14条〔法の下の平等〕(➡p.84~87)
- 尊属殺人事件
- 信条による差別
- 障害者に対する差別
- 男女差別
- 人種差別
- 社会的身分・門地による差別
- 議員定数不均衡問題

【門地】 うまれ，家柄。

第15条〔参政権〕(➡p.96)
- 政治参加

【罷免】 その職をやめさせること。免職。

【全体の奉仕者】 公務員が自分や一部の者の利益ではなく，国民全体の利益のためにその権限を行使すべき存在であるということ。

第17条〔国家賠償請求〕(➡p.97)
- 国家賠償法

第19条〔思想・良心の自由〕
- 三菱樹脂事件判決(➡p.85)

第20条〔信教の自由〕
- 政教分離をめぐる訴訟(➡p.89)

第21条〔集会・結社・表現の自由〕
- チャタレイ事件判決(➡p.88)

【結社】 一定の目的のために人々が集まって作る団体。例）会社，労働組合，政党

【検閲】 郵便物や出版物などを調べること。

第22条〔経済活動の自由〕
- 薬事法違憲訴訟判決(➡p.92)

第23条〔学問の自由〕(➡p.89)
- 東大ポポロ事件判決
- 天皇機関説事件

【両性の本質的平等】 男性と女性とが人間としてまったく同じ価値をもつこと。

第25条〔生存権〕(➡p.94)
- 朝日訴訟
- 生活保護

第26条〔教育を受ける権利〕
- 家永教科書裁判判決(➡p.95)

第27条〔労働基本権〕
- 労働基本権(➡p.186)

第28条〔勤労者の団結権・団体交渉権〕 勤労者の団結する権利及び団体交渉その他の団体行動をする権利は，これを保障する。

第29条〔財産権〕 財産権は，これを侵してはならない。

② 財産権の内容は，公共の福祉に適合するやうに，法律でこれを定める。

③ 私有財産は，正当な補償の下に，これを公共のために用ひることができる。

第30条〔納税の義務〕 国民は，法律の定めるところにより，納税の義務を負ふ。

第31条〔法定手続の保障〕 何人も，法律の定める手続によらなければ，その生命若しくは自由を奪はれ，又はその他の刑罰を科せられない。

第32条〔裁判を受ける権利〕 何人も，裁判所において裁判を受ける権利を奪はれない。

第33条〔逮捕に対する保障〕 何人も，現行犯として逮捕される場合を除いては，権限を有する司法官憲が発し，且つ理由となつてゐる犯罪を明示する令状によらなければ，逮捕されない。

第34条〔抑留及び拘禁に対する保障〕 何人も，理由を直ちに告げられ，且つ，直ちに弁護人に依頼する権利を与へられなければ，抑留又は拘禁されない。又，何人も，正当な理由がなければ，拘禁されず，要求があれば，その理由は，直ちに本人及びその弁護人の出席する公開の法廷で示されなければならない。

第35条〔住居の不可侵〕 何人も，その住居，書類及び所持品について，侵入，捜索及び押収を受けることのない権利は，第33条の場合を除いては，正当な理由に基いて発せられ，且つ捜索する場所及び押収する物を明示する令状がなければ，侵されない。

② 捜索又は押収は，権限を有する司法官憲が発する各別の令状により，これを行ふ。

第36条〔拷問及び残虐な刑罰の禁止〕 公務員による拷問及び残虐な刑罰は，絶対にこれを禁ずる。

第37条〔刑事被告人の権利〕 すべて刑事事件においては，被告人は，公平な裁判所の迅速な公開裁判を受ける権利を有する。

② 刑事被告人は，すべての証人に対して審問する機会を充分に与へられ，又，公費で自己のために強制的手続により証人を求める権利を有する。

③ 刑事被告人は，いかなる場合にも，資格を有する弁護人を依頼することができる。被告人が自らこれを依頼することができないときは，国でこれを附する。

第38条〔自己に不利益な供述と自白の証拠能力〕 何人も，自己に不利益な供述を強要されない。

② 強制，拷問若しくは脅迫による自白又は不当に長く抑留若しくは拘禁された後の自白は，これを証拠とすることができない。

③ 何人も，自己に不利益な唯一の証拠が本人の自白である場合には，有罪とされ，又は刑罰を科せられない。

第39条〔遡及処罰の禁止・一事不再理〕 何人も，実行の時に適法であつた行為又は既に無罪とされた行為については，刑事上の責任を問はれない。又，同一の犯罪について，重ねて刑事上の責任を問はれない。

第40条〔刑事補償〕 何人も，抑留又は拘禁された後，無罪の裁判を受けたときは，法律の定めるところにより，国にその補償を求めることができる。

第4章　国会

第41条〔国会の地位・立法権〕 国会は，国権の最高機関であつて，国の唯一の立法機関である。

第42条〔両院制〕 国会は，衆議院及び参議院の両議院でこれを構成する。

第43条〔両議院の組織〕 両議院は，全国民を代表する選挙された議員でこれを組織する。

② 両議院の議員の定数は，法律でこれを定める。

第44条〔議員及び選挙人の資格〕 両議院の議員及びその選挙人の資格は，法律でこれを定める。但し，人種，信条，性別，社会的身分，門地，教育，財産又

第28条〔労働三権〕
労働三権 (➡p.186)

第31条〔人身の自由〕
刑事手続きと人権保障 (➡p.91)

第32条〔裁判を受ける権利〕
裁判を受ける権利 (➡p.97)

【司法官憲】 司法上の権限をもっている公務員。広い意味では，犯罪を捜査したり，犯罪の疑いある人を逮捕したり裁判したりする権限のある公務員。この意味では検察官や警察官なども司法官憲に含まれるが，せまい意味では裁判官のみをいう。

【令状】 命令を書いた文書。ここでは逮捕令状のこと。誰々を何の罪の疑いで捕らえるということを書いた文書。

【抑留】 ひきとめておくこと。

【拘禁】 つかまえてひきとめておくこと。抑留よりも長い間ひきとめられること。人が警察に犯人として捕らえられ，そのままひきとめておかれたりすること。

【拷問】 無理に白状させるために犯罪の疑いのある者の肉体を苦しめること。

【被告人】 罪をおかした疑いによって訴えられた者。

【公費】 国の費用。個人がお金を出すのではなく国から支払われる費用のこと。

【自白】 自分が罪をおかしたことを自ら告白すること。

【一事不再理】 すでに無罪判決が確定した行為について，再び罰することはできないという原則。

【刑事上の責任】 刑法によって負わされる責任。刑法によって罪とされている行為をした人がその定める罰を受けなければならないことを刑事上の責任を問われるという。

第40条〔刑事補償請求〕
刑事補償請求権 (➡p.97)

第41条〔国会〕 (➡p.108～111)
立法権

は収入によつて差別してはならない。

第45条〔衆議院議員の任期〕 衆議院議員の任期は，４年とする。但し，衆議院解散の場合には，その期間満了前に終了する。

第46条〔参議院議員の任期〕 参議院議員の任期は，６年とし，３年ごとに議員の半数を改選する。

第47条〔選挙に関する事項の定〕 選挙区，投票の方法その他両議院の議員の選挙に関する事項は，法律でこれを定める。

第48条〔両議院議員兼職の禁止〕 何人も，同時に両議院の議員たることはできない。

第49条〔議員の歳費〕 両議院の議員は，法律の定めるところにより，国庫から相当額の歳費を受ける。

第50条〔議員の不逮捕特権〕 両議院の議員は，法律の定める場合を除いては，国会の会期中逮捕されず，会期前に逮捕された議員は，その議院の要求があれば，会期中これを釈放しなければならない。

第51条〔議員の発言・表決の無責任〕 両議院の議員は，議院で行つた演説，討論又は表決について，院外で責任を問はれない。

第52条〔常会〕 国会の常会は，毎年１回これを召集する。

第53条〔臨時会〕 内閣は，国会の臨時会の召集を決定することができる。いづれかの議院の総議員の４分の１以上の要求があれば，内閣は，その召集を決定しなければならない。

第54条〔衆議院の解散と総選挙・特別会・緊急集会〕 衆議院が解散されたときは，解散の日から40日以内に，衆議院議員の総選挙を行ひ，その選挙の日から30日以内に，国会を召集しなければならない。

② 衆議院が解散されたときは，参議院は，同時に閉会となる。但し，内閣は，国に緊急の必要があるときは，参議院の緊急集会を求めることができる。

③ 前項但書の緊急集会において採られた措置は，臨時のものであつて，次の国会開会の後10日以内に，衆議院の同意がない場合には，その効力を失ふ。

第55条〔議員の資格争訟〕 両議院は，各〻その議員の資格に関する争訟を裁判する。但し，議員の議席を失はせるには，出席議員の３分の２以上の多数による議決を必要とする。

第56条〔議事の定足数・表決〕 両議院は，各〻その総議員の３分の１以上の出席がなければ，議事を開き議決することができない。

② 両議院の議事は，この憲法に特別の定のある場合を除いては，出席議員の過半数でこれを決し，可否同数のときは，議長の決するところによる。

第57条〔会議の公開と秘密会・会議録・表決の記載〕 両議院の会議は，公開とする。但し，出席議員の３分の２以上の多数で議決したときは，秘密会を開くことができる。

② 両議院は，各〻その会議の記録を保存し，秘密会の記録の中で特に秘密を要すると認められるもの以外は，これを公表し，且つ一般に頒布しなければならない。

③ 出席議員の５分の１以上の要求があれば，各議員の表決は，これを会議録に記載しなければならない。

第58条〔役員の選任・議院規則・懲罰〕 両議院は，各〻その議長その他の役員を選任する。

② 両議院は，各〻その会議その他の手続及び内部の規律に関する規則を定め，又，院内の秩序をみだした議員を懲罰することができる。但し，議員を除名するには，出席議員の３分の２以上の多数による議決を必要とする。

第59条〔法律案の議決・衆議院の優越〕 法律案は，この憲法に特別の定のある場合を除いては，両議院で可決したとき法律となる。

② 衆議院で可決し，参議院でこれと異なつた議決をした法律案は，衆議院で出席議員の３分の２以上の多数で再び可決したときは，法律となる。

③ 前項の規定は，法律の定めるところにより，衆議院が，両議院の協議会を開

【期間満了】 任期が切れること。

【国庫】 国家を，財産権を有する主体と見た時の呼び方で，国家と同義。国庫に属する現金を総称して国庫金というが，日本の場合には日本銀行が統一して扱っている。

【歳費】 議員の１年間の給料。

第49・50・51条〔国会議員の特権〕
国会議員の特権と待遇(➡p.109)

【表決】 議員がある問題について意見をきめること。ふつうは，賛成か反対かを投票しその票数の多い方に決定する。

【緊急】 急ぐ必要のあること。さしせまったこと。

【措置】 とりはからい。何かの問題を解決するためにとられる手段。

【争訟】 訴えをして争うこと。ここでは議員となっている資格があるかないかということについて訴えられた争い。

【除名】 名前を名簿から削ること。つまり議員をやめさせること。

【両議院の協議会】 両院協議会と呼ばれ，国会の議決を必要とする議案及び内閣総理大臣の指名について，両議院の意見が一致しない場合に，その意見調整のために設けられる一種の委員会。各議院で選挙された各々10人の委員で組織される。

くことを求めることを妨げない。

④　参議院が，衆議院の可決した法律案を受け取つた後，国会休会中の期間を除いて60日以内に，議決しないときは，衆議院は，参議院がその法律案を否決したものとみなすことができる。

第60条〔衆議院の予算先議・衆議院の優越〕　予算は，さきに衆議院に提出しなければならない。

②　予算について，参議院で衆議院と異なつた議決をした場合に，法律の定めるところにより，両議院の協議会を開いても意見が一致しないとき，又は参議院が，衆議院の可決した予算を受け取つた後，国会休会中の期間を除いて30日以内に，議決しないときは，衆議院の議決を国会の議決とする。

第61条〔条約の承認・衆議院の優越〕　条約の締結に必要な国会の承認については，前条第２項の規定を準用する。

第62条〔議院の国政調査権〕　両議院は，各ゝ国政に関する調査を行ひ，これに関して，証人の出頭及び証言並びに記録の提出を要求することができる。

第63条〔国務大臣の議院出席の権利と義務〕　内閣総理大臣その他の国務大臣は，両議院の一に議席を有すると有しないとにかかはらず，何時でも議案について発言するため議院に出席することができる。又，答弁又は説明のため出席を求められたときは，出席しなければならない。

第64条〔弾劾裁判所〕　国会は，罷免の訴追を受けた裁判官を裁判するため，両議院の議員で組織する弾劾裁判所を設ける。

②　弾劾に関する事項は，法律でこれを定める。

第５章　内　閣

第65条〔行政権〕　行政権は，内閣に属する。

第66条〔内閣の組織・国会に対する連帯責任〕　内閣は，法律の定めるところにより，その首長たる内閣総理大臣及びその他の国務大臣でこれを組織する。

②　内閣総理大臣その他の国務大臣は，文民でなければならない。

③　内閣は，行政権の行使について，国会に対し連帯して責任を負ふ。

第67条〔内閣総理大臣の指名・衆議院の優越〕　内閣総理大臣は，国会議員の中から国会の議決で，これを指名する。この指名は，他のすべての案件に先だつて，これを行ふ。

②　衆議院と参議院とが異なつた指名の議決をした場合に，法律の定めるところにより，両議院の協議会を開いても意見が一致しないとき，又は衆議院が指名の議決をした後，国会休会中の期間を除いて10日以内に，参議院が，指名の議決をしないときは，衆議院の議決を国会の議決とする。

第68条〔国務大臣の任命・罷免〕　内閣総理大臣は，国務大臣を任命する。但し，その過半数は，国会議員の中から選ばれなければならない。

②　内閣総理大臣は，任意に国務大臣を罷免することができる。

第69条〔衆議院の内閣不信任と解散又は総辞職〕　内閣は，衆議院で不信任の決議案を可決し，又は信任の決議案を否決したときは，10日以内に衆議院が解散されない限り，総辞職をしなければならない。

第70条〔内閣総理大臣の欠缺・新国会の召集と内閣の総辞職〕　内閣総理大臣が欠けたとき，又は衆議院議員総選挙の後に初めて国会の召集があつたときは，内閣は，総辞職をしなければならない。

第71条〔総辞職後の内閣〕　前２条の場合には，内閣は，あらたに内閣総理大臣が任命されるまで引き続きその職務を行ふ。

第72条〔内閣総理大臣の職務権限〕　内閣総理大臣は，内閣を代表して議案を国会に提出し，一般国務及び外交関係について国会に報告し，並びに行政各部を指揮監督する。

第73条〔内閣の職務権限〕　内閣は，他の一般行政事務の外，左の事務を行ふ。

(1)　法律を誠実に執行し，国務を総理すること。

(2)　外交関係を処理すること。

【訴追】　その地位にあることが適当でないという理由をあげて，ある人をやめさせようとすること。

【弾劾】　裁判官などを不適任であるという理由によって非難すること。

第65条〔内閣〕（➡p.112〜115）
行政権

【首長】　かしら。一つの機関が何人かで組織されている場合に，それらの人々のなかで一番上の地位に立ちその他の人々を指導し統制する人。内閣総理大臣は内閣のなかでこのような地位に立っている。

【文民】　軍人でない人。この言葉はこの新憲法ではじめて作られたものである。「かつて職業軍人でなかった者」とする説が通説とされていたが，最近では文民条項を自衛隊員にも適用させようとの意図の下に「かつて職業軍人でなかったのみならず，現在も職業軍人でない者」とする考え方が一般的となっている。

【案件】　問題として出されていることがら。ここでは国会の会議に出されていることがら。

【不信任】　信任しないこと。衆議院が内閣の方針や政治のやり方を国民の考えにそむいていると非難して，内閣を信任しないということを決議することを不信任の決議という。

【国務】　国の仕事。内閣がする政治その他の国の仕事のこと。

【行政各部】　実際に行政を行うために設けられている機関。内閣の統轄の下に多くの省や庁がそれぞれ行政の仕事を分担して行うために設けられている。

(3)　条約を締結すること。但し，事前に，時宜によつては事後に，国会の承認を経ることを必要とする。
(4)　法律の定める基準に従ひ，官吏に関する事務を掌理すること。
(5)　予算を作成して国会に提出すること。
(6)　この憲法及び法律の規定を実施するために，政令を制定すること。但し，政令には，特にその法律の委任がある場合を除いては，罰則を設けることができない。
(7)　大赦，特赦，減刑，刑の執行の免除及び復権を決定すること。

第74条〔法律・政令の署名〕　法律及び政令には，すべて主任の国務大臣が署名し，内閣総理大臣が連署することを必要とする。

第75条〔国務大臣の訴追〕　国務大臣は，その在任中，内閣総理大臣の同意がなければ，訴追されない。但し，これがため，訴追の権利は，害されない。

第6章　司法

第76条〔司法権と裁判所・特別裁判所の禁止・裁判官の独立〕　すべて司法権は，最高裁判所及び法律の定めるところにより設置する下級裁判所に属する。
②　特別裁判所は，これを設置することができない。行政機関は，終審として裁判を行ふことができない。
③　すべて裁判官は，その良心に従ひ独立してその職権を行ひ，この憲法及び法律にのみ拘束される。

第77条〔最高裁判所の規則制定権〕　最高裁判所は，訴訟に関する手続，弁護士，裁判所の内部規律及び司法事務処理に関する事項について，規則を定める権限を有する。
②　検察官は，最高裁判所の定める規則に従はなければならない。
③　最高裁判所は，下級裁判所に関する規則を定める権限を，下級裁判所に委任することができる。

第78条〔裁判官の身分の保障〕　裁判官は，裁判により，心身の故障のために職務を執ることができないと決定された場合を除いては，公の弾劾によらなければ罷免されない。裁判官の懲戒処分は，行政機関がこれを行ふことはできない。

第79条〔最高裁判所の裁判官・国民審査・定年・報酬〕　最高裁判所は，その長たる裁判官及び法律の定める員数のその他の裁判官でこれを構成し，その長たる裁判官以外の裁判官は，内閣でこれを任命する。
②　最高裁判所の裁判官の任命は，その任命後初めて行はれる衆議院議員総選挙の際国民の審査に付し，その後10年を経過した後初めて行はれる衆議院議員総選挙の際更に審査に付し，その後も同様とする。
③　前項の場合において，投票者の多数が裁判官の罷免を可とするときは，その裁判官は，罷免される。
④　審査に関する事項は，法律でこれを定める。
⑤　最高裁判所の裁判官は，法律の定める年齢に達した時に退官する。
⑥　最高裁判所の裁判官は，すべて定期に相当額の報酬を受ける。この報酬は，在任中，これを減額することができない。

第80条〔下級裁判所の裁判官・任期・定年・報酬〕　下級裁判所の裁判官は，最高裁判所の指名した者の名簿によつて，内閣でこれを任命する。その裁判官は，任期を10年とし，再任されることができる。但し，法律の定める年齢に達した時には退官する。
②　下級裁判所の裁判官は，すべて定期に相当額の報酬を受ける。この報酬は，在任中，これを減額することができない。

第81条〔法令審査権と最高裁判所〕　最高裁判所は，一切の法律，命令，規則又は処分が憲法に適合するかしないかを決定する権限を有する終審裁判所である。

第82条〔裁判の公開〕　裁判の対審及び判決は，公開法廷でこれを行ふ。
②　裁判所が，裁判官の全員一致で，公の秩序又は善良の風俗を害する虞があると決した場合には，対審は，公開しないでこれを行ふことができる。但し，政

【時宜】　その時の事情または都合。
【掌理】　とりおこなうこと。つかさどること。

【連署】　一緒に名前を書きそろえること。他の人が名前を書いたのに並べて自分も署名すること。これによって連署した人もまたその文書を認めたことになる。

第76条〔司法権〕（➡p.134～137）
裁判官の独立
【特別裁判所】　最高裁判所の系統からはずれた特別の裁判所。旧憲法下は軍人関係だけの軍法会議という特別裁判所などがあった。

【終審】　いちばん上級の最後の審判。それ以上にはもはや裁判が行われないこと。
【裁判官の懲戒処分】　裁判官の義務違反に対して制裁を科す処分のことで，戒告（戒めを申し渡すこと）と過料（金銭の支払い）があり（裁判官分限法第2条），処分を決定することができるのは裁判所だけである。
第79条〔国民審査〕
最高裁判所裁判官国民審査
（➡p.136）

【再任】　再び同じ任務につくこと。ここではいちど10年間裁判官をした人がまたもういちど10年間裁判官をつとめること。
第81条〔法令審査〕
違憲法令審査権（➡p.136）

【対審】　被告や原告など裁判に関係する人々を対立させておこなう取調べ。裁判のいちばん大切な部分で，裁判官の前でたずねたり答えたりすること。
【政治犯罪】　政治上の罪。つまり個人が個人に対して犯した罪でなく，国の政治について反対したりするときに法律を犯したときは政治犯罪という。

治犯罪，出版に関する犯罪又はこの憲法第３章で保障する国民の権利が問題となつてゐる事件の対審は，常にこれを公開しなければならない。

第7章　財　政

第83条〔財政処理の要件〕 国の財政を処理する権限は，国会の議決に基いて，これを行使しなければならない。

第84条〔課税の要件〕 あらたに租税を課し，又は現行の租税を変更するには，法律又は法律の定める条件によることを必要とする。

第85条〔国費支出及び債務負担〕 国費を支出し，又は国が債務を負担するには，国会の議決に基くことを必要とする。

第86条〔予算〕 内閣は，毎会計年度の予算を作成し，国会に提出して，その審議を受け議決を経なければならない。

第87条〔予備費〕 予見し難い予算の不足に充てるため，国会の議決に基いて予備費を設け，内閣の責任でこれを支出することができる。

② すべて予備費の支出については，内閣は，事後に国会の承諾を得なければならない。

第88条〔皇室財産・皇室費用〕 すべて皇室財産は，国に属する。すべて皇室の費用は，予算に計上して国会の議決を経なければならない。

第89条〔公の財産の用途制限〕 公金その他の公の財産は，宗教上の組織若しくは団体の使用，便益若しくは維持のため，又は公の支配に属しない慈善，教育若しくは博愛の事業に対し，これを支出し，又はその利用に供してはならない。

第90条〔決算検査・会計検査院〕 国の収入支出の決算は，すべて毎年会計検査院がこれを検査し，内閣は，次の年度に，その検査報告とともに，これを国会に提出しなければならない。

② 会計検査院の組織及び権限は，法律でこれを定める。

第91条〔財政状況の報告〕 内閣は，国会及び国民に対し，定期に，少くとも毎年１回，国の財政状況について報告しなければならない。

第8章　地方自治

第92条〔地方自治の基本原則〕 地方公共団体の組織及び運営に関する事項は，地方自治の本旨に基いて，法律でこれを定める。

第93条〔地方公共団体の機関・直接選挙〕 地方公共団体には，法律の定めるところにより，その議事機関として議会を設置する。

② 地方公共団体の長，その議会の議員及び法律の定めるその他の吏員は，その地方公共団体の住民が，直接これを選挙する。

第94条〔地方公共団体の権能〕 地方公共団体は,その財産を管理し,事務を処理し，及び行政を執行する権能を有し，法律の範囲内で条例を制定することができる。

第95条〔特別法と住民投票〕 一の地方公共団体のみに適用される特別法は，法律の定めるところにより，その地方公共団体の住民の投票においてその過半数の同意を得なければ，国会は，これを制定することができない。

第9章　改　正

第96条〔憲法改正の手続・その公布〕 この憲法の改正は，各議院の総議員の３分の２以上の賛成で，国会が，これを発議し，国民に提案してその承認を経なければならない。この承認には，特別の国民投票又は国会の定める選挙の際行はれる投票において，その過半数の賛成を必要とする。

② 憲法改正について前項の承認を経たときは，天皇は，国民の名で，この憲法と一体を成すものとして，直ちにこれを公布する。

第10章　最高法規

第97条〔基本的人権の本質〕 この憲法が日本国民に保障する基本的人権は，人類の多年にわたる自由獲得の努力の成果であつて，これらの権利は，過去幾多

【租税】 税金。

【現行】 現在行われていること。

【債務】 借金など金銭を用立ててもらって将来返済する約束をすること。たとえば国が国債という債券を発行してそれをかたにして金銭を借りたり，銀行から借入金をしたりすることを債務の負担という。

【予見】 まえもって知ること。前から知っていること。台風や洪水のような天災などは，それがいつおこるかということなど，まえもって知っていることはできない。このようなわざわいのように，急におこった事件で国のお金がいるときは，予見しがたい支出となる。

【計上】 計算に入れること。予算の中に組み入れておくこと。

【公金】 おおやけのお金。個人のお金ではなく国家がもっているお金。

第92条〔地方自治〕
地方自治の本旨（➡p.118）

【本旨】 根本の目的。大もととなる原則。

【吏員】 役人。国の役人を官吏というのに対して，地方公共団体の役人を公吏または吏員という。地方公共団体の公務員。

第94条〔条例の制定〕
住民投票条例（➡p.119）

第96条〔憲法改正〕
憲法改正問題（➡p.106）

【発議】 提案すること。いい出すこと。国会の発議とは，衆・参両院でこれを可決してはじめて発議といわれる。

巻末資料

の試錬に堪へ，現在及び将来の国民に対し，侵すことのできない永久の権利として信託されたものである。

第98条〔憲法の最高法規性と条約及び国際法規の遵守〕 この憲法は，国の最高法規であつて，その条規に反する法律，命令，詔勅及び国務に関するその他の行為の全部又は一部は，その効力を有しない。

② 日本国が締結した条約及び確立された国際法規は，これを誠実に遵守することを必要とする。

第99条〔憲法尊重擁護の義務〕 天皇又は摂政及び国務大臣，国会議員，裁判官その他の公務員は，この憲法を尊重し擁護する義務を負ふ。

第11章 補　則

第100条〔憲法施行期日と準備手続〕 この憲法は，公布の日から起算して６箇月を経過した日〔昭和22・５・３〕から，これを施行する。

② この憲法を施行するために必要な法律の制定，参議院議員の選挙及び国会召集の手続並びにこの憲法を施行するために必要な準備手続は，前項の期日よりも前に，これを行ふことができる。

第101条〔経過規定－参議院未成立の間の国会〕 この憲法施行の際，参議院がまだ成立してゐないときは，その成立するまでの間，衆議院は，国会としての権限を行ふ。

第102条〔第一期参議院議員の任期〕 この憲法による第一期の参議院議員のうち，その半数の者の任期は，これを３年とする。その議員は，法律の定めるところにより，これを定める。

第103条〔公務員の地位に関する経過規定〕 この憲法施行の際現に在職する国務大臣，衆議院議員及び裁判官並びにその他の公務員で，その地位に相応する地位がこの憲法で認められてゐる者は，法律で特別の定をした場合を除いては，この憲法施行のため，当然にはその地位を失ふことはない。但し，この憲法によつて，後任者が選挙又は任命されたときは，当然その地位を失ふ。

【国民の名で】 国民の名前によって。国民に代わって。憲法を改正する権利をもっているのは主権をもつ国民なのであるから，天皇や国会や政府の名前によってではなく，国民が憲法の改正を認めたものとして国民に代わってこれを公布すること。

【条規】 規則。１条１条の条文によって定められている規則。

【国際法規】 国際社会の法。一国の内部だけの法ではなくて，各国が国際社会をかたちづくっていく上に，特別の条約がない場合にも守らなければならない法。

【遵守】 したがいまもること。

【起算】 そこを初めとしてかぞえること。ここでは公布の日を第１日として勘定して６か月になるということ。

大日本帝国憲法〔抄〕

［1889(明治22).2.11公布　1890(明治23).11.29施行］

第１章 天　皇

第１条 大日本帝国ハ万世一系ノ天皇之ヲ統治ス

第２条 皇位ハ皇室典範ノ定ムル所ニ依リ皇男子孫之ヲ継承ス

【皇室典範】 皇位継承など，皇室に関係のある事項を規定する法律。

第３条 天皇ハ神聖ニシテ侵スヘカラス

第４条 天皇ハ国ノ元首ニシテ統治権ヲ総攬シ此ノ憲法ノ条規ニ依リ之ヲ行フ

【元首】 国家を代表する資格をもった国家機関。

【総攬】 一手ににぎって掌握すること。

第５条 天皇ハ帝国議会ノ協賛ヲ以テ立法権ヲ行フ

【協賛】 帝国議会が法律案や予算を有効に成立させるため統治権者である天皇に対して必要な意思表示をすること。

第６条 天皇ハ法律ヲ裁可シ其ノ公布及執行ヲ命ス

【裁可】 議会の協賛による法案・予算案に天皇が許可を与えること。

第７条 天皇ハ帝国議会ヲ召集シ其ノ開会閉会停会及衆議院ノ解散ヲ命ス

第８条① 天皇ハ公共ノ安全ヲ保持シ又ハ其ノ災厄ヲ避クル為緊急ノ必要ニ由リ帝国議会閉会ノ場合ニ於テ法律ニ代ルヘキ勅令ヲ発ス

② 此ノ勅令ハ次ノ会期ニ於テ帝国議会ニ提出スヘシ若議会ニ於テ承諾セサルトキハ政府ハ将来ニ向テ其ノ効力ヲ失フコトヲ公布スヘシ

【勅令】 明治憲法下，帝国議会の協賛を経ず，天皇の大権による命令で，一般の国家事務に関して法規を定めたもの。

第９条 天皇ハ法律ヲ執行スル為ニ又ハ公共ノ安寧秩序ヲ保持シ及臣民ノ幸福ヲ増進スル為ニ必要ナル命令ヲ発シ又ハ発セシム但シ命令ヲ以テ法律ヲ変更スルコトヲ得ス

【安寧】 社会が穏やかで平和。

第10条 天皇ハ行政各部ノ官制及文武官ノ俸給ヲ定メ及文武官ヲ任免ス但シ此ノ憲法又ハ他ノ法律ニ特例ヲ掲ケタルモノハ各〻其ノ条項ニ依ル

【官制】 行政機関の設置・廃止・組織・権限などについての規定。

【任免】 役目につけることとやめさせること。

第11条 天皇ハ陸海軍ヲ統帥ス

【統帥】 軍隊を指揮・統率すること。

第12条 天皇ハ陸海軍ノ編制及常備兵額ヲ定ム

第13条 天皇ハ戦ヲ宣シ和ヲ講シ及諸般ノ条約ヲ締結ス

【諸般】 いろいろ。

第14条① 天皇ハ戒厳ヲ宣告ス

②戒厳ノ要件及効力ハ法律ヲ以テ之ヲ定ム

【戒厳】 戦争・事変に際し行政や司法権を軍隊にゆだね，兵力によって警備すること。

第15条　天皇ハ爵位勲章及其ノ他ノ栄典ヲ授与ス

【爵】 華族令によって制定された，華族の階級を表す称号。爵を公・侯・伯・子・男の5等に分けた。

【栄典】 栄誉を表すために与えられる位階・勲章など。

第16条　天皇ハ大赦特赦減刑及復権ヲ命ス

【大赦】 特別のことがあったとき，ある範囲の罪に対し刑を許すこと。

【特赦】 同様の場合，特定の者に対して行われる刑の免除。

【復権】 失った権利や資格をもとにもどすこと。

第17条①　摂政ヲ置クハ皇室典範ノ定ムル所ニ依ル

②　摂政ハ天皇ノ名ニ於テ大権ヲ行フ

【摂政】 皇室典範によって，天皇が成年に達しないとき，または精神・身体の重患や重大な事故の際，天皇に代わって政務を行うこと。

第2章　臣民権利義務

第18条　日本臣民タルノ要件ハ法律ノ定ムル所ニ依ル

第19条　日本臣民ハ法律命令ノ定ムル所ノ資格ニ応シ均ク文武官ニ任セラレ及其ノ他ノ公務ニ就クコトヲ得

第20条　日本臣民ハ法律ノ定ムル所ニ従ヒ兵役ノ義務ヲ有ス

第21条　日本臣民ハ法律ノ定ムル所ニ従ヒ納税ノ義務ヲ有ス

第22条　日本臣民ハ法律ノ範囲内ニ於テ居住及移転ノ自由ヲ有ス

第23条　日本臣民ハ法律ニ依ルニ非スシテ逮捕監禁審問処罰ヲ受クルコトナシ

【審問】 詳しく問いただすこと。

第24条　日本臣民ハ法律ニ定メタル裁判官ノ裁判ヲ受クルノ権ヲ奪ハルヽコトナシ

第25条　日本臣民ハ法律ニ定メタル場合ヲ除ク外其ノ許諾ナクシテ住所ニ侵入セラレ及捜索セラルヽコトナシ

第26条　日本臣民ハ法律ニ定メタル場合ヲ除ク外信書ノ秘密ヲ侵サルヽコトナシ

第27条①　日本臣民ハ其ノ所有権ヲ侵サルヽコトナシ

②　公益ノ為必要ナル処分ハ法律ノ定ムル所ニ依ル

第28条　日本臣民ハ安寧秩序ヲ妨ケス及臣民タルノ義務ニ背カサル限ニ於テ信教ノ自由ヲ有ス

第29条　日本臣民ハ法律ノ範囲内ニ於テ言論著作印行集会及結社ノ自由ヲ有ス

【印行】 印刷し発行すること。

【結社】 共通の目的のためにつくった団体や結合をいう。

第30条　日本臣民ハ相当ノ敬礼ヲ守リ別ニ定ムル所ノ規程ニ従ヒ請願ヲ為スコトヲ得

第31条　本章ニ掲ケタル条規ハ戦時又ハ国家事変ノ場合ニ於テ天皇大権ノ施行ヲ妨クルコトナシ

第32条　本章ニ掲ケタル条規ハ陸海軍ノ法令又ハ紀律ニ牴触セサルモノニ限リ軍人ニ準行ス

【牴触】 法律の規定などに違反すること。

【準行】 ある物事を標準としておこなうこと。

第3章　帝国議会

第33条　帝国議会ハ貴族院衆議院ノ両院ヲ以テ成立ス

第34条　貴族院ハ貴族院令ノ定ムル所ニ依リ皇族華族及勅任セラレタル議員ヲ以テ組織ス

【勅任】 天皇の命令によって官職に任ずること。

第35条　衆議院ハ選挙法ノ定ムル所ニ依リ公選セラレタル議員ヲ以テ組織ス

第36条　何人モ同時ニ両議院ノ議員タルコトヲ得ス

第37条　凡テ法律ハ帝国議会ノ協賛ヲ経ルヲ要ス

第38条　両議院ハ政府ノ提出スル法律案ヲ議決シ及各〻法律案ヲ提出スルコトヲ得

第4章　国務大臣及枢密顧問

第55条①　国務各大臣ハ天皇ヲ輔弼シ其ノ責ニ任ス

②　凡テ法律勅令其ノ他国務ニ関ル詔勅ハ国務大臣ノ副署ヲ要ス

【輔弼】 政治を行うのをたすけること。

【詔勅】 天皇が公に意思を表示する文書。

【副署】 天皇の文書的行為について，天皇を助ける者が署名すること。

第56条　枢密顧問ハ枢密院官制ノ定ムル所ニ依リ天皇ノ諮詢ニ応ヘ重要ノ国務ヲ審議ス

【枢密顧問】 国家の大事に関し天皇の諮問にこたえることを主な任務とした枢密院の構成をした顧問官。

【諮詢】 問いはかること。

第5章　司　法

第57条①　司法権ハ天皇ノ名ニ於テ法律ニ依リ裁判所之ヲ行フ

②　裁判所ノ構成ハ法律ヲ以テ之ヲ定ム

第58条①　裁判官ハ法律ニ定メタル資格ヲ具フル者ヲ以テ之ニ任ス

②　裁判官ハ刑法ノ宣告又ハ懲戒ノ処分ニ由ルノ外其ノ職ヲ免セラルヽコトナシ

③　懲戒ノ条規ハ法律ヲ以テ之ヲ定ム

第59条　裁判ノ対審判決ハ之ヲ公開ス但シ安寧秩序又ハ風俗ヲ害スルノ虞アルトキハ法律ニ依リ又ハ裁判所ノ決議ヲ以テ対審ノ公開ヲ停ムルコトヲ得

【対審】 原告・被告を法廷に立ち会わせて審理すること。

第60条　特別裁判所ノ管轄ニ属スヘキモノハ別ニ法律ヲ以テ之ヲ定ム

【特別裁判所】 特殊の人・事件について裁判権を行使する裁判所。軍法会議や行政裁判所がこれに当たる。日本国憲法はこれを認めない。

第61条　行政官庁ノ違法処分ニ由リ権利ヲ傷害セラレタリトスルノ訴訟ニシテ別ニ法律ヲ以テ定メタル行政裁判所ノ裁判ニ属スヘキモノハ司法裁判所ニ於テ受理スルノ限ニ在ラス

【行政裁判所】 行政官庁の行為の適法性を争い，その取消し・変更を求める訴訟の審理及び判決のための裁判所。

第7章　補　則

第73条①　将来此ノ憲法ノ条項ヲ改正スルノ必要アルトキハ勅命ヲ以テ議案ヲ帝国議会ノ議ニ付スヘシ

②　此ノ場合ニ於テ両議院ハ各〻其ノ総員３分ノ２以上出席スルニ非サレハ議事ヲ開クコトヲ得ス出席議員３分ノ２以上ノ多数ヲ得ルニ非サレハ改正ノ議決ヲ為スコトヲ得ス

第74条①　皇室典範ノ改正ハ帝国議会ノ議ヲ経ルヲ要セス

②　皇室典範ヲ以テ此ノ憲法ノ条規ヲ変更スルコトヲ得ス

法令集

国内法

労働基準法〔抄〕

〔公布1947.4.7法49　最終改正2022法68〕

解説▶憲法第27条にもとづき，労働者の労働条件の最低基準を定めた基本法。労働三法の一つとして1947年に制定されたが，1987年９月，40年ぶりに大幅改正され，変形労働時間制の導入，週40時間制へ移行することなどが定められた。また，1997年には男女の均等な機会及び待遇の確保のために，時間外労働や深夜労働についての規制がはずされることとなった。これは一方で，女性の過重労働を促すとして危惧する見方もある。本法に定められている基準以下の労働者使用には，罰則が規定されており，その労働契約は無効となる。

第１章　総則

第１条（労働条件の原則） 労働条件は，労働者が人たるに値する生活を営むための必要を充たすべきものでなければならない。

②　この法律で定める労働条件の基準は最低のものであるから，労働関係の当事者は，この基準を理由として労働条件を低下させてはならないことはもとより，その向上を図るように努めなければならない。

第２条（労働条件の決定） 労働条件は，労働者と使用者が，対等の立場において決定すべきものである。

②　労働者及び使用者は，労働協約，就業規則及び労働契約を遵守し，誠実に各〻その義務を履行しなければならない。

第３条（均等待遇） 使用者は，労働者の国籍，信条又は社会的身分を理由として，賃金，労働時間その他の労働条件について，差別的取扱をしてはならない。

第４条（男女同一賃金の原則） 使用者は，労働者が女性であることを理由として，賃金について，男性と差別的取扱いをしてはならない。

第５条（強制労働の禁止） 使用者は，暴行，脅迫，監禁その他精神又は身体の自由を不当に拘束する手段によつて，労働者の意思に反して労働を強制してはならない。

第６条（中間搾取の排除） 何人も，法律に基いて許される場合の外，業として他人の就業に介入して利益を得てはならない。

第７条（公民権行使の保障） 使用者は，労働者が労働時間中に，選挙権その他公民としての権利を行使し，又は公の職務を執行するために必要な時間を請求した場合においては，拒んではならない。但し，権利の行使又は公の職務の執行に妨げがない限り，請求された時刻を変更することができる。

第２章　労働契約

第13条（この法律違反の契約） この法律で定める基準に達しない労働条件を定める労働契約は，その部分については無効とする。この場合において，無効となつた部分は，この法律で定める基準による。

第14条（契約期間等） 労働契約は，期間の定めのないものを除き，一定の事業の完了に必要な期間を定めるもののほかは，３年（次の各号のいずれかに該当する労働契約にあつては，５年）を超える期間について締結してはならない。

第15条（労働条件の明示） 使用者は，労働契約の締結に際し，労働者に対して賃金，労働時間その他の労働条件を明示しなければならない。……

第17条（前借金相殺の禁止） 使用者は，前借金その他労働することを条件とする前貸の債権と賃金を相殺してはならない。

第19条（解雇制限） 使用者は，労働者が業務上負傷し，又は疾病にかかり療養のために休業する期間及びその後30日間並びに産前産後の女性が第65条の規定によつて休業する期間及びその後30日間は，解雇してはならない。

第20条（解雇の予告） 使用者は，労働者を解雇しようとする場合においては，少くとも30日前にその予告をしなければならない。30日前に予告をしない使用者は，30日分以上の平均賃金を支払わなければならない。……

第３章　賃金

第24条（賃金の支払） 賃金は，通貨で，直接労働者に，その全額を支払わなければならない。……

②　賃金は，毎月１回以上，一定の期日を定めて支払わなければならない。ただし，臨時に支払われる賃金，賞与その他これに準ずるもので厚生労働省令で定める賃金（第89条において「臨時の賃金等」という。）については，この限りでない。

第26条（休業手当） 使用者の責に帰すべき事由による休業の場合においては，使用者は，休業期間中当該労働者に，その平均賃金の100分の60以上の手当を支払わなければならない。

第27条（出来高払制の保障給） 出来高払制その他の請負制で使用する労働者については，使用者は，労働時間に応じ一定額の賃金の保障をしなければならない。

第28条（最低賃金） 賃金の最低基準に関しては，最低賃金法（昭和34年法律第137号）の定めるところによる。

第４章　労働時間，休憩，休日及び年次有給休暇

第32条（労働時間） 使用者は，労働者に，休憩時間を除き１週間について40時間を超えて，労働させてはならない。

②　使用者は，１週間の各日については，労働者に，休憩時間を除き１日について８時間を超えて，労働させてはならない。

第32条の２［１か月単位の変形労働時間制］ 使用者は，当該事業場に，労働者の過半数で組織する労働組合がある場合においてはその労働組合，労働者の過半数で組織する労働組合がない場合においては労働者の過半数を代表する者との書面による協定により，又は就業規則その他これに準ずるものにより，１箇月以内の一定の期間を平均し１週間当たりの労働時間が前条第１項の労働時間を超えない定めをしたときは，同条の規定にかかわらず，その定めにより，特定された週において同項の労働時間又は特定された日において同条第２項の労働時間を超えて，労働させることができる。

②　使用者は，厚生労働省令で定めるところにより，前項の協定を行政官庁に届け出なければならない。

第32条の４［１年単位の変形労働時間制］ 使用者は，当該事業場に，労働者の過半数で組織する労働組合がある場合においてはその労働組合，労働者の過半数で組織する労働組合がない場合においては労働者の過半数を代表する者との書面による協定により，次に掲げる事項を定めたときは，第32条の規定にかかわらず，その協定で第２号の対象期間として定められた期間を平均し１週間当たりの労働時間が40時間を超えない範囲内において，当該協定（次項の規定による定めをした場合においては,その定めを含む。）で定めるところにより，特定された週において同条第１項の労働時間又は特定された日において同条第２項の労働時間を超えて，労働させることができる。

第34条（休憩） 使用者は，労働時間が６時間を超える場合においては少くとも45分，８時間を超える場合においては少くとも１時間の休憩時間を労働時間の途中に与えなければならない。

第35条（休日） 使用者は，労働者に対して，毎週少くとも１回の休日を与えなければならない。

②　前項の規定は，４週間を通じ４日以上の休日を与える使用者については適用しない。

第36条（時間外及び休日の労働） 使用者は，当該事業場に，労働者の過半数で組織する労働組合がある場合においてはその労働組合，労働者の過半数で組織する労働組合がない場合においては労働者の過半数を代表する者との書面による協定をし，これを行政官庁に届け出た場合においては，第32条から第32条の５まで若しくは第40条の労働時間（以下この条において「労働時間」という。）又は前条の休日（以下この項において「休日」という。）に関する規定にかかわらず，その協定で定めるところによつて労働時間を

延長し，又は休日に労働させることができる。ただし，坑内労働その他厚生労働省令で定める健康上特に有害な業務の労働時間の延長は，１日について２時間を超えてはならない。

③　……労働時間を延長して労働させることができる時間は，当該事業場の業務量，時間外労働の動向その他の事情を考慮して通常予見される時間外労働の範囲内において，限度時間を超えない時間に限る。

④　前項の限度時間は，１箇月について45時間及び１年について360時間とする。

⑤　……当該事業場における通常予見することのできない業務量の大幅な増加等に伴い臨時的に第３項の限度時間を超えて労働させる必要がある場合において，１箇月について労働時間を延長して労働させ，及び休日において労働させることができる時間（……100時間未満の範囲内に限る。）並びに１年について労働時間を延長して労働させることができる時間（……720時間を超えない範囲内に限る。）を定めることができる。この場合において，……１箇月について45時間を超えることができる月数（１年について６箇月以内に限る。）を定めなければならない。

⑥　使用者は，……当該各号に定める要件を満たすものとしなければならない。

(2)　１箇月について労働時間を延長して労働させ，及び休日において労働させた時間100時間未満であること。

(3)　対象期間の初日から１箇月ごとに区分した各期間に当該各期間の直前の１箇月，２箇月，３箇月，４箇月及び５箇月の期間を加えたそれぞれの期間における労働時間を延長して労働させ，及び休日において労働させた時間の１箇月当たりの平均時間80時間を超えないこと。

第37条（時間外，休日及び深夜の割増賃金） 使用者が，第33条又は前条第１項の規定により労働時間を延長し，又は休日に労働させた場合においては，その時間又はその日の労働については，通常の労働時間又は労働日の賃金の計算額の２割５分以上５割以下の範囲内でそれぞれ政令で定める率以上の率で計算した割増賃金を支払わなければならない。ただし，当該延長して労働させた時間が１箇月について60時間を超えた場合においては，その超えた時間の労働については，通常の労働時間の賃金の計算額の５割以上の率で計算した割増賃金を支払わなければならない。

第38条の４（裁量労働制） 賃金，労働時間その他の当該事業場における労働条件に関する事項を調査審議し，事業主に対し当該事項について意見を述べることを目的とする委員会（使用者及び当該事業場の労働者を代表する者を構成員とするものに限る。）が設置された事業場において，当該委員会がその委員の５分の４以上の多数による議決により次に掲げる事項に関する決議をし，かつ，使用者が，厚生労働省令で定めるところにより当該決議を行政官庁に届け出た場合において，第２号に掲げる労働者の範囲に属する労働者を当該事業場における第１号に掲げる業務に就かせたときは，当該労働者は，厚生労働省令で定めるところにより，第３号に掲げる時間労働したものとみなす。

第39条（年次有給休暇） 使用者は，その雇入れの日から起算して６箇月間継続勤務し全労働日の８割以上出勤した労働者に対して，継続し，又は分割した10労働日の有給休暇を与えなければならない。

②　使用者は，１年６箇月以上継続勤務した労働者に対しては，雇入れの日から起算して６箇月を超えて継続勤務する日（以下「６箇月経過日」という。）から起算した継続勤務年数１年ごとに，前項の日数に，次の表の上欄に掲げる６箇月経過日から起算した継続勤務年数の区分に応じ同表の下欄に掲げる労働日を加算した有給休暇を与えなければならない。ただし，継続勤務した期間を６箇月経過日から１年ごとに区分した各期間（最後に１年未満の期間を生じたときは，当該期間）の初日の前日の属する期間において出勤した日数が全労働日の８割未満である者に対しては，当該初日以後の１年間においては有給休暇を与えることを要しない。

６箇月経過日から起算した継続勤務年数	労働日
１年	１労働日
２年	２労働日
３年	４労働日
４年	６労働日
５年	８労働日
６年以上	10労働日

⑤　使用者は，前各項の規定による有給休暇を労働者の請求する時季に与えなければならない。ただし，請求された時季に有給休暇を与えることが事業の正常な運営を妨げる場合においては，他の時季にこれを与えることができる。

⑦　使用者は，……有給休暇の日数のうち５日については，基準日から１年以内の期間に，労働者ごとにその時季を定めることにより与えなければならない。……

第41条の２（高度プロフェッショナル制度） ……第１号に掲げる業務に就かせたときは，この章で定める労働時間，休憩，休日及び深夜の割増賃金に関する規定は，対象労働者については適用しない。……

(1)　高度の専門的知識等を必要とし，その性質上従事した時間と従事して得た成果との関連性が通常高くないと認められるものとして厚生労働省令で定める業務のうち，労働者に就かせることとする業務

第６章　年少者

第56条（最低年齢） 使用者は，児童が満15歳に達した日以後の最初の３月31日が終了するまで，これを使用してはならない。

②　前項の規定にかかわらず，別表第１第１号から第５号までに掲げる事業以外の事業に係る職業で，児童の健康及び福祉に有害でなく，かつ，その労働が軽易なものについては，行政官庁の許可を受けて，満13歳以上の児童をその者の修学時間外に使用することができる。映画の製作又は演劇の事業については，満13歳に満たない児童についても，同様とする。

第58条（未成年者の労働契約） 親権者又は後見人は，未成年者に代つて労働契約を締結してはならない。

第59条　未成年者は，独立して賃金を請求することができる。親権者又は後見人は，未成年者の賃金を代つて受け取つてはならない。

第61条（深夜業） 使用者は，満18才に満たない者を午後10時から午前５時までの間において使用してはならない。ただし，交替制によつて使用する満16才以上の男性については，この限りでない。

第６章の２　妊産婦等

第65条（産前産後） 使用者は，６週間（多胎妊娠の場合にあつては，14週間）以内に出産する予定の女性が休業を請求した場合においては，その者を就業させてはならない。

②　使用者は，産後８週間を経過しない女性を就業させてはならない。ただし，産後６週間を経過した女性が請求した場合において，その者について医師が支障がないと認めた業務に就かせることは，差し支えない。

③　使用者は，妊娠中の女性が請求した場合においては，他の軽易な業務に転換させなければならない。

第66条（妊産婦の時間外労働・休日労働）

②　使用者は，妊産婦が請求した場合においては，第33条第１項及び第３項並びに第36条第１項の規定にかかわらず，時間外労働をさせてはならず，又は休日に労働させてはならない。

第67条（育児時間） 生後満１年に達しない生児を育てる女性は，第34条の休憩時間のほか，１日２回各々少なくとも30分，その生児を育てるための時間を請求することができる。

第68条（生理日の就業が著しく困難な女性に対する措置） 使用者は，生理日の就業が著しく困難な女性が休暇を請求したときは，その者を生理日に就業させてはならない。

第7章　技能者の養成

第69条（徒弟の弊害排除） 使用者は，徒弟，見習，養成工その他名称の如何を問わず，技能の習得を目的とする者であることを理由として，労働者を酷使してはならない。

② 使用者は，技能の習得を目的とする労働者を家事その他技能の習得に関係のない作業に従事させてはならない。

第70条（職業訓練に関する特例） 職業能力開発促進法（昭和44年法律第64号）第24条第１項（同法第27条の２第２項において準用する場合を含む。）の認定を受けて行う職業訓練を受ける労働者について必要がある場合においては，その必要の限度で，第14条の契約期間，第62条及び第64条の３の年少者及び妊産婦等の危険有害業務の就業制限,第63条の年少者の坑内労働の禁止並びに第64条の２の妊産婦等の坑内業務の就業制限に関する規定について，厚生労働省令で別段の定めをすることができる。ただし，第63条の年少者の坑内労働の禁止に関する規定については，満16歳に満たない者に関しては，この限りでない。

第8章　災害補償

第75条（療養補償） 労働者が業務上負傷し，又は疾病にかかつた場合においては，使用者は，その費用で必要な療養を行い，又は必要な療養の費用を負担しなければならない。

第76条（休業補償） 労働者が前条の規定による療養のため，労働することができないために賃金を受けない場合においては，使用者は，労働者の療養中平均賃金の100分の60の休業補償を行わなければならない。

第79条（遺族補償） 労働者が業務上死亡した場合においては，使用者は，遺族に対して，平均賃金の1,000日分の遺族補償を行わなければならない。

第9章　就業規則

第89条（作成及び届出の業務） 常時10人以上の労働者を使用する使用者は，次に掲げる事項について就業規則を作成し，行政官庁に届け出なければならない。次に掲げる事項を変更した場合においても，同様とする。

(1) 始業及び終業の時刻，休憩時間，休日，休暇並びに労働者を２組以上に分けて交替に就業させる場合においては就業時転換に関する事項

(2) 賃金（臨時の賃金等を除く。以下この号において同じ。）の決定，計算及び支払の方法，賃金の締切り及び支払の時期並びに昇給に関する事項

(3) 退職に関する事項（解雇の事由を含む。）

第92条（法令及び労働協約との関係） 就業規則は，法令又は当該事業場について適用される労働協約に反してはならない。

第11章　監督機関

第97条（監督機関の職員等） 労働基準主管局（厚生労働省の内部部局として置かれる局…），都道府県労働局及び労働基準監督署に労働基準監督官を置くほか，厚生労働省令で定める必要な職員を置くことができる。……

第104条（監督機関に対する申告） 事業場に，この法律又はこの法律に基いて発する命令に違反する事実がある場合においては，労働者は，その事実を行政官庁又は労働基準監督官に申告することができる。

② 使用者は，前項の申告をしたことを理由として，労働者に対して解雇その他不利益な取扱をしてはならない。

労働組合法〔抄〕

〔**公布**1949.6.1法174　**最終改正**2022法68〕

解説▶ 戦後経済民主化の一部として，労働組合の存在を法的に認め，労使関係の運営について基本的な法的枠組みを与えた法律。この法では，組合の資格，使用者の不当労働行為の禁止，正当な組合活動や争議行為の刑事・民事責任の免責のほか，労働委員会の救済手続きについて定めている。

第1章　総則

第１条（目的） この法律は，労働者が使用者との交渉において対等の立場に立つことを促進することにより労働者の地位を向上させること，労働者がその労働条件について交渉するために自ら代表者を選出することその他の団体行動を行うために自主的に労働組合を組織し，団結することを擁護すること並びに使用者と労働者との関係を規制する労働協約を締結するための団体交渉をすること及びその手続を助成することを目的とする。

② 刑法（明治40年法律第45号）第35条の規定は，労働組合の団体交渉その他の行為であつて前項に掲げる目的を達成するためにした正当なものについて適用があるものとする。但し，いかなる場合においても，暴力の行使は，労働組合の正当な行為と解釈されてはならない。

第２条（労働組合） この法律で「労働組合」とは，労働者が主体となつて自主的に労働条件の維持改善その他経済的地位の向上を図ることを主たる目的として組織する団体又はその連合団体をいう。但し，左の各号の一に該当するものは，この限りでない。

(1) 役員，雇入解雇昇進又は異動に関して直接の権限を持つ監督的地位にある労働者，使用者の労働関係についての計画と方針とに関する機密の事項に接し，そのためにその職務上の義務と責任とが当該労働組合の組合員としての誠意と責任とに直接にてい触する監督的地位にある労働者その他使用者の利益を代表する者の参加を許すもの

(2) 団体の運営のための経費の支出につき使用者の経理上の援助を受けるもの。但し，労働者が労働時間中に時間又は賃金を失うことなく使用者と協議し，又は交渉することを使用者が許すことを妨げるものではなく，且つ，厚生資金又は経済上の不幸若しくは災厄を防止し，若しくは救済するための支出に実際に用いられる福利その他の基金に対する使用者の寄附及び最小限の広さの事務所の供与を除くものとする。

(3) 共済事業その他福利事業のみを目的とするもの

(4) 主として政治運動又は社会運動を目的とするもの

第３条（労働者） この法律で「労働者」とは，職業の種類を問わず，賃金，給料その他これに準ずる収入によつて生活する者をいう。

第2章　労働組合

第５条（労働組合として設立されたものの取扱） 労働組合は，労働委員会に証拠を提出して第２条及び第２項の規定に適合することを立証しなければ，この法律に規定する手続に参与する資格を有せず，且つ，この法律に規定する救済を与えられない。

② 労働組合の規約には，左の各号に掲げる規定を含まなければならない。

［左の各号とは，(1)名称　(2)主たる事務所の位置　(3)組合員の運営参与権と均等待遇　(4)組合員資格の平等取扱い　(5)組合役員の選出方法　(6)最低年１回の総会開催　(7)組合経理の公開　(8)同盟罷業の開始手続　(9)組合規約の改正手続］

第６条（交渉権限） 労働組合の代表者又は労働組合の委任を受けた者は，労働組合又は組合員のために使用者又はその団体と労働協約の締結その他の事項に関して交渉する権限を有する。

第７条（不当労働行為） 使用者は，次の各号に掲げる行為をしてはならない。

(1) 労働者が労働組合の組合員であること，労働組合に加入し，若しくはこれを結成しようとしたこと若しくは労働組合の正当な行為をしたことの故をもつて，その労働者を解雇し，その他これに対して不利益な取扱いをすること又は労働者が労働組合に加入せず，若しくは労働組合から脱退することを雇用条件とすること。

(2) 使用者が雇用する労働者の代表者と団体交渉をすることを正当な理由がなくて拒むこと。

(3) 労働者が労働組合を結成し，若しくは運営することを支配し，若しくはこれに介入すること，又は労働組合の運

営のための経費の支払につき経理上の援助を与えること。

(4) 労働者が労働委員会に対し使用者がこの条の規定に違反した旨の申立てをしたこと若しくは中央労働委員会に対し第27条第４項の規定による命令に対する再審査の申立てをしたこと又は労働委員会がこれらの申立てに係る調査若しくは審問をし，若しくは労働関係調整法（昭和21年法律第25号）による労働争議の調整をする場合に労働者が証拠を提示し，若しくは発言をしたことを理由として，その労働者を解雇し，その他これに対して不利益な取扱いをすること。

第８条（損害賠償） 使用者は，同盟罷業その他の争議行為であつて正当なものによつて損害を受けたことの故をもつて，労働組合又はその組合員に対し賠償を請求することができない。

第３章 労働協約

第14条（労働協約の効力の発生） 労働組合と使用者又はその団体との間の労働条件その他に関する労働協約は，書面に作成し，両当事者が署名し，又は記名押印することによつてその効力を生ずる。

第15条（労働協約の期間） 労働協約には，３年をこえる有効期間の定をすることができない。

② ３年をこえる有効期間の定をした労働協約は，３年の有効期間の定をした労働協約とみなす。

③ 有効期間の定がない労働協約は，当事者の一方が，署名し，又は記名押印した文書によつて相手方に予告して，解約することができる。一定の期間を定める労働協約であつて，その期間の経過後も期限を定めず効力を存続する旨の定があるものについて，その期間の経過後も，同様とする。

④ 前項の予告は，解約しようとする日の少くとも90日前にしなければならない。

第４章 労働委員会

第19条（労働委員会） 労働委員会は，使用者を代表する者（以下「使用者委員」という。），労働者を代表する者（以下「労働者委員」という。）及び公益を代表する者（以下「公益委員」という。）各同数をもつて組織する。

第20条（労働委員会の権限） 労働委員会は，第５条，第11条及び第18条の規定によるもののほか，不当労働行為事件の審査等並びに労働争議のあつせん，調停及び仲裁をする権限を有する。

労働関係調整法〔抄〕

〔**公布**1946.9.27法25 **最終改正**2014法69〕

解説▶ 労使間の自主的紛争解決が困難な場合に，労働委員会による，斡旋・調停・仲裁の調整制度を通じて労働争議の予防・解決を図ることを目的とする法律。自主的な解決が困難となり労働委員会の助力を受けなくてはならない場合でも，斡旋段階で，大多数が解決している。

第１条（法の目的） この法律は，労働組合法と相俟つて，労働関係の公正な調整を図り，労働争議を予防し，又は解決して，産業の平和を維持し，もつて経済の興隆に寄与することを目的とする。

第７条（争議行為） この法律において争議行為とは，同盟罷業，怠業，作業所閉鎖その他労働関係の当事者が，その主張を貫徹することを目的として行ふ行為及びこれに対抗する行為であつて，業務の正常な運営を阻害するものをいふ。

第８条（公益事業，その指定，公表） この法律において公益事業とは，次に掲げる事業であつて，公衆の日常生活に欠くことのできないものをいう。

(1) 運輸事業
(2) 郵便，信書便又は電気通信の事業
(3) 水道，電気又はガスの供給の事業
(4) 医療又は公衆衛生の事業

第36条（安全保持） 工場事業場における安全保持の施設の正常な維持又は運行を停廃し，又はこれを妨げる行為は，争議行為としてでもこれをなすことはできない。

第37条（予告期間） 公益事業に関する事件につき関係当事者が争議行為をするには，その争議行為をしようとする日の少なくとも10日前までに，労働委員会及び厚生労働大臣又は都道府県知事にその旨を通知しなければならない。

第38条（緊急調整中の争議行為の禁止） 緊急調整の決定をなした旨の公表があつたときは，関係当事者は，公表の日から50日間は，争議行為をなすことができない。

労働契約法〔抄〕

〔**公布**2007.12.5 法128 **最終改正**2018法71〕

第12条（就業規則違反の労働契約） 就業規則で定める基準に達しない労働条件を定める労働契約は，その部分については，無効とする。この場合において，無効となった部分は，就業規則で定める基準による。

第16条（解雇） 解雇は，客観的に合理的な理由を欠き，社会通念上相当であると認められない場合は，その権利を濫用したものとして，無効とする。

男女雇用機会均等法〔抄〕

〔**公布**「勤労婦人福祉法」1972.7.1 法113 **最終改正**2022法68〕

（雇用の分野における男女の均等な機会及び待遇の確保等に関する法律）

解説▶ 同法は職場での男女差別をなくすため，1986年に旧「勤労婦人福祉法」の改正で成立したが，企業の努力を求めるだけだったため，ザル法との指摘を受けていた。行政指導をしても改善に応じない企業が後を絶たず，こうした問題点を改善するため，95年から婦人少年問題審議会が見直しに入り，97年の通常国会で改正案が可決，99年４月から施行された。改正の主なポイントは，①「募集・採用」「配置・昇進及び教育訓練」について女性に対する差別を禁止，②職場でのセクハラ防止のための雇用管理上の配慮義務を新設，③差別禁止規定に違反した悪質な企業は企業名を公表する制度の創設などが規定された。

第５条（性別を理由とする差別の禁止） 事業主は，労働者の募集及び採用について，その性別にかかわりなく均等な機会を与えなければならない。

第６条 事業主は，次に掲げる事項について，労働者の性別を理由として，差別的取扱いをしてはならない。

(1) 労働者の配置（業務の配分及び権限の付与を含む。），昇進，降格及び教育訓練
(2) 住宅資金の貸付けその他これに準ずる福利厚生の措置であつて厚生労働省令で定めるもの（３号以下略）

第11条（職場における性的な言動に起因する問題に関する雇用管理上の措置等） 事業主は，職場において行われる性的な言動に対するその雇用する労働者の対応により当該労働者がその労働条件につき不利益を受け，又は当該性的な言動により当該労働者の就業環境が害されることのないよう，当該労働者からの相談に応じ，適切に対応するために必要な体制の整備その他の雇用管理上必要な措置を講じなければならない。

② 事業主は，労働者が前項の相談を行つたこと又は事業主による当該相談への対応に協力した際に事実を述べたことを理由として，当該労働者に対して解雇その他不利益な取扱いをしてはならない。

③ 事業主は，他の事業主から当該事業主の講ずる第一項の措置の実施に関し必要な協力を求められた場合には，これに応ずるように努めなければならない。

男女共同参画社会基本法〔抄〕

〔**公布**1999.6.23法78 **最終改正**1999法160〕

第３条(男女の人権の尊重) 男女共同参画社会の形成は，男女の個人としての尊厳が重んぜられること，男女が性別による差別的取扱いを受けないこと，男女が個人として能力を発揮する機会が確保されることその他の男女の人権が尊重されることを旨として，行われなければならない。

教育基本法〔抄〕

〔**公布**1947.3.31法25 **改正**2006法120〕

■解説▶日本国憲法の平和と民主主義の理念にもとづいて，教育の理念や教育行政のあり方を示した法律。前文と条文18か条には，教育が個人の知的・人格的発達をめざすものであるとともに，それをとおして人類社会の平和と進歩に寄与すべきであるという認識が貫かれており，いわば「教育憲法」ともいうべきものである。2006年に改正がおこなわれ，道徳心，自律心，公共の精神，愛国心などについて新たに定められた。

我々日本国民は，たゆまぬ努力によって築いてきた民主的で文化的な国家を更に発展させるとともに，世界の平和と人類の福祉の向上に貢献することを願うものである。

我々は，この理想を実現するため，個人の尊厳を重んじ，真理と正義を希求し，公共の精神を尊び，豊かな人間性と創造性を備えた人間の育成を期するとともに，伝統を継承し，新しい文化の創造を目指す教育を推進する。

ここに，我々は，日本国憲法の精神にのっとり，我が国の未来を切り拓（ひら）く教育の基本を確立し，その振興を図るため，この法律を制定する。

第１条（教育の目的） 教育は，人格の完成を目指し，平和で民主的な国家及び社会の形成者として必要な資質を備えた心身ともに健康な国民の育成を期して行われなければならない。

第４条（教育の機会均等） すべて国民は，ひとしく，その能力に応じた教育を受ける機会を与えられなければならず，人種，信条，性別，社会的身分，経済的地位又は門地によって，教育上差別されない。

２　国及び地方公共団体は，障害のある者が，その障害の状態に応じ，十分な教育を受けられるよう，教育上必要な支援を講じなければならない。（３項略）

環境基本法〔抄〕

〔**公布**1993.11.19法91　**最終改正**2021法36〕

■解説▶1990年代に入ってからの，全地球的な環境の危機を叫ぶ声の高まり，92年に開催された地球サミットなどを背景に93年11月に成立した法律。この法律は①環境の恵沢の享受と継承，②環境への負荷が少ない社会の構築，③国際的協調による地球環境保全の積極的推進の３点を理念としている。

第１条（目的） この法律は，環境の保全について，基本理念を定め，並びに国，地方公共団体，事業者及び国民の責務を明らかにするとともに，環境の保全に関する施策の基本となる事項を定めることにより，環境の保全に関する施策を総合的かつ計画的に推進し，もって現在及び将来の国民の健康で文化的な生活の確保に寄与するとともに人類の福祉に貢献することを目的とする。

第２条（定義） この法律において「環境への負荷」とは，人の活動により環境に加えられる影響であって，環境の保全上の支障の原因となるおそれのあるものをいう。

②　この法律において「地球環境保全」とは，人の活動による地球全体の温暖化又はオゾン層の破壊の進行，海洋の汚染，野生生物の種の減少その他の地球の全体又はその広範な部分の環境に影響を及ぼす事態に係る環境の保全であって，人類の福祉に貢献するとともに国民の健康で文化的な生活の確保に寄与するものをいう。

消費者基本法〔抄〕

〔**公布**1968.5.30法78　**最終改正**2021法36〕

■解説▶国民の消費生活の安定と向上を確保することを目的とした消費者保護のための基本法。消費者保護に関する施策として，安全，公正，情報提供，知識・経験に対する配慮，苦情処理，環境保全などを掲げている。

第１条（目的） この法律は，消費者と事業者との間の情報の質及び量並びに交渉力等の格差にかんがみ，消費者の利益の擁護及び増進に関し，消費者の権利の尊重及びその自立の支援その他の基本理念を定め，国，地方公共団体及び事業者の責務等を明らかにするとともに，その施策の基本となる事項を定めることにより，消費者の利益の擁護及び増進に関する総合的な施策の推進を図り，もつて国民の消費生活の安定及び向上を確保することを目的とする。

第２条（基本理念） 消費者の利益の擁護及び増進に関する総合的な施策（以下「消費者政策」という。）の推進は，国民の消費生活における基本的な需要が満たされ，その健全な生活環境が確保される中で，消費者の安全が確保され，商品及び役務について消費者の自主的かつ合理的な選択の機会が確保され，消費者に対し必要な情報及び教育の機会が提供され，消費者の意見が消費者政策に反映され，並びに消費者に被害が生じた場合には適切かつ迅速に救済されることが消費者の権利であることを尊重するとともに，消費者が自らの利益の擁護及び増進のため自主的かつ合理的に行動することができるよう消費者の自立を支援することを基本として行われなければならない。

②　消費者の自立の支援に当たつては，消費者の安全の確保等に関して事業者による適正な事業活動の確保が図られるとともに，消費者の年齢その他の特性に配慮されなければならない。

情報公開法〔抄〕

〔**公布**1999.5.14法42　**最終改正**2021法37〕

（行政機関の保有する情報の公開に関する法律）

■解説▶地方ではすべての都道府県で情報公開条例を制定しているが，国の情報公開も本法によりようやく制度化された。長年政府が独占してきた情報を国民が共有することで，行政に対するチェック機能が高められるほか，国民の政治参加を活発化する効果も期待できる。

第１章　総則

第１条（目的） この法律は，国民主権の理念にのっとり，行政文書の開示を請求する権利につき定めること等により，行政機関の保有する情報の一層の公開を図り，もって政府の有するその諸活動を国民に説明する責務が全うされるようにするとともに，国民の的確な理解と批判の下にある公正で民主的な行政の推進に資することを目的とする。

重要影響事態法〔抄〕

〔**公布**1999.5.28法60　**最終改正**2021法36〕

（重要影響事態に際して我が国の平和及び安全を確保するための措置に関する法律）

■解説▶1999年に制定された周辺事態法が2015年に新安保法制の一環として改正されたもの。「我が国周辺の地域」という地理的な制約が取り除かれ，「重要影響事態」に際しては米軍等の後方支援のために地球上のどこへでも自衛隊を派遣することが可能となった。憲法９条に違反するとの批判も強くある。

第１条（目的） この法律は，そのまま放置すれば我が国に対する直接の武力攻撃に至るおそれのある事態等我が国の平和及び安全に重要な影響を与える事態（以下「重要影響事態」という。）に際し，合衆国軍隊等に対する後方支援活動等を行うことにより，日本国とアメリカ合衆国との間の相互協力及び安全保障条約（以下「日米安保条約」という。）の効果的な運用に寄与することを中核とする重要影響事態に対処する外国との連携を強化し，我が国の平和及び安全の確保に資することを目的とする。

民法〔抄〕

〔**公布**1896.4.27法89　**改正**2022法68〕

■解説▶民法とは，私人間の関係を規律する私法の中心的な法律。構成は，財産法（総則，物権，債権）と，家族法（親族，相続）に分類することができる。2018年，成年を20歳から18歳に引き下げ，婚姻適齢も男女とも18歳とする（現行の女性の婚姻適齢は16歳）改正が行われた（2022年４月１日施行）。

第１編　総則

第１条（基本原則） 私権は，公共の福祉に適合しなければならない。

② 権利の行使及び義務の履行は，信義に従い誠実に行わなければならない。
③ 権利の濫用は，これを許さない。
第２条（解釈の基準） この法律は，個人の尊厳と両性の本質的平等を旨として，解釈しなければならない。
第３条 私権の享有は，出生に始まる。
② 外国人は，法令又は条約の規定により禁止される場合を除き，私権を享有する。
第４条（成年） 年齢18歳をもって，成年とする。
第５条（未成年者の法律行為） 未成年者が法律行為をするには，その法定代理人の同意を得なければならない。ただし，単に権利を得，又は義務を免れる法律行為については，この限りでない。
② 前項の規定に反する法律行為は，取り消すことができる。

第４編 親族

第725条（親族の範囲） 次に掲げる者は，親族とする。
⑴ ６親等内の血族
⑵ 配偶者
⑶ ３親等内の姻族（いんぞく）
第726条（親等の計算） 親等は，親族間の世代数を数えて，これを定める。
② 傍系（ぼうけい）親族の親等を定めるには，その一人又はその配偶者から同一の祖先にさかのぼり，その祖先から他の一人に下るまでの世代数による。
第730条（親族間の扶（たす）け合い） 直系血族及び同居の親族は，互いに扶け合わなければならない。
第731条（婚姻適齢） 婚姻は，18歳にならなければ，することができない。
第750条（夫婦の氏） 夫婦は，婚姻の際に定めるところに従い，夫又は妻の氏を称する。

第５編 相続

第900条(法定相続分) 同順位の相続人が数人あるときは，その相続分は，次の各号の定めるところによる。
① 子及び配偶者が相続人であるときは，子の相続分及び配偶者の相続分は，各２分の１とする。
② 配偶者及び直系尊属が相続人であるときは，配偶者の相続分は，３分の２とし，直系尊属の相続分は，３分の１とする。
③ 配偶者及び兄弟姉妹が相続人であるときは，配偶者の相続分は，４分の３とし，兄弟姉妹の相続分は，４分の１とする。
④ 子，直系尊属又は兄弟姉妹が数人あるときは，各自の相続分は，相等しいものとする。ただし，父母の一方のみを同じくする兄弟姉妹の相続分は，父母の双方を同じくする兄弟姉妹の相続分の２分の１とする。

国 際 法

国際連合憲章〔抄〕

〔署名1945.6.26 発効1945.10.24 1956条約26〕

解説▶ 国連の目的・原則・組織・機能などを定めた国際社会の憲法ともいうべき国際条約。1945年のサンフランシスコ会議で連合国51か国が参加して採択された。前文以下19章，111条からなり，目的として，国際平和と安全の維持，民族の平等と自決の原則を尊重した国際友好の促進，人権と自由の尊重などが掲げられている。

われら連合国の人民は，われらの一生のうちに二度まで言語に絶する悲哀を人類に与えた戦争の惨害から将来の世代を救い，基本的人権と人間の尊厳及び価値と男女及び大小各国の同権とに関する信念をあらためて確認し，正義と条約その他の国際法の源泉から生ずる義務の尊重とを維持することができる条件を確立し，一層大きな自由の中で社会的進歩と生活水準の向上とを促進すること，並びに，このために，寛容を実行し，且つ，善良な隣人として互に平和に生活し，国際の平和及び安全を維持するためにわれらの力を合わせ，共同の利益の場合を除く外は武力を用いないことを原則の受諾と方法の設定によって確保し，すべての人民の経済的及び社会的発達を促進するために国際機構を用いることを決意して，これらの目的を達成するために，われらの努力を結集することに決定した。よって，われらの各自の政府は，サン・フランシスコ市に会合し，全権委任状を示してそれが良好妥当であると認められた代表者を通じて，この国際連合憲章に同意したので，ここに国際連合という国際機関を設ける。

第１章 目的及び原則

第１条（目的）
国際連合の目的は，次のとおりである。
1 国際の平和及び安全を維持すること。そのために，平和に対する脅威の防止及び除去と侵略行為その他の平和の破壊の鎮圧とのため有効な集団的措置をとること並びに平和を破壊するに至る虞のある国際的の紛争又は事態の調整又は解決を平和的手段によつて且つ正義及び国際法の原則に従つて実現すること。
2 人民の同権及び自決の原則の尊重に基礎をおく諸国間の友好関係を発展させること並びに世界平和を強化するために他の適当な措置をとること。
3 経済的，社会的，文化的又は人道的性質を有する国際問題を解決することについて，並びに人種，性，言語又は宗教による差別なくすべての者のために人権及び基本的自由を尊重するように助長奨励することについて，国際協力を達成すること。
4 これらの共通の目的の達成に当つて諸国の行動を調和するための中心となること。

第２条（原則）
この機構及びその加盟国は，第１条に掲げる目的を達成するに当つては，次の原則に従つて行動しなければならない。
1 この機構は，そのすべての加盟国の主権平等の原則に基礎をおいている。
3 すべての加盟国は，その国際紛争を平和的手段によつて国際の平和及び安全並びに正義を危くしないように解決しなければならない。
4 すべての加盟国は，その国際関係において，武力による威嚇又は武力の行使を，いかなる国の領土保全又は政治的独立に対するものも，また，国際連合の目的と両立しない他のいかなる方法によるものも慎まなければならない。

第３章 機関

第７条（機関）
1 国際連合の主要機関として，総会，安全保障理事会，経済社会理事会，信託統治理事会，国際司法裁判所及び事務局を設ける。
2 必要と認められる補助機関は，この憲章に従つて設けることができる。

第４章 総会

第９条（構成）
1 総会は，すべての国際連合加盟国で構成する。
2 各加盟国は，総会において５人以下の代表者を有するものとする。

第10条（総則）
総会は，この憲章の範囲内にある問題若しくは事項又はこの憲章に規定する機関の権限及び任務に関する問題若しくは事項を討議し，……このような問題又は事項について国際連合加盟国若しくは安全保障理事会又はこの両者に対して勧告をすることができる。

第11条（平和と安全の維持）
1 総会は，国際の平和及び安全の維持についての協力に関する一般原則を，軍備縮少及び軍備規制を律する原則も含めて，審議し，並びにこのような原則について加盟国若しくは安全保障理事会又はこの両者に対して勧告をすることができる。

第12条（安全保障理事会との関係）
1 安全保障理事会がこの憲章によつて与えられた任務をいずれかの紛争又は事態について遂行している間は，総会は，安全保障理事会が要請しない限り，この紛争又は事態について，いかなる勧告もしてはならない。

第18条（表決手続）
1 総会の各構成国は，１個の投票権を有する。
2 重要問題に関する総会の決定は，出席し且つ投票する構成国の３分の２の多数

巻末資料

によつて行われる。重要問題には，国際の平和及び安全の維持に関する勧告，安全保障理事会の非常任理事国の選挙，経済社会理事会の理事国の選挙，第86条１ｃによる信託統治理事会の理事国の選挙，新加盟国の国際連合への加盟の承認，加盟国としての権利及び特権の停止，加盟国の除名，信託統治制度の運用に関する問題並びに予算問題が含まれる。

3　その他の問題に関する決定は，……出席し且つ投票する構成国の過半数によつて行われる。

第5章　安全保障理事会

第24条（平和と安全の維持）

1　国際連合の迅速且つ有効な行動を確保するために，国際連合加盟国は，国際の平和及び安全の維持に関する主要な責任を安全保障理事会に負わせるものとし，且つ，安全保障理事会がこの責任に基く義務を果すに当つて加盟国に代つて行動することに同意する。

第27条（表決手続）

1　安全保障理事会の各理事国は，１個の投票権を有する。

2　手続事項に関する安全保障理事会の決定は，９理事国の賛成投票によつて行われる。

3　その他のすべての事項に関する安全保障理事会の決定は，常任理事国の同意投票を含む９理事国の賛成投票によつて行われる。

第6章　紛争の平和的解決

第33条（平和的解決の義務）

1　いかなる紛争でもその継続が国際の平和及び安全の維持を危くする虞のあるものについては，その当事者は，まず第一に，交渉，審査，仲介，調停，仲裁裁判，司法的解決，地域的機関又は地域的取極の利用その他当事者が選ぶ平和的手段による解決を求めなければならない。

第7章　平和に対する脅威，平和の破壊及び侵略行為に関する行動

第41条（非軍事的措置）

安全保障理事会は，その決定を実施するために，兵力の使用を伴わないいかなる措置を使用すべきかを決定することができ，且つ，この措置を適用するように国際連合加盟国に要請することができる。この措置は，経済関係及び鉄道，航海，航空，郵便，電信，無線通信その他の運輸通信の手段の全部又は一部の中断並びに外交関係の断絶を含むことができる。

第42条（軍事的措置）

安全保障理事会は，第41条に定める措置では不充分であろうと認め，又は不充分なことが判明したと認めるときは，国際の平和及び安全の維持又は回復に必要な空軍，海軍又は陸軍の行動をとることができる。この行動は，国際連合加盟国の空軍，海軍又は陸軍による示威，封鎖その他の行動を含むことができる。

第51条（個別的・集団的自衛権）

この憲章のいかなる規定も，国際連合加盟国に対して武力攻撃が発生した場合には，安全保障理事会が国際の平和及び安全の維持に必要な措置をとるまでの間，個別的又は集団的自衛の固有の権利を害するものではない。この自衛権の行使に当つて加盟国がとつた措置は，直ちに安全保障理事会に報告しなければならない。また，この措置は，安全保障理事会が国際の平和及び安全の維持又は回復のために必要と認める行動をいつでもとるこの憲章に基く権能及び責任に対しては，いかなる影響も及ぼすものではない。

世界人権宣言〔抄〕

〔1948.12.10採択（国連第３回総会）〕

解説▶ 第二次世界大戦での人権蹂躙（じゅうりん）・暴虐の反省に立って，この世界に再びファシズムが芽生えないよう，人間の尊厳と人権の確保を確認するため，国連で採択された宣言。欧米諸国で確立した人権体系を，国際的次元で確認した点は意義深い。しかし，この宣言は一つの理想を示したにすぎず，法的拘束力をもたなかったので，人権確保を国際的に法制化するものとして，国際人権規約（1966年）が採択された。

前　文

人類社会のすべての構成員の固有の尊厳と平等で譲ることのできない権利とを承認することは，世界における自由，正義及び平和の基礎であるので，

人権の無視及び軽侮が，人類の良心を踏みにじつた野蛮行為をもたらし，言論及び信仰の自由が受けられ，恐怖及び欠乏のない世界の到来が，一般の人々の最高の願望として宣言されたので，

人間が専制と圧迫とに対する最後の手段として反逆に訴えることがないようにするためには，法の支配によつて人権を保護することが肝要であるので，……

よつて，ここに，国際連合総会は，

……すべての人民とすべての国とが達成すべき共通の基準として，この世界人権宣言を公布する。

第１条（自由平等） すべての人間は，生れながらにして自由であり，かつ，尊厳と権利とについて平等である。人間は，理性と良心とを授けられており，互いに同胞の精神をもつて行動しなければならない。

第２条（権利と自由の享有に関する無差別待遇） 1　すべて人は，人種，皮膚の色，性，言語，宗教，政治上その他の意見，国民的もしくは社会的出身，財産，門地その他の地位又はこれに類するいかなる事由による差別をも受けることなく，この宣言に掲げるすべての権利と自由とを享有することができる。

第７条（法の下における平等） すべての人は，法の下において平等であり，また，いかなる差別もなしに法の平等な保護を受ける権利を有する。すべての人は，この宣言に違反するいかなる差別に対しても，また，そのような差別をそそのかすいかなる行為に対しても，平等な保護を受ける権利を有する。

第19条（意見，表現の自由） すべて人は，意見及び表現の自由に対する権利を有する。この権利は，干渉を受けることなく自己の意見をもつ自由並びにあらゆる手段により，また，国境を越えると否とにかかわりなく，情報及び思想を求め，受け，及び伝える自由を含む。

第23条（勤労の権利） 1　すべて人は，勤労し，職業を自由に選択し，公正かつ有利な勤労条件を確保し，及び失業に対する保護を受ける権利を有する。

第25条（生活の保障） 1　すべて人は，衣食住，医療及び必要な社会的施設等により，自己及び家族の健康及び福祉に十分な生活水準を保持する権利並びに失業，疾病，心身障害，配偶者の死亡，老齢その他不可抗力による生活不能の場合は，保障を受ける権利を有する。

2　母と子とは，特別の保護及び援助を受ける権利を有する。すべての児童は，嫡出であると否とを問わず，同じ社会的保護を受ける。

国際人権規約〔抄〕

〔1966.12.16採択 1979.9.21批准 1979条約6・7〕

解説▶ 世界人権宣言を条約化し，その実施を義務づけるため起草されたのが，国際人権規約である。「経済的，社会的及び文化的権利に関する規約」（Ａ規約，社会権的規約），「市民的及び政治的権利に関する規約」（Ｂ規約，自由権的規約），自由権規約に関する「選択議定書」の三つの条約からなる。「選択議定書」は被害者個人が国連人権委員会へ救済申し立てすることを認めた議定書であり，日本は未だ批准していない。

経済的，社会的及び文化的権利に関する国際規約（Ａ規約）

第１条（人民の自決の権利） 1　すべての人民は，自決の権利を有する。この権利に基づき，すべての人民は，その政治的地位を自由に決定し並びにその経済的，社会的及び文化的発展を自由に追求する。

第２条（人権実現の義務） 2　この規約の締約国は，この規約に規定する権利が人種，皮膚の色，性，言語，宗教，政治的意見その他の意見，国民的若しくは社会的出身，財産，出生又は他の地位によるいかなる差別もなしに行使されることを保障することを約束する。

第６条（労働の権利） 1　この規約の締約

国は，労働の権利を認めるものとし，この権利を保障するため適当な措置をとる。この権利には，すべての者が自由に選択し又は承諾する労働によつて生計を立てる機会を得る権利を含む。

第11条（生活水準についての権利） 1　この規約の締約国は，自己及びその家族のための相当な食糧，衣類及び住居を内容とする相当な生活水準についての並びに生活条件の不断の改善についてのすべての者の権利を認める。

市民的及び政治的権利に関する国際規約（B規約）

第6条（生存権及び死刑の制限） 1　すべての人間は，生命に対する固有の権利を有する。この権利は，法律によつて保護される。何人も，恣意的にその生命を奪われない。

第9条（身体の自由及び逮捕抑留の要件） 1　すべての者は，身体の自由及び安全についての権利を有する。何人も，恣意的に逮捕され又は抑留されない。

第20条（戦争宣伝及び差別等の扇動の禁止）

1　戦争のためのいかなる宣伝も，法律で禁止する。

2　差別，敵意又は暴力の扇動となる国民的，人種的又は宗教的憎悪の唱道は，法律で禁止する。

女性（女子）差別撤廃条約〔抄〕

〔1979.12.18採択 1985.6.25批准 1985条約7〕

（女子に対するあらゆる形態の差別の撤廃に関する条約）

解説▶ 女性に対するあらゆる差別を撤廃し，男女の平等の確立を目的とする。各国の法律，制度のみならず慣習をも対象とし，個人，団体，企業による女性差別撤廃の義務を国に負わせている。日本は国籍法，雇用機会均等法，教育における男女平等など国内法の整備を経て1985年に批准。

第1条（女子差別の定義） この条約の適用上，「女子に対する差別」とは，性に基づく区別，排除又は制限であつて，政治的，経済的，社会的，文化的，市民的その他のいかなる分野においても，女子（婚姻をしているかいないかを問わない。）が男女の平等を基礎として人権及び基本的自由を認識し，享有し又は行使することを害し又は無効にする効果又は目的を有するものをいう。

第2条（締約国の差別撤廃義務） 締約国は，女子に対するあらゆる形態の差別を非難し，女子に対する差別を撤廃する政策をすべての適当な手段により，かつ，遅滞なく追求することに合意し，及びこのため次のことを約束する。

(a)　男女の平等の原則が自国の憲法その他の適当な法令に組み入れられていない場合にはこれを定め，かつ，男女の平等の原則の実際的な実現を法律その他の適当な手段により確保すること。

(b)～(e)（略）

(f)　女子に対する差別となる既存の法律，規則，慣習及び慣行を修正し又は廃止するためのすべての適当な措置（立法を含む。）をとること。

(g)　女子に対する差別となる自国のすべての刑罰規定を廃止すること。

第3条（女子の能力開発・向上の確保） 締約国は，あらゆる分野，特に，政治的，社会的，経済的及び文化的分野において，女子に対して男子との平等を基礎として人権及び基本的自由を行使し及び享有することを保障することを目的として，女子の完全な能力開発及び向上を確保するためのすべての適当な措置（立法を含む。）をとる。

第11条（雇用における差別撤廃） 1　締約国は，男女の平等を基礎として同一の権利，特に次の権利を確保することを目的として，雇用の分野における女子に対する差別を撤廃するためのすべての適当な措置をとる。

子ども（児童）の権利条約〔抄〕

〔1989.11.20採択 1994.4.22批准 1994条約2〕

解説▶ これまで国連で採択されてきた「子供の権利ジュネーブ宣言」，「子供の権利宣言」などを背景に，子供が幸福な生活を送り，必要な権利と自由を享受できるよう包括的な権利の保障を各国政府に義務づけた条約。18歳以下の子供を対象とし，生きる権利，意見表明の権利，プライバシーの権利，初等教育を無償で受ける権利など全文54条からなる。

第1条（定義） この条約の適用上，児童とは，18歳未満のすべての者をいう。ただし，当該児童で，その者に適用される法律によりより早く成年に達したものを除く。

第2条（差別の禁止） 1　締約国は，その管轄の下にある児童に対し，児童又はその父母若しくは法定保護者の人種，皮膚の色，性，言語，宗教，政治的意見その他の意見，国民的，種族的若しくは社会的出身，財産，心身障害，出生又は他の地位にかかわらず，いかなる差別もなしにこの条約に定める権利を尊重し，及び確保する。

第3条（児童の最善の利益） 1　児童に関するすべての措置をとるに当たっては，公的若しくは私的な社会福祉施設，裁判所，行政当局又は立法機関のいずれによって行われるものであっても，児童の最善の利益が主として考慮されるものとする。

第6条（生命への権利） 1　締約国は，すべての児童が生命に対する固有の権利を有することを認める。

2　締約国は，児童の生存及び発達を可能な最大限の範囲において確保する。

第12条（意見表明権） 1　締約国は，自己の意見を形成する能力のある児童がその児童に影響を及ぼすすべての事項について自由に自己の意見を表明する権利を確保する。この場合において，児童の意見は，その児童の年齢及び成熟度に従って相応に考慮されるものとする。

第13条（表現の自由） 1　児童は，表現の自由についての権利を有する。この権利には，口頭，手書き若しくは印刷，芸術の形態又は自ら選択する他の方法により，国境とのかかわりなく，あらゆる種類の情報及び考えを求め，受け及び伝える自由を含む。

第14条（思想，良心及び宗教の自由） 1　締約国は，思想，良心及び宗教の自由についての児童の権利を尊重する。

第28条（教育に関する権利） 1　締約国は，教育についての児童の権利を認めるものとし，この権利を漸進的にかつ機会の平等を基礎として達成するため，特に

(a)　初等教育を義務的なものとし，すべての者に対して無償のものとする。

障害者の権利に関する条約〔抄〕

〔2006.12.13採択 2014.1.20批准2014条約1〕

解説▶ 2006年に国連で採択された本条約は，障がいをもつ人の尊厳と権利を保障するための条約である。日本においては長く未批准のままであったが，障害者差別解消法など国内法の整備が完了したことを受けて，2013年に批准した。

第1条（目的） この条約は，全ての障害者によるあらゆる人権及び基本的自由の完全かつ平等な享有を促進し，保護し，及び確保すること並びに障害者の固有の尊厳の尊重を促進することを目的とする。

障害者には，長期的な身体的，精神的，知的又は感覚的な機能障害であって，様々な障壁との相互作用により他の者との平等を基礎として社会に完全かつ効果的に参加することを妨げ得るものを有する者を含む。

第5条（平等及び無差別）

1　締約国は，全ての者が，法律の前に又は法律に基づいて平等であり，並びにいかなる差別もなしに法律による平等の保護及び利益を受ける権利を有することを認める。

2　締約国は，障害に基づくあらゆる差別を禁止するものとし，いかなる理由による差別に対しても平等かつ効果的な法的保護を障害者に保障する。

3　締約国は，平等を促進し，及び差別を撤廃することを目的として，合理的配慮が提供されることを確保するための全ての適当な措置をとる。……

第7条（障害のある児童）

1　締約国は，障害のある児童が他の児童との平等を基礎として全ての人権及び基本的自由を完全に享有することを確保するための全ての必要な措置をとる。……

大学入試頻出 基本用語解説

23……大学入学共通テスト（旧センター試験(本試)）現代社会に出題された年度を示しています。（2010年度以降）

公共の扉

1 社会のなかの私たち （➡p.16・17）

社会
人々が共同の空間に集まっている状態。集団としての社会には，家族・学校・職場・地域・国家・国際社会など様々な形態がある。

公共圏 23
人々が共通して関心をもつことがらについて語り合う空間のこと。**ハンナ・アーレント**は古代ギシリアのポリスの市民たちが対等な資格で政治や哲学について語り合ったことを「公共的領域」と呼び，価値観や視点の異なる人々が共存・共有することができる空間，すなわち公共圏（公共的空間）を説明した。また**ハーバーマス**は，政治的な合意形成をする場として公共圏を重視した。

2 青年期とは？ （➡p.18・19）

青年期 16
児童期から成人期へ移行する時期（こどもから大人への過渡期）のこと。一般的には，10代前半から20歳前後をさすが，延長させて30歳前後までとする考え方もある。

通過儀礼 22 13
人生の大きな節目に行われる社会儀式。儀式を通過するたびに世間にいろいろな面で認められていく。「誕生祝」「七五三」「成人式」「結婚式」などがある。しかし，社会の変容とともにこの伝統的な儀式も様相を変えてきている。

第二次性徴 23 18 11
生まれたときにみられる男女の性差を第一次性徴と呼ぶのに対して，青年期の身体的な変化の特徴をさす。男子は声変わりやひげが生えたり，女子は乳房のふくらみや初潮がみられたりする。その発現は個人の間ではほぼ共通の順序性が見られ，人によって早熟・晩熟がある。発現の時期は，時代とともに早くなっている傾向がある。

第二の誕生 21 20 18 14 13
ルソー（➡**15**）がその著書『エミール』の中で「私たちは，いわばこの世に２回生まれる。１回目はこの世に存在するために，２回目は生きるために」と述べたもの。青年期とは自我の目覚めや性への目覚めによって，精神的に自立・独立しようとする人生の第二の誕生の時期にあたる。

アイデンティティ 22 21 13 11
環境や時間の変化にかかわらず，自分が連続する同一のものであるという自覚。「自分は何者か，何をすべきなのか」ということを社会の中に位置づけ，理解できたときに，アイデンティティが確立したといえる。

エリクソン（1902～94） 23 21 16
現代社会の青年期の特色と課題を示唆したアメリカの心理学者。青年期を一人前の大人としての責任と義務が猶予(ゆうよ)されている「モラトリアム」として位置づけ，この時期の青年の課題を「アイデンティティの確立」であると提唱した。

モラトリアム 23 22 21 16
もとは経済用語で支払い猶予を指す。転じて，青年がアイデンティティを確立するまでの猶予期間という意味でエリクソンが提唱。

ハヴィガースト（1900～91） 16 14 10
アメリカの心理学者。青年期の発達課題（＝人間が成長していくそれぞれの発達段階において，次の段階へと発達していくために達成すべき課題）として，同年齢の男女との洗練された交際を学ぶことなど10項目をあげた。

境界人（マージナルマン） 23 18 16 13 12 11 10
青年は，もはや子ども扱いされることは望まないが，かといって大人の仲間入りもしていないため，中途半端で情緒的に不安定な状態になる。だから，悩み苦しむ。このような青年期の特徴を指す言葉。心理学者レヴィンによって提唱された概念。

レヴィン（1890～1947） 23 20 19 18 16 13
ドイツ生まれの心理学者。後に，ナチスに追われアメリカ合衆国に逃亡。そこで，特に人格・意志の要素を重視する研究を行った。

3 自分とは？ （➡p.20・21）

アイデンティティ拡散 22 16 14 13
アイデンティティの確立がうまくいかないと，「自分が何者なのか，何をしたいのかわからない」という状況になり，**アパシー**（無気力）に陥ってしまうことがある。これを，エリクソンはアイデンティティ拡散と呼んだ。

フラストレーション
人間の心が不安定・不満足な状態の時におこる心の現象。

コンフリクト 14 13
葛藤(かっとう)。勉強はしたくない・遊びたいが，勉強しないとテストの点が上がらない・希望の大学に入れない……二つ以上の相反する欲求が同時に起こり，そのどちらをとればよいか迷い苦しんでしまう状態。

防衛機制（防衛反応） 22 21 18 12
欲求不満や葛藤などによる心の不安や緊張を解消し，安心を求めようとする無意識の心の働き。オーストリアの心理学者フロイトが唱えた。その代表的なものは，抑圧，合理化，退行，代償，昇華などがある。

昇華
失恋経験を小説化したり，性的エネルギーをスポーツで転換するなど，性的または攻撃的衝動を直接満たそうとはせず，社会に受け入れられる文化的価値のあるものに向けること。

パーソナリティ
「その人らしさ」。「人格」と訳される。シュプランガーやクレッチマーによる類型が著名。

4 ライフキャリアの形成 （➡p.24・25）

キャリア 17 10
職業生活を中核として，生涯にわたって築かれる経歴。余暇(よか)など仕事以外の生活も含む。

インターンシップ 15
高校や大学などの在学時に教育の一環として，職業選択の参考にするなどの目的で，職場就労体験を得ること。夏休みなどの１週間から１か月が主流。大学では単位として認定するところもある。

ライフサイクル
人間の一生の過程を，誕生から成長，そして衰退へと描く周期のこと。

ライフロール（役割）
人生の様々な場面において自らが果たすべき役割のこと。ライフキャリア・レインボーの理論では，キャリア＝職業とは捉えず，キャリアを人生の様々なライフロールの積み重ねと定義している。

ボランティア 21 15
他の人や社会のために，自主・無報酬(むほうしゅう)の原則のもとに行う活動のこと。自ら何が必要であるかを考えて，主体的にすすんで行い，金銭などの報酬や見返りを求めないことが基本である。

男女共同参画社会基本法 21 15 12
男女共同参画推進の必要性を明確にした法律で，1999年に制定された。

セクシャル・ハラスメント
職場などでの性的ないやがらせ。男女雇用機会均等法改正で，事業主が職場におけるセクハラ防止策を行わなければならないという規定が盛り込まれた。

5 多様性と包摂(ほうせつ) （➡p.26・27）

ジェンダー 10
「社会的な性差」のこと。生物学的な性差（Sex）に対する概念。

多様性 22
年齢，性別，人種，宗教，性的指向など，それぞれ異なるバックグラウンドをもつ人々が存在している社会において，それぞれの違いを互いに認め合うこと。ダイバーシティともいう。

包摂性
どのようなバックグラウンドを持つ者も排除することを許さない性質。インクルージョンともいう。

エスノセントリズム 20 18 17 11
自民族中心主義，自文化中心主義。自民族や自国の文化（ものの考え方，生活様式，行動様式など）を最も優れたものと考え，他国や他民族の文化を劣ったものとみなす態度や見方をいう。

6 世界の宗教―宗教を信じて （➡p.30・31）

仏教 10
仏陀（Buddha，覚者）の教え，転じて仏陀になるための教え。紀元前5世紀ごろ，北インドでガウタマ=シッダールタ（**ブッダ**）によって説かれた。この世は苦しみの連続（一切皆苦）であるが，永遠の真理（法・ダルマ）を体得することであらゆるものへの執着（我執）を消し，解脱をめざす。個人的悟りの完成を目的とする上座部（上座部仏教）と，ブッダの精神を現実の状況の中で大局的に生かしていこうとする大衆部（大乗仏教）とに分かれた。

キリスト教 10
イエスを救済者（キリスト）として神の絶対愛と，隣人愛を説く宗教。経典は聖書。1世紀初めに創始され，ヨーロッパからアメリカ大陸を中心に信仰されている。カトリック・プロテスタント・ギリシア正教などの宗派がある。信者数は23億人を超えている。

イスラム教（イスラーム） 10
ムハンマドが創始した，唯一神アッラーを信仰する宗教。7世紀初めに成立。経典はクルアーン（コーラン）。スンニ派・シーア派に分かれ，西アジア，北アフリカを中心に約16億人が信仰している。

7 日本の伝統と思想 （➡p.32～35）

八百万の神
自然物・自然現象すべてに神が宿っているという，日本古来の考え方。「八百万」は無数ということのたとえ。

清き明き心
私心のない誠実な心情のこと。悪い行いによって身をけがされた場合は，禊や祓によって除去できるものと考えられた。

絶対他力
親鸞が到達した究極の他力信仰のあり方。親鸞は**法然**の他力の考え方を突き詰めていった結果，救いのすべては阿弥陀如来のはからいによるものであって，念仏を称えるという行為ですら自力でしているのではなく，仏の慈悲によってそのようにはからわれているのだとまで考える。つまり，救いの中には人間の側の努力の要素はなく，すべては阿弥陀如来の本願によってとりはからわれているのだという思想。

悪人正機説
自力で功徳を積むことのできる自力作善の善人よりも，煩悩ゆえに善をなせない煩悩具足の凡夫という自覚を持つ悪人こそが，阿弥陀如来の救いにあずかる対象であるという思想。洪水などで救助を待つ人々が居たとして，レスキュー隊員はまず自力で全く泳げない人を救い，しかる後に自力で泳げる人も救う，ということを考えればわかりやすいかもしれない。法然にもこの思想はあったが，この思想を明確に打ち出したのは**親鸞**である。

只管打坐
「只管」とはただひたすら，「打坐」とは坐禅に打ち込むこと。ただひたすら坐禅に打ち込み，坐禅を唯一の行とすることを説く，**道元**の禅の精髄を表現した語である。

唱題
「南無妙法蓮華経」という題目を唱えること。**日蓮**は，法華経の題目には釈迦が仏となった徳のすべてが備わっており，題目を唱えることによって仏になるための功徳が与えられ，国も安らぐと説いた。

朱子学
南宋の儒学者**朱子**によって大成された儒学。朱子は，人間に備わる心の道徳的本性を宇宙原理（理）に基づいて考える宋代に始まった哲学的な儒学を，理気二元論，性即理，居敬窮理といった概念によって体系化した。為政者の指導原理として，東アジア世界（中国では宋代以後，日本では江戸時代）に大きな影響を与えた。

国学
中国一辺倒の儒学を批判し，日本古来の文化・思想を研究する学派。江戸時代中期に勃興した。**賀茂真淵**・**本居宣長**などが著名。

真心
本居宣長は「よくもあしくも，うまれつきたるままの心」を真心と呼んだ。儒教や仏教の欲望を抑える態度を批判し，自分の欲望や感情を素直に受け止める心情を尊んだ。

もののあはれ
自然や人情などのものに触れて素直に感動すること。「もののあはれを知る」とは，感ずるままに心を動かすことができること（豊かな感受性を持つこと）であり，**本居宣長**は『源氏物語』の光源氏を「心ある人」として評価した。

純粋経験
西田幾多郎が『善の研究』において真実在としたもの。知情意がいまだ分離されることなく，主観と客観が対立する以前の主客未分，物我一体となった経験（直接経験）のこと。

間柄的存在 18
人間は「世間」と「人」との二重存在である，という**和辻哲郎**の人間観。人は「世間」という社会（家族や学校，趣味の仲間など）の中にあって，「この私」という自己意識（しっかり者の長女でテニス部部長など）を持つことができるという具体的な人間のあり方のこと。

8 源流思想 （➡p.38～41）

自然哲学
紀元前6世紀頃，ギリシアの植民地イオニア地方に起こった学問。世界の事象，特に自然界の秩序の根源を，経験に基づく合理的な説明により解明しようとした。自然哲学者たちは，古来より伝わる物語（神話）を批判し，人に備わる理性こそ真理発見の手がかりだと考えた。

無知の知 20 15
ソクラテスが多くの知者と対話する中で気づいた自覚。知識があるつもりになっていただけで，実際には分かっていないと気づくこと。知らないという自覚こそ，真の知を目指す契機となる。

イデア 17 13
元々の意味は姿・形。**プラトン**によるとイデアは，理性によって認識される，存在の真の姿のこと。完全で永遠不変な実在である。現実の世界ではイデアは，中途半端なかけらとしてしか存在せず，その本質を見ることは出来ない。

儒教
儒学に，宗教的要素が付け加えられたものを儒教という。儒教では**孔子**や**孟子**など偉大な思想家が信仰の対象とされ，また，天や先祖の祭祀という宗教的要素も含んでいる。逆に，儒教のうち，学問的な領域を儒学と呼ぶという考え方もある。儒教は漢の時代に，武帝により国教となり，以後の中国及び周辺国の政治や文化に大きな影響を与えた。

仁・礼
孔子の思想の中核をなす人間同士の親愛の情のこと。論語においてはさまざまな言葉で言い表されている。例えば親や兄・年長者への敬愛の気持ちである孝悌が仁の基本とされたように，仁は家族愛を出発点とし，それを社会全体に及ぼすことで道徳の基礎ができるとした。さらに身分や年齢が下のものから上の者への親愛の情が基本であった。この考え方は，**墨子**により「別愛」と批判される。この他，仁は愛・信・忠・恕（おもいやり）・克己復礼などの言葉で説明されている。「礼」はもともと伝統的な礼儀作法・社会規範のことである。狭い意味の礼儀作法ではなく，祖先を祀る宗教的儀礼，身分をわきまえた立ち振る舞いの仕方，習慣や法や制度も含む広い概念である。孔子は，内面の（主観的な）仁の心が，外に現れたのが，(客観的）礼であるとした。

道家
宇宙の原理であり，すべてを支配する神

秘的な道を中心思想とする学派。**老子**を祖とし**荘子**，列子などに受け継がれた。儒学と並び中国の主要思想となる。人為的な道徳や文化等を否定し，無為自然に生きることを説いた。老荘思想ともいう。

9 西洋近代の思想 (➡p.42～46)

ルネサンス

14世紀イタリアに興り，16世紀までにヨーロッパ全域に展開した学問上・芸術上の革新運動。教会中心の中世的世界観を離れて，ギリシャ・ローマの古典文化を復興し，人間性の解放，個性の尊重を主張。ヨーロッパ近代文化の基礎となった。

ヒューマニズム 15

ルネサンス期に，古代ギリシャ・ローマの古典研究から発展した人間研究（人文主義）。中世において強調された「人間の不完全性」に抗し，神によるのではなく自ら存在する人間を求めた。

「知は力なり」

ベーコンが唱えた，学問的知識は世界を変える手段であるという意味の言葉。学問では，真理そのものを目指すべきではなく，得られた知識を社会のために活用してこそ意義があるとした。

帰納法 15

経験論における思索の方法。実験や観察によって得られた事実を分析整理し，そこから一般的真理（原理）を導き出すという考え方。**ベーコン**が主張した。

演繹法

合理論における思索の方法。経験に依存せず一般的真理（原則）から論理的な推理を重ねることにより，個別の結論を導き出すという考え方。**デカルト**が主張した。

人格 19 16 11

善意志にもとづき道徳的に行為する主体を人格とよび，そこに人間の尊厳をみとめた。相互に人格を尊重する立場が人格主義。**カント**はそのことを定言命法で次のようにあらわした。「自分の場合であれ，他人の場合であれ，人格の内なる人間性を，常に同時に目的として扱い，けっしてたんに手段としてのみ扱うことのないよう行為せよ」。

弁証法 15

もとは古代ギリシア語の「対話」に由来し，対立を通して認識を深める思考の論法。**ヘーゲル**は，絶対精神の原理・法則とした。ある事態（正）とそれに対立する事態（反）が矛盾・対立を通して総合され，より高次な事態（合）へと発展する（止揚）運動。

人倫 15

社会的関係の中にあらわれた精神（客観的精神）が「人倫」である。客観的精神は，抽象的・外面的な「法・権利」から主体的・内面的な「道徳」を経て，「人倫」と呼ばれる共同体へと進む。「人倫」もまた，愛に基づく「家族」（個人が自立することで解体）から商業社会である「市民社会」（対立・不平等が生じる人倫の喪失態）を経て，「人倫」の最高段階である「国家」へと展開する。**ヘーゲル**は，「国家」において個人と社会全体が調和した真の自由が実現すると説いた。

功利主義

行為の善悪の判断を，その行為の結果が快楽や幸福をもたらすかどうかという，行為の有用性（utility）から道徳的判断の根拠を求める考え方。よって帰結主義の性格をもつため，カントの動機説と対をなす。18世紀にイギリスから始まり，現代の英米哲学に影響を与える。代表的思想家に**ベンサム**や**J.S.ミル**などがいる。

最大多数の最大幸福 14 13

イギリスの功利主義者**ベンサム**の思想を端的に表現する言葉。ベンサムは社会全体の幸福を，個人の幸福の総和として考え，その幸福の総和が最も大きくなるように，政治が行われるべきだと考えた。

10 現代の思想 (➡p.48～51)

実存主義

19世紀の合理主義的な哲学に対して，客観的思考では把握できない個人の主体性を強調する。自己のあり方を自ら決断し，選びとり生きていく中で本来の自己のあり方を目指す。

主体的な真理

人間一般にかかわることでなく，私自身にとっての真理。「私がそのために生き，かつ死ぬことを願うような理念」と若き**キルケゴール**は日記に記し，みずからの決断と行動を通して，生涯にわたって熱烈にそれを求めた。

ニヒリズム

伝統的価値観をすべて否定し，虚無主義とも訳される。**ニーチェ**は19世紀のヨーロッパが，これにおちいっていると指摘した。

超人

ニーチェが提示した，理想とする人間のあり方。ニヒリズムを克服し，自ら生の意味や目的を見出して，新しい価値の創造者となる生命力に満ちた主体的人間像。

限界状況 19

死・苦悩・罪責・争いのように人間が超えることもできないし，変化させることもできないもの。これを避けることなく乗りこえようと努めることで，実存への覚醒がもたらされると**ヤスパース**は考えた。

存在と時間 23 19

ドイツの哲学者**ハイデッガー**（1889～1976）の主著。存在（「ある」ということ）の意味を問うことを意図し，20世紀以降の哲学に大きな影響を与えた。

アンガジュマン 23 15 13 10

人間が自由ということは，自分自身を選択することにとどまらず，全人類に一つの人間像を示し，社会全体を選択することも意味するという**サルトル**の考え。そのため，自己の積極的な社会参加による社会変革の行動を実践していくことが求められる。

構造主義

個々の現象や事象について，関係する社会的，文化的な「構造」を分析することで読み取ろうとする思想的立場，運動。自ら主体的に決断したと思っていたことも，実は社会的・文化的な「構造」に規定されている場合がある。構造主義の試みは，近代社会が前提としてきた「主体的人間像」を解体しようとする運動とも言える。

道具的理性

事物の本質を認識する能力であった理性が，今日ではある目的を達成するための道具や手段となってしまっていると**ホルクハイマー**は指摘する。このような理性を道具的理性という。この理性は外なる自然を征服するだけでなく，人間の内なる自然を抑圧し，啓蒙が野蛮に転嫁することをもたらした。

生命への畏敬 23

シュヴァイツァーが行った医療・伝道活動の根本にある考え方。シュヴァイツァーは生きとし生けるものすべてに見出される「生きようとする意志」を，神に通ずる尊いものと受け止め，その存在を敬い大切にしていくべきと訴えた。

アヒンサー（不殺生）

「ヒンサー」（殺生・暴力・傷害）という語に否定形の「ア」をつけた言葉で，不殺生・非暴力などと訳される。インドでは古来，仏教やジャイナ教の修行にも取り入れられて尊ばれてきた。**ガンディー**はこれを自らの思想の根本に据え，一切の生きとし生けるものへの愛にまで高め，生涯かけて実践した。

公正としての正義 16 12

ロールズが提唱した正義の原理。第一原理は「平等な自由の原理」。第二原理は①「機会均等の原理」と②「格差原理」からなる。「格差原理」とは，不平等な扱いが許されるのは，最も不遇な人々の利益が最大となるような場合であるべきだとする原理。

潜在能力

アマルティア・センが福祉の基準として提唱した概念で，人が選択できる「機能」の組み合わせのこと。「機能」とは教育を受けられることや栄養状態がよいことなど自由を実現するために必要なものであり，「生き方の幅」を保障するものである。

11 法と社会規範 (➡p.58・59)

自然法

すべての人が従うべき自然または理性を

基礎に成立する普遍の法。人間の理性を根拠とする自然法思想は，近代ヨーロッパにおいて，絶対主義を批判する社会契約説を導いた。

実定法

人為的な手続きによって定立された法のこと。自然法に対する概念。

公法

国家と国民の関係や国家の規律を定めた法。憲法・行政法・刑法・刑事訴訟法・民事訴訟法など。

私法

私人間の関係を規律する法。民法・商法など。

社会法

医療・福祉・衛生・労働に関する法の総称。

12 法の支配の意義 (➡p.60・61)

法治主義

政治は議会で定められた法律に従って行わなければならないという原則。法の内容より，法律に従って政治を行うことを重視する考え方で，「法律による行政」ともいわれる。法の内容を問わない場合もあり，「悪法もまた法なり」に陥る危険性もある。

法の支配 ⑭

すべての人・統治権力が法に従うべきであるという原則。恣意的な国家権力の支配（人の支配）を排除し，権力者も法に従うことにより，国民の権利や自由を保障するべきであるという考え。

立憲主義

国家権力を憲法によって制限することで，個人の権利・自由の保障を図る原理のこと。

13 私たちの生活と契約 (➡p.62〜64)

権利能力

法律上の権利・義務の主体となることができる能力（資格）のこと。人間（自然人）は生まれながらにして，このような権利能力を有するとされている（民法３条第１項）。

契約

複数の者の合意（約束）によって当事者間に法律関係（権利義務の関係）を発生させる制度。

14 消費者主権 (➡p.66〜68)

消費者

財やサービスを消費する主体のこと。

消費者主権

あらゆる経済活動が，政府や生産者などではなく消費者の利益の観点から評価されるべきとする考え方。

消費者基本法 ⑯⑮⑬⑪⑩

1968年制定の消費者保護基本法を2004年改正して生まれた法律。消費者の位置付けを，従来の保護される者から権利を持つ自立した主体（消費者主権）へと変え，消費者の権利を明記して消費者の自立支援の施策推進を規定している。

消費者契約法

持っている情報の質・量や交渉力に格差がある事業者と消費者との契約において，消費者の利益を守るための規定を定めた法律。

消費者の四つの権利 ⑮

1962年ケネディ米大統領が消費者利益保護特別教書で消費者主権を具体的に示した四つの権利。具体的には，①安全を求める権利，②知らされる権利，③選択の権利，④意見の反映権利のこと。

製造物責任法（PL法） ⑮

製造物の欠陥により消費者が損害を受けた時，製造者に賠償の責任を負わせる法律。従来の民法による賠償請求では，製造者の過失を消費者が証明しなければ賠償が認められなかった。1995年施行のPL法では，過失・故意の不法行為が無くても，欠陥が立証されれば賠償責任が生じ（無過失責任制度），消費者の救済がされやすくなった。

無過失責任制度 ⑳

公害による損害や製造物による消費者被害について，過失の有無に関わらず加害原因者に損害賠償責任を負わせる制度。事例として1972年大気汚染防止法・水質汚濁防止法での規定。また上記のＰＬ法でも採用された。

情報の非対称性 ⑯

売り手と買い手の間にある情報量の格差。市場メカニズムが正しく機能するためには，製品に対する情報が買い手に十分なければならない。しかし実際は，売り手は十分な情報を得ているが，買い手にはないという状況がよくある。

消費者運動

消費者の権利確保，消費生活向上に向けての消費者の運動。英国における19世紀前半からの消費生活協同組合による運動と1960年代頃から展開された不買運動・告発摘発運動などが挙げられる。日本の代表的な運動体は，主婦連，日本生活協同組合連合会，日本消費者連盟など。

15 民主政治の原理 (➡p.70・71)

主権 ⑮⑪

国家の対外独立性，もしくは国政のありかたを決定する権力。もともとは絶対君主の権力の独立性・最高性を意味したが，その後，様々な意味をもつようになった。対外的には国家の独立性を意味し，そうした国を主権国家と呼ぶ。また，対内的には国の政治を最終的に決める力を意味する。

ホッブズ（1588〜1679） ⑳⑰⑯

社会契約説を主張したイギリスの政治思想家。自然状態を「万人の万人に対する闘争」と考え，自然権を国家に全面委譲する社会契約を主張した。したがって国家への抵抗権は認められず，結果的に絶対王政を擁護することになった。主著『リヴァイアサン』。

ロック（1632〜1704） ⑲⑰

社会契約説を展開したイギリスの哲学者。国民の自由や財産を守るための社会契約の必要性や権力分立論，圧政への抵抗権（革命権）を主張した。その考えは名誉革命を正当化し，アメリカ独立革命，フランス革命に大きな影響を与えた。主著『統治論』。

ルソー（1712〜1778） ㉑⑲⑭⑩

フランス革命に影響を与えたフランスの啓蒙思想家。ホッブズとロックの社会契約説を批判的に受け継ぎ，政府は主権者である国民の一般意志によって指導されるべきだと主張した。イギリスの間接民主制を批判し，直接民主制を主張した。主著『社会契約論』。

王権神授説

王権が神によって授けられたものであるとする理論，主張。君主がその統治権を絶対・神聖化させるための理論で，ヨーロッパでの絶対王政期には王権がキリスト教会と癒着し，各国に展開された。

社会契約説 ⑰

人間が社会契約に基づいて国家をつくる，とする考え方。人間が生来もつ権利（自然権）を無制限に行使するのでなく，普遍的ルールのもとに権利と義務を定め，相互にそれを尊重することを約束しあうこと（社会契約）によって政府を作るものとした。17世紀以来のヨーロッパで主張された。ホッブズ，ロック，ルソーが有名。

間接民主制

国民が議会の代表者を通じて，間接的に政治に参加し，その意思を反映させる政治制度。国民が選挙で代表者を選び，その代表者が国民の意思を尊重して政治を行う制度。直接民主制に対する概念。

直接民主制

国民が直接に政治の運営に参加する政治制度。古代ギリシアの民会や植民地時代のアメリカのタウン=ミーティングが代表的。巨大化した現代国家でも間接民主制を補うものとして一部採用されている。憲法改正の国民投票や最高裁判所裁判官の国民審査などがその例。

16 民主政治のあゆみ (➡p.72・73)

基本的人権

人間が生まれながらにして持つ権利。人間が人間であることによって有する権利で，たとえ国家権力といえども侵すことはできない。具体的には平等権，自由権的基本権，社会権的基本権，参政権，請求権など。

アメリカ独立宣言 ⑲

アメリカ（13の植民地）のイギリスに対する独立宣言。独立戦争（1775〜83）中にトマス・ジェファーソンらが起草し，大陸会議で採択された。単なる独立の宣言にとどまらず，ロックの社会契約説の影響を受けた人権宣言としても有名。

フランス人権宣言 19

フランス革命時の1789年8月26日に採択された人権宣言。正式には「人および市民の権利宣言」という。自然権としての人権の保障を唱え，国民主権，権力の分立など近代立憲主義の諸原理を掲げる。

自由権

国家権力からの介入・干渉を排除して個人の自由を確保する権利。「国家からの自由」といわれ，また18世紀的人権ともいわれる。精神の自由・人身の自由・経済の自由の3つに大別できる。

参政権

国民が政治に参加する権利。基本的人権の一つ。国民が政治に能動的に参加する権利で，「国家への自由」と呼ばれる。日本国憲法は具体的には選挙権・被選挙権・憲法改正国民投票権などを定めている。

ワイマール憲法 19 11

1919年制定のドイツ共和国憲法。生存権を世界で最初に明記した憲法。国民主権，男女平等の普通選挙，労働者の団結権と団体交渉権の保障など，当時の世界では最も民主的な憲法であった。

世界人権宣言 19 17 15 13

国連総会で採択された，すべての国の基本的人権の保障をうたった宣言。国連憲章の人権条項をより具現化させるべく1948年の総会で採択されたが，総会の議決のため法的拘束力をもたず，その解決には国際人権規約の登場を待たねばならなかった。

国際人権規約 19 15 13

世界人権宣言に示された人権の国際的保障の精神を法制化したもの。A規約（社会権中心）とB規約（自由権中心），B規約「選択議定書」からなる。締約国は事務総長への定期的な人権状況報告が義務づけられる。1966年国連総会で採択，76年発効。

政治

17 日本国憲法の成立 （➡p.78・79）

大日本帝国憲法（明治憲法） 12

戦前の日本の憲法。1889年に君主権の強いプロイセン憲法を参考に制定された。天皇が制定した欽定憲法。統帥権や非常大権など広範な天皇大権が定められており，国民の自由・権利は法律の範囲内でしか保障されず（法律の留保），国民代表機関としての議会の権限は弱い外見的立憲主義を採用していた。

日本国憲法

現在の日本の憲法。大日本帝国憲法の改正という形式をとって，1946年11月３日に公布。国民主権，**基本的人権の尊重**，平和主義（➡27）が三大原則。ＧＨＱの作成した草案が下地となっている。

国民主権

国の政治のあり方を決める力が国民にあるということ。憲法前文と１条に明記されている。基本的人権の尊重，平和主義と並んで日本国憲法の三大原則を構成している。

平和主義（➡27）

憲法改正

憲法の内容を改めること。日本国憲法の改正手続きは96条で「各議院の総議員の３分の２以上の賛成で，国会がこれを発議し，国民に提案してその承認を経なければならない」と規定。改正の難易によって硬性憲法と軟性憲法に分類される。

国民投票

日本国憲法第96条で規定された，憲法改正の際に行われる投票。2007年５月，国民投票法（日本国憲法の改正手続に関する法律）が成立した。国民投票の対象は憲法改正に限定され，投票権者は18歳以上の日本国民。

国体

国の政治体制や国家体制。日本の国家形態の優秀性を強調するために用いられた言葉で，具体的には天皇制を意味する。

18 国民主権と三権分立 （➡p.80・81）

国民主権（➡17）

三権分立 21 17 13

国家権力を立法・行政・司法に分け，相互に抑制と均衡をはかることで権力の濫用を防ぐしくみ。フランスのモンテスキューが主著『法の精神』で唱えた。

象徴天皇制

天皇は日本国と日本国民統合の象徴であるという制度。憲法第１条に規定されている。天皇は国政に関する権能を一切持たず，天皇の発言が政治的影響力をもつことはありえないし，許されない。

国事行為 18

日本国憲法の定める天皇の行う形式的・儀礼的行為。内閣総理大臣の任命や法律・条約の公布，衆議院の解散などがあるが，これらはすべて内閣の助言と承認が必要で，その責任は内閣が負う。

19 基本的人権の尊重 （➡p.82・83）

基本的人権（➡16）

法の下の平等 19 15

「人種・信条・性別・社会的身分・門地」によって差別されない権利。憲法第14条に規定。

自由権（➡16）

公共の福祉

人権相互の矛盾や対立を調整する原理。より多くの人々の人権が保障されるよう，人権に一定の制限を加える際の原理である。

20 平等に生きる権利① （➡p.84・85）

法の下の平等（➡19）

尊属殺重罰規定 20

かつて刑法にあった，普通殺よりも尊属殺（父母・祖父母などの直系尊属を殺害すること）の量刑を重くする規定。1973年の最高裁判決で違憲と判断され，この規定は国会により1995年に削除された。

同和問題

江戸時代の身分制度で被差別民とされた人々に対する差別は，明治以降もなくならず，現在に至っても完全に解決されていない。同和問題とは，こうした被差別部落問題を解決していく上での様々な問題のことである。

21 平等に生きる権利② （➡p.86・87）

民法 22

私法（私人間の関係を規律する法律）の基本法。

在日韓国・朝鮮人問題 10

朝鮮半島が日本の植民地であった戦前，多くの朝鮮人が経済的な理由などから日本本土に渡り，戦後も日本に住み続けている。こうした在日韓国・朝鮮人は特別永住者として日本に住み続ける権利を持っているが，就職などの面での差別の存在が指摘されている。

ハンセン病隔離政策 19 16

明治期進められたハンセン病患者の隔離政策は，戦後になって特効薬が開発されて予防のための隔離政策が不必要になった後も継続した。1996年に隔離政策の根拠法であった「らい予防法」が廃止され，2001年に国に対する元患者への損害賠償請求が認められた。

アイヌ民族

北海道の先住民族。日本とは別個の独自の言語・文化を守ってきたが，明治期に同化政策が行われて衰退。しかし1997年にアイヌ文化振興法（2019年，アイヌ民族支援法成立により廃止）が制定され，2008年には国会で先住民族と決議されるなどの進展が見られる。

22 自由に生きる権利① （➡p.88・89）

精神の自由

人間の精神活動への国家の干渉を許さない自由。具体的には，思想及び良心の自由，信教の自由，集会・結社・表現の自由，学問の自由から構成される。自由権の中でも特に重要な自由で，原則として国家の干渉を許さず，その違憲審査には厳しい基準が求められる。

思想及び良心の自由

人間が心の中で思うこと（内心）の自由。憲法19条は，すべての内面的な精神活動の自由を保障しているが，宗教に関する場合が信教の自由であり，学問研究に関する場合が学問の自由である。さらに，その外部的表現の保障である表現の自由と表裏一体の関係を持つ。思想及び良心の自由は，これらの自由権の前提となる人権である。

表現の自由 23 16

自分の思っていることを外部に表明する自由。政治に対する自由な意見の表明を保障することで，国民主権と直結する。民主主義にとってその基礎となる自由。

政教分離

国家が，特定の宗教団体を援助したり弾圧したりしてはならないという原則。憲法第20条第３項に規定。

学問の自由

研究や教授・講義などの学問的活動において外部からの介入や干渉を受けない自由。憲法第23条に規定。

23 自由に生きる権利② (➡p.90～92)

身体の自由

正当な理由がなく逮捕され，処罰されない自由。国家権力による不当な身体の拘束や恣意的な刑罰の行使を許さない自由で，日本国憲法は戦前の治安維持法を中心とする人権蹂躙への反省から，極めて詳細な規定を置いている。

黙秘権

自分に不利な供述を強いられない権利。憲法38条に定められている。

罪刑法定主義

犯罪となる行為とその犯罪に対する刑罰が，あらかじめ法律で規定されていなければならないという原則。

無罪推定 17

「何人も有罪と宣告されるまでは無罪と推定される」という，近代法の基本原則。

冤罪 15

無実にもかかわらず被疑者として取調べを受けたり，有罪判決を下されたりすること。冤罪の原因としては，警察内部の自白偏重の伝統，代用刑事施設制度の存在，別件逮捕などが指摘されている。

少年法 22 11

法律に触れた20歳未満の少年に対する保護を規定した法律。少年院送致などの保護処分を規定するほか，刑事処分を下す場合であっても，それを軽減する規定がある。

死刑制度

受刑者の生命を奪う刑罰で，日本では絞首刑が採用されている。世界的には，死刑制度を廃止する国が年々増加している。

経済活動の自由 15

居住・移転・職業選択の自由，外国移住・国籍離脱の自由，財産権の保障。憲法第22・28条に規定。

職業選択の自由 15

自分の望む職業を選ぶことのできる自由。自由権的基本権の一つである経済活動の自由に属する自由。自由に職業を選べる自由であるが，同時に選んだ職業を遂行する自由である営業の自由も含まれる。

24 社会権 (➡p.94・95)

社会権 12

人間らしい生活の保障を国家に求める権利。すべての国民が人間らしい生活の保障を国家に要求する権利。20世紀的人権ともいわれ，1919年のワイマール憲法で初めて保障された。「国家による自由」と呼ばれる。

生存権

人間らしい生活を営む権利。日本国憲法は25条で，「すべて国民は，健康で文化的な最低限度の生活を営む権利を有する」と規定している。

朝日訴訟 19

国立岡山療養所に入院していた朝日茂氏が，生活保護法に定められた生活保護基準は，憲法の生存権保障に違反するとして国を訴えた行政訴訟。生存権の意味を根本から問いかけたもので，「人間裁判」とも呼ばれた。最高裁判所は憲法25条を単に国家の責務を宣言したプログラム規定であるとし，朝日氏の主張を退けたが，この裁判の波紋は大きかった。

教育を受ける権利 13

国民がその能力に応じて教育を受ける権利。憲法26条１項に規定された権利で，社会権の一つ。

25 参政権・請求権 (➡p.96・97)

参政権 (➡16)

請願権 11

政府や地方自治体などの統治機構に対して，被治者（国民・住民）が請願を行う権利。憲法16条に定められている。

国家賠償請求権 22 17

公権力の不当な行使に対して，国家に賠償責任を求める権利。明治憲法では保障されていなかったが，日本国憲法で自由や権利の保障を完全なものにするために認められた。

刑事補償請求権 23 15 11

罪を犯していないのに裁判で有罪になったりした冤罪被害者が，その損害の補償を国家に求めることができる権利。

裁判を受ける権利

誰もが裁判所による裁判を受けられる権利のこと。憲法32条に規定されている。

26 新しい人権 (➡p.98・99)

新しい人権 19 16 15 14 12

憲法上に明文化されていないが，社会状況の変化に応じ，新たに人権として主張されるようになってきたものの総称。具体的には，環境権，知る権利，プライバシー権，アクセス権，自己決定権などがあげられ，国民の間にも定着しつつある。

環境権 17 15

健康で文化的な生活を営むのに不可欠な環境を維持し事前に環境破壊を防止しうる権利。幸福追求権（憲法13条）・生存権（同25条）を根拠として1960年代後半に新しい人権の一つとして提唱された。生活環境保護・維持に関わる諸訴訟で争点になってきたが，判例上は確立しておらず，また93年制定の環境基本法でも明記されなかった。

知る権利

行政機関の持つ情報の公開を求める権利。新しい人権の一つで，従来は報道や取材の自由が制限されない権利という面が中心であったが，現在では主権者たる国民が，政治の民主性確保のために行政機関の持つ情報を自由に入手できる権利ととらえられている。

プライバシー権 23

私生活をみだりに公開されない権利。新聞，雑誌，テレビなどのマスメディアやインターネットの普及などにより，私生活の侵害が増えてきたことから注目されだした。

自己決定権

自分の生き方については，自分が自由に決定できるとするもの。

アクセス権 15

公権力が保有する情報に接近（アクセス）する権利。公権力が保有する情報に対する開示・訂正請求権。また個人がマスメディアに対して自分の意見を発表する場を提供することを請求する権利（反論権）を含む。

個人情報保護法 22 20

高度情報化社会の発達にともない，個人情報の利用が拡大しているため，その保護に関する基本理念を定めた法律。

情報公開制度 19

政府・地方公共団体のもつ様々な情報を国民の請求により開示する制度。行政機関の情報独占を防ぎ，国民の知る権利を保障するためのしくみとして地方で情報公開条例の制定がすすみ，国のレベルでも1999年に情報公開法が制定された。

27 平和主義 (➡p.100・101)

平和主義

戦争や暴力に反対し，恒久的な平和を志向する考え方。日本国憲法の三大原則の一つであり，戦争の放棄・戦力の不保持・交戦権の否認が定められている。

28 自衛隊と日本の防衛 (➡p.102・103)

自衛隊

日本の専守防衛の組織。朝鮮戦争を背景にＧＨＱの指示で警察予備隊（1950），保安隊（1952）をへて自衛隊（1954）となった。陸上・海上・航空の３部門があり，侵略に対する防衛出動，治安出動，海上警備，災害派遣などが任務。近年は海外派遣が進んでいる。

集団的自衛権 14 11

密接な関係にある他国が武力攻撃を受けた場合，これを自国への攻撃とみなして共同で防衛にあたる権利。国連憲章51条で認められている権利。政府は憲法９条により日本は集団的自衛権をもつが行使できないとしてきたが，2014年に行使を容認する憲法解釈変更がなされた。

日米安全保障条約 13 11

極東の平和維持や日本の防衛のために

米軍が日本に駐留することを定めた条約。1951年のサンフランシスコ講和条約とともに調印。60年には日米の共同防衛，国連憲章との関連などの内容が新たに盛り込まれた。平和憲法との関連や，日本を米国の戦略に巻きこむ可能性について，60年に大規模な反対運動がおこり（安保闘争），その後も常に政治の焦点となってきた。

日米地位協定 13

在日米軍の地位を日米間で定めた協定。この協定により米軍基地内は治外法権となっており，米兵の犯罪に対する日本の捜査権も大きく制限されている。

文民統制（シビリアン・コントロール）

軍の最高指揮監督権は文民に属させるという原則。軍隊の政治介入を防ぐため考案された近代民主政治の原則。日本では，内閣総理大臣が自衛隊の最高指揮監督権を持ち，同じく防衛大臣が隊務を統括する（自衛隊法）が，どちらも文民であることが憲法上定められている（66条）。

有事法制

武力攻撃事態などの有事の際の対処方法を定めた法制。2003年に武力攻撃事態対処関連３法（有事３法）が成立している。

安保法制

2015年に成立した安全保障関連の一連の法律で，10本の法改正と新法である国際平和支援法制定をひとまとめにしたもの。2014年に行使容認の閣議決定がなされた集団的自衛権を発動する際の規定が含まれており，違憲であるとの批判がある。

思いやり予算 13

日本が負担している在日米軍駐留経費のこと。1978年に，当時の防衛庁長官が駐留経費負担の根拠について「思いやりである」と発言したことから，思いやり予算と呼ばれるようになった。なお，日本政府は2021年12月21日に「同盟強靱化予算」を公的な通称と定めた。

29 国会のしくみ （➡p.108・109）

衆議院

国会の二院のうちの一方の議院。議員定数は465名。被選挙権は25歳以上。任期は４年。任期満了日前でも解散がある。参議院より任期が短く，選挙区の範囲もせまいため，国民世論が細かく反映されていると考えられている。

参議院

国会の二院のうちの一方の議院。議員定数は248名。比例代表選出議員100名，選挙区選出議員148名で構成。任期は６年で，３年ごとに半数を改選する。被選挙権は30歳以上。解散はない。

委員会（国会） 19

法案や予算案を本会議にかける前に少数の委員によって問題点等を洗い出し，内容の精査を行う場。日本国憲法は委員会中心主義を採っており，国会には全議員が必ずどれかに所属する**常任委員会**と，必要に応じて設置される**特別委員会**がある。

二院制

立法機関が独立して活動する２つの議会（議院）によって成り立つ制度。日本は衆議院と参議院が国会を構成している。

両院協議会

衆議院と参議院の議決が異なった場合に開かれる会議。両院からそれぞれ10名の委員を選び，妥協案の作成をめざす。予算，条約の承認，内閣総理大臣の指名で議決が異なった場合は必ず開かれる。

30 国会の働き （➡p.110・111）

衆議院の優越 18 14

国会の議決にあたり，衆議院と参議院の意思が一致しない場合，衆議院の意思を優先させるしくみ。任期も４年と短く解散もあることから，主権者である国民の意思を反映しやすいのが理由。法律案，予算の議決，条約の承認，内閣総理大臣の指名の４つで優越が認められている。ほかにも予算の先議権や内閣不信任決議権が衆議院のみにある点でも衆議院が参議院に優越している。

内閣不信任決議

国会が内閣を信任しないことを示す決議。内閣不信任決議が可決（または内閣信任決議が否決）された場合，10日以内に衆議院が解散されない場合は内閣総辞職となる。衆議院のみに認められた決議で，参議院は憲法上の定めがない問責決議を行うことができるだけである。

弾劾裁判所 21 18 14 13

職務上の違反行為や非行を犯した裁判官を罷免するかどうかを争う裁判を行う機関。国会議員によって組織される。

国政調査権 19 17 13

衆参両議院が，国の政治全般について調査を行う権限のこと。憲法第62条に，証人の出頭・証言・記録の提出を要求することができる，と規定されている。

31 行政権をもつ内閣 （➡p.112・113）

内閣総理大臣 18

行政権を統括する合議体である内閣の長。内閣の意思は全会一致制の閣議によって決定されるが，内閣総理大臣は任意に閣僚を罷免できるため，内閣の意思と内閣総理大臣の意思はほぼ一致する。

国務大臣 13

内閣法で定められた内閣を構成する大臣。内閣総理大臣を除き上限17人（復興庁，国際博覧会推進本部を置く間は19人）。総務省はじめ11省の大臣，内閣官房長官，国家公安委員長は国務大臣である。それ以外に，内閣府に特命担当大臣が置かれている。

議院内閣制 （➡34）

内閣不信任決議 （➡30）

政令 12

内閣が制定する行政命令。政令は法律を実施するための執行命令と，法律の委任による委任命令に分類される。戦前の勅令と異なり，法律と無関係に政令を制定すること（独立命令）はできない。

32 現代の行政 （➡p.116・117）

官僚制（ビューロクラシー）

巨大な組織を合理的・能率的に管理・運営するために考え出されたしくみ。ドイツの社会学者マックス・ウェーバーがこのようによんだ。指揮・命令系統が上から下へのピラミッド型をなしている。職務に応じた専門的な知識や技能を重視している，などの特徴がある。

委任立法 17

国会の法律の委任によって，特に行政機関が法規を制定すること。内閣の政令や省令などがこれにあたる。複雑化した現代では法律で大綱のみを定め，細部は行政機関に委任することが多くなり，行政の肥大化の原因ともなっている。

行政改革 18 11

肥大しがちな行政機構を時代に合わせ効率的なものに改革し，ムダを省くこと。具体的には省庁の統廃合，公社公団など特殊法人の統廃合や民営化，公共事業の見直しなどがあげられる。既得権益を削られることへの抵抗は強く，実施は難航する。背景には先進諸国が小さな政府への回帰を強く求めていることもある。

天下り 18

退職した高級官僚などが外郭団体や関連企業に再就職すること。官庁の天下り先確保のため事業予算が組まれ，国や自治体の財政赤字の原因になっているとの批判があがり，現在では様々な天下り規制が設けられている。

大きな政府 23

治安・国防などに限定せず，景気・社会保障・雇用など様々な分野で積極的な役割をしている政府（国家）のあり方。福祉国家，積極国家ともいう。1929年の世界恐慌以降，ケインズ理論の採用などで，先進各国は「大きな政府」化した。しかし肥大化した政府は慢性的な赤字を生み出し，その反省のもとに1980年代から「小さな政府」への移行が進んだ。

小さな政府 23

治安や国防など限定された機能に限り，経済分野へは介入せず，市場原理に任せるとする政府（国）のあり方。夜警国家・消極国家・安価な政府ともいわれる。第二次大戦後の大きな政府の行き詰まりから，イギリスのサッチャー政権，アメリカのレーガン政権で採用された。アダム=スミス以来の自由主義に立脚している。

33 地方自治のしくみと課題 (➡p.118〜120)

地方公共団体

都道府県や市町村などのこと。一定地域の住民を構成員とし，その公共事務を行う権限を有する団体。憲法92条，地方自治法に基づく。上記の普通地方公共団体と，特別区・地方公共団体の組合・財産区などの特別地方公共団体とがある。

地方自治の本旨 13 11

地方の政治が，中央政府から独立して行われ（**団体自治**），その地域の住民の意思によって行われる（**住民自治**）こと。明治憲法には地方自治の規定はなかったが，日本国憲法92条は地方公共団体の組織・運営について地方自治の本旨に基づいて定めると明示。具体的には地方自治法が定めている。

直接請求権 23 17 16 14

地方自治体の住民が直接意思を反映させる権利。条例の制定・改廃請求，議会の解散請求，首長や議員の解職請求などの権利が地方自治法で保障されている。

イニシアティブ 23 22

住民が地方公共団体の長に対し，条例の改廃を請求する制度。地方自治における直接請求権の一つで，有権者の50分の１の署名で成立する。

レファレンダム 23 21 13

直接民主制の一要素で，政治上の重要事項を議会に委ねず直接国民の投票で決める制度。近年，地方公共団体の重要な課題について，条例を制定し住民投票を実施する例が増えているが，その投票結果については法的拘束力がない。

リコール 23 21 17 14

住民が，首長や議員の解職，議会の解散を請求する制度。原則，有権者の３分の１の署名で成立。地方自治における直接請求権の一つ。

住民投票 23 18 17 15 14

住民がその地域で起きた問題について，行政の政策案の是非を直接投票で決するもの。直接民主主義の代表例。

34 世界の政治体制 (➡p.122〜125)

議院内閣制 20 17

行政府である内閣の存立が，議会（特に下院）の信任を得ることを前提とする制度。下院の多数党が内閣を組織し，内閣は議会に対し連帯して責任を負い，閣僚（国務大臣）は原則的に議席をもつ。18世紀にイギリスで生まれ，日本国憲法もこれを採用している。

大統領制 18 17 15 12

非世襲の大統領を国民ないしは国民の代表が国家元首として選出する政治体制。米仏のように行政権を中心として強大な権限を持つ場合と，独伊のような象徴的・調停者的役割を持つ場合がある。

35 選挙と政治 (➡p.126・127)

普通選挙 19 15 12

財産または納税額や教育，性別などを選挙の要件としないこと。

平等選挙 19 14

選挙の価値は誰もが平等に１人１票にしなければならないこと。

秘密選挙 23 16 14 12

誰に投票したかを秘密にする制度。主として，社会の弱い立場にある人々の自由な投票を保障することが目的。

直接選挙 17 16 12

選挙人が直接候補者に投票すること。

小選挙区 19 15 14 10

１選挙区から１人の議員を選出する制度。

大選挙区 18 15 14

１選挙区から複数（２人以上）の議員を選出する制度。

比例代表 22 20 19 18 15 14

政党の得票数に比例して議席を配分する選挙制度。

公職選挙法 23

国会議員，地方公共団体の議会の議員および長の選挙に関する法律。選挙方法や選挙区の割り振りなどを定めているが，国政選挙でのいわゆる一票の格差や，海外居住者の選挙権について選挙の無効を求める裁判が時折生じている。

一票の格差 22 15 14

人口比での議員定数の不均衡。一票の重さは平等でなければならないが，人口の変動に合わせた議員定数の再配分や選挙区割りの変更が絶えず行われないため，一票の重みに大きな格差が生まれている。

36 政党と政治 (➡p.128・129)

政党 15

主義・主張を同じくする人々が，その実現をめざして政治活動を行うため結成する団体。国民の様々な利益を集約して政策に転換することや，議会政治も政党単位で編成されることで機能を果たしやすくなるなど，現代政治は政党ぬきには成立し難い。政権を担当している**与党**（「政権に与する党」であることから）と，政権を担当していない**野党**（「在野の党」の略）に大別される。

連立政権

２つ以上の政党から内閣が構成される政権のこと。1993年の総選挙で自民党が大敗し，非自民非共産の７党による細川連立政権が誕生。本格的な連立時代に突入した。その後，組合せは異なるが今日まで連立政権は続いている。

利益集団

組織力を背景に，自らの主張を政治に反映させようとする団体のこと。族議員と呼ばれる専門分野をもつ政治家と結び，選挙の票集めや資金援助の見返りとして，政府や政党の政策決定に影響力を及ぼす。

政党交付金 20 15 14

企業・団体などからの政治献金を制限する代わりに，国庫から政党に支出される交付金。**政党助成法**により規定されている。国民一人当たり250円の負担金を，議員数５人以上，もしくは直近の国政選挙で２％以上得票した政党に交付している。

二大政党制

二つの大政党が政権の獲得をめぐって競合しあう政党制。イギリスの労働・保守党，アメリカの民主・共和党など。

37 世論と政治 (➡p.130〜132)

マスメディア

新聞・雑誌・テレビ・ラジオなどの，マス・コミュニケーション（マスコミ）の媒体のこと。現代の大衆民主主義においては，国民に政治・社会の情報を伝達し世論を形成するうえで，マスメディアの果たす役割は非常に大きい。またナチス・ドイツの大量宣伝による大衆支配のように，政治権力の世論操作でも大きな役割を果たす。

世論調査 16 10

社会的問題・政治的争点や政策などについての人々の意見・態度を把握するための統計的な調査。質問の方法や結果の報じ方によって調査の結果や結果に対する印象が左右されることがあるため，しばしば**世論操作**との批判も受ける。

政治的無関心

国民が政治への関心を失い，選挙での投票も棄権してしまうこと。政治は「お上」の仕事という意識にもとづく伝統型無関心や，政治への絶望から生ずる現代型無関心などがある。

メディア・リテラシー

情報が流通する媒体（メディア）を使いこなす能力。メディアからの情報を主体的・批判的に読み解く能力であるとともに，インターネットなどをモラルに則して使いこなす能力をいう。リテラシーとは読み書きの能力のこと。

38 裁判所のしくみと働き (➡p.134〜136)

刑事訴訟 23 21

犯罪者に刑罰を適用するか否かを争う裁判。刑事訴訟法の規定に従って行われる。

民事訴訟

私的な人間同士の紛争を解決するための裁判。民事訴訟法の規定に従って行われる。なお，離婚調停など家庭裁判所が管轄する家事審判は，人事訴訟法に規定されている。

行政訴訟 14

行政によって不当に利益や権利を侵害された国民が，その効力や処分の取り消しを求めて提訴する裁判。行政事件訴訟法の規定に従って行われる。

三審制

同一事件で３回まで裁判を受けられる制

度。誤った判決を避け公平な裁判を行うためのしくみ。第一審に不服の場合は第二審に控訴し，さらに第三審に上告することで3回裁判を受けられる。

司法権の独立 21 14

公正な裁判のため，裁判官は外部からの圧力に屈してはならないという考え方。裁判官を拘束するものは，良心と憲法と法律のみで，それ以外の干渉は許されないと憲法76条は規定している。またそのために，裁判官は心身の故障や公の弾劾など以外では罷免されないと身分保障されている。

特別裁判所

特殊な身分の人，または特定の事件について裁判を行う裁判所。明治憲法時代の行政裁判所・皇室裁判所・軍法会議がこれにあたる。日本国憲法では特別裁判所の設置を禁止（76条）。

弾劾裁判所（➡30）

国民審査 10

最高裁の裁判官が適任か否かを国民の直接投票で審査する制度。各裁判官が就任して最初の衆議院議員総選挙の際，さらに10年経過後の総選挙の際に審査する。憲法の規定する直接民主制の一つ。過半数の×印で罷免されるが，白紙投票は信任と見なされることもあり，今までに罷免された人はいない。

違憲審査権 13 10

国会や内閣・行政の活動が憲法違反に当たらないかを審査する裁判所の権限。裁判所は具体的な訴訟事件の中で，法律・命令・規則・処分などの合憲性を審査し，違憲であると判断するときはその無効を宣言することができる。

裁判員制度 15

一般国民が裁判員となり，裁判官とともに裁判の審理・判決に参加する制度。司法制度改革の一環として導入され，2009年5月21日に始まった。対象は刑事裁判のみ。衆議院議員の公職選挙人名簿から抽選され，出頭義務や守秘義務に反すると罰則もあるため，負担への批判も強い。なお，国民の司法参加には陪審制と参審制が知られる。

経済

39 経済活動と私たちの生活（➡p.138・139）

シュンペーター 19 18 17 12 11

オーストリアの経済学者。新製品・在来製品の製造工程の革新，既成観念の根本的な改革である**技術革新**（イノベーション）の理論を構築した。

大量生産方式

工業製品を流れ作業で大量に生産すること。20世紀初頭にアメリカのフォード社が自動車の大量生産ラインを導入したことが有名。

ME化（マイクロエレクトロニクス化）

単純な大量生産から，数多くの品種を同時に生産する方向への移行のこと（多品種少量生産）。

40 資本主義経済の発展（➡p.140～142）

資本主義経済

個人の財産の自由な処分を基礎に，各人の責任と才覚で投資が行われ，生産・消費活動が展開，その利益も損失も個人に帰せられる経済システム。マルクス経済学の立場からは，その無政府性が，景気変動の原因として批判の対象となる。

修正資本主義 23

資本主義の景気変動や失業を回避すべく，政府が積極的に経済政策を実施し，厚生・福祉の増大を図ることが求められる経済体制。

社会主義経済

生産手段の私有，市場原理を廃止ないし後退させ，人間の平等を究極の理想とする経済システム。

社会主義市場経済

社会主義の政治体制を維持しつつ，市場経済原理を採用する政策。中国で1993年以降正式に打ち出された経済政策で，この結果，中国の開放政策が推進された。

産業革命

18世紀後半のイギリスに始まった綿工業の機械化と，蒸気機関の出現とそれにともなう石炭の利用という生産技術の革新とエネルギーの変革をいう。

工場制機械工業 18

産業革命による機械化で，工場において熟練工も不熟練工も労働を提供できる工業の形態。工業の発展は，家内制手工業に始まり，問屋制家内工業（問屋からの発注で生産），工場制手工業（マニュファクチュア工場に熟練工の労働力を集め，手作業で生産），工場制機械工業の過程をたどる。

アダム=スミス（1723～90） 19 18 17 14

イギリスの古典派経済学者。著書『国富論』の中で，個人の自由な利益追求行動こそが「見えざる手」に導かれて，社会全体の富を増進させると説き，国家は極力経済活動に介入しない方が良いとする自由放任主義を主張した。

マルクス（1813～83） 20 18

ドイツの経済学者，哲学者。ヘーゲルなどの思想を受け継いで「人間の本質は労働である」とし，社会主義の思想を体系化した。主著『共産党宣言』，『資本論』。

ケインズ（1883～1946） 20 19 18 17 14 12

イギリスの経済学者。その理論は，景気はコントロールできる，つまり不況期には国家が積極的に公共投資などで需要を増大させることで供給を増やし，失業も減少させることができるというもの。戦後の多くの国はケインズ政策を採用し，完全雇用と福祉国家を目指したので，政府の役割は非常に大きくなった。

41 市場経済のしくみ（➡p.144～147）

市場 23 15

何らかの財・サービスなど，価値のあるものの交換がなされる場の抽象的な名称（シジョウと読む）。

市場価格

現に市場において成立している特定の財・サービスの価格。

価格の自動調節機能

完全競争市場で，需要と供給の変動により価格は上下し，また，価格の変動で需要・供給量も変化すること。アダム・スミスはこのことを主著『国富論』の中で，神の「見えざる手」と呼んだ。

独占・寡占 16 12

特定の財・サービスの市場において，売り手もしくは買い手が単独になった状態。厳密には売り手が少数となった寡占と呼ぶべき状態をも含めて表現することもある。供給者が少数である寡占は，価格の下方硬直性をもたらし，財・サービスの最適配分を阻害する。

非価格競争 16

製品のデザインやちょっとした機能の付加など，非価格的な要素で展開される競争。本来，完全競争のもとでは，価格を中心とした競争が発生するのが原則であるが，非完全競争が常態化する中で，価格による競争が回避された状態。

独占禁止法 23 18 16 15

健全な競争的市場を保護するため，非競争的・独占的行為（カルテル・トラスト・コンツェルン）を監視し，抑制することを目的とする法律。1947年制定。

市場の失敗 16 14 13

何らかの事由で，市場において十分に市場原理が働かないか，働いたとしてもそこから弊害が発生すること。例えば，自由競争によって次第に企業が淘汰され成立する寡占や，市場原理が働いた結果，市場外で生じる経済的効果のうち，福祉を阻害するもの（外部不経済）などを指す。

公共財 19

利用者が追加的に増えてもそれによって便益が減るわけではなく，利用に課金するには，そのためのコストが大きすぎ，結局，代価を要さない財のこと。一般道路，橋，緑地公園などがそれにあたる。こうした財の社会的な資産性に着目した社会資本と多くが重なる概念。

42 現代の企業（➡p.150～152）

経済の三主体

経済を構成する，企業・家計・政府のこと。

企業 19

原価計算のもとに損失をあげることなく事業活動を行うことを目的とする活動主体。

政府・家計とともに経済主体の一つ。その形態も，個人による事業から各種の会社，組合までさまざま存在する一方，非営利目的の企業もそれぞれ特殊の法人形態がある。

株式

株式会社における，細分化された割合的な出資単位。株式には普通株のほか，一定の権利を付加した優先株などがある。原則として各々の株式の内容，権利は平等であり，あらかじめ譲渡制限しない限り，その譲渡は自由。

株式会社 20 18 17 15 14

株主総会で選任された取締役が経営責任を負う会社形態。株主（株式を保有する者＝社員）は少額の一株株主でもよい。原則は株主の個性は問題とならない（所有と経営の分離）物的会社の典型でもある。

所有と経営の分離

会社を所有する者（株主）と，会社を実際に動かす経営者が分離すること。一般的に，会社の規模が大規模化するとともに資本金・株主が増加し，創業者の持ち分の比率が下がるため，所有と経営の分離が進んでいく。

企業の社会的責任（CSR） 23 15 11 10

企業が利益追求にのみ専念するのではなく，企業活動が社会へ与える影響に責任をもち，あらゆる利害関係者（消費者，投資家等，及び社会全体）からの要求に対して適切な意思決定をすること。

フィランソロピー 17

個人や企業が教育・学術・芸術・福祉・環境保全などの事業に出費し，援助することによる博愛的な精神と行為。ギリシア語で「人を愛する」の意。特に企業の社会的責任を求めるメセナの考え方と重なるが，企業の社会的な役割の一つとして積極的に捉えられている。

メセナ

企業が社会的責任を果たすため，また，良好なパブリックリレーションズを築くために行う，学術文化への支出。学術文化支援を意味するフランス語から。

M&A

Mergers（合併）and Acquisitions（買収）の略で，企業の合併買収のこと。2006年の会社法施行以降，件数が増加している。

43 国民所得と生活 （➡p.156・157）

GDP（国内総生産） 23 21 16 13

一定期間に国内で生産された価値の総額。前会計年度末の価値総額と，今期末の価値総額との差にあたる値であり，増加分を示すフローの概念である。

GNP（国民総生産） 16

一定期間に国民が生産した価値の総量。同一国に一定期間以上居住する人や企業の生産活動を数字として表す。GDPとは少し異なった数値となる。

国民所得 20 16

１年間に国民が得る所得の総量で，GNPから固定資本減耗・間接税を差し引き，補助金の額を加えた額。

三面等価の原則

一国における経済活動を，生産面，分配面，支出面の３つの側面から見たとき，すべて等しくなるという原則。具体的には，生産･分配･支出国民所得の値が等しくなる。

経済成長率 14

一国の経済規模が１年間でどれだけ大きくなったかその割合を示す経済指標。通常，国内総生産（GDP）の増加率であらわす。

ストック（国富） 20 19

ある時点における特定の国民経済に現存する価値の総量。時代や立場によって解釈の異なる概念。厳密には，「将来，消費に回すことのできる現存する価値を，一律に現在の価格に評価し直した価額の価値」と定義できる。いずれにしても，蓄積した額をとらえようとするストックの概念である。

44 景気変動と物価 （➡p.158・159）

景気循環（景気変動） 21 13

景気とは財やサービスなどの売買・取引などの経済活動全般の状況で，資本主義経済においては，**不況**，回復，**好況**，後退の４つの局面を周期的に繰り返す（景気変動）。活発な場合を好景気（好況），不活発な場合を不景気（不況）と呼ぶ。

物価

複数の商品の価格を総合化したもの。変動を示す指標として，消費者物価指数・国内企業（旧卸売）物価指数などがある。

インフレーション 16 15

物の値段（物価）の持続的な上昇。生産がのび，賃金も上がるため，一般的に好景気の状態。物価の上昇で，貨幣価値は下がるので，貯金や借金の実質的価値は目減りする。

デフレーション 15 13

物の値段の持続的な下降で，インフレの逆の状態。物価下落と景気後退を相互に繰り返すデフレスパイラルに陥ると，生産下落→賃金下落→消費下落→物価下落→生産下落→…というように，デフレから脱却できない悪循環となる。

スタグフレーション 16

景気の後退と物価の上昇が同時に発生する現象。第二次石油危機後のアメリカなどで発生した。

45 財政の役割 （➡p.162・163）

財政 19 17 14 13

国や地方公共団体が歳入と歳出によって行う経済活動。①公共財・サービスの供給，②所得の再分配，③景気の安定などの役割がある。

公共財

各個人が共同で消費し，対価を支払わない人を排除できず，ある人の消費によって他の人の消費が妨げられない財・サービス。具体的には，警察・消防・国防など国民の安全を守る仕事や，道路・橋の建設などがこれにあたる。

所得の再分配 16 13

国民の所得格差を緩和するため，累進課税制度や社会保障などを通じて，所得の多い人から少ない人へ，富を移転させること。

累進課税 16

直接税において，所得水準に応じて，税率が高くなる制度。ビルト・イン・スタビライザーなどの経済効果をもたらすほか，所得の再分配を効率的に実施させ，富の最適分配に資する。

フィスカル・ポリシー 16 15

公共投資の増減や増税・減税など，政府の政策による財政の機能。裁量的財政政策。

ビルト・イン・スタビライザー 15

財政にあらかじめ組み込まれている，景気を自動的に安定させるしくみ（装置）のこと。具体的には，直接税の累進性と，社会保障の給付を通じて，景気変動に対する調節を行うメカニズムが自動的に働くこと。

財政投融資 16 14

政府が，各種公的資金を用いて行う特別法人などへの投資や融資。その規模は一般会計の約半分に達し，第二の予算と呼ばれる。従来，郵便貯金や年金積立金が自動的に財源とされていたが，2001年から政府関係機関・特別法人は財投機関債（政府保証のない公募債券）を個別に発行し，必要な資金を自己調達するよう改められた。

国債 19 18 17 16 14

国が発行する債券で，国の借金の一形態。おもに，公共事業などの生産的・投資的事業の財源を得るために国により発行される債券である建設国債と，財政の赤字（国の一般会計予算の歳入が歳出に対して下回ること）を補塡（ほてん）する目的で発行される赤字国債（特例国債）の２種類がある。赤字国債は，通常の法律に裏付けのない国債で，年度ごとに特例国債法を制定して発行している。

46 財政健全化と租税 （➡p.164～166）

租税 16

国や地方公共団体が，その経費に充てるために，法律に基づいて国民や住民から強制的に徴収するお金。

直接税

実際に負担する人と納める人が一致する税金。

所得税 23 16

個人の所得にかかる国税。所得が多いほど税率が高い累進課税となっている。

間接税

実際に負担する人と納める人が一致しない税金。

消費税 23 16 15 13

間接税の一つでさまざまな消費支出に課税するもの。商品やサービスに一定の税率で課税され，税額分は価格に上乗せされて購入する消費者が負担する。日本では1989年に税率３％で導入され，2019年に標準税率が10％に引き上げられた。

租税法律主義 20

租税の賦課・徴収は，法律の定めによらなければならないとする原則。日本国憲法84条に「あらたに租税を課し，又は現行の租税を変更するには，法律又は法律の定める条件によることを必要とする」とある。

所得の再分配（➡45）

プライマリー・バランス

政策を実行するのにかかる経費を，その年の税収でまかなえるかをみる指標。基礎的財政収支。

47 金融のしくみと働き （➡p.168・169）

管理通貨制度

一国の通貨量を，金の保有量などでなく，通貨価値の安定，完全雇用の維持など経済政策上の目標に従って管理する制度。通貨量を柔軟に管理して景気や物価の調整ができるメリットがある。

金本位制度

金を通貨価値の基準とし，中央銀行が，発行した紙幣と同額の金を常時保管し，金と紙幣との兌換を保証する制度。通貨量が金保有量に左右されるため思い切った金融政策が取れず，1930年代の大不況をきっかけに，各国とも管理通貨制度に移行した。

金融

資金を融通すること。事業資金などを必要とする主体に，貯蓄や余剰の金銭を貸し付けることが本質。経済を円滑・活発に機能させるのに不可欠。金融機関への貯蓄を介する間接金融と，資金提供者が，資金需要者に直接に融通する直接金融がある。

間接金融 20 18

金融機関を介して間接的に資金供給者から資金需要者に金融が行われること。資金需要者が資金供給者に直接，金融を行う（社債の購入など）直接金融に対する概念である。

直接金融

資金の提供者から資金を必要とする需要者に，金融機関などの第三者を介さず，直接に金融が行われること。社債を家計が購入するような行為がこれにあたる。間接金融に対置される概念。

信用創造 22 18

金融機関が預金を貸し出し，その貸出金が再び預金されて貸付に回され，この繰り返しで，もとの預金の数倍もの預金通貨を創造すること。

ペイオフ 16 13

金融機関が破綻した際の処理方法の一つで，金融機関によって拠出された保険（預金保険機構）により，預金の一定金額まで損失補塡がなされるもの。特に1995年に全額保証されていた預金が，2002年４月から定期性の預金，03年４月からは普通預金などの決済性預金についても元本1,000万円とその利息を限度に払い戻しを認めるとの決定を指す。実施は延期され，05年４月に実施された。

金融の自由化

金融に関する規制の緩和・撤廃。特に我が国では，1996年11月橋本内閣が打ち出した「日本版ビッグバン」構想による諸改革を指す。

金融ビッグバン 18 15 13 11

1996年，橋本内閣が提唱した，金融制度改革。英国のビッグバンと区別する意味で，日本版ビッグバンともよばれる。フェア（公正），フリー（自由），グローバル（国際化）の３原則を掲げ，東京市場をニューヨーク，ロンドン並みの国際金融市場として再生し，国際的な競争力をもつ経済構造の確立を目指すもの。

48 日本銀行の役割 （➡p.170・171）

日本銀行 13

日本銀行法に基づいて設置される，我が国の中央銀行。発券銀行・銀行の銀行・政府の銀行としての機能がある。

金融政策

物価安定・雇用維持・国際収支の均衡と為替レートの安定などを目的に，中央銀行が中心となって行う政策で，公開市場操作，金利政策，預金準備率操作がある。

公開市場操作 17 14

市場を通じて手持ちの債券を増減させ，通貨供給量を調整する金融政策。債券を放出（売りオペ）すれば資金が吸収され，債券を吸収（買いオペ）すれば，資金供給が増大する。

金利政策 15 14 13

中央銀行が市場の金利を誘導する金融政策。かつては日銀が公定歩合の操作を行っていたが，金利が自由化された現在では，市場介入による金利誘導が主となり，直接的な金利操作は行われていない。

預金準備率操作 13

市中金融機関が預金に対して，中央銀行に備蓄すべき比率を「預金準備率（支払準備率）」といい，これを操作することを指す。この操作により，信用創造によって達成される金融の量が調節され，通貨供給量を調整できる。1991年より行われていない。

ゼロ金利政策

政策目標金利をほぼゼロにして，お金のめぐりを良くしようとする政策。

量的緩和政策 13

金融政策の誘導目標を，短期金利ではなく日銀当座預金の「量」に置いた政策。

49 戦後日本経済のあゆみ （➡p.174・175）

高度経済成長 20 13

1950年代半ばから70年代前半まで続いた，年10％程度の経済成長率を記録した時期の経済状況。第四次中東戦争とこれにつづくオイルショックによって，一応の終結を迎えたと考えられる。

国民所得倍増計画

輸出増進による外貨獲得によって国民総生産を倍増させ，これによって道路･港湾･都市計画・下水・住宅等の社会資本の拡充と失業の解消や社会保障・社会福祉の向上等を実現する計画。1960年に池田勇人首相が打ち出した。

傾斜生産方式

基幹産業である石炭・鉄鋼業に重点的な投資を行い，産業全体の復興を図るという，GHQによる占領期の経済政策。

ドッジ・ライン 16 14 13

1949年に米から派遣されたドッジによって実施されたインフレ抑制を中心とした経済政策。1948年の経済安定化９原則実現に向け，ドッジは超均衡予算・シャウプ勧告の税制導入・傾斜生産方式停止などによるインフレ抑制，単一為替レート（１ドル＝360円）設定と輸出拡大の政策を打ち出した。結果として約100倍のインフレは収束したが，朝鮮特需が発生するまで不況に陥った。

シャウプ勧告 20

国税と地方税の分担，累進課税など直接税を中心とする今日の税制体系の根幹を築いた勧告。1949年，日本の税制を公正で生産性のあるものとする目的で，シャウプ税制監視団が行った。

50 安定成長とバブル経済の崩壊 （➡p.176～177）

バブル経済 22 19 16 14 13

土地や株式などの資産価格が，実質的価値を超えてバブル（泡）のように異常に高騰すること。1986～90年にかけて，85年のプラザ合意を受けた低金利政策を背景に，資産価格が実質価値の２～３倍にまで上昇。さらに余剰資金が，海外の不動産や，有名海外企業の購買にまで使用され，国際的にも問題視された。90年１月，株価の下落に端を発して，バブル経済は崩壊した。

プラザ合意 19 16 14

1985年９月，ニューヨーク・プラザホテルにて開催されたＧ５による，ドル高に対する対策会議で示された合意。米ドルに対して各国通貨が10～12％切り上げ，そのために共通して通貨介入を行うというもの。これを律儀に守ったのは，結局日本のみであり，これが，直後のバブル経済を引き起こし，長きにわたる経済の停滞を招いた。

平成不況 14

バブル崩壊により，1991年から始まっ

た不況。失われた10年ともいう。企業の倒産や大規模な人員削減（リストラ）が行われた。

産業構造の高度化 18

国内企業が海外直接投資を通じ海外に生産拠点を移し，国内の生産・雇用が衰退してしまう状況。特に1980年代後半からの日本企業の海外直接投資の急増，最近の中国などへの直接投資などにより，**産業の空洞化**が深刻化しつつある。

51 日本の中小企業問題 （➡p.178・179）

中小企業 19 16

資本金・従業員数などが中位以下の企業。中小企業基本法によって定義されている。事業所数で99％，従業員数の７割と，日本経済で大きな位置を占める。ベンチャー・ビジネスなどの独立企業，下請企業，系列企業などの形態に分類される。

ベンチャー・ビジネス 17 15 12 11

中小企業の新しい形態として注目される，独自の技術や市場開拓により成長する冒険的な業態のこと。

52 日本の農業問題 （➡p.180・181）

食料自給率

食料を輸入せず，自国で生産し自給できる割合のこと。日本では1960年代以降，農業生産の伸び悩みや食生活の変化などで輸入が増大し，自給率は40％前後で先進国の中で最も低いといわれている。

食糧管理制度 23 13

主要食糧の流通・消費を国家が管理し，需給・価格の安定化を図る制度。1942年制定の食糧管理法に基づき，**減反政策**などの生産調整が行われてきたが，コメ過剰やコメ市場部分開放などの環境変化の中で新食糧法が制定され，食糧管理制度は95年に廃止された。

新食糧法 13

1994年成立した「主要食糧の需給と価格安定法」のこと。旧食糧管理法は政府米が主体で，価格も国家による買入れ売渡しの二重価格制，流通も国家の管理であるのに対し，民間流通の自主米主体。したがって価格も需給関係を反映して決まるなど，流通に対する国家の規制は最低限に抑えられた。

ウルグアイ・ラウンド 15 14

1986年から1995年にかけてウルグアイで行われたGATTの通商交渉。この協議では特に農業分野での交渉が難航し，将来的に全ての農産物を関税化に移行させること，最低輸入機会（ミニマム・アクセス）を決定するにとどまった。

食料・農業・農村基本法

食料，農業および農村に関する施策を総合的かつ計画的に推進し，国民生活の安定向上と国民経済の健全な発展をはかることを目的に基本理念と基本計画を定め，国と地方公共団体の責務を明らかにした法律。農業基本法に代わる農業政策の基本法として，1999年に公布・施行された。

53 公害の防止と環境保全 （➡p.182～184）

水俣病 15

熊本県水俣市で発生した，工場廃液中の有機水銀中毒による公害病。高度経済成長のまっただ中，利益優先，排水の安全確認を怠った企業に責任有りと断罪された。新潟県阿賀野川流域でも同様の公害病が発生した（**新潟水俣病**）。

四日市ぜんそく 15 13

三重県四日市市を中心に建設されたコンビナートから排出された亜硫酸ガスによる公害病。

イタイイタイ病 15

富山県の神通川流域に，1910年代から1970年代前半にかけて多発した公害病。岐阜県の神岡鉱山から流れ出たカドミウムに汚染された水を飲んだり，カドミウムに汚染された土で作られた米や野菜を食べたことで発症した。

公害対策基本法 20 18

1967年に制定された公害防止施策の基本を定めた法律。公害の定義（典型七公害），事業者・国・地方公共団体の責務などが規定され環境行政の基本としての役割を果たした。1993年環境基本法制定で廃止。

汚染者負担の原則（PPP） 16

公害を引き起こした汚染者が公害に関わる防止・補償費用を負担するべきとする原則。1972年OECDの環境委員会でルール化が提唱され，日本でも73年公害健康被害補償法などでこの原則を導入した。

環境基本法 14

1993年に制定された公害対策基本法に代わる環境政策の基本方針を示した法律。前年の地球サミットを受け，地球環境問題・生活型公害などに対応すべく制定。結果，公害対策基本法・自然環境保全法は廃止された。環境税導入，環境権の明記が避けられるなど，実効性に欠けるといった批判もある。

リサイクル 21 20

廃棄物の再利用。省資源・エネルギー，環境保護にとって重要な取り組みとして注目され，日本でも関連法が1990年代から整備されつつある。さらに包括的な法として2000年に**循環型社会形成推進基本法**が成立した。

循環型社会形成推進基本法 21 20 18 16 14 11 10

廃棄物の発生を抑えリサイクルを促進して資源の循環を図っていく社会である循環型社会を構築していくための基本方針を定めた法律。**3R**（リデュース＝削減による省資源化，リユース＝再使用，リサイクル）を柱としている。

54 労働者の権利 （➡p.186・187）

労働基本権 20 19 10

憲法に定められた勤労権（第27条），**労働三権**（第28条）のこと。労働三権とは，労働者に保障された，団結権・団体交渉権・団体行動権（争議権）の３つの権利のこと。団結権は労働者が団結して労働組合を作る権利，団体交渉権は労働組合が労働条件の改善・向上のため使用者と交渉する権利，団体行動権は団体交渉で合意が得られないときに，労働組合がストライキなどの争議行為を行う権利。

労働三法 23 21 18 17 14 12 10

労働者保護のための３つの基本的な法律。**労働基準法**は労働条件の最低基準を定めた法律。憲法第27条第２項の規定に基づいて制定。労働者が「人たるに値する生活」を営めるように，賃金，労働時間，休憩，時間外労働，年次有給休暇などについて詳細に規定している。労働組合法は労働者が**労働組合**を組織することを保障し，組合活動について規定した法律。憲法第27条第２項の規定に基づいて制定。労使が対等の立場に立つことを明記し，労働者の団結権や団体交渉権，不当労働行為など労働組合の活動について規定している。労働関係調整法は労働争議の予防・解決を規定した法律。労働争議について，労使の自主的解決を原則とし，解決を助ける方法として**労働委員会**が行う斡旋（あっせん）・調停（ちょうてい）・仲裁（ちゅうさい）及び緊急調整を定めている。

55 現代の雇用・労働問題 （➡p.188～190）

労働基準法（➡**54**）

労働基準監督署

労働基準法違反などを取り締まる，厚生労働省管轄の組織。

終身雇用制

企業が従業員を定年まで雇用する制度。近年崩壊しつつある日本的雇用慣行の一つ。

年功序列型賃金

勤続年数や年齢などに応じて賃金が上昇していく賃金制度。職務や能力よりも勤続年数などが重視される。日本的雇用慣行の一つであるが，近年は職務給や職能給，年俸制を採用する企業も増えている。

男女雇用機会均等法 22 20 16 15 12 11

職場での男女平等の実現のために制定された法律。募集・採用，配置・昇進，定年・解雇などにおける女性差別を禁止した法律で，1985年に女性差別撤廃条約への批准にともない成立。

育児・介護休業法 21 16 15 14 10

育児や介護の必要な家族を持つ労働者に，そのための休業を与えることを義務付けた法律。1991年に育児休業法として制定，95年に育児・介護休業法に改定。１歳未満児の子供の育児のため，最長１年間（公務員は３年間）の休暇や要介護状態にある家族の介護のために93日の休暇を男女どちらでも申請できる。

完全失業率 14

就業しておらず，かつ就職活動をしている失業者の労働力人口に占める割合。

M字型雇用 22 14

女性の雇用を年齢別に折れ線グラフ化すると，25 ～ 35歳ぐらいまでが落ち込んで，アルファベットのMの字のようになること。出産・育児のため，この年代の女性が離職していることを示している。ただし，M字の底はだんだん浅くなってきている。

ワークシェアリング 16 15 13 10

一人当たりの労働時間を減らし，その分他の人の雇用を確保することで，失業をなくそうとするもの。ヨーロッパ諸国でよく行われている。

56 少子高齢化と社会保障 （➡p.192・193）

少子高齢化 22

出生率の低下により，総人口に占める子どもの数が少なくなると同時に，高齢者の割合が増加していくこと。日本の少子高齢化は世界で最も深刻な状況であると言われる。

合計特殊出生率 22 14 10

一人の女性が一生に生む平均的な子どもの数のこと。人口の自然増と自然減との境目は2.07とされているが，2022年現在の日本は1.4を下回っている。

エンゼルプラン 14 11 10

少子化対策として，1994年から数次にわたって立案された政策。保育サービスの充実等が柱となっている。

ゴールドプラン 14 11 10

高齢化社会に備え，1989年から数次にわたり実行されている政策。老人福祉施設の充実や介護ヘルパーの増員が柱。

バリアフリー 16 11

障がい者や高齢者などが生活していく上で，身体的・精神的な障壁（バリア）を取り除こうという考え方。ノーマライゼーションの理念に基づく考え方である。

ユニバーサルデザイン 14

年齢や障がいの有無に関わらず，全ての人にとって使いやすいデザインのこと。

ノーマライゼーション 18 14

ハンディを負った人々が，社会の中で他の人々と同等に助け合いながら生活していけることが正常な姿であるとする考え方。

57 社会保障の役割 （➡p.194～196）

生存権 （➡24）

社会保障制度 20 17 14 12

人々の将来の生活不安に備えるため，国が社会保険や財政負担によって，国民全体の生活を保障していこうとする制度。

社会保険 20 17 14 12

国民の生活保障のため，疾病・老齢・出産・失業・死亡などの事由が発生したとき，一定基準に基づく給付を行う保険。医療保険，労働者災害補償保険，雇用保険，厚生年金保険などがある。日本では，全ての国民が何らかの保険・年金に加入しているように，制度設計が行われている（国民皆保険・国民皆年金）。

医療保険 18 17 14

社会保険制度のうち，主としてけがや疾病に対して保障する保険制度。医療保険，後期高齢者医療制度（長寿医療制度）の区分がある。保険者により健康保険，共済保険，国民健康保険などの種別があり，保障内容に若干の違いがある。

雇用保険 19 18 17

失業者に対する失業給付を中心としつつ，失業の回避，雇用機会の増大，労働者の能力開発などを目的とした保険制度。

年金保険 17

公的年金のような，将来の年金給付を目的に，掛け金を支払っていく保険制度。

公的扶助 17 14 11

生活に困窮する国民に必要な保護を行い，健康で文化的な最低限度の生活を達成させようとする制度。我が国では憲法25条の理念に基づいて，生活保護として確立している制度。

社会福祉 14

ハンディを持つ人々に対する援護・育成・更生を図ろうとする公私の努力の総称。保護を必要とする児童，母子家庭，高齢者，身体障がい者などへ，国民の生存権の保障を確保するために行われる。

公衆衛生 16 14

国民の健康の増進を図るための医療，生活環境整備などの活動。保健所が中心になって疾病を防ぐ活動が公衆衛生で，憲法25条に基づく日本の社会保障制度の，4分野の一つである。

ベバリッジ報告 19 11

1942年，英経済学者ベバリッジを長とする委員会が英国政府に提出した社会保障制度に関する報告書。英国の社会保障政策の基本原則をなすもの。

介護保険制度 20 18 17 10

これまで家族が主に担ってきた認知症や寝たきりなどで介護が必要な高齢者を社会保険のしくみによって社会全体で支える制度。2000年4月から始まり，原則として65歳以上の高齢者が市区町村に申請し要介護認定を受けてからその度合いに応じてサービスを受ける。保険料を支払う被保険者は40歳以上。

国際社会

58 主権国家と国際法 （➡p.198・199）

主権国家 15 14 11

各国の個別性および領域支配を前提とし，君主ないし共和国の主権が最高で絶対な存在とされる国家。三十年戦争後の1648年のウェストファリア条約によって，ヨーロッパで確立された。

国際法 16 14

国際社会の国家間の関係を規律する法律の総称。国内法に対する概念。形式により国際慣習法と条約に区分され，内容により平時国際法と戦時国際法に区分される。

国際慣習法 14 13

国家間の慣行が，国際社会で法的義務として形成された国際法。

条約 16 13

国際法上で国家間や公的な国際機構で結ばれる成文法。

国際司法裁判所（ICJ） 16 15 14 13 11 10

国連の司法機関。国際紛争を平和的に解決するため，国連憲章に基づいて設置。オランダのハーグにある。当事者となりうるのは国家のみで裁判に入るにも当該国家の同意が必要。

国際刑事裁判所（ICC） 16 14

大量虐殺・戦争犯罪・人道に対する罪など，国際的な重大犯罪に対し，個人の責任を追及する裁判所。国家から独立した裁判組織である。

北方領土問題

千島列島方面の歯舞群島・色丹島・国後島・択捉島をめぐる日ロ間の領土問題。ヤルタ協定における旧ソ連と米国との密約と，サンフランシスコ講和条約での日本の千島列島放棄の宣言を根拠に，ソ連崩壊後もロシアが統治している。日ロ間最大の外交課題。

59 人権保障の広がり （➡p.202・203）

難民の地位に関する条約

難民の保護を目的とした条約。日本は1982年から加盟。

国連難民高等弁務官事務所（UNHCR） 13

難民問題の解決を目指す国連内の専門機関。1950年の国連総会決議に基づき，翌51年設置された（難民条約採択もこの年）。高等弁務官はこの機関の代表。

世界人権宣言 （➡16）

国際人権規約 （➡16）

女子差別撤廃条約 17 14

あらゆる分野での男女差別を禁じた，国連の条約。政治・経済・社会・文化その他のあらゆる分野で差別を禁じ，締約国に対し女子差別を禁ずるための法律の制定や廃止・修正などを求めている。1979年採択，81年発効，日本は85年に批准。

児童の権利に関する条約 17 14

1989年に国連総会で採択された条約。18歳未満の子どもを対象とし，生きる権利など12か条で構成されている。日本は1994年に批准。

60 国際連合の役割と課題 （➡p.204～206）

国際連盟 19

第一次世界大戦の反省から1920年に設立された，史上初の国際平和機構。大国の不参加や全会一致主義により効果的な活動ができず，第二次世界大戦を防ぐことはできなかった。

国際連合（UN） 23 19 17 16 15 14 13 11

国際連盟が第二次世界大戦を防止できなかった反省から1945年に創設された国際機構。世界平和のみならず，南北問題や環境，人権問題にも取り組む。本部はニューヨーク。

勢力均衡

国際秩序を維持するために，各国間の軍事力を均衡させることにより，突出した脅威が生み出されることを抑制し，表面的平和を維持している状態。19世紀以降のヨーロッパに見られた。

集団安全保障

国際平和機構を作り集団の力で平和を維持しようという考え方。国際平和機構の加盟国は相互に武力行使を禁止し，戦争や侵略を行った国に対しては集団的に制裁を加える。主権国家の交戦権や同盟・軍備の自由を尊重した結果，第一次世界大戦が発生したとの反省から戦後に国際連盟が設置された。国際連合の紛争処理システムもこれに基づく。

安全保障理事会 19 18 16 15 13

国際社会の平和と安全に関する責任を負う国際連合の主要機関。**拒否権**を持つ5**常任理事国**（アメリカ・ロシア・イギリス・フランス・中国）と，拒否権のない10非常任理事国からなり，国際紛争処理のための要請，勧告を行う。

国連憲章 16

国際連合設立の目的，組織と運営原則等を規定した国連版「憲法」。1945年6月の国際機構に関する連合国会議（サンフランシスコ）で採択され，10月に発効。前文以下19章111か条。

平和維持活動（PKO） 15 14 13

国際連合が紛争の平和的解決をめざして行う活動の1つ。武力行使（国連憲章7章）と平和的解決（同6章）の中間形態であることから6章半活動と呼ばれる。紛争当事国の同意に基づき，自衛のため以外は武力を行使せず，当事者のいずれにも加担せず，中立を保つ点をその特徴とする。軽武装の平和維持軍（PKF）や，非武装の停戦監視団，選挙監視団などの種類がある。

PKO協力法 14

国連PKOへの参加を定め，自衛隊の海外派遣に道を開いた法律。湾岸戦争（1991）を機に国際貢献論が高まり，翌1992年に制定。2001年法改正で凍結していたPKF本体業務への参加が可能となった。

平和維持軍（PKF）

国連平和維持活動の一種で，軽武装の部隊が紛争当事者間に割り入り，治安維持，兵力引き離し，武装解除などを実施。紛争当事者の合意が前提で，武器の使用は自衛の範囲内でのみ認められる。

61 第二次世界大戦後の国際社会 （➡p.208・209）

冷戦 16

第二次世界大戦後の，ソ連を中心とした社会主義陣営とアメリカを中心とした自由主義陣営との，直接的な武力行使を伴わない対立。武力衝突を意味する「熱い」戦争に対して，このように呼ばれる。

NATO（北大西洋条約機構）

ヨーロッパ諸国，アメリカ，カナダ間の軍事同盟条約。1949年発足。当初は社会主義圏を意識した軍事同盟の性格が強かったが，冷戦終結後旧東欧諸国の一部も加盟（ロシアも準加盟），平和維持活動に活動の重点を移しつつある。

朝鮮戦争

1950年6月の北朝鮮軍の韓国への侵攻に端を発した戦争。当初北朝鮮軍が優勢だったが，米軍中心の国連軍，さらに中国の義勇軍も参戦。北緯38度線付近で膠着状態が続く中で1953年7月に休戦協定が成立した。

キューバ危機

1962年の米ソが全面核戦争の危機に直面した2週間。1959年に社会主義化したキューバに，62年10月，ソ連の核ミサイル基地建設を米国が阻止した事件。

ベトナム戦争

南北ベトナムの統一問題への米国の介入が失敗に終わった，戦後最大規模の地域紛争。ジュネーブ協定で南北に分割され，対立を深めたベトナムにおいて，1965年米国が南を本格的に支援，社会主義色の強い北や南の解放戦線との戦争が激化した。米軍は国際世論の批判を受けて73年に撤退。75年に南のサイゴン（現ホーチミン）が陥落して戦争終結。

緊張緩和（デタント）

1960，70年代の冷戦体制の緩和状態。仏語で「ゆるめる」の意。キューバ危機後，ド=ゴール仏大統領が東西関係の求められる姿として，アンタント（相互理解），コーペラシオン（協力）とともに用いた。

マルタ会談

1989年，地中海のマルタ洋上で行われた，アメリカのブッシュ，ソ連のゴルバチョフ両首脳の会談。東西冷戦の終結を宣言した歴史的な会談。

ペレストロイカ

1985年に登場したソ連のゴルバチョフ政権が打ち出した社会主義の全面的な改革方針。ロシア語で「改革」の意。市場経済の導入と政治の民主化を二本柱としていた。しかし冷戦終結の一方で生活向上の実感は薄く改革派と反対派の対立が激化，1991年末ソ連が崩壊し，ゴルバチョフは退陣した。

62 冷戦終結後の国際社会 （➡p.210・211）

多極化 13

第二次世界大戦直後の国際政治は，アメリカとソ連の両大国をそれぞれの極とする東西二陣営に分かれて対立し，二極化の時代といわれた。しかし，1960年代から1980年代にかけて，米ソの二極支配を不満とするフランス，中国の台頭，第三の道を歩むインド，旧ユーゴスラビアなど非同盟諸国の比重の増大により，国際政治にも大きな変化がみられるようになった。このような動きを多極化という。

湾岸戦争 13

1990年のイラクのクウェート侵攻をきっかけに，翌91年1月にアメリカ軍を中心とする多国籍軍がイラクを攻撃した戦争。2月にはイラク軍は大敗し，事実上終結した。

イラク戦争

2003年，イラクの武装解除とフセイン政権打倒を目的として，アメリカ，イギリス両国がイラクを攻撃した戦争。米英軍は開戦から半年足らずでイラク全土を制圧した。しかし，攻撃の口実となった大量破壊兵器は発見されなかった。米軍に捕らえられたフセイン元大統領はイラク特別法廷で死刑判決を受け，2006年に処刑された。

63 民族・地域紛争と難民 （➡p.212～214）

難民

内戦などによって政治的・宗教的迫害を受けて，国を離れざるを得なくなった人々。

アラブの春

2010年から2011年にかけてアラブ世界において発生した，非常に大規模な反政府（民主化要求）デモや抗議活動を主とした騒乱のこと。2010年12月18日に始まったチュニジアでの暴動によるジャスミン革命から，アラブ世界に波及し，エジプト，リビアでは政権が打倒された。

ユーゴスラビア紛争

1991年以降，旧ユーゴスラビア連邦共和国内の民族対立によって生じた紛争。最終的にユーゴスラビアは7つの国家に分裂した。

パレスチナ問題

第二次世界大戦後，欧米の支援の下パレスチナにユダヤ人中心の国家イスラエルが建国されたことにアラブ人が反発し，4次にわたる中東戦争などの軍事衝突をもたらしている問題。

ウクライナ紛争

2014年にウクライナで発生した政変をきっかけにロシアがウクライナ領のクリミア半島を占領し，ロシア系住民が多い東部（ドンバス）では親ロシア派とウクライナ政府軍との内戦状態になった。これが，2022年のロシアによるウクライナ侵攻に発展する。

64 核兵器の廃絶と国際平和 (➡p.216・217)

部分的核実験禁止条約（PTBT）

大気圏内，宇宙空間および水中における核爆発を伴う実験の禁止を定めた条約。1963年８月にアメリカ，イギリス，ソ連との間で調印された条約で，現在では100か国以上が署名・批准をしている。なお，この条約では地下核実験は禁止していない。

核拡散防止条約（NPT） 21

核保有を米ソ英仏中にのみ認め，それ以上の拡散を阻止し，平和利用を促進するための条約。1968年に国連総会で採択され，95年に無期限延長が決定したが，疑惑国の未加盟などの問題点もある。

包括的核実験禁止条約（CTBT） 18

地下核実験をも含め，爆発をともなう核実験すべてを禁止した条約。1996年，国連総会で採択されたが，インド，パキスタン，イスラエルなどの「疑惑国」の調印，批准も条約発効の前提となっており，依然として発効していない。

中距離核戦力（INF）全廃条約

射程500～5,500kmの中距離核戦力（INF）全廃のための米ソ間の軍縮条約。冷戦終結へ大いなる一歩となったが，2019年に失効。

戦略兵器削減条約（START）

1991年，米・旧ソ連が行った初の戦略核兵器の削減条約。2010年にはSTARTⅠの後継となる新STARTが調印された（2011年発効）。

化学兵器禁止条約

サリンなどの化学兵器の開発，生産，保有，使用を禁止し，同時に，米国やロシアなどが保有する化学兵器と製造施設を一定期間内（原則として10年以内）に全廃することを定めたもの。

対人地雷全面禁止条約

対人地雷の使用，開発，生産，貯蔵，保有，移譲などを禁止した条約。締約国は，この条約で禁止されている活動について他国を援助，勧誘，奨励することを禁止される。1999年発効。

65 貿易と国際分業 (➡p.218・219)

関税

輸入品に課せられる税金で，輸入品を割高にして，国内産業の保護を目的とする。

自由貿易 10

国家が介入・干渉せず，自由に行われる貿易。アダム・スミスによって唱えられ，リカードの比較生産費説で理論的に説明された。

リカード（1772～1823） 20 18 17 13

19世紀初めに活躍した英の古典派経済学者。特に自由貿易を主張，穀物法をめぐりマルサスと論争。主著『経済学及び課税の原理』において比較生産費説を展開し，自由貿易の利益を主張した。

比較生産費説 20 18 13

各国が，相対（比較）的に生産費が安い商品に生産を特化し，交換（貿易）すれば相互に利益が生じるという自由貿易理論。

保護貿易 21 20 18

自国の産業保護のため，貿易に関税や輸入制限措置等で，制限を設けた貿易の形態。ドイツの**リスト**によって提唱された。

国際分業 21 19

生産の効率を高めるため，国ごとに，得意な分野に集中・特化して分業を行うこと。国際分業の利益を理論的に説明したのが，リカードの比較生産費説。

66 外国為替と国際収支 (➡p.220・221)

国際収支 21 20 19 16 13 10

外国との１年間の経済取引結果を貨幣額で表したもの。2014年から新形式での発表になった。主要項目は経常収支，資本移転等収支，金融収支。経常収支は対外的な経常取引（将来債権債務を残さない取引）の収支で，貿易・サービス収支，第一次所得収支，第二次所得収支の３項目からなる。貿易・サービス収支は商品・サービスの輸出入金額の差額（輸出額－輸入額），第一次所得収支は海外投資収益と雇用者報酬との差額，資本移転等収支は資本移転や金融・生産に関係ない資産の収支，金融収支は対外的な資本取引（将来にわたり債権債務関係を残す対外的な金融取引）の収支である。

外国為替 23 16

異種の通貨（日本円と米ドルなど）間の交換比率。経済状況，先行き見通しなどにより，外国為替市場において相場が変動する「変動為替相場制」（➡**67**）が主となる。一定の交換比率を強制される「固定為替相場制」は，現在では例外的。

67 戦後国際経済の枠組みと変化 (➡p.224・225)

ブレトン・ウッズ体制 20 19

1944年米国のブレトン・ウッズで締結され，戦後西側世界経済の国際通貨体制を確立させた協定。この協定により1945年IMF，IBRDが発足。金とドルの兌換を米国が保証することによりドルを基軸通貨として西側世界に供給し国際流動性を確保する体制が確立した。また，固定相場制のもと安定した国際経済取引を可能にした。

ニクソン・ショック 20

1960年代のドル危機を受け，71年８月に米ニクソン大統領がとった経済政策。金とドルの交換停止，輸入課徴金設置を柱とする。特に前者により一旦ドルの基軸通貨性が失われ，固定相場制も崩壊。

IBRD（国際復興開発銀行） 23 19 10

第二次世界大戦後の復興支援のための国連の専門機関。1944年のブレトン・ウッズ協定に基づいて翌年発足し，日本は52年加盟。70年代からは発展途上国，社会主義国への長期融資に重点を置く。

スミソニアン協定

1971年12月に締結されたブレトン・ウッズ体制に代わる国際通貨体制を決定したIMFの協定。ドルの金に対する価値を切り下げ（金１オンス＝35ドル➡38ドルへ），またドル安に調整した上で固定相場制に復帰させた（例：１ドル＝360円から308円へ）。しかし，主要先進国は1973年から変動相場制に移行し，この体制も事実上崩壊，IMFは76年のキングストン合意で変動相場制を承認した。

基軸通貨

国際通貨の中で中心的支配的地位を占め，その時代の国際金融・為替システムの要の役割を果たす通貨。第一次世界大戦前はポンドであったが，第二次世界大戦後はドルが基軸通貨となった。

IMF（国際通貨基金） 16 13 10

国際通貨の安定と世界経済の発展をめざす国連の専門機関。1944年のブレトン・ウッズ協定に基づいて翌年発足し，日本は52年加盟。国際収支赤字国への短期融資などを実施。

GATT（関税と貿易に関する一般協定） 23 21 19 17 16 13

自由貿易拡大に向け1948年発足した国際機関。自由（関税軽減と非関税障壁撤廃）・無差別（最恵国待遇）・多角（多国間のラウンド交渉）の貿易三原則を掲げ，世界貿易拡大・世界経済発展に寄与。1995年WTOに発展的に吸収された。

固定為替相場制 19 15

外国為替相場を一定の変動幅に保つ制度。安定的な対外取引が確保できるメリットなどから途上国を中心に採用している国も多いが，通貨危機の危険性やグローバリゼーション下の孤立の可能性などデメリットも多い。

変動為替相場制 19 15

外国為替市場の需要供給関係で外国為替相場が決定される制度。主要先進国は1973年固定相場制から変動相場制へ移行。ただし，完全な変動相場制ではなく，政府・中央銀行の外国為替市場への介入を認めており，これを管理フロート制という。

68 グローバル化する経済 (➡p.226・227)

グローバル化 16

1980年代から本格化した企業活動の国際化。これにともない，ボーダレスな世界市場が形成されたが，この巨大市場を円滑に機能させるための参加者共通のルールや約束事が，**グローバル・スタンダード**である。

多国籍企業

企業活動や所有関係が，多国間にわたる企業。現在では，企業は活動領域のみならず，資本関係も複雑化・国際化してきており，「多国籍企業」という特別のカテゴリーを設定する意義は失われてきている。

GATT（➡**67**）

WTO（世界貿易機関） 23 21 14 13

1995年発足のGATTにかわる世界貿易に関する国際機関。モノ・サービス・知的財産権など，全ての貿易問題を扱う。特にGATTの弱点でもあった貿易紛争処理について多角的なシステム，ルールが整備された。

非関税障壁

関税以外の方法による輸入の抑制手段。輸入数量制限や輸入許可手続きの強化，検疫基準強化などにより輸入しにくくする。GATTそして現在のWTOでも，原則的には撤廃すべき貿易制限となっている。

69 地域統合の現状 （➡p.228～230）

EU（欧州連合） 23 19 17 16 15 13 10

1993年にEC（欧州共同体）を母体に発足したヨーロッパの統合体。1991年にEC首脳会議で57年のローマ条約を改正したマーストリヒト条約（欧州連合条約）が採択され，1992年調印，93年全加盟国の批准をもって発効した。これによりECはEUとなり，さらなる統合を進めた。通貨統合・共通外交安全保障・欧州市民権導入などを要点とする。2009年に発効したリスボン条約では，新たにEU大統領や外相が設置され，政治面での統合が強化された。

USMCA（米国・メキシコ・カナダ協定）

2020年に発効したアメリカ・カナダ・メキシコ３国からなる自由貿易協定。1994年発効のNAFTA（北米自由貿易協定）の加盟国が再交渉を行い，USMCAに置き換えられた。

ASEAN（東南アジア諸国連合） 23 19 15 13 10

東南アジアにおける経済・社会・文化の域内協力を進める組織。1967年東南アジア５か国で結成，99年にカンボジアが加盟し，現在10か国が加盟。自由貿易地域（AFTA）では，2015年からほぼすべての品物にかかる関税を撤廃した。

APEC（アジア太平洋経済協力） 21

1989年発足のアジア・太平洋地域の経済協力強化を目的とした枠組み。オーストラリアのホーク首相が提唱し1989年発足。当初は，同地域の経済協力・貿易の拡大を目的とし，開かれた機関であったが，94年のボゴール宣言で域内関税撤廃に向けた期限を設定し自由貿易圏を目指している。

メルコスール（南米南部共同市場） 19 15 10

1995年に発足した，アルゼンチン・ウルグアイ・パラグアイ・ブラジル・ベネズエラ・ボリビアからなる関税同盟。

FTA（自由貿易協定） 23

関税など貿易上の障壁を取り除いた自由貿易地域の結成を目的として，特定の国の間で締結する国際協定。

EPA（経済連携協定）

FTAに加えて投資の自由化，人的交流の拡大，特許などの知的財産といった幅広い分野を含む協定。日本はEPAを軸に各国との経済関係緊密化を進めている。

70 南北問題 （➡p.232・233）

モノカルチャー 18 12

生産・輸出が少種類の１次産品に偏っている発展途上国の産業構造。植民地支配を受けていた時期に形成され，発展途上国経済の自立阻害要因となっている。

南北問題

先進工業国と発展途上国の経済格差とそれに伴う対立。1950年代後半～60年代に表面化。64年UNCTAD（国連貿易開発会議）が設立され，発展途上国の貿易・援助・開発について検討協議が行われてきた。

国連貿易開発会議（UNCTAD） 17 15 13

南北問題解決のために国連に常設された機関。1964年創設。少なくとも４年に１度総会が開かれ，貿易や先進国の経済援助などについて討議される。

累積債務問題 20 19 18

1970年代，国内貯蓄率の低い中南米諸国が自国の開発資金を獲得するために外国銀行から多額の借り入れを行ったが，1980年代以降の金利上昇などで，債務不履行に陥る国が続出した。現在でも，アフリカや中南米諸国を中心に債務返済に苦しんでいる国は多い。

後発発展途上国（LDC） 18 17

発展途上国の中でも特に経済的な発展が遅れている国。1974年の国連総会で初めて指定され，配慮を払うことが合意された。

南南問題

途上国間における社会経済的格差。1970～80年代，産油国や新興工業経済地域（NIEs）など経済開発が進んだ途上国と，非産油国・後発発展途上国（LDC）などの途上国の間に，所得・工業化率・識字率などの格差が拡大した。

BRICS 21 17 16

経済成長が著しい，ブラジル・ロシア・インド・中国・南アフリカのこと。BRICS諸国はいずれも広大な国土と豊富な天然資源を有しており，人口大国でもあるため，潜在的な成長可能性が高いと考えられている。

フェアトレード 13 12 10

発展途上国の原料や製品を適正な価格で継続的に購入することを通じ，立場の弱い途上国の生産者や労働者の生活改善と自立を促す運動。

71 人口・食料問題 （➡p.234・235）

人口爆発

人口が爆発的に増加することを指している言葉。世界人口は長く緩やかな増加を続けてきたが，産業革命などの影響で19世紀末から現在に至るまで「人口爆発」と呼べるほどのスピードで急増した。人口爆発は，食糧・住宅・水・雇用といった様々な「不足」をもたらし，結果として貧困の大きな要因となる。

食料自給率（➡**52**）

貧困・飢餓 11 10

貧困には様々な観点があるが，経済・環境・栄養・健康・文化などの面において困窮していることを指す。こうした貧困の連鎖は，容易に飢餓などの悲劇を生み出す。

人口ピラミッド 19 14 10

男女の年齢別人口構成のグラフのこと。多くの発展途上国では，年齢が低いほど人口が多いピラミッド（富士山）型であるが，現代の日本では釣鐘型からつぼ型へと変わってきている。

国連人口開発会議

1994年カイロで開催された第３回世界人口会議のこと。国連は1974年を国際人口年とし，ブカレストで第１回世界人口会議を開催。94年カイロで行われた第３回会議は「国際人口開発会議」と呼ばれた。

72 日本の役割 （➡p.236・237）

ODA（政府開発援助） 22 17 15 12 10

先進国政府が発展途上国に対し行う開発援助。無償贈与，長期低利の借款（しゃっかん），世界銀行グループなどの国際機関に対する出資などから成る。UNCTAD（国連貿易開発会議）で設定したGNI比の目標は0.7％。

OECD（経済協力開発機構） 19 18 17 15 11

1961年発足の資本主義先進国の経済協力機関。マーシャルプラン受け入れ機関であった欧州経済協力開発機関（OEEC）を再編し，資本主義国経済の安定と発展を目的としたいわゆる「先進国クラブ」。

人間の安全保障 23 18 17 15 12 11

人間一人ひとりに着目し，生存・生活・尊厳に対する広範かつ深刻な脅威から人々を守り，それぞれの持つ豊かな可能性を実現するために，保護と能力強化を通じて持続可能な個人の自立と社会づくりを促す考え方。1994年の国連開発計画（UNDP）の報告書において提唱された。

NGO（非政府組織） 13

平和・人権問題などで国際的な活動を行っている非営利の民間協力組織。

JICA海外協力隊 18

独立行政法人国際協力機構（JICA）が実施する政府開発援助（ODA）の事業。青年海外協力隊の隊員は，ボランティアとして原則２年間，発展途上の国に赴き，現地の人に技術などを教える。

73 地球環境問題 （➡p.238～241）

地球温暖化

二酸化炭素などの温室効果ガスの大気中への排出で気温が上昇し自然環境に悪影響を及ぼす現象。**異常気象**，海水面上昇，食料生産の不安定化などの影響が深刻で，1992年の地球サミットで採択された気候変動枠組み条約で，温室効果ガス削減に向けて取り組みが始まった。

酸性雨 15 13

硫黄酸化物・窒素酸化物の大気中での酸性化でph5.6以下の酸性を帯びた降雨となること。森林の枯死，湖沼生態系破壊，建造物被害などの影響が出ている。

森林破壊

森林は，CO_2を吸収し水蒸気を放出することで気候を安定させたり，雨を地中に蓄えて洪水や土壌流出を防いだり，生物の住む場所として生態系を維持するなどの働きがある。しかし，熱帯林を始めとして世界各地で急速に森林面積が減少しつつある。主な原因として，大量の木材利用による大量の森林伐採（ばっさい），焼畑による原生林の消失，放牧地や大規模農地確保のための開拓，スキー場やレジャー施設などの開発，酸性雨による木々の荒廃 などが挙げられる。

砂漠化

草や木々に覆われていた半乾燥地域などで，過剰な放牧やかんがい，森林伐採などの人間の活動によって起こる土地の劣化や生産性の低下のこと。1994年，「砂漠化防止条約」が採択され，国際協力による砂漠化対策の強化を定めている。

オゾン層の破壊 18 15 14 12 10

排出されたフロンにより主に南極上空のオゾン層が破壊される現象。紫外線を吸収するオゾン層が破壊によってオゾンホールが形成され，地表に達する紫外線量が増加し，皮膚がんの増加や生態系への悪影響が指摘されている。1980年代から使用規制が進んだ。

京都議定書 18 14 11

地球温暖化防止のためにCO_2などの排出削減を目指す国際条約。1997年の気候変動枠組み条約第３回締約国会議（京都）で，先進国全体でCO_2 90年比5.2％削減，排出権取引承認などが決まった，先進国の温室効果ガス削減割り当て条約。2005年に発効したが，2012年に約束期間が満了。2015年，2020年以降の温暖化対策の国際的な枠組みである**パリ協定**が採択された。

砂漠化対処条約

深刻化する砂漠化に対処するための条約。1992年の地球サミットで砂漠化への対処の必要性が主張されたことを受けて，1994年採択された。

ラムサール条約 17 15 14 10

湿地の生態系を保全することを目的とした条約。1971年イランのラムサールで開かれた国際会議で採択された。主として水鳥の保護を目的とし，重要な湿地を登録し保全を義務づける。

ワシントン条約 17 14

絶滅の危険のある野生動植物の国際取引を規制して保護することが目的の条約。正式名称は「絶滅の恐れのある野生動植物の種の国際取引に関する条約」。1973年に採択され，日本は1980年に締結。トラ・ジャイアントパンダなどの生物に加え，象牙・毛皮・剝製なども規制の対象となる。

気候変動枠組み条約 20

1992年地球サミットで採択された地球温暖化防止対策（CO_2などの温室効果ガスを10年以内に1990年水準に戻す）の枠組みを規定した条約。

74 資源・エネルギー問題 （➡p.242～245）

成長の限界 19 18

人類の未来の危機を予測したローマ・クラブ1972年のレポート。人口増加や環境悪化など，現在の傾向が続けば100年以内に地球上の成長は限界に達すると警鐘を鳴らし，破局を避けるため，成長から世界的な均衡へと移っていくことの重要性を訴えた。

化石燃料

石油・石炭・天然ガスなど，太古の時代の生物の遺体から生成された燃料。いずれも埋蔵量に限りがあり（枯渇性資源），また化石燃料の使用はCO_2などの温室効果ガスを大量に排出するため，近年では化石燃料への依存を減らし，新エネルギーへの置き換えを進める取り組みが盛んである。

石油危機

1973年の第一次と79年の第二次の二波に渡り発生した原油価格の急上昇。前者は第四次中東戦争を引き金に，後者は前年からのイラン革命にともなう国際情勢の混乱を背景に発生。各国経済は高水準の原油価格に対応しての産業構造の改革を強いられた。

OPEC（石油輸出国機構）

産油国が，石油の生産・価格を調整し，相互の利益を図る国際的カルテル。メジャーに対抗して1960年に結成された。石油危機においても，原油価格の上昇に主要な役割を演じた。

資源の偏在性

天然資源が一部の国や地域に偏って埋蔵されていること。石油は中東地域に，天然ガスはロシアに極端に偏って埋蔵されており，これらの地域で紛争や政変が起こると，エネルギーの安定供給の脅威となる。

原子力発電

ウランの核分裂時に発生する熱で蒸気を作りタービンを回して発電する方式。2009年度には日本の総発電量の約３割を供給。核廃棄物処理など安全性の面で課題も多い。代表的な原発事故は，1986年にチェルノブイリ原発事故，2011年に東京電力福島第一原発事故が発生し，日本では存廃を含めた議論が起こっている。

資源ナショナリズム 15

自国の天然資源に対する主権を確立しようとする動き。植民地時代より先進国の巨大企業に資源の利権を奪われてきた資源保有国が，自らの手で資源を管理・開発し，自国の経済を自立させようという動き。

新エネルギー 17 15 11

これまでの石油・石炭などの化石燃料や原子力に替わるエネルギー。太陽光･風力･水力･地熱・バイオマスといった自然エネルギー（再生可能エネルギー）や，燃料電池･廃棄物発電･天然ガスコジェネレーションなどが含まれる。

再生可能エネルギー

自然の営みから半永久的に，継続して利用できるエネルギーで，風力，太陽光，水力，バイオマスなどがある。

環境税（炭素税） 16 14

電気・ガス・ガソリンなど，地球温暖化の原因となる二酸化炭素を排出するエネルギーに課税し，二酸化炭素排出量に応じた負担をする税金。

循環型社会（➡53）

75 生命倫理 （➡p.246～249）

生命倫理

個々の研究領域を超えて学際的に「命」について研究する学問。生命・医科学技術の急激な進歩にともない，人間の命をめぐって様々な問題が生じてきた。「命」の価値判断の最終決定権は本人自身にあるということを基本に，国，人類レベルでの社会的合意形成を目指している。

バイオテクノロジー

生物学（バイオロジー）と技術（テクノロジー）の造語。生物を工学的見地から研究し，医薬品・食品などの生産や環境の浄化などに応用する技術。従来からの発酵技術のほかに，遺伝子組み換えや細胞融合などの技術がある。

ゲノム 11 10

ゲノムとは，ある生物の遺伝情報のことで，ヒトゲノムは人間の遺伝情報のこと。人のゲノムは2003年にすべて解読されたという。医薬品の開発，遺伝子治療に役立つものと期待されている。

クローン 12

遺伝的に同一である個体や細胞（の集合）。その語源はギリシア語の「Klon＝小枝」。1996年，イギリスで「ドリー」と名付けられたクローン羊が誕生した。成長した羊の体細胞から造られた世界初のクローン動物として注目を集めた。また，1998年，日本で２頭のクローン牛が誕生した。クローン技術は，食用動物の大量生産や医薬品製造などへの応用が研究されている。一方，ヒトへの応用については倫理的な問題が多く，日本では2000年に「ヒトに関するクローン技術等の規制に関する法律」が制定され，クローン人間の製造が禁止されている。

遺伝子組み換え ⑬⑩
　細胞内に特定の遺伝子DNAを入れ，新しい遺伝的な特徴をもつ細胞を作り出す技術（遺伝子組み換え）を作物に応用し，新品種を生み出すこと。遺伝子組み換え作物の安全性確認は，2001年４月から法制化されている。2016年４月現在，厚生労働省による安全性審査が終了した食品は305品種。とうもろこしが201品種と多い。

臓器移植法 ㉑⑳⑭⑪
　移植使用を前提に，医師が死体（脳死した者の身体を含む）から臓器を摘出することを認めた法律。2009年の法改正で脳死移植の要件が緩和され，15歳未満からの臓器提供が可能となった。また，本人の意思が不明の場合は，家族の承諾により臓器提供ができるようになった。

脳死
　脳幹を含む，脳全体の機能が失われた状態のこと。 回復する可能性はなく元に戻ることがないため，臓器移植法によって脳死した人からの臓器提供が認められている。

出生前診断
　出生前に，胎児の染色体の異常の有無などの診断を行うこと。異常が見つかった場合は，人工妊娠中絶の判断をすることになる。「命の選別」にあたるとの批判もある。

尊厳死
　死期が迫っているときに，延命治療を自ら拒否して自然死を選ぶ行為。尊厳死の考え方は，生命の質（QOL＝クオリティ・オブ・ライフ）を自ら判断し，人間の尊厳を保つことのできない治療の継続を拒否しようとするものである。

安楽死 ⑫
　不治の病で死期が迫っているときに，苦痛から逃れるため積極的に外部の助け（薬の投与など）を借りて命を縮める行為。

インフォームド・コンセント ㉒⑱⑯⑭
　患者の自己決定権を重んじる考えから，医師からの説明と患者の同意によって治療方針を決定すること。

英略語・英字索引　色数字は用語解説の項目

Ⓐ…アプローチ　α…プラスアルファ

巻末資料

索引

色数字は用語解説の項目

Ⓐ…アプローチ　α…プラスアルファ

巻末資料

Try 解答

ページ	解答	解　　説
p.17	③	アリストテレスは，言葉（ロゴス）をもつという性質から，人間を「ポリス的な動物」と呼んだ。
p.19	A－②　B－④　C－③　D－①	
p.21	②	アパシーとは，「自分は何をしたいのか」がわからなくなり，無気力におちいること。
p.25	①	大学・短大への進学率は年々上昇している。
p.27	①	エスノセントリズムは，レヴィ-ストロース（→p.50 7）が西欧文明を批判する際に使った言葉である。
p.31	①	キリスト教・イスラム教・仏教は世界三大宗教と呼ばれる。
p.33	②	盆踊りが全国に広まったのは室町時代といわれる。
p.34	①惟神の心　②もののあはれ	
p.35	②	和辻哲郎は『風土』において，風土が人間と文化に与える影響を考察している。
p.39	①問答　②無知	
p.40	①イデア　④現実	
p.41	①仁　②礼	
p.43	①	ルターの宗教改革は「人間中心」の考えの端緒となり，ルネサンスの大きなきっかけとなった。
p.44	②	一般的な原理から具体的な事実を導き出す科学的な方法が，演繹法である。
p.45	①定言命法　②仮言命法	
p.46	③	プラグマティズムの語源は，ギリシャ語で行為・実行・実験・活動を表す「プラグマ」である。
p.49	①	ニーチェの問題意識をよく理解しよう。
p.50	④	フランクフルト学派には，他にホルクハイマー，アドルノ，ハーバーマスらがいる。
p.51	①平等　②公正	
p.59	②	望ましい経済活動を促進する法律なので，活動促進機能が適当。
p.61	③	現行の法令では最も古い。
p.63	①	３つの能力の違いを理解しよう。
p.64	③	消費者を保護する制度は様々あるが，適用できないケースもあるので気を付けよう。
p.67	③	消費者トラブルで困ったときは，まずは消費生活センターなどに相談してみよう。
p.68	①安全の権利　②知らされる権利　③選ぶ権利 ④意見を聞いてもらう権利	
p.71	独裁者を生まないこと。	
p.73	封建的な結びつき。	
p.79	①	日本国憲法よりも古い時代に諸外国の憲法は，いずれも日本国憲法制定後に部分的な改正が行われている。
p.81	①	都道府県知事の被選挙権は満30歳から。
p.83	③	基本的人権は，大きなくくりで覚えよう。
p.85	①④	「原告勝訴」イコール「違憲判決」ではないので，注意しよう。
p.87	②	戸籍上，夫婦は必ず同じ名字となる。
p.89	①	表現の自由の神髄を示した言葉である。
p.91	①	現行犯逮捕は，一般人（私人）にも認められている。
p.92	①	公共の福祉により，立ち退かざるを得ない場合もある。
p.95	③	④は減額処分の無効であり，違憲判決ではない。
p.97	①	実際に死刑囚が損害賠償請求訴訟を起こした例がある。
p.99	③	三島由紀夫は1970年に自衛隊駐屯地で騒乱を起こし，割腹自殺した。
p.103	②	防衛医科大学校や海上保安大学校も学費不要。
p.109	③	内閣総理大臣の指名とセットで覚えよう。
p.111	④	『官報』は基本的に「国」に関する事項を掲載している。
p.113	全てあった。	
p.117	③	名称が変わっていないのは外務省のみ。
p.119	①	参議院議員の被選挙権も30歳以上。
p.120	③	機関委任事務は都道府県の仕事の８割，市町村の仕事の４割を占めていた。
p.123	A－③ B－① C－②	他にロシアの大統領府を「クレムリン」，中国の指導部を「中南海」と，所在地になぞらえて言うことがある。
p.124	②	アメリカの首都がフィラデルフィアにあったときの議会議事堂の部屋割りが語源となった。
p.125	③	全人代の代表の約70％が共産党員。
p.127	①③	①は食事の提供になるため，③は高価な果物の提供にあたるため，それぞれ禁止されている。
p.129	②	小規模な政党が多数あり，二大政党制とはいえない。

ページ	解答	解　　説
p.131	①	世界初のラジオ放送は，1906年にアメリカで始まった。
p.132	①朝日新聞　②読売新聞　③毎日新聞	
p.135	③	刑事事件の場合は高等裁判所に控訴する。
p.136	④	2023年７月現在，国民審査で罷免となった例はない。
p.139	①	社会主義理論の中心人物。
p.141	③	アダム=スミスは「経済学の父」と呼ばれる。
p.142	③	著名な経済学者と提唱した理論を整理しよう。
p.145	①③	②は価格競争が行われているので，市場の失敗ではない。
p.146	①②	③は価格競争。
p.147	②	カルテル・トラスト・コンツェルンをそれぞれ説明できるようにしよう。
p.151	④	各会社形態の特徴をつかもう。
p.152	①	CSRの内容を理解しておこう。
p.157	①	GNP（国民総生産）と混同しないようにしよう。
p.159	②	インフレ・デフレと略して言うことが多い。
p.163	②	高齢化の影響で，社会保障費は急増している。
p.165	①	間接税は，納税者と担税者が異なる税金。
p.166	③	政府の債務残高のとらえ方については，諸説ある。
p.169	①	中央銀行は，政府・金融機関の口座しか設けない。
p.171	④	④は政府が行う財政の機能。
p.175	②	ラジオは戦前から普及していた。
p.177	①低金利　②土地　③不良債権	
p.179	②	大企業は多くの下請企業を抱えていることが多い。
p.181	③	高関税の米以外は，自給率はきわめて低い。
p.183	②	四大公害病で唯一，大気汚染によるもの。
p.184	①	無過失賠償責任制度で規定されている。
p.187	①	労働争議の種類を覚えよう。
p.189	③	残業代や残業手当と呼ばれる制度。
p.190	②	ワークシェアリングの難点は，１人あたりの賃金が減少すること。
p.193	②	エンゼルプランと混同しないようにしよう。
p.195	社会福祉	
p.196	②	各制度の要点をおさえよう。
p.199	①	独立国は①のバチカン市国のみ。
p.203	④	日本は死刑存置国である。
p.205	⑤	ドイツ語は国連公用語ではない。
p.206	③	国連の職員数は意外に少ない。
p.209	①	1993年にチェコスロバキアが解体して独立した。
p.211	②	2011年にムバラク大統領が辞任に追い込まれた。
p.213	④	日本の難民認定率はきわめて低いことが特徴。
p.214	②	クルド人は「国を持たない最大の民族」と呼ばれる。
p.217	②	核軍縮条約には英略語が多いので注意。
p.219	①	英略称はよく確認しておこう。
p.221	③	工場建設は投資なので，金融収支に記載される。
p.225	②	ニクソンは当時のアメリカ大統領。
p.227	①	ビールの酒税負担率は最大で47.3％。
p.229	①	EUの加盟国数は27か国で最多（2023年７月現在）。
p.230	①②④	日本は世界の多くの国々とEPAを締結している。
p.233	④	国連加盟国の約４分の１がLDCとなっている。
p.235	③	食べ残しは極力減らそう。
p.237	④	東海道新幹線は，1964年の東京オリンピック直前に開業。
p.239	①－C ②－A ③－B	オゾン層の破壊の原因はフロンガスの排出，地球温暖化の原因は温室効果ガスの排出，酸性雨は工場や自動車の排気ガスに含まれる窒素酸化物・硫黄酸化物等による。
p.240	①～④ すべて	2023年現在，レッドリストに載っているだけでも40,000種以上が絶滅の危機にある。
p.241	①－A ②－B ③－C	ラムサールはイラン，モントリオールはカナダ，バーゼルはスイスの地名。条約名と地名を整理しておこう。
p.243	①	日本のエネルギー自給率はきわめて低い。
p.244	②	中東情勢が混乱すると，日本の石油供給は不安定化するおそれがある。
p.245	②	第一次石油危機後の日本では，脱石油依存のエネルギー政策が加速した。
p.247	②	日本では安楽死は認められておらず，実行した医師が殺人罪に問われたこともある。
p.248	A－× B－×	A・Bともに，臓器移植法の定める要件を満たしていない。
p.249	①③	遺伝子組み換え技術の便利な点・不安な点を説明できるようにしておこう。

公共の 見方・考え方 ガイド

活用方法は➔P.14

● 「視点カード」「思考スキル」「思考ツール」を組み合わせて考えよう。

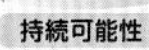

クラゲチャート

【例1】 持続可能性という視点で身近な「レジ袋」について「見方・考え方」を働かせると，地球温暖化や海洋生物の保護など関連づけられるテーマが見つかる。これをクラゲチャートという思考ツールに落とし込んだものが，右の図である。

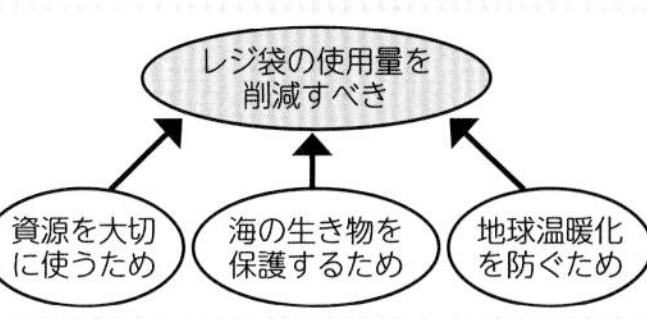

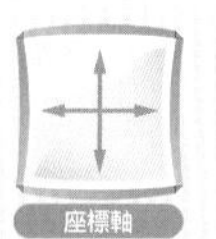

【例2】 集団における意思の決定方法について公正・効率性という視点から比較するには，座標軸を用いて整理するのが有効だ。公正さを縦軸，効率性を横軸にとって比較することで，長所と短所を明確にできる。

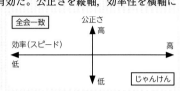

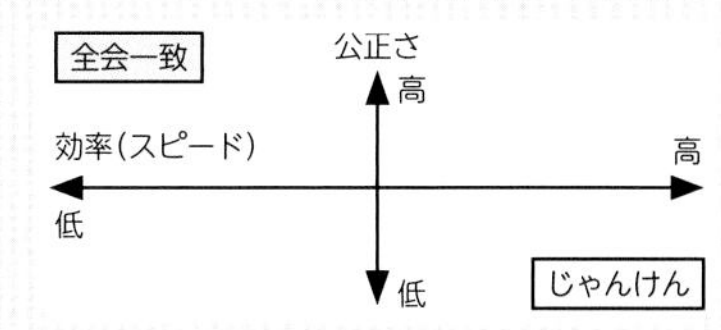

視点カード

公民的な「見方・考え方」を働かせるのに役立つ代表的な「視点」を22枚のカードにまとめました。それぞれの「視点」の内容を確認しながら学習を進めましょう。

幸福

幸福とは，心が充足していると感じられること。「よりよい社会」は，**どのような形の幸福を，どうやって人々に約束するのか，どこまで保障するのかが，幸福の視点。**

自由

自由とは，他者から制約されず，自らの意志に従っていること。**自分の意志にのみ従って行動できるかどうかが**，自由の視点。

正義

正義とは，人々の自由な幸福追求が互いに衝突しあわないようにするためのルール。**「よりよい社会」を求める際，社会に広く通用する「正しさ」が，正義の視点。**

公正

公正とは，**正義が実現している状態，「よりよい社会」をめざす際に参照されるべき基準。**交渉に不参加の人はいないか，不利益を被る人がいないか，などを考える視点。

寛容

寛容とは，自分とは異なる意見やふるまいを受け入れること，また他者の欠点やあやまちを厳しく責めないことを意味する。**他者を認め，共生するための視点。**

連帯

連帯とは，人と人とが互いの信頼で結びつき，意志や行動，責任を分かちあうこと。**他者を思いやり，自己を省みながら相互に支えあう視点。**

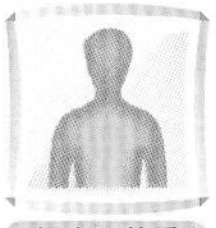
個人の尊重

個人の尊重は，一人ひとりを大切にするという考えで，その国の政治が民主的かどうか判断する際に働かせる視点。反対に，社会全体の利益を優先するのが全体主義。

民主主義

民主主義は，政治のあり方を国民が決めるしくみ。**ものごとの決め方や手続きなどに，国民の意思を反映する視点。**多数決でなく，少数者の意見も考え熟議する必要がある。

法の支配

法の支配は，国家権力の行使は法に拘束されなければならないとする考え方。徹底されているかどうかは，**その国が民主的であるかどうかを判断する際の重要な視点。**

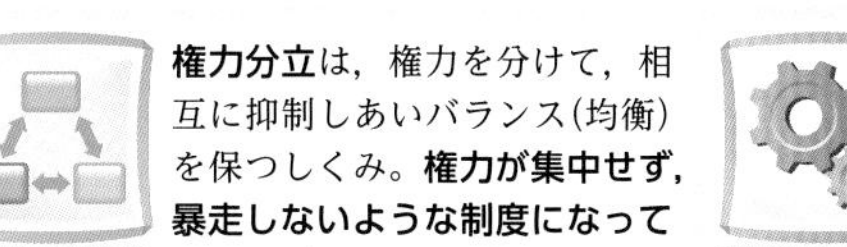
権力分立

権力分立は，権力を分けて，相互に抑制しあいバランス(均衡)を保つしくみ。**権力が集中せず，暴走しないような制度になっているかどうかという視点。**

効率性

効率性は，費用をできる限り小さくし，利益をできる限り大きくする視点。合意の結果に改善の余地がなければ，それは効率性の視点を実現しているといえる。

公平性

公平性は，行いやあり方が，かたよりなく扱われているかどうかという視点。所得などの格差や，機会の不平等に対して公平性の視点が求められる。

希少性

希少性とは，多くの人たちが欲しいと思っているにもかかわらず数が少ないという性質のこと。**限られた資源をどう選択するのか，それをどう使うか考える視点。**

持続可能性

持続可能性とは，現在世代から将来世代へと**社会が持続できるかどうかという視点。**環境保全や資源活用，社会保障などのあり方を検討する際に重要となる。

トレードオフ

トレードオフは，Aを選ぶとき，Bをあきらめなければならない関係のこと。**選択の際の視点。**

機会費用

機会費用は，トレードオフで選択しなかったことによる損失のこと。**選択の際の視点。**

ルール

ルールは，持続可能な社会の実現のため，**効率性と公平性のバランスのとれた決まりをつくる視点。**

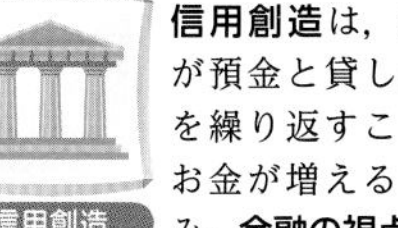
信用創造

信用創造は，銀行が預金と貸し出しを繰り返すことでお金が増えるしくみ。**金融の視点。**

イノベーション

イノベーションは，新しい物事の創造や，革新的なアイデアで，**社会に変化を起こすという視点。**

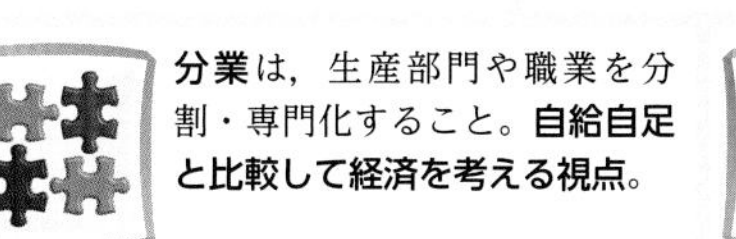
分業

分業は，生産部門や職業を分割・専門化すること。**自給自足と比較して経済を考える視点。**

国際化

国際化とは，国境の垣根をこえて，主権国家どうしが相互に結びつくこと。**国境で区切られたそれぞれの国のルールにあわせて，結びつきを強める視点。**

グローバル化

グローバル化とは，国境の垣根が低くなり，地球規模で結びつくこと。ルールや規格，財・サービスを，**国境を越えて地球規模で統一しようという視点。**

見方・考え方パネル

視点カード

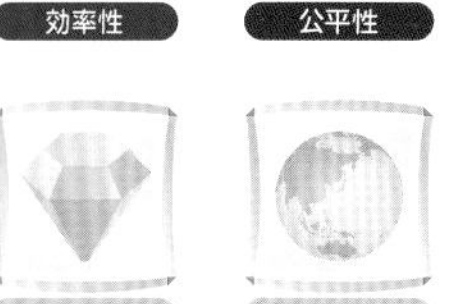
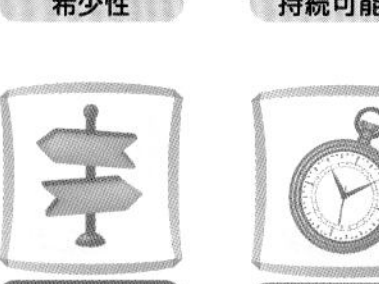

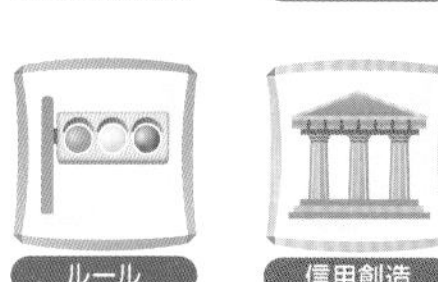
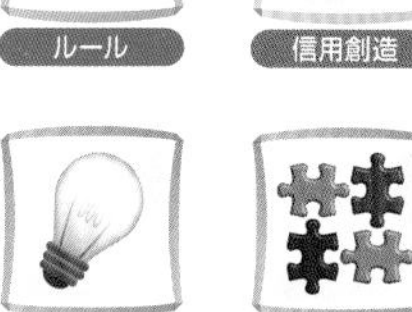

思考ツール

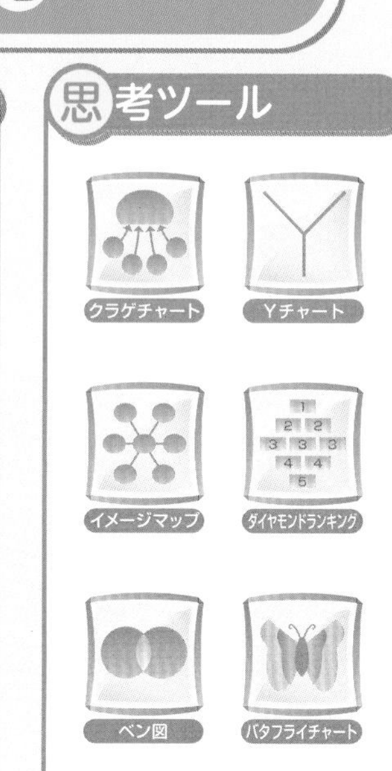

思考スキル

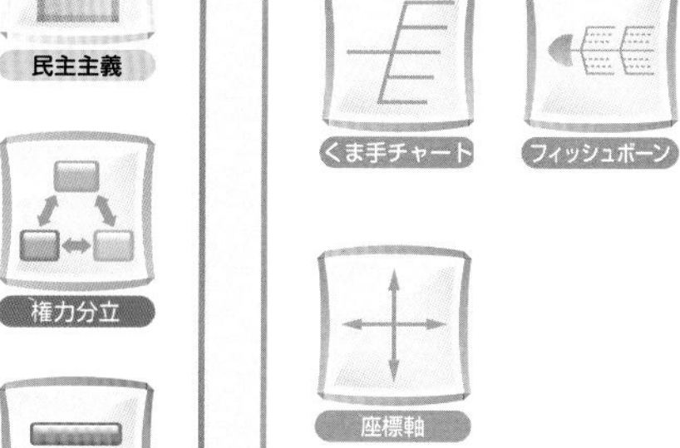

＊「視点」「思考スキル」「思考ツール」は，主なものを掲載しています。

国連本部で開かれた「国連持続可能な開発サミット」

2015年9月，アメリカのニューヨークにある国際連合本部で，「国連持続可能な開発サミット」が開かれました。そしてそこで，193の全国連加盟国によって，「持続可能な開発のためのアジェンダ2030」が採択されました。

このアジェンダ（行動目標）では，「誰一人取り残さない（No one will be left behind）」という理念のもと，2030年までに全世界から貧困などをなくし，持続可能な社会（現在だけでなく未来の人たちも住み続けられる社会）を実現するため，17のゴール（目標）＝Sustainable Development Goals（頭文字からSDGsと呼びます。日本語では「持続可能な開発目標」）が設定されました。

すべての国々が当事者！

SDGsは，すべての国や地域の人たちの，共通の達成目標。すべての問題は，さまざまな国々が関わり，国境をこえてつながっているからです。

さまざまな立場の個人，団体，地域，国が協力！

SDGsの達成のためには，国の政府だけでなく，NGO（非政府組織）や企業，NPO（非営利組織），農林水産業にたずさわる生産者など，さまざまな立場の個人や団体が，それぞれの得意を活かして協力しあうことが必要です。

すべてのゴールは関連！

例えば，地球温暖化に伴う異常気象で，農業や漁業が被害を受け，食糧不足や収入減という貧困を生み，それが教育を遠ざけ，貧困が悪化します。1つ1つの問題は関連しています。

持続可能な開発目標（SDGs）

「あらゆる場所のあらゆる貧困を終わらせよう」

「飢餓を終わらせ，全ての人が1年を通して栄養のある十分な食料を確保できるようにし，持続可能な農業を促進しよう」

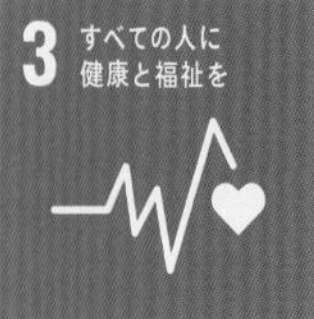

「あらゆる年齢の全ての人々の健康的な生活を確保し，福祉を促進しよう」

「全ての人が受け入れられる公正で質の高い教育の完全普及を達成し，生涯にわたって学習できる機会を増やそう」

「男女平等を達成し，全ての女性及び女児の能力の可能性を伸ばそう」

「全ての人が安全な水と衛生を利用できるよう衛生環境を改善し，ずっと管理していけるようにしよう」

「全ての人が，安くて安定した持続可能なエネルギーを利用できるようにしよう」

「誰も取り残さないで持続可能な経済成長を促進し，全ての人が生産的で働きがいのある人間らしい仕事につくことができるようにしよう」

「災害に強いインフラを作り，持続可能な形で産業を発展させイノベーションを推進していこう」

「国内及び国家間の不平等を見直そう」

「安全で災害に強く，持続可能な都市及び居住環境を実現しよう」

「持続可能な方法で生産し，消費する取り組みを進めていこう」

「気候変動及びその影響を軽減するための緊急対策を講じよう」

「持続可能な開発のために海洋資源を保全し，持続可能な形で利用しよう」

「陸上の生態系や森林の保護・回復と持続可能な利用を推進し，砂漠化と土地の劣化に対処し，生物多様性の損失を阻止しよう」

「持続可能な開発のための平和で誰も置き去りにしない社会を促進し，全ての人が法や制度で守られる社会を構築しよう」

「目標の達成のために必要な手段を強化し，持続可能な開発にむけて世界のみんなで協力しよう」

（日本ユニセフ協会資料）